Vivian Pein

Der Social Media Manager

Handbuch für Ausbildung und Beruf

Rheinwerk Computing

Liebe Leserin, lieber Leser,

Social Media ist in vielen Unternehmen bereits fester Bestandteil und das neue Berufsbild des Social Media Managers hat sich etabliert. Da das Interesse an diesem neuen Beruf immens groß ist, freue ich mich, Vivian Pein als Autorin für dieses Thema gewonnen zu haben. Sie richtet sich mit diesem Buch an alle, die gerne als Social Media Manager arbeiten oder diesen Beruf im Unternehmen implementieren möchten.

Doch was ist ein Social Media Manager? Welche Aufgaben nimmt er im Unternehmen wahr? Wie organisieren Sie Ihren Berufsalltag? Antworten auf diese Fragen, verständliche Erklärungen und viele Praxisbeispiele erwarten Sie in diesem Buch. Denn Vivian Pein gibt Ihnen einen umfassenden Einblick in das neue Berufsbild und zeigt Ihnen, wie Sie sich optimal auf die vielfältigen Anforderungen einstellen. Mit viel Erfahrung und Sorgfalt hat sie einen Ausbildungs- und Berufsbegleiter verfasst, der keine Fragen offen lässt und sich bestens für (angehende) Social Media Manager eignet. Ich wünsche Ihnen bei der Lektüre und Ihrem Berufseinstieg viel Spaß und Erfolg!

Dieses Buch wurde mit großer Sorgfalt lektoriert und produziert. Sollten Sie dennoch Fehler finden oder inhaltliche Anregungen haben, scheuen Sie sich nicht, mit uns Kontakt aufzunehmen. Ihre Fragen und Änderungswünsche sind uns jederzeit willkommen. Wir freuen uns auf den Dialog mit Ihnen.

Ihr Erik Lipperts
Lektorat Rheinwerk Computing

erik.lipperts@rheinwerk-verlag.de
www.rheinwerk-verlag.de
Rheinwerk Verlag · Rheinwerkallee 4 · 53227 Bonn

Auf einen Blick

| 1 | Social Media – Chancen und Herausforderungen für Unternehmen | 24 |

TEIL I Berufsbild Social Media Manager

2	Der Social Media Manager – Berufsbild, Anforderungen und Aufgabengebiete	41
3	Weiterbildung und Karriere	81
4	Persönliches Online Reputationsmanagement	99
5	Bewerbung als Social Media Manager	107

TEIL II Grundlagen Social Media Management

6	Die Eckpfeiler des Social Media Managements	125
7	Anwendungsfelder des Social Media Managements	230
8	Rechtliche Grundlagen	316
9	Strategische Bedeutung und Möglichkeiten der sozialen Netzwerke	330

TEIL III Social Media Management im Unternehmen

10	Corporate Social Media	447
11	Praktisches Social Media Management	504
12	Ausblick	552

Wir hoffen, dass Sie Freude an diesem Buch haben und sich Ihre Erwartungen erfüllen. Bitte teilen Sie uns doch Ihre Meinung mit. Eine E-Mail mit Ihrem Lob oder Tadel senden Sie direkt an den Lektor des Buches: *erik.lipperts@rheinwerk-verlag.de*. Im Falle einer Reklamation steht Ihnen gerne unser Leserservice zur Verfügung: *service@rheinwerk-verlag.de*. Informationen über Rezensions- und Schulungsexemplare erhalten Sie von: *britta.behrens@rheinwerk-verlag.de*.

Informationen zum Verlag und weitere Kontaktmöglichkeiten finden Sie auf unserer Verlagswebsite *www.rheinwerk-verlag.de*. Dort können Sie sich auch umfassend und aus erster Hand über unser aktuelles Verlagsprogramm informieren und alle unsere Bücher versandkostenfrei bestellen.

An diesem Buch haben viele mitgewirkt, insbesondere:

Lektorat Erik Lipperts, Stephan Mattescheck
Korrektorat Annette Lennartz
Fachgutachten Daniel Backhaus, Köln; André Lapehn, Orsoy/Rheinberg
Einbandgestaltung Barbara Thoben, Köln
Titelbild iStock 19133787 © Logorilla
Autorenfoto Christian Daitsche
Typografie und Layout Vera Brauner, Maxi Beithe
Herstellung Martin Pätzold
Satz SatzPro, Krefeld
Druck und Bindung Beltz Bad Langensalza GmbH, Bad Langensalza

Dieses Buch wurde gesetzt aus der Linotype Syntax Serif (9,25/13,25 pt) in FrameMaker. Gedruckt wurde es auf chlorfrei gebleichtem Offsetpapier (90 g/m^2).

Bibliografische Information der Deutschen Nationalbibliothek
Die Deutsche Nationalbibliothek verzeichnet diese Publikation in der Deutschen Nationalbibliografie; detaillierte bibliografische Daten sind im Internet über *http://dnb.d-nb.de* abrufbar.

ISBN 978-3-8362-2023-1
© Rheinwerk Verlag GmbH, Bonn 2014
1. Auflage 2014, 1., korrigierter Nachdruck 2015

Das vorliegende Werk ist in all seinen Teilen urheberrechtlich geschützt. Alle Rechte vorbehalten, insbesondere das Recht der Übersetzung, des Vortrags, der Reproduktion, der Vervielfältigung auf fotomechanischem oder anderen Wegen und der Speicherung in elektronischen Medien.

Ungeachtet der Sorgfalt, die auf die Erstellung von Text, Abbildungen und Programmen verwendet wurde, können weder Verlag noch Autor, Herausgeber oder Übersetzer für mögliche Fehler und deren Folgen eine juristische Verantwortung oder irgendeine Haftung übernehmen.

Die in diesem Werk wiedergegebenen Gebrauchsnamen, Handelsnamen, Warenbezeichnungen usw. können auch ohne besondere Kennzeichnung Marken sein und als solche den gesetzlichen Bestimmungen unterliegen.

Inhalt

Geleitworte der Fachgutachter 17
Über dieses Buch 21

1 Social Media – Chancen und Herausforderungen für Unternehmen ... 24

1.1 Social Media – Hype oder eine (R)Evolution? 24
1.1.1 Was ist Social Media überhaupt? 25
1.1.2 Social Media Management – eine Definition 26
1.1.3 Zahlen und Fakten zu Social Media 27

1.2 Herausforderungen für Unternehmen 28
1.2.1 Social Media = Informationen »auf Speed« 28
1.2.2 Social Media – alles ist erleuchtet 29
1.2.3 Persönlichkeit statt Black Box 30
1.2.4 Echter Dialog statt PR-Floskeln 31
1.2.5 Neue Rollen im Unternehmen 33

1.3 Wie Social Media die Kommunikation zwischen Unternehmen und Menschen verändert 33
1.3.1 Der Kunde im Mittelpunkt 34
1.3.2 Die neue Macht der Kunden 34
1.3.3 Der hyper-informierte Konsument 35
1.3.4 Fokus auf Beziehungen 37
1.3.5 Kundenservice auf einem neuen Level 37

TEIL I Berufsbild Social Media Manager

2 Der Social Media Manager – Berufsbild, Anforderungen und Aufgabengebiete 41

2.1 Das Berufsbild Social Media Manager 41
2.1.1 Geschichte des Berufsbildes 43
2.1.2 Social Media (und) Community Manager 44

2.2 Aufgaben des Social Media Managers 45

2.3 Kompetenzmodell und Anforderungsprofil 48
2.3.1 Fachliche Kompetenzen 49

	2.3.2	Methodenkompetenz	54
	2.3.3	Persönliche Kompetenzen	55
	2.3.4	Soziale Kompetenzen	58
	2.3.5	Führungskompetenzen	59
	2.3.6	Das Anforderungsprofil in der Übersicht	60
2.4	**Social Media Manager im Profil**		62
	2.4.1	Social Media Manager für einen Filialisten	62
	2.4.2	Social Media Manager im Verlag	64
	2.4.3	Der Senior Social Media Manager	66
	2.4.4	Social Media Community Manager in der Agentur	69
	2.4.5	Social Media Manager im internationalen Kontext	71
	2.4.6	Social Media Manager als Rockstar	74
2.5	**Checkliste – ist der Job was für mich?**		77

3 Weiterbildung und Karriere — 81

3.1	**Überblick der Aus- und Weiterbildung**		83
	3.1.1	Wegweiser durch den Angebotsdschungel	83
3.2	**Zertifizierte Weiterbildungen**		85
	3.2.1	Hochschulen	85
	3.2.2	Akademien und Institute	87
	3.2.3	Zertifizierung durch die PZOK	89
	3.2.4	Der Blick über den Tellerrand	90
3.3	**Konferenzen**		93
	3.3.1	Fachkonferenzen	94
	3.3.2	Barcamps	96
3.4	**Networking**		97

4 Persönliches Online Reputationsmanagement — 99

4.1	**Gefunden werden**		100
	4.1.1	Business-Netzwerke nutzen	100
	4.1.2	Profile in sozialen Netzwerken optimieren	101
4.2	**Das Online-Profil aufräumen**		102
4.3	**Eine gute Online-Reputation aufbauen**		103

5 Bewerbung als Social Media Manager ... 107

5.1 Hinweise für Bewerber ... 107
- 5.1.1 Stellenausschreibungen finden ... 108
- 5.1.2 Das eigene Netzwerk nutzen ... 109
- 5.1.3 Initiativbewerbung ... 110
- 5.1.4 Der Lebenslauf ... 112
- 5.1.5 Das Bewerbungsschreiben ... 115
- 5.1.6 Vorbereitung auf das Vorstellungsgespräch ... 116

5.2 Hinweise für Arbeitgeber ... 117
- 5.2.1 Wen suchen Sie überhaupt? ... 117
- 5.2.2 Die perfekte Stellenausschreibung ... 119
- 5.2.3 Bewerber bewerten ... 120
- 5.2.4 Das persönliche Gespräch ... 122

TEIL II Grundlagen Social Media Management

6 Die Eckpfeiler des Social Media Managements ... 125

6.1 Die Social-Media-Strategie ... 126
- 6.1.1 Was ist eine Strategie? ... 126
- 6.1.2 Zielgruppen ... 126
- 6.1.3 Ziele ... 130
- 6.1.4 Vom Messwert (Metrics) über die Kennzahl zum Key Performance Indicator (KPIs) ... 135
- 6.1.5 Ressourcen ... 139
- 6.1.6 Das POST-Modell ... 143

6.2 Corporate Content – die richtigen Inhalte ... 146
- 6.2.1 Was ist Content überhaupt, und welche Arten gibt es? ... 146
- 6.2.2 Content-Strategie – die Grundlage von Corporate Content ... 149
- 6.2.3 Wie Sie an gute Inhalten kommen ... 152
- 6.2.4 Welche Inhalte funktionieren ... 153
- 6.2.5 Geben Sie Ihrem Content ein Gerüst – der Redaktionsplan ... 154
- 6.2.6 Zusammenfassende Beurteilung ... 156

6.3 Community Management – der direkte Dialog ... 156
- 6.3.1 Community Management – Definition und Aufgaben ... 156
- 6.3.2 Community Building ... 158
- 6.3.3 User-Life-Cycle-Management – vom Besucher zum aktiven Mitglied ... 161
- 6.3.4 Community Engagement – Ihre Community aktivieren ... 165

		6.3.5	Erfolgsfaktoren im direkten Dialog mit der Community	172
		6.3.6	Reaktionsschema für das Community-Management-Team	174
		6.3.7	Fehler und Probleme richtig kommunizieren	176
		6.3.8	Die dünne Linie zwischen Zensur und gerechtfertigter Löschung	178
		6.3.9	Don't feed the Trolls – der Umgang mit Störenfrieden	178
		6.3.10	Warum eine enge Zusammenarbeit zwischen Community und Social Media Management so wichtig ist	179
		6.3.11	Community Management offline – Events & Co.	179
		6.3.12	Best Practices – Ideen für das Offline Community Management	181
	6.4	**Social Media Monitoring und Measurement**		183
		6.4.1	Was ist Social Media Monitoring?	184
		6.4.2	Wie funktioniert Social Media Monitoring?	184
		6.4.3	Für welche Zwecke ist Social Media Monitoring einsetzbar?	188
		6.4.4	Die richtigen Keywords finden	192
		6.4.5	Kostenlose Dienste	195
		6.4.6	Kostenpflichtige Dienste	197
		6.4.7	Wie Sie den richtigen Anbieter für Ihr Unternehmen finden	198
		6.4.8	Social Media Measurement – Kennzahlen erfolgreich bestimmen	204
		6.4.9	Formeln für die wichtigsten KPIs	213
		6.4.10	Und was ist jetzt der ROI von Social Media?	215
	6.5	**Change Management (interne »Überzeugungsarbeit«)**		218
		6.5.1	Theoretische Grundlagen des Change Managements	218
		6.5.2	Warum »Change« so schwierig ist	219
		6.5.3	Was Ihnen hilft, Veränderungen im Unternehmen umzusetzen	220
		6.5.4	Social Media und die Unternehmenskultur	224
		6.5.5	Social Media und technische Barrieren	228

7 Anwendungsfelder des Social Media Managements 230

7.1	Abgrenzung zwischen Unternehmenskommunikation, PR und Marketing		230
	7.1.1	Was ist Unternehmenskommunikation?	231
	7.1.2	Was sind Public Relations?	231
	7.1.3	Was ist Marketing?	233

| | | 7.1.4 | Was ist denn nun der Unterschied zwischen Marketing und PR? | 235 |

7.2 Social Media in der PR ... 235
- 7.2.1 Zielgruppen der Social Media Relations ... 235
- 7.2.2 Herausforderungen von PR 2.0 ... 236
- 7.2.3 Neue Möglichkeiten der PR 2.0 ... 240
- 7.2.4 Online Reputationsmanagement ... 241
- 7.2.5 Social Media Release ... 242
- 7.2.6 Social Media Newsroom ... 244

7.3 Influencer Relations – Einfluss ohne Manipulation ... 247
- 7.3.1 Blogger Relations – ein Leitfaden ... 247
- 7.3.2 Blogger Relations – die Basics ... 248
- 7.3.3 Blogger sind anders als Journalisten? Ja! ... 248
- 7.3.4 Checkliste für Blogs und Bloggerprofile ... 249
- 7.3.5 Warum soll ich überhaupt mit Bloggern sprechen? ... 250
- 7.3.6 Suche: Wie finde ich Blogger? Wie finden Blogger mich? ... 250
- 7.3.7 Ethik: Darf ich Blogger kontaktieren? Dürfen mich Blogger kontaktieren? ... 252
- 7.3.8 Die richtige Ansprache und die Bedeutung von Transparenz ... 252
- 7.3.9 Vernetzte Welt – warum ein Blogger mehr als nur ein Blogger ist ... 253
- 7.3.10 Die richtigen Inhalte und Unterstützung für die Blogger ... 254
- 7.3.11 Über die Kritik von Bloggern und dem Umgang damit ... 255
- 7.3.12 Wie viel Zeit braucht der Beziehungsaufbau? ... 256
- 7.3.13 Die Sache mit den Finanzen und der Transparenz ... 256
- 7.3.14 Wie Sie die Arbeit der Blogger würdigen und diesen zu mehr Bekanntheit verhelfen ... 257
- 7.3.15 Die Praxis – gute und schlechte Beispiele ... 257

7.4 Krisenkommunikation und der Shitstorm ... 258
- 7.4.1 Was ist eigentlich Krisenkommunikation? ... 258
- 7.4.2 Anforderungen an die Krisenkommunikation durch Social Media ... 261
- 7.4.3 Aufgabenbereiche der Krisenkommunikation ... 263
- 7.4.4 Faktoren einer guten Krisenkommunikation ... 266
- 7.4.5 Ist das jetzt schon ein Shitstorm? ... 268

7.5 Social Media Marketing ... 269
- 7.5.1 Wie Social Media das Marketing verändert ... 269
- 7.5.2 Kampagnen mit Social Media unterstützen ... 271
- 7.5.3 Best Practice: Social-Media-Marketingkampagnen ... 272

	7.5.4	Besser gefunden werden mit Social SEO	275
	7.5.5	Social Commerce	278
7.6	**Kundenservice 2.0**		280
	7.6.1	Was ist überhaupt Kundenservice?	281
	7.6.2	Herausforderungen von Social Media an den Kundenservice	282
	7.6.3	Warum ist Kundenservice in Social Media sinnvoll	285
	7.6.4	Wie und wo mache ich Kundenservice im Netz?	288
	7.6.5	Der ROI des Kundenservices im Social Web	290
7.7	**Social Media im Personalwesen**		293
	7.7.1	Social Recruiting	294
	7.7.2	Was ist Employer Branding?	295
	7.7.3	Warum Social Media im Personalmarketing?	296
	7.7.4	Maßnahmen im Social Web, die das Employer Branding unterstützen	297
	7.7.5	Personalmarketing im Social Web	298
	7.7.6	Best-Practice-Beispiele zum Thema Employer Branding	299
7.8	**Forschung und Innovation**		301
	7.8.1	Die Grundlagen der Marktforschung	301
	7.8.2	Marktforschung 2.0	304
	7.8.3	Crowdsourcing	305
	7.8.4	Best Practice: McDonald's und Edeka	306
	7.8.5	So funktioniert auch Ihre Crowdsourcing-Kampagne	308
7.9	**Enterprise 2.0**		310
	7.9.1	Definition von Enterprise 2.0	310
	7.9.2	Wieso Enterprise 2.0?	311
	7.9.3	Unterschiede zwischen Social Media und Social Software	312
	7.9.4	Der kulturelle Wandel des Enterprise 2.0	312
	7.9.5	Die kritischsten Erfolgsfaktoren für Enterprise 2.0	313
	7.9.6	Die kritischen Erfolgsfaktoren von Enterprise 2.0-Werkzeugen	314
	7.9.7	Die Rolle des Social Media Managers im Enterprise 2.0	315

8   Rechtliche Grundlagen ... 316

8.1	Anwendbares Recht und Hausregeln	317
8.2	Wahl eines Accounts	318
8.3	Benennung des Accounts	318

8.4	**Impressumspflicht**		319
	8.4.1	Inhalt des Impressums	319
	8.4.2	Einfach erkennbar und unmittelbar erreichbar	319
8.5	**Nutzung von Bildern und Videos**		320
	8.5.1	Vorschaubilder beim Teilen von Inhalten	320
	8.5.2	Bilder aus Stockarchiven	321
	8.5.3	Recht am eigenen Bild	321
	8.5.4	Nutzung von Videos	322
	8.5.5	Nutzung von Texten	322
8.6	**Linkhaftung**		322
8.7	**Haftung für Nutzerbeiträge**		323
	8.7.1	Zueigenmachen der nutzergenerierten Inhalte	323
	8.7.2	Kenntnis der Rechtsverletzung	324
	8.7.3	Überwachungspflichten	324
8.8	**Löschen von Nutzerbeiträgen**		325
8.9	**Haftung für Äußerungen**		325
8.10	**Wettbewerbsrecht und Werberichtlinien**		326
8.11	**Direktmarketing und Ansprache von Nutzern**		326
8.12	**Datenschutz**		327
	8.12.1	Datenschutzerklärung	327
	8.12.2	Verwendung von Kundendaten	328
	8.12.3	Verwendung von »Like«-Buttons auf Websites	328

9	**Strategische Bedeutung und Möglichkeiten der sozialen Netzwerke**		**330**
9.1	**Arten, Unterschiede und Aufgaben**		331
	9.1.1	Definition soziales Netzwerk	332
	9.1.2	Arten und Besonderheiten von Social-Media-Plattformen	333
	9.1.3	Welches Netzwerk ist das richtige für mein Unternehmen?	333
9.2	**Facebook**		335
	9.2.1	Facebook-Nutzerstruktur in D-A-CH	335
	9.2.2	Das Facebook-Profil	336
	9.2.3	Facebook-Unternehmensseiten – die Basis für Ihr Unternehmen	338
	9.2.4	Warum Nutzer Fan einer Facebook-Page werden	342
	9.2.5	Facebook-Seiten stellen Inhalte in den Mittelpunkt	344

| | 9.2.6 | Der Facebook Newsfeed Rank (ehemals Edge Rank) 345
| | 9.2.7 | Merkmale guter Beiträge auf Facebook 346
| | 9.2.8 | Grundsätzliches vor dem Start einer Facebook-Seite 348
| | 9.2.9 | Benchmarking-Tools für Facebook 348
| | 9.2.10 | Facebook Orte/Places und die Funktion »In der Nähe« 349
| | 9.2.11 | Facebook-Werbeanzeigen 352
| | 9.2.12 | Gewinnspiele und Promotions 356
| | 9.2.13 | Fazit – Pro und Contra einer Unternehmenspräsenz auf Facebook 357
| 9.3 | **Google+** 359
| | 9.3.1 | Strategische Einordnung von Google+ für Unternehmen 359
| | 9.3.2 | Google+ – die Basics 360
| | 9.3.3 | Die Google+-Unternehmensseite 362
| | 9.3.4 | Kreisen Sie Ihre Zielgruppen ein 364
| | 9.3.5 | Einfach besser gefunden werden 365
| | 9.3.6 | Google Local 366
| | 9.3.7 | Hangouts – Videokonferenzen mit Kunden 366
| | 9.3.8 | Google Urheberschaft – als Experte in Suchergebnissen 368
| | 9.3.9 | Fazit Google+ 369
| 9.4 | **Twitter** 370
| | 9.4.1 | Das Twitter-ABC 370
| | 9.4.2 | Strategische Einordnung von Twitter 371
| | 9.4.3 | Twitter als Krisenradar und -kommunikationsmittel 372
| | 9.4.4 | Twitter als Stimmungsbarometer und Marktforschungs-Tool 372
| | 9.4.5 | Kundenservice über Twitter 373
| | 9.4.6 | Twitter für das Marketing 374
| | 9.4.7 | Twitter als Wissensquelle 375
| | 9.4.8 | Twitter für Events 375
| | 9.4.9 | Twitter macht das Fernsehen »social« 376
| | 9.4.10 | Die Twitter-Netiquette 377
| | 9.4.11 | Twitter-Tools 378
| | 9.4.12 | Fazit zu Twitter im Unternehmenseinsatz 380
| 9.5 | **Business-Netzwerke – XING und LinkedIn** 380
| | 9.5.1 | Warum Business-Netzwerke? 380
| | 9.5.2 | XING und LinkedIn im Profil 382
| | 9.5.3 | XING oder LinkedIn? 383
| | 9.5.4 | Unternehmensprofile auf XING und LinkedIn – der Ort für Ihr Employer Branding 384
| | 9.5.5 | Möglichkeiten für das Social Recruiting 387

	9.5.6	Social Media im B2B – das Unternehmen als Experte positionieren	388
	9.5.7	Slideshare und Scribd – zeigen Sie Ihr Wissen	389
	9.5.8	Fazit Business-Netzwerke	390
9.6	**Videoportale (YouTube, Vimeo & Co.)**		390
	9.6.1	Zahlen und Fakten zu YouTube	391
	9.6.2	Strategische Einordnung von Videoportalen	392
	9.6.3	Was macht ein gutes Video aus?	393
	9.6.4	Videos, die Kunden helfen und sie inspirieren	394
	9.6.5	Werbung als Kunstform	395
	9.6.6	Interaktive Videoerlebnisse	396
	9.6.7	Alternativen zu YouTube	397
	9.6.8	Webvideos sind mehr als Spielerei	398
	9.6.9	Fazit Videoportale	399
9.7	**Fotoplattformen**		399
	9.7.1	Strategische Einordnung von visuellen Plattformen	400
	9.7.2	Instagram – Fotos, Filter und Facebook	400
	9.7.3	Instagram im Unternehmenseinsatz	401
	9.7.4	Best Practices auf Instagram	403
	9.7.5	Pinterest – visuelles Social Bookmarking	406
	9.7.6	Anwendungsszenarien für Pinterest im Unternehmen	407
	9.7.7	Tipps für Pinterest	410
	9.7.8	Flickr – die klassische Fotocommunity	412
	9.7.9	Flickr im Unternehmenskontext	412
	9.7.10	Tipps für Ihre Bilder auf Flickr	414
	9.7.11	Alternativen zu Flickr	416
	9.7.12	Fazit Fotoportale	416
9.8	**Bewertungs-, Verbraucher- und Frageportale**		417
	9.8.1	Ciao – das Urgestein unter den Verbraucherportalen	417
	9.8.2	Amazon – Produktbewertungen mit Einfluss	418
	9.8.3	Qype/Yelp – Bewertungen für Gastronomie und Dienstleister	419
	9.8.4	Holidaycheck, Tripadvisor & Co. – Hotels und Reisen auf dem Prüfstand	421
	9.8.5	Arbeitgeberbewertungen – Employer Branding umgekehrt	424
	9.8.6	Was tun bei negativen Bewertungen?	425
	9.8.7	Fazit Bewertungs- und Verbraucherportale	425
9.9	**Foren**		426
	9.9.1	Strategische Einordnung von Foren	426
	9.9.2	Was Sie beim Einstieg in die Forenwelt beachten müssen	427

9.9.3 Richtig in Foren mitdiskutieren 428
9.9.4 Lohnt sich ein eigenes Forum? 428
9.9.5 Welche Foren sind für Sie relevant? 429
9.10 Location-based Services 430
9.10.1 Foursquare 431
9.10.2 Foursquare für Unternehmen – Location-based Marketing 431
9.10.3 Empfehlungsmarketing mit Foursquare 433
9.10.4 Best Practice: Information, Recruiting und mehr, die Bahn 434
9.10.5 Best Practice: Der Rossmann-Spendenmarathon 435
9.10.6 Fazit Location-based Services 436
9.11 Das Corporate Blog als Social-Media-Zentrale 436
9.11.1 Bedeutung von Corporate Blogs 437
9.11.2 Blogger über Corporate Blogs erreichen 438
9.11.3 Worauf Corporate Blogger achten sollten 439
9.11.4 Tipps, die Ihr Corporate Blog zum Erfolg führen 439

TEIL III Social Media Management im Unternehmen

10 Corporate Social Media 447

10.1 Ist mein Unternehmen bereit für Social Media? 448
10.1.1 Die umfassende Bestandsaufnahme 448
10.1.2 Externes Social-Media-Audit 449
10.1.3 Internes Social-Media-Audit 452
10.1.4 SWOT-Analyse 455
10.1.5 Social Media Readiness Score 457
10.2 Erfolgsfaktoren der Social-Media-Strategie im Unternehmen 458
10.2.1 Social Media Governance 459
10.2.2 Unternehmensweite Reaktionsprozesse 459
10.2.3 Fortlaufendes Schulungsprogramm und Austausch von Best Practices 460
10.2.4 Führung durch ein dediziertes und zentrales Team 461
10.2.5 Fazit 464
10.3 Integrations-Modelle von Social Media im Unternehmen 464
10.3.1 Organisationsmodelle für Corporate Social Media 464
10.3.2 Wie sieht die Unternehmensrealität in Deutschland aus? 467
10.4 Auswahl und Ausbildung der Mitarbeiter 468
10.4.1 Wer gehört in das Social-Media-Team? 468
10.4.2 Akquisition aus den eigenen Reihen oder Externe einstellen? ... 469

10.4.3	Outsourcen ja oder nein?	470
10.4.4	Die Sache mit den Praktikanten	471
10.4.5	Von Handbüchern und Trainings	471
10.4.6	Best Practice: Das Social-Media-Team der Deutschen Bahn	472

10.5 Social-Media-Prozesse und Workflows gestalten und etablieren 479

10.5.1	Ohne Prozesse zu arbeiten, birgt Risiken für Ihr Unternehmen	479
10.5.2	Herausforderungen für die Prozessgestaltung	480
10.5.3	Wo Schnittstellen und Prozesse geschaffen werden müssen	482
10.5.4	Wie Prozesse und Workflows entwickelt werden	484
10.5.5	Best Practice: Die Einführung von Social Media bei Rossmann	489

10.6 Social Media Guidelines 492

10.6.1	Warum Social Media Guidelines?	492
10.6.2	Welche Themen gehören in Social Media Guidelines?	493
10.6.3	Beispiele von Social Media Guidelines deutscher Unternehmen	494
10.6.4	Einführung von Social Media Guidelines	496

10.7 Social Media im Unternehmen etablieren 497

10.7.1	Die Roadshow	498
10.7.2	Informationsmaterial	498
10.7.3	Schulungen und Trainings	499

10.8 Social-Media-Reifegradmodelle 500

10.8.1	Das SM3 Modell des Social Media Excellence Kreises	500
10.8.2	Die sechs Dimensionen	502
10.8.3	Die vier Reifegrade	502
10.8.4	Fazit	503

11 Praktisches Social Media Management 504

11.1 Tagesablauf eines Social Media Managers 504

11.1.1	Der Tagesablauf	504

11.2 Der Social-Media-Arbeitsplatz 507

11.2.1	Die Grundausstattung	507
11.2.2	Webbrowser – das Tor ins Internet	510
11.2.3	Benutzerzugänge	511

11.3 Effektives Social Media Management 512

11.3.1	Immer am Puls der Zeit – Informationsbeschaffung	513

11.3.2 Informationen sammeln und sortieren 515
11.3.3 Inhalte erstellen und verwalten 518
11.3.4 Multimediale Ergänzung für Ihre Beiträge 519
11.3.5 Organisiertes Veröffentlichen auf verschiedenen Diensten 521
11.3.6 URLs kürzen und Klickraten analysieren 522
11.4 Teamarbeit 524
11.4.1 Social-Media-Management-Tools für Teams 524
11.4.2 Tools für das Projektmanagement 526
11.5 Zeit- und Aufgabenmanagement 528
11.5.1 Grundlage für ein effizientes Zeitmanagement 529
11.5.2 Tools zur Zeitmessung 529
11.5.3 Intelligentes Aufgabenmanagement 530
11.5.4 Weg vom Multitasking 532
11.5.5 Informationen clever managen 533
11.5.6 Effizientes E-Mail-Management 534
11.6 Privatleben vs. Social Media Management 535
11.6.1 Menschlichkeit als Schutz 535
11.6.2 Freiräume schaffen und Grenzen ziehen 535
11.6.3 Tipps für den Jobwechsel 537
11.7 Präsentationen halten 537
11.7.1 Grundlagen einer überzeugenden Präsentation 538
11.7.2 Gestaltung einer Präsentation 541
11.7.3 Tools für Präsentationen 543
11.7.4 Souverän präsentieren 545
11.8 Umgang mit externen Dienstleistern 546
11.8.1 Worauf Sie bei der Auswahl eines Dienstleisters achten müssen 546
11.8.2 Wie ein gutes Briefing funktioniert 548
11.9 Pleiten, Pech und Pannen – was Social Media Manager vermeiden sollten 550

12 Ausblick 552

12.1 Generation Mobile und Touch 552
12.2 Gamification – spielerisch Kunden begeistern 554
12.3 Professionalisierung von Corporate Social Media 557

Die Experten im Buch 559
Index 563

Geleitworte der Fachgutachter

Social Media ist in aller Munde und wird erwachsen. Möglicherweise haben Sie sich genau aus diesem Grund – jeder andere Grund wäre natürlich ebenfalls legitim – zur Lektüre des Buches »Der Social Media Manger« entschieden. Ich kann Ihnen dazu nur gratulieren, denn Sie haben sich erstens für ein Fachgebiet mit Zukunft und zweitens für ein Buch entschieden, das keine Fragen offen lässt.

Zu Beginn möchte ich Ihnen gerne kurz meine Sicht auf das Thema Social Media vorstellen und die Frage erörtern, warum der Social Media Manager in diesem Kontext eine so zentrale Rolle spielt.

Weder die erste zeitliche Nennung des Buzzwords *Social Media* noch dessen Urheber sind heute noch definitiv zu bestimmen. Nimmt man Facebook und Twitter als initiale Treiber, müsste man 2006 als das Jahr nennen, in dem Social Media geboren wurde – auch wenn das Kind damals noch auf einen anderen Namen hörte: Bekanntermaßen hieß das Internet damals Web 2.0 und wurde erst im Jahr 2009 in Social Media umgetauft. Insofern sehe ich den Evolutionsbeginn von Social Media im Jahr 2009 und dessen Entwicklung somit heute im fünften Jahr – Zeit für ein Resümee. In den letzten fünf Jahren wurde Social Media geliebt und gehasst, gehypt und geschasst. Es wurden Irrtümer begangen, es wurde viel gelernt, korrigiert und verbessert. Aber das Beste und wirklich Neue daran war, dass man diesen Prozessen zuschauen konnte. Kommunikation über soziale Netzwerke findet eben größtenteils öffentlich statt oder verschafft sich eine Öffentlichkeit.

Aus dieser neuen Eigenschaft heraus errang Social Media eine enorme Aufmerksamkeit und bewirkte fälschlicherweise eine regelrechte Goldgräberstimmung – eine vorschnelle Schlussfolgerung, wie sich herausstellen sollte. Der Vertrieb sah einen neuen Absatzkanal, das Marketing eine kostenlose Verlängerung seiner Werbebotschaften und die Personalabteilungen einen nicht endenden Quell an potenziellen Bewerbern. Doch die Erwartungen wurden enttäuscht. Das Versprochene trat nicht ein.

Die Zeit der durch Trainees eröffneten Facebook-Pinnwände zur Verlosung von iPads und zur Erhöhung der Fananzahl geht glücklicherweise ihrem Ende entgegen. Der Umgang mit den sozialen Netzen professionalisiert sich, der gesunde Menschenverstand erlangt die Oberhand. Das bedeutet, dass die bisherigen Erfahrungen konsolidiert werden, der Hype verblasst und der Bedarf an Orientierung, Struktur und Führung sichtbar wird. Unternehmen wie die Deutsche Bahn, die Deutsche Telekom und die Deutsche Post haben sich sehr früh und sehr umfangreich dem Thema Social Media gewidmet. Sie haben wahre Pionierarbeit geleistet, indem sie von Beginn an klare Strukturen geschaffen, Teams aufgebaut und die Position des Social Media Managers installiert haben. All das war noch kein Garant für gelungene Social-Media-Arbeit, legte aber den Grundstein für sich heute herauskristallisierende Berufsbilder. Einer davon ist der Social Media Manager. Dieses Buch wird Ihnen die Vielzahl seiner Aufgabenbereiche aufzeigen und entscheidendes Wissen zur Ausführung dieser vermitteln.

Wikipedia schreibt zum Social Media Manager:

> »Ein Social Media Manager ist verantwortlich für Inhalte und Botschaften einer Organisation (meist Unternehmen) in den sozialen Online-Medien, in denen die Organisation vertreten ist. [...]«, und weiter »Die allgemeinen Tätigkeiten eines Social Media Managers umfassen Koordination, Steuerung und Überwachung der Unternehmensaktivitäten in sozialen Online-Medien, [...].«

Hört sich leicht an. Es bedarf allerdings einiger wichtiger, gut durchdachter Schritte, ein Unternehmen funktional und professionell in Social Media aufzustellen und – noch wichtiger – kontinuierlich darin zu begleiten. Am Anfang dieses Weges Richtung Social-Media-Präsenz sieht sich das Unternehmen einer fast unüberwindbaren Komplexität gegenüber, die es in den Griff zu bekommen gilt. An dieser Stelle kommt der Social Media Manager ins Spiel. Er ist die zentrale Position, die das Unternehmen strategisch, prozessual und kulturell in die sozialen Medien führt. Dabei zeichnen ihn Neugier, Mut, Gelassenheit und Diplomatie aus. Er übernimmt die Funktion des (digitalen) Außen- und Innenministers, indem er Kollegen und Kunden gleichermaßen mit Informationen ausstattet und versorgt. Sein Ziel ist das gegenseitige Verständnis aller Kommunikationsteilnehmer in einem Umfeld bisher ungekannter Transparenz. Im Alltag sorgt er für einen reibungslosen Ablauf der internen Prozesse und treibt sämtliche Themen im Rahmen seines Arbeitsfeldes Social Media eigeninitiativ voran. In Krisen wird er zum Dreh- und Angelpunkt der Öffentlichkeitsarbeit und gibt vor, wo und wie es zu (re)agieren gilt. Last but not least vertritt er das Unternehmen auf Veranstaltungen und sorgt für einen stetigen Strom an digitalen Impulsen ins Unternehmen.

Alles, was den Social Media Manager ausmacht und was er braucht, um erfolgreich zu arbeiten, hat Vivian Pein in eingängiger und nachvollziehbarer Form komprimiert zu Papier gebracht. Dabei wird Ihr Wissen durch eigene Praxis wertvoll, und zahlreiche Best Practices tragen maßgeblich zum Verständnis des komplexen und zugleich aufregenden Themas bei.

Köln,
Daniel Backhaus, Social Media Coach
Twitter: @Widget68
E-Mail: *backhaus@MindSharing.com*

Machte sich ein Fachmagazin aus dem Bereich Marketing und Werbung zum 1. April 2011 noch den Spaß, dass der Titel Social-Media-Experte jetzt ein geschützter Begriff sei, folgte kurz darauf die nächste Meldung: »Kein Witz! IHK bildet Social-Media-Experten aus«. Ein kleiner Aufschrei hallte dazu im Mai 2011 durch das Web. Das ginge doch gar nicht, wer denn bei so etwas mitmachen würde, was es denn überhaupt für Inhalte gäbe, weil so etwas nur durch eigene Erfahrungen erlernt und verinnerlicht werden könne. Da ist natürlich etwas dran. Ein Abschluss als »Social Media Manager« in einem Zertifikatslehrgang ist längst nicht gleichzusetzen mit einem erfahrenen Profi, der diesen Bereich schon lange bearbeitet. Aber das hat doch auch niemand behauptet. Es kommen nach dem Kurs weder Experten noch Berater aus der Lehrgangstür spaziert. Meine persönliche Meinung ist ebenfalls, dass ich bei einer Neuanstellung in diesem Bereich eher auf Projekterfahrung und Expertise achte als auf ein Zertifikat, was jedoch in der Praxis eigentlich nichts Neues ist. Es ist meiner Meinung nach extrem wichtig, die Erwartungen an entsprechende Abschlüsse zu prüfen, ebenso natürlich die Expertise der jeweiligen Dozenten – und dies aus Arbeitgeber-, Freelancer- oder Arbeitnehmersicht.

In der Praxis fehlt es nämlich leider sehr vielen Mitarbeitern in der Online-Kommunikation an Grundwissen und eigenen Erfahrungen. Es ist und bleibt auch heute in den meisten KMU so, dass der Social-Media-Hut jemandem aufgesetzt wird, der nicht immer für diesen Bereich geeignet ist oder entsprechendes Know-how mitbringt. Daher halte ich Seminare und Fachbücher, die sich mit den Grundlagen der Online-Kommunikation, mit Kommunikationskonzepten, Recht und technischen Komponenten beschäftigen, natürlich für sinnvoll, alleine schon, um eine Art »digitale Augenhöhe« zu schaffen.

Zum Beispiel muss nicht gleich jeder Mitarbeiter im Bereich Marketing-Kommunikation ein Social-Media-Experte sein. Das ist zwar eine wunderbare Vorstellung, aber von der Realität so weit entfernt wie die von Deutschlehrern, die alle geniale Schriftsteller oder Poeten sind. Denn genau hier kommen doch eigentlich Profis und Experten ins Spiel. Diese implementieren Wissen, helfen bei der Erarbeitung strategischer Prozesse und unterstützen in der praktischen Umsetzung. Damit haben sie in den nächsten Jahren eine hervorragende Ausgangssituation. Sie begreifen Marketing, PR etc. als lebenslanges Lernen. Am Ende ist es aber nichts Neues und wie in allen Berufen: Expertise zahlt sich aus. Welche Anforderungen und Aufgaben in »neuen Berufsbildern« bestehen und entstehen, können Sie mit diesem Buch sehr gut nachvollziehen.

Mit den Themen »Weiterbildung im Bereich der Online-Kommunikation« und »Prozesse bei der Implementierung von Online-Kommunikation in Unternehmen« beschäftige ich mich seit einigen Jahren intensiv – ein höchst spannendes Thema. Im Juni 2011 bildete ich zusammen mit der LVQ Weiterbildung gGmbH die bundesweit ersten Social Media Manager IHK aus. Neben der Dozententätigkeit für den Zertifikatskurs »Social Media Manager IHK« bei der LVQ Business Akademie unterrichte ich das Thema »Online-Reputation« für das IOM (Institut der FOM Hochschule).

Für die interne Wissensvermittlung eignen sich neben Schulungen und Fachbüchern auch E-Learnings. Für die TÜV Rheinland Akademie durfte ich mehrere E-Learning-Module konzipieren und redaktionell aufbereiten, mit dem die Mitarbeiter jetzt Social-Media-Grundlagen und Zusammenhänge erlernen können.

Effizienter arbeiten ist schon praktisch, oder? In meinem Arbeitsalltag berate ich Unternehmen bei der strategischen Ausrichtung und unterstütze so langfristig den Aufbau und die Durchführung erfolgreicher Online-Kommunikation. Das Buch »Der Social Media Manager« von Vivian Pein ist meiner Meinung nach ein erster, sehr guter Schritt, sich mit dem Thema ausführlich auseinanderzusetzen, und eine wertvolle Grundlage.

Orsoy/Rheinberg
André Lapehn, Kommunikationsberater und Geschäftsführer Online-Kommunikation der Agentur *reviergold* sowie Inhaber von *wirjetzthier*
www.xing.com/profile/Andre_Lapehn
www.reviergold.de
www.social-media-seminar.biz
www.work.wjh-kommunikation.de

Über dieses Buch

»Als Social Media Manager surft man den ganzen Tag auf Facebook.«

In dem Moment, als ein Bewerber mir genau das völlig ernst auf die Frage antwortete, wie er sich den Alltag als Social Media Manager vorstelle, blieb mir vor Schreck fast die Kinnlade offen stehen. Ähnlich geht es mir bei der Lektüre von Stellenanzeigen für Social Media Manager oder des Programms zum nächsten Social-Media-Crashkurs, der verspricht, jedermann in nur zwei Wochen zum Social-Media-Experten zu machen.

Social Media wird mehr und mehr zum festen Bestandteil in der Kommunikation zwischen Organisationen und Ihren Anspruchsgruppen. Dennoch ist das zentrale Berufsbild in diesem Konstrukt, der Social Media Manager, noch mit so vielen Vorurteilen und Missverständnissen behaftet, dass es sowohl Unternehmen als auch Interessenten und Praktiker vor große Herausforderungen stellt. Aus diesem Grund möchte ich Ihnen mit diesem Buch einen tiefen, authentischen und ungeschönten Einblick in das Berufsbild und den realen Berufsalltag des Social Media Managers geben. Dieser soll Interessenten dabei helfen, zu entscheiden, ob der Beruf wirklich etwas für sie ist, und Unternehmen dabei unterstützen, zu evaluieren, welche Facette des Social Media Managers im Unternehmen gebraucht wird.

Dabei ist das Buch »Der Social Media Manager« ein umfassendes Ausbildungs- und Praxisbuch, das themenfremde Leser an die Materie heranführt und dem erfahrenen Social Media Manager dabei hilft, sein Grundwissen zu erweitern. Darüber hinaus zeigt das Buch zahlreiche erprobte Methoden und veranschaulicht diese durch praktische Anwendungsbeispiele, Best Practices, Interviews und konkrete Tipps für den Arbeitsalltag. Der Social Media Manager ist ein Buch von einem Social Media Manager für Social Media Manager und basiert auf jahrelanger, hautnaher Erfahrung mit dem Social Web und den Hürden innerhalb des Unternehmens. Dieses Buch macht Sie nicht zum Social Media Manager, aber es gibt Ihnen solide Grundlagen und vor allem ein umfassendes Verständnis von Social Media an die Hand, auf denen Sie Ihre Erfahrung aufbauen können. Denn Erfahrung und Leidenschaft für Ihren Beruf in Kombination mit eben diesem Wissen ist das, was Sie zu einem echten Social Media Manager macht.

Aufbau des Buches

Kapitel 1, »Social Media – Chancen und Herausforderungen für Unternehmen«, zeigt Ihnen auf, wie Social Media die Kommunikation zwischen Organisationen und Ihren Anspruchsgruppen verändert und welche Chancen und Herausforderungen daraus entstehen.

Kapitel 2, »Der Social Media Manager, – Berufsbild, Anforderungen und Aufgabengebiete«, liefert Ihnen eine praktisch gestützte Definition des Berufsbildes inklusive der Abgrenzung zu verwandten Berufsbildern wie dem Community Manager. Darüber hinaus erfahren Sie, welche Fähigkeiten und Kenntnisse ein Social Media Manager benötigt, und können testen, ob der Beruf etwas für Sie ist.

Kapitel 3, »Weiterbildung und Karriere«, ist ein Wegweiser durch den Dschungel der Aus- und Weiterbildungsangebote und hilft Ihnen dabei, sich für Ihren persönlichen Karrierepfad zu entscheiden.

Kapitel 4, »Persönliches Online Reputationsmanagement«, hilft Ihnen dabei, eine gute Online-Reputation aufzubauen und zu pflegen.

Kapitel 5, »Bewerbung als Social Media Manager«, gibt Ihnen Tipps zur erfolgreichen Bewerbung und unterstützt Unternehmen bei der Suche nach einem Social Media Manager.

Kapitel 6, »Die Eckpfeiler des Social Media Managements«, stellt Ihnen die Grundpfeiler des erfolgreichen Social Media Managements vor. Dabei erhalten Sie eine umfangreiche Grundausbildung von Social-Media-Strategie über Corporate Content, Community Management, Social Media Monitoring und Measurement bis hin zu Change Management.

Kapitel 7, »Anwendungsfelder des Social Media Managements«, gibt Ihnen einen Einblick in die Möglichkeiten, die Social Media für die unterschiedlichen Unternehmensbereiche bietet. Neben den konkreten Anwendungsszenarien für Social Media lernen Sie außerdem die notwenigen Grundlagen in Marketing, Public Relations, Kundenservice, Personal und Marktforschung.

Kapitel 8, »Rechtliche Grundlagen«, gibt Ihnen die rechtlichen Grundlagen für Social Media Manager an die Hand.

Kapitel 9, »Strategische Bedeutung und Möglichkeiten der sozialen Netzwerke«, bietet Ihnen eine Vorstellung der wichtigsten Social-Media-Plattformen und ist in einem Buch für Social Media Manager unerlässlich. Einsatzbeispiele, Best Practices und Tipps zu Tools zeigen, wie Sie die Plattformen effektiv nutzen und betreuen können.

Kapitel 10, »Corporate Social Media«, hilft Ihnen als Social Media Manager bei der Standortbestimmung, wo Ihr Unternehmen aktuell steht und welche Strategie sich für das Unternehmen eignet. Darüber hinaus stelle ich Ihnen mögliche Modelle zur Integration von Social Media vor und zeige Ihnen, wie Sie Social Media im Unternehmen umsetzen und etablieren.

Kapitel 11, »Praktisches Social Media Management«, bietet Ihnen die geballte Ladung an Tipps, Tools und Erfahrungswerten für den Arbeitsalltag, die auf meiner langjährigen Arbeitserfahrung in diesem Bereich sowie dem stetigen Austausch mit anderen Profis basieren. Ob Aufgaben- und Zeitmanagement, Teamarbeit, Präsentationsgrundlagen, die Auswahl des richtigen Dienstleisters oder viele weitere Themen, hier finden Sie so ziemlich alles, was Sie brauchen.

Kapitel 12, »Ausblick«, gibt Ihnen eine Idee davon, welche Trends und Strömungen Sie als Social Media Manager im Auge behalten sollten.

Weitere Hinweise

Social Media ist ein unglaublich dynamisches Feld, als Social Media Manager lernt man niemals aus, und wenn ich wollte, hätte ich gleich mehrere Bücher mit dem füllen können, was ich Ihnen gerne mit auf den Weg gegeben hätte. Deshalb möchte ich Sie in dem Blog unter *http://www.der-socialmediamanager.de* sowie auf der zugehörigen Facebook-Seite *https://www.facebook.com/dsomema* mit Informationen rund um das Berufsbild und das Social Web auf dem Laufenden halten. Dort freue ich mich natürlich auch sehr über Anregungen und Feedback zum Buch!

Danksagungen

Zuallererst möchte ich meiner Familie und meinen Freunden danken, die mich im letzten Jahr oftmals entbehren mussten und massiv durch Zeit, Geduld und stundenlange Fachgespräche motiviert und unterstützt haben. Gleiches gilt natürlich auch für die Fachkollegen, Gastautoren, Interviewpartner, Fachgutachter, Testleser und diejenigen, die mir stets mit Rat und Tat zur Seite standen – ohne euch wäre dieses Buch nicht zu dem geworden, was es ist. Besonderer Dank gilt an dieser Stelle: Zara und Ihren Großeltern, Oliver Ueberholz, Corinna Helwig, Klaus Eck, Jochen Mai, Thomas Schwenke, Robert Basic, Ben Ellermann, Stefan Evertz, Paul Baumann, Svea Raßmus, Jennifer Herzog, Sascha Pfeiffer, Cathrin Mittermeier, Carmen Hillebrand, Nadja Waldraff, Manuela Braun, Jörn Sieveneck, Daniel Backhaus, André Lapehn und meinem großartigen (virtuellen) Netzwerk.

Ein großes Dankeschön geht außerdem an Erik Lipperts und das Team von Galileo Press, die ihr Vertrauen in meine Person gesetzt und mich auf meinem Weg zur Buchautorin tatkräftig unterstützt und geleitet haben.

1 Social Media – Chancen und Herausforderungen für Unternehmen

»Tippen Sie ›Social Media‹ in die Google Suche ein und Sie werden in etwa 4.7 Millionen Ergebnisse in 30 Sekunden finden.«
Brian Solis, Principal, Altimeter Group

Wir müssen auf Facebook! Mit diesem Gedanken starten noch immer eine Reihe von Social-Media-Engagements in Deutschland. Darüber, welche Ziele damit erreicht werden sollen, machen sich laut einer Studie der BITKOM nur 34 % Gedanken.[1] Was aber tun, um Social Media nachhaltig in das Geschäftsmodell zu überführen und ins Unternehmen zu integrieren, statt sie als neumodisches Tool zu nutzen? Um diese Frage zu beantworten, werde ich zunächst aufzeigen, was Social Media wirklich bedeutet, welche Implikationen dies für Unternehmen mit sich bringt und welche Rolle der Social Media Manager in diesem Konstrukt einnimmt.

1.1 Social Media – Hype oder eine (R)Evolution?

Die schlechte Nachricht für die Social-Skeptiker zuerst – Social Media ist kein Hype und geht auch nicht wieder weg! Für das Warum gibt es eine ganz einfache Erklärung: Social Media ist im Kern nichts Neues, sondern etwas, das schon seit jeher den Kern zwischenmenschlicher Interaktion bildet – Kommunikation. Der Unterschied sind die Dimension, in der Gespräche heute stattfinden, und die Veränderungen in der Art und Weise, wie Menschen untereinander und mit Unternehmen kommunizieren. Das, was früher unter vier Augen besprochen wurde, ist, wenn der Absender es möchte, potenziell für Tausende Personen sichtbar. Die Reichweite des Einzelnen im Netz übersteigt teilweise sogar die eines Unternehmens. Auf der anderen Seite haben Unternehmen heutzutage ganz neue Möglichkeiten, von Ihren Kunden zu lernen, direkt auf deren Bedürfnisse einzugehen und mit diesen in einen echten Dialog zu treten – das alles auch noch in Echtzeit. Auf diese veränderten Verhältnisse müssen sich Unternehmen einstellen, und Sie als Social Media Manager helfen diesen dabei.

---

1 http://www.bitkom.org/files/documents/Social_Media_in_deutschen_Unternehmen.pdf

1.1.1 Was ist Social Media überhaupt?

Social Media (soziale Medien) ist ein Phänomen, dessen Definition nicht so trivial ist, wie es zunächst erscheinen mag. Definitionen wie »Oberbegriff für Werbung in sozialen Netzwerken«[2] oder »digitale Medien und Technologien, die es den Nutzern ermöglichen, sich untereinander auszutauschen und mediale Inhalte einzeln oder in Gemeinschaft zu gestalten«[3] gehen an der Kernkomponente von Social Media vorbei und machen deutlich, dass der Begriff im allgemeinen Verständnis mit einigen Missverständnissen behaftet ist. Das Herz von Social Media ist nicht die Technologie in Form von sozialen Netzwerken, Blogs oder Multimediaplattformen. Die Quintessenz von Social Media ist das, was die Menschen im Netz mit diesen Plattformen und Kanälen machen.

Für einen Social Media Manager ist es elementar wichtig, ein tiefes und allumfassendes Verständnis für Social Media zu haben. Aus diesem Grund möchte ich mit Ihnen eine Definition Schritt für Schritt erarbeiten.

Vor Social Media war das Web 2.0

Wie gesagt, genau genommen ist Social Media nichts Neues. Die Grundprinzipien dahinter wurden bereits vor einem Jahrzehnt durch den Begriff *Web 2.0* beschrieben. Das Web 2.0 steht dabei nicht für eine neue Technologie, sondern umschreibt eine fundamentale Änderung in der Art und Weise, wie Menschen das Internet nutzen. Wurde es zunächst eher als eine Art Werkzeug benutzt, sorgte das Aufkommen von Foren, Newsrooms und sozialen Netzwerken immer mehr dafür, dass der Mensch selbst ein Teil des Netzes wurde. Es waren nicht mehr länger nur Medienunternehmen, die Inhalte veröffentlichten, und Nutzer, die Inhalte konsumierten. Das Web 2.0 befähigte die Nutzer, selbst Inhalte zu erstellen und zu veröffentlichen, aus Konsumenten wurden Prosumenten.

> **Marketing-Basic: Was ist ein Prosument?**
>
> Als Prosument wird ein Konsument, also Kunde oder Verbraucher, bezeichnet, der gleichzeitig auch Produzent ist. Der Begriff wird in Verbindung mit nutzergenerierten Inhalten (User-generated Content) verwendet. Beispiel wäre hier ein Blogger, der sowohl Artikel liest, als auch selber welche schreibt (produziert).

Doch nicht nur die Absender von Inhalten veränderten sich, es war auch die Art, wie mit den Veröffentlichungen umgegangen wurde. Während klassische Medien wie TV und Zeitungen nur die Kommunikation in eine Richtung ermöglichen (*One-to-many-Kommunikation*), waren jetzt Dialoge möglich. Internetnutzer können

---

[2] *http://performance-business.de/online-deutsch-ein-onlinemarketing-glossar*
[3] *http://de.wikipedia.org/wiki/Social_Media*

untereinander, mit und über andere kommunizieren und ihre Meinungen und Gedanken offen, öffentlich und unabhängig von Zeit und Raum äußern (*Many-to-many-Kommunikation*) – und das natürlich nicht nur über die Inhalte, die andere Nutzer produziert haben (*User-generated Content*), sondern auch über die Inhalte, die Medien und Unternehmen veröffentlicht haben. Nicht Tools und Software, die Nutzer zu diesem Schritt befähigen, sind das Web2.0, sondern die Kombination aus Mensch und Technologie.

Web 2.0 = Mensch + Technologie

Die Einstiegsbarriere für das Web 2.0 ist niedrig, jede Person mit einem Internetanschluss kann theoretisch mit in die Konversation einsteigen.

Social Media = Mensch + Technologie + Beziehung

Social Media erweitert die Gleichung des Webs 2.0 um eine soziale Komponente, und fügt Mensch und Technologie noch den Aspekt Beziehung hinzu. Tools wie soziale Netzwerke bilden reale Beziehungen wie Freund-, Bekannt- und Verwandtschaften virtuell ab und schaffen zusätzliche, digitale Beziehungsformen, wie zum Beispiel den *Follower* oder *Fan*. Darüber hinaus entstehen Beziehungen durch den Austausch über die einzeln oder gemeinschaftlich erstellten Inhalte. Menschen können nicht mehr länger nur mit anderen Menschen eine Beziehung eingehen, sondern auch mit Unternehmen, Medien oder Behörden. Die Möglichkeiten, die dieser digitale Dialog mit sich bringt, verändern nicht nur das Verhalten von Kunden, sondern auch die Erwartungen, die diese an ein Unternehmen stellen. Dieser Umstand bringt eine Reihe an Herausforderungen für Unternehmen und deren Kommunikation mit sich, auf die ich im folgenden Abschnitt 1.2 und Abschnitt 1.3 noch ausführlich eingehen werde. Zusammenfassend möchte ich Social Media an dieser Stelle wie folgt definieren:

Der Begriff Social Media beschreibt das interaktive virtuelle Abbild von Beziehungen und der damit einhergehenden digitalen Kommunikation, die auf Basis von Web-2.0-Technologien wie sozialen Netzwerken, Blogs, Foren und Multimediaplattformen stattfinden.

1.1.2 Social Media Management – eine Definition

Social Media Management umschreibt die Tätigkeit, die Unternehmen dabei hilft, in die digitale Kommunikation mit Ihren Interessengruppen einzusteigen und diese erfolgreich zu managen. Dabei werden sämtliche Aspekte der digitalen Kommunikation, sowohl nach außen wie nach innen und in Richtung sämtlicher Anspruchsgruppen (Stakeholder) des Unternehmens, eingeschlossen. Die Aufgabenschwerpunkte lassen sich dabei grob in fünf Bereiche einteilen:

1. Strategie
2. Corporate Content
3. Community Management
4. Social Media Monitoring
5. Change Management

Im Verlauf des Buches werde ich auf jeden dieser Bereiche ausführlich eingehen und Ihnen dabei helfen, diese Aufgaben erfolgreich innerhalb eines Unternehmens auszufüllen.

1.1.3 Zahlen und Fakten zu Social Media

Abschließend möchte ich Ihnen noch ein paar Zahlen mit auf den Weg geben, die die Bedeutung des Themas Social Media unterstreichen.[4] Social Media ist kein Hype, sondern ein Phänomen, das unsere Gesellschaft schon jetzt nachhaltig verändert hat und noch weiter verändern wird.

- Nirgendwo verbringen Internetnutzer soviel Zeit wie in den sozialen Medien. Eine aktuelle Studie von Experian (*http://bit.ly/YElGlF*) in den USA, UK und Australien fand heraus, dass hier im Schnitt umgerechnet 27 Minuten pro Stunde verbracht werden. Zum Vergleich, mit E-Mails verbringen die Internetnutzer durchschnittlich gerade einmal drei Minuten.
- Über 1 Mrd. Nutzer sind auf Facebook unterwegs, wäre Facebook ein Land, wäre es damit hinter China und Indien das drittgrößte der Erde und doppelt so groß wie die USA.
- YouTube hat über 1 Mrd. Nutzer pro Monat (*http://bit.ly/ZSmFfe*), darüber hinaus werden jede Minute 72 Stunden an Videos hochgeladen und im Monat mehr als 6 Mrd. Minuten an Videos abgerufen.
- Wikipedia hätte in Form eines gedruckten Buches mehr als 2,25 Mio. Seiten.
- Twitter ist aktuell das am schnellsten wachsende soziale Netzwerk mit Wachstumsraten von über 40 %.
- Nicht nur junge Leute nutzen Social Media. Beispielsweise ist die Altersgruppe, die aktuell den größten Zuwachs auf Twitter hat, zwischen 55 und 64 Jahre alt. Zwischen Juni 2012 und März 2013 war hier ein Wachstum von 79 % zu verzeichnen (siehe GlobalWebIndex: *http://bit.ly/YEgYEt*).
- 53 % der Nutzer auf Twitter empfehlen Produkte an andere Nutzer weiter.

---

[4] Quelle: Eric Qualman: The Social Media Revolution (*http://www.socialnomics.net/2013/01/01/social-media-video-2013*), wenn nicht anders angegeben.

- 90 % der Verbraucher vertrauen Empfehlungen aus ihrer Peergroup, also ihren Freunden, ihrer Familie und ihren Bekannten. Werbung vertrauen dagegen nur 14 %.
- 50 % der Nutzer sozialer Medien äußern mindestens einmal im Monat Bedenken und Kritik über Marken und Dienstleistungen, 53 % äußern Lob und 70 % »hören« diese Meinungen anderer (siehe Nielsen Social Media Report 2012: *http://bit.ly/YEjWss*).

Diese Liste ließe sich noch beliebig ausweiten, aber ich denke, der Punkt ist an dieser Stelle gemacht. Ich habe absichtlich Quellen ausgewählt, die stetig neue Statistiken herausbringen, darüber hinaus werde ich Sie mit Updates unter *http://www.der-socialmediamanager.de* auf dem Laufenden halten.

1.2 Herausforderungen für Unternehmen

Menschen sind »Social«, in Deutschland haben 74 % der Internetnutzer ein Profil in mindestens einem sozialen Netzwerk, in der Gruppe der 14- bis 29-jährigen sind es sogar 92 %.[5] Doch was bedeuten diese Zahlen eigentlich für Unternehmen, und welche Konsequenzen ergeben sich aus den damit einhergehenden Anforderungen der Nutzer? Grundsätzlich ergeben sich hier vier Bereiche, die eine besondere Bedeutung haben:

- Schnelligkeit
- Transparenz
- Authentizität
- Dialogbereitschaft

Eine zusätzliche Herausforderung in jedem dieser Bereiche ist, dass alles, was im Social Web passiert, in der Öffentlichkeit stattfindet.

1.2.1 Social Media = Informationen »auf Speed«

Die Art und Weise, wie sich Informationen verteilen, beschleunigt sich rapide, was dazu führt, dass das, was am Morgen in der Zeitung steht, für gut vernetzte Menschen »alt« ist. Eine besonders bemerkenswerte Veränderung ist in diesem Zusammenhang, dass Menschen nicht mehr zuerst aus dem Radio oder der Zeitung von großen Ereignissen wie dem Bombenattentat beim Boston Marathon oder dem Tod von Osama bin Laden erfahren, sondern über Word-of-Mouth-Kommunikation in den sozialen Medien. Das kann im Fall einer herannahenden Katastrophe große

---

5 *http://www.bitkom.org/de/publikationen/38338_70897.aspx*

Vorteile, aber auch massive Nachteile haben. So führte beispielsweise ein gefälschter Tweet (siehe Abbildung 1.1), der über den gehackten Twitter-Account der Nachrichtenagentur Associated Press (AP) gesandt wurde, zu einem Börseneinbruch an der New Yorker Wallstreet von knapp 150 Punkten. Obwohl AP innerhalb von nur wenigen Minuten klarstellte, dass diese Meldung nur ein Fake war, bedeutete dieser Einbruch einen erheblichen finanziellen Schaden.

Abbildung 1.1 Gefälschter Tweet mit heftigen Auswirkungen

Entsprechend wichtig sind die Themen Monitoring und Echtzeitkommunikation, die einiges an Herausforderungen an Unternehmen stellen. Auf diesen Themenkomplex werde ich noch ausführlich in Abschnitt 6.4, »Social Media Monitoring und Measurement«, eingehen.

1.2.2 Social Media – alles ist erleuchtet

Falsche Versprechungen, Schönreden von Missständen und Leichen im Keller? Das sind Dinge, die Unternehmen heutzutage lieber lassen sollten. Social Media stellt große Anforderungen an den Bereich Transparenz. Unternehmen, die diesen nicht gerecht werden können oder wollen, kommen hier mitunter ganz schön in die Bredouille. Eine Offensive in Transparenz und Offenheit ist das beste Fundament für eine vertrauensvolle Beziehung. Unternehmen, die bereit sind, Fehler einzugestehen und sich dafür zu entschuldigen, gewinnen an Glaubwürdigkeit und Vertrauen.

Darüber hinaus können schon Tatsachenbehauptungen von Dritten zu handfesten Krisen führen. Dies erlebte beispielsweise der WWF, der im Jahr 2011 durch den Film »Der Pakt mit dem Panda« in seiner Reputation erschüttert wurde. In dem Film wird der WWF heftig kritisiert und unter anderem der Vorwurf des Greenwashings von Spendengeldern in den Raum gestellt.[6] Was folgte, war ein massiver

---

6 *Greenwashing* ist eine kritische Bezeichnung für Methoden, die Unternehmen ein umweltfreundliches Image verleihen, ohne dass es dafür eine Grundlage gibt. Ein Beispiel ist ein Umweltsiegel, das ohne Prüfung gegen eine Spende verliehen wird.

Proteststurm auf Twitter, Facebook sowie der speziell eingerichteten WWF-Community. Der einzig wirksame Weg aus dieser Krise war komplette Transparenz. Der WWF richtete eine eigene Informationsseite zu dem Thema ein (http://www.wwf.de/wwfinformiert), auf der die Sachlage erklärt wird, ein Faktencheck sowie umfangreiche FAQs sowohl zu den Vorwürfen als auch zu dem Vorgehen des WWF angeboten werden (siehe Abbildung 1.2).

Abbildung 1.2 Startseite von »Der WWF informiert«

Darüber hinaus bietet der WWF über die hauseigene Dialogseite (http://dialog.wwf.de) oder auf den Präsenzen in den sozialen Medien weiterhin das Gespräch zu dem Thema an und beantwortet jegliche Fragen in dem Kontext. Genau diese Offenheit und Gesprächsbereitschaft wird heutzutage von Unternehmen gefordert, stellt aber vielerorts noch eine enorme Herausforderung dar.

1.2.3 Persönlichkeit statt Black Box

Dialog findet zwischen Menschen statt, und in Social Media wird auch genau dies gefordert. Unternehmen sind nicht weiter eine Black Box hinter einem Logo, sondern gewinnen durch ihre Community und Social Media Manager ein Gesicht. Diese persönlich und mit Foto vorzustellen, gehört heutzutage zum guten Ton. Ein schönes Beispiel ist hier die interaktive Teamvorstellung von Rossmann auf Facebook (siehe Abbildung 1.3).

Im Comic-Stil wird hier eine typische Bürosituation nachgestellt, per Mausklick sehen Sie zu jedem Mitarbeiter ein Foto, Namen, Position, Profile in den sozialen Netzwerken und das jeweilige Lieblingsprodukt aus dem Hause Rossmann.

Abbildung 1.3 Das Rossmann-Team auf Facebook

Ebenso üblich ist es mittlerweile, dass Beiträge in den sozialen Netzwerken mit dem Namen oder Kürzel des jeweiligen Mitarbeiters gekennzeichnet werden. Die Mitarbeiter genießen großzügige Freiheiten in der Kommunikation mit den Nutzern, und die Tonalität der Kommunikation ist an die Umgebung angepasst. Auch dies stellt eine gewisse Herausforderung für klassische Unternehmensstrukturen dar. Unternehmen müssen großes Vertrauen in ihre Mitarbeiter haben und diesen ausreichend Spielraum lassen, damit diese authentisch kommunizieren können. Authentizität ist hier der Schlüssel, denn unehrliche, verstellte Persönlichkeiten fliegen irgendwann auf und haben dann jegliches Vertrauen der Community verspielt. Ehrliche, sympathische Charaktere dagegen können aus Fürsprechern echte Fans machen.

1.2.4 Echter Dialog statt PR-Floskeln

Social Media ist Dialog, und damit meine ich nicht das Vorhandensein von Profilen in sozialen Netzwerken. Viel zu viele Unternehmen verkennen noch die Chancen, die in einem Gespräch auf Augenhöhe zwischen Unternehmen und Kunden liegen. So fand Novomind in der Responseanalyse 2012 heraus,[7] dass zwar 63 % der Unternehmen in Deutschland auf Facebook einen »Dialog« anbieten, davon aber 44 % Anfragen der Nutzer komplett ignorierten. Das heißt zwar auch, dass die anderen

---

7 http://www.novomind.com/news/article/kundenservice-ueber-facebook-ist-im-kommen

56 % mittlerweile verstanden haben, dass es wichtig ist, Nutzern zuzuhören und Antworten zu geben, doch oftmals endet der Prozess noch an dieser Stelle. Dabei bedeutet Dialogbereitschaft mehr als nur die Kenntnisnahme von dem, was der andere sagt, sondern erfordert den Willen dazu, Anregungen, Kritik und Lob aufzunehmen, damit zu arbeiten und dies auch nach außen zu kommunizieren. Konkret bedeutet das auch, dass Fachfragen intern geklärt und dort, wo Sie gestellt wurden, beantwortet werden. Einer der häufigsten Fauxpas in diesem Kontext ist, dass das Social-Media-Team keinerlei Anbindung an die jeweiligen Fachabteilungen hat und die Kunden an ein Kontaktformular oder eine E-Mail-Adresse verweist (siehe Abbildung 1.4).

Abbildung 1.4   Fehlende Integration verärgert den Kunden.

Dieses Vorgehen hat nichts mit Dialog zu tun und führt in den meisten Fällen nur dazu, dass der Kunde noch verärgerter ist als vorher. Gleiches gilt für Textbausteine und PR-Floskeln, die dem Nutzer nur eines zeigen, dass er nicht für voll genommen wird. Dabei ist es gar nicht so schwer, den Kunden zu zeigen, dass sie ernst genommen werden.

Häufig gestellt Fragen liefern in diesem Kontext die ideale Vorlage für Inhalte, die nutzergerecht aufgearbeitet auf den Redaktionsplan gehören. Konstruktive Verbesserungsvorschläge gehören an die entsprechende Fachabteilung weitergeleitet, ernsthaft geprüft und das Ergebnis als Rückmeldung kommuniziert. Diese einfachen Verhaltensweisen drücken echte Wertschätzung für die Anliegen und Ideen Ihrer Nutzer aus.

Echte Dialogbereitschaft erfordert mehr als nur eine Front in den sozialen Medien, es müssen die entsprechenden Schnittstellen, Prozesse und Verknüpfungen hinter den Kulissen geschaffen werden. Dies ist eine große Herausforderung für Unternehmen, die sich aber mehrfach auszahlt, warum, werden Sie spätestens am Ende des Buches selbst beantworten können.

1.2.5 Neue Rollen im Unternehmen

Noch viel zu oft sieht die Realität in Deutschland so aus, dass die Verantwortung für das Social-Media-Engagement eines Unternehmens entweder zusätzlich von einem webaffinen Mitarbeiter aus dem Bereich Marketing oder PR übernommen oder direkt einem Praktikanten übertragen wird. Die Reichweite einer solchen Entscheidung ist den Verantwortlichen dabei oft nicht klar. Die Person, die ein Unternehmen im Bereich Social Media vertritt, hat bei bestimmten Zielgruppen eine höhere Reichweite als bisweilen der Pressesprecher. Im Ernstfall landet ein Fehler hier sogar in den klassischen Medien. Halbherzig oder unprofessionell betreute Auftritte können für das Unternehmensimage entsprechend verheerende Konsequenzen haben.

Laut einer Studie der BITKOM haben 16 % der Unternehmen in Deutschland mindestens eine Position für das Engagement in den sozialen Medien geschaffen.[8] Doch das, was die BITKOM hier unter dem Berufsbild Social Media Manager zusammenfasst, entspricht aus meiner Sicht eher der kompletten Bandbreite der neuen Rollen, die durch die Professionalisierung der Unternehmen in diesem Kontext entstanden sind. Das Problem ist hier, dass jedes Unternehmen einen »anderen« Social Media Manager braucht. Was der Positionsinhaber können muss und was seine Aufgaben sind, hängt komplett von dem jeweiligen Unternehmen ab. Die Herausforderung ist an dieser Stelle, genau zu evaluieren, was die konkreten Anforderungen sind, und dann die passende Besetzung zu finden. Abschnitt 5.2, »Hinweise für Arbeitgeber«, sowie Kapitel 2, »Der Social Media Manager – Berufsbild, Anforderungen und Aufgabengebiete«, werden Ihnen helfen, diese Aufgabe zu lösen.

1.3 Wie Social Media die Kommunikation zwischen Unternehmen und Menschen verändert

Sie wissen jetzt, was Social Media ausmacht und vor welche Herausforderungen dies Unternehmen stellt. Im nächsten Schritt möchte ich die fünf markantesten Auswirkungen für Marketing und Unternehmenskommunikation anreißen, ausführlich

---

8 *http://www.bitkom.org/de/presse/8477_75533.aspx*

werde ich auf diese Punkte noch in Kapitel 7, »Anwendungsfelder des Social Media Managements«, eingehen.

1.3.1 Der Kunde im Mittelpunkt

Ein Faktor wird augenblicklich klar, die klassische Push-Methode, das heißt Werbung, die dem Kunden kommentarlos vor die Nase gehalten wird und keinerlei Möglichkeit zu Dialog oder Diskussion bietet, funktioniert nicht in den sozialen Medien. Gleiches gilt für platte Verkaufsstrategien oder Ansätze, die völlig an den Wünschen der Kunden vorbeigehen. Darüber hinaus buhlen mittlerweile so viele Unternehmen um die Gunst und Aufmerksamkeit der Nutzer, dass es immer schwieriger wird, mit »normalen« Inhalten überhaupt wahrgenommen zu werden. Aus diesem Grund müssen Unternehmen umdenken und die Bedürfnisse und Anforderungen des Kunden in den Mittelpunkt stellen. Das Zauberwort heißt hier Mehrwert, denn einen solchen muss die Präsenz in den sozialen Medien für die Nutzer bringen, damit sie nachhaltig erfolgreich ist. Von diesem Ziel sind Unternehmen in Deutschland noch weit entfernt, wie das Marketing Center Münster in Kooperation mit Roland Berger herausfand. Satte 60 % der Nutzer sagen, dass sie keinerlei Wert in den Nachrichten sehen, die sie in sozialen Netzwerken von Unternehmen bekommen.[9]

Social Media gibt Ihnen die ideale Möglichkeit, Ihre Kunden in den Mittelpunkt zu stellen, denn Sie brauchen diesen nur zuzuhören, um deren Bedürfnisse, Wünsche und Kritikpunkte herauszufinden und gezielt darauf einzugehen. Unternehmen, die diese Chance nutzen, verschaffen sich einen echten Wettbewerbsvorteil.

1.3.2 Die neue Macht der Kunden

»Word of Mouth« oder Mundpropaganda spielte schon immer eine wichtige Rolle für Unternehmen, sowohl im positiven als auch im negativen Sinne. Früher war der Austausch über Produkte oder Dienstleistungen limitiert, im Schnitt erreichte Lob oder Kritik gerade einmal fünf weitere Personen. Heute kann ein Kunde seine Meinung theoretisch der ganzen Welt mitteilen. Allein der durchschnittliche Facebook-Benutzer erreicht mit einer Statusmeldung direkt 229 Personen.[10] Influencer wie Sascha Pallenberg (siehe Abbildung 1.5), seines Zeichens Techblogger, treiben diese Rechnung auf die Spitze. Mit einem Tweet erreicht Sascha mehr als 25.000 Follower, jeder einzelne Retweet erweitert diesen Einflusskreis zusätzlich.

Das »Problem« für Unternehmen ist an dieser Stelle, dass ein gut vernetztes Individuum durchaus in der Lage ist, einen Imageschaden anzurichten.

---

9 *http://www.socialmediathinklab.com/new-study-german-social-media-report-2012-2013*
10 Quelle: *http://www.creotivo.com/blog/portfolio/social-media*

1.3 Wie Social Media die Kommunikation zwischen Unternehmen und Menschen verändert

Abbildung 1.5 Sascha Pallenberg kritisch zum Thema #Drosselkom

Ein Blogpost, der durch gut gewählte Schlagworte ganz vorne bei einer Suche zu dem Unternehmen sichtbar ist, hinterlässt bei potenziellen Kunden einen negativen Beigeschmack. Es ist fast so, als ob der Kunde großflächig mit roter Farbe eine Warnung auf die Ladenfassade schreibt, was sogar dazu führen kann, dass ein Kauf nicht stattfindet.

> **Videotipp: Peter Kruse – revolutionäre Netze**
> Ein Video möchte ich Ihnen in diesem Zusammenhang dringend ans Herz legen. Die legendäre Rede von Peter Kruse, der die Machtverschiebung vom Anbieter zum Nachfrager in der Gesellschaft in unter 4 Minuten auf den Punkt bringt. Sie finden das Video unter *http://bit.ly/1dZDslm*.

Doch in diesem Risiko liegt auch gleichzeitig eine große Chance für Unternehmen, denn der beste Fürsprecher ist ein Kritiker, dem nachhaltig geholfen wurde. Und nicht nur das – nirgendwo sonst sind Menschen so ehrlich und direkt mit ihrer Kritik wie im Internet. Hört ein Unternehmen hier genau zu, erhält es wertvolle Informationen darüber, wie es Produkte und Dienstleistungen besser machen kann. Darüber hinaus sind positive Bewertungen auf Portalen wie Yelp oder Amazon bares Geld wert. So zeigte eine Studie in den USA,[11] dass ein Stern mehr in der Bewertung einem Restaurant im Schnitt 9 % mehr Umsatz einbrachte.

1.3.3 Der hyper-informierte Konsument

Bewertungen sind auch das Stichwort für den nächsten wichtigen Aspekt, denn Social Media verändert die Art, in der Menschen Kaufentscheidungen treffen. Kunden können heute auf Erfahrungsberichte, Tests und Meinungen der ganzen Welt zugreifen. Und genau das tun sie auch. Mit knapp 8 % sind Informationen aus Social

---

[11] *http://people.bu.edu/mluca/JMP.pdf*

Media inzwischen genauso wichtig für eine Kaufentscheidung wie jene aus dem Fernsehen und bereits wichtiger als die aus dem Radio.[12]

Besonders deutlich wird dies an einem Beispiel. Angenommen, Sie möchten eine Kaffeekapsel-Maschine erwerben und geben die Produktnamen zweier bekannter Vertreter in Google ein. Das Ergebnis sind Seiten voller Erfahrungsberichte und Vergleiche zu den unterschiedlichen Maschinen (siehe Abbildung 1.6) – ausreichend Lektüre, um eine Kaufentscheidung zu fällen.

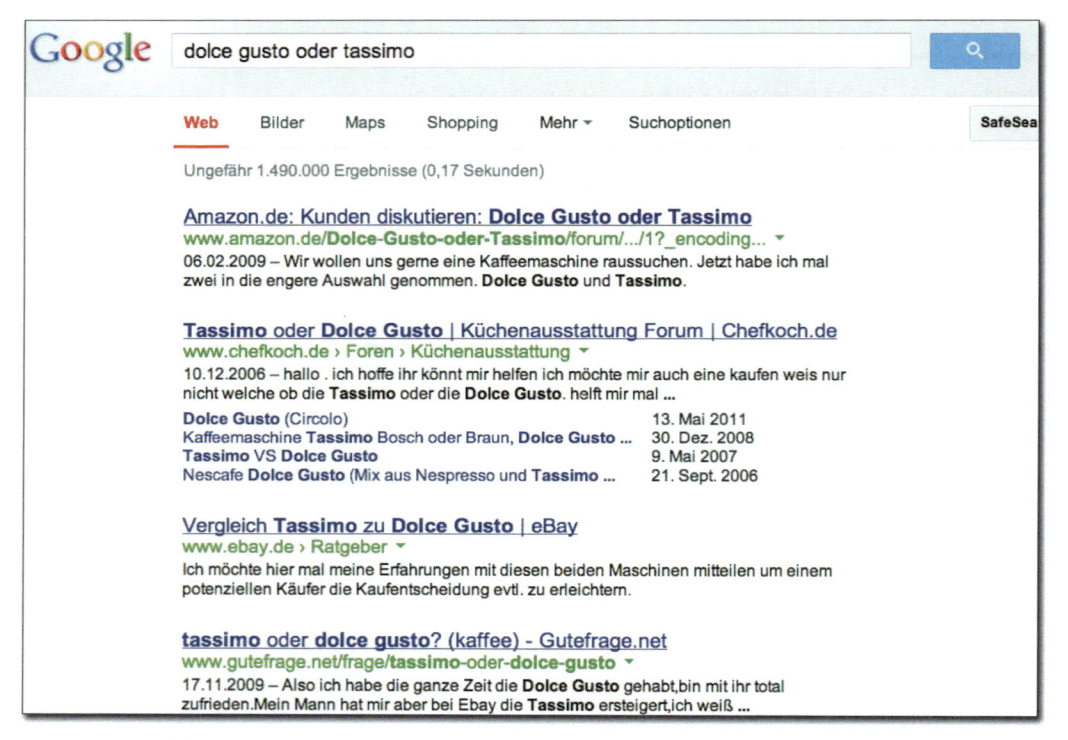

Abbildung 1.6   Erfahrungsberichte zu Kaffeekapsel-Maschinen

Die Studie »Trends im E-Commerce« der BITKOM unterlegt dies mit Zahlen:[13] 35 % der Käufer informieren sich vor dem Kauf im Geschäft in Blogs und Foren über das anvisierte Produkt, 73 % lesen sich die Bewertungen durch, bevor sie online eine Bestellung abschicken. Die Informationen auf der Herstellerseite studieren dagegen nur 51 %. Eine zusätzliche Herausforderung ist an der dieser Stelle, dass zufriedene Kunden deutlich weniger Bewertungen schreiben als unzufriedene. Diesen Umstand

---

12   http://www.marketingcenter.de/lmm/news/news_detail.php?we_oid=4660
13   http://www.bitkom.org/files/documents/BITKOM_E-Commerce_Studienbericht.pdf

unterstreicht eine interessante Zahl zu den Amazon-Bewertungen, bei denen satte 80 % der Rezensenten die schlechteste Bewertung (einen Stern) vergeben.

1.3.4 Fokus auf Beziehungen

Unternehmen, die mit dem direkten Ziel, den Umsatz zu erhöhen, in das Social Web einsteigen, werden enttäuscht sein. Mehrere Studien beweisen, dass Ansätze wie F-Commerce & Co. nicht die Erwartungen erfüllen, die Unternehmen haben. Strategien mit dem Fokus Customer Relationships, also dem Aufbau und Erhalt einer langfristigen Beziehung zu den Kunden, sind nachweislich erfolgreicher und können als Nebeneffekt sogar noch Mehrverkäufe verzeichnen. Das Warum ist hier ganz einfach – Menschen kaufen von Menschen und Marken, die Sie kennen, mögen und denen sie vertrauen. Nutzer möchten unterhalten, ernst genommen, gehört, verstanden und nach ihrer Meinung gefragt werden, eben ganz genauso wie in einer echten Beziehung.

Investiert ein Unternehmen in diese Faktoren, ist die Wahrscheinlichkeit höher, dass die Kaufentscheidung für das eigene Produkt oder die Dienstleistung fällt. Entsprechend sollten Sie sich platte Werbung und Verkaufsversuche sparen und lieber auf Inhalte setzen, die Ihre Zielgruppen zu Interaktion und Dialogen anregen. Seien Sie interessant, humorvoll und hilfreich, lassen Sie Ihre Fans bei Produktinnovationen mithelfen, oder bieten Sie Ihnen einen Mehrwert dafür, dass Sie sich offen zu Ihnen bekennen. Im Endeffekt geht es auch nur nebensächlich um Reichweite. Hohe Fan- oder Followerzahlen sind zwar ganz nett, aber der Aspekt, von dem Unternehmen wirklich profitieren, ist die Interaktion. Kaum ein anderes Medium hilft Unternehmen so sehr dabei, ihre Zielgruppe zu verstehen und ihre Kampagnen entsprechend so zu gestalten, dass diese bestmöglich angesprochen wird. Nutzen Sie diese Chance, um die Beziehungen lebendig zu halten.

1.3.5 Kundenservice auf einem neuen Level

Vor ein paar Jahren noch unvorstellbar, heute Best Practice – ein Kunde beschwert sich im Social Web, und das beklagte Unternehmen bietet in unter fünf Minuten seine Hilfe an, ohne dass der Kunde dieses direkt angesprochen hat.

Mit der Sichtbarkeit der Meinungen über Produkte und Dienstleistungen steigt die Bedeutung der Kundenzufriedenheit für die Unternehmen. Guter Kundenservice generell steigt in der Bedeutung und insbesondere der öffentlich sichtbare im Social Web ist maßgeblich für das Image eines Unternehmens mitverantwortlich. Immer mehr Unternehmen verstehen diesen Aspekt und wagen sich an diesen »Kundenservice 2.0« sowie die damit verbundenen Herausforderungen heran. Kunden im Netz erwarten deutlich schnellere Reaktionszeiten, lassen sich nicht mit

Ausreden hinhalten und erwarten eine persönliche Kommunikation auf Augenhöhe. Darüber hinaus ist die Interaktion zwischen Service-Mitarbeiter und Kunden bis zu einem bestimmten Punkt öffentlich sichtbar. Doch genau hier liegt die Chance, denn die Servicequalität beeinflusst die Kaufentscheidung. Guter Service macht entsprechend nicht nur den bestehenden Kunden zufrieden, sondern zieht potenziell auch neue Kunden an. Dass es sich lohnt, in diesen Sektor zu investieren, zeigt das Engagement der Telekom mit dem Telekom_hilft-Team. Die Telekom konnte in einer Studie in Zusammenarbeit mit der Universität St. Gallen deutliche positive Effekte auf Kundenzufriedenheit, -bindung und Servicequalität nachweisen. Dabei werden die Service-Chancen allein im Faktor Kundenbindung durch eine Reduzierung der Churn-Rate (Kündigungsrate) auf mehrere 100 Mio. € beziffert.[14]

Ein weiterer Aspekt des Kundenservices 2.0 ist das Phänomen »Kunden helfen Kunden«. Sprich, die eigenen Mitarbeiter werden durch aktive Mitglieder der Community, die anderen Mitgliedern helfen, entlastet. Für eine solche Dynamik sind jedoch sehr aktive und zufriedene Kunden notwendig, nicht jedes Unternehmen ist in der Lage, die kritische Masse zu erreichen. Wenn es gelingt, entsteht hier weiteres Potenzial für Einsparungen im Bereich Kundenservice.

Wie Sie sehen, bringt das Thema Social Media eine Reihe an Chancen, aber auch Anforderungen und Herausforderungen mit sich. In diesem Buch lernen Sie das notwendige Handwerkszeug dafür, Ihr Unternehmen oder Ihre Organisation grundlegend auf das Social Web vorzubereiten und Social Media erfolgreich zu nutzen. Bevor ich jedoch auf diesen aktiven Teil des Social Media Managements eingehe, möchte ich Ihnen das facettenreiche Berufsbild des Social Media Managers vorstellen.

---

14 *http://www.slideshare.net/CONRADCAINE/telekom-hilft-social-media-excellence-12*

TEIL 1
Berufsbild Social Media Manager

2 Der Social Media Manager – Berufsbild, Anforderungen und Aufgabengebiete

»Die eierlegende Wollmilchsau ist eine humoristisch-karikaturistische Verbindung aus Huhn, Schaf, Kuh und Schwein. Sie umfasst damit alles Positive ohne Nachteile, sie umfasst das Unumfassbare. Wenn also jemand oder etwas wie eine eierlegende Wollmilchsau ist, dann ist das ein paradoxer Alleskönner, der alle noch so schwierigen oder widersprüchlichen Anforderungen erfüllt.«
Gesellschaft für deutsche Sprache

Studiert man die Stellenanzeigen für Social Media Manager, bekommt man bisweilen das Gefühl, dieser sei ein Fabelwesen, die berühmt-berüchtigte eierlegende Wollmilchsau. Neben der Koordinierung der Social-Media-Aktivitäten soll er oder sie das Suchmaschinenmarketing übernehmen und sehr gute Kenntnisse in HTML und Flash mitbringen. Mein erster guter Rat an dieser Stelle: Nehmen Sie solche Stellenanzeigen nicht allzu ernst. Viele Unternehmen wissen nicht, was sie suchen, denn dieses Berufsbild ist genauso neu wie fremd. Oftmals versuchen Personalabteilungen an dieser Stelle einfach, mehrere Fliegen mit einer Klappe zu schlagen, und bringen alle Themen, die mit dem Internet zu tun haben, in einer Stellenanzeige unter. Als was sich das Berufsbild dann in der Realität entpuppt, ist ein ganz anderes Thema.

Ich zeige Ihnen im Verlauf dieses Kapitels, wie der Beruf wirklich aussieht, welche Aufgaben auf Sie zukommen werden und welche Anforderungen Sie idealerweise erfüllen sollten, um diese bestmöglich bewältigen zu können. Zum Ausklang habe ich für Sie fünf Social Media Manager mit ganz unterschiedlichen Schwerpunkten zu ihrem Arbeitsalltag interviewt. Den Abschluss des Kapitels bildet eine Checkliste, anhand derer Sie testen können, ob der Beruf etwas für Sie ist.

2.1 Das Berufsbild Social Media Manager

Das Wichtigste vorweg, es gibt kein einheitlich definiertes Berufsbild des Social Media Managers. Das hat primär drei Gründe:

1. **Die Entwicklung des Berufsbildes**
   Die Bezeichnung *Social Media Manager* ist noch relativ neu und im Endeffekt aus einer Diversifizierung des *Community Managers* entstanden. Auf diesen Zusammenhang gehe ich noch genauer in Abschnitt 2.1.1, »Geschichte des Berufsbildes«, ein.

2. **Der Kontext, in dem der Social Media Manager angestellt ist**
   Das erste große Unterscheidungskriterium ist die Anstellung in einem Unternehmen oder in einer Agentur. Der externe Social Media Manager (Agentur) hat in der Regel einen stärkeren Fokus auf dem beratenden und exekutiven Teil der Arbeit, während bei einem internen Social Media Manager der Schwerpunkt mehr auf der Koordination im Unternehmen selbst liegt. Ein weiteres Kriterium ist die Größe des Unternehmens. Während große Unternehmen eher in der Lage sind, ganze Teams für das Thema Social Media zu engagieren, ist der Verantwortungs- und Aufgabenbereich in kleinen und mittelständischen Unternehmen für den Einzelnen oft größer. Eine grobe Vorstellung vermittelt Ihnen hier die Studie »Social Media in deutschen Unternehmen« des Branchenverbandes BITKOM.[1] Demnach beschäftigen sich in Unternehmen mit bis zu 500 Mitarbeitern zu 87 % drei oder weniger Personen mit Social Media, nur 6 % dieser Unternehmen stellen hier vier oder mehr Mitarbeiter für diesen Bereich ab. In Unternehmen mit über 500 Mitarbeitern sind es zu 75 % drei oder weniger und zu 21 % vier oder mehr Mitarbeiter, die sich aktiv mit der Betreuung der Social-Media-Auftritte beschäftigen.

3. **Der Reifegrad des Social-Media-Engagements des Unternehmens**
   Steht ein Unternehmen noch ganz am Anfang des Engagements in den sozialen Medien, ist das Aufgabenprofil ein ganz anderes als bei einem Unternehmen, das bereits seit Jahren aktiv ist.

Das Berufsbild in diesem Buch basiert ausschließlich auf den Erfahrungen und der Evaluation von Praktikern. Dabei stütze ich mich einerseits auf die Studienergebnisse des Bundesverbandes Community Management e. V. für digitale Kommunikation und Social Media (BVCM) und andererseits auf persönliche Erfahrungen und Gespräche mit diesen und weiteren Experten der Branche.

Was ist der BVCM?

Der Bundesverband Community Management e. V. für digitale Kommunikation und Social Media ist der Berufsverband für Social Media und Community Manager in Deutschland. Der BVCM wurde im Jahr 2008 gegründet und hat mehr als 100 Mitglieder, die in diesen Berufen arbeiten. Auf Basis dieses immensen Erfahrungsschatzes tauschen sich die

---

[1] *http://bit.ly/16KkkIE*

> Mitglieder regelmäßig zu dem Themenkomplex Community und Social Media Management aus. In diesem Rahmen werden wissenschaftliche Studien durchgeführt und Handlungsempfehlungen für die Wirtschaft veröffentlicht.
>
> Erklärtes Ziel des BVCM ist es, das Berufsbild Community bzw. Social Media Manager weiter zu professionalisieren und eine entsprechende Wahrnehmung für den Berufszweig in der Wirtschaft zu schaffen. Weitere Informationen über den BVCM finden Sie unter *http://bvcm.org*.

2.1.1 Geschichte des Berufsbildes

Wie bereits in der Einführung erwähnt, ist das Berufsbild des Social Media Managers ein relativ neues Phänomen, das erst mit der Verbreitung des Begriffs *Social Media* in den Fokus rückte. Alles andere als neu dagegen ist das Berufsbild des Community Managers, der gleichzeitig die Vorstufe wie auch eine Variante des Social Media Managers ist.

Es war einmal, in den 1990er Jahren, zur Zeit der Verbreitung von Foren und Newsboards, als eine Position entstand, die sich um die Weiterentwicklung und Ordnung in diesen Communitys kümmerte. Damals wurde der Begriff *Community Manager* zwar noch nicht genutzt, aber die Grundlage für das Berufsbild war gelegt. Im Jahr 2000 veröffentlichte Amy Jo Kim mit »Community Building on the Web« eines der Standardwerke für Community Manager, und mit der ersten offiziellen Betitelung *Web 2.0* durch Tim O'Reiley 2005 wurde eine stärkere Wahrnehmung für diese Profession geschaffen. Jeremy Owyang wertete 2007 Stellenbeschreibungen für Community Manager aus und stellte auf dieser Basis die vier Grundsätze des Community Managers auf.[2]

Erst Mitte 2008 begann der Begriff *Social Media Manager* langsam an Bedeutung zu gewinnen. Den Verlauf dieser Entwicklung habe ich mit Google Trends (*http://www.google.com/trends*) für Sie visualisiert.

Sie sehen in Abbildung 2.1 den Vergleich der Suchanfragen weltweit zu den Begriffen »community manager« (rote Linie) und »social media manager« (blaue Linie) im Zeitraum von Januar 2008 bis April 2013. Bis Mitte 2008 liegen die Anfragen zum Social Media Manager auf der Nulllinie, das heißt, es gibt keine oder so wenige Anfragen, dass diese nicht dargestellt werden können. Nach diesem Zeitpunkt steigt das Volumen der Anfragen langsam an, und erst ab Mitte 2010 ist ein deutliches Wachstum sichtbar. Kurz vor diesem Zeitpunkt wurde Social Media zum absoluten Trend in Deutschland und immer mehr Unternehmen begriffen, dass ein Engagement mehr bedeutet, als eine Facebook-Seite zu haben.

---

[2] *http://bit.ly/16KkmR0*

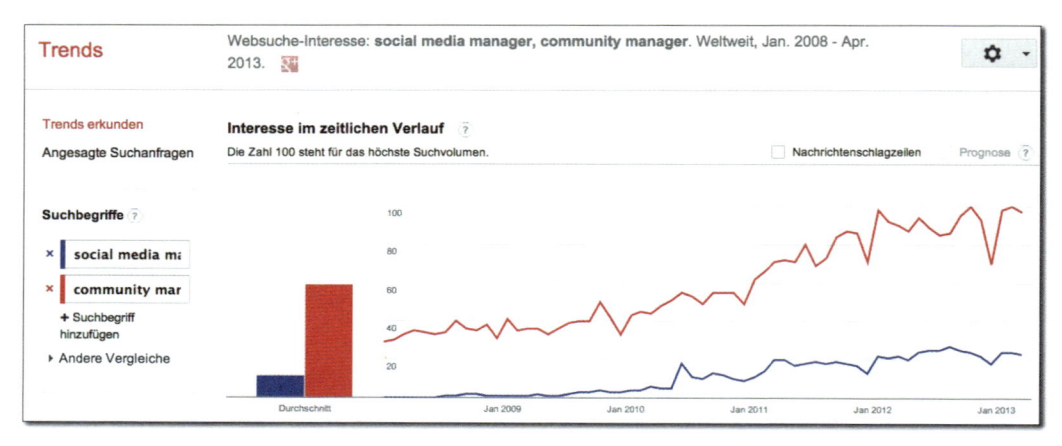

Abbildung 2.1 Die Begriffe »social media manager« und »community manager« in Google Trends

Der BVCM veröffentlichte kurz vor diesem Hype im Mai 2010 eine erste offizielle Definition für Community Management:

> »Community Management ist die Bezeichnung für alle Methoden und Tätigkeiten rund um Konzeption, Aufbau, Leitung, Betrieb, Betreuung und Optimierung von virtuellen Gemeinschaften sowie deren Entsprechung außerhalb des virtuellen Raumes. Unterschieden wird dabei zwischen operativen, den direkten Kontakt mit den Mitgliedern betreffenden, und strategischen, den übergeordneten Rahmen betreffenden, Aufgaben und Fragestellungen.«

Das Berufsbild des Community Managers hat sich im Zuge der Professionalisierung von Social Media im Unternehmen ausdifferenziert. Das, was in der obigen Definition unter Community Management zusammengefasst war, lässt sich heute in Community Management und Teilaspekte des Social Media Managements unterscheiden. Dabei wird der übergeordnete, strategische Rahmen des Social-Media-Engagements dem Social Media Manager zugeordnet.

Dieser kurze Ausflug in die Geschichte des Berufsbildes erklärt Ihnen, warum die Begriffe Social Media und Community Manager so eng verbunden sind und teilweise noch synonym verwendet werden. Die Abgrenzung der Berufsbilder folgt im nächsten Abschnitt.

2.1.2 Social Media (und) Community Manager

Die Abgrenzung zwischen den Berufsbildern des Social Media und Community Managers ist nicht ganz trivial, da die Grenzen fließend sind. Trotzdem möchte ich

Ihnen eine grobe Vorstellung davon mitgeben, wo die jeweiligen Schwerpunkte liegen.

Social Media Manager

Der Fokus des Social Media Managers liegt darauf, einen übergeordneten, strategischen Rahmen für das Social-Media-Engagement seines Unternehmens zu schaffen und diesen kontinuierlich weiterzuentwickeln. Dies gilt sowohl für den internen Rahmen, wie zum Beispiel die Prozesse im Unternehmen, als auch für den externen Rahmen, wie beispielsweise die Auswahl der Plattformen. Der Social Media Manager ist Dreh- und Angelpunkt des Social-Media-Engagements. Er bildet die Schnittstelle in alle beteiligten Abteilungen, plant, koordiniert, begleitet und überprüft unternehmensweit sämtliche Maßnahmen, die im Rahmen der Social-Media-Strategie notwendig sind. Zu der konkreten Ausgestaltung dieser Aufgaben komme ich gleich in Abschnitt 2.2, »Aufgaben des Social Media Managers«.

Community Manager

Die Kernaufgabe des Community Managers ist der direkte Dialog mit den Stakeholdern des Unternehmens online. Der Community Manager ist Gesicht und Markenbotschafter des Unternehmens und gleichzeitig das Sprachrohr der Kunden. Er ist verantwortlich für die Moderation der Unternehmensplattform(en) und steht in Zeiten der Krisenkommunikation an vorderster Front. Zur Aktivierung der Community gehört die Produktion von Inhalten genauso zu seinem Aufgabengebiet wie teilweise die Organisation und Durchführung von Events on- und offline. Auf strategischer Ebene hat er die Weiterentwicklung und Aktivierung der Community fest im Blick und weiß jederzeit, wie die Stimmung gerade ist. Perspektivisch ist die Leitung eines Teams möglich.

Nun kennen Sie die Theorie, in der Realität werden Sie immer wieder Social Media Manager finden, die zusätzlich den Dialog mit ihren Fans führen, und Community Manager, die für die gesamte Social-Media-Strategie verantwortlich sind.

2.2 Aufgaben des Social Media Managers

Es gibt sieben große Aufgabenbereiche, die Sie als Social Media Manager erwarten:

1. Strategie
2. Change Management/Überzeugungsarbeit
3. Monitoring/Reporting
4. Schnittstellenfunktion

5. Koordination sämtlicher Social-Media-Aktivitäten des Unternehmens
6. Qualitätssicherung von Inhalten
7. Führung der Junior Social Media Manager und des Community-Teams

Die Gewichtung der Bereiche ist je nach Reifegrad des Social-Media-Engagements Ihres Unternehmens komplett unterschiedlich. So spielt am Anfang eines Engagements das Thema »Koordination der Social-Media-Aktivitäten« so gut wie keine Rolle, während es später in den Mittelpunkt der Tätigkeit rückt.

Strategie

Die Ausarbeitung und kontinuierliche Weiterentwicklung der Strategie ist einer der Dreh- und Angelpunkte Ihrer Tätigkeit als Social Media Manager. Die Strategie und an welcher Stelle dieser Sie und Ihr Unternehmen sich gerade befinden, hat einen großen Einfluss auf Ihre Tagesgestaltung. Ist noch keine Strategie vorhanden, gilt es zunächst, sämtliche Informationen zu sammeln, damit eine Ausarbeitung dieser überhaupt möglich ist. Dieses Thema reicht vom internen Audit über die Analyse des Social Webs bis hin zur Evaluation der Ressourcen. In einem nächsten Schritt gilt es, Ziele und die passenden Kennzahlen zu definieren und entsprechende Maßnahmen zu formulieren. Dies wird einen guten Teil Ihrer Zeit beanspruchen, unabhängig davon, ob Sie mit einer Agentur zusammenarbeiten oder nicht. Das Arbeitspensum geht mit dem Start der Umsetzung in andere Bereiche über, die Überprüfung und Anpassung der Strategie wird sich jedoch als beständiger Posten in Ihren Aufgaben halten. Dieses Thema wird ausführlich in Abschnitt 6.1, »Die Social-Media-Strategie«, behandelt.

Change Management/Überzeugungsarbeit

Insbesondere in der Einführungsphase der Strategie werden Sie einen Großteil Ihrer Zeit damit verbringen, das Unternehmen in allen Belangen auf Social Media vorzubereiten. Sie helfen sämtlichen Abteilungen, sich auf die Anforderungen des Social Webs einzustellen und entsprechende Prozesse aufzusetzen oder dahingehend zu optimieren. Darüber hinaus müssen Sie Mitarbeiter in Ihrem Unternehmen davon überzeugen, dass Social Media eine gute Idee ist, etwa indem Sie Schulungen anbieten und in jeder Abteilung präsentieren, was Sie vorhaben und warum dies sinnvoll für das Unternehmen ist. Sie nehmen Mitarbeitern die Angst vor Shitstorms, durchbrechen langsam, aber sicher starre Hierarchien und sorgen dafür, dass Ihr Unternehmen nach innen wie außen so transparent wie nötig wird. Die Herausforderungen des Change Managements und wie Sie damit umgehen, stelle ich Ihnen im Abschnitt 6.5, »Change Management (interne ›Überzeugungsarbeit‹)«, vor.

Monitoring/Reporting

Das Themen *Monitoring* und *Reporting* können mitunter langwierig sein. Zunächst einmal gilt es, Konzepte für das Monitoring zu erstellen und entsprechend den richtigen Anbieter für die eigenen Bedürfnisse zu finden (dazu ausführlich in Abschnitt 6.4, »Social Media Monitoring und Measurement«). Der Umfang Ihres Monitorings bestimmt dabei die Reportingstruktur. Das bedeutet, je mehr Sie messen können, desto genauer werden auch die Zahlen, die Sie der Geschäftsleitung bieten können. Erfahrungsgemäß starten viele Unternehmen mit freien Tools und einer händischen Auswertung der Ergebnisse. Befinden Sie sich noch in diesem Stadium und haben Sie niemanden, der Sie dabei unterstützt, wird diese Tätigkeit einen guten Teil Ihrer Zeit beanspruchen. Werden Sie später von einer Agentur oder einem Mitarbeiter darin unterstützt, geht es in erster Linie darum, die geeigneten Strukturen für das Reporting an die unterschiedlichen Interessengruppen auszuarbeiten.

Schnittstellenfunktion

Als Social Media Manager nehmen Sie eine Schnittstellenfunktion zwischen den unterschiedlichen Abteilungen Ihres Unternehmens ein. Sie sind der Wissensträger, beantworten Fragen rund um Social Media und vermitteln zwischen den Interessen der Abteilungen. Sie helfen dabei, wenn die Personalabteilung ein Azubi-Blog ins Leben rufen möchte, und erklären der Marketingabteilung, warum es nicht die Beste Idee ist, ein iPad-Gewinnspiel auf Facebook zu machen (warum, lesen Sie in Abschnitt 9.2.12, »Gewinnspiele und Promotions«). Dieser Teil Ihrer Tätigkeit wird durchgehend eine Rolle in Ihrem Alltag spielen, sich aber mit der Zeit verändern. Steht Ihr Unternehmen noch ganz am Anfang eines Engagements, geht es zunächst darum, pro Abteilung einen oder besser zwei Ansprechpartner zu finden, die ihrerseits die Schnittstellenfunktion zu Ihnen übernehmen. Mit diesen gilt es dann zu klären, wo gemeinsame Ansatzpunkte gesehen werden und welche Informationen beide Seiten regelmäßig benötigen. Bei ausgeprägter Zusammenarbeit ist es sinnvoll, einen monatlichen Jour Fix einzuplanen, bei dem gegenseitig Themen besprochen werden können. Darüber hinaus sollte es ein Meeting im Monat geben, in dem alle Social-Media-Ansprechpartner zusammenkommen, um die Planung zu klären.

Koordination sämtlicher Social-Media-Aktivitäten

Eng mit der Schnittstellenfunktion hängt die Koordination sämtlicher Social-Media-Aktivitäten im Unternehmen zusammen. Sie sind dafür verantwortlich, dass jeder im Unternehmen weiß, was seine Aufgabe ist um dem Social-Media-Engagement zum Erfolg zu verhelfen. Sie erarbeiten den Redaktionsplan für das Unternehmensblog, verteilen Artikel auf Personen und sorgen dafür, dass diese rechtzeitig vorliegen. Sie stimmen mit der Grafik das neue Headerbild für Facebook und Google+ ab und liefern dem Marketing die URLs für den neuen Twitter-Support-Kanal, damit dieser in den nächsten Newsletter eingebaut werden kann. Besonders zu Beginn eines Engagements oder in kleinen und mittelständischen Unternehmen kann es gut sein, dass Sie als Social Media Manager eine Reihe von Aufgaben, wie zum Beispiel das Erstellen von Inhalten, selbst übernehmen müssen.

Qualitätssicherung von Inhalten

Bevor ein Blogbeitrag online geht oder ein Bild an wichtiger Stelle getauscht wird, gehen diese Inhalte über Ihren Tisch. Sie sind dafür verantwortlich, dass Texte, Bilder und Videos, die im Namen Ihres Unternehmens im Social Web veröffentlicht werden, einem gewissen Qualitätsstandard entsprechen. Diese Aufgabe kann unterschiedlich viel Zeit in Anspruch nehmen. Mal sind mehrere Abstimmungszyklen mit der Agentur nötig, dafür passt der Blogartikel im ersten Anlauf und umgekehrt.

Führung der Junior Social Media Manager und des Community-Teams

Eine Aufgabe, die in einem späteren Stadium des Engagements auf Sie zukommt, ist die Führung der Junior Social Media Manager und gegebenenfalls des Community-Teams.

2.3 Kompetenzmodell und Anforderungsprofil

Wir nähern uns den konkreten Anforderungen des Berufsbildes eines Social Media Managers mit Hilfe eines sogenannten *Kompetenzmodells*. Ein Kompetenzmodell fasst die Fähigkeiten, Fertigkeiten und Eigenschaften sowie das Wissen zusammen, das eine Person benötigt, um in einer bestimmten Position richtig gute Leistungen zu erbringen. Typischerweise sind Kompetenzmodelle in fünf Bereiche unterteilt (siehe Abbildung 2.2):

- fachliche Kompetenz
- Methodenkompetenz
- persönliche Kompetenz
- soziale Kompetenz
- Führungskompetenz

Im Folgenden werde ich Ihnen die fünf Kompetenzbereiche ausführlich vorstellen und abschließend in einem Anforderungsprofil übersichtlich zusammenfassen.

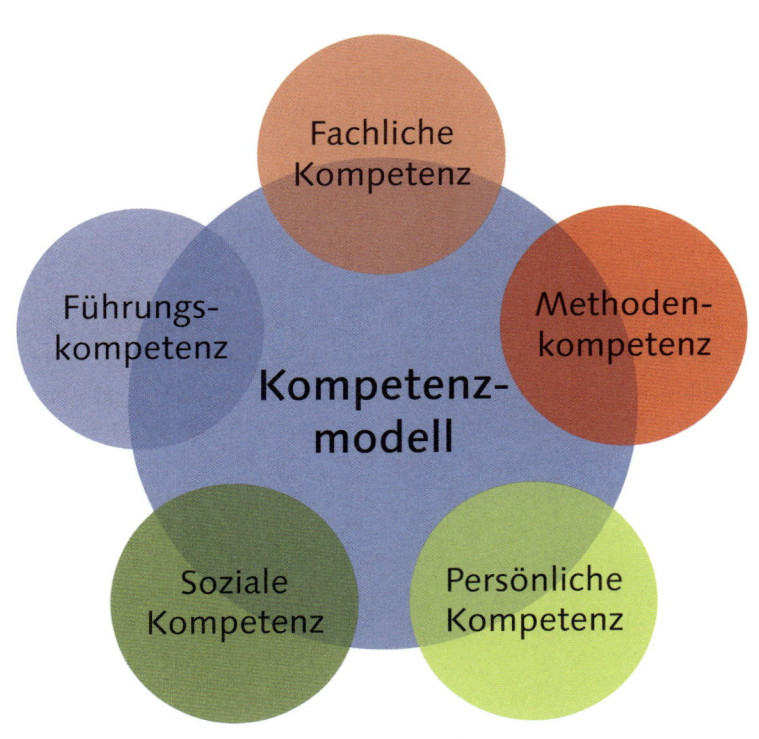

Abbildung 2.2 Bereiche des Kompetenzmodells

2.3.1 Fachliche Kompetenzen

»Unter Fachkompetenz, Sachkompetenz, Fachkenntnis, Fachkunde, Sachkunde, Fachwissen, Hardskill versteht man die Fähigkeit, berufstypische Aufgaben und Sachverhalte den theoretischen Anforderungen gemäß selbständig und eigenverantwortlich zu bewältigen. Die hierzu erforderlichen Fertigkeiten und Kenntnisse bestehen hauptsächlich aus Erfahrung, Verständnis fachspezifischer Fragestellungen und Zusammenhängen sowie der Fähigkeit, diese Probleme technisch einwandfrei und zielgerecht zu lösen.« (Wikipedia)

Lassen Sie sich von der langen Liste an fachlichen Anforderungen nicht verunsichern. Betrachten Sie diese Vielzahl an Kompetenzen als Werkzeugkasten, aus dem Sie, je nach konkreter Stelle, mal mehr und mal weniger Werkzeug benötigen.

Branchenkenntnisse

Als Social Media Manager müssen Sie sich in der Branche Ihres Unternehmens auskennen oder zumindest gewillt sein, eine Menge darüber zu lernen. Jede Branche hat ihre Eigenarten, aus denen Chancen, aber auch Risiken entstehen. Sind Sie branchenfremd, müssen Sie genau diese Besonderheiten aufspüren und in der Social-Media-Strategie berücksichtigen. Das bedeutet, Sie müssen sich auf die Branche einlassen, sich für die Themen begeistern können. Suchen Sie sich ein Unternehmen, das zu diesen Anforderungen passt, tauschen Sie sich mit Experten aus, und werden Sie selbst zu einem.

Soziale Netzwerke

Sie melden sich sofort in jedem neuen sozialen Netzwerk an, um es zu testen, und können gar nicht mehr zählen, wie viele Accounts Sie mittlerweile haben? So ausgeprägt muss Ihr Wissensdurst im Bereich soziale Netzwerke noch nicht einmal sein, verkehrt ist es jedoch nicht. Sie sollten die größten deutschen Netzwerke kennen und in diesen einen Account besitzen, den Sie aktiv nutzen. Idealerweise testen Sie dort, wo es möglich ist, auch die Funktionen, die für ein Unternehmen interessant sind. Zum Beispiel führen Sie die Facebook- und die Google+-Seite für Ihren Kung-Fu-Club oder Ihr Blog und laden Ihre Urlaubsvideos geschützt auf YouTube hoch, um hier die Funktionen kennenzulernen. Sie müssen stets auf dem neuesten Stand sein, welche Trends und Informationen in diesem Bereich aktuell sind. Darüber hinaus tauschen Sie sich gerne mit anderen Experten über diese Entwicklungen aus.

Marketing

Ein solides Grundwissen zum Thema Marketing ist für einen Social Media Manager unerlässlich. Sie verstehen Marketing im Sinne des beziehungstheoretischen Ansatzes als ganzheitliches Konzept mit der Zielsetzung, Kundenbeziehungen aufzubauen, zu stärken und zu erhalten. Sie müssen wissen, was eine Zielgruppe ist und wie man diese für eine Kampagne definiert. Ausdrücke wie ROI und KPI müssen Ihnen ebenso ein Begriff sein wie B2B und B2C.

Online Marketing

Ein weiterer Schwerpunkt in Ihrem Wissensschatz sind Teilgebiete des Online Marketings. Die Grundprinzipien des viralen Marketings sind Ihnen genauso bekannt wie die Begriffe *Suchmaschinenoptimierung* (kurz SEO für englisch *Search Engine Optimization*) und *Suchmaschinenmarketing* (kurz SEM für englisch *Search Engine Marketing*).

Sie wissen, dass gute Videos online wirken, und die »Tippexperience« (*http://www.youtube.com/user/tippexperience*) des Korrekturmittelherstellers Tipp-Ex gehört zu Ihren Vorbildern.

Was ist die »Tippexperience«?

Das Herz dieser Videokampagne war ein interaktives YouTube-Video (siehe Abbildung 2.3), bei dem die Nutzer den Satz »Ein Jäger ____ einen Bär« vervollständigen und sich dann das passende Video anzeigen lassen konnten. Dieses Konzept war mit mehr als 50 Millionen Klicks so erfolgreich, dass es ein Jahr später in einen zweiten Teil, eine virtuelle Zeitreise, ging.

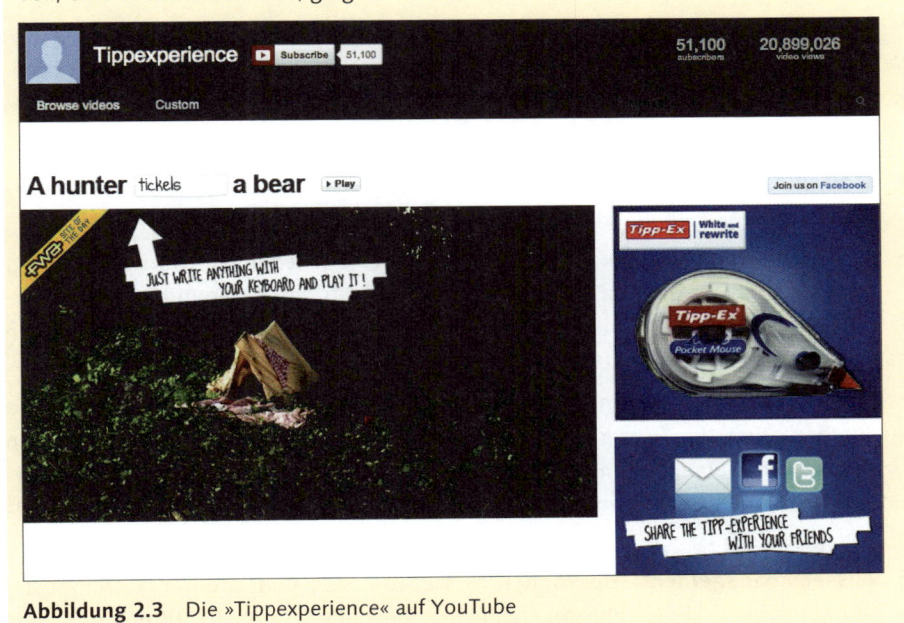

Abbildung 2.3   Die »Tippexperience« auf YouTube

Public Relations

Eine weitere Disziplin, in der ein Social Media Manager die Grundlagen kennen muss, ist das weite Feld der *Public Relations* (PR).

> »Das Hauptziel der externen Public Relations ist der strategische Aufbau einer Beziehung zwischen Organisationen (z B. Unternehmen, gemeinnützigen Institutionen, Parteien) einerseits und externen Stakeholdern (z. B. Kunden, Lieferanten, Aktionären, Arbeitnehmern, Spendern, Wählern) anderseits, um Sympathie und Verständnis dieser Gruppen gegenüber der Organisation zu erzeugen.« (Wikipedia)

In diesen Bereich fällt Wissen zu den Themen *Reputationsmanagement* und *Influencer Relations*, genauso wie *Agendasetting* und *interne Kommunikation*. Gute Inhalte zu erstellen und aufzuspüren, wird ebenso den Tugenden eines guten PRlers zugerechnet wie die Fähigkeit, in Krisenzeiten souverän zu kommunizieren.

Endsprechend ist eine enorm wichtiger Aspekt der PR die *Krisenkommunikation*, die Ihnen in Zeiten von Unruhen im Netz eine Grundlage für Ihre Social-Media-Aktivitäten bietet. Eine enge Zusammenarbeit mit der Unternehmenskommunikation ist unerlässlich. Auch hier gilt deshalb: Je genauer Sie sich auf diesem Gebiet auskennen, desto besser funktioniert ein Austausch auf Augenhöhe.

Organisation

Wissen darüber, wie Unternehmen funktionieren und welche Managementmethoden wann Ihren Einsatz finden, fällt ebenfalls in den Bereich der Must-Haves. Am wichtigsten sind hier vier Bereiche:

- **Strategie**: Sie müssen wissen, was eine Strategie ist und welche Schritte notwendig sind um eine zu erstellen.
- **Change Management**: Wandel in Unternehmen ist nie einfach, aber notwendig, wenn Sie Social Media in einem Unternehmen einführen. Sie müssen eine Vorstellung davon haben, wie Sie Ihr Unternehmen am besten auf die anstehenden Veränderungen vorbereiten.
- **Prozessmanagement**: Ein Unternehmen ist für Sie keine Black Box, sondern Sie durchschauen die Prozesse, die ablaufen. Sie erkennen, an welchen Stellen Social Media einen Mehrwert bringen kann bzw. wo Geschäftsprozesse angepasst werden müssen, um den Anforderungen der sozialen Medien standzuhalten.
- **Wissensmanagement**: Sie können Wissen bei sich und anderen systematisch aufbauen und schnell abrufbar ablegen. Sie helfen Ihrem Unternehmen, das geballte Wissen der Mitarbeiter sichtbar zu machen.

Allgemeinwissen

Sie verfügen über ein gutes Allgemeinwissen und sind interessiert daran, dieses ständig zu erweitern. Es bringt Ihnen Spaß, zu lernen, und Sie lesen regelmäßig Nachrichten und interessante Artikel und Bücher, um auf dem Laufenden zu bleiben, was in der Welt passiert. Trifft diese Beschreibung auf Sie zu? Sehr gut, denn ein breites Allgemeinwissen ist wichtig. In den Bereich des Allgemeinwissens fallen auch Rechtschreibsicherheit und eine gute Ausdrucksweise. Wenn Sie für ein Unternehmen nach außen sichtbar kommunizieren, müssen Sie in diesen Bereichen fit sein.

Juristische Kenntnisse

Jurist müssen Sie nicht sein, aber Kenntnisse über Recht im Internet sind absolut unerlässlich. Nur so können Sie sich und Ihr Unternehmen rechtssicher in den sozialen Medien bewegen. Zum Glück gibt es in diesem Bereich eine Reihe von

Experten, die Juristensprache allgemeinverständlich runterbrechen und es Ihnen damit einfach machen, die Grundlagen zu verinnerlichen.

Technische Kenntnisse

Als Social Media Manager verbringen Sie den Großteil des Tages vor Ihrem Mac oder PC, entsprechend sollten Sie versiert in der Anwendung Ihres Geräts sein. Sie wissen, wie Sie eine ansprechende Präsentation in PowerPoint bauen und können Auswertungen in Excel erstellen. Sie finden sich in Content-Management-Systemen (CMS), insbesondere Wordpress, zurecht und wissen auch, das CRM für eine Anwendung des *Customer Relationship Managements* steht. In kleinen und mittelständischen Unternehmen sind darüber hinaus Kenntnisse und Fertigkeiten in den Bereichen Fotografie, Videobearbeitung und Textredaktion sehr hilfreich.

Webtechnologien

HTML, CSS, XML und API sind für Sie keine kryptischen Akronyme, sondern Sie wissen, dass sich hinter diesen Abkürzungen Webtechnologien verstecken, mit denen man Anwendungen im Netz programmiert. Weitere Webtechnologien sind zum Beispiel Flash, Java und die Skriptsprachen Ruby, PHP sowie Python. Keine Sorge – Sie müssen nicht selbst Webseiten oder Facebook-Applikationen programmieren können, schaden täte es aber nicht. Was Sie sich aneignen sollten, sind Grundlagen in HTML. Diese Kenntnis hilft Ihnen enorm, wenn Sie einmal etwas online stellen möchten und keinen WYSIWYG-Editor zur Hand haben oder dieser unzureichende Ergebnisse liefert.

Was ist WYSIWYG?

Das Akronym WYSIWYG steht für »What you see is what you get« (Was du siehst ist, was du bekommst) und bezeichnet eine Eingabeoberfläche, in der Sie das Dokument genau so sehen, wie es später ausgegeben wird. Einen solchen Editor gibt es beispielsweise in dem Blogsystem WordPress. Sie geben Ihren Text in eine Word-ähnliche Oberfläche ein, während dieser im Hintergrund vom System in HTML übersetzt wird.

Webanalyse (Reporting, Monitoring)

Um beurteilen zu können, ob ein Social-Media-Engagement erfolgreich ist oder nicht, brauchen Sie Zahlen und müssen diese interpretieren können. Das bedeutet, Sie sind in der Lage, auf Basis der Unternehmensziele die passenden KPIs sowie die zugehörigen Kennzahlen zu definieren und mit Hilfe von Monitoring-Tools zu verfolgen. Darüber hinaus sind Sie fähig, die geeigneten Tools für Ihr Unternehmen zu vergleichen und auszuwählen.

Produktentwicklung

Grundkenntnisse zum Thema Produktentwicklung helfen Ihnen insbesondere in der Zusammenarbeit mit Agenturen und Entwicklern. Sie sollten in der Lage sein, Ihre Vorstellungen klar zu vermitteln und mit Hilfe eines Wireframes zu visualisieren. Darüber hinaus sollten Sie die Begriffe *Usability* und *User Experience* kennen und verstehen, was damit gemeint ist.

2.3.2 Methodenkompetenz

Methodenkompetenz bedeutet, dass Sie bestimmte Methoden beherrschen und fähig sind, diese unter wechselnden Bedingungen zur erfolgreichen Bewältigung einer Aufgabe einzusetzen. Entsprechend werden dem Bereich Methodenkompetenz jene Fähigkeiten zugeordnet, die es ermöglichen, Aufgaben und Probleme zu bewältigen, indem sie die Auswahl, Planung und Umsetzung einer Lösungsstrategie möglich machen. Als Social Media Manager müssen Sie die folgenden Methodenkompetenzen aufweisen.

Organisationskompetenz

Organisationskompetenz oder die Kunst, stets den Überblick zu behalten, ist eine essenzielle Fähigkeit für einen Social Media Manager. Sie müssen in der Lage sein, sich selbst zu organisieren, Ihre Aufgaben und Termine sorgfältig zu planen und Ihre Zeit entsprechend der Prioritäten aufzuteilen. Darüber hinaus müssen Sie stets in der Lage sein, wichtige Informationen auf Anhieb zu finden, das heißt, Sie müssen eine ordentliche Struktur für die Ablage von Wissen und Unterlagen haben.

Präsentationskompetenz

Ohne die Fähigkeit, komplexe Sachverhalte zielgruppengerecht aufzuarbeiten, zu visualisieren und vor einem Publikum zu präsentieren, werden Sie als Social Media Manager nicht weit kommen. Dabei geht es nicht nur darum, sich im Thema sehr gut auszukennen. Der Gesamteindruck einer Präsentation wird zu über 90 % von Körpersprache sowie Ausdrucks- und Stimmvermögen des Vortragenden bestimmt. Bedeutet, Sie dürfen keine Angst haben, vor einem Publikum zu präsentieren, idealerweise tun Sie dies souverän und eloquent. Darüber hinaus müssen Sie sich mit gängiger Präsentationstechnik auskennen und in der Lage sein, die Inhalte auf Ihre Zuhörer abzustimmen.

Moderationskompetenz

Ob in einem Meeting oder in einer Diskussion online, die Fähigkeit, ein Gespräch mit einer oder mehreren Personen so zu lenken, dass es zu einem bestmöglichen Ergebnis kommt, sollte zu Ihrem Repertoire gehören. Dazu gehört beispielsweise auch die Fähigkeit, angespannte Situationen zu deeskalieren und zerstrittene Parteien wieder zueinanderzuführen.

Konzeptionelle Fähigkeiten

Als Social Media Manager gehen Sie oft neue Wege, für die es noch keine bestimmte Vorgehensweise gibt. Aus diesem Grund müssen Sie in der Lage sein, ein Konzept zu entwickeln, dass Sie ans Ziel führt. Konzept bedeutet in diesem Zusammenhang, dass Sie einen Plan ausarbeiten, anhand dessen ein Projekt in einem bestimmten Zeitraum zum erfolgreichen Abschluss geführt wird. Diese Fähigkeiten benötigen Sie nicht nur im Projektmanagement selbst, schon die Vorbereitung einer Präsentation erfordert konzeptionelle Fähigkeiten von Ihnen. In beiden Fällen benötigen Sie eine Strategie, wie Sie bestmöglich ans Ziel gelangen.

2.3.3 Persönliche Kompetenzen

Social Media Management ist mehr als ein Job, es ist eine Lebenseinstellung. Haben Sie Spaß an Abwechslung und veränderlichen Herausforderungen, sind Sie webaffin, kreativ und neugierig? Dann wird Ihnen die Arbeit als Social Media Manager Spaß bringen. Wenn Sie wirklich viel Spaß an der Arbeit haben, können Sie als Social Media Manager viel erreichen. Das bedeutet, Sie müssen ein paar persönliche Voraussetzungen mitbringen, um sich so tief wie nötig auf Ihre Arbeit als Social Media Manager einlassen zu können.

Webaffinität

Ohne Netz geht es nicht. Wer nach dem Arbeitstag im Büro den Rechner nicht mehr anfassen möchte und sein Smartphone nur besitzt, um damit Musik zu hören, ist als Social Media Manager definitiv fehl am Platz. Eine große Affinität zum Netz und dessen Möglichkeiten muss sein, Sie müssen Spaß daran haben, die Chancen zu nutzen, mit diesen zu spielen und auch in Ihrer Freizeit damit zu »arbeiten«. Sie werden nicht die Gelegenheit haben, während Ihrer Arbeitszeit jedes soziale Netzwerk zu testen, und Sie werden auch öfter abendliche Branchentreffen in Ihrer Freizeit absolvieren müssen, das bringt auf die Dauer nur Spaß, wenn Sie das Thema wirklich verinnerlichen.

Offenheit und Spaß am Netzwerken

Um es knallhart zu sagen, als kontaktscheuer Eigenbrötler sollten Sie sich lieber einen anderen Beruf aussuchen. Eines der wichtigsten Assets eines Social Media Managers ist sein Netzwerk, und ein solches können Sie nur aufbauen, wenn Sie Spaß am Netzwerken haben und offen auf fremde Menschen zugehen können. Wenn Sie ein wenig schüchtern sind, ist dies aber kein Hindernis. Meine jahrelange

Erfahrung ist, die Menschen in der Social-Media-Branche manchen es einem wirklich einfach, ins Gespräch zu kommen.

Gute Manieren und Umgangsformen

Gute Manieren und Umgangsformen sollten selbstverständlich sein, sind aber scheinbar nicht mehr so in Mode wie früher. Online wie offline sind sie für einen Social Media Manager Pflicht. Sie sprechen und agieren für Ihr Unternehmen, selbst in Momenten, die Sie persönlich als privat wahrnehmen. Verhalten Sie sich deshalb stets höflich, respektvoll und freundlich. Sagen Sie danke, wenn Ihnen jemand hilft, und bitte, wenn Sie etwas haben möchten. Lassen Sie sich nicht öffentlich zum Fluchen oder zu doppeldeutigem Sarkasmus hinreißen, behalten Sie stets im Hinterkopf, wie Ihr Verhalten auf andere wirkt und auf Ihr Unternehmen zurückfällt.

Neugier und Lernbereitschaft

Kaum ein Bereich hat sich in den letzten Jahren so schnell weiterentwickelt wie die Technologie und die damit verbundenen Möglichkeiten. Wie es der Cartoonist John Atkinson (*http://wronghands1.wordpress.com*) so schön visualisiert (siehe Abbildung 2.4), gab es soziale Netzwerke und die Gepflogenheiten drumherum schon immer, nur die Wege haben sich grundlegend geändert.

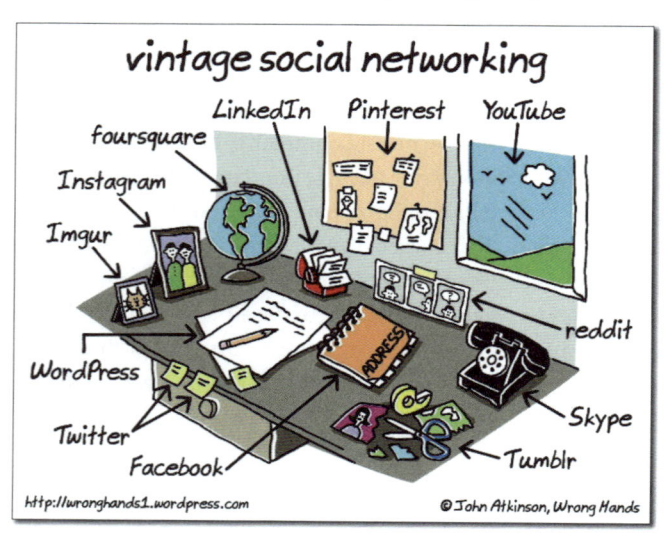

Abbildung 2.4   Das war damals Social Networking.

Mit dieser Entwicklung müssen Sie stets Schritt halten, das bedeutet, jeden Tag lernen, neugierig sein auf das, was da kommt, und Spaß daran haben, neue Dinge auszuprobieren. Darüber hinaus müssen Sie in der Lage sein, Neuigkeiten im Gesamtkontext zu sehen, damit Sie erkennen, was sinnvoll für Ihr Unternehmen ist und welchen Trend Sie auslassen können.

Kreativität

Social Media Manager müssen immer wieder improvisieren und dort kreative Lösungen finden, wo bisher das Ende des Horizonts war. Um die Ecke zu denken und unkonventionelle Ideen gehören zu Ihren Leidenschaften? Wenn Sie zusätzlich noch in der Lage sind, diese dann systematisch so aufzuarbeiten, dass sie unter Berücksichtigung von Zeit und Ressourcen umsetzbar sind, haben Sie die perfekte Voraussetzung.

Herzblut/Leidenschaft

Für mich eine der wichtigsten Eigenschaften eines Social Media Managers, er muss seinen Job mit Herzblut und Leidenschaft machen, in seiner Rolle aufgehen, komplett hinter seiner Aufgabe und seinem Arbeitgeber stehen. Das ist nicht immer einfach, und genau das ist der Punkt. Brennt jemand für seine Aufgabe, dann ist er mit 200 % dabei und viel eher bereit, auch einmal Rückschläge in Kauf zu nehmen. Darüber hinaus ist es viel einfacher, Menschen von etwas zu begeistern, wenn Sie selbst davon überzeugt sind.

Belastbarkeit, Frustrationstoleranz

Der Arbeitsalltag als Social Media Manager kann mitunter sehr stressig werden. Mehrere Abteilungen möchten gleichzeitig etwas von Ihnen, der Präsentationstermin für die Geschäftsführung wird zwei Tage vorverlegt und zur Krönung rollt gerade ein Shitstorm auf Ihr Unternehmen zu. Selbst unter solchen Umständen müssen Sie Ruhe bewahren können und gute Arbeit leisten. Auf der anderen Seite brauchen Sie viel Geduld, nicht jedes Social-Media-Engagement ist von Beginn an von Erfolg gekrönt. Gerade wenn die anfängliche Euphorie verflogen ist, sollten Sie sich von Rückschlägen nicht runterziehen lassen und sich Niederlagen nicht zu Herzen nehmen. Im Gegenteil, ein Misserfolg lässt Sie analysieren, was schiefgelaufen ist und wie Sie es im nächsten Anlauf besser machen können. Generell müssen Sie in der Lage sein, Ihre Ziele, selbst gegen die größten Wiederstände, fest im Auge zu behalten und diese konsequent zu verfolgen.

Flexibilität

Wenn Sie sich einen Beruf wünschen, der fest planbar ist und stets geregelte Arbeitszeiten bietet, dann werden Sie in dieser Position nicht glücklich. Die sozialen Medien interessieren sich nicht für Arbeitszeiten, und wenn es brennt, müssen Sie zur Stelle sein. Das kann bedeuten, dass Sie wie ich einmal, um vier Uhr morgens Ortszeit in Ihrem Hotelzimmer am anderen Ende der Welt sitzen und mit Ihrem Community-Team durch eine Krise navigieren. Es geht dabei aber nicht nur um zeitliche Flexibilität. Improvisation wird immer wieder auf der Tagesordnung stehen, und Sie dürfen sich nicht zu fein sein, dort mit anzupacken, wo es gerade nötig ist.

2.3.4 Soziale Kompetenzen

Sozialkompetenz bezeichnet die Kenntnisse und Fähigkeiten, die eine Person benötigt, um erfolgreich eine Beziehung zu anderen Menschen aufzubauen und zu erhalten. Sie steht für ein gutes Miteinander am Arbeitsplatz und für erfolgreiche Team- und Gruppenarbeit.

Teamfähigkeit

Ob in der Zusammenarbeit mit einem direkten oder einem abteilungsübergreifenden, interdisziplinären Team, Social Media Manager müssen teamfähig sein. Lösungen, die im Konsens innerhalb einer Gruppe erarbeitet werden, werden deutlich besser angenommen, als solche, die von außen kommen. Schon aus diesem Grund ist ein Einzelgänger, der Probleme damit hat, mit anderen zusammenzuarbeiten, in dieser Position fehl am Platz. Sie müssen Spaß daran haben, mit anderen gemeinsam an einem Strang zu ziehen.

Kommunikative Kompetenz

Ohne Kommunikation geht es nicht, denn sie ist die Basis für sämtliche Interaktionen, und als Social Media Manager besteht Ihr Tag überwiegend aus diesen. Kommunikative Kompetenz bedeutet, dass Sie effektiv, verständlich und bewusst kommunizieren können, Ihrem Gegenüber aufmerksam zuhören, verstehen, was dieses von Ihnen möchte, und darauf angemessen reagieren können. Damit ist nicht nur das gesprochene Wort gemeint, sondern insbesondere auch die Dinge, die zwischen den Zeilen stehen. Körperhaltung, Gestik und Mimik sagen oftmals mehr als tausend Worte.

Empathie

Empathie oder auch Einfühlungsvermögen ist die Fähigkeit, sich in eine andere Person hineinzuversetzen und die Welt aus deren Sichtweise und Perspektive zu sehen, kurzum, diese wirklich zu verstehen. Empathie ist die wichtigste Voraussetzung für den Beziehungsaufbau. Diese Eigenschaft ist für einen Social Media Manager elementar, denn Sie müssen in der Lage sein, die Bedürfnisse der unterschiedlichsten Menschen zu erkennen und non-verbale Botschaften zu verstehen.

Empathie versetzt Sie in die Lage, Ihr Gegenüber mit den Argumenten zu überzeugen, die für dieses wirklich relevant sind, und Konflikten vorzubeugen. Darüber hinaus werden empathische Menschen oftmals als besonders sympathisch wahrgenommen, weil Sie in der Sprache ihres Gegenübers sprechen können.

Diplomatische Fähigkeiten

Mein Lieblingsbeispiel für die Notwendigkeit von diplomatischen Fähigkeiten sind Verhandlungen mit der IT. Ohne die Hilfe dieser Abteilung geht es nicht, aber sie legt einem oft Steine in den Weg. Schon hier gilt es, zu verstehen, dass dies nicht aus Boshaftigkeit passiert und Sie keinen Gegner vor sich haben. Sie müssen in der Lage sein, die Beweggründe Ihres Gegenübers zu verstehen. In dem Beispiel der IT-Abteilung sind oftmals Sicherheitsbedenken der Grund für ein Veto. Entsprechend gilt es dann, gemeinsam eine Lösung zu finden, die für beide Seiten zufriedenstellend ist. Dabei verlieren Sie Ihr Ziel nie aus den Augen, aber sind bereit, neue Wege zu gehen.

2.3.5 Führungskompetenzen

Die nachfolgend aufgeführten drei Führungskompetenzen sind im Alltag eines Social Media Managers von großer Wichtigkeit.

Durchsetzungsvermögen

Durchsetzungsvermögen bezeichnet die Fähigkeit einer Person, gesetzte Ziele auch gegen den Widerstand von anderen Personen weiterzuverfolgen und zu erreichen. Auftretende Konflikte werden dabei offen und fair gelöst. Social Media Manager müssen oft gegen Widerstände arbeiten. In solchen Situationen müssen Sie in der Lage sein, Ihre Position entschieden zu vertreten und durchzusetzen. Sie dürfen keine Angst vor Obrigkeiten haben, sondern müssen sich trauen, einem Vorstandsvorsitzenden zu sagen, dass sein Auftrag so nicht ausgeführt werden kann.

Entscheidungskompetenz

Als Social Media Manager müssen Sie in der Lage sein, in schwierigen Situationen klare Entscheidung zu treffen und diese vor anderen zu vertreten. Das bedeutet, Sie behalten auch in Stresssituationen einen klaren Kopf und können auf Basis der Faktenlage Entscheidungen fällen, die Sie im Anschluss auch schlüssig gegenüber Außenstehenden begründen können.

Projektleitungsfähigkeit

In der Zusammenarbeit mit interdisziplinären Teams gilt es oft, unterschiedlichste Charaktere, sowohl in fachlicher als auch persönlicher Hinsicht, zu einem guten

Ergebnis zu führen. Diese Rolle müssen Sie ausfüllen, schon bei der Planung die unterschiedlichen Fähigkeit Ihrer Teammitglieder berücksichtigen und die Aufgaben optimal verteilen. Darüber hinaus sind Sie dafür verantwortlich, dass das Projekt termingerecht läuft.

2.3.6 Das Anforderungsprofil in der Übersicht

Sie kennen jetzt die grundsätzlichen Anforderungen an einen Social Media Manager und bekommen hoffentlich langsam ein Gefühl dafür, ob dieser Beruf zu Ihnen passt. Um Ihnen diesen Prozess weiter zu erleichtern, habe ich Ihnen in Tabelle 2.1 noch einmal sämtliche Kenntnisse und Fähigkeiten aufgelistet. Wie im bisherigen Kapitel ist die Tabelle in die Bereiche fachliche, methodische, persönliche, soziale und Führungskompetenzen unterteilt. Darüber hinaus sehen Sie eine Bewertung der Kriterien von eins bis drei. Dabei steht

- eins für wichtig,
- zwei für sehr wichtig und
- drei für unabdingbar

für einen Social Media Manager.

	1	2	3
Fachliche Kompetenzen			
Public Relations		x	
Branchenwissen		x	
soziale Netzwerke			x
Marketing		x	
Online Marketing		x	
Organisation		x	
Allgemeinwissen			x
juristische Kenntnisse	x		
technische Kenntnisse		x	
Webtechnologien	x		

Tabelle 2.1 Anforderungsprofil des Social Media Managers

	1	2	3
Webanalyse		×	
Produktentwicklung	×		
Methodenkompetenz			
konzeptionelle Fähigkeiten		×	
Organisationskompetenz			×
Präsentationsvermögen		×	
strukturiertes Denken			×
Innovationsfähigkeit und Kreativität			×
Moderation		×	
Persönliche Kompetenzen			
Webaffinität			×
Offenheit und Spaß am Netzwerken			×
gute Manieren und Umgangsformen			×
Neugier			×
Herzblut/Leidenschaft			×
diplomatisches Talent		×	
Belastbarkeit, Frustrationstoleranz			×
Flexibilität		×	
Urteilsfähigkeit			×
Soziale Kompetenzen			
Teamfähigkeit			×
kommunikative Kompetenz			×
Empathie			×
diplomatische Fähigkeiten			×

Tabelle 2.1 Anforderungsprofil des Social Media Managers (Forts.)

	1	2	3
Führungskompetenzen			
Durchsetzungsvermögen			✗
Entscheidungskompetenz			✗
Projektleitungsfähigkeit			✗

Tabelle 2.1 Anforderungsprofil des Social Media Managers (Forts.)

Vergleichen Sie Ihren aktuellen Wissensstand und Ihre Fähigkeiten mit den Anforderungen der Tabelle 2.1. Sollte Ihr aktuelles Profil an einer oder mehreren Stellen den Anforderungen (noch) nicht entsprechen, hilft Ihnen dieses Buch insbesondere in den Bereichen der fachlichen sowie der Methodenkompetenzen, was wiederum einen Ausstrahlungseffekt auf die übrigen Kompetenzbereiche hat. Darüber hinaus sollten Sie immer im Hinterkopf behalten, dass die Anforderungstabelle einen Baukasten aus Fähigkeiten repräsentiert, aus dem Sie in Ihrer konkreten Position gegebenenfalls nicht alle Werkzeuge benötigen. Wie dieses Bild in die Realität überführt aussieht, zeige ich Ihnen im folgenden Abschnitt.

2.4 Social Media Manager im Profil

Nirgends kann ich Ihnen das Berufsbild des Social Media Managers so authentisch vorstellen wie am lebenden Objekt. Aus diesem Grund habe ich für Sie mit sechs Social Media Managern aus den unterschiedlichsten Bereichen und auf verschiedenen Stufen Ihrer Karriere Interviews geführt. Diese Interviews geben Ihnen einen Einblick, wie das Berufsbild im Alltag aussehen kann. Darüber hinaus hat jeder einzelne Gesprächspartner wertvolle Tipps für Neueinsteiger in diesem Bereich parat.

2.4.1 Social Media Manager für einen Filialisten

Sascha Pfeiffer ist Social Media Manager für die expert AG in Hannover und baut dort das Thema von Beginn an auf.

Bitte stelle dich kurz einmal vor

Mein Name ist Sascha Pfeiffer, geboren 1986 und derzeit als Social Media Manager für die expert AG in Hannover tätig (Abbildung 2.5).

Abbildung 2.5 Sascha Pfeiffer

Was sind deine Hauptaufgaben, und wie sieht ein typischer Tag aus?

Man könnte es unter dem Begriff »Aufbau der digitalen Kommunikation« für die expert-Gruppe zusammenfassen. Bei unseren weit über 400 Fachmärkten handelt es sich um eigenständige Unternehmen, was bedeutet, es gilt, keine Social-Media-Strategie für ein, sondern für unzählige Unternehmen aufzusetzen. Dabei ist es natürlich wichtig, beim Aufbau auf die Bedürfnisse der einzelnen Abteilungen und Fachmärkte zu hören und nicht irgendetwas aufzuzwingen. Nach diesem Grundsatz richtet sich dann auch mein Tagesgeschäft. Auf der einen Seite der operative Part, mit der Pflege des Blogs durch die Aggregation von Neuigkeiten aus der Blogosphäre, dem Testen von Produkten oder dem direkten Gespräch mit den Herstellern. Dazu kommt dann noch das Community Management der verschiedenen Kanäle und der dazugehörende Kundensupport. Auf der anderen Seite die strategische Umsetzung, Schulung von Fachmärkten, Personal und Kollegen vor Ort, Meetings, anfertigen von Reports und was noch alles dazu gehört, Social Media ankommen zu lassen.

Wie hast du dich für deine Position qualifiziert?

Ursprünglich habe ich mal Bürokaufmann gelernt und danach an einem Wirtschaftsgymnasium mein Fachabitur gemacht. Anschließend habe ich in der Filmindustrie gearbeitet und war dort neben Content Management für den Aufbau der Internetpiraterie-Verfolgung zuständig. Irgendwann zog es mich aber in die große Stadt, nach Berlin. Dort fing ich bei Groupon an und wechselte über den Sales-Bereich relativ schnell ins Social-Media-Team aufgrund meines privaten Engagements in vielen unterschiedlichen Communitys. Nebenher immatrikulierte ich mich an der FOM Berlin für das Studienfach Wirtschaftsinformatik. Als ob das noch nicht genug wäre, gab ich Vorträge und Vorlesungen, machte mich in der Beratung von Unternehmen und Start-ups stark und engagierte mich im BVCM e. V. Ende 2011 wurde ich auf die offene Stelle bei expert in Hannover angesprochen und wechselte zum Elektronikfachhändler.

Was ist die wichtigste Fähigkeit/Eigenschaft, die ein Social Media Manager mitbringen muss?

Um als Social Media Manager eingestellt zu werden, ist oft ein Studium in Richtung Journalismus, PR und Marketing unabdingbar, dazu am besten Erfahrungen durch vorherige Tätigkeiten wie eine Festanstellung oder Praktika im Bereich Social Media.

Das ist aber nur die eine Seite! Um dann auch im Alltag überleben zu können, muss ein guter Social Media Manager viel an Empathie und das richtige Fingerspitzengefühl bei Sätzen und Texten im Umgang mit dem Kunden mitbringen, darüber hinaus eine hohe Kreativität, die sich in der Erstellung von Beiträgen und einer abteilungsübergreifenden Social-Media-Strategie manifestiert, dazu natürlich noch eine Prise Leidensfähigkeit. So gesehen, gibt es also nicht *die* wichtigste Fähigkeit oder Eigenschaft. Bei dem Berufsbild ist derzeit der Mix noch sehr wichtig.

Welchen Tipp würdest du einem Neueinsteiger geben?

Um jeden Preis Praxiserfahrung sammeln! Solange es noch keinen wirklichen Standard in der Ausbildung von Social Media Managern gibt, ist Berufserfahrung das einzige, das einen weiterbringt. Dazu gehört auch, die deutschlandweit stattfindenden Stammtische und Barcamps zu besuchen, um sich auszutauschen. Der Berufszweig ist zum Glück sehr offen gegenüber ernsthaft interessierten Neueinsteigern.

2.4.2 Social Media Manager im Verlag

Cathrin Mittermeier ist Social Media Managerin bei der Burda Intermedia Publishing GmbH und arbeitet dort in einem dreiköpfigen Social-Media-Team.

Bitte stelle dich kurz einmal vor

Mein Name ist Cathrin Mittermeier. Ich bin seit Februar 2012 für den Burda Verlag tätig; anfangs als Social Media & Event Manager für die DLD Konferenz und mittlerweile für das Social Media Management bei der Burda Intermedia Publishing GmbH (siehe Abbildung 2.6). Innerhalb dieses Unternehmens bündelt Hubert Burda Media wesentliche Teile der medienübergreifenden und digitalen Aktivitäten des inländischen Verlagsbereichs: von Websites über mobile Angebote, Social-Media-Präsenzen, diverse Fernsehformate bis hin zu Merchandising-Produkten der Verlagsmarken.

Abbildung 2.6 Cathrin Mittermeier

Neben meiner beruflichen Social-Media-Tätigkeit bin ich natürlich auch privat im Social Web unterwegs – und mein Herz gehört vor allem Twitter. Unter dem Motto »Eat. Sleep. Tweet.« bin ich dort als @MunichCat zu finden. Außerdem bin ich Gründungsmitglied des ersten deutschen kuratierten Twitter-Accounts @MunichLovesU.

Was sind deine Hauptaufgaben, und wie sieht ein typischer Tag aus?

Ich bin Teil eines mittlerweile dreiköpfigen Social-Media-Teams innerhalb der Burda Intermedia Publishing GmbH. Wir sind zuständig für die Social-Media-Strategieentwicklung für Marken, wie beispielsweise ELLE, InStyle, freundin, BUNTE, daskochrezept oder unsere Word-of-Mouth-Plattformen. Dabei gibt es natürlich viele Berührungspunkte mit anderen Einheiten: Wir arbeiten eng mit Vermarktung, Technik und natürlich den Redaktionen zusammen. Für die operativ agierenden Markenverantwortlichen halten wir regelmäßig Social-Media-Schulungen und Vorträge ab. Wir verantworten die Strategieumsetzung und aktives Community Management sowie das kontinuierliche Monitoring und Reporting für die Marken der Burda Intermedia Publishing.

Ein »typisches Tagesgeschäft« gibt es eigentlich nicht, jeder Tag ist anders. Mal steht eine Strategie- oder Kampagnenentwicklung im Vordergrund, mal nimmt einen die plötzliche Krisenkommunikation auf einer Plattform unerwartet völlig in Anspruch. Auch kleinere Programmierarbeiten, beispielsweise für Facebook-Gewinnspiele, fallen regelmäßig an. Zusätzlich habe ich immer ein Auge auf relevante Blogs, um über die neuesten Trends und Entwicklungen auf Facebook, Twitter & Co. auf dem Laufenden zu bleiben.

Wie hast du dich für deine Position qualifiziert?

Ich habe einen Magisterabschluss in Germanistik und Anglistik, wobei ich mich in den Nebenfächern bereits mit PR, Werbung und Kommunikation befasst habe. Schon während des Studiums habe ich Praktika und Werkstudententätigkeiten im Bereich Unternehmenskommunikation absolviert. Nach der Uni habe ich den Berufseinstieg über ein Volontariat in einer PR-Agentur gewählt und habe dort meine Leidenschaft für Social Media entdeckt. Von da an habe ich durch regelmäßige Besuche von Social-Media-Veranstaltungen meinen Erfahrungsschatz und mein Netzwerk in diesem Bereich erweitert und vertieft ... und tue dies heute noch.

Was ist aus deiner Sicht die wichtigste Fähigkeit/Eigenschaft, die ein Social Media Manager mitbringen muss?

Ich halte Social Media Manager für kommunikationsstarke Allrounder. Je nachdem, ob man vornehmlich als strategischer Social Media Manager und/oder operativer Community Manager tätig ist, unterscheidet sich das Anforderungsprofil natürlich. Auf jeden Fall sollte man eine hohe Online-Affinität und Begeisterung für neue Medien, Innovationen, Technologien und digitale Trends mitbringen – sonst wird einem der Beruf auf Dauer keinen Spaß machen. Außerdem ist eine gewisse »Always-on«-Mentalität sicher von Vorteil, denn das Internet schläft nie, und die Community ist auch nach Büroschluss und am Wochenende noch aktiv.

Welche Tipps würdest du einem Neueinsteiger geben?

Ausprobieren und netzwerken! Sei offen für die verschiedenen Plattformen, und sammle Erfahrungen, indem du selbst facebookst und twitterst, pinnst und so weiter. Ein Praktikum oder Werkstudententätigkeit schaffen zusätzlich benötigst du wertvolles Praxis-Know-how. Außerdem kann dieses Hineinschnuppern in den Bereich dabei helfen, herauszufinden, ob sich das private Interesse für soziale Medien auch mit den unternehmerischen Anforderungen an den Beruf deckt.

Mir hat es außerdem sehr geholfen, Social-Media-Veranstaltungen zu besuchen und mir so ein Netzwerk aus Kontakten in diesem Bereich aufzubauen. Der Austausch mit anderen ist gerade im diesem Berufsfeld sehr hilfreich und wichtig. In vielen größeren Städten gibt es regelmäßige, zum Teil kostenfreie Events: Von Twittagessen (*www.twittagessen.de*) über den Social Media Club (*www.socialmedia-club.org*) bis hin zu Barcamps (*www.barcamps.net*) ist das Angebot vielfältig und wirklich großartig. Einfach mal vorbeischauen und vor allem Spaß dabei haben!

2.4.3 Der Senior Social Media Manager

Carmen Hillebrand ist Leiterin Social Media bei der Metro Group und kann auf langjährige Erfahrungen in dem Bereich zurückblicken. Sie war selbst in der Position als Social Media Managerin tätig und hat das Thema Social Media, inklusive des Metro-Genuss-Blogs, im Hause Metro aufgebaut. Neben Ihrer Rolle als Gesicht von Metro ist sie unter anderem verantwortlich für Neueinstellungen in dem Bereich.

Bitte stelle dich kurz einmal vor (wer bist du, was machst du?)

Ich bin Carmen Hillebrand, Abteilungsleiterin Digital Marketing & Social Media bei dem Großhändler METRO Cash & Carry Deutschland (siehe Abbildung 2.7). Dort verantworte ich den strategischen Auftritt des Unternehmens in sozialen Medien und das E-Mail-Marketing. Das schließt sowohl den Dialog mit Multiplikatoren ein als auch die Chefredaktion unserer Social-Media-Kanäle, die da wären: METRO Genussblog (*http://www.metro-genussblog.de*), Facebook (*http://www.facebook.com/metro.deutschland*) und YouTube (*http://www.youtube.com/metrogrossmarkt*). Vor meinem Eintritt in die Großhandelswelt im September 2011 war ich Pressesprecherin Consumer & Social Media bei Vodafone Deutschland. Das erklärt nicht zuletzt meine Liebe zu Gadgets und Technik. Darüber hinaus kann ich mich nicht anders bezeichnen als Genussfanatikerin, die, wenn ihr etwas schmeckt, gerne tiefer in die Materie eintaucht. Mir wird nachgesagt, dass ich mich ganz gut mit Single Malt Whisky auskenne und ganz anständig kochen kann.

Abbildung 2.7 Carmen Hillebrand

Was sind deine Hauptaufgaben, und wie sieht ein typischer Tag aus?

Mein Social-Media-Tagesablauf jenseits des E-Mail-Marketings ist abwechslungsreich und nie gleich. Morgens werfe ich mit der ersten Tasse Tee am Tag zunächst einen Blick auf unsere verschiedenen Social-Media-Plattformen und überprüfe, ob dort Reaktionsbedarf besteht, dann checke ich meine E-Mails und werfe einen Blick in Twitter & Co., um zu sehen, was gerade in der »Social-Media-Szene«

diskutiert wird. Zuletzt lese ich den Pressespiegel und gehe meinen Feed durch. Dann widme ich mich der Pflege der bestehenden Kanäle, dem Aufbau des internen Netzwerkes/der internen Prozesse und dem internen Marketing für das Thema Social Media. Genau dieser Punkt wird häufig unterschätzt. Schließlich ist nicht jeder so Social-Media-verrückt wie ich mit zwei Smartphones, Laptop und iPad. Es gilt, jeden Tag aufs Neue, die Kollegen einzubinden und den Nutzen von Social Media aufzuzeigen. Die Spanne reicht von der Autoren- und Themensuche über das Redigieren von Texten, Artikel schreiben, unser Social-Media-Konzept präsentieren bis hin zu Informationsmeetings. Meine Kreativität wird natürlich auch gefordert. So entwickle ich Social-Media-Strategien für anstehende Messen und Produktlaunches. Dabei darf der Austausch mit Multiplikatoren nicht fehlen: Ich tausche mich gerne mit ersten Ideen direkt mit Food-, Wein- und Bierbloggern aus. Abends treffe ich mich regelmäßig offline in gemütlicher Runde mit anderen Social-Media-affinen Menschen, unter ihnen auch einige Corporate Social Media Manager, um dann den Tag mit einem kurzen Blick auf unsere eigenen Kanäle wie Facebook & Co. abzuschließen.

Wie hast du dich für deine Position qualifiziert? (Welche Ausbildung hast du?)

Ich habe englische und spanische Literaturwissenschaft studiert mit dem Abschluss Magistra Artium und war mal so etwas wie eine Shakespeare-Fachfrau, zumindest vor 13 Jahren. Qualifiziert für den Job hat mich sicherlich die im Studium stattfindende Auseinandersetzung mit Sprache und Interpretation von Texten. Dazu kommt meine breitgefächerte Erfahrung durch verschiedene Jobs während meines Studiums. Ich saß an Produkt- und Servicehotlines, habe wissenschaftliche Umfragen durchgeführt und habe mir mit Assistenz- und Übersetzungstätigkeiten das Studium finanziert, um nur ein paar Beispiele zu nennen. Kurz: Die Kommunikation mit Menschen stand für mich schon immer klar im Fokus. Nach dem Studium hatte ich Glück, direkt in die PR zu kommen, und zwar ohne Volontariat. Mittlerweile blicke ich zurück auf mehr als 12 Jahre in diesem Berufsfeld, vornehmlich im IT- oder Telekommunikationsumfeld. Das Spektrum meiner PR-Erfahrung reicht von interner Kommunikation – inklusive der Chefredaktion des zweisprachigen Hausmagazins – über internationale PR mit dem Aufbau eines internationalen Agenturnetzwerkes bis hin zu klassischer Produkt- und Lifestyle-PR, zu strategischer Öffentlichkeitsarbeit und Social Media. Ich beschäftige mich mit dem Bereich, der damals noch Web 2.0 hieß, seit 2007. Als zuletzt Pressesprecherin bei Vodafone habe ich 2009 den ersten Twitter-Account @vodafone_de des Unternehmens eröffnet und das Corporate Vodafone Blog aus der Taufe gehoben. Ich denke, dass mich die Sensibilität, die ich im Laufe der Jahre für Storys und mögliche kritische Themen entwickelt habe, neben meiner – wie man so schön sagt – ausgeprägten Schreibe und Kreativität auf diesen Job sehr gut vorbereitet haben.

Was ist die wichtigste Fähigkeit/Eigenschaft, die ein Social Media Manager mitbringen muss? Worauf achtest du, wenn du einen Social Media Manager einstellst?

Auch wenn das jetzt hart klingen mag, ein Social-Media-Zertifikat reicht als Einstellungskriterium nicht aus. Es gibt mir hier zu viele Anbieter, die suggerieren, dass man in zwei Wochen Social Media Manager werden kann. Dem ist nicht so. Erfahrung zählt. Und die kann ich nicht in einem Hauruck-Kurs lernen. Mir ist klar, dass gerade in Deutschland ein Zertifikat mehr wiegt als Praxiserfahrung, das gilt aber nicht für Social Media. Ein Social Media Manager sollte dialogstark sein, vielseitig interessiert, Empathie und eine gute Schreibe haben. Er sollte in der Lage sein, über den Tellerrand zu denken, sich mit allen Abteilungen zu vernetzen und Social Media als einen Teil der Gesamtkommunikation eines Unternehmens zu begreifen. Darüber hinaus sollte er ein guter Netzwerker sein und vor allem selbst das Thema Social Media leben. Wir haben es hier schließlich mit einem Bereich zu tun, den man nicht ablegen kann wie eine Uniform. Das soll jedoch nicht bedeuten, dass ich 24/7 online bin.

Welchen Tipp würdest du einem Neueinsteiger geben?

Als PR-Frau würde ich ihr oder ihm vorschlagen, ein Volontariat bei einer Agentur oder einem Unternehmen zu machen. Dort können gute Grundlagen erlernt werden, auf was man in der Kommunikation in der Praxis achten sollte. Das sollte sich aber idealerweise nicht nur auf die etablierten Stakeholder wie Journalisten beschränken, sondern auch die Multiplikatoren im Netz berücksichtigen. Sicherlich sind auch andere Wege möglich, über das Marketing, über den Kundenservice oder über Human Resources. Insbesondere im Marketing gilt es jedoch, über die Werbebrille hinwegzuschauen. Abschließend möchte ich noch mal betonen, dass Social Media gelebt werden muss.

2.4.4 Social Media Community Manager in der Agentur

Jennifer Herzog arbeitet als Social Media Managerin für die Hamburger Agentur Neteye und gibt uns einen Einblick in Ihren Arbeitsalltag als Social Media Manager in einer Agentur.

Bitte stelle dich kurz einmal vor

Ich bin Jennifer Herzog, bei Twitter @Schnuppe, bei Instagram @Frau_Herzog, und arbeite als Social Media Manager in der Hamburger Agentur Neteye (siehe Abbildung 2.8).

Abbildung 2.8 Jennifer Herzog

Was sind deine Hauptaufgaben, und wie sieht ein typischer Tag aus?

Ich arbeite mittlerweile von Düsseldorf aus für Neteye. Dort betreue ich vor allem die Social-Media-Aktivitäten eines Kunden. Ich bin Community Managerin, was in dem Beruf des Social Media Managers immanent zu sein scheint. Ich monitore täglich die Seiten, auf denen der Kunde im Bereich Social Media aktiv ist. Ich erstelle Redaktionspläne und entwickle zusammen mit meinen Kollegen aus der Kreation Bilder für unsere Postings. Ich texte Posts und antworte auf Anfragen, fertige Reportings an und stehe im steten Austausch mit dem Kunden sowie mit den Kollegen. Natürlich gehören auch ständiges Schreiben von E-Mails sowie schnelle und kurze Reaktionszeiten zu meinem »Daily Business«. Ich lese viel, probiere täglich neue Kanäle, Anwendungen und Apps aus und halte mich über Innovationen auf dem Laufenden. Außerdem ist immer Musik da.

Wie hast du dich für deine Position qualifiziert?

Während der Schule habe ich beim Radio gearbeitet und während meines Studiums beim Hochschulradio und beim ZDF. Durch meine Arbeit dort und durch Freunde habe ich Wind von Barcamps und »diesem neuen Kram im Internet« bekommen und war auf der Stelle angesteckt.

Ich habe einen Abschluss in Geografie und Politikwissenschaft. Meine Faszination für das Web 2.0 wurde zur Leidenschaft. Eines meiner wichtigsten Praktika im Landtag NRW habe ich über XING bekommen, eher durch Zufall. Meinen ersten richtigen Job habe ich im Grunde über Twitter akquiriert. Meinen aktuellen Job bekam ich durch einen zufälligen Kontakt auf der re:publica. Qualifiziert habe ich mich also zum einen durch meine Erfahrung mit dem Social Web und durch Kommunikationsfähigkeit. Zum anderen wird es wohl auch mit meiner Liebe für das

Internet, Bilder und Kommunikation zusammenhängen. Ich liebe all die Möglichkeiten, die wir haben, würden wir sie nur nutzen. Auch die Teilnahme an Barcamps und der re:publica haben dazu beigetragen.

Was ist die wichtigste Fähigkeit/Eigenschaft, die ein Social Media Manager mitbringen muss?

Das lässt sich für mich nicht auf eine Eigenschaft beschränken. Das ist mir zu wenig. Für mich sind es Empathie, soziale Intelligenz sowie Verständnis für Menschen, Marken und Social Media und natürlich Kommunikationsfähigkeit. Es geht ja in der Hauptsache um Interaktion. Außerdem braucht es Durchsetzungsvermögen. Ein dickes Fell schadet auch nicht.

Welchen Tipp würdest du einem Neueinsteiger geben?

Mach keinen IHK-Kurs! Verlose kein iPad. Niemals. Lebe Social Media – nur so lernst du es. Besuche Barcamps und Veranstaltungen wie die re:publica. Tausche dich mit Leuten aus, die Erfahrung in dem Bereich haben.

2.4.5 Social Media Manager im internationalen Kontext

Nadja Waldraff verantwortete über fünf Jahre hinweg die Social-Media-Engagements der Reiseplattform HolidayCheck in der DACH-Region und coachte ihre internationalen Kollegen beim Aufbau der Präsenzen in sieben weiteren Sprachen.

Bitte stelle dich kurz einmal vor

Ich bin Nadja Waldraff, kurz vor den 30ern und gebürtig aus dem mediterranen Teil Deutschlands – vom Bodensee (siehe Abbildung 2.9).

Abbildung 2.9   Nadja Waldraff

Nachdem ich das Abitur in der Tasche hatte, bin ich nach Heidelberg gegangen, um mich dort zum Bachelor in International Business and Tourism Management ausbilden zu lassen. Zurück am Bodensee bin ich direkt bei HolidayCheck als Praktikantin im Marketing eingestiegen. Dort habe ich als Marketing Manager die Stationen PR, Newsletter und Blog durchlaufen, um letztendlich die Aufgabe Social Media Marketing für mich zu entdecken und im Unternehmen zu etablieren – das war ca. Ende 2008, als Social Media Marketing an sich noch sehr neu war. Nach dem Großziehen der HolidayCheck-Social-Media-Präsenzen begleite ich nun verschiedene Unternehmen auf ihrem Weg ins Social Web und unterstütze sie von der Strategie über den Redaktionsplan bis hin zum Community Management.

Was waren deine Hauptaufgaben als SMM, und wie sah ein typischer Tag aus?

Meine Aufgaben umfassten dabei wirklich alles – Konzeption und Strategie, Redaktion und Community Management, interne Werbung für das Thema Social Media, Facebook Advertising, Kampagnen und Aktionen, Controlling und Reportings sowie Projektmanagement für das Einbinden von Plugins auf der Website. Man sieht schon, das passt nicht alles in einen Tag, weshalb es *den* typischen Tag niemals gab, aber ich versuche, ihn trotzdem zu kreieren:

Jeder Arbeitstag begann schon zu Hause am Frühstückstisch mit dem ersten mobilen Check der Social-Media-Kanäle: Was erwartet mich gleich im Büro, brennt was an, die ersten Dialoge entstehen ... Eigentlich war ich nur meganeugierig und jeden Tag aufs Neue gespannt, wie die Community drauf ist. Im Büro folgte dann der erste Blick auf den Redaktionsplan, und anschließend wurden die notwendigen Contents erstellt, eingesammelt und bereitgelegt. Der zweite Blick galt immer den aktuellen Zahlen, Stimmung und Bauchgefühl hin oder her, was später im Excel-Sheet steht, zählt. Täglich mussten auch die geschalteten Facebook-Werbekampagnen überprüft werden: die guten ins Töpfchen, die schlechten ins Kröpfchen. Nur durch stetiges Optimieren konnte ich hier die besten Ergebnisse erzielen.

Jeden Tag mussten auch die Ohren elefantengroß aufgestellt werden, um eventuell interessante Themen aus anderen Teams und Abteilungen zu erhaschen und keine Story zu verpassen, die für die Social-Media-Kanäle wichtig wäre.

Nebenbei mussten natürlich immer wieder eingehende Postings auf allen Plattformen beantwortet werden.

Je nach Bedarf mussten dann Reportings erstellt und interne Präsentationen vorbereitet werden, gemeinsam mit dem Plattform-Management an neuen Plugins und Möglichkeiten getüftelt und konzeptioniert werden, anstehende Gewinnspiele oder Kampagnen mit externen Partnern abgeklärt und intern budgetiert werden, die neuesten Artikel aus den wichtigsten Social-Media-Blogs gelesen und verarbeitet werden, um immer auf dem neuesten Stand zu sein.

Ich denke, so kann man sich den Tag ganz gut vorstellen. 60 % Kommunikation (intern und extern), 10 % Reflexion, 10 % Kreation und 10 % Konzeption, die restlichen 10 % Puffer – so würde ich den Tag wahrscheinlich thematisch einteilen.

Wie hast du dich für deine Position qualifiziert?

Wie eingangs beschrieben, komme ich aus dem Fach International Business, was an sich keine Qualifikation für den Job als Social Media Manager ist. Ich bin davon überzeugt, dass hier die Soft Skills den wichtigsten Grundstein legen. Ich kommuniziere wahnsinnig gerne – real und digital –, widme mich gern neuen Entwicklungen und kreativen Ansätzen und habe keine Berührungsängste mit dem direkten Kundendialog. Darüber hinaus habe ich zu Beginn meiner Tätigkeit eine Online-Weiterbildung der Social Media Akademie besucht. Wenn man aber generell Interesse an dem Thema hat, also viel liest und selbst ausprobiert und dazu die passenden Fähigkeiten besitzt, braucht man meiner Ansicht nach keine spezielle Social-Media-Ausbildung in dem Sinne.

Was ist die wichtigste Fähigkeit/Eigenschaft, die ein Social Media Manager mitbringen muss?

Er sollte auf keinen Fall Scheu vor dem authentischen Dialog mit dem Kunden auf Augenhöhe haben. Das hört sich einfach an, die Praxis zeigt aber, dass sich vor allem traditionelle und größere Unternehmen damit schwertun.

Er sollte außerdem zu 100 % von der Sache überzeugt sein, denn ein vergleichbar neues Thema wie Social Media muss sich im Unternehmen immer wieder aufs Neue seinen Platz verdienen.

Kreativität und ein gutes Gespür für Themen sind wichtig, denn am Ende geht es um einen Dialog, der nur dann entsteht, wenn die Gegenseite an dem von mir präsentierten Inhalt interessiert ist.

Alle guten Dinge sind vier ☺: Empathie ist superwichtig, denn die falsche Einschätzung der Stimmung in der Community oder der minimal falsche Ton in einem Kommentar kann unvorhersehbare Auswirkungen haben – ohne das Wort Shitstorm in den Mund nehmen zu wollen.

Welchen Tipp würdest du einem Neueinsteiger geben?

Um herauszufinden, ob das Thema Social Media wirklich das richtige für mich ist, sollte ein Praktikum oder studentischer Aushilfsjob in einem Unternehmen darüber schnell Klarheit bringen. Der Hype um diesen Beruf ist verlockend, dennoch ist nicht jeder dafür geschaffen, deshalb sollte man ihn so früh wie möglich in der Praxis ausprobieren. Ein absolutes Muss ist das regelmäßige Lesen der wichtigsten Branchenblogs, um das Know-how auf ein möglichst hohes Level zu bringen. Es passiert jeden Tag so viel Neues, wer hier nicht dranbleibt, verliert schnell den Anschluss. Wer voller Tatendrang steckt, kann es auch einfach selbst mit einem eigenen Blog, einer eigenen Facebook-Seite versuchen und beobachten, wie er sich dabei fühlt.

Ich würde Studenten raten, in der Uni und Fachhochschule etwas Druck zu machen, damit Experten aus der Praxis eingeladen werden, so kann in kurzer Zeit viel vermittelt werden und ich bekomme als Neueinsteiger schon vorab einen guten Überblick.

2.4.6 Social Media Manager als Rockstar

Wer auf einem der größeren Barcamps oder der re:publica war, hat Sie bestimmt schon einmal gesehen – Manuela Braun verantwortet das Social Media Management bei dem Mobilfunkanbieter simyo. Sie vereint in Ihrer Position einen Hauch von Rockstar mit Elementen des Community und Social Media Managers. Sie ist nicht nur dabei, sondern mittendrin und sorgt unter anderem mit Akku-Packs und Mettbrötchen dafür (mehr dazu in Abschnitt 6.3.3), dass die Community glücklich ist und dass über Ihren Arbeitgeber im Social Web gesprochen wird.

Bitte stelle dich kurz einmal vor

Mein Name ist Manuela Braun, und ich arbeite seit Januar 2010 bei simyo als Social Media Specialist (siehe Abbildung 2.10).

Abbildung 2.10 Manuela Braun (Foto von Malte Klauck)

Was sind deine Hauptaufgaben, und wie sieht ein typischer Tag aus?

Bei simyo bin ich hauptsächlich operativ verantwortlich. Das sieht in der Praxis so aus, dass ich Verantwortung für unsere sozialen Kanäle (Facebook, Twitter ...)

trage, die dortigen Aktivitäten beobachte und auswerte, sowie Aktionen auf Barcamps und Konferenzen (zum Beispiel re:publica) organisiere. Außerdem bin ich für die simyo-Paten verantwortlich, unsere Kunden-helfen-Kunden-Community.

Ein typischer Tag sieht so aus: Twitter und Facebook begleiten mich schon auf dem Weg zur Arbeit. Da ich zwischen Köln und Düsseldorf pendle, habe ich ausreichend Zeit, mich meinen sozialen Kanälen zuzuwenden und dort zu informieren und zu kommunizieren. Die aktuellen Trends sind nach wenigen Minuten ausgemacht, und eventuelle Neuerungen, die über Nacht aus den USA über den Ozean geschwappt sind, sind nun bekannt. Lesen, retweeten, posten, teilen, twittern …, und plötzlich bin ich im Büro angekommen.

Hier geht es weiter mit dem obligatorischen Bearbeiten von E-Mails. Parallel dazu geht es mit Facebook und Twitter weiter. Dieses Mal in unseren Unternehmenskanälen. Ich lese nach, was uns geschrieben wurde, wie gut unser Serviceteam bei Fragen und Kritik weiterhelfen konnte und bespreche mit dem Social-Media-Serviceteam bestimmte Fälle und unser weiteres Vorgehen. Dann geht es weiter zum virtuellen Gespräch mit den simyo-Paten in deren Forum. Hier sollen sich die Paten untereinander austauschen und mit uns über aktuelle Probleme, neue Produkte und Entwicklungen in der Mobilfunkbranche diskutieren. Meine Aufgabe ist es, zu lesen, was die Paten beschäftigt, sie zu informieren und bei schwierigen Fragen zu helfen. Manchmal, wenn sie mal wieder nicht einer Meinung sind, muss ich sie aber auch einfach mal zur Raison rufen.

Nach all der Kommunikation wird es Zeit, diese auch zu planen. Unser größter und wichtigster Social-Media-Kanal ist zurzeit Facebook. Dort haben wir die größte Community. Doch die größte Gemeinschaft bringt einem Unternehmen nichts, wenn man ihr keinen Mehrwert bietet und mit ihr nicht interagiert. Daher wird gemäß unserer Content-Strategie geplant, welche Themen für uns und unsere Community die kommenden Tage und Wochen interessant sein könnten. Ein wichtiger Bestandteil des Contents sind dabei auch Facebook-Aktionen. Neben dem Fanaufbau sollen diese auch für Interaktion und Zufriedenheit unter den Likern sorgen. Es ist übrigens nicht ratsam, Facebook-Aktionen spontan über das Knie zu brechen. Aus diesem Grund stelle ich zu Beginn des Jahres eine Aktionsplanung auf, anhand derer alle informiert sind, wann und wie lange eine Aktion laufen soll. Bei der Umsetzung dieser Aktionen hilft mir unsere Social-Media-Agentur, die uns auch strategisch berät. Meine Aufgabe ist es, die Agentur zu briefen, den Fortschritt der Entwicklung zu beobachten und dafür zu sorgen, dass alle Timings eingehalten werden. Das Schöne an diesen Aktionen ist, dass sie, selbst wenn sie nur wenig Erfolg gebracht haben, immer noch ein Learning mitbringen. Dazu ist es unumgänglich, diese auszuwerten: Hat die Aktion die zuvor festgelegten Ziele erreicht? Falls nein, wieso nicht? Was kann man besser machen? Was hat besonders gut funktioniert und warum? All diese Fragen müssen beantwortet und bei der nächsten Planung miteinbezogen werden.

Zwischen all der Organisation ist es allerdings wichtig, weiterhin die sozialen Kanäle im Blick zu haben. Nicht nur, um zu sehen, was Kunden, Liker oder Follower beschäftigt, sondern auch, und das ist kein zu unterschätzender Punkt, sich weiterhin zu informieren und mit anderen auszutauschen. Und damit sind wir bei einem anderen zentralen Punkt unserer Arbeit: Austausch und Information. Gerade im Internet, und speziell in der Social Media, schreiten die Entwicklungen mit einem rasenden Tempo voran. Beinahe jeden Tag gibt es ein tolles neues Tool, eine neue Community oder nur eine simple Guideline-Änderung bei Facebook. Damit man davon nicht überrascht wird und darauf gegebenenfalls reagieren kann, ist es vonnöten, sich regelmäßig zu informieren. Bei mir funktioniert das am besten über meinen Twitter-Stream, dort folge ich vielen Akteuren der Netzgemeinde, die wiederum zeitnah neueste Neuigkeiten aus der Welt des Internets mit ihren Tweets in meinen Kopf spülen. Ebenso hilfreich sind auch thematische Gruppen auf Facebook und Google+. Hier habe ich die Möglichkeit, bei Problemen Fragen zu stellen, aber auch anderen bei ihren zu helfen. Ein weiteres Kernelement der Arbeit des SMM ist das Belegen seiner Arbeit. Da unser Bereich noch recht jung ist und von vielen noch nicht so gut verstanden wird, ist dies einer der wichtigsten Parts. Mit Hilfe der Agentur und eines Monitoring-Tools werten wir unsere Aktivitäten im Social Web aus. Dabei beobachten wir selbstverständlich auch, was der Wettbewerb macht und wie die Stimmung in seinen Kanälen ist. All das wird wöchentlich angeschaut und bewertet.

Wie man sieht, ist mein Aufgabenbereich sehr umfassend, was meine Arbeit aber auch sehr abwechslungsreich macht. I like!

Wie hast du dich für deine Position qualifiziert?

Qualifiziert habe ich mich wohl durch mein überzeugendes und selbstbewusstes Auftreten beim Vorstellungsgespräch. Doch auch meine berufliche Qualifikation dürfte hierbei eine Rolle gespielt haben ☺. Mein Bildungsweg beginnt eigentlich eher klassisch. Nach meinem abgeschlossenen Studium der Diplom-Sozialwissenschaften landete ich in einem Unternehmen, das gerade eine Umfrageseite für alle gelauncht hatte. Hier war ich verantwortlich, nach Themen zu suchen, die die Masse interessiert und daraus Umfragen zu basteln und zu bewerben. Da das alles online geschah, bewegte ich mich dementsprechend auch all die Jahre zu fast 100 % im Web. Die Nutzung war zu diesem Zeitpunkt noch eher klassisch. Als dann später die Themen Facebook und Twitter immer größer wurden, begann ich mich dafür zu interessieren. Ich las viel darüber auf einschlägigen Seiten und in Büchern, beobachtete genau, wie sich die Menschen in den sozialen Kanälen verhielten und was sie bewegte. So entwickelte ich langsam ein gutes Gefühl für das Thema. Da ich mich zu dieser Zeit in der Marktforschungsbranche aufhielt, kam naturgemäß auch das Thema *Netnografie* auf. Unter Netnografie versteht man im Allgemeinen Markt- und Meinungsforschung in Communitys. Versuchsweise stellten wir unsere erste Meinungsforschungs-Community auf und sammelten Erkenntnisse darüber, wie man den größtmöglichen Nutzen daraus ziehen kann. Nach sechs Jahren war es für mich allerdings an der Zeit, weiterzuziehen und mich intensiver mit dem Thema Social Media auseinanderzusetzen.

Was ist die wichtigste Fähigkeit/Eigenschaft, die ein Social Media Manager mitbringen muss?

Die wichtigste Eigenschaft eines SMM dürfte zurzeit noch seine Durchsetzungsfähigkeit sein. In den meisten Köpfen ist die Wichtigkeit der Social Media zwar angekommen, aber immer noch nicht ganz verstanden worden. Als SMM ist man daher immer etwas mehr damit beschäftigt, seine Ziele durchzusetzen und zu erklären. Doch auch Eigenschaften wie Empathie und Kommunikationsfreudigkeit sind nicht zu unterschätzen. Und letztendlich darf man nicht vergessen: Das Verstehen der digitalen Welt kann man nicht lernen, das kommt nur, wenn man sich intensiv mit dem Thema und den Akteuren auseinandersetzt.

Welchen Tipp würdest du einem Neueinsteiger geben?

Arbeite dich nicht nur in das Thema ein, sondern lebe es. Fange an, dich mit anderen digitalen Menschen zu vernetzen, und tausche dich mit ihnen aus. Geh auf Barcamps und Twittwochs, um dich zu informieren und dein bisher Gelerntes an andere weiterzugeben. Leg dir ein dickes Fell zu, und kämpfe für deine Überzeugungen.

Nimm das Internet, und verleibe es dir ein!

2.5 Checkliste – ist der Job was für mich?

Nach dieser langen Liste an Anforderungen und dem Einblick in das Arbeitsleben von hauptberuflichen Social Media Managern, gilt es nun, ehrlich zu sich selbst zu sein. Beantworten Sie sich selbst, wie sehr Sie den folgenden Aussagen zustimmen. Dabei geben Sie sich

- null Punkte, wenn Sie einer Aussage gar nicht zustimmen,
- einen Punkt, wenn Sie unentschieden sind,
- zwei Punkte, wenn Sie generell zustimmen, und
- drei Punkte, wenn Sie voll und ganz zustimmen.

2 Der Social Media Manager – Berufsbild, Anforderungen und Aufgabengebiete

Addieren Sie Ihre gesammelten Punkte, am Ende des Fragebogens finden Sie dann die Auswertung.

Frage		Punkte
1.	Ich habe großes Interesse an Social Media und den Auswirkungen, die diese auf Unternehmen und die Gesellschaft haben.	
2.	Wenn ich auf ein Ziel hinarbeite, gebe ich nicht so schnell auf.	
3.	Ich arbeite gerne am Mac oder PC.	
4.	Ich interessiere mich für soziale Netzwerke und halte mich gerne in diesen auf.	
5.	Ich gehe bewusst mit meinen Daten im Internet um.	
6.	Ich probiere gerne neue Netzwerke und deren Möglichkeiten aus.	
7.	Herausforderungen machen mir Spaß.	
8.	Prozesse und Abläufe in Unternehmen interessieren mich.	
9.	Ich kann gut selbstständig arbeiten.	
10.	Ich behalte gut den Überblick.	
11.	Ich bin flexibel.	
12.	Ich mag Veränderungen.	
13.	Ich kann die Konsequenzen von Veränderungen abschätzen.	
14.	Ich habe Spaß daran, mit den unterschiedlichsten Personen zu kommunizieren.	
15.	Ich arbeite gerne mit Menschen zusammen.	
16.	Ich weiß, wie ich mir einen guten Ausgleich für den Beruf schaffen kann.	
17.	Ich habe Spaß an Technik und Technologie.	
18.	Ich vertrete meine Meinung, bin aber auch offen für Argumente.	
19.	Ich kann gut auf andere Menschen eingehen.	
20.	Ich kann meine Ideen gut visualisieren und beschreiben.	
21.	Ich kann Fachwissen verständlich vermitteln.	
22.	Rückschläge sind für mich kein Grund, aufzugeben, sondern Ansporn, es noch mehr zu versuchen.	

2.5 Checkliste – ist der Job was für mich?

Frage		Punkte
23.	Ich traue mir zu, eine Strategie zu entwickeln und daran gemessen zu werden.	
24.	Social Media ist mehr als Facebook.	
25.	Ich traue mir zu, Präsentationen zu halten.	
26.	Ich lerne gerne Neues dazu.	
27.	Ich bin bereit dazu, mich in meiner Freizeit weiterzubilden und Branchenveranstaltungen zu besuchen.	
28.	Ich kann mich gut selbst organisieren.	
29.	Ich bin bereit dazu, Überstunden zu machen und zu außergewöhnlichen Zeiten zu arbeiten, wenn der Beruf es erfordert.	
30.	Auch in Stresssituationen kann ich gut überlegte Entscheidungen treffen.	
31.	Kritik sehe ich nicht negativ, sondern als Anstoß.	
32.	Ich kann mich von Beleidigungen emotional distanzieren.	
33.	Ich interessiere mich für Marketing und Kommunikation.	
34.	Ich finde es spannend, wie Social Media Abläufe in Unternehmen unterstützen kann.	
35.	Wissensmanagement ist für mich kein Fremdwort.	
36.	Eine gute Rechtschreibung und Ausdrucksweise gehören zu meinen Fähigkeiten.	
37.	Ich löse gerne Probleme.	
38.	Ich kann um die Ecke denken.	
39.	Ich bin gerne kreativ.	
40.	Ich brauche keine engen Handlungsvorgaben, um gute Ergebnisse zu erzielen.	
41.	Ich bin in der Lage, von Zielen auf Messwerte umzubrechen.	
42.	Ich bin gegenüber meinem Arbeitgeber loyal.	
43.	Ich kann Prioritäten setzen und mich an diese halten.	
44.	Ich kann Gespräche moderieren.	

Frage		Punkte
45.	Ich kann große Aufgaben in kleinere Teile aufbrechen und nach Plan abarbeiten.	
46.	Ich habe Spaß am Netzwerken.	
47.	Ich bin ein offener Mensch.	
48.	Gute Manieren sind für mich selbstverständlich.	
49.	Wenn ich mich auf ein Projekt einlasse, bin ich mit Herzblut dabei.	
50.	Ich kann gut in Teams arbeiten.	
51.	Ich habe meine Emotionen unter Kontrolle.	
52.	Ich habe keine Angst davor, meine Meinung vor dem Vorstand zu verteidigen.	
53.	Ich kann mich in die Bedürfnisse anderer Personen hineinversetzen.	

Auswertung

0 bis 30 Punkte: So wie es aussieht, passt der Beruf des Social Media Managers nicht zu Ihnen, oder es wird zumindest sehr anstrengend für Sie werden, wenn Sie diese Position anstreben.

30 bis 100 Punkte: Können Sie sich vorstellen, dass Sie Fragen, die Sie mit null oder einem Punkt beantwortet haben, in der Zukunft höher bewerten? Dann könnte es sich durchaus für Sie lohnen, sich intensiver mit dem Berufsbild auseinanderzusetzen.

Mehr als 100 Punkte: Sie bringen offensichtlich gute Voraussetzungen für die Position des Social Media Managers mit.

3 Weiterbildung und Karriere

»Es gibt zwei Möglichkeiten Karriere zu machen: Entweder leistet man wirklich etwas, oder man behauptet, etwas zu leisten. Ich rate zur ersten Methode, denn hier ist die Konkurrenz bei weitem nicht so groß.«
Danny Kaye, Schauspieler, Komiker und Sänger

Das Berufsbild des Social Media Managers wird in den kommenden Jahren immer wichtiger werden. Erst 34 % der Unternehmen in Deutschland beschäftigen, laut einer Studie der BITKOM, aktuell einen Mitarbeiter speziell für das Thema Social Media. Noch viel weniger haben bereits ganze Abteilungen für das Thema geschaffen. Hinzu kommt, dass immer mehr Unternehmen erkennen, dass die Beratung durch eine Agentur zwar ein Anfang ist, ein ganzheitliches Engagement in Social Media jedoch nur mit Profis im eigenen Hause machbar ist.

Schaffen Sie heute den professionellen Einstieg, bedeutet dies für Sie entsprechend gute Aufstiegs- und Erfolgsaussichten für die Zukunft. Dabei haben Sie die Möglichkeit, sich ganz nach Ihren Vorlieben und Fähigkeiten weiterzuentwickeln. Neben der geraden Laufbahn vom Junior zum Senior Social Media Manager bietet sich eine Spezialisierung in die Rolle des Community Managers oder des Beraters an.

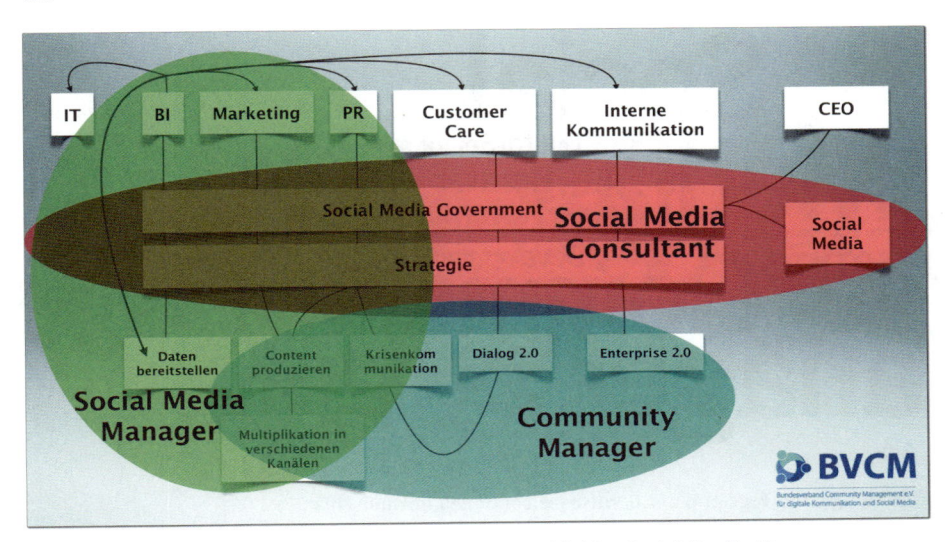

Abbildung 3.1 Überblick der Schwerpunkte des Berufsbildes Social Media Manager

Abbildung 3.1 zeigt anschaulich, wo die Schwerpunkte in den jeweiligen Ausprägungen des Berufsbildes liegen. Der BVCM hat diese Aufstellung auf Basis der Erfahrung von 70 Social Media und Community Managern, sowie der Auswertung von zahlreichen Unternehmensstrukturen erstellt. Erfahrungsgemäß verschmelzen in kleineren Unternehmen zum Start eines Social-Media-Engagements die Aufgabengebiete von Social Media Manager und Community Manager. Erst bei der Einstellung von weiteren Mitarbeitern findet dann eine weitere Spezialisierung statt.

> **Tipp: Welche Spezialisierung passt zu mir?**
> Die Rolle des Community Managers ist für Sie geeignet, wenn Sie gerne stark operativ arbeiten und direkt mit dem Kunden sprechen möchten. Als Community Manager sind Sie das Gesicht des Unternehmens und gleichzeitig das Sprachrohr der Community ins Unternehmen hinein. Sie brauchen viel Einfühlungsvermögen und müssen voll und ganz zu und hinter Ihrem Unternehmen stehen, um dieses authentisch und charmant repräsentieren zu können. Im Gegensatz dazu nehmen Sie als Social-Media-Berater die Vogelperspektive auf das Unternehmen ein, das Sie beauftragt hat. Sie stehen diesem bei der Entwicklung der Strategie und den folgenden Maßnahmen zur Seite und beraten bei der Umsetzung.

Neben diesen beiden Ausprägungen des Social Media Managers gibt es eine Reihe von weiteren Berufsbezeichnungen, die Teilaspekte des Social Media Managements in Worte fassen oder nur eine Abwandlung der oben genannten Berufsbezeichnungen darstellen. Der BVCM hat dazu Ende 2012 eine Umfrage gestartet, die das folgende Bild (siehe Abbildung 3.2) für den deutschen Markt ergab.

Abbildung 3.2 Tagcloud der Berufsbezeichnungen in Deutschland

In der Tagcloud werden die Berufsbezeichnungen in Relation zu ihrer Nennungshäufigkeit angezeigt. Das bedeutet, je größer ein Begriff dargestellt wird, desto häufiger wurde dieser als Bestandteil der Berufsbezeichnung genannt. Hier wird deutlich, dass der Schwerpunkt heute auf »Social«, »Media«, »Community« und »Manager« liegt. Direkt dahinter kommen Begriffe wie »Digital«, »Marketing«, »PR«, »Berater« und »Coordinator«.

Wie Sie sehen, stehen Ihnen als Social Media Manager viele Wege und Tore offen, Sie müssen nur einen soliden Einstieg schaffen. Die persönlichen Voraussetzungen und Eigenschaften haben Sie bereits in Kapitel 2, »Der Social Media Manager – Berufsbild, Anforderungen und Aufgabengebiete«, kennengelernt, im Folgenden lege ich den Fokus auf die Aus- und Weiterbildung.

3.1 Überblick der Aus- und Weiterbildung

Aktuell gibt es in Deutschland (noch) keinen genormten Ausbildungsweg für den Social Media Manager. Entsprechend sind die heutigen Positionsinhaber Quereinsteiger, die sich durch jahrelange Erfahrung und gegebenenfalls eine der am Markt angebotenen Aus- und Weiterbildungsmöglichkeiten für diese Position qualifiziert haben.

Studiengänge oder Berufserfahrung in Kommunikationswissenschaften, Unternehmenskommunikation, Medienmanagement, Marketing und Betriebswirtschaft schaffen gute Grundlagen für den Einstieg in eine geführte Junior-Position. Von hier aus kann man sich durch gesammelte Erfahrung und Spezialisierung in eine selbstständige Position weiterentwickeln.

3.1.1 Wegweiser durch den Angebotsdschungel

Da für Personalabteilungen die Position des Social Media Managers genauso neu ist wie das Berufsbild, wird im Bewerbungsverfahren eine zertifizierte Weiterbildung in dem Bereich Social Media Management positiv bewertet. Aufgrund der Verdienstmöglichkeiten mit Social-Media-Schulungen sind die Qualitätsunterschiede der Weiterbildungsangebote leider gravierend. Verspricht Ihnen ein Anbieter, in nur wenigen Tagen zum Social-Media-Experten zu werden, kann man nur davon abraten.

Seriöse Angebote erkennen Sie an namhaften Referenten aus der Praxis und einem ganzheitlichen Ansatz. Wenn Sie sich nicht sicher sind, nutzen Sie die Möglichkeiten des Social Webs, und recherchieren Sie online, was andere Teilnehmer über den Kurs sagen. Die Checkliste in Tabelle 3.1 hilft Ihnen, den richtigen Kurs zu finden.

Zielgruppe	An wen richtet sich der Kurs (Führungskräfte, PR-Profis, Marketingmitarbeiter)? Welche Vorkenntnisse werden erwartet? Gibt es eventuell sogar Checklisten, mit denen die Teilnehmer Ihre Vorkenntnisse abgleichen können? Gibt es Hinweise auf bestimmte Erfahrungen oder Benutzerkonten in sozialen Netzwerken, die für die Teilnahme an dem Kurs vorausgesetzt werden?
Inhalte	Welche Inhalte werden vermittelt? Werden primär die Funktionsweisen der Netzwerke erklärt, oder gibt der Kurs einen umfassenden Einstieg in das Thema Social Media Management im Unternehmen und deckt auch elementare Gebiete, wie zum Beispiel die Strategie und Erfolgsmessung, mit ab? Haben Sie eventuell sogar noch die Möglichkeit, Ihre Wünsche und Interessen anzugeben?
Referenten	Sind die Referenten selbst aktiv im Netz unterwegs, und beschäftigen sie sich auch in der Praxis mit ihrem Fachthema? Dabei ist die Menge der Follower auf Twitter oder die Zahl der Fans auf Facebook keine aussagekräftige Größe. Achten Sie darauf, wie der Referent mit anderen interagiert, wie oft seine Aussagen geteilt werden und wie er sich anderen gegenüber verhält.
Gruppengröße	Setzt der Kurs auf Massenbetrieb, oder lässt die Teilnehmerzahl Fragen und Diskussionen zu?
Praxisbezug	Hat der Kurs einen guten Praxisbezug, und bindet er praktische Übungen mit ein?
Kursunterlagen	Sind die Kursunterlagen ausreichend, um das gelernte Wissen nacharbeiten zu können?
Preis	Stimmt das Preis-Leistungs-Verhältnis? Wenn Sie einen Kurs sehen, der in zwei Tagen so viel kostet wie andere in sechs Monaten, sollten Sie sehr genau hinterfragen, ob sich das lohnt. Ist der Kurs förderungsfähig? Bund und Länder fördern bestimmte Weiterbildungen durch einen Kostenzuschuss. Der Anbieter kann Ihnen Auskunft darüber geben, ob sein Kurs für eine Förderung in Frage kommt. Gibt es besondere Angebote für Studenten?

Tabelle 3.1 Checkliste Social-Media-Schulungen

Was Sie immer im Hinterkopf behalten sollten: Sämtliche Kurse können nur die Grundlagen im Social Media Management vermitteln. Die praktische Erfahrung müssen Sie selbst sammeln, an Praxisbeispielen mitverfolgen und im Ideenaustausch mit anderen Social Media Managern vertiefen und ausbauen.

3.2 Zertifizierte Weiterbildungen

Insbesondere in Deutschland wird bei der Personalauswahl auf zertifizierte Abschlüsse geachtet. Wenn Sie keine konkrete Berufserfahrung im Bereich Social Media vorzuweisen haben, kann ein Zertifikat den Unterschied machen. Es gibt kaum eine Möglichkeit, objektiv die Unterschiede zwischen den unterschiedlichen Zertifikaten zu beurteilen. Aus diesem Grund möchte ich hier eine Auswahl an Weiterbildungen vorstellen, die mir von Praktikern und Entscheidern empfohlen wurden.

3.2.1 Hochschulen

Wie bereits eingangs erwähnt, gibt es noch keinen genormten Studiengang für Social Media Management. Einige Universitäten und Fachhochschulen haben jedoch berufsbegleitende Studiengänge oder Schwerpunkte zum Thema Social Media Management ausgearbeitet.

Fachhochschule Köln

Die Fachhochschule Köln ist die erste Universität in Deutschland, die einen Zertifikatslehrgang zum Social Media Manager anbietet (*www.social-media-zertifikat.de*). Seit 2011 wird die Weiterbildung regelmäßig durchgeführt. Der Lehrgang wird durch einen Hochschullehrer begleitet und von ausgewählten Praktikern durchgeführt, die aus ihrem jeweiligen Fachgebiet referieren. Generell wird sehr viel Wert darauf gelegt, dass die Teilnehmer ihr neu erworbenes Wissen in die Praxis umsetzen können. Dies wird durch praktische Übungen in den Präsenzphasen sowie Hausaufgaben in der Zeit dazwischen gefördert.

In sechs Modulphasen werden hier in 60 Zeitstunden über einen Zeitraum von fünf Monaten hinweg umfassende Einblicke in die neuen Medien vermittelt. Am Ende des Kurses stehen eine mündliche sowie eine schriftliche Prüfung. Die Kosten belaufen sich auf 1.140 € (Stand Mai 2013).

SRH Hochschule Berlin

Die private SRH Hochschule Berlin bietet einen Bachelor-Studiengang mit dem Schwerpunkt Social Media und E-Business an. Der sechssemestrige Vollzeitstudiengang, auf Basis eines Betriebswirtschaftsstudiums, schließt mit dem Titel Bachelor of Arts (B. A.) ab. Neben den generellen Studieninhalten werden Theorie und Praxisanwendungen aus den Bereichen E-Business und Social Media vermittelt.

Das Studium an der SRH Hochschule Berlin kostet 700 € pro Monat und ist zugelassen für BAFöG und Bildungskredite, dazu besteht die Möglichkeit eines

Stipendiums (Stand Mai 2013). Weitere Informationen finden Sie auf der Informationsseite zum Studiengang unter *http://www.srh-hochschule-berlin.de/de/studium/betriebswirtschaft-e-business-social-media-ba*.

Hochschule Anhalt

Von der Bild-Zeitung als erste Facebook-Uni tituliert,[1] bietet die Hochschule Anhalt im Sommersemester 2013 erstmalig den »Masterstudiengang Online Kommunikation« an (siehe Abbildung 3.3). Unter der Leitung von Dr. Hendrik Send lernen die Studenten Theorie und Praxis zu Online-Kommunikation, Marketing und Management. Die Gesamtdauer des Studiengangs beläuft sich auf vier Semester, wobei das dritte Semester Platz für ein Praktikum oder ein Auslandssemester bietet und das vierte für Masterarbeit und Kolloquium reserviert ist. Die ersten beiden Semester teilen sich jeweils auf Pflicht- und Wahlmodule auf. Die Pflichtmodule befassen sich konkret mit dem Thema Online-Kommunikation, während die Wahlpflichtmodule aus den Bereichen VWL, BWL, Soft Skills/Fremdsprachen sowie Wirtschaftsrecht zu wählen sind.

Abbildung 3.3 Masterstudiengang »Online Kommunikation« der Hochschule Anhalt

Auf hohen Praxisbezug wird Wert gelegt, die Studenten sollen nach Abschluss des Studiums für eine Führungsposition im Bereich der Online-Kommunikation gewappnet sein. Voraussetzung zum Studium ist ein abgeschlossenes Bachelor-

---

1 *http://www.bild.de/regional/leipzig/studium/deutschlands-erste-facebook-uni-29741556.bild.html*

Studium, vorzugsweise in Wirtschaftswissenschaften. Alle Informationen zum Studiengang sowie die Bewerbungsunterlagen finden Sie unter *http://mok.wi.hs-anhalt.de*.

3.2.2 Akademien und Institute

Neben staatlichen und privaten Hochschulen, bietet auch eine Reihe von Akademien und Instituten zertifizierte Lehrgänge zum Social Media Manager an. Auch hier werde ich nur eine empfehlenswerte Auswahl der vielfältigen Angebote vorstellen.

Die dialog akademie (dda)

Die dialog akademie (*http://www.dda-online.de*) bietet einen berufsbegleitenden Studiengang mit dem Abschluss »Social-Media-Fachwirt BVDW« an. Dieser wurde in Kooperation mit dem Bundesverband Digitale Wirtschaft (BVDW) entwickelt und umfasst neben drei Modulen zum Thema Social Media ein ausführliches Grundmodul, welches Basiswissen aus Marketing, BWL und Kommunikation vermittelt.

Der Gesamtumfang des Studiengangs umfasst 34 Vorlesungstage (freitags/samstags), zwei dreitägige Blockphasen (donnerstags bis samstags), fünf Klausuren, eine Projektarbeit sowie eine abschließende Projekt- und Diplomarbeit. Die Vorlesungen können wahlweise in acht Monaten oder über drei Jahre hinweg absolviert werden. Die Studiengebühr beträgt 8.130 € netto inklusive Einschreibungs- und Prüfungsgebühr. Es besteht die Möglichkeit eines Stipendiums durch den Deutschen Dialogmarketing Verband (DDV) und den BVDW sowie die Förderung für bestimmte Personengruppen (zum Beispiel Trainees). Alternativ bietet die dda einen Zertifikatskurs zum Social Media Manager an, der lediglich 20 Vorlesungstage und eine Klausur umfasst. Die Kosten belaufen sich hier auf 4.950 € netto (Stand Mai 2013). Beide Kurse sind Präsenzveranstaltungen, die an den Standorten der dda absolviert werden müssen. Weitere Informationen finden Sie unter *http://www.dda-online.de/studienangebot/marketing-manager/social-media*.

Social Media Akademie

Eine Alternative zu dem Präsenzunterricht bietet die Social Media Akademie (SMA, *http://www.socialmediaakademie.de*), hier finden sämtliche Vorlesungen im virtuellen Klassenzimmer online statt.

Die Social Media Akademie steht unter der Schirmherrschaft der Dualen Hochschule Baden-Württemberg und wurde von der staatlichen Zentralstelle für Fernunterricht (ZFU) zertifiziert.

Der Lehrgang »Social Media Manager« umfasst 16 Online-Vorlesungen (siehe Abbildung 3.4), die von Expertenchats begleitet werden, dazu hat man die Möglichkeit, sich in der SMA-Facebook-Lerngruppe mit anderen Teilnehmern und Absolventen auszutauschen.

Abbildung 3.4 Kursseite »Social Media Manager« der SMA

Die Erlangung des Zertifikats »Social Media Manager (SMA)« bedingt die Teilnahme an sämtlichen Vorlesungen und Lernaufgaben sowie das Bestehen eines Abschlusstests. Die Lehrgangsgebühr beträgt 3.451 € (Stand Mai 2013). Neben dem Lehrgang für Social Media Manager bietet die SMA auch einen Kurs für Community Management an, der sich anbietet, wenn Sie sich mehr in diese Richtung entwickeln möchten.

Social Media Manager (IHK)

Die Industrie und Handelskammern (IHK) haben ebenfalls einen zertifizierten Abschluss im Bereich Social Media Management ausgearbeitet, den »Social Media Manager (IHK)«. Der Kurs wird von mehreren Handelskammern bundesweit angeboten und unterscheidet sich in erster Linie durch die jeweilgen Referenten und eine Variation des Stundenumfangs zwischen 40 und 80 Stunden. Grundsätzlich sind alle Lehrgänge auf eine berufsbegleitende Weiterbildung in Form von Präsenzunterricht ausgelegt. Die Themen reichen auch hier von den Grundlagen der webbasierten Unternehmenskommunikation über strategische und rechtliche Aspekte bis hin zu Social Media Monitoring. Die Kosten bewegen sich, abhängig von Standort und Umfang der Stunden, im Bereich zwischen 900 und 1.400 €. Zur Auswahl eines geeigneten IHK-Zertifikatskurses rate ich Ihnen, sich einen der Kurse auszusuchen, die über mehrere Wochen oder Monate gehen und einen starken

Praxisbezug haben. Das Erlangen eines Zertifikats nach nur fünf Tagen Unterricht scheint hier vielleicht verlockend, aber der Lerneffekt ist wesentlich größer, wenn Sie sich über längere Zeit intensiv mit den Themen beschäftigen. Darüber hinaus sollten Sie auch hier recherchieren, welche Referenten den Kurs ausrichten und was Stimmen im Netz über den Kurs berichten. Bei Personalern genießt der IHK-Abschluss ein gutes Ansehen.

3.2.3 Zertifizierung durch die PZOK

Die Prüfungs- und Zertizierungsorganisation der deutschen Kommunikationswirtschaft (PZOK, *http://www.pzok.de*) bietet eine kursunabhängige Zertifizierung für den »Social Media Manager nach PZOK« an (siehe Abbildung 3.5).

Abbildung 3.5   PZOK Zertifizierung »Social Media Manager«

Die Voraussetzung für die Teilnahme an der Prüfung ist der Nachweis von 30 Zeitstunden Fortbildung im Bereich Social Media sowie entweder ein Hochschulabschluss und zwei Jahre Berufserfahrung oder fünf Jahre Berufserfahrungen in der Kommunikationsbranche.

Die Prüfung besteht aus einem Multiple-Choice-Test, der sechs Themenfelder abfragt, und einer mündlichen Prüfung, in der dem Prüfungskomitee eine anhand eines Fallbeispiels erstellte Social-Media-Strategie vorgestellt wird. Die Kosten für die Prüfung belaufen sich auf 297,50 € (Stand Mai 2013), die ausführlichen Informationen können Sie hier abrufen: *http://www.pzok.de/abschlüsse/social-media*.

3.2.4 Der Blick über den Tellerrand

Als Social Media Manager sollten Sie viel Spaß daran haben, Neues zu lernen und sich weiterzuentwickeln. Wagen Sie den Blick über den Tellerrand für immer neue Inspiration im Tagesgeschäft und die persönliche Weiterentwicklung. Ob neue Tools oder die Vertiefung des Wissens in einem Teilgebiet des Social Media Managements, den Ausflug in angrenzende Gebiete wie Gamification (siehe Abschnitt 12.2, »Gamification – spielerisch Kunden begeistern«) oder einfach die Grundlagen der Psychologie, nutzen Sie die vielfältigen Möglichkeiten des Internets, um jeden Tag ein Stück dazuzulernen.

E-Learning-Plattformen

Wäre es nicht toll, wenn Sie Universitätskurse aus der ganzen Welt ganz einfach per Mausklick besuchen könnten? Dies ist möglich. Die E-Learning-Plattform Coursera.org bietet das ideale Angebot, um Einblicke in angrenzende Gebiete des Social Media Managements zu erlangen.

Ob »Gamification« an der University of Pennsylvania, »Social Network Analysis« an der University of Michigan oder »E-learning and Digital Cultures« an der University of Edinburgh, alle Kurse sind kostenfrei und werden von renommierten Dozenten gehalten. Auch über das Thema Internet hinaus werden hier zahlreiche Kurse angeboten. Sie können zum Beispiel Ihr Wissen in Mikroökonomie oder Soziologie auf- und ausbauen und sich in den Facebook-Gruppen zu den Kursen mit Studenten aus der ganzen Welt austauschen.

Ein ähnliches Angebot, wenn auch mit deutlich geringerem Kursangebot, finden Sie auf der EdX-Plattform *https://www.edx.org/courses*, die von der Harvard University und dem Massachusetts Institute of Technology (MIT) gegründet wurde, sowie bei Udacity *http://www.udacity.com/courses*, die einen starken Fokus auf Programmierung haben.

Fachblogs

Um stetig auf dem Laufenden zu bleiben, empfiehlt es sich, eine Reihe von einschlägigen Fachblogs im Abonnement zu haben. So werden Sie automatisch darüber informiert, was im Netz passiert. Dies bringt folgende Vorteile mit sich:

- Sie werden darüber informiert, wenn Änderungen eintreten, auf die zeitnah reagiert werden muss. Beispiele sind hier rechtliche bzw. datenschutzrelevante Bestimmungen, Abmahnungen sowie die konstanten Änderungen von Funktionen auf Facebook.

- Welche Themen bewegen derzeit die Nutzer, und welche Plattformen und Dienste sind aus welchen Gründen besonders beliebt oder verlieren an Bedeutung?

Welche neuen Erkenntnisse gibt es über Ihre Zielgruppe? Ob Trend oder Hype, Sie wissen Bescheid und lernen kontinuierlich weiter.

- Besonders gute und schlechte Beispiele von Unternehmen im Social Web finden sich schnell in Fachblogs. Nutzen Sie dies zu Ihrem Vorteil. Best Practices dienen als Inspiration für das, was Sie selbst für Ihr Unternehmen tun könnten, und aus schlechten Beispielen können Sie lernen, wie man es nicht machen sollte und was zu tun ist, wenn es doch passiert.

Eine gute Auswahl an Fachblogs umfasst eine Mischung aus allgemeinen und speziellen Blogs sowie auch News-Aggregatoren, die aktuelle Themen, Trends und Diskussionen übersichtlich und brandaktuell zusammen fassen.

News-Aggregatoren

News-Aggregatoren helfen Ihnen dabei, einen Überblick zu bekommen, welche Themen im Netz gerade diskutiert werden. Sie sammeln, sortieren und fassen Themen und die zugehörigen Reaktionen zusammen. Dies kann automatisch oder durch die Community stattfinden. Der bekannteste News-Aggregator in Deutschland ist Rivva (*http://rivva.de*). Auf Basis von Links aus Blogs und Twitter wird hier eine Übersicht der meistdiskutierten Themen zusammengestellt. Leider sah sich Rivva, in Folge des Gesetzes zum Leistungsschutzrecht, dazu gezwungen, 650 Quellen auszuschließen (siehe Abbildung 3.6).

Abbildung 3.6 Rivva, der News-Aggregator für Deutschland

Ähnlich funktionieren Buzzly (*http://buzzly.de*) und buzzrank (*http://curator.buzzrank.de*). Darüber hinaus zählt auch Google News (*http://news.google.de*) zu den Aggregatoren. Dieser Dienst wertet mehr als 700 deutschsprachige Nachrichtenquellen aus. So haben Sie auch stets im Blick, welche Themen außerhalb des Netzes wichtig sind.

Eine großartige Übersicht über insgesamt 28 Aggregatoren finden Sie bei der T3n unter *http://bit.ly/1c8Vkgu*. Für mich persönlich funktioniert Twitter als eine Art News-Aggregator im erweiterten Sinne. Dadurch, dass ich einer Reihe von Personen folge, die sich mit ähnlichen Themen beschäftigen, finde ich hier stets aktuelle Links, die mich interessieren, und bekomme mit, wenn ein Thema »hochkocht«.

Seien Sie darüber informiert, was Ihre Zielgruppe gerade bewegt

Als Social Media Manager müssen Sie wissen, was die Menschen gerade bewegt, sonst tut sich hier so mancher Fettnapf auf. Das musste beispielsweise Fressnapf während der Fußball-Europameisterschaft erleben. Mit einem Gewinnspiel zur Fußball-Europameisterschaft, das mit einem fröhlichen Hund visualisiert wurde (siehe Abbildung 3.7), zog das Fressnapf-Facebook-Team den Unmut mehrerer Fans auf sich.

Abbildung 3.7 Unglückliches Facebook-Posting zur EM

Hintergrund war hier, dass in der Ukraine für die EM Tausende von Straßenhunden getötet wurden. Dieser Fauxpas hätte vermieden werden können, wenn man dem aktuellen Mediengeschehen und den damit verbundenen Emotionen mehr Beachtung geschenkt hätte.

Themenblogs

Eines der größten deutschen Fachblogs über Facebook ist *allfacebook.de*, interessante Statistiken und Tipps sind hierzu auch bei Thomas Hutter (*http://thomashutter.com*) zu finden.

Auf das Thema Social Media und Recht haben sich zum Beispiel *kriegs-recht.de* von Henning Krieg, *rechtzweinull.de* von Carsten Ulbricht und das »I law it«-Blog von Thomas Schwenke (*http://rechtsanwalt-schwenke.de/blog*) spezialisiert. In allen drei Blogs finden Sie aktuelle Informationen zu der Rechtslage im Social Web, Datenschutz und Einschätzungen zu aktuellen Themen. Die Autoren dieser Blogs touren übrigens oft auf Barcamps und halten dort großartige Sessions, die informativ und aktuell sind und noch dazu Spaß machen.

Allgemeine Blogs

Generell zum Thema Social Media schreiben zum Beispiel *netzwertig.de*, *pr-blogger.de*, *futurebiz.de*, *meedia.de* und *basic-thinking.com*.

Sie sollten sich zudem nicht scheuen, einen Blick über den großen Teich zu richten, da viele Trends aus den USA erst später hier in Deutschland ankommen. Die großen Blogs zu Social Media sind *mashable.com* (siehe Abbildung 3.8), *thenextweb.com* und *techcrunch.com*, der bekannteste News-Aggregator ist unter *techmeme.com* zu finden.

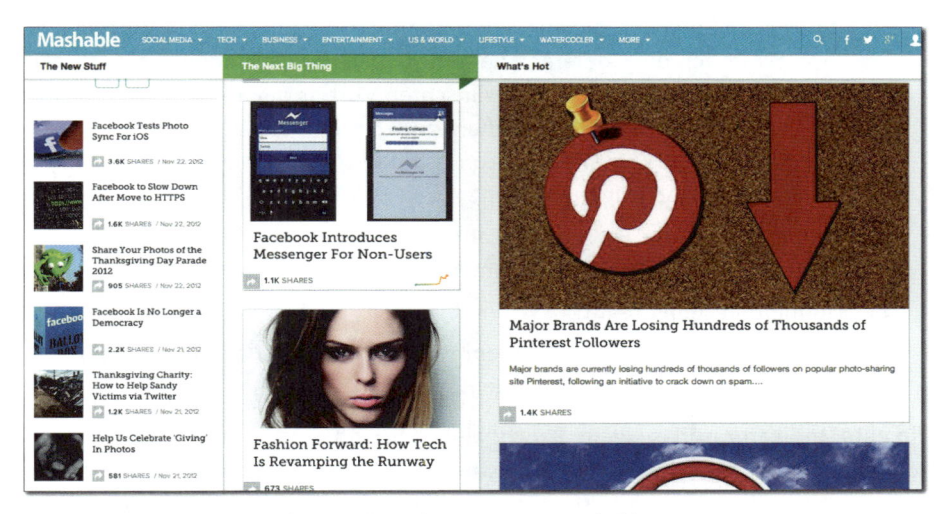

Abbildung 3.8 Startseite der Social-Media-Sparte von mashable.com

3.3 Konferenzen

Konferenzen bieten Ihnen die Möglichkeit, sich über ein oder mehrere Tage hinweg intensiv mit Trends und Möglichkeiten im Social Media Management zu beschäftigen, sich von Best Practices inspirieren zu lassen und ausgiebig mit anderen Social Media Managern zu netzwerken. Dabei gibt es zwei Arten von Konferenzen:

- die Fachkonferenz, bei der primär in klassischer Manier auf der Bühne Vorträge und Diskussionsrunden stattfinden, während Sie sich als Zuschauer in erster Linie mit Fragen beteiligen können
- das Barcamp, eine partizipative Konferenz, bei der jeder Teilnehmer zur aktiven Teilnahme aufgerufen ist

Diese beiden Konferenzformate inklusive einiger Empfehlungen möchte ich Ihnen hier vorstellen.

3.3.1 Fachkonferenzen

Es gibt eine unüberschaubare Menge an Fachkonferenzen zum Thema Social Media. Spätestens wenn Sie den Titel Social Media Manager tragen, können Sie sich sicher sein, dass Sie mindestens einmal im Monat eine Einladung zu einer Konferenz auf dem Tisch liegen haben. Die Preise liegen dabei oft im drei- bis vierstelligem Bereich. Prüfen Sie auch hier gründlich, bevor Sie eine Konferenz buchen:

- Eine Konferenz ist immer nur so gut wie ihre Referenten. Wenn Sie ein Thema interessiert, recherchieren Sie, wer dort auf der Bühne steht.
- Oft gibt es auch Sprecher, die auf vielen Konferenzen den gleichen Vortrag halten. Suchen Sie sich die Konferenz heraus, die Sie am meisten interessiert. Mit etwas Glück finden Sie dabei den gewünschten Vortrag auch schon im Netz, um sich vorab einen Eindruck verschaffen zu können. Slideshare (*http://slideshare.com*) und Scribd (*http://scribd.com*) sind Orte, an denen viele Referenten Ihre Materialien zur Verfügung stellen.
- Lesen Sie nicht nur die Testimonials auf der Konferenz-Website, sondern googeln Sie nach Meinungen/Feedback im Netz.
- Nicht immer gilt: teuer = gut!
- Achten Sie auch immer auf das Rahmenprogramm. Gibt es Pausen und/oder eine Abendveranstaltung, um zu netzwerken?

Ein guter Indikator ist das eigene Bauchgefühl. Sie sind der Meinung, dass der Preis völlig überzogen für die angebotene Leistung ist oder die Konferenz nach einer PR-Veranstaltung klingt? Dann lassen Sie es lieber sein. Exemplarisch möchte ich ein paar Konferenzen vorstellen, mit denen ich gute Erfahrungen gemacht habe.

re:publica

Unter den alten Hasen auch liebevoll »das Klassentreffen« genannt, hat sich die re:publica von einer kleinen Nischenkonferenz zu einem jährlichen Großevent mit mehr als 4.000 Teilnehmern entwickelt. Das erklärte Ziel der re:publica ist es seit jeher, eine Brücke zwischen on- und offline zu schlagen und, wie es so treffend auf der Website zur Konferenz steht:

> »Die stetig wachsende Besucherzahl und die bunte Mixtur der re:publica-Gäste gehen Hand in Hand mit der Integration sozialer Medien in der Gesellschaft und ihrer steigenden Bedeutung.«

Auf mehreren Bühnen präsentieren hier sowohl nationale als auch internationale SprecherInnen über drei Tage hinweg ein breites Themenspektrum. Ebenso bunt gemischt sind die Teilnehmer, die Atmosphäre ist inspirierend und entspannt, so dass sich in den Pausen und am Abend ausreichend Gelegenheiten zum Networking ergeben.

Kongress-Media-Events

Das Bemerkenswerte an den Kongress-Media-Konferenzen ist die hohe Dichte an Referenten aus der Praxis und die kontinuierliche Weiterentwicklung der Formate.

Ob »Digital Marketing & Media Summit« (*http://www.d2m-summit.de*, siehe Abbildung 3.9), eine Konferenz mit Schwerpunkt auf Social Media Marketing, oder das »Monitoring Summit«, welches den Schwerpunkt auf Social Media Monitoring legt, in der Regel mischen sich hier Keynote-Vorträge mit Workshops und Seminaren sowie ehrliche Best-Practice-Beispiele mit innovativen Querdenkern. Dazu kommt eine angenehme Atmosphäre, in der man sich sowohl im Anzug als auch in Jeans und Sneakern wohlfühlt.

Abbildung 3.9 Startseite des »Digital Marketing & Media Summit«

Social Media Week

Die »Social Media Week« ist ein internationales Konferenzformat, das 2009 zum ersten Mal in Deutschland stattfand. In einer Woche des Jahres finden in Großstädten wie Hamburg, Berlin und München täglich Vorträge, Workshops und abendliche Events zum Thema Social Media statt (siehe Abbildung 3.10).

Abbildung 3.10 Startseite Social Media Week Hamburg

Die Bandbreite an Themen und Sprechern ist groß, die Atmosphäre sehr entspannt und die Teilnahme im Regelfall gratis. Eine Übersicht der Städte und nächster Termine ist unter *http://socialmediaweek.org* zu finden.

Dmexco

Die Dmexco (*http://dmexco.de*) ist eine Messe für digitales Marketing und findet einmal im Jahr in Köln statt. Neben dem klassischen Messeangebot gibt es einen immer umfangreicheren Konferenzteil, der auch Themen aus dem Bereich Social Media behandelt. Der Eintritt für Fachbesucher ist frei, darüber hinaus gibt es am Abend des ersten Messetages immer eine Reihe von Partys, die sich großer Beliebtheit erfreuen. Generell ist die Dmexco auch ein kleines Klassentreffen der Social-Media-Branche geworden und ein sehr guter Ort zum Netzwerken.

3.3.2 Barcamps

Das Barcamp ist eine andere Art der Konferenz, eine sogenannte Un- oder Mitmachkonferenz. Das meist ehrenamtliche Team organisiert nur den Veranstaltungsort und die Ausstattung, das Programm wird von den Teilnehmern selbst gestaltet und entsteht erst am Morgen des Konferenztages im Rahmen der »Sessionplanung«. Jeder Teilnehmer ist aufgerufen, sich aktiv einzubringen, sei es durch das Anbieten einer Session, durch Einbringen seines Wissens in einer Diskussion oder durch die Berichterstattung auf Twitter oder in Blogs. Auf diesem Wege entsteht eine ganz besonders dynamische Atmosphäre, die gerne mit Social Media verglichen wird. Auf Barcamps finden sich viele der Referenten, für die man sonst auf traditionellen Konferenzen viel Geld zahlt. Barcamps ermöglichen einen intensiven Wissensaustausch und sind gleichzeitig ideal für das Networking ganz ohne Schlips und Kragen. Städtebarcamps, wie zum Beispiel das in Hamburg, München oder das Barcamp Ruhr in Essen haben keine festen Themen, dennoch liegt der Schwerpunkt meistens auf Social Media, Technologie und dem Freiberufler-Dasein. Eine Übersicht der Barcamps finden Sie unter *http://barcamp.org*, *http://barcamp-liste.de* oder *http://barcampkalender.de*.

Themencamps

Die Tradition der Themencamps begann in Deutschland Anfang 2008 mit dem Wordcamp, welches das Blogsystem WordPress als Themenfokus hatte. Im gleichen Jahr startete das CommunityCamp (*http://communitycamp.mixxt.de*), welches sich über die Jahre hinweg zu dem größten Treffen von Community und Social Media Managern in Deutschland entwickelt hat und bei dem ich selbst im Organisationsteam dabei bin (siehe Abbildung 3.11). Traditionell treffen hier am letzten Wochenende im Oktober Fachleute aus ganz Deutschland in Berlin zusammen, um sich an einem Wochenende intensiv über alle Themen rund um Social Media und Community Management auszutauschen.

Auf dem zweiten CommunityCamp wurde der Bundesverband Community Management e.V. für digitale Kommunikation und Social Media (BVCM) gegründet.

2011 führte die Omnipräsenz von Themen zu Facebook zu der Gründung des fbcamps (*http://fbcamp.de*), einem Camp, das sich nur um den blauen Riesen Facebook dreht.

Abbildung 3.11 Startseite des CommunityCamps

Als weiteres relevantes Themencamp ist hier noch das MonitoringCamp (*http://monitoringcamp.de*) zu nennen, das sich intensiv mit der Thematik Monitoring und Erfolgsmessung im Social Web beschäftigt.

Es ist zu erwarten, dass in Zukunft noch weitere Themencamps zu Einzelaspekten des Social Media Managements entstehen werden, beispielsweise wurde für 2014 bereits ein Social CRM Camp (*http://crmcamp.de*) angekündigt.

3.4 Networking

Persönlich empfinde ich das Networking mit anderen Social Media und Community Managern als eine der wertvollsten Möglichkeiten des Wissensaustausches. Gespräche über den Alltag, die Herausforderungen und die Erfolge verhelfen immer wieder zu neuen Ideen und Lösungsansätzen. So ganz nebenbei baut man sich ein Netzwerk aus Experten auf, das im Krisenfall unbezahlbar ist. Dabei gilt: Seien Sie authentisch und aufgeschlossen, und trauen Sie sich, auf andere zuzugehen, Fragen zu stellen und von Ihren Erlebnissen zu berichten. Erfahrungsgemäß kommt man auf den vorgestellten Networking-Events ganz unkompliziert ins Gespräch.

Community & Social Media Manager Stammtisch

Der Community & Social Media Manager Stammtisch findet im Schnitt einmal pro Monat in vielen deutschen Großstädten statt. Man trifft hier auf Community und

Social Media Manager aller Branchen, vom Einsteiger bis zum Profi, und verlebt einen Abend in gemütlicher Runde. Im Vordergrund steht hier der persönliche Austausch von Erfahrungen, hin und wieder werden auch Kurzvorträge gehalten.

Die aktuellen Termine finden Sie im Kalender des BVCM *http://www.bvcm.org/kalender*, auf dessen Facebook-Seite *https://www.facebook.com/bvcm.ev* oder direkt auf den Fanseiten der lokalen Stammtische.

Twittwoch/Webmontag

Auf Twittwochen bzw. Webmontagen, die, wie der Name schon vermuten lässt, immer mittwochs bzw. montags stattfinden, stehen vor dem Netzwerken mehrere Kurzvorträge auf dem Programm. Die Themen sind bunt gemischt, haben aber immer das (Social) Web als gemeinsamen Nenner. Eine Übersicht der anstehenden Webmontage finden Sie unter *http://webmontag.org*, über Twittwochs bleiben Sie am besten über *http://www.twittwoch.de* informiert.

Social Media Club

Der Social Media Club ist ein internationales Netzwerk aus Veranstaltungen, den Kern des Abends bilden Vorträge von Referenten aus der Praxis. Einen Überblick über die Städte mit Social Media Clubs finden Sie auf der englischsprachigen Seite *http://socialmediaclub.org*, im Regelfall haben die lokalen Clubs Fanseiten auf Facebook.

Berufsverbände und -gruppen

Neben den abendlichen Netzwerkveranstaltungen ist die Mitgliedschaft in einschlägigen Berufsverbänden und -gruppen vorteilhaft. Im Bereich Social Media Management wäre hier zunächst der Bundesverband Community Management e. V. für digitale Kommunikation und Social Media (BVCM) zu nennen. Der BVCM wurde von Experten der digitalen Medien gegründet und bietet neben der Möglichkeit zu einem stetigen virtuellen Austausch auch ein bis zweimal im Jahr Workshops an, auf denen in Gruppenarbeit aktuelle Themen aus dem Bereich Social Media bearbeitet werden.

Daneben haben eine Reihe von Verbänden, die sich mit dem Thema Digital oder Kommunikation im Allgemeinen beschäftigen, spezielle Fachgruppen und Arbeitskreise zum Thema Social Media. Die Teilnahme hier ist jedoch oft mit einer Unternehmensmitgliedschaft verbunden. Als Beispiel zu nennen wäre hier die Fachgruppe Social Media im Bundesverband Digitale Wirtschaft BVDW (*http://www.bvdw.org/fachgruppen/social-media.html*) und die Arbeitsgruppe Digital Relations/Social Media in der Deutschen Public Relations Gesellschaft e. V. DPRG (*http://dprg.de/Profile/DigitalRelationsSocialMedia/35*).

4 Persönliches Online Reputationsmanagement

»Wer Selbstdarstellung betreibt, sollte darauf achten, dass genug Selbst zum Darstellen vorhanden ist.«

Vivian Fersch, deutsche Lyrikerin

In kaum einer Position ist die persönliche Online-Reputation von Beginn an so relevant wie in der eines Social Media Managers. Wann haben Sie das letzte Mal nach Ihrem Namen gegoogelt? Spätestens wenn Sie planen, in dem Bereich Social Media zu arbeiten, sollten Sie dieses regelmäßig tun. Warum? In Umfragen bestätigt sich immer wieder, dass potenzielle Arbeitgeber und Personalberater auf Google Informationen über Bewerber und potenzielle Kandidaten suchen. Setzen Sie Ihren Namen in Anführungszeichen, und schauen Sie nach, was man in Google, Yahoo, Bing & Co. über Sie findet (siehe Abbildung 4.1).

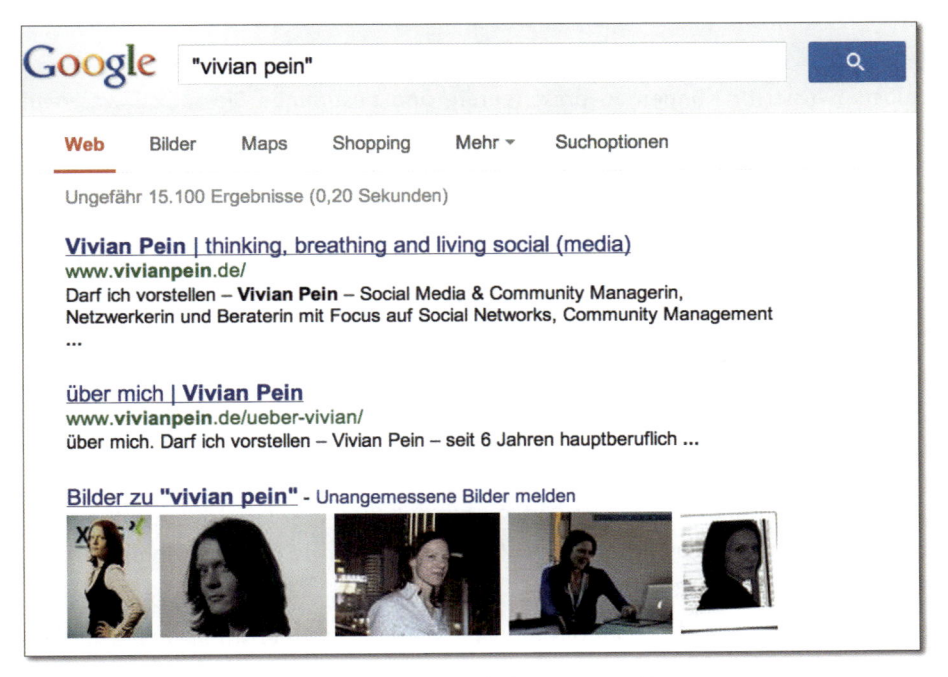

Abbildung 4.1 »Ego-Googlen« – die Suche nach dem eigenem Namen

Im Idealfall sieht der potenzielle Arbeitgeber auf der ersten Seite ausgewählte Profile und – wenn vorhanden – Ihre eigene Homepage. Nicht so gut ist, wenn dort Ihre Jugendsünden aus alten Zeiten oder einfach gar nichts über Ihre Person auftaucht. Doch auch in diesem Fall gilt erst einmal: keine Panik! Mit ein wenig Arbeit lässt sich das persönliche Profil arbeitgeberfreundlich einrichten.

> **Expertentipp: Alerts als Reputationsradar**
>
> Richten Sie gleich einen Google Alert auf Ihren Namen ein, um automatisch über neue Einträge informiert zu werden. Dafür gehen Sie auf die Startseite der Google Alerts unter *http://www.google.de/alerts* und geben dort Ihren Namen in Anführungszeichen ein (»Max Mustermann«). Im Anschluss können Sie auswählen, wie oft Sie über Neuigkeiten informiert werden möchten und wie genau die Ergebnisse sein sollen. Den gleichen Service in Grün bietet Ihnen Talkwalker unter *http://www.talkwalker.com/de/alerts* an.
>
> Alternativ bieten Personen-Suchmaschinen wie Yasni (*http://yasni.de*) und Naymz (*http://naymz.com*) ebenfalls einen E-Mail-Service für die Überwachung des eigenen Namens an.

4.1 Gefunden werden

Sorgen Sie dafür, dass man Sie im Internet findet. Haben Sie keine Angst davor, selbstbewusst Ihr Können zu präsentieren, und bestimmen Sie selbst, was man über Sie erfährt. Diese Tipps und Tricks helfen Ihnen dabei.

4.1.1 Business-Netzwerke nutzen

Falls noch nicht geschehen, melden Sie sich auf den beiden großen Business-Netzwerken XING und LinkedIn an. Hinterlegen Sie Ihren Lebenslauf, nutzen Sie ein professionelles Foto, und fügen Sie Kontakte hinzu, die Sie kennen.

Ein wichtiges Element in Ihrer Online-Reputation ist, zumindest im deutschsprachigen Raum, das Business-Netzwerk XING. XING erfreut sich bei Personalern großer Beliebtheit, und darüber hinaus wird Ihr Profil sehr gut in Google positioniert, wenn Sie Ihre Privatsphäre-Einstellungen auf »öffentlich sichtbar« stellen, was Sie auch unbedingt tun sollten! Ihr XING-Profil wird mit dieser kleinen Einstellung automatisch zu Ihrem Online-Lebenslauf, denn es ist in den Suchergebnissen ganz vorne (siehe Abbildung 4.2).

Nutzen Sie diesen Vorteil, vervollständigen Sie Ihren Werdegang und Ihre Ausbildung, und laden Sie ein sympathisches Profilbild hoch. Je ausführlicher Sie Ihr Profil ausfüllen, desto relevanter wird es für Google und auch in der Suche auf XING selbst. Machen Sie Gebrauch von den Feldern Ich suche und Ich biete sowie der Sektion Über mich, in der Sie sogar mit Bildern arbeiten können.

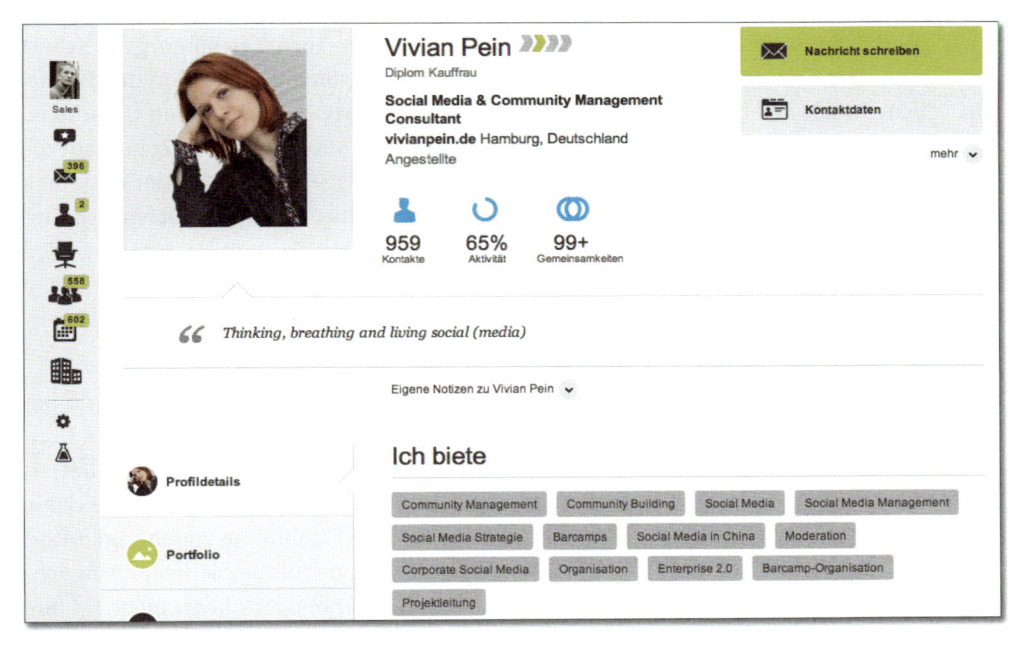

Abbildung 4.2 Das XING-Profil als Online-Lebenslauf

4.1.2 Profile in sozialen Netzwerken optimieren

Schauen Sie sich Ihre Profile in den unterschiedlichen sozialen Netzwerken genau an. Prüfen Sie, ob öffentlich sichtbare Informationen dem entsprechen, was ein potenzieller Arbeitgeber auch sehen soll. Wenn nicht, löschen Sie die Einträge, oder stellen Sie die Sichtbarkeit auf privat. Da für Sie als angehender Social Media Manager auch Twitter, Facebook und Google+ als professionelle Materie gelten, sollten Sie hier besonders gründlich prüfen. Gestalten Sie Ihre Profile professionell mit den zur Verfügung stehenden Möglichkeiten. Nutzen Sie ein sympathisches Foto, und beschreiben Sie sich kurz und prägnant. Suchen Sie sich die Netzwerke aus, die zu Ihnen passen. Liegt Ihr Schwerpunkt auf Bildern und Fotos, sollten Sie Dienste wie Flickr und Instagram mit in die Wahl ziehen, bei dem Schwerpunkt Musik liegen MySpace und Last.fm nahe, und wenn Sie viele Präsentationen halten, sollte Slideshare nicht fehlen.

In wie vielen Netzwerken Sie ein Profil haben, bleibt Ihnen überlassen. Solange Ihre Profile gepflegt und ordentlich sind und Sie auf Anfragen reagieren, gibt es kein Zuviel.

4.2 Das Online-Profil aufräumen

Um unliebsame Einträge zu entfernen sind mindestens zwei Schritte notwendig. Dies liegt daran, dass die Inhalte einmal auf der Website liegen, auf der sie veröffentlicht wurden, und zusätzlich in dem Cache der Suchmaschinen gespeichert sind. Der Eintrag verschwindet nur dann aus Google, Bing & Co., wenn der eigentliche Inhalt nicht mehr vorhanden ist. Der erste Schritt ist folglich, den Ursprungsbeitrag zu entfernen. Wenn Sie die Inhalte selbst veröffentlicht oder Zugriff auf die Seite haben, stehen die Chancen gut, dass Sie diese eigenständig wieder entfernen können. Erfahrungsgemäß entstehen viele Einträge durch falsche Privatsphäre-Einstellungen. Entsprechend sollten Sie diese zuerst überprüfen. Stellen Sie in sozialen Netzwerken die Privatsphäre-Einstellung so ein, das nur Freunde die Inhalte sehen könne. Ändern Sie bei unliebsamen Bildern, die Sichtbarkeitseinstellungen auf »privat«, oder löschen Sie diese vollständig.

Schwieriger gestaltet sich das Entfernen von Inhalten, auf die Sie keinen Zugriff haben. Hier müssen Sie sich an den Betreiber der Seite wenden, die notwenigen Kontaktinformationen dafür finden Sie meist im Impressum. Schreiben Sie dem Betreiber eine E-Mail, in der Sie um Entfernung der Inhalte bitten. Beschreiben Sie dabei genau, um welche Teile es sich handelt, und senden Sie ihm die zugehörige Internetadresse (URL), um es möglichst einfach zu machen. Sollten Sie keine Möglichkeit haben, den Inhaber der Seite zu kontaktieren oder reagiert dieser nicht auf Ihre Bitte, gibt es zwei Möglichkeiten: Entweder Sie leiten rechtliche Schritte ein, oder Sie sorgen dafür, dass die betreffenden Inhalte in den Suchergebnissen so weit nach hinten rutschen, dass diese unbeachtet bleiben. Wie Letzteres funktioniert, lernen Sie in Abschnitt 4.1, »Gefunden werden«.

Ist der Quellbeitrag beseitigt, kommt der zweite Schritt, das Entfernen des Beitrags aus dem Index und dem Zwischenspeicher (Cache) der Suchmaschinen. Der Beitrag ist noch so lange in der Suche auffindbar, bis die jeweilige Suchmaschine die Aktualisierung registriert. Dies kann zwischen wenigen Tagen und mehreren Monaten dauern, und Seitenbetreiber haben in der Regel keinen Einfluss auf diese Aktualisierung.

> **Tipp: Aktualisierung von Inhalten in den Google-Suchergebnissen**
>
> Sie persönlich haben die Möglichkeit, bei Google die Löschung einer im Cache gespeicherten Version einer Seite oder die Entfernung eines Bildes zu beantragen. Mit dieser Methode beschleunigen Sie die Aktualisierung des Suchmaschinen-Caches. In der Google-Hilfe finden Sie unter *http://support.google.com/webmasters/bin/answer.py?hl=de&answer=1663688* eine Schritt-für-Schritt-Anleitung. Bitte bedenken Sie, dass die ursprünglichen Inhalte im Voraus entfernt werden müssen, Google hat keinen Einfluss auf die Webseiten von anderen Personen.

4.3 Eine gute Online-Reputation aufbauen

Eine gute Online-Reputation entsteht nicht von heute auf morgen, sondern benötigt eine sorgfältige Planung und dauerhaftes Engagement, online wie offline. Im Vorfeld müssen Sie sich genau überlegen, wie Ihre Eigenmarke aussehen soll. Eine makellose digitale Fassade, die Ihnen im realen Leben nicht entspricht, ist nicht nur unglaubwürdig, sondern wird sich auf Dauer negativ auswirken. Zeigen Sie sich von Ihrer besten Seite, aber seien Sie dabei authentisch und menschlich!

> **Was ist Online-Reputation?**
> Reputation ist mehr als ein Image, sie umfasst den Ruf eines Menschen. Die Online-Reputation entspricht also der Gesamtwahrnehmung einer Person oder eines Unternehmens, auf Basis der Informationen, die online verfügbar sind.

Was repräsentieren Sie?

Was macht Sie als Person besonders, wo liegen Ihre Fähigkeiten, und für welche Themen möchten Sie stehen? Stellen Sie sich vor, Sie müssten sich, wie auf Barcamps üblich, mit drei Schlagworten vorstellen (siehe Abbildung 4.3). Welche wären das? Je genauer Sie wissen, worauf Sie sich fokussieren möchten, desto besser, denn diese Themen bilden die Basis für Ihre persönliche Marke.

Abbildung 4.3 Melanie Unbekannt stellt Ihre drei Tags auf dem CommunityCamp Berlin 2012 (#ccb12) vor.

Leidenschaft für das, was Sie tun

Wichtig bei der Auswahl des Fokus ist, sich genau zu überlegen, wo die persönlichen Interessen und Leidenschaften liegen, denn wer für ein Thema brennt, kann auch andere begeistern. Dies muss nicht unbedingt ein Social-Media-Thema sein, aber eine gewisse Schnittmenge zu dem Thema hilft Ihnen, Expertise aufzubauen.

Stehen Sie für dieses Thema ein, sprechen Sie mit anderen Menschen, und bloggen und twittern Sie darüber (siehe Abbildung 4.4).

4 Persönliches Online Reputationsmanagement

Abbildung 4.4 Nicole Männl lebt Ihre Leidenschaft für Autos.

Zeigen Sie, wer Sie sind

Wissen Sie, was Ihr Alleinstellungsmerkmal ist? Ihre Persönlichkeit macht Sie einzigartig, deswegen sollten Sie sich nicht scheuen, auch einmal etwas Persönliches zu schreiben. Das kann ein Tweet sein, in dem Sie sich über ein Ereignis freuen (siehe Abbildung 4.5), oder ein Blogbeitrag über Ihre Reise in die USA.

Abbildung 4.5 Wolfgang Lünenbürger-Reidenbach professionell-persönlich auf Twitter

Zeigen Sie sich menschlich, aber bleiben Sie dabei professionell, überlegen Sie sich, was Sie auf der Bühne sagen würden und was nicht. Besonders in Zeiten von negativen Emotionen lohnt es sich, lieber dreimal darüber nachzudenken, bevor Sie öffentlich darüber schreiben.

Seien Sie individuell

»Man kann niemanden überholen, wenn man in dessen Fußstapfen tritt.« Dieses weise Zitat sollten Sie im Hinterkopf behalten, wenn sich bei Ihnen der Gedanke einschleicht, anderen nachzueifern. Konzentrieren Sie sich lieber auf Ihren USP (Unique Selling Point), und machen Sie Ihr Ding.

Bleiben Sie konsequent

Spezialisieren Sie sich auf das, was Sie wirklich können, und bleiben Sie dabei. Das Social Web bietet Ihnen so viele Möglichkeiten, ein Thema aus den unterschiedlichsten Blickwinkeln zu beleuchten, dass Sie es gar nicht nötig haben, jedem neuen Trend hinterherzulaufen.

Gute Manieren on- und offline

Was selbstverständlich sein sollte, ist für eine gute Online-Reputation unabdingbar – gute Manieren on- und offline. Bedanken Sie sich, wenn Ihnen jemand hilft, und bieten Sie Ihre Hilfe an, wenn Sie helfen können. Fragen Sie höflich, wenn Sie etwas haben möchten, achten Sie darauf, ob Ihr Gegenüber mit »Du« oder »Sie« angesprochen werden möchte. Mischen Sie sich nicht in fremde Angelegenheiten ein, und lassen Sie sich nicht zu Lästereien hinreißen. Ebenso sollten Sie davor zurückschrecken, andere Personen öffentlich zu verunglimpfen oder übermäßig zu kritisieren.

Seien Sie sichtbar

Eine gut durchdachte Eigenmarke nützt nicht viel, wenn man diese nicht sehen kann. Kommunizieren Sie über Twitter, schreiben Sie ein Blog, kommentieren und diskutieren Sie in Blogs und Foren, oder halten Sie Ihre Erinnerungen auf Instagram fest. Gehen Sie auf Netzwerktreffen und Konferenzen, und sprechen Sie dort mit Menschen. Wenn es zu Ihnen passt, können Sie auch ein bestimmtes Markenzeichen an sich tragen, wie zum Beispiel Sascha Lobo seinen roten Irokesen. Sie bestimmen selbst, was und wie viel Sie von sich zeigen, aber sorgen Sie dafür, dass man Sie sieht und wiedererkennt.

Werden Sie Experte

Machen Sie sich die Mühe, und gehen Sie über das Weiterverteilen von Informationen rund um Ihr Thema hinaus. Erstellen Sie selbst eigene Analysen, recherchieren Sie gründlich, und stellen Sie Thesen zur Diskussion. Helfen Sie anderen, wenn diese Fragen zu Ihrem Thema haben, bieten Sie Sessions und Vorträge auf Barcamps und Konferenzen an, und tauschen Sie sich mit anderen Experten in Ihrem Gebiet regelmäßig aus.

Bauen Sie sich Ihr Netzwerk auf

Auch im Zusammenhang mit der eigenen Online-Reputation ist ein Netzwerk Gold wert. Suchen Sie sich andere Experten in Ihrem Lieblingsthema, und diskutieren Sie mit diesen. Bauen Sie sich Ihre Kontakte auf, und gehen Sie pfleglich mit diesen um. Übertreiben Sie es aber nicht, nicht jeder muss Sie mögen, und zu viel Enthusiasmus kann schnell in Aufdringlichkeit umschlagen.

Tipp: Gleichgesinnte finden

Wenn Sie auf der Suche nach gleichgesinnten Experten sind, können Ihnen die folgenden Tipps helfen.

Suchen Sie auf Twitter nach Ihren Schlagworten (Hashtags) mit und ohne einer vorangehenden Raute (#). In der erweiterten Suche können Sie die Ergebnisse auf Sprachen eingrenzen und so zumindest schon einmal einen Überblick bekommen, wer sich noch mit Ihren Themen beschäftigt. Schauen Sie sich die Profile genauer an, und folgen Sie denen, die Ihnen interessant vorkommen. Wenn Sie wissen möchten, wer Einfluss in einem bestimmten Themengebiet hat, helfen Ihnen Tools, die Ranglisten zu bestimmten Themen führen. Zu nennen sind an dieser Stelle *http://wefollow.com*, die Expertensuche von Topsy (*http://topsy.com*), Bottlenose (*http://bottlenose.com*) und Portale wie *Klout.com* und *Peerindex.com*, die den Einfluss einer Person auf Basis seiner Interaktionen in den sozialen Netzwerken berechnen.

Nehmen Sie sich Zeit

Für eine gute, nachhaltige Online-Reputation werden Sie in etwa ein Jahr brauchen – nur Wenige schaffen dies schneller. Diese Zeit sollten Sie sich nehmen, denn Schnellschüsse und übereifriges Handeln führen oft zu Fehlern. Positive Veränderungen in dem, was man über Sie findet, sind schneller zu erreichen, nehmen Sie sich dazu die Tipps aus Abschnitt 4.1, »Gefunden werden«, zu Herzen.

5 Bewerbung als Social Media Manager

»Nur wer sein Ziel kennt, findet den Weg.«
Laotse

Wenn Sie den Entschluss gefasst haben, Social Media Manager zu werden, ist der nächste Schritt, eine Stelle zu finden, die zu Ihnen und Ihren aktuellen Erfahrungswerten passt. Die Angebote am Markt sind vielfältig und unübersichtlich, deswegen gilt: Seien Sie sich im Klaren darüber, was Sie können und was Sie möchten. In diesem Kapitel lernen Sie, wie Sie eine passende Stelle finden können, worauf es bei einer Bewerbung ankommt und was bei einer Initiativbewerbung zu beachten ist. Darüber hinaus finden Sie in einem letzten Abschnitt Hinweise darauf, was Sie später bei der Suche nach Verstärkung beachten müssen.

5.1 Hinweise für Bewerber

41 % der Unternehmen, die Social Media gezielt nutzen, beschäftigen laut einer aktuellen Studie der BITKOM bereits einen oder mehrere Mitarbeiter im Bereich Social Media – Tendenz steigend.[1]

Entsprechend stößt man auf Hunderte Stellenanzeigen, wenn man auf Jobportalen nach den Stichwörtern »Social Media« sucht. Nicht immer stecken hinter dem gesuchten Social Media Manager auch die Aufgaben, die damit verbunden werden sollten. Da für Personalabteilungen das Berufsbild noch sehr neu ist, werden in Stellenanzeigen gerne sämtliche Bereiche vereint, die »irgendwas mit Internet« zu tun haben. Anforderungen wie Suchmaschinenoptimierung, Design oder fundierte Programmierkenntnisse sind dabei keine Seltenheit. Lassen Sie sich von solchen Anzeigen nicht verunsichern. Unternehmen, die ernsthaft ein Engagement in den sozialen Medien planen, sollten sich bewusst darüber sein, dass dieses mindestens einer Vollzeitstelle bedarf, da die Aufgabe mehr als das Befüllen eines Kanals umfasst. Wenn dem nicht so ist, ist es vielleicht einfach das falsche Unternehmen für Sie.

---

[1] BITKOM Studie Social Media in deutschen Unternehmen: *http://bit.ly/1dZLnoW*

5.1.1 Stellenausschreibungen finden

Online-Stellenbörsen gibt es reichlich. Tabelle 5.1 führt die bekanntesten im deutschsprachigen Raum auf.

Stellenbörse	URL
Arbeitsagentur	www.jobboerse.arbeitsagentur.de
Experteer	www.experteer.de
FAZ Online	www.faz.de
Gigajob	www.gigajob.de
Jobline	www.jobline.de
Jobpilot	www.jobpilot.de
Jobrobot	www.jobrobot.de
Jobscanner	www.jobscanner.de
Jobscout24	www.jobscout24.de
Jobware	www.jobware.de
Jobworld	www.jobworld.de
Monster.de	www.monster.de
Stepstone	www.stepstone.de
XING	www.xing.com/jobs
T3n Jobbörse	www.bit.ly/19JCVpu
WuV Jobbörse	www.bit.ly/19JD0tl

Tabelle 5.1 Übersicht deutsprachiger Stellenbörsen

Auf vielen Portalen lassen sich Suchagenten anlegen, die Sie bei einer neuen Stellenanzeige automatisch benachrichtigen. Darüber hinaus können Sie Ihren Lebenslauf hinterlegen, damit die Chancen steigen, von einem Personaler gefunden zu werden.

Achten Sie bei den Stellenanzeigen auf die Anforderungen und die Aufgaben. Passt die Stelle zu Ihnen, und vor allem können Sie sich mit dem Unternehmen identifizieren? Nichts ist schlimmer als an vorderster Front für ein Unternehmen zu stehen, das Sie nicht »mögen«. Da Authentizität eine der grundlegenden Anforderungen an einen Social Media Manager ist, kann diese Konstellation nicht funktionieren.

Abbildung 5.1 Eck Kommunikation sucht via Twitter nach Verstärkung.

In den USA ist es bereits Usus, und auch in Deutschland suchen immer mehr Unternehmen nur noch auf Twitter, Facebook, XING & Co. nach Spezialisten für Social Media (siehe Abbildung 5.1). Aus diesem Grund lohnt es sich, hier nach den relevanten Stichwörtern zu suchen und Fachgruppen beizutreten.

5.1.2 Das eigene Netzwerk nutzen

Das eigene Kontaktnetzwerk ist ebenfalls eine gute Quelle für potenzielle Bewerbungschancen. Sagen Sie Ihrem Umfeld, dass Sie auf der Suche nach einer beruflichen Herausforderung sind. Wenn Sie ganz mutig sind, schreiben Sie einen Beitrag in Ihrem Blog, der einer Online-Bewerbung gleichkommt. Beschreiben Sie genau, was Sie suchen und warum Sie für eine entsprechende Stelle geeignet sind. Lassen Sie diesen Beitrag anschließend über Ihr Netzwerk verbreiten, mit ein wenig Glück erreicht Ihr Gesuch so genau die richtigen Personen.

Abbildung 5.2 Romy Mlinzk aka @snoopsmaus auf Jobsuche

5 Bewerbung als Social Media Manager

Dass diese Methode funktioniert, zeigen die Beispiele von Romy Mlinzk aus Hamburg und Christine Heller aus Köln. Romy verfasste unter *http://snoopsmaus.de/2012/06/snoopsmaus-auf-jobsuche* einen knackigen Blogartikel zu Ihrer Jobsuche und wurde so von Ihrem neuen Arbeitgeber gefunden (siehe Abbildung 5.2). Christine erstellte neben einem Blogbeitrag *http://www.punktefrau.de/blog/2013/01/14/jobsuche* noch ein Bewerbungsvideo, in dem sie sich vorstellt, und eine Infografik Ihres Lebenslaufs (siehe Abbildung 5.3).

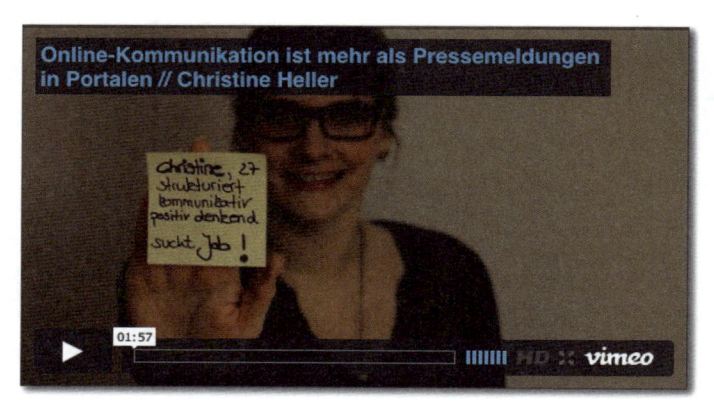

Abbildung 5.3 Christine Hellers Bewerbungsvideo

> **Tool-Tipp: Der Lebenslauf als Infografik**
> Mit Resumup (*http://resumup.com*) können Sie mit wenigen Klicks aus Ihrem LinkedIn-Profil eine schöne Infografik machen. Voraussetzung ist natürlich, dass Sie Ihr Profil gut gepflegt haben.

Darüber hinaus ist es auch hier sinnvoll, sein Kontaktnetzwerk gezielt auszubauen, denn viele Stellen werden über direkte Empfehlungen vergeben. Besuchen Sie Branchen-Events und Messen, um gezielt interessante Kontakte zu knüpfen, und beobachten Sie gut, ob in Ihrem Umfeld durch berufliche Veränderungen vielleicht gerade Ihre Traumstelle frei wird.

5.1.3 Initiativbewerbung

Sie finden keine Stelle, die zu Ihnen passt, sind sich aber ziemlich sicher, dass Sie ein Unternehmen kennen, das nur noch nicht weiß, dass es genau Sie braucht? Wie in jedem anderen Bereich verlangt auch eine Initiativbewerbung als Social Media Manager nach genauer Vorbereitung und einem sensiblen Vorgehen.

Die ersten Schritte zur Initiativbewerbung

Zunächst einmal müssen Sie sich wieder genau überlegen, was Sie können und was Sie möchten. Suchen Sie sich ein Unternehmen aus, das wirklich zu Ihnen passt und bei dem Sie klar sehen, dass Sie helfen können.

Ihre zukünftige Mitarbeit muss für den anvisierten Arbeitgeber einen klaren Mehrwert mit sich bringen. Je genauer Sie diesen Nutzen in einer Initiativbewerbung formulieren und festhalten können, desto besser sind Ihre Chancen.

Den richtigen Ansprechpartner finden

Sie haben das Unternehmen gefunden, bei dem Sie arbeiten möchten? Nun geht es darum, den richtigen Ansprechpartner zu finden, denn eine Bewerbung, die einfach an die »Personalabteilung« adressiert ist, landet gerne Mal direkt im Papierkorb. Um einen Ansprechpartner zu finden, gibt es mehrere Wege. Die klassische Variante ist direkt in dem Unternehmen anzurufen und freundlich den Ansprechpartner zu erfragen. Vorteil dieser Methode ist, dass Sie mit ein wenig Glück gleich ein paar Worte mit der- oder demjenigen sprechen können. Alternativ haben Sie die Möglichkeit, in Stellenangeboten nachzusehen, ob dort eine Kontaktperson angegeben ist, oder auf XING nach dieser zu suchen.

Selbstbewusst Ihr Angebot präsentieren

Sie haben festgestellt, dass über das Unternehmen sehr stark im Social Web gesprochen wird, aber dieses keine eigenen Präsenzen pflegt? Sie sind sich absolut sicher, dass Sie dem Unternehmen helfen können, und wissen genau wie? Sehr gut! Denn genau dies müssen Sie selbstbewusst in Ihrer Initiativbewerbung präsentieren.

Beschreiben Sie anschaulich Beispiele, warum es sinnvoll ist, sich an den Gesprächen zu beteiligen. Skizzieren Sie dem Unternehmen Ihren Lösungsweg, und betonen Sie den so zu erreichenden Mehrwert. Kommunizieren Sie klar, wo Ihre Talente und besonderen Fähigkeiten liegen und wie das Unternehmen von diesen profitieren kann. Seien Sie dabei aber höchst sensibel, niemand hört gerne, dass Defizite vorhanden sind. Stellen Sie diese nicht als Makel, sondern als Chance dar.

In manchen Fällen funktioniert es sogar, wenn Fans einer Marke oder eines Unternehmens selbst die Initiative in die Hand nehmen. Die Geschichte der ZDF-Twitterer Michael Umlandt (*http://twitter.com/@michaelumlandt*) und Marco Bereth (*http://twitter.com/@mahrko*) ist ein gutes Beispiel dafür, dass Spaß, Leidenschaft und der Mut zum Risiko zu einem neuen Job verhelfen können. Im Jahr 2009 sicherte sich Bereth gemeinsam mit seinem Freund Umlandt den Twitter-Benutzerzugang (Account) @ZDFonline. Sie traten mit dem ZDF-Publikum in einen echten Dialog, beantworteten Fragen, bedankten sich für Lob und reagierten auf Kritik.

Mit Ihrer sympathischen Art verhalfen Sie @ZDFonline zu einem echten Erfolg (siehe Abbildung 5.4).

Ihr Werk machten die beiden so professionell, dass niemand im Mainzer Sendehaus Verdacht schöpfte, dass es sich hierbei um keinen offiziellen Kanal des Senders handelte. Selbst eine Anfrage des echten Accounts @ZDFsport beantworteten die beiden souverän und schafften es sogar, die Kontrolle über den Account @ZDFneo von einem weiteren ZDF-Fan zu bekommen.[2] Irgendwann wurde den beiden doch ein wenig mulmig zumute, und sie schrieben dem ZDF eine E-Mail, die der Sender ein paar Wochen später mit einer Einladung in die Sendezentrale beantwortete. Dort wurde den beiden ein Arbeitsvertrag angeboten.

Abbildung 5.4 Bericht in gutjahrs blog über den Erfolg von @ZDFonline

Geplant war diese Initiativbewerbung laut Michael Umlandt nicht, selbst bei der Einladung in den Sender haben die beiden nicht mit einem Jobangebot gerechnet. Auch hätte die Reaktion des Mainzer Fernsehsenders ganz anders aussehen können. Noch immer reagieren viele Unternehmen in so einer Situation nicht souverän. Statt das Gespräch mit den Account-Inhabern zu suchen, wird der Account geschlossen, im ungünstigsten Fall mit Hilfe eines Anwalts. Falls Sie also vorhaben, Ihre Initiativewerbung mit einem aktiven Beispiel Ihres Könnens zu hinterlegen, behalten Sie im Hinterkopf, dass dieser Plan nicht zwingend funktionieren wird.

5.1.4 Der Lebenslauf

Ihr Lebenslauf ist Ihre Visitenkarte und in der Regel das Erste, was Ihr potenzieller neuer Arbeitgeber zu Gesicht bekommt. Nutzen Sie Ihre Chance für einen ersten

---

2 Die komplette Geschichte können Sie unter *http://gutjahr.biz/2011/04/zdf-twitter* nachlesen.

guten Eindruck. Sowohl Inhalt als auch Form sollten ansprechend und harmonisch gestaltet sein. In einen Lebenslauf gehören diese typischen Blöcke.

Ihre persönlichen Daten

Zu diesen Basisdaten gehören Name, Anschrift, Geburtsdatum und -ort, Familienstand und Kinder sowie Ihre Staatsangehörigkeit.

Berufserfahrung und Werdegang

Führen Sie für jede Station den monatsgenauen Zeitraum (beispielsweise 02.2010–01.2013), den Namen und den Ort des Unternehmens auf. Schreiben Sie zu jeder Ihrer Positionen eine kleine Zusammenfassung, über Ihre Aufgaben und Leistungen. Ein kurzer Text verrät mehr als der Jobtitel allein.

Rücken Sie die Tätigkeiten in den Vordergrund, die für eine Position als Social Media Manager vorteilhaft sind. Solche Aspekte sind beispielsweise Projektmanagement, die Koordination von Agenturen oder das Coaching von anderen Mitarbeitern. Als Absolventen sollten Sie Ihre Ausbildungs- bzw. Studienschwerpunkte herausstellen.

Besondere Qualifikationen

Zu den besonderen Qualifikationen gehören Weiterbildungen, spezielle Kenntnisse im Bereich Internet, PR oder Marketing, Fähigkeiten und Sprachen.

Ausbildung

Neben fachlicher und universitärer Ausbildung gehört in diesen Block gegebenenfalls auch der Wehr- oder Ersatzdienst.

Projekte

Sie haben nebenberuflich bereits Projekte in Social Media betreut, organisieren Veranstaltungen, sind seit langer Zeit Forenmoderator oder führen ein aktives Blog? Nehmen Sie die Projekte, die eine Relevanz für die ausgeschriebene Position haben, ruhig als zusätzlichen Punkt mit auf.

Interessen

Führen Sie hier Ihre Interessen auf, die für die angestrebte Position förderlich sind. Ebenso ist hier der Platz für gemeinnützige Engagements.

Aufbau

Ein tabellarischer Lebenslauf ist heute Standard. Der Aufbau nach amerikanischer Tradition, also mit der letzten Station des Werdegangs beginnend, ermöglicht aus meiner Sicht einen schnelleren Überblick. Er betont zudem die relevantesten (neueren) Stationen und fängt nicht in der grauen Vorzeit an. Alternativ bietet sich ein chronologischer Aufbau an. Wichtig ist, dass Sie es dem Personaler einfach machen, schnell zu erfassen, wie Ihre Qualifikation aussieht.

Umfang

Der Umfang sollte eine bis höchstens zwei Seiten betragen. Wenn Sie zwei Seiten benötigen, empfiehlt es sich, die wichtigsten Punkte auf der ersten Seite darzustellen. In manchen Fällen lässt sich der Umfang mit Hilfe eines Deckblattes, das Ihr Foto sowie Namen, Anschrift, Kontaktdaten sowie wahlweise eine Kurzbeschreibung Ihrer selbst enthält, auf eine Seite Lebenslauf reduzieren.

Lücken im Lebenslauf, Job-Hopping – was nun?

Versuchen Sie bitte auf keinen Fall, etwas zu verbergen. Wenn Sie sich aus einer arbeitssuchenden Situation heraus bewerben, bietet sich die Möglichkeit an, den Lebenslauf chronologisch aufzubauen. So sieht der potenzielle Arbeitgeber zuerst Ihre vergangene Leistung, bis er den aktuellen Status entdeckt. Häufige Jobwechsel sind insbesondere im Bereich Social Media nicht unbedingt selten. Bei traditionellen Arbeitgebern führen diese trotzdem oft zu Skepsis. Stellen Sie in so einem Fall schlüssig dar, warum der Wechsel nötig war, und nehmen Sie dem Arbeitgeber die Bedenken, dass Sie hier ebenso nach kurzer Zeit weiterziehen möchten.

> **Expertentipp von Jochen Mai: Das Personal Design**
>
> So wie ein Unternehmen sein Coporate Design entwickelt, sollten auch Sie ein ganz individuelles Design für die Bewerbung und den Lebenslauf finden. Das heißt nicht, dass Sie das Rad neu erfinden müssen, aber es sollte zu Ihnen passen und soweit aus der Masse herausstechen, dass es genug Aufmerksamkeit weckt. Das kann auch bedeuten, auf jeglichen Firlefanz zu verzichten und ganz schlicht zu werden: eine Schriftart, eine Schriftgröße, eine zweispaltige Tabelle und dezente Fettungen. Wichtig ist, dass sich sämtliche Designelemente in allen Bestandteilen der Bewerbung – also im Anschreiben wie im Lebenslauf – widerspiegeln. Dem Betrachter muss sofort klar sein, dass diese Dokumente aus einem Guss sind.
>
> Was an dieser Stelle vor allem hilft: grafische Elemente. Das können Linien sein, aber auch Balken- oder Tortendiagramme, die etwa die Schwerpunkte Ihrer Kompetenzen illustrieren. Wählen Sie solche Grafikobjekte aber unbedingt sorgfältig aus, und setzen Sie diese bitte nur sparsam ein. Sie sind die Würze in der Bewerbung, Eyecatcher, die sicher zuerst betrachtet werden. Übertreiben Sie es damit, stiften Sie nur Verwirrung.

Dasselbe gilt für Farben. Um einzelne Bereiche der Bewerbung hervorzuheben – etwa die Kopfzeile mit Namen und Kontaktdaten – eignen sie sich hervorragend. Die Farben sollten den Leser aber nicht anschreien. Arbeiten Sie lieber mit Nuancen von Grau oder Blau, insbesondere in konservativen Branchen. Dort ist zum Beispiel auch farbiges Papier absolut tabu.

Dafür können Sie bei Start-ups und Medienunternehmen in der Regel etwas lauter werden: Lebensläufe, die aussehen wie eine Facebook-Seite, Anschreiben, die auf einen Schokoriegel gedruckt werden, sowie komplette Bewerbungen im Pinterest-Stil oder als vollständige Infografik hat es dort alle schon gegeben – und die Bewerber waren damit am Ende immer erfolgreich.

5.1.5 Das Bewerbungsschreiben

Eine der größten Herausforderungen bei einer Bewerbung ist das Bewerbungsschreiben. Jochen Mai, Autor der Karrierebibel (*http://karrierebibel.de*) und Experte in Sachen Bewerbung, hat für Sie zusammengefasst, was Sie dabei beachten müssen. Diese Tipps werden es Ihnen erleichtern, in Worte zu fassen, warum Sie genau die richtige Person für die ausgeschriebene Stelle sind.

Expertentipp von Jochen Mai: Das Bewerbungsschreiben

Man kann es gar nicht oft genug betonen: Eine Bewerbung, insbesondere das Anschreiben, sollte stets individuell verfasst werden. Egal, wie gut Ihnen die Formulierungen in Ratgeberbüchern, Foren oder Blogs gefallen – schreiben Sie nie ab! Diese Quellen lesen schließlich auch Personaler und erkennen sie entsprechend wieder. Im schlimmsten Fall hat sie der Kandidat im Stapel vor Ihnen bereits verwendet. Und schon sind beide als Plagiatoren aufgeflogen. Viel wichtiger: Kommen Sie sofort auf den Punkt, und überraschen Sie mit einem ungewöhnlichen ersten Satz, der (positive) Emotionen und Aufmerksamkeit weckt.

Apropos formulieren: Eine Grundregel, die jeder Journalist lernt, die aber auch für jede Bewerbung gilt, lautet: Schreibe aktive Sätze! Nichts schläfert mehr ein als passiver Nominalstil: Die Langeweile, die endlose Substantivketten in Bewerbungsschreiben auslösen, ist so offensichtlich wie in diesem Satz ... Formulieren Sie lieber aktiv, kleiden Sie Ihre Motivation in starke Verben, kreieren Sie etwas Kurzprosa; schreiben Sie, wie Sie begeistert mit jemandem reden würden (nur die Kraftausdrücke lassen Sie bitte weg!). Im Anschreiben geht es letztlich um ein flammendes Plädoyer für Sie und Ihre Motivation, nackte Fakten finden sich noch genug im Lebenslauf.

Formulieren Sie also ohne viel Umschweife, was Sie in diesem Job bewirken wollen, was Sie daran fasziniert. Vor allem aber: Warum sind Sie der Beste, den das Unternehmen dafür bekommen kann? Am besten lesen Sie das Ergebnis hinterher ein paar Freunden vor. Diese sollten danach so überzeugt von Ihren Kompetenzen sein, dass sie neugierig auf ein persönliches Kennenlernen sind.

Natürlich gibt es auch ein paar Formalia, die jedes Bewerbungsschreiben erfüllen muss, also Informationen, die schlicht unerlässlich sind. Diese finden Sie in der folgenden Checkliste – orientiert an einem typischen Schreiben von oben nach unten:

- Absender (Name, Adresse, Telefonnummer (auch mobil), E-Mail-Adresse)
- Datum (rechts)
- Empfänger (Firma, Vor- und Zuname des Adressaten, Adresse)
- Kein Bewerbungsfoto!
- Betreff (bei Blindbewerbungen reicht »Bewerbung«, ansonsten bitte der konkrete Bezug auf die Stellenanzeige: »Bewerbung als …, Ihre Stellenanzeige vom 24. Juli 2007 in der Lokalzeitung«)
- Anrede (immer persönlich, nie: »Sehr geehrte Damen und Herren«, unbedingt Ansprechpartner recherchieren!)
- Einstiegssatz
- Bezug zum Unternehmen
- Kurzdarstellung des eigenen Profils, der Stärken und Soft Skills (mit Beispielen!)
- Hinweis auf sonstige Kenntnisse (zum Beispiel Sprachen)
- Hinweis auf Referenzen (Ansprechpartner aus früheren Jobs, die sich positiv für Sie verbürgen)
- Hinweis auf Kündigungsfristen und möglichen Eintrittstermin
- falls verlangt, Gehaltsvorstellungen (Spanne ist besser als exakter Betrag)
- Abschlussformulierung
- Unterschrift
- Anlagen (Lebenslauf, Zeugnisse)

5.1.6 Vorbereitung auf das Vorstellungsgespräch

Der größte Fehler, den ich in Vorstellungsgesprächen immer wieder gesehen habe, war eine unzureichende Vorbereitung der Kandidaten. Sorgen Sie dafür, dass Sie diesen Fehler nicht machen, und bereiten Sie sich gründlich auf das Vorstellungsgespräch vor.

Informationen über das Unternehmen sammeln

Nehmen Sie sich die Zeit, sich die Geschichte des Unternehmens durchzulesen, informieren Sie sich über die Unternehmenswerte, die Kultur und eventuelle soziale Engagements. Lesen Sie sich Pressemitteilungen durch und recherchieren Sie nach Werbekampagnen und Marketingaktionen, um einen Eindruck zu bekommen, wie das Unternehmen im Allgemeinen kommuniziert. Wenn vorhanden, schauen Sie sich natürlich ganz genau die Aktivität im Social Web an. Auf welchen Plattformen ist das Unternehmen wie vertreten, gibt es ein Blog, was finden Sie gut und was könnte man aus Ihrer Sicht noch anders machen? Beschäftigen Sie sich intensiv mit dem Unternehmen! Wenn Sie die Chance dazu haben, reden Sie mit einem der Mitarbeiter, um herauszufinden, wie Umgangsformen und Kultur in dem Unternehmen sind.

> **Tipp: In den Kontakten meiner Kontakte nach Mitarbeitern suchen**
>
> Auf XING haben Sie die Möglichkeit, gezielt in den Kontakten Ihrer Kontakte nach Mitarbeitern in einem bestimmten Unternehmen zu suchen.
>
> Geben Sie dafür in der XING-Suche den Namen des Unternehmens in dem Feld AKTUELLES UNTERNEHMEN ein, und setzen Sie einen Haken bei KONTAKTE UND KONTAKTE ZWEITEN GRADES. Im Ergebnis werden Ihnen jetzt nur Personen angezeigt, mit denen Sie direkt oder über eine Person verbunden sind. Lassen Sie sich doch einfach von Ihrem Kontakt vorstellen, um ein kleines, informatives Telefonat zu führen. Ich habe damit gute Erfahrungen gemacht.
>
> **Power-Tipp**: Wenn sich für das Ziel-Unternehmen verschiedene Schreibweisen in den Profilen breit gemacht haben, können Sie auch mit einem Sternchen als Joker oder allgemeinem Platzhalter arbeiten, zum Beispiel findet eine Suche nach »Luft*« alle Unternehmen, deren Firmierung mit den vier Buchstaben »Luft« beginnt.

Zum Abschluss noch ein Hinweis auf ein Video, das auf humoristischer Weise zeigt, was Sie tun müssen, um den Job nicht zu bekommen: *http://www.youtube.com/watch?v=YAbpmkqn6JE*.

5.2 Hinweise für Arbeitgeber

Auf Unternehmensseite ist wichtig, dass Klarheit über die Anforderungen an einen Kandidaten bestehen. Hüten Sie sich davor, alles, was grob mit dem Internet zu tun hat, dem Social Media Manager zuzuordnen. Dies wirkt abschreckend auf potenzielle Kandidaten und sorgt mit ein wenig Pech dafür, dass sich Ihr idealer Kandidat gar nicht erst bewirbt.

5.2.1 Wen suchen Sie überhaupt?

Der erste Kontakt mit dem Bewerber ist die Stellenausschreibung. Je genauer Sie hier beschreiben können, welche Aufgaben der Kandidat in Ihrer Organisation übernehmen soll, desto besser. Aus diesem Grund müssen Sie sich erst einmal darüber im Klaren sein, was genau der Kandidat überhaupt tun soll bzw. wen Sie überhaupt suchen.

Die eierlegende Wollmilchsau

Sie möchten jemanden, der Ihnen die Social-Media-Strategie erstellt, Ihre Kanäle betreut, jeden Tag einen Blogbeitrag veröffentlicht und nebenbei noch Suchmaschinenoptimierung macht? Diese Person gibt es nicht, schon gar nicht, wenn dazu noch fünf Jahre Berufserfahrung zu einem Gehalt von 28.000 € gesucht werden. Dieses scheinbar abstrakte Beispiel ist leider nicht ausgedacht, sondern immer wieder in freier Wildbahn anzutreffen. Es schadet nicht, hohe Ansprüche zu haben, aber realistisch sollten diese schon sein. Orientieren Sie sich lieber an den folgenden, typischen Rollen.

Der Grundsteinleger

Sie suchen jemanden, der für Sie bei null beginnt und Ihnen auf dem Weg in das Social Web hilft? Setzen Sie den Fokus auf Analyse, Strategie und interne Prozesse, denn das wird zunächst die Hauptaufgabe sein. Auch ist es hier wichtig, dass Sie einen Kandidaten finden, der mindestens fünf Jahre Berufserfahrung hat, der versteht, wie ein Unternehmen tickt, und sich mit seinem Fachwissen im Unternehmen Respekt verschaffen kann. Ein Berufseinsteiger ist hier schlichtweg fehl am Platz. Auch Führungsqualitäten sind wichtig. Der Senior Social Media Manager muss in der Lage sein, ein (interdisziplinäres) Team aufzubauen und zu führen.

Der Redakteur

Sie suchen primär jemanden, der Ihnen gute Inhalte für Ihre Social-Media-Präsenzen produziert und andere im Unternehmen dazu bringt, dies ebenfalls zu tun? Dann brauchen Sie jemanden, der seinen Schwerpunkt in dem Thema Social-Media-Redaktion und Content-Erstellung hat. Hier ist ein Hintergrund in Journalismus oder PR vorteilhaft, aber auch ein sehr gut geschriebenes Blog stellt einen Pluspunkt dar.

Der Kommunikator

Die Strategie steht, Ihr Social-Media-Programm ist in vollem Gange, und Sie suchen jemanden, der Ihre Kanäle professionell betreut? Dann sind Sie auf der Suche nach einem (Social Media) Community Manager. Im Mittelpunkt dieser Aufgabe steht die Kommunikation mit Ihren Kunden, der Kandidat muss also Erfahrung auf diesem Feld haben. Wenn Sie den ersten Community Manager suchen, ist es durchaus wünschenswert, dass dieser offen und geeignet für eine Führungsposition ist. Allein schon aufgrund der Tatsache, dass einer allein nicht an 365 Tagen im Jahr für Ihre Community da sein kann, ist perspektivisch mindestens eine weitere Junior Position in diesem Bereich anzustreben.

Der Kundenservice-Profi

Sie haben den Kundenservice als zentrales Element in Ihrer Social-Media-Strategie aufgenommen und suchen jetzt nach geeigneten Kandidaten für die Ausführung? Hier empfiehlt es sich dringend, einen Blick in die Organisation zu werfen. Es ist einfacher, einem Profi aus dem Kundenservice, der sich seit Jahren professionell um das Wohl der Kunden sorgt und Ihre Systeme aus dem Effeff beherrscht, in Social-Media-Kommunikation zu schulen als umgekehrt. Langjährige Mitarbeiter des Kundenservices haben oft eine ganz spezielle Art, zu denken. Sie haben Spaß daran, Kunden zu helfen, auch wenn Sie dafür meistens viel zu wenig Wertschätzung erhalten. Finden Sie unter diesen Profis onlineaffine Kandidaten, sollten Sie diese Chance nutzen.

Da Kundenservice im Web neben der gewohnten Kritik auch Lob und Dank für gelöste Probleme mit sich bringt, wachsen viele Community-Supporter schnell regelrecht über sich hinaus. Meine Erfahrung hat dies immer wieder bestätigt, auch das Community-Support-Team bei der Hermes Logistik Gruppe hat erfolgreich auf diese Strategie gesetzt (siehe Abbildung 5.5).

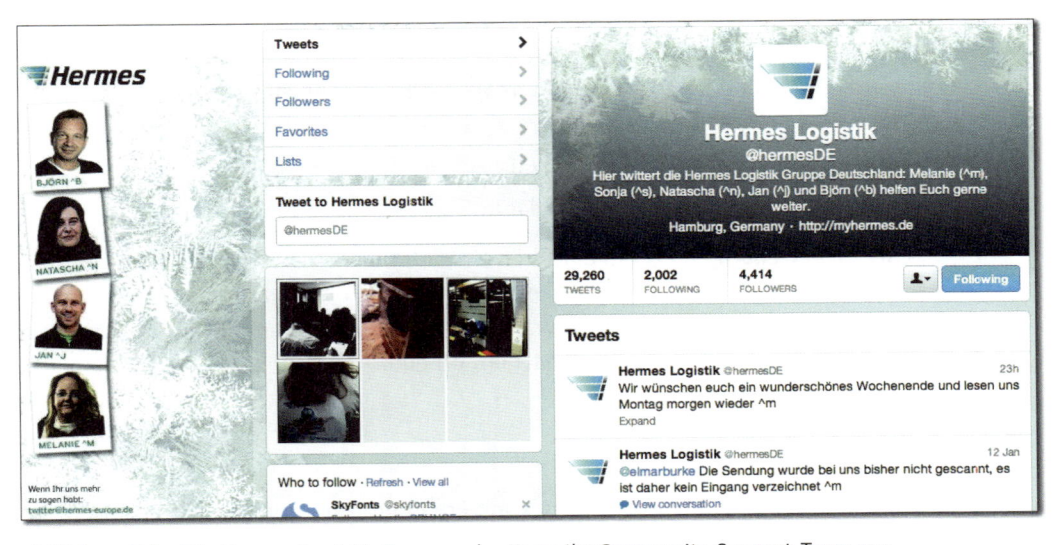

Abbildung 5.5 Die Hermes Logistik Gruppe rekrutierte Ihr Community-Support-Team aus Profis des Kundenservices.

5.2.2 Die perfekte Stellenausschreibung

Für die perfekte Stellenausschreibung gibt es keine Vorlage. Der Bundesverband für Community Management hat jedoch eine schlüssige Musterausschreibung veröffentlicht, die Sie an Ihre Bedürfnisse anpassen können. Sie finden das Muster unter *http://bit.ly/1537Rgx*.

5.2.3 Bewerber bewerten

Ist die Stellenausschreibung geschaltet und gehen die ersten Lebensläufe ein, stellt sich die Frage nach der Bewertung der Kandidaten. Neben rein formalen Kriterien, wie zum Beispiel der Menge an Berufserfahrung, sollten Sie bei einem angehenden Social Media Manager auch auf dessen fachliche Eignung und sein Verhalten im Social Web schauen.

Formale Kriterien

Meine persönliche Erfahrung ist, dass höchstens zwei von zehn Bewerbungen den formalen Anforderungen einer Stellenausschreibung entsprechen.

Berufserfahrung: Hat der Kandidat mindestens die gewünschte Berufserfahrung? Oft lassen sich bereits eine Reihe der Bewerbungen anhand fehlender Berufserfahrung aussortieren.

Studium: Über dieses Kriterium lässt sich streiten. Manche Unternehmen bestehen auf einem Studium, andere geben Kandidaten, die sonst einen sehr guten Eindruck machen, eine Chance. Ich habe mit dem zweiten Ansatz gute Erfahrungen gemacht.

Sprachkenntnisse: Die Firmensprache ist Englisch, oder der Kandidat muss sich mit internationalen Kollegen austauschen? Fehlende Sprachkenntnisse sind hier ein absolutes K.-o.-Kriterium.

Führungserfahrung: Wer ein Team führen soll, braucht Führungserfahrung oder zumindest eine persönliche Eignung dafür.

Gehaltsvorstellung: Liegt ein einzelner Kandidat mehr als 40 % über dem anvisierten Gehalt, ist die Wahrscheinlichkeit groß, dass sie nicht zusammenkommen. Liegen alle geeigneten Kandidaten weit über Ihren Vorstellungen, müssen Sie sich noch einmal Gedanken darüber machen, ob eine Anpassung an den Arbeitsmarkt möglich ist.

Fachliche Kriterien

Erfahrung in Social Media: Welche konkreten Berufserfahrungen hat der Kandidat bisher im Bereich Social Media gesammelt? Welche Erfolge gibt es hier vorzuweisen?

Erfahrung in Community Management: Ein Hintergrund im Community Management ist immer vorteilhaft. Wer selbst einmal an der Front stand, wenn die Unternehmenskommunikation unglücklich war, achtet besonders darauf, dass so etwas nicht passiert. Außerdem können Sie hier in der Regel auf kommunikative Fähigkeiten schließen.

Erfahrung mit Strategie und Konzeption: Insbesondere wenn Sie einen Social Media Manager vom Typ »Der Grundsteinleger« (s.o.) suchen, ist Erfahrung in Strategie und Konzeption wichtig. Aber auch in späteren Stadien des Engagements ist strategisches Denken und Handeln ein großer Pluspunkt.

Projekt Erfahrung: Hat der Kandidat Erfahrung mit Projektmanagement gemacht und/oder eigenständig Projekte geleitet? Social Media Manager müssen in der Lage sein, Projekte eigenständig zu planen und zu leiten. Erfahrungen in diesem Bereich sind daher ein großer Pluspunkt.

Zusammenarbeit mit Agenturen: Welche Erfahrung hat der Kandidat in der Führung oder Betreuung von Agenturen? Erfahrungen in der Zusammenarbeit mit Agenturen sind hilfreich, aber nicht essenziell.

Verständnis von Unternehmensabläufen: Hat der Kandidat bereits in Unternehmen gearbeitet oder diese beraten, und versteht er Unternehmensabläufe und -prozesse? Das Verständnis von Unternehmensabläufen im Allgemeinen ist sehr wichtig, insbesondere wenn Sie Social Media in Ihr Unternehmen einführen möchten. Der Kandidat muss dazu in der Lage sein, unternehmenspolitische und hierarchische Abläufe und Prinzipien schnell einzuschätzen.

Technisches Verständnis: Dies ist durchaus ein umstrittenes Kriterium, ich persönlich finde es wichtig, dass ein Social Media Manager über ein technisches Verständnis verfügt. Dieses Wissen ist in der Kommunikation mit Agenturen, Entwicklern und der internen IT teilweise essenziell wichtig. Es ermöglicht eine Unterhaltung auf Augenhöhe.

Persönliche Kriterien

Aktivitäten im Social Web: Nur wer selbst aktiv im Social Web ist, versteht die Dynamiken bis in die letzte Instanz und bleibt stets am Puls der Zeit. Dabei geht es nicht darum, den Kandidaten bis in den letzten Winkel zu durchsuchen, sondern darum, sich einen Eindruck von seiner Professionalität zu machen.

> **Rechtliche Aspekte der Online-Recherche über Bewerber**
> Fast die Hälfte der Personaler tut es, aber ist das Googeln von Kandidaten rechtlich erlaubt? Die Zulässigkeit der Recherchen zur Datenerhebung über Bewerberinnen und Bewerber richtet sich nach § 32 des Bundesdatenschutzgesetzes. Demnach dürfen personenbezogene Daten eines Beschäftigten für Zwecke des Beschäftigungsverhältnisses erhoben werden, wenn dies für die Entscheidung über die Begründung eines Beschäftigungsverhältnisses erforderlich ist. Dies gilt für frei zugängliche Daten im beruflichen Kontext. Das bedeutet: Eine Google-Suche und ein Umschauen in den Ergebnissen ist erlaubt, die gezielte Suche in privaten Social Networks wie Facebook dagegen nicht.

5.2.4 Das persönliche Gespräch

Die letzte bzw. die letzten beiden Instanzen im Bewerbungsprozess sind die Bewerbungsgespräche. Hier haben Sie die Chance, sich einen persönlichen Eindruck von Ihrem Kandidaten zu machen.

Existiert bereits ein Social-Media-Team, lassen Sie unbedingt mindestens eine Person an dem Gespräch teilnehmen. Einerseits weil Sympathie im Social-Media-Team ein essenziell wichtiges Thema ist. Dissonanzen scheinen im schlechtesten Fall nach außen durch. Andererseits ist es auch wichtig, eine Person dabeizuhaben, die die fachlichen Aussagen des Kandidaten versteht und einschätzen kann.

TEIL 2
Grundlagen Social Media Management

6 Die Eckpfeiler des Social Media Managements

Social Media ist mehr als nur ein Kanal, es ist eine Unternehmensphilosophie, die sich in der Art der Kommunikation mit Kunden, Mitarbeitern und weiteren Stakeholdern äußert.

Entsprechend ist Social Media ein ganzheitlicher Ansatz, der sämtliche Bereiche des Unternehmens mit einbezieht. Ihre Aufgabe als Social Media Manager ist es, das Unternehmen auf seinem Weg in den digitalen Wandel zu führen und sicher durch das Social Web zu navigieren.

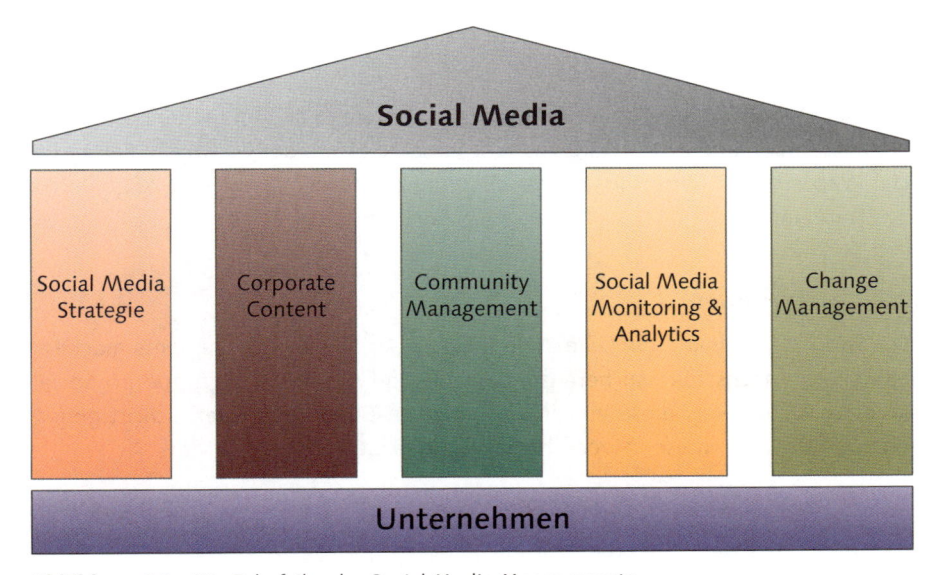

Abbildung 6.1 Die Eckpfeiler des Social Media Managements

Abbildung 6.1 veranschaulicht die fünf Grundpfeiler des Social Media Managements, auf denen ein erfolgreiches Engagement in Social Media basiert. Mit einer zugeschnittenen Social-Media-Strategie, den richtigen Inhalten (Content), einem engagierten Community Management, Social Media Monitoring sowie einem funktionierenden Change Management innerhalb des Unternehmens, führen Sie ein Engagement zum Erfolg. Im Weiteren Verlauf dieses Kapitels erläutere ich Ihnen diese wichtigen Grundprinzipien und zeige Ihnen, worauf es ankommt.

6.1 Die Social-Media-Strategie

Warum wollen Sie auf Facebook aktiv werden? Wenn Sie diese Frage stellen, werden Sie noch immer viel zu häufig diese Antwort hören: »Weil alle dort sind«. Nach wie vor stürzen sich viele Unternehmen in das Social Web, ohne vorher nachzudenken, was Sie erreichen möchten und ob diese Plattformen überhaupt die richtigen für Sie sind. Überhaupt, die Auswahl der Plattform ist erst der letzte Schritt in Ihrer Strategie. Vorher kommt die Bestimmung der Ziele, der Zielgruppe und der passenden Inhalte.

6.1.1 Was ist eine Strategie?

Strategie – ein großes Wort, das aber gar nicht so kompliziert ist, wie es scheint. Im Endeffekt beschreibt eine Strategie »nur« den Weg zum Ziel oder, um die Definition der Wikipedia zu zitieren:

> »Strategie (von altgriechisch stratēgós ›Feldherr, Kommandant‹) ist ein längerfristig ausgerichtetes Anstreben eines Ziels unter Berücksichtigung der verfügbaren Mittel und Ressourcen.« (Wikipedia)

Aus dieser Definition ergeben sich die ersten wichtigen Eckpunkte einer Strategie: Ziele, Ressourcen und Mittel. Eine weitere Variable bringt der wichtigste Faktor im Social Web ein: Die Bedürfnisse Ihrer Zielgruppe sind der Dreh- und Angelpunkt Ihrer Strategie.

6.1.2 Zielgruppen

Bevor Sie sich Gedanken über die Ziele Ihres Social-Media-Engagements machen, müssen Sie zunächst einmal herausfinden, ob und wo Ihre Zielgruppe im Social Web aktiv ist und was diese von Ihnen erwartet. Bevor Sie diesen Schritt gehen können, müssen Sie wissen »wer« Ihre Zielgruppe ist.

> »Unter einer Zielgruppe (engl. target audience) versteht man im Marketing eine bestimmte Menge von Marktteilnehmern, die auf kommunikationspolitische Maßnahmen homogener reagieren als der Gesamtmarkt.«[1]

Zielgruppen lassen sich nach geografischen, demografischen, psychografischen und verhaltensbezogenen Kriterien abgrenzen. Tabelle 6.1 gibt Ihnen einen Überblick, was sich hinter diesen Kategorien verbirgt.

In der Regel können Sie Informationen über die Zielgruppen Ihres Unternehmens in der Marketingabteilung abfragen.

---

1 Rainer Olbrich: Marketing. Eine Einführung in die marktorientierte Unternehmensführung, 2. überarb. u. erw. Aufl., Berlin u. a. 2006, S. 165 ff.

Kategorie	Kriterium
geografisch	Region, Ortsgröße, Bevölkerungsdichte
demografisch	Alter, Geschlecht, Familienstand, Einkommen, Berufsgruppen, Ausbildung, Konfession, Herkunft
psychografisch	Lebensstil, Persönlichkeit, Vorlieben, Motivation
verhaltensbezogen	Anlass, Nutzennachfrage, Kundenstatus, Verwendungsrate, Markentreue, Einstellung gegenüber der Marke

Tabelle 6.1 Segmentierungskriterien von Zielgruppen (in Anlehnung an Olbrich 2006)

Zielgruppen nach Sinus-Milieu

Ist dieses nicht möglich, bietet Ihnen der Ansatz der *Sinus-Milieus*, der Zielgruppen auf Grundlage ihrer Lebensauffassungen und Lebensweisen in Milieus (Lebenswelten) segmentiert, eine erste Orientierung.

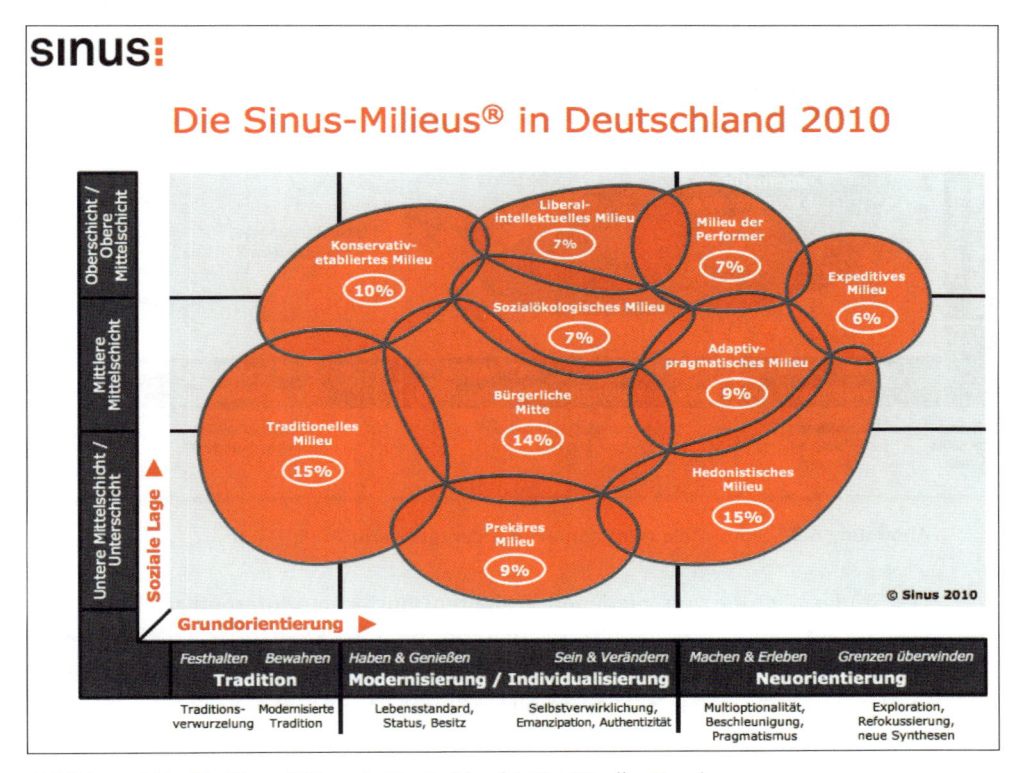

Abbildung 6.2 Die Sinus-Milieus in Deutschland 2010 (Quelle: Sinus)

In Abbildung 6.2 sehen Sie die zehn Lebenswelten in dem Kontext aus sozialer Lage (Unterschicht bis Oberklasse) und der Grundorientierung (Tradition bis Neuorientierung). Eine Charakterisierung der einzelnen Milieus finden Sie unter *http://www.sinus-institut.de/loesungen/sinus-milieus.html*. Auf Basis der Werte, die Ihr Produkt oder Ihr Unternehmen repräsentiert, können Sie Ihre Zielgruppe den Sinus-Milieus zuordnen. Dabei sind die Übergänge fließend, und ein Unternehmen kann durchaus mehrere dieser Sinus-Milieus ansprechen. Eine Studie des Deutschen Instituts für Vertrauen und Sicherheit im Internet (DIVSI) aus dem Jahre 2012 verknüpft die Sinus-Milieus mit der Internetnutzung.

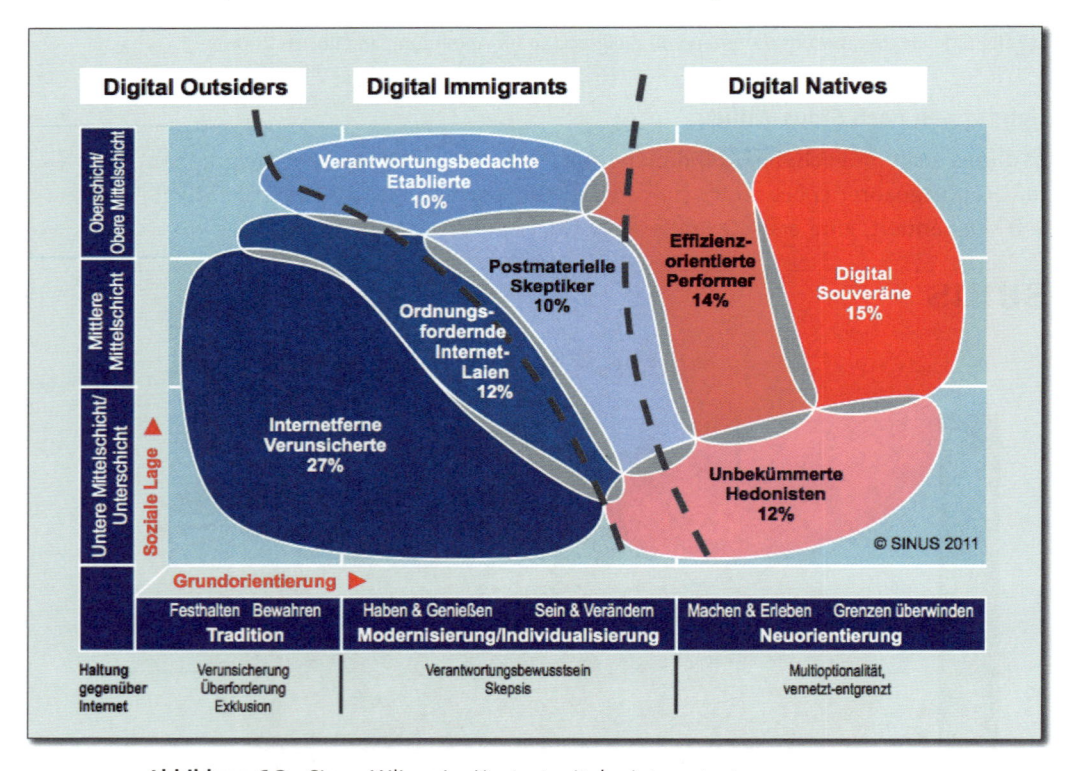

Abbildung 6.3 Sinus-Milieus im Kontext mit der Internetnutzung

Die Studie zeigt die verschiedenen Verhaltensmuster und Internetpräferenzen der Milieus auf und unterscheidet drei Hauptgruppen: *Digital Natives*, *Digital Immigrants* und *Digital Outsiders*. Die Zuordnung dieser drei Gruppen zu den Milieus ist in Abbildung 6.3 zu sehen. Die komplette Studie ist auf der Webseite der DIVSI erhältlich[2] und in diesem Zusammenhang definitiv eine Leseempfehlung.

---

2 http://bit.ly/1dl7aVf

Zielgruppen nach Social-Media-Nutzertypen

Ein weiterer Ansatz, die eigene Zielgruppe besser zu bestimmen, basiert auf einer Forrester-Studie aus dem Jahr 2006. Diese untersuchte, wie sich erwachsene Amerikaner im Internet verhielten. Heraus kam eine Leiter mit sechs Stufen der Partizipation (siehe Abbildung 6.4). Die entsprechenden Nutzertypen werden »Social Technographics Profiles« (kurz STP) genannt.

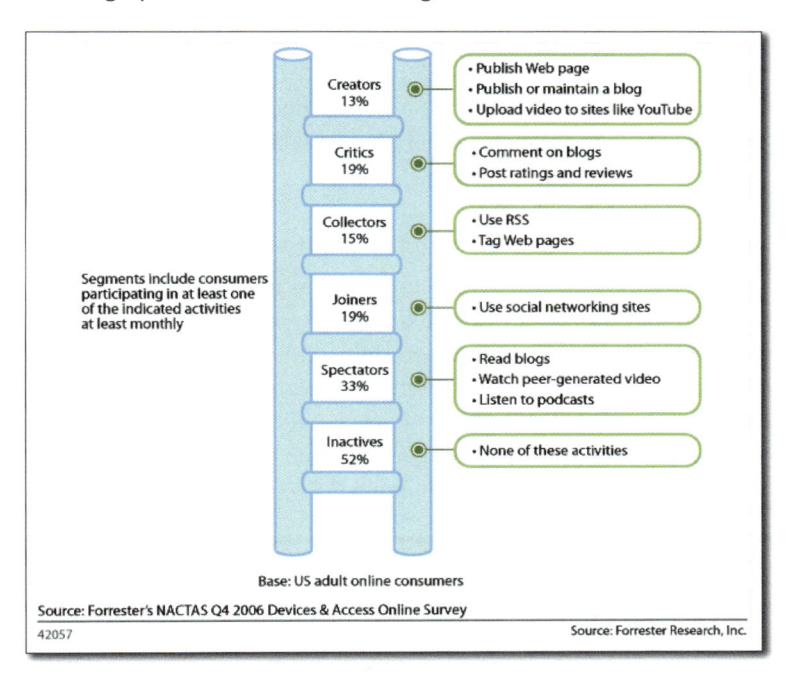

Abbildung 6.4 Die sechs Stufen der Partizipation nach Forrester

- Auf der obersten Stufe stehen mit 13 % die Creatoren, die selbst Inhalte wie Blogposts, Videos oder Webseiten veröffentlichen.
- Mit 19 % folgen dann die Critics, die diese Inhalte kommentieren oder selbst Bewertungen und Kritiken verfassen.
- Collectors, die Sammler, machen weitere 15 % aus. Sie »sammeln« veröffentlichte Inhalte per RSS-Feed oder in Social-Bookmarking-Systemen.
- Personen, die Mitglieder in sozialen Netzwerken sind, werden als Joiner bezeichnet und stellen 19 %.
- Spectators sind mit 33 % die Gruppe, die Inhalte nur konsumiert, Blogbeiträge liest, Videos schaut und sich Podcasts anhört.
- Die letzte Gruppe sind die Inaktives, die 52 % der befragten Personen ausmachen.

Auf der Internetseite von Forrester können Sie sich unter *http://empowered.forrester.com/tool_consumer.html* ansehen, wie die Verteilung der Nutzerprofile in Ihrer Zielgruppe ist. Dies hilft Ihnen dabei, einzuschätzen, wie diese im Netz agieren. Wenn Sie wissen, wer Ihre Zielgruppe ist und was diese bewegt, geht es weiter zum nächsten Schritt: der Definition der Ziele.

6.1.3 Ziele

Die Bestimmung der Ziele der Social-Media-Strategie ist ein elementar wichtiger Prozess. Mit den falschen Zielen erreicht man nur eines: viel verschwendete Arbeit, Zeit und Geld. Investieren Sie lieber im Vorfeld in die gründliche Recherche, um die richtigen Ziele für Ihr Unternehmen zu finden.

Unternehmensziele und Bedürfnisse der Kunden als Grundlage

Ziele im Bereich Social Media sind so individuell, wie die Situation des betrachteten Unternehmens. Aus diesem Grund gibt es hier keine allgemeingültigen Empfehlungen, mit welchem Ziel ein Unternehmen starten sollte. Grundsätzlich gilt: Ziele im Bereich Social Media müssen auf die Unternehmensziele und die davon abgeleiteten Kommunikationsziele einzahlen. Darüber hinaus müssen die Ziele den Bedürfnissen der Kunden zuträglich und mit den vorhandenen Ressourcen umsetzbar sein. Zunächst gilt es, qualitative Ziele zu definieren.

> **Marketing-Basic: Was ist ein qualitatives Ziel?**
> Qualitative Ziele lassen sich nicht unmittelbar in einer zählbaren Einheit messen. Aus diesem Grund müssen sie durch Ersatzmaßstäbe messbar gemacht (quantifiziert) werden. Beispiele für qualitative Ziele sind Sympathieführerschaft, Image und Kundenzufriedenheit steigern.

Grob lassen sich die qualitativen Ziele in folgende Kategorien einteilen:

- Kommunikation
    - Social Media Relations
    - Online Reputation Management
    - Community Engagement (in einen Dialog treten)
- Marketing und Vertrieb
    - Brand Awareness (Markenbekanntheit)
    - Reach (Reichweite, neue Zielgruppen erschließen)
    - Brand Advocacy (Empfehlungsmarketing)
    - E-Commerce (Produkte im Social Web verkaufen)

- Verbesserung der Suchmaschinenoptimierung
▶ Marktforschung und Innovation
  - Informationen über Kunden und den Wettbewerb gewinnen
  - Produktideen mit Ihren Kunden entwickeln
  - Trends erkennen
▶ Kundenbindung
  - Kundenservice verbessern
  - Kundenzufriedenheit erhöhen
  - Brand Loyalty (Loyalität zur Marke erhöhen)
▶ Organisation
  - Recruiting
  - Employer Branding
  - Wissenstransfer
  - Verbesserung von Prozessen

Diese Ziele bilden einen guten Orientierungspunkt für die potenziellen Möglichkeiten, die sich einem Unternehmen bieten. Wie Sie sehen, ist Social Media nicht das Thema eines einzelnen Unternehmensbereichs, sondern für fast alle Bereiche relevant. Deshalb sollten Sie bei der Entwicklung einer Social-Media-Strategie möglichst alle betroffenen Bereiche mit einbinden. Veranstalten Sie gemeinsame Brainstormings und Workshops, um die Abteilungen abzuholen und in die Entwicklung der Ziele mit einzubinden. Das hat den schönen Nebeneffekt, dass Sie so gleichzeitig die Basis für eine breitere Akzeptanz der Strategie legen. Um sicherzustellen, dass alle bei diesen Meetings auf einem Wissensstand sind, ist es sinnvoll, hier im Vorfeld eine gewisse Grundimpfung zum Thema zu verabreichen, mehr dazu lernen Sie in Abschnitt 10.7, »Social Media im Unternehmen etablieren«. Idealerweise ergibt sich am Ende des Zielfindungsprozesses eine gute Mischung aus externen und internen Zielen. Dabei sind interne Ziele solche, die dem Unternehmen helfen, sich auf die Herausforderungen durch das Social Web vorzubereiten.

Ziele deutscher Unternehmen

In der aktuellsten Version der Studie »Social Media in deutschen Unternehmen«[3] nannten die teilnehmenden Unternehmen der BITKOM die folgenden Ziele im Bereich Social Media:

▶ Steigerung der Bekanntheit der Marke/des Unternehmens
▶ Akquise neuer Kunden

---

3 *https://www.bitkom.org/files/documents/Social_Media_in_deutschen_Unternehmen.pdf*

- Aufbau von Beziehungen zu Kunden
- Verbesserung der Suchmaschinenplatzierung des Unternehmens
- Steuerung des Marken-/Unternehmensimages
- Aufbau von Beziehungen zu Multiplikatoren (zum Beispiel Journalisten, Bloggern)
- Marktforschung und Marktbeobachtung
- Gewinnung neuer Mitarbeiter
- Zusammenarbeit mit Kunden zur Erweiterung des Produkt-/Dienstleistungsportfolios (Crowdsourcing)

Ziele von Social-Media-Aktivitäten – nach Unternehmensgröße in Mitarbeiterzahl	Gesamt n=332	1 bis 499 Mitarbeiter n=302	500 Mitarbeiter und mehr n=30
Steigerung der Bekanntheit der Marke/des Unternehmens	82	82	87
Akquise neuer Kunden	72	72	46
Aufbau von Beziehungen zu Kunden	68	68	80
Verbesserung d. Suchmaschinenplatzierung des Unternehmens	46	46	65
Steuerung des Marken-/Unternehmensimages	42	42	70
Aufbau v. Beziehungen zu Multiplikatoren (z.B. Journalisten, Blogger)	32	32	65
Marktforschung und Marktbeobachtung	31	31	30
Gewinnung neuer Mitarbeiter	23	23	33
Zusammenarbeit m. Kunden zur Erweiterung d. Produkt-/Dienstleistungsportfolios (Crowdsourcing)	15	15	19
Weiß nicht/keine Angabe	5	5	3

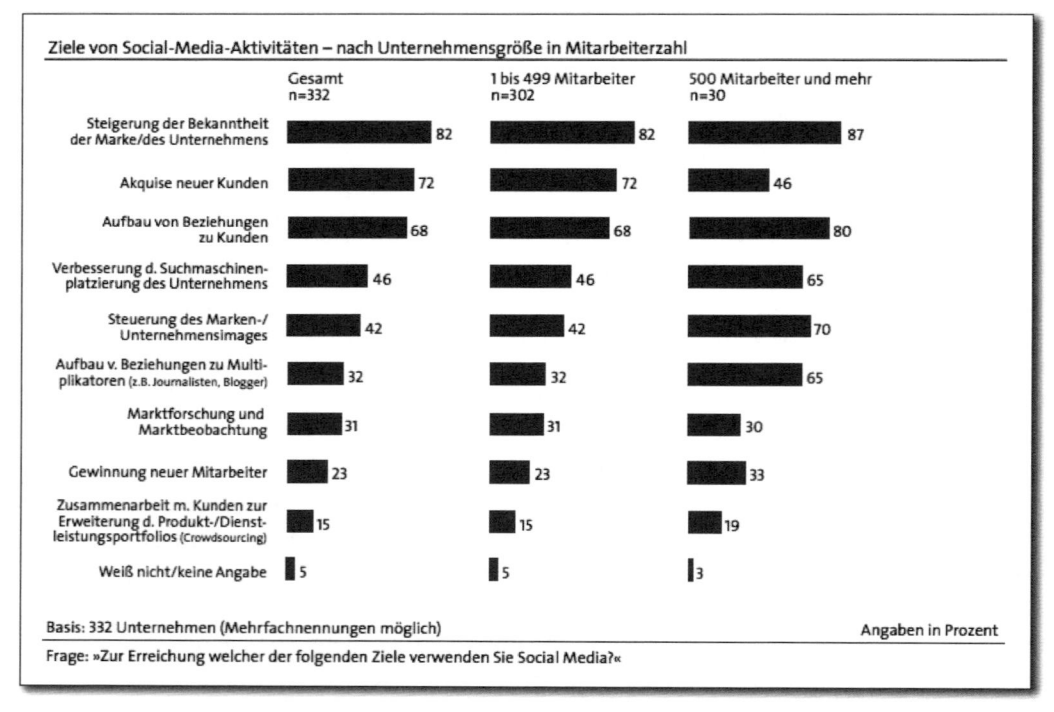

Basis: 332 Unternehmen (Mehrfachnennungen möglich) — Angaben in Prozent
Frage: »Zur Erreichung welcher der folgenden Ziele verwenden Sie Social Media?«

Abbildung 6.5 Ziele von Social-Media-Aktivitäten nach Unternehmensgröße

Abbildung 6.5 zeigt Ihnen die Verteilung der Zielsetzung nach Unternehmensgröße, die eine Befragung von 332 Unternehmen im Rahmen der BITKOM-Studie zum Einsatz und den Zielen in sozialen Medien ergab. Das Ziel »Steigerung der Bekanntheit der Marke/des Unternehmens« steht hier an der Spitze. Direkt dahinter folgt für Unternehmen mit weniger als 500 Mitarbeitern, die Akquise neuer Kunden und danach der Aufbau von Beziehungen zu Kunden. Größere Unternehmen dagegen legen den Fokus zunächst auf den Aufbau von Beziehungen zu Kunden und die Steigerung des Marken- bzw. Unternehmensimages.

SMARTe Ziele setzen

Hat man das qualitative Ziel der Strategie bestimmt, gilt es in einem nächsten Schritt, dieses auf ein umsetzbares und messbares quantitatives Ziel herunterzubrechen.

> **Marketing-Basic: Was ist ein quantitatives Ziel?**
> Von quantitativen Zielen ist die Rede, wenn sich die angestrebte Veränderung eindeutig in Zahlen ausdrücken lässt. Quantitative Ziele sind direkt durch Kennzahlen und Werte messbar. Beispiel: Eine Steigerung der Anzahl der im Web gelösten Kundenservice-Anfragen um 5 %.

Dazu eignet sich die SMART-Formel, die Grundvoraussetzungen für ein effektives Ziel beinhaltet. Das Akronym SMART beschreibt die folgenden Attribute (siehe Tabelle 6.2).

S	specific	spezifisch
M	measureable	messbar
A	achievable	erreichbar
R	relevant	relevant
T	timely	terminierbar

Tabelle 6.2 Bedeutung der Buchstaben auf Englisch und Deutsch

Specific (spezifisch)

Das Ziel muss unmissverständlich klar definiert sein. Dies bedeutet, dass bei allen Beteiligten Klarheit darüber herrschen muss, was genau erreicht werden soll.

Beispiel: Statt des vagen Ziels »Das Image des Unternehmens soll besser werden« konkret die Faktoren benennen, die durch Aktivitäten in Social Media verbessert werden können: »Die negativen Nennungen auf Twitter sollen um 10 % gesenkt werden.«

Measureable (messbar)

Die Ziele müssen in Parametern definiert werden, die messbar sind. Dies erfordert eine Angabe als Zahlenwert.

Beispiel: Senkung um 5 %, Steigerung um 5.000 Fans, vier Bewerber.

Achievable (erreichbar)

Ein Ziel ist erreichbar, wenn die dafür benötigten Mittel und Ressourcen (Zeit, Personal, Budget, Technik) vorhanden sind. Hier wirkt es durchaus motivierend, Ziele zu setzen, die eine Herausforderung darstellen. Zu hohe Ziele wirken wiederum demotivierend.

Beispiel: Wenn eine Steigerung der positiven Nennungen um 5 % für ein Unternehmen erreichbar ist, ist eine Steigerung um 50 % unter gleichen Rahmenbedingungen nicht erreichbar.

Relevant (relevant)

Die Ziele müssen für die gewählte Strategie bedeutsam und zielführend sein.

Beispiel: Ist das Ziel der Strategie eine Steigerung der Bekanntheit von Produkt A um 10 %, ist die Eröffnung einer Google+-Seite für das Produkt B nicht relevant.

Timely (terminiert)

Ein Ziel wird durch ein konkretes Datum terminiert. Statt eines Zeitpunktes wird hier festgelegt, wann genau der Zielzustand erreicht werden soll.

Beispiel: Statt des Zeitpunktes »im ersten Halbjahr« wird das Datum bis zum 30.6.2014 gesetzt.

Mit Hilfe dieses Rahmenprogramms sind Sie in der Lage, sich konkrete Ziele zu setzen und darauf basierend die passenden Maßnahmen zu entwickeln. In Tabelle 6.3 sehen Sie Beispiele, wie SMART-Ziele und die zugehörigen Messwerte für einige der oben genannten qualitativen Ziele aussehen könnten.

Meta-Ziel	SMART-Ziele	Messwert
Steigerung des Unternehmensimages	Senkung der negativen Nennungen auf Twitter um 10 % bis zum 30.6.	Vergleich von positiven und negativen Nennungen
	Steigerung der positiven Nennungen auf Twitter um 5 % bis zum 30.6.	
Gewinnung neuer Mitarbeiter	Durch den Start einer Recruiting-Seite auf Facebook möchten wir bis zum 30.4. 5 % neue Bewerber erreichen.	Anzahl der Bewerber, die über soziale Medien auf das Unternehmen aufmerksam wurden

Tabelle 6.3 Beispielhafte Übersicht von Meta-Zielen und zugehörigen SMART-Zielen sowie Messwerten

Meta-Ziel	SMART-Ziele	Messwert
Steigerung der Bekanntheit der Marke	Steigerung der Reichweite auf Plattform X um Y % bis zum 30.6.	Steigerung der Anzahl der Fans/Follower/Abonnenten

Tabelle 6.3 Beispielhafte Übersicht von Meta-Zielen und zugehörigen SMART-Zielen sowie Messwerten (Forts.)

6.1.4 Vom Messwert (Metrics) über die Kennzahl zum Key Performance Indicator (KPIs)

So wichtig wie die Ziele sind die passenden Messwerte und die zugehörigen *Key Performance Indicators* (*KPI*). Ohne Kennzahlen ist es schwer möglich, über Erfolg oder Misserfolg eines Engagements zu entscheiden. Natürlich gibt es auch im Bereich Social Media das »Bauchgefühl«, im Unternehmenskontext werden Sie damit aber nicht weit kommen.

> **Marketing-Basic: Was ist ein Key Performance Indicator (KPI)?**
> Als Key Performance Indicator (KPI), zu Deutsch »Leistungsindikator«, gelten betriebswirtschaftliche Kennzahlen, anhand derer der Fortschritt oder der Erfüllungsgrad einer Zielvorgabe gemessen werden kann. Dabei ist eine Kennzahl eine Verhältniszahl, die zwei Messwerte miteinander in Beziehung setzt. Über KPIs können Prozesse im Unternehmen kontrolliert und bewertet werden, um diese gegebenenfalls anzupassen oder zu optimieren. Ein Messwert ist dabei ein Wert, der gezählt werden kann.
>
> Beispiel: Die Messwerte Anzahl der positiven Stimmen und Anzahl der negativen Stimmen in Beziehung zueinander geben Rückschluss auf die Stimmung in Bezug auf eine Kampagne.

Aus diesem Grund ist ein wichtiger Punkt der Social-Media-Strategie, aus den Zielen die passenden Messwerte, Kennzahlen und KPIs abzuleiten. Zunächst einmal möchte ich Ihnen kurz erläutern, wie diese Begriffe zusammenhängen. In Abbildung 6.6 habe ich Ihnen dafür den Prozess vom Messwert über die Kennzahl zum KPI visualisiert und werde Ihnen die drei Schritte jeweils kurz erläutern.

Messwerte für Social Media

Messwerte für Social Media sind die am einfachsten zu bestimmenden Werte, denn Sie können einfach abgezählt oder gelesen werden. Dieser Umstand führt noch immer dazu, dass diese Werte als langfristiges Hauptmaß für Erfolg oder Misserfolg in den sozialen Medien herangezogen werden. Machen Sie diesen Fehler nicht! Messwerte sind wichtig und bilden die Grundlage für die Bestimmung von KPIs.

6 Die Eckpfeiler des Social Media Managements

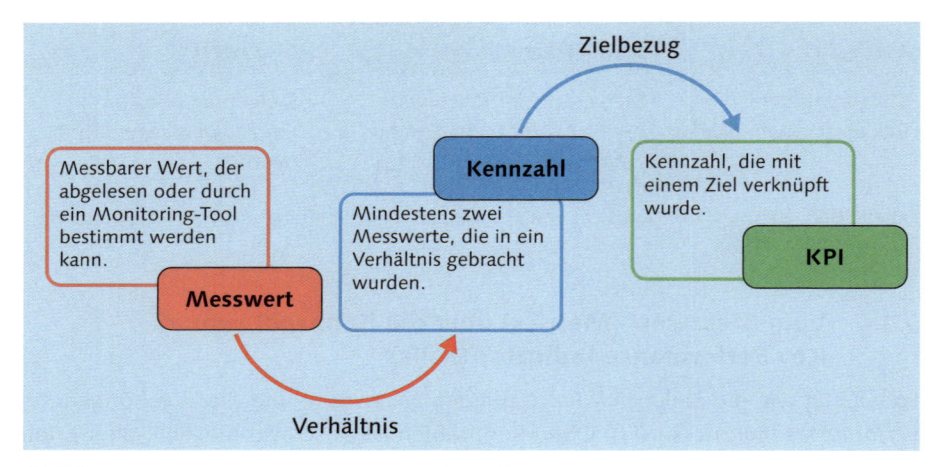

Abbildung 6.6 Vom Messwert zum KPI in drei Schritten

Ob ein Engagement erfolgreich ist oder nicht, ergibt sich jedoch erst, wenn Sie diese Werte in Beziehung zu etwas setzen. In Tabelle 6.4 zähle ich Ihnen eine Reihe von möglichen Messwerten auf, um Ihnen einen kleinen Eindruck der Möglichkeiten zu vermitteln. Diese Übersicht ist unter keinen Umständen vollständig, allein schon deswegen, weil mit neuen Funktionen oder sogar Plattformen stetig neue Messwerte dazukommen.

Soziale Netzwerke	Microblogs	Blogs	Multimediale Plattformen
Fans/Kreise	Follower	Posts	Besuche (Visits)
neue Fans/Kreise	neue Follower	Kommentare	Views (abgerufen)
Seitenaufrufe	Updates	Views	Abonnenten
Installation einer App	Erwähnungen (Mentions)	Visits (Besuche)	Downloads
Updates	Retweets	Seiten pro Besuch	Likes
Likes/+1	Reichweite	Verweildauer (Time spent)	Dislikes
Check-ins	Favoriten	Absprungrate (Bounce Rate)	Kommentare
Interaktionen	Direktnachrichten	Likes	Favoriten

Tabelle 6.4 Mögliche Messwerte für soziale Medien

Soziale Netzwerke	Microblogs	Blogs	Multimediale Plattformen
Kommentare	Listen	Shares	Trackbacks
Diskussionen	positive/negative/ neutrale Beiträge	Bookmarks	Embeds (extern eingebunden)
Bewertungen	Tweet-Frequenz	Trackbacks	Shares
Posts		Abonnenten (Subscriber)	positive/negative/ neutrale Kommentare
Referrals		positive/negative/ neutrale Kommentare	
Feedback	Feedback	Feedback	Feedback
Impressions		Impressions	Impressions
Reichweite	Reichweite	Reichweite	Reichweite
positive/negative/ neutrale Beiträge	positive/negative/ neutrale Beiträge	positive/negative/ neutrale Kommentare	positive/negative/ neutrale Beiträge
Fotomarkierungen			
Erwähnungen	Erwähnungen		
Videoaufrufe	Videoaufrufe	Videoaufrufe	Videoaufrufe
Audioaufrufe	Audioaufrufe	Audioaufrufe	Audioaufrufe
Fotoansichten	Fotoansichten	Fotoansichten	Fotoansichten
hochgeladene Dateien (Audio/ Foto/Video)			hochgeladene Dateien (Audio/ Foto/Video)
Alter	Alter		Alter
Geschlecht	Geschlecht		Geschlecht
Location	Location		Location

Tabelle 6.4 Mögliche Messwerte für soziale Medien (Forts.)

Kennzahlen – Messwerte in Beziehung setzen

Wie gesagt, Messwerte allein sagen nicht viel aus, sie bilden aber die Grundlage dafür, aussagekräftige Kennzahlen zu definieren. Wenn Sie Messwerte in ein Verhältnis oder eine Relation zu mindestens einem anderen Messwert setzen, entsteht eine Kennzahl. Dabei kann der zweite Messwert sowohl eine weitere Zahl über Ihr Unternehmen als auch die eines oder mehrerer Wettbewerber sein. Die Leitfrage an dieser Stelle ist:

> *Wie ist Messwert 1 im Vergleich zu Messwert 2?*

Die unangenehme Wahrheit an dieser Stelle ist, es gibt kein allgemeingültiges Set an Kennzahlen und KPIs, die für jedes Unternehmen funktionieren. Welche am besten zu Ihnen passen, müssen Sie selbst aus Ihren Zielen und den verfügbaren Messwerten ableiten.

KPIs – Kennzahlen mit Zielen verknüpfen

Es gibt noch einen kleinen, feinen Unterschied zwischen Kennzahl und KPI. Ein KPI ist eine Leistungskennzahl und muss aus diesem Grund immer in Bezug zu einem Ziel stehen. Nur so kann auf Ihrer Basis beurteilt werden, ob Sie sich auf dem richtigen Weg befinden. Die passenden KPIs für Ihr Unternehmen hängen entsprechend von Ihren Social-Media-Zielen ab.

KPIs und Unternehmensziele

Das Management wird langfristig wenig Interesse daran haben, wie viele Fans Sie auf Facebook dazugewonnen oder wie viele Retweets Sie gesammelt haben. Hier interessiert vielmehr der Beitrag von Social Media an den Unternehmenszielen. Um diesen Zusammenhang sichtbar zu machen, ist es sinnvoll, das Pferd von hinten aufzuzäumen und aus den Unternehmenszielen die passenden KPIs abzuleiten. Besinnen Sie sich an dieser Stelle noch einmal auf die Basis der Social-Media-Ziele. Diese wurden aus den Unternehmenszielen abgeleitet. Ebenso kann Ihnen die Kennzahl, mit der das Unternehmensziel gemessen wird, den Indikator für den passenden KPI für Ihr Social-Media-Ziel liefern.

In Abbildung 6.7 sehen Sie ein Beispiel für diese Methode. Das Unternehmensziel »Kosteneinsparung« wird hier auf einen KPI für Social Media heruntergebrochen. In dem Beispiel wird der Beitrag des Kundenservices betrachtet. Da weniger Vorgänge im Callcenter mit weniger Kosten einhergehen, wird als Unternehmensmetrik »Senkung der Vorgänge im Callcenter« abgeleitet. Auf dieser Basis wird im Bereich Social Media das Ziel »Entlastung des Kundenservices durch Social Media« abgeleitet. Dieses kann mit der Metrik »Prozent der Anfragen, die außerhalb des Callcenters gelöst wurden« gemessen werden. Natürlich ist dieses Beispiel sehr vereinfacht, und die Kosten, die durch die Einrichtung des Social-Media-Teams anfallen, werden nicht mit einberechnet. Das Prinzip sollte jedoch klar werden. Da die Themen Kennzahlen und KPIs sehr eng mit dem Themengebiet des »Social Media Measurements« verknüpft sind, werde ich dieses Thema in Abschnitt 6.4.8, »Social Media Measurement – Kennzahlen erfolgreich bestimmen«, erneut aufgreifen und dort ausführlich erläutern.

Unternehmensziel	Verbesserung der finanziellen Leistung
Unternehmensmetrik	Senkung der Vorgänge im Callcenter
Social-Media-Ziel	Entlastung des Callcenters
Social-Media-Metrik	Prozentualer Anteil der bearbeiteten Fälle

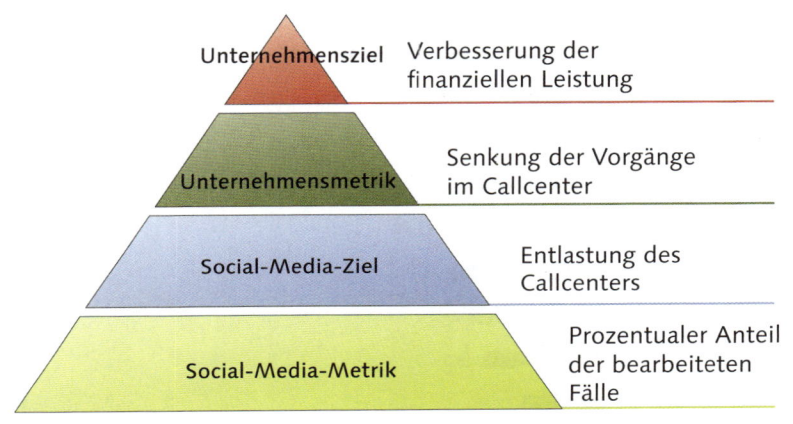

Abbildung 6.7 Vom Unternehmensziel zum Messwert in Social Media

---

Tipp: Gratisbuch zum Thema KPIs und Web Analytics

Unter *http://bit.ly/demystified-books* können Sie sich für den Gegenwert Ihrer E-Mail-Adresse die beiden Bücher »Web Analytics Demystified« und »The Big Book of Key Performance Indicators« von Eric T. Peterson sowie das erste Kapitel von John Lovetts Buch »Social Media Metrics Secrets« im PDF-Format herunterladen. Die ersten beiden Bücher vermitteln Ihnen ein solides Fachwissen über das Thema Web Analytics allgemein, und bereits das erste Kapitel aus »Social Media Metrics Secrets« hilft Ihnen, dieses Wissen dann auf Social Media im Speziellen zu übersetzen.

6.1.5 Ressourcen

Die verfügbaren Ressourcen in einem Unternehmen sind ein kritischer Faktor im Hinblick auf die Auswahl der passenden Ziele.

Fehlende Ressourcen werden laut der Studie »Einsatz und Nutzung von Social Media in Unternehmen« des BVDW als größtes Hindernis für die Social-Media-Aktivitäten im Unternehmen angesehen (siehe Abbildung 6.8).[4] Sind keine ausreichenden Ressourcen vorhanden, kann ein Ziel nicht umgesetzt werden. In einem

---

[4] http://www.bvdw.org/presse/news/article/bvdw-social-media-budgets-behaupten-sich-auf-stabilem-niveau.html

solchen Fall haben Sie nur zwei Möglichkeiten. Entweder Sie verwerfen das Ziel für den Augenblick oder setzen sich als Zwischenziel die »Beschaffung der benötigten Ressourcen«. Nicht zu empfehlen ist hier die Variante »Wir versuchen es trotzdem mal«, dies führt in der Regel zu keinem positiven Ergebnis. Im Endeffekt entscheidet das Budget darüber, welche Ressourcen Sie zur Verfügung haben.

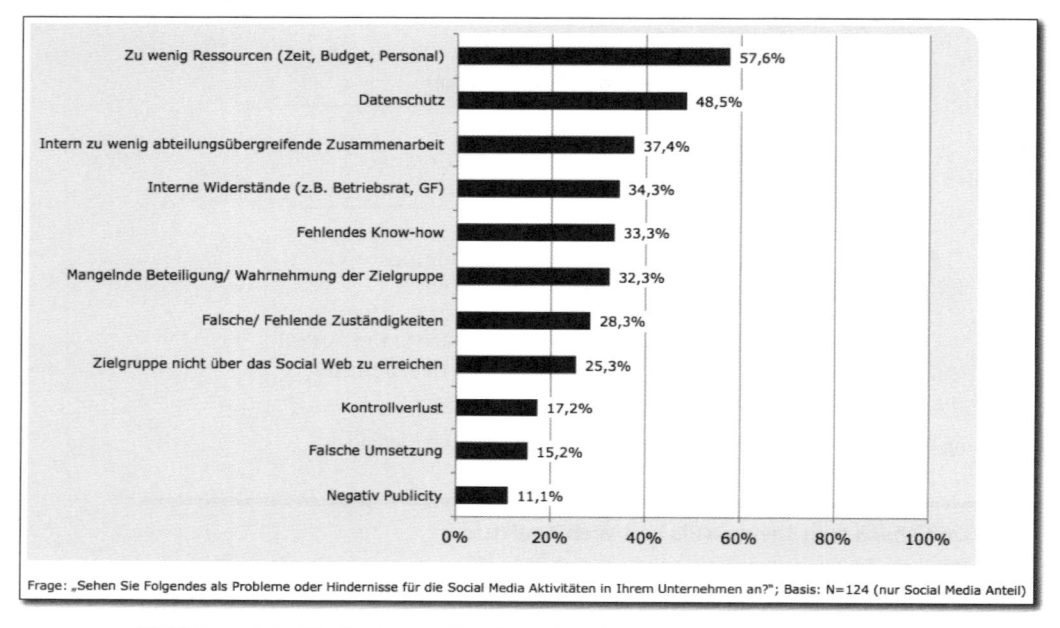

Hindernis	Anteil
Zu wenig Ressourcen (Zeit, Budget, Personal)	57,6%
Datenschutz	48,5%
Intern zu wenig abteilungsübergreifende Zusammenarbeit	37,4%
Interne Widerstände (z.B. Betriebsrat, GF)	34,3%
Fehlendes Know-how	33,3%
Mangelnde Beteiligung/ Wahrnehmung der Zielgruppe	32,3%
Falsche/ Fehlende Zuständigkeiten	28,3%
Zielgruppe nicht über das Social Web zu erreichen	25,3%
Kontrollverlust	17,2%
Falsche Umsetzung	15,2%
Negativ Publicity	11,1%

Frage: „Sehen Sie Folgendes als Probleme oder Hindernisse für die Social Media Aktivitäten in Ihrem Unternehmen an?"; Basis: N=124 (nur Social Media Anteil)

Abbildung 6.8 Hindernisse für Social-Media-Aktivitäten im Unternehmen (Quelle: BVDW)

Budget

Entgegen dem weitläufigen Irrglauben, Social Media sei gratis, benötigen Sie ein bestimmtes Budget für die Inangriffnahme Ihrer Social-Media-Strategie. Die Höhe des Budgets entscheidet über die möglichen Ausmaße des Engagements, denn es stellt die Basis für die Ressourcen. In Anlehnung an die Budget-Studie der Altimeter Group[5] können die Kostenfaktoren in vier Bereiche aufgeteilt werden:

- interne Kosten
    - Gehälter der Mitarbeiter
    - Fort- und Weiterbildungskosten sowie Trainings
    - Forschung und Entwicklung

---

5 http://www.altimetergroup.com/research/reports/how-corporations-should-prioritize-social-business-budgets

- technologische Investitionen
  - Monitoring
  - Geräte (beispielsweise Smartphones)
  - Community-Plattformen
  - Hostingkosten
- Social-Media-Dienstleistungen
  - Kosten für Agenturen, die »Social Media« umsetzen
  - Kosten für Beratung
  - Kosten für die Entwicklung
- Social-Media-Initiativen
  - Ausgaben für Werbung/Marketing auf Social Networks
  - Preise für Gewinnspiele und Aktionen
  - Programme für Meinungsführer und Blogger
  - Sponsoring

Die einzelnen Positionen dieser Aufteilung werden in den Erläuterungen zu den weiteren Ressourcen ausführlich erklärt. Das Budget wird üblicherweise am Ende eines Geschäftsjahres für das Folgejahr bestimmt. In jedem Unternehmen gibt es begrenzte finanzielle Ressourcen, um die Sie mit den anderen Abteilungen und Teams in einem Wettbewerb stehen. Entsprechend müssen Sie für Ihr gewünschtes Budget gut argumentieren. Planen Sie lieber ein wenig zu großzügig, die Erfahrung zeigt, dass Budgets oft gekürzt werden.

Personelle Ressourcen

Zunächst einmal müssen Sie hier prüfen, welche Ziele mit der aktuellen Besetzung überhaupt realistisch sind. Kalkulieren Sie hier vorsichtig und lieber ein wenig zu großzügig. Die Betreuung eines Auftritts im Social Web durch eine Person ist möglich, aber absolut nicht zu empfehlen. Warum? Die Erwartungshaltung der Kunden an ein Unternehmen, das im Social Web aktiv ist, ist Kommunikation in Echtzeit. Wenn Sie erst zwei Tage später antworten, können Sie es auch lassen. Ein Mitarbeiter kann nicht an 365 Tagen im Jahr arbeiten, er fällt wegen Krankheit aus, hat Urlaub oder besucht eine Fortbildung. Wenn genau in diesen Momenten eine Reaktion notwendig wird, wird es schnell kritisch.

Dies bedeutet: Sobald Sie mit Ihrem Unternehmen nach außen sichtbar werden, sollten Sie mindestens zwei, besser sogar drei Mitarbeiter haben, die sich um Ihre Fans kümmern. Dabei können ruhig Mitarbeiter aus Fachabteilungen geschult und miteinbezogen werden, beispielsweise der Kundenservice für Kundenanfragen oder Spezialisten für branchenspezifische Fachfragen. Betrachten Sie auch hier die personellen Ressourcen über das dezidierte Social-Media-Team hinaus. Wie viele Personen(stunden) im Unternehmen stehen beispielsweise für das Verfassen von Blogbeiträgen bereit?

Weiterbildung und Training

In den Bereich der personellen Ressourcen fallen ebenfalls die Ressourcen für Weiterbildung und Training. Diese werden beispielsweise benötigt, um Mitarbeiter aus dem Kundendienst auf die Kommunikation in Social Media auszubilden oder um Ihnen den Besuch von Fachkonferenzen zu ermöglichen.

Technik

Die Ressource Technik ist deutlich umfassender, als das Wort zunächst vermuten lässt. Hier geht es nicht nur um die Ausstattung Ihres Arbeitsplatzes, sondern um die gesamte IT-Infrastruktur des Unternehmens, um spezifische Anwendungen für die Kommunikation mit Ihren Kunden und um das Monitoring.

Dienstleistungen

Ob das Design für das Corporate Blog, eine App für die Facebook-Fanpage oder das Social Media Monitoring, jemand muss es machen. Ihre Aufgabe ist hier, herauszufinden, welche Dienstleistungen Sie brauchen und ob diese intern ausgeführt werden können. Ist dies nicht der Fall, müssen Sie eine geeignete Agentur finden, die diese Aufgabe übernehmen kann. Da die Bestandsagentur Ihres Unternehmens nicht zwingend Social-Media-Dienstleistungen im Repertoire hat, kann dieser Prozess erheblich mehr Zeit in Anspruch nehmen, als Sie denken. Insbesondere in großen Unternehmen gibt es feste Prozesse für das Beauftragen einer Agentur, die oft langwierig sind. Ebenso benötigt die Abstimmung über ein Design gerne mal mehrere Korrekturschleifen. Planen Sie ausreichend Zeit ein, damit Sie Ihre Ziele erreichen.

Social-Media-Initiativen – Gewinnspiel-Preise, Ads, und Sponsoring

Eine beliebte Methode, um in sozialen Netzwerken auf sich aufmerksam zu machen, ist das Veranstalten von Gewinnspielen. Wenn Sie derartige Aktionen planen, benötigen Sie attraktive Preise und Zeit, um sich eingehend mit den Gewinnspiel-Regelungen der jeweiligen Plattform vertraut zu machen.

Das Schalten von Bannerwerbung (Ads) in sozialen Netzwerken fällt zwar streng genommen in den Bereich des Social Media Marketings, wird aber in vielen Unternehmen dem Budget des Social Media Managements angerechnet. Hier müssen neben den Kosten für die Schaltung der Anzeige selbst, auch die für die Erstellung der Anzeige berücksichtigt werden.

Die Höhe des Budgets entscheidet damit maßgeblich darüber, in welchem Umfang Sie eine Social-Media-Strategie überhaupt planen können. Entsprechend müssen Sie ein Verständnis dafür schaffen, dass mit einem kleinen Budget kein Social-Media-Engagement auf dem Niveau von Coca-Cola oder Unilever möglich ist.

6.1.6 Das POST-Modell

Nachdem Sie jetzt die einzelnen Bestandteile einer Strategie kennen, gilt es, diese zu Ihrer Strategie zusammenzubringen. Bei diesem Schritt hilft Ihnen das POST-Modell von Josh Bernoff und Charlene Li. Das POST-Modell ist das Herzstück des Buches »Groundswell« und ein weitläufig erprobtes und bewährtes Rahmenkonzept für die Entwicklung von Social-Media-Strategien.

> **Leseempfehlung: »Groundswell«**
>
> »Groundswell« von Charlene Li und Josh Bernoff gehört zu den Klassikern zum Einstieg in das Wissensgebiet Social Media. Die beiden Autoren führen gezielt in das Phänomen Social Media ein und erklären, wie Unternehmen die Chancen nutzen können, die dieses Feld bietet. Die Erstausgabe erschien bereits 2008, ich empfehle Ihnen die überarbeitete und erweiterte Version von 2011: *http://amzn.to/13R5fVQ*.

Das Akronym POST steht dabei für:

- People (Zielgruppe)
- Objectives (Ziele)
- Strategy (Strategie)
- Technology (Technologie)

People

Der erste Schritt einer erfolgreichen Social-Media-Strategie ist immer die Analyse der Zielgruppe. Wo befinden sich die Personen, die Sie erreichen möchten? Welche Themen besprechen diese im Zusammenhang mit Ihrem Unternehmen? Wie ist Ihre Zielgruppe im Social Web aktiv? Wirklich fundiert können Sie diese Frage mit einem ausführlichen Social-Media-Audit beantworten, das ich Ihnen in Abschnitt 10.1.2, »Externes Social-Media-Audit«, noch ausführlich vorstellen werde. Die Nutzerprofile Ihrer Zielgruppe können Sie mit dem in Abschnitt 6.1.2, »Zielgruppen«, vorgestellten Social-Technographics-Profile-Tool bestimmen.

Objectives

Wenn Sie eine genaue Vorstellung davon haben, wie die Aktivitäten Ihrer Zielgruppe in den sozialen Medien aussehen, gilt es nun, zu bestimmen, wie Sie mit dieser interagieren möchten. Li und Bernoff benennen an dieser Stelle fünf verschiedene Ziele (Objectives):

1. **Zuhören**: Wer nicht zuhört, kann nicht in einen Dialog treten. Zuhören ist entsprechend eines der grundsätzlichen Ziele einer Social-Media-Strategie und gleichzeitig das mit der niedrigsten Einstiegshürde. Die sozialen Medien bieten Ihnen hervorragende Möglichkeiten, Einblicke in die Köpfe Ihrer Zielgruppe zu bekommen, ohne dass Sie selbst schon aktiv in den Dialog einsteigen müssen. Nirgendwo anders bekommen Sie die Meinungen Ihrer Kunden so authentisch und ungefiltert präsentiert wie im Social Web. Alleine durch aktives Zuhören gewinnen Sie wichtige Informationen über die Wünsche, Bedürfnisse und Kritikpunkte Ihrer Kunden und können daraus oft schon gezielte Maßnahmen zur Verbesserung ableiten. Das Zuhören wird in der Regel über ein Social Media Monitoring (siehe Abschnitt 6.4, »Social Media Monitoring und Measurement«) abgebildet. Ein Ziel, das aus meiner Sicht jedes Unternehmen verfolgen sollte.

2. **Kommunizieren**: Wenn Sie Ihren Kunden aktiv zuhören, werden Sie schnell Ansatzpunkte erkennen, an denen Sie in die Konversation einsteigen könnten. Die zweite Variante ist demnach der aktive Dialog mit der Zielgruppe.

3. **Energetisieren**: Das Ziel ist, aus Kunden Markenbotschafter zu machen und damit virale Effekte anzustoßen. Diese Art der Mund-zu-Mund-Propaganda hat gegenüber klassischer Werbung den Vorteil, dass Empfehlungen von Kunden wesentlich glaubwürdiger sind. An dieser Stelle sollten Sie sich selbstkritisch fragen, ob Ihr Unternehmen für dieses Ziel überhaupt die richtigen Voraussetzungen mitbringt. Für eine Marke wie Apple, die äußerst enthusiastische Fans hat, ist diese Ziel ein Leichtes. Für ein Unternehmen, das überwiegend Kritiker hat, ist dieses Ziel nur sehr schwer umzusetzen.

4. **Unterstützen**: Gegenseitige Unterstützung der Kunden untereinander in Servicefragen und Problemen rund um Produkte und Dienstleistungen Ihres Unternehmens sind ein weiteres, mögliches Ziel. Voraussetzung dafür ist, dass sich in Ihrer Zielgruppe ausreichend Kunden finden, die diesen Service freiwillig anbieten, und Sie sicherstellen können, dass diese vernünftig betreut werden.

5. **Integrieren**: Die höchste Zielstufe stellt für Li und Bernoff die Integration der Kunden in Innovationsprozesse dar. Die Kunden werden damit ein wichtiger Bestandteil des Unternehmens. In diesem Bereich sind beispielsweise Crowdsourcing-Projekte angesiedelt, bei denen Kunden konkret nach Ideen für neue Produkte oder Verbesserungsmöglichkeiten gefragt werden.

Strategy

Der Punkt Strategie beschreibt den Weg von dem »Ist-Zustand« der Kunden zu dem gewünschten Zustand auf Basis der ausgewählten Objectives. Es gilt hier also, darüber nachzudenken, wo Sie mit Ihrer Zielgruppe langfristig hingehen wollen. Bestimmen Sie Ihre Ziele, und überlegen Sie, welche Maßnahmen dafür notwendig sind, diese zu erreichen. Dieses gilt sowohl für die externen Maßnahmen, wie zum Beispiel die Auswahl der Plattform, als auch für die interne Bestandsaufnahme und die Entwicklung von passenden Stellen und Prozessen. Diesen Themenkomplex stelle ich Ihnen ausführlich in Kapitel 10, »Corporate Social Media«, vor.

Technology

An letzter Stelle im Strategieprozess folgt die Technologie, die auf Basis der Ziele und der Strategie ausgewählt wird. Da sich die Technologien ständig weiterentwickeln, betonen Li und Bernoff, wie wichtig es ist, dass Unternehmen ein Verständnis für Nutzer und Technologien entwickeln. In Tabelle 6.5 sehen Sie eine exemplarische Übersicht über Funktionen sowie Beispiele, auf welchen Plattformen Unternehmen diese finden können.

Funktion	Beispiel
Teilhabe ermöglichen	Technologien, die auf Inhalten basieren, die die Nutzer selbst produziert haben, Beispiele: Blogs, YouTube
Netzwerke aufbauen	Technologien, die den Nutzern ermöglichen, Netzwerke aufzubauen, sprich soziale Netzwerke, Beispiele: Facebook, XING
Kollaboration organisieren	Technologien, die kollaboratives Arbeiten unterstützen, Beispiele: Crowdsourcing-Plattformen, Wikis
Diskussionen anregen	Technologien, die durch Kommentare und Bewertungen Diskussionen ermöglichen, Beispiele: Foren, Bewertungsportale
Inhalte verbreiten	Technologien, die dabei helfen, Informationen zu sortieren und zu verbreiten, Beispiel: Social-Bookmarking-Dienste

Tabelle 6.5 Übersicht der Technologien in Anlehnung an Li und Bernoff

Eine ausführliche Vorstellung der einzelnen Plattformen im Social Web sowie von deren Möglichkeiten finden Sie in Kapitel 9, »Strategische Bedeutung und Möglichkeiten der sozialen Netzwerke«.

Fazit

Das POST-Modell von Li und Bernoff bietet Ihnen ein gut umsetzbares Rahmenkonzept für Ihre grundlegende Social-Media-Strategie. Damit haben Sie eine gute

Grundlage für weitere notwenige Details, die Ihr Social-Media-Engagement ausmachen.

6.2 Corporate Content – die richtigen Inhalte

Der Begriff *Content* ist eines der Schlagworte der letzten Jahre. »Content is King« ist dabei nur eine der Phrasen, die Sie an jeder Ecke hören. Aber was ist Content und die damit einhergehende Content-Strategie überhaupt? Ein Hype, der morgen wieder verschwindet, oder »alter Wein in neuen Schläuchen«, wie es sowohl manche PR- als auch Marketingprofis abfällig beurteilten? Fest steht, die Inhalte, die Sie auf Ihren Präsenzen im Social Web veröffentlichen, entscheiden darüber, ob Ihre Anhänger sich mit Ihrem Unternehmen beschäftigen oder nicht. Aus diesem Grund ist das Thema für Sie als Social Media Manager höchst relevant. Doch welche Inhalte aus Ihrem Unternehmen sind interessant, und wie finden Sie diese? Warum braucht es eine Content–Strategie, und wie setzen Sie diese im Unternehmen um? Auf diese Fragen gehe ich in diesem Abschnitt ein. Den Fokus lege ich dabei auf die theoretischen Grundlagen, die Sie für eine erfolgreiche Arbeit im Social Web benötigen. Die Praxis folgt dann im weiteren Verlauf des Buches, so lernen Sie in Kapitel 9, »Strategische Bedeutung und Möglichkeiten der sozialen Netzwerke«, welche Inhalte in den jeweiligen Netzwerken funktionieren, und in Abschnitt 11.3, »Effektives Social Media Management«, wie der praktische Prozess von der Identifikation bis zur Veröffentlichung von Inhalten funktioniert.

> **Weiterführende Literatur**
>
> Die Reichweite des Themas Content ist so enorm, dass ich Ihnen hier nur die absoluten Grundlagen vermitteln kann. Wenn Sie weitergehendes Interesse an dem Thema habe, empfehle ich Ihnen zunächst einmal die äußerst umfangreiche Liste von Content-Strategie-Ressourcen, die Jonathon Colman auf seinem Blog zusammengetragen hat http://www.jonathoncolman.org/2013/02/04/content-strategy-resources.
>
> Des Weiteren kann ich Ihnen »Content Strategie for the Web« von Kristina Halvorson sehr empfehlen. Das Buch ist zwar nicht speziell auf den Anwendungszweck Social Media fokussiert, aber eines der Standardwerke zum Thema.

6.2.1 Was ist Content überhaupt, und welche Arten gibt es?

Bevor ich auf die Content-Strategie komme, möchte ich noch einen Schritt zurückgehen und Ihnen die Frage beantworten: »Was ist Content überhaupt, und welche Arten gibt es?« Denn nur wenn Sie die Optionen kennen, bekommen Sie überhaupt erst eine Ahnung davon, welche breiten Möglichkeiten Sie haben.

6.2 Corporate Content – die richtigen Inhalte

Was ist Content?

Der Duden definiert Content als »qualifizierten Inhalt« bzw. »Informationsgehalt besonders von Websites«. Der Begriff umfasst also mehr als die schlichte deutsche Übersetzung »Inhalt« und stellt mit den Attributen »qualifiziert« und »Informationsgehalt« einen Anspruch an die Qualität der Inhalte. Behalten Sie diesen Anspruch gut im Hinterkopf, denn nicht nur hier im Buch werden die Begriffe Inhalt und Content synonym verwendet.

Welche Arten von Content gibt es?

Die grundsätzlichen Arten von Content umfassen redaktionelle Inhalte und audiovisuelle Medien. In Tabelle 6.6 sehen Sie eine Übersicht unterschiedlicher Content-Arten sowie einige zugehörige Beispiele.

Content-Art	Beispiel
Text	Artikel, Beiträge, Nachrichten, Blogeinträge, Pressemitteilungen, Foren- und Diskussionsbeiträge
Download	PDF-Dokumente, White Paper, Ratgeber, Broschüren, Flyer, Präsentationen, Video- und Audiodateien, Software, Apps
Bild	Fotos, Infografiken
Bewegtbild	Videos, Minivideos (Vine, Instagram Video), Animationen, Slideshows, Webinar, Livestream
Audio	Podcasts, Musik

Tabelle 6.6 Übersicht der Content-Arten

Darüber hinaus habe ich auf dem PRWeb-Blog zu diesem Thema eine gute Infografik für Sie gefunden (siehe Abbildung 6.9).

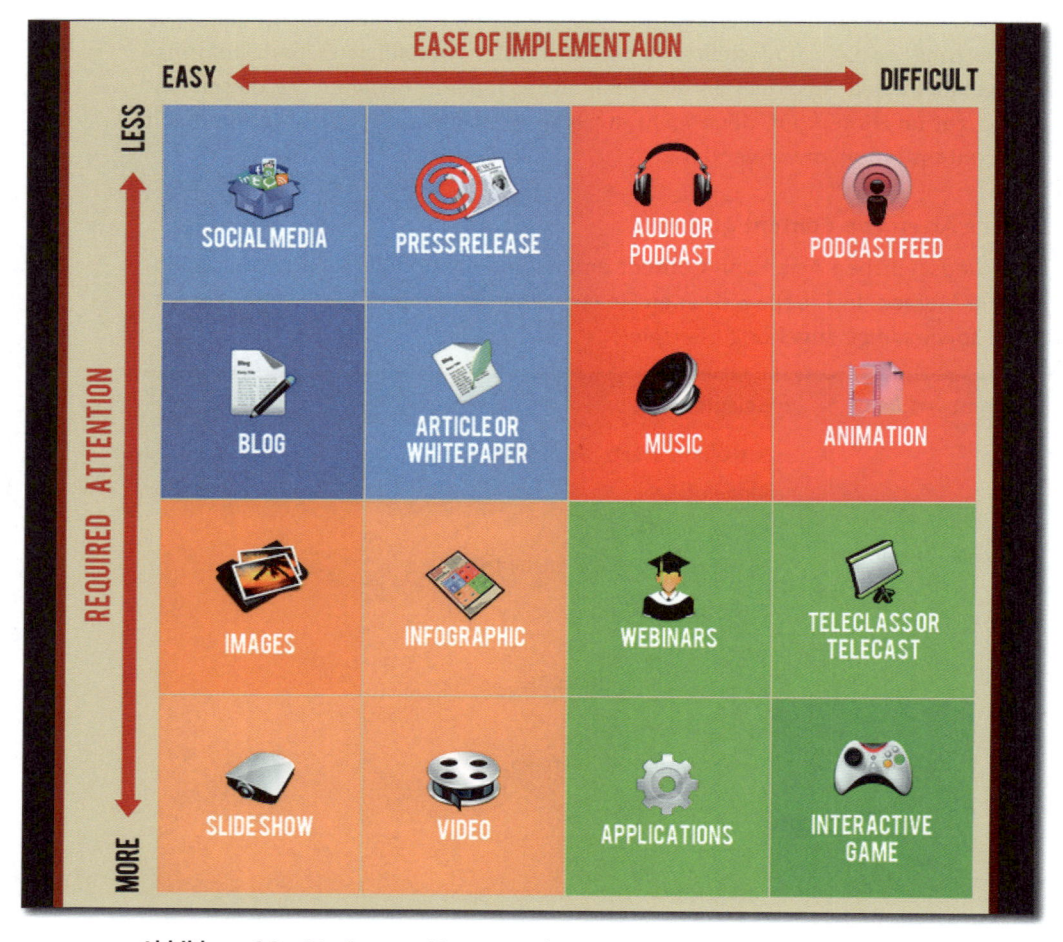

Abbildung 6.9 Die Content-Matrix von den Experten von PRWeb

Was Sie hier sehen, ist eine Content-Matrix, die von den Experten von PRWeb ausgearbeitet wurde und die Inhaltsformate nach dem Aufwand der Erstellung (X-Achse) und der erforderlichen Aufmerksamkeit des Konsumenten (Y-Achse) einordnet. Demnach ist die Erstellung einer Slideshow weniger aufwendig als die Erstellung eines Podcasts, und ein Webinar erfordert mehr Aufmerksamkeit von einem Konsumenten als ein Podcast. Mit Social Media sind in der Grafik kurze Status-Updates, wie zum Beispiel ein Tweet auf Twitter gemeint. Die komplette Grafik mit ausführlichen Erklärungen zu jedem Content-Typ können Sie sich unter *http://bit.ly/168H5YV* ansehen. Diese Übersicht kann Ihnen nur eine Momentaufnahme der Möglichkeiten von Inhalten geben. Durch die stetige Weiterentwicklung des Social Webs kommen hier ständig neue Formate hinzu. Stellen Sie entsprechend sicher, dass Sie im Themenkomplex Social Media auf dem Laufenden bleiben.

6.2.2 Content-Strategie – die Grundlage von Corporate Content

Der Begriff *Content-Strategie* umschreibt die strategische Planung, Produktion, Verbreitung und Steuerung aller Inhalte im Unternehmen. Dabei müssen diese Inhalte für Bezugsgruppen und Zielgruppen relevant, nützlich und einfach zugänglich sein sowie fortlaufend spezifisch aufbereitet, aktualisiert und verbreitet werden. Eine Content-Strategie definiert entsprechend, wie Sie nützliche und verwertbare Inhalte erstellen, an Ihre Zielgruppe ausliefern und steuern. Eine Content-Strategie ergänzt damit die klassischen sieben Ws einer Pressemitteilung, durch fünf weitere Fragestellungen:

1. Wie oft publiziere ich?
2. Wie wird der Content erstellt, gemanagt und veröffentlicht?
3. Was folgt auf die Veröffentlichung?
4. Warum genau diese Inhalte (Frage nach der Sinnhaftigkeit und dem Mehrwert)?
5. Woher kommt der Content?

> **Basic-PR: Die sieben Ws einer Pressemitteilung**
> Jede Pressemitteilung folgte den stilistischen Regeln des Journalismus, und dieser gibt sieben W-Fragen vor, die in jedem Pressetext beantwortet werden müssen:
> - Wer (wer oder was ist die Quelle der Information)?
> - Was (Ereignis oder Anlass)?
> - Wann (zeitlicher Bezug, wann ist etwas passiert)?
> - Wo (räumlicher Bezug, wo ist etwas passiert)?
> - Wie (wie ist es passiert, in dieser Frage geht es um Umstände und Details)?
> - Warum (warum ist es so, hier spielen Beweggründe, Ziele, Motive und Absichten eine Rolle)?
> - Woher (die Frage nach den Zusammenhängen, der Vorgeschichte und dem Hintergrund)?
>
> Die Reihenfolge der Fragen gibt gleichzeitig eine Struktur vor, die zunächst die wesentlichen Fakten in den Vordergrund stellt.

Kristina Halvorson, Autorin des Standardwerks »Content Strategy for the Web« und eine der ersten Content-Strategen überhaupt, hat ein populäres Rahmenkonzept für die Erstellung einer Content-Strategie entwickelt. Dieses sogenannte *Content-*

Strategy-Quad fokussiert nicht nur auf die eigentlichen Inhalte, sondern eben auch auf die Personen, die diese erstellen. Damit werden genau die fünf zusätzlichen Fragen beantwortet, die ich Ihnen gerade aufgezählt habe (siehe Abbildung 6.10).

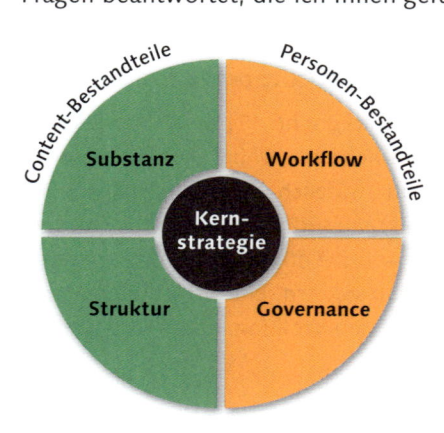

Abbildung 6.10   Content-Strategy-Quad nach Kristina Halvorson

Der Gedanke hinter dem Content-Strategy-Quad ist, dass die Berücksichtigung von Workflow und Governance im Prozess der Content-Strategie zu besseren, nützlicheren und besser verwertbaren Inhalten für die Zielgruppe führt. Aus diesem Grund teilt Halvorson die Strategie in Content-Bestandteile (Content-Components) und Personen-Bestandteile (People-Components) auf. Im Zentrum dieser beiden Komponenten sitzt die Kernstrategie.

Kernstrategie

Die Kernstrategie legt Inhalte und die Struktur des Contents fest und bestimmt die Rollen und Prozesse, die den Content-Life-Cycle steuern.

Content-Bestandteil der Strategie

Der Content-Bestandteil besteht aus den Elementen Substanz und Struktur. Substanz bestimmt die richtigen Inhalte im Sinne von Themen, Typen, Quellen usw. und fragt nach den Botschaften, die vermittelt werden sollen. Die Struktur dagegen manifestiert, wie die Inhalte strukturiert, priorisiert und dargestellt werden sollen.

Personen-Bestandteil der Strategie

Der Personen-Bestandteil der Strategie beschäftigt sich mit Workflow und Governance (Steuerung). Im Bereich Workflow werden Prozesse und Ressourcen bestimmt, um Content zu erstellen, zu veröffentlichen und langfristig dessen Qualität zu sichern. Der Themenbereich Governance behandelt die Entscheidungsfindung in

Content-Fragen sowie in dem Initiieren und Kommunizieren von Change-Prozessen. Das Content-Strategy-Quad führt Sie entsprechend zu einer ganzheitlichen Strategie, die sämtliche relevanten Aspekte berücksichtigt.

Fazit zur Content-Strategie

Wie Sie sehen, unterscheidet sich die Entwicklung der Content-Strategie nur wenig von der generellen Social-Media-Strategie. Der größte Unterschied ist hier der Fokus. Abschließend möchte Ich Ihnen noch die sechs wichtigsten Fragen mit auf den Weg geben, die Sie sich im Rahmen einer Content-Strategie stellen müssen:

- Wer ist die Zielgruppe, und was wollen diese Nutzer? Die Bedürfnisse der Nutzer stehen im Zentrum einer guten Content-Strategie. Finden Sie heraus, welche Zielgruppe Sie ansprechen möchten, wo sich diese im Social Web aufhält und welche Themen und Inhalte diese interessieren und erwarten.
- Wie ist der Content-Status-Quo? Verschaffen Sie sich einen Überblick darüber, welche Inhalte das Unternehmen heute bereits anbietet. Sind die Inhalte aktuell, relevant und interessant für die anvisierte Zielgruppe? Auf diesem Wege finden Sie mitunter Themen und Inhalte, an die Sie anknüpfen können.
- Was sind Ihre Ziele und Botschaften? Welche Ziele möchten Sie mit der Content-Strategie erreichen? In der Regel ist die Antwort an dieser Stelle ein Ziel oder Teilziel Ihrer Social-Media-Strategie. Darüber hinaus müssen Sie sich darüber Gedanken machen, was Ihr Unternehmen der Zielgruppe im Web konkret sagen möchte. Formulieren Sie sowohl Ihre Ziele als auch die anvisierten Botschaften konkret aus.
- Wie ist der Workflow organisiert? Bestimmen Sie für den Prozess des Content-Life-Cycles klare Verantwortlichkeiten und Arbeitsabläufe. Planen Sie regelmäßige Redaktionssitzungen, und nutzen Sie einen Redaktionsplan (dazu mehr in Abschnitt 6.2.5, »Geben Sie Ihrem Content ein Gerüst – der Redaktionsplan«).
- Wo soll der Content veröffentlicht werden? Bestimmen Sie die Plattformen, die Sie am besten dabei unterstützen, die gesetzten Ziele zu erreichen.
- Wie oft wollen Sie Inhalte veröffentlichen? Die grundlegende Antwort auf diese Frage lautet: regelmäßig. Sorgen Sie dafür, dass Sie in Ihren Updates eine Regelmäßigkeit hinbekommen.

Vergessen Sie bei der Entwicklung Ihrer Content-Strategie außerdem nicht, sowohl das Marketing als auch die PR-Abteilung mit an den Tisch zu holen. Es ist wichtig, dass ein Unternehmen nach außen hin eine Sprache spricht und ein konsistentes Bild abgibt. Dies können Sie nur sicherstellen, wenn Ihre Content-Strategie eine nahtlose Ergänzung der bestehenden Kommunikation darstellt.

6.2.3 Wie Sie an gute Inhalten kommen

Wenn es darum geht, gute Inhalte für Ihre Unternehmenspräsenzen zu finden, macht es wenig Sinn, sich in Ihr stilles Kämmerlein zu setzen und darüber nachzudenken, was eventuell passen könnte. Corporate Content ist ein Thema, das erst durch die Geschichten aus Ihrem Unternehmen, das Storytelling, so richtig lebendig wird. Diese Geschichten finden Sie dort, wo Sie passieren, in den jeweiligen Abteilungen.

Suchen Sie sich engagierte Personen aus den unterschiedlichen Abteilungen in Ihrem Unternehmen, und setzen Sie sich gemeinsam an einen Tisch. Sprechen Sie über den Alltag, überlegen Sie, welche Geschichten für Ihre Kunden interessant sein könnten und wie Sie diese in Inhalte übersetzen. In Tabelle 6.7 sehen Sie eine kleine Übersicht, an welchem Punkt Sie in der jeweiligen Abteilung ansetzen könnten, und welche Content-Ideen daraus resultieren.

Abteilung	Ansatzpunkte	Ideen
Forschung und Produktentwicklung	neue Produkte, Studien, Marktforschungsergebnisse	Unboxing Video, exklusive Vorschau auf neue Produkte, Infografiken
Kundenservice	häufige Fragen und Probleme, kuriose Fälle	How-to-Videos, Blogbeiträge zu häufigen Fragen, Blogbeiträge zu kuriosen Fällen
Marketing	neue Kampagnen, Produkteinführungen, Events, Sponsoring	Einblicke hinter die Kulissen zum neuen Werbespot, Videos, Fotos und Texte zu den Events, Videos, Fotos und Texte über den Empfänger des Sponsorings
Personalabteilung	offene Stellen, Berufe im Unternehmen	Porträts einzelner Mitarbeiter, Praktikanten-»Tagebuch«, Einblicke in den Berufsalltag
Einkauf	Produzenten und Erzeuger	Porträt der Produzenten und Erzeuger, Porträt des Landes, aus dem die Produkte kommen
Sales	Experten aus den Unternehmen des Kunden	Gastbeiträge zu Fachthemen, gemeinsame Projekte

Tabelle 6.7 Abteilungen, Ansatzpunkte und Ideen für Content

Diese Liste lässt sich beliebig weiterführen, allein schon deswegen, weil jedes Unternehmen andere Abteilungen und Schwerpunkte hat. Wenn Sie die Chance haben, in jede Abteilung einmal reinzuschnuppern, nutzen Sie diese. Schon dabei kommen Ihnen vielleicht Ideen für Inhalte, und vielleicht finden Sie direkt einen leidenschaftlichen Mitarbeiter, der perfekt in Ihr interdisziplinäres Content-Team passt. Über die Inhalte aus dem eigenen Unternehmen hinaus macht es oft Sinn, passende Neuigkeiten und Trends rund um die eigenen Kernthemen im Blick zu haben. Dabei helfen Ihnen einschlägige Blogs, Nachrichtenseiten und Suchmaschinen. Wie Sie diesen Teil der Content-Beschaffung effektiv umsetzen, zeige ich Ihnen ausführlich in Abschnitt 11.3, »Effektives Social Media Management«.

6.2.4 Welche Inhalte funktionieren

Mal ganz abgesehen davon, ob das Thema Ihrer Inhalte eine Person anspricht oder nicht, zeigen Studien immer wieder, dass Fotos und Videos mehr Reaktionen bringen, als reiner Text. Die Agenturen Simply Measured und M Booth haben unterschiedliche Studien in einer Infografik zusammengefasst (zu sehen unter *http://bit.ly/13uiCrl*) und heben darin Folgendes hervor:

1. Auf Facebook werden Videos zwölfmal so oft geteilt wie Links und Text-Postings zusammen.
2. Fotos auf Facebook werden immerhin noch zweimal so häufig geteilt wie Text.
3. Auf Tumblr sind 42 % aller Posts Fotos.
4. Auf YouTube führen 100 Mio. Nutzer jede Woche eine soziale Aktion wie kommentieren, liken, bewerten oder teilen aus.
5. Fotos und Videoposts bringen auf Pinterest mehr Traffic (Besucher) auf Webseiten als Twitter, LinkedIn und Google+.

Achten Sie deshalb darauf, dass Ihre Inhalte visuell sind. Illustrieren Sie Ihre Botschaften mit den passenden Bildern, oder erstellen Sie gleich eine Infografik. Ein kleines Beispiel dafür, wie einfach das sein kann, sehen Sie in Abbildung 6.11.

Sorgen Sie darüber hinaus für Abwechslung, und variieren Sie zwischen den einzelnen Formaten. Besonders wichtig ist: Interagieren Sie mit Ihren Nutzern. Lediglich Inhalte einzustellen und die Nutzer dann damit alleinzulassen, funktioniert auf Dauer nicht. Speziell auf das Thema, welche Inhalte auf Facebook gut funktionieren, gehe ich noch in Abschnitt 9.2.7, »Merkmale guter Beiträge auf Facebook«, ein.

Abbildung 6.11   Ben & Jerry's Eis visualisiert Botschaften mit passenden Bildern.

6.2.5   Geben Sie Ihrem Content ein Gerüst – der Redaktionsplan

Es mag altmodisch klingen, aber ich rate Ihnen dringend dazu, einen Redaktionsplan zu führen. Halten Sie darin fest, mit welchen Inhalten Sie Ihre Community wann und auf welchen Plattformen unterhalten möchten. In diesem sollten nicht nur die Themen und Verantwortlichkeiten für Blogbeiträge geführt werden, sondern auch Ihre Planung für Ihre Social-Media-Präsenzen und wichtige Termine, von dem Messeauftritt bis hin zu Feiertagen. Dies hilft Ihnen und den Personen, die Ihnen Inhalte liefern, den Überblick zu behalten. Und auch sonst hat ein Redaktionsplan eine Reihe an Vorzügen:

- Verantwortlichkeiten sind klar geregelt, und Fortschritte werden transparent. Sie haben immer im Blick, welcher Kollege gerade an welchen Inhalten arbeitet und in welchem Status sich die Aufgabe gerade befindet.
- Ordnung der Inhalte: Da ein Redaktionsplan nicht nur das Was, sondern auch das Wo definiert, stellen Sie sicher, dass Inhalte nicht doppelt gepostet werden oder auf einem Kanal weder zu viel noch zu wenig veröffentlicht wird.
- Bessere Planung der Ressourcen: Wenn Sie genau wissen, wann und wo Inhalte veröffentlicht werden, können Sie den Einsatz Ihrer Community Manager, die mit den Kunden in den inhaltsgetriebenen Dialog treten, gezielt planen. Darüber

hinaus können Sie bei potenziellen Krisenthemen die entsprechenden Vorbereitungen treffen und die Kollegen des Krisen-Teams auf Abruf halten (mehr dazu in Abschnitt 7.4, »Krisenkommunikation und der Shitstorm«).

- Plan B für besondere Vorkommnisse: Ob Krankheitsfall oder schlichtweg zu wenig Zeit, es gibt immer wieder Situationen, in denen ein Beitrag nicht rechtzeitig fertig wird. Ein Redaktionsplan zeigt Ihnen auf einen Blick, ob eventuell ein anderer Kollege einspringen oder ein bereits fertiger Artikel vorgezogen werden kann.
- Wichtige Termine und Ereignisse im Blick: Durch den Vermerk von wichtigen Ereignissen in dem Redaktionsplan können Sie gezielt die zugehörigen Themen identifizieren und entsprechende Inhalte ableiten. Darüber hinaus stellen Sie so sicher, dass kein wichtiges Thema unter den Tisch fällt.

Sehr ans Herz legen kann ich Ihnen die Redaktionsplan-Vorlage von Rita Löschke (siehe Abbildung 6.12), die Ihnen neben einer Übersicht der Beiträge auch eine automatische Auswertung Ihrer Inhalte liefert. Sie finden die Vorlage für 2013 unter *http://goo.gl/fkGQY* und die für 2014 unter *http://bit.ly/13upftS*.

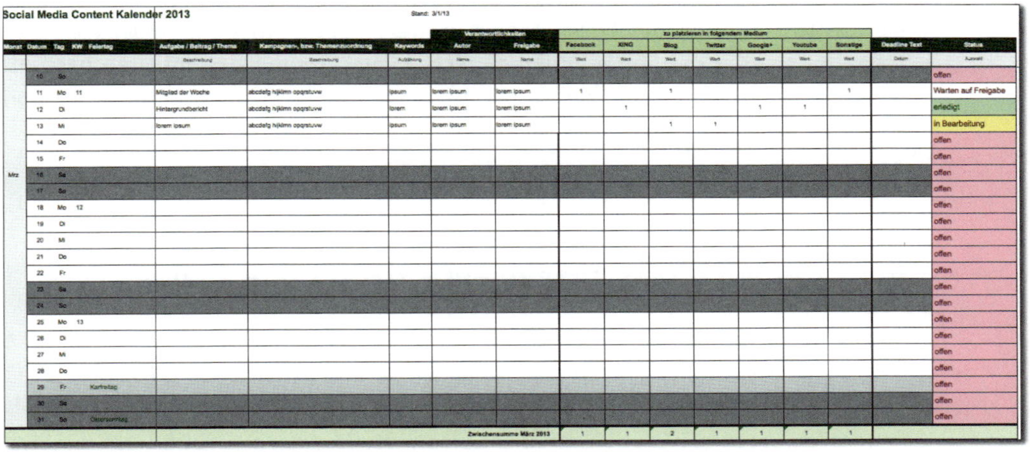

Abbildung 6.12 Redaktionsplan-Vorlage von Rita Löschke

Wenn Sie sich lieber eine eigene Vorlage für einen Redaktionsplan erstellen, gehören mindestens die folgenden Informationen hinein:

- Zuständigkeiten: Wer verfasst den Beitrag? Wer überprüft das Ergebnis? Wer ist für die Veröffentlichung zuständig?
- Thema: Welches Thema behandelt der Beitrag?
- Plattform: Wo soll der Beitrag veröffentlicht werden?
- Abgabedatum: Bis wann muss der Artikel spätestens fertig sein?

- Veröffentlichungsdatum: Wann soll der Artikel veröffentlicht werden?
- Bearbeitungsstatus: In welchem Status befindet sich der Beitrag?

Natürlich lässt sich ein Engagement in Social Media nicht bis in die letzte Instanz komplett durchplanen. Im Gegenteil: Sie sollten sogar Platz für spontane Themen und Ideen lassen und diese kurzfristig einarbeiten. Darüber hinaus empfiehlt es sich immer, ein paar Artikel als Backup zu haben, denn es kann immer was dazwischenkommen und »dann eben nichts posten« ist nur selten eine gute Option.

6.2.6 Zusammenfassende Beurteilung

Das Schlusswort dieses Abschnitts möchte ich dem Social-Media-Experten Klaus Eck überlassen. Er fasst die Quintessenz der Notwendigkeit von sorgfältig geplantem Corporate Content sehr schön in der Aussage zusammen: »Niemand wartet auf Ihre Inhalte.« Wenn Sie diese Gegebenheit verstanden haben, sehen Sie auch, was bei einer guten Content-Strategie im Mittelpunkt steht – die Bedürfnisse Ihrer Kunden und nichts anderes. Die ausführliche Diskussion dieses Gedankens finden Sie auf dem *PR-Blogger* unter *http://bit.ly/188nW6X*.

Der dritte Eckpfeiler des Social Media Managements, das Community Management, beschäftigt sich unter anderem auch damit, was mit den Inhalten passiert, wenn diese auf Ihren Präsenzen veröffentlicht worden sind. Welche Aufgaben und Herausforderungen noch in diesen Bereich gehören, stelle ich Ihnen im folgenden Abschnitt vor.

6.3 Community Management – der direkte Dialog

Ohne gutes Community Management funktioniert Social Media nicht! Selbst die besten Inhalte bringen Ihnen nichts, wenn Sie diese unkommentiert ins Social Web entlassen und keinerlei Bereitschaft zum Dialog zeigen. In diesem Abschnitt erläutere ich Ihnen die Grundlagen des Community Managements und des direkten Dialogs mit Ihrer Zielgruppe im Web. Dabei gehe ich sowohl auf wichtige theoretische Grundlagen von Communitys allgemein ein, als auch auf ausgewählte Aspekte der öffentlichen Kommunikation.

6.3.1 Community Management – Definition und Aufgaben

Die offizielle Definition des BVCM für Community Management habe ich Ihnen bereits in Abschnitt 2.1.1, »Geschichte des Berufsbildes«, vorgestellt, die Kernaussage möchte ich hier noch einmal wiederholen:

6.3 Community Management – der direkte Dialog

»*Community Management ist die Bezeichnung für alle Methoden und Tätigkeiten rund um Konzeption, Aufbau, Leitung, Betrieb, Betreuung und Optimierung von virtuellen Gemeinschaften sowie deren Entsprechung außerhalb des virtuellen Raumes.*«

Mit Community ist dabei entgegen der weitläufigen Meinung nicht zwingend eine durch das Unternehmen initiierte Plattform gemeint. Dies war vielleicht zu den Anfangszeiten des Webs 2.0 noch so, hat sich aber mit der Entwicklung der sozialen Netzwerke grundlegend geändert. Als Online-Community definiere ich eine virtuelle Gruppe von Menschen, die ein gemeinsames Interesse verbindet. Diese Gruppierung ist dabei plattformunabhängig und wird durch den Austausch untereinander geprägt. Ihre Community ist entsprechend eine Gruppe von Menschen, die sich für Ihre Organisation, Ihre Produkte oder Ihre Dienstleistungen interessiert und im virtuellen Raum über Sie diskutiert. Die Stärke des Interesses kann dabei variieren. So gehört eine Person, die sich täglich mit Ihnen beschäftig, genauso dazu, wie jemand, der nur in Erscheinung tritt, wenn er oder sie eine Beschwerde hat.

Das Community Management hat an dieser Stelle die folgenden Aufgaben im Hinblick auf diese Community:

- Community Building: Auf- und Ausbau der Community und der Mitgliedszahlen
- Community Engagement: Aktivierung der Community
- Content Management: Planung und Erstellung von Inhalten (ausführlich dazu in Abschnitt 6.2, »Corporate Content«, sowie in Abschnitt 11.3, »Effektives Social Media Management«)
- Community Support: Unterstützung der Community in Fragen rund um Produkte und Dienstleistungen sowie Kundenservice. Idealerweise wird ein Teil dieser Aufgabe durch ein darauf spezialisiertes Team aus dem Kundenservice abgebildet. Diesen Aspekt behandle ich ausführlich in Abschnitt 7.6, »Kundenservice 2.0«.
- Community Compliance: Ausarbeitung und Durchsetzung von Regeln und Richtlinien innerhalb der Community
- Dialogmanagement: direkter Ansprechpartner der Community sowie Moderation zwischen den Community-Mitgliedern, wo es notwendig ist
- Monitoring: Überwachung der Stimmung und Themen auf den betreuten Plattformen, ausführlich dazu in Abschnitt 6.4, »Social Media Monitoring und Measurement«
- Schnittstellenmanagement zwischen Community und Unternehmen: Weitergabe der Wünsche, Bedürfnisse und Kritik der Mitglieder in das Unternehmen hinein und Vertretung ihrer Interessen

- Krisenmanagement: Aktive Kommunikation in der Krise, Teil des Krisen-Teams. Das Thema Krisenmanagement wird ausführlich in Abschnitt 7.4, »Krisenkommunikation und der Shitstorm«, diskutiert.
- Vertrauensperson, Vorbild und Rockstar der Community

Wie Sie sehen, gibt es hier einige Überschneidungen mit den Aufgaben des Social Media Managers. Hier gilt es, in der Praxis herauszufinden, welche Aufgaben an welcher Stelle besser aufgehoben sind oder wie Sie Aufgaben gemeinsam erledigen können. Die Aufgaben, die nicht direkt einen Verweis zu einem gesonderten Teil des Buches haben, werde ich Ihnen im Verlauf dieses Abschnitts eingehender erläutern. Aufgrund der vielen Überschneidungen und der Tatsache, dass der Themenkomplex mehr als ein Buch befüllen kann, konzentriere ich mich dabei auf die Grundlagen des Community Managements, die Sie als Social Media Manager wissen müssen. Ergänzt werden diese um weiterführende Literaturhinweise, Links sowie Verweise innerhalb des Buches.

6.3.2 Community Building

Community Building, also der Auf- und Ausbau der eigenen Community, ist die Grundlage für erfolgreiches Community Management, denn ohne Mitglieder läuft gar nichts. Doch was motiviert einen Nutzer überhaupt dazu, Mitglied in einer Community zu werden, sich einzubringen oder sogar andere Personen einzuladen? Diese theoretischen Grundlagen möchte ich Ihnen kurz und knapp erläutern.

> **Buchempfehlung zu Community Building und Management**
> Für eine Vertiefung des Themas möchte ich Ihnen das im Jahr 2000 veröffentlichte Standardwerk »Community Building on the Web« empfehlen. Amy Jo Kim hilft bei einem fundierten Einstieg in das Thema und deckt dabei sämtliche Grundlagen ab, die ein Community Manager wissen und verstehen muss.

Bezugspunkt – der Kern der Community

Jede Community hat ein Thema oder einen Bezugspunkt, sei es einen Ort, eine Persönlichkeit, einen Lebensabschnitt, ein Produkt, ein Gefühl oder einen anderen Mittelpunkt. Das jeweilige Thema stellt den Kern der Community und gleichzeitig den gemeinsamen Nenner aller Mitglieder dar. In Tabelle 6.8 sehen Sie eine Übersicht einiger möglicher Bezugspunkte, aufgeteilt in verschiedene Kategorien.

Geografisch	Demografisch	Thematisch	Aktivitätsbasiert
Region	Alter	Interessen	Aktivitäten
Land	Geschlecht	Hobby	Shopping
Stadt	Nationalität	Beruf	Musik hören
Ort		Stars	Gaming
		Produkte	Sportarten
		etc.	etc.

Tabelle 6.8 Übersicht möglicher Bezugspunkte basierend auf Amy Jo Kim

Bevor Sie eine Community für ein spezielles Produkt oder Ihr Unternehmen ins Leben rufen, sollten Sie entsprechend untersuchen, ob es ausreichend Personen gibt, für die genau dieses Thema einen Bezugspunkt darstellt. Ist dem nicht so, ist es vielleicht sinnvoll, eine Ebene »höher« anzusetzen und zum Beispiel gleich eine Präsenz für alle Fans Ihres Unternehmens zu schaffen, statt für jedes einzelne Produkt.

Motivation – warum Nutzer überhaupt Teil einer Community werden

Eine wichtige Grundlage im Zusammenhang mit Community Building ist ein Verständnis dafür, warum Personen überhaupt Teil einer Community werden. Wenn Sie diese grundlegenden Motivationen kennen und herausfinden, welche für Ihre Zielgruppe besonders relevant sind, haben Sie es leichter, neue Mitglieder zu gewinnen und zu halten. Die Motivationsfaktoren lassen sich laut der Community-Expertin Amy Jo Kim in zehn Bereiche aufteilen, den jeweiligen Faktor mit einer kurzen Erklärung habe ich Ihnen in Tabelle 6.9 zusammengefasst.

Faktor	Erklärung
Selbstdarstellung	Eine weit verbreitete Motivation ist die Selbstdarstellung des Nutzers. Diese kann in Form einer Präsentation der eigenen Fähigkeiten und des Werdegangs (zum Beispiel auf XING) daherkommen, kann über tägliche Einblicke in das eigene Leben (Facebook, Twitter, Instagram) bis hin zu einer »Schau mal was ich alles habe und kann«-Inszenierung gehen. Oftmals liegt das Bedürfnis nach Aufmerksamkeit hinter diesem Motivationsfaktor.
Kennenlernen	Das Knüpfen von neuen Kontakten auf jeglichen Ebenen ist eine weitere Motivation dafür, einer Online-Community beizutreten. Ob regionale Kontakte (Lokalisten), Gleichgesinnte (Chefkoch.de), Geschäftskontakte (XING) oder die große Liebe (Datingportale), dieser Faktor ist ein starker Treiber.

Tabelle 6.9 Erklärung der Motivationsfaktoren in Online-Communitys

Faktor	Erklärung
Kommunikation	Gespräche, Diskussionen und der generelle Austausch mit anderen zu bestimmten Themen bewegt viele Menschen dazu, sich in einer Community anzumelden.
Kollaboration	Das gemeinsame Bearbeiten von Themen, Dokumenten und Problemstellungen führt ebenfalls starke Communitys zusammen. Eines der größten Beispiele, das unter anderem dieser Motivation entspringt, ist die Wikipedia, bei der die Mitglieder gemeinsam an der größten Enzyklopädie der Welt arbeiten.
Dokumentation	Etwas online zu verewigen, ist ein weiterer Motivationsfaktor. Ob die Dokumentation einer Veranstaltung oder Reise, das Apfelkuchenrezept der Oma oder gleich ganz das ganze Leben, Internet-Communitys kommen dieser Motivation sehr entgegen.
Entertainment	Sich online unterhalten zu lassen, ist insbesondere bei der jüngeren Generation ein wichtiger Faktor, warum sie Teil einer Community werden. Ob lustige Fotos, Videos oder Online-Games, man lässt sich »entertainen« und teilt das Erlebnis direkt in den sozialen Netzwerken mit seinen Freunden.
Profit	Ist ein persönlicher Vorteil in Sicht, nehmen eine Reihe von Personen dies als Motivation, einer Community beizutreten. Ob Gewinnspiel, Rabatte oder Schnäppchen, mit Speck fangen Sie hier Mäuse.
Information	Die Erwartung auf relevante Informationen und Antworten auf eigene Fragen ist ebenfalls eine Motivation in diesem Bereich.
Networking	Networking und Kontaktpflege – im beruflichen wie privaten Bereich – spielt als Motivation ebenfalls eine Rolle. Online-Communitys helfen dem Nutzer hier dabei, mit bestehenden Kontakten im Austausch zu bleiben.
Zugehörigkeit	Zu guter Letzt ist der Ausdruck der Zugehörigkeit zu einer Gruppe ein Motivationsfaktor. Beispiele sind hier Alumni- und Fan-Communitys.

Tabelle 6.9 Erklärung der Motivationsfaktoren in Online-Communitys (Forts.)

Ergänzend zu dieser allgemeinen Übersicht zeige ich Ihnen in Abschnitt 9.2.4, »Warum Nutzer Fan einer Facebook-Page werden«, am Beispiel von Facebook noch einmal konkret die Motivationen auf und wie Sie dieses Wissen für das Community Building und Management nutzen können. Finden Sie heraus, welche Motivationen für Ihre Zielgruppe besonders wichtig sind, und richten Sie Ihre Aktionen und Kampagnen genau darauf aus.

Im Folgenden möchte ich Ihnen den User-Life-Cycle vorstellen, der im Schnittpunkt zwischen Community Building und Community Engagement liegt.

6.3.3 User-Life-Cycle-Management – vom Besucher zum aktiven Mitglied

Mitglieder in Online-Communitys haben einen Lebenszyklus, der idealtypisch in sechs Phasen verläuft. Ein Verständnis für die Phasen und die damit einhergehenden Maßnahmen im Community Management hilft Ihnen dabei, Besucher zu aktiven Mitgliedern zu machen und diesen Status zu halten. Die Phasen sind in Abbildung 6.13 visualisiert und lauten wie folgt:

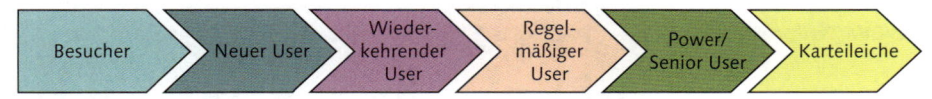

Besucher → Neuer User → Wiederkehrender User → Regelmäßiger User → Power/Senior User → Karteileiche

Abbildung 6.13 Lebenszyklus eines Nutzers einer Online-Community

Den Begriff *User* nutze ich hier stellvertretend für die Reihe an möglichen Bezeichnungen, wie Mitglied, Fan, Follower, Abonnent und weiteren. Ziel im Rahmen des Community Buildings ist es, einen Besucher zu einem neuen User zu machen, das Community Engagement (mehr dazu gleich in Abschnitt 6.3.4, »Community Engagement – Ihre Community aktivieren«) zielt darauf ab, einen neuen User mindestens zu einem regelmäßigen User, im Idealfall zu einem Power-User zu konvertieren.

Vom Besucher zum neuen User

Besucher, die Ihre Seite gezielt aufsuchen und sowieso planen, zu Usern zu werden, lasse ich an dieser Stelle einmal außen vor. Hier geht es um diejenigen, die über Ihre Präsenz »stolpern«. Es gibt viele Wege, wie ein Besucher zufällig auf Ihre Präsenz aufmerksam wird, ein paar Beispiele sind folgende:

- Suchergebnis in einer Suchmaschine
- Klick auf eine Werbeanzeige oder eine Verlinkung in einem Blog Aktivität eines bestehenden Nutzers

Sie haben jetzt die Chance, diesen Besucher auf Ihrer Seite zu einem neuen User zu machen. Voraussetzung dafür ist, dass dieser einen Anreiz dafür findet. Klassiker sind in diesem Moment neben einem überzeugenden Mission Statement Gewinnspiele, Gutscheine oder exklusive Inhalte, die für Ihre Zielgruppe so interessant sind, dass diese sich dafür »anmeldet« (auf das Thema Gewinnspiele auf Facebook gehe ich in Abschnitt 9.2.12, »Gewinnspiele und Promotions«, noch genauer ein).

In Abbildung 6.14 sehen Sie ein gutes Beispiel des MobiSim-Teams auf Twitter (*https://twitter.com/mobilfunknews*). Hier wird klar und deutlich kommuniziert, was den Nutzer erwartet und was er dafür tun muss.

Abbildung 6.14   Ein gut formulierter Mehrwert führt zu neuen Usern.

Haben Sie auf diese Weise einen neuen Nutzer generiert, gilt es jetzt, diesen durch geeignete Maßnahmen zum erneuten Besuch Ihrer Präsenz zu bewegen und langfristig zu binden.

> **Viralität einer Community fördern**
>
> Einige wenige Communitys verfügen über eine so starke Viralität, dass dieses auf Word-of-Mouth basierte Wachstum der Haupttreiber werden kann. Doch selbst Communitys, die nur eine schwache Viralität haben, können von dieser profitieren. Eine Weiterempfehlung eines Freundes/Kollegen/Familienmitglieds/Bekannten mit ähnlichen Interessen wird von Usern als sehr wertvoll eingeschätzt, und deshalb wird ihr oft nachgegangen. Unterstützen Sie die natürliche Viralität Ihrer Community. User müssen mit Leichtigkeit neue Mitglieder einladen können und auch wissen, wie dies geht. Darüber hinaus gilt, je zufriedener Ihre User mit Ihnen sind, desto größer ist die Wahrscheinlichkeit einer Weiterempfehlung. Seien Sie darüber hinaus vorsichtig bei Maßnahmen, die auf die Förderung von Viralität abzielen. Ob Geld- oder Sachpreise, Voting-Wettbewerbe oder besondere Privilegien, werden die Nutzer zu stark extern motiviert, führt dies regelmäßig zu der Registrierung von Fake-Usern. Davon haben weder Sie noch die Community etwas.

Neue Mitglieder zur Wiederkehr bewegen

Zunächst einmal muss ich hier den Begriff *wiederkehrender User* ein wenig weiter definieren. Damit ist nämlich nicht nur der Nutzer gemeint, der zum wiederholten

Male Ihre Präsenz besucht, sondern auch der, der wiederholt mit Ihren Inhalten interagiert. Diese Erweiterung ist notwendig, da die wenigsten Communitys heutzutage noch auf einer eigenen Plattform laufen, sondern Bestandteil von den großen Social Networks wie Facebook & Co. sind. Damit geht ein großer Nachteil einher: Klassische Reaktivierungs-Mechanismen, wie Begrüßungs-E-Mails, Newsletter oder Benachrichtigungen, liegen nicht in Ihrem Einflussbereich. Umso wichtiger ist der erste Eindruck, den der neue User von Ihrer Community erhält. Eine gute Mischung aus interessanten Inhalten und Diskussionen laden den User zum Stöbern ein und machen neugierig auf mehr – die beste Voraussetzung dafür, dass ein Nutzer gerne wiederkommt. Eine weitere Chance haben Sie mit stetig neuen, spannenden Inhalten, die dem Nutzer auf der jeweiligen Plattform angezeigt werden. Je besser Sie hier den Geschmack Ihrer Zielgruppe treffen, desto höher ist die Chance, dass Ihnen ein neuer User erhalten bleibt. Der Themenkomplex rund um gute Inhalte wird ausführlich in Abschnitt 6.2, »Corporate Content – die richtigen Inhalte«, und Abschnitt 9.2.7, »Merkmale guter Beiträge auf Facebook«, behandelt.

Regelmäßige Nutzer gleich Wiederkehrer mit »Wir-Gefühl«

Regelmäßige Nutzer haben für sich realisiert, dass die Community etwas Interessantes bietet und es sich lohnt, regelmäßige »vorbeizuschauen«. Sie sehen sich entweder schon als Bestandteil der Community oder möchten ein Bestandteil werden. Dies zeigen die betreffenden Nutzer meist durch eine erhöhte Aktivität im Netzwerk, erste selbst generierte Inhalte sowie die ersten lockeren Bekanntschaften mit anderen Mitgliedern.

Kleine »Richtungsfragen«, Umfragen und Bitten um Feedback stärken an dieser Stelle das Gefühl, dabeizusein und auch mitbestimmen zu dürfen. Auch wenn es sich nur um kleine Entscheidungen oder Themen handelt, ein Community Manager, der offene Ohren zeigt und daraufhin entsprechend agiert, gewinnt das Vertrauen der User. Das Mitmachen bekommt so einen neuen Wert. Hier beginnt die persönliche Beziehung zwischen den Nutzern untereinander und im Idealfall auch zu dem Community Management.

Senior-Nutzer und die Chance auf Selbstverwaltung

Senior-Nutzer sind die Altväter der Community, oft und meist lange dabei und unter den anderen Usern gut bekannt sowie oftmals auch hoch angesehen. Sie treiben die Community an, bilden Meinungen und fordern Gehör. Ein freundschaftliches Verhältnis zu diesen Nutzern ist ein unbezahlbarer Vorteil für den Community Manager.

Neben der Meinungsführerschaft bietet sich hier eine weitere große Chance: die offizielle oder inoffizielle Beförderung vom Power-User zum aktiven Unterstützer des

Community Managements. Diese Helfer bringen zahlreiche Vorteile mit sich: Sie sind oft zu Zeiten online, wo Mitarbeiter des betreibenden Unternehmens nicht unbedingt online sind. Im Gegensatz zu offiziellen Community Managern sind sie teilweise authentischer, weil sie genau wie die anderen Mitglieder »nur User« sind. Sie können anderen Nutzern Fragen beantworten, effektiv Streite schlichten, ungünstige oder gefährliche Inhalte identifizieren und melden und viele andere Hilfestellungen bieten. Manche Unternehmen machen sich das Prinzip der Power-User sogar komplett zu eigen. Zum Beispiel beantworten bei dem Mobilfunkanbieter Base in der Community »Mobilfunkexperten« (siehe Abbildung 6.15, *http://mobilfunkexperten.de*) ausgewählte Experten aus der Community die Fragen anderer Kunden.

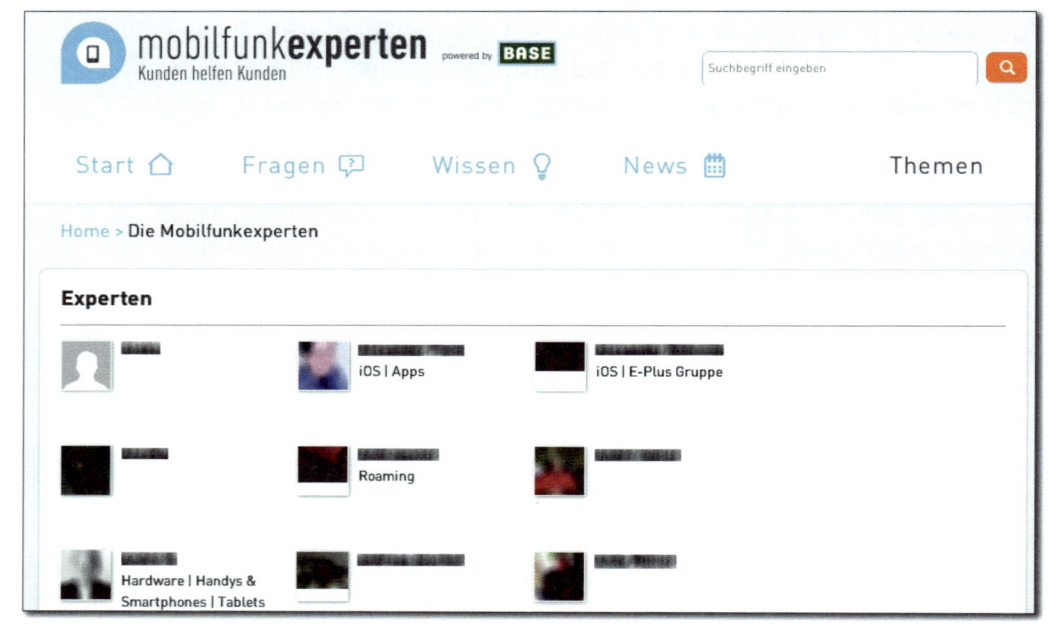

Abbildung 6.15 Die Mobilfunkexperten stellen sich vor.

Senior-User sind oft leidenschaftliche Fans des Unternehmens oder des Themas, aber trotzdem Individuen mit eigenen Interessen. Achten Sie darauf, dass Sie Ihnen stets die Wertschätzung zeigen, die Sie verdient haben. Manche Nutzer werden Forderungen stellen, manchmal Dinge und Rechte, die weder das Unternehmen noch der Community Manager leisten kann oder will. In einer solchen Situation ist dann viel diplomatisches Geschick, Fingerspritzengefühl und eine guter Kompromiss für beide Seiten gefragt. Bei Unzufriedenheit können die Power-User aufgrund Ihres Status und der Vernetzung negative Stimmungen tief in die Community treiben.

Deshalb sollten Sie bei Senior-Nutzern einige Punkte beachten:

- Kennen Sie Ihre Senior-Nutzer, die oftmals gleichzeitig auch Meinungsführer sind.
- Bleiben Sie mit Ihrer Community-Seniorität stets in Verbindung, und zwar auf einem persönlichen, menschlichen Level.
- Hören Sie auf Ihre Senior-Nutzer. Sie müssen nicht alle Wünsche umsetzen, aber zumindest zuhören und kommunizieren, welchen Anklang diese gefunden haben.
- Wenn Sie eine eigene Community-Plattform haben, sollten wesentliche Änderungen oder Neuerungen schon in der Planungsphase an die Senior-Nutzer kommuniziert werden.
- In diesem Zusammenhang gilt auch, dass Ihre Power-User neue Funktionen oder Designs vorab testen können.
- Ermöglichen Sie mindestens Ihren Senior-Nutzern sich mit Ihnen zu treffen. Wenn die Community eigene Treffs organisiert, sollten Sie zumindest bei einigen Treffen anwesend sein. Sollten Sie als Community Manager auf einer interessanten, öffentlichen Veranstaltung sein (Messe, Konferenz, Feste ...), teilen Sie dies Ihren Mitgliedern mit. Live-Treffen verbessern die Kommunikation und stärken das Vertrauen. Auf dieses Thema werde ich noch ausführlich in Abschnitt 6.3.11, »Community Management offline – Events & Co.«, eingehen.

Warum Karteileichen nicht wertlos sind

Wenn ein User nicht mehr mit Ihrer Präsenz interagiert, ist er dennoch nicht wertlos. Manchmal gibt es Phasen, die mit dem »Winterschlaf« vergleichbar sind. Mitglieder sind im Stress, in Urlaub, umgezogen, haben kurzfristig Ihre Leidenschaft für ein anderes Thema gefunden. Manche User lassen sich zu bestimmten Anlässen oder in einer späteren Phase reaktivieren, andere nicht. Dies ist nicht schlimm und manchmal einfach der »Lauf des Lebens«. Selbst Abmeldungen sind keine Katastrophe, solange Ihre User nicht in Scharen abwandern, was ein klares Zeichen dafür ist, dass etwas schiefläuft. Nun kennen Sie den Lebenszyklus eines Nutzers in einer Community und damit zu Teilen auch schon Bestandteile des Community Engagements, auf das ich im nächsten Abschnitt noch einmal vertiefend eingehe.

6.3.4 Community Engagement – Ihre Community aktivieren

Community Engagement ist die Kunst, die Mitglieder der Community dazu zu bringen, mit Ihrer Präsenz zu interagieren und sich aktiv einzubringen.

Eine der grundlegenden Bedingungen für Interaktion sind gute Inhalte von Ihrer Seite. Daran führt kein Weg vorbei und aus diesem Grund habe und werde ich Ihnen diesen Aspekt in Abschnitt 6.2, »Corporate Content – die richtigen Inhalte«, Abschnitt 9.2.7, »Merkmale guter Beiträge auf Facebook«, und Abschnitt 11.3, »Effektives Social Media Management«, noch ausführlich vorstellen. An dieser Stelle halte ich fest, Corporate Content ist ein wichtiger Bestandteil im Community Engagement.

Wer seine Fans und Follower aktivieren möchte, sollte zusätzlich zu dem User-Life-Cycle die Grundregel der Partizipation in Online-Communitys kennen. Nach einer kurzen Vorstellung dieser, möchte ich Ihnen noch eine Reihe von Ideen mit auf den Weg geben, wie Sie Ihre Community über gute Inhalte hinaus aktivieren können.

Die Ein-Prozent-Regel oder das 90-9-1-Prinzip

Eines der Grundprinzipien der Internetkultur wird in der *Ein-Prozent-Regel* oder auch *90-9-1-Prinzip* zusammengefasst. Dieses Prinzip wurde im Jahr 2006 von Jacob Nielsen aufgestellt und sagt Folgendes aus:

- Lediglich 1 % der Personen in einer Community produzieren Inhalte (Creators).
- Weitere 9 %, die Contributors, kommentieren, bearbeiten und teilen diese Inhalte.
- Die restlichen 90 %, die sogenannten »Lurker« schauen sich die Inhalte nur an.

Sie müssen also immer davon ausgehen, dass lediglich ein Bruchteil Ihrer Fans, Follower und Mitglieder überhaupt aktiv auf Ihre Inhalte reagieren wird. Behalten Sie dies bei Ihren Zielen und Erwartungen immer im Hinterkopf. Wenn Sie höhere Interaktionszahlen erreichen, können Sie sich freuen, denn das ist ein Zeichen dafür, dass Sie gut sind. Im Folgenden möchte ich Ihnen noch ein paar weitere Ideen mit auf den Weg geben, wie Sie die richtige Umgebung für Engagement schaffen und für mehr Interaktion sorgen.

Sorgen Sie für positive Rahmenbedingungen

Ein großer Einflussfaktor ist die Atmosphäre in der Community selbst. Herrscht ein freundliches Miteinander, oder werden Neulinge sofort in Grund und Boden gestampft? Gibt es klare Regeln für den Umgang miteinander, oder macht jeder, was er will? Je angenehmer die Stimmung und die Diskussionen sind, desto niedriger ist die Hemmschwelle für neue Nutzer, sich selbst aktiv einzubringen. Sorgen Sie mit klaren Regeln und einer Netiquette für gute Rahmenbedingungen, und setzen Sie diese auch um.

Mehr als Management, übernehmen Sie eine Führungsrolle in der Community und steigen Sie in die Unterhaltung ein

Ein wirklich guter Community Manager übernimmt die Rolle einer herausragenden Führungskraft in seiner Community. Er oder sie geht mit gutem Beispiel voran, ist Mentor und Lehrer für die Mitglieder, inspiriert, lobt und ermutig. Auf der anderen Seite jedoch wird inadäquates Verhalten sanktioniert und auf Spur gebracht, wer für Unruhe in der Community sorgt. Herrscht in Ihrer Community eine positive, respektvolle Atmosphäre, dann sinkt die Hemmschwelle für die Mitglieder, sich selbst einzubringen. Aus diesem Grund ist eine starke Führungskraft an dieser Stelle gut für das Engagement.

Mischen Sie sich darüber hinaus nicht nur dann in die Unterhaltung ein, wenn es Probleme oder Fragen gibt. Unterhalten Sie sich mit Ihren Mitgliedern, wann immer es passt, antworten Sie auch mal mit einem Augenzwinkern, und spielen Sie generell eine aktive Rolle in der Community.

Kennen Sie Ihre Zielgruppe

Eine Voraussetzung, die wirklich in jedem Bereich wichtig ist, ist die eigene Zielgruppe und deren Motivationen und Bedürfnisse zu kennen. Je besser Ihre Inhalte zu Ihren Nutzern passen, desto höher wird die Interaktion ausfallen. Wie individuell dies sein kann, zeigt für mich immer wieder Jessica von der Lidl-Facebook-Seite. Sie passt mit Ihrem Stil perfekt zu den Fans der Lidl-Facebook-Seite. Selbst Werbepostings, die von Jessica eingestellt werden, erhalten viele Likes und Kommentare. Ein selbst gemaltes Bild mit der fröhlichen Ankündigung, dass der Chef gerade allen Mitarbeitern Eis geschenkt hat, erreicht fast 4.500 Likes (siehe Abbildung 6.16).

Abbildung 6.16 Egal, was Jessica schreibt, den Lidl-Fans gefällt es.

Wenn Sie sich die Timeline von Lidl anschauen, finden Sie hier in erster Linie Gewinnspiele und Werbung, eine Mischung, bei der viele andere Community Manager die Hände über dem Kopf zusammenschlagen. Doch für Lidl funktioniert diese Strategie sehr gut, weil sie offensichtlich zu den Fans passt.

Das richtige Timing für Ihre Postings

Je mehr Personen Ihre Status-Updates sehen, desto mehr Menschen haben die Chance, mit diesen zu interagieren. Eine Studie der Agentur Socialbakers vom Mai 2013 ergab, dass über die Hälfte der Reichweite eines Postings auf Facebook innerhalb der ersten 30 Minuten erreicht wird.[6] Wie Sie in Abbildung 6.17 sehen können, sinkt die Wahrscheinlichkeit, dass Ihr Update einem Fan überhaupt angezeigt wird, schon nach 10 Minuten rapide.

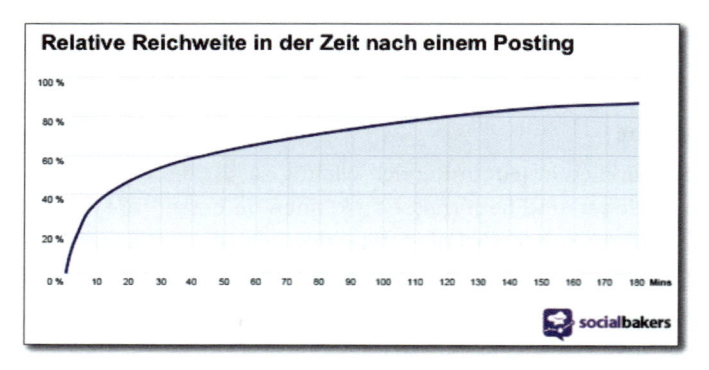

Abbildung 6.17 Relative Reichweite in der Zeit nach einem Posting

Auch wenn diese Studie spezifisch für Facebook war, ist anzunehmen, dass es in den anderen sozialen Netzwerken nicht wesentlich anders ist. Doch wann ist der richtige Zeitpunkt für Beiträge? Ein grobes Gefühl kann hier eine Studie des URL-Verkürzers Bit.ly vermitteln. Dieser ermittelte die besten Zeiten für hohe Klickraten auf Facebook, Twitter und Tumblr. Die meisten Klicks auf Facebook gibt es demnach zwischen ein und vier Uhr nachmittags, die Spitzenzeit überhaupt war Mittwochnachmittags um drei Uhr. Nach acht Uhr abends und an den Wochenenden dagegen, war die Interaktion eher mau. Auf Twitter sah es ähnlich aus, Tumblr-Nutzer dagegen verhalten sich ganz anders. Alles, was hier vor vier Uhr nachmittags gepostet wird, findet kaum Beachtung. Die Spitzenzeiten liegen montags bis donnerstags zwischen sieben und zehn Uhr abends und selbst der Sonntag liefert noch sehr gute Zahlen. Eine ausführliche Darstellung der Studie inklusive der zugehörigen Grafiken finden Sie unter *http://bit.ly/17Gw1xJ*.

---

[6] http://www.socialbakers.com/blog/1662-facebook-real-time-marketing-50-post-reach-happens-in-30min

6.3 Community Management – der direkte Dialog

Was diese Studie zeigt, ist, dass es nicht den einen perfekten Zeitpunkt für Inhalte gibt. Je nach sozialem Netzwerk, Ihrer Zielgruppe und sogar dem Wetter draußen gibt es hier Unterschiede, die sich nicht pauschalisieren lassen. Wann Ihre persönliche Spitzenzeit ist, müssen Sie entsprechend selbst herausfinden. Auf Facebook helfen Ihnen dabei die Statistiken, wann die Fans Ihrer Seite online sind, auf den anderen Netzwerken müssen Sie dies über eine Auswertung Ihrer Posts herausfinden.

Setzen Sie die Einstiegshürde möglichst niedrig an

Eigentlich ist es ganz logisch, je komplizierter die Interaktion mit Ihren Inhalten ist, desto geringer ist die Chance, dass jemand mitmacht. Sorgen Sie deswegen dafür, dass es möglichst einfach für Ihre Mitglieder ist, zu kommentieren, miteinander zu diskutieren und an Aktionen und Wettbewerben teilzunehmen.

Wenn Sie eine eigene Community-Plattform haben oder entwickeln möchten, ziehen Sie jemanden hinzu, der sich mit nutzerfreundlichen Oberflächen (Usability) auskennt. Darüber hinaus können Sie Ihren Nutzern mit einem sogenannten *Social Login* ermöglichen, sich mit einem bestehenden Account in einem der sozialen Netzwerke zu registrieren (siehe Abbildung 6.18). Beziehen Sie bei der Planung eines solchen Schrittes immer auch Ihren Datenschutzbeauftragten ein, um eine rechtskonforme Umsetzung zu gewährleisten.

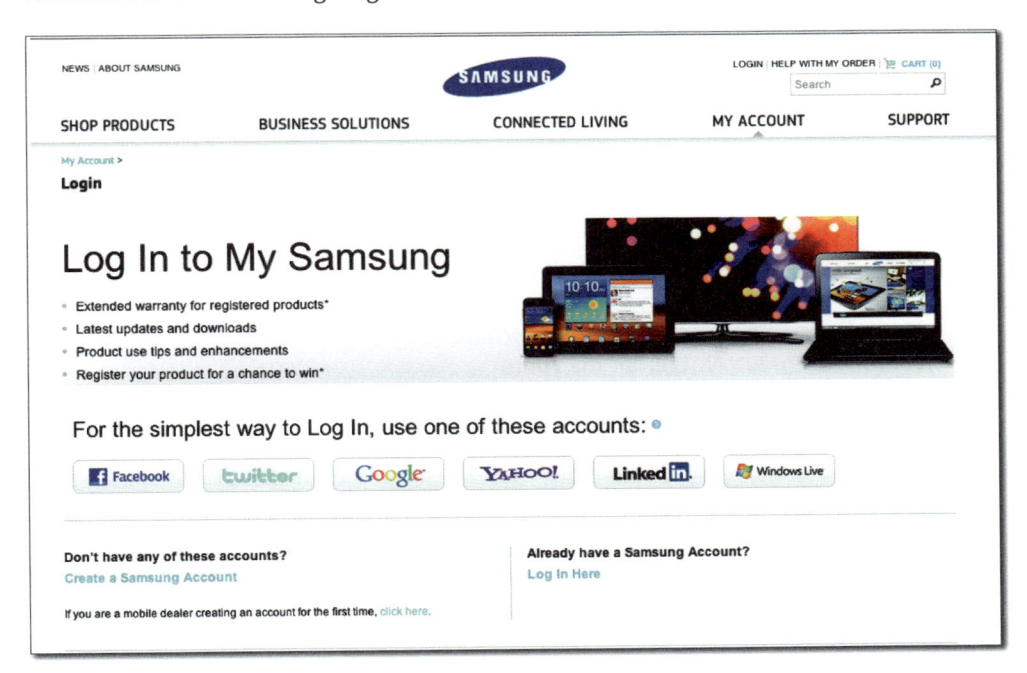

Abbildung 6.18 Die MySamsung-Community ermöglicht den Login mit Facebook & Co.

169

> **Die Auswirkung des Social Logins**
> Interessante Zahlen zu den Auswirkungen von Social Logins brachte eine Studie von Gigya hervor. So registrierten sich nicht nur 33 % mehr Mitglieder. Die Nutzer, die sich per Social Login registrierten, verbachten 56 % mehr Zeit auf der Seite, machten 76 % mehr Seitenaufrufe und konvertierten gleich fünfmal häufiger zu Käufern. Die Infografik zur Studie können Sie sich im »Marketing TechBlog« unter *http://bit.ly/19Ve3xx* ausführlich ansehen.

Wettbewerbe und Aktionen

Insbesondere in den Sommermonaten und rund um Feiertage wird es ruhiger in fast jeder Community. Ein idealer Zeitpunkt, um einen Wettbewerb zu starten. Wettbewerbe erhöhen die Aktivität und ziehen bei guter Außenkommunikation neue Mitglieder an, die dann wiederum zu wiederkehrenden Nutzern konvertiert werden können. Außerdem stellen sie indirekt eine Belohnung für die Mitglieder da, die der Community in den ruhigen Zeiten treu geblieben sind. Wettbewerbe üben generell einen hohen Reiz auf Menschen aus – sie können sich mit anderen messen und eigene Fähigkeiten testen. Achten Sie jedoch darauf, dass Ihre »Engagement-Strategie« nicht nur aus wechselnden Wettbewerben und Rabattaktionen besteht. Oftmals sind die Nutzer, die sich nur deswegen anmelden, genauso schnell wieder weg, wie sie kamen.

Belohnen Sie gute Inhalte

Öffentliches Lob und Aufmerksamkeit ist eine große Motivation für so manch einen Nutzer. Nutzen Sie dieses Wissen, und stellen Sie Ihrer Community besonders gute Inhalte vor. Dies belohnt nicht nur die Urheber des *User-generated Contents* (UGC), sondern spornt auch andere Mitglieder an, mit ebenso guten Inhalten ins Rampenlicht zu kommen. *Smart* sammelt auf Facebook beispielsweise besonders gelungene Fotos, die von Fans auf der Seite hochgeladen wurden, in einem speziellen Best-of-Album (siehe Abbildung 6.19).[7]

Nehmen Sie neue Nutzer an die Hand

Ein Rat, der in Communitys auf fremden Plattformen nur bedingt umsetzbar, dafür in einer eigenen Community umso wichtiger ist: die Begrüßung und Einführung neuer Mitglieder. Sorgen Sie dafür, dass diese bereits in der Begrüßungs-E-Mail darüber informiert werden, was sie auf Ihrer Plattform tun können. Wenn möglich, grüßen Sie die Neulinge persönlich per persönlicher Nachricht oder beispielsweise per Pinnwandeintrag. Richten Sie einen Bereich ein, in dem Neulinge alle Informationen finden, den Sie für einen gelungenen Start in Ihrer Community brauchen.

---

[7] Zu sehen unter *http://on.fb.me/15YVh49*.

Abbildung 6.19　Das Album der besten Fanbilder auf der Facebook-Seite von Smart

Diese Infobereiche sind besonders oft in Foren zu finden, ein Beispiel aus dem Lego-Forum sehen Sie in Abbildung 6.20. Sowohl in der Leiste auf der rechten Seite als auch der erste Punkt auf der linken Seite führen Neulinge und Einsteiger direkt zu Hilfe rund um die Benutzung des Forums.

Abbildung 6.20　Hilfe für Einsteiger & Neulinge im Forum

Kennen und pflegen Sie Ihre Power-User

Ein Aspekt, den ich schon im Rahmen des User-Life-Cycles in Abschnitt 6.3.3, »User-Life-Cycle-Management – vom Besucher zum aktiven Mitglied«, angesprochen habe, ist der besonders gute Umgang mit Power-Usern und Meinungsführern in Ihrer Community. Die Deutsche Bahn hat beispielsweise eine Liste Ihrer treuesten Nutzer, damit diese auch persönlich angesprochen werden. Eine kleine Geste, die zu einem ganz anderen Verhältnis zu diesen Meinungsführern führt (siehe Abbildung 6.21).

Abbildung 6.21 Persönliche Ansprache von Power-Usern

6.3.5 Erfolgsfaktoren im direkten Dialog mit der Community

Der direkte Dialog mit der Community ist immer noch die Hauptaufgabe des Community Managements. Unabhängig von Plattform, Demografie, Laune und Ansprache des Gegenübers, ein Community Manager muss in der Lage sein, adäquat auf jegliche Fragen, Kommentare und Kritiken einzugehen. Dass dies nicht immer einfach ist, können Sie sich vielleicht vorstellen. Einen Masterplan für die Kommunikation gibt es nicht, sehr wohl jedoch Erfolgsfaktoren, die Sie im Dialog beachten müssen.

Empathie

Je mehr Sie auf Ihr Gegenüber im Gespräch eingehen, desto besser verläuft die Kommunikation. Versetzen Sie sich also immer in die Lage der Person, mit der Sie gerade kommunizieren. In welcher Stimmung ist der Verfasser gerade, was erwartet er von Ihnen, welche Reaktion würden Sie sich an seiner Stelle wünschen? Bei der digitalen Kommunikation kommt erschwerend hinzu, dass nonverbale Signale komplett fehlen. Hier hilft in der Regel nur Erfahrung und Menschenkenntnis dabei, das Geschriebene richtig zu interpretieren.

Kommunikation auf Augenhöhe

Sprechen Sie die Sprache der Community. Das beginnt damit, dass Sie sich an die Tonalität und Gepflogenheiten einer Plattform anpassen. Auf XING beispielsweise ist ein professionelles »Sie« in der Kommunikation Pflicht, während auf Twitter eher lockere Umgangsformen und ein »Du« an der Tagesordnung sind. Hier gilt es, im Vorfeld genau zu beobachten, wie die Kommunikation auf einer Plattform abläuft. Selbst wenn Sie dann ein Gefühl für die Plattform an sich haben, müssen Sie sich noch immer Ihrem Gegenüber anpassen. Darüber hinaus sollten Sie es vermeiden, dass ein Nutzer das Gefühl bekommt, Sie behandelten ihn »von oben herab« oder nähmen ihn nicht ernst. Gute Umgangsformen, Respekt und sorgfältig gewählte Worte sind hier der Schlüssel zum Erfolg.

> **Im Spagat zwischen Unternehmenssprache und dem Web**
> Die Frage nach dem Sie oder Du in der Kommunikation in den sozialen Netzwerken ist vielschichtig. Neben den Umgangsformen in den sozialen Netzwerken spielen die Gepflogenheiten im eigenen Unternehmen auch immer eine Rolle. So kann es zu einem gefühlten Bruch in der Außendarstellung kommen, wenn ein traditionelles Unternehmen seine Kunden im Web plötzlich duzt, nur weil das auf der jeweiligen Plattform gerade so Usus ist. Treffen Sie hier eine grundsätzliche Entscheidung. Möchten Sie diesen Bruch bewusst in Kauf nehmen, um beispielsweise eine jüngere Zielgruppe anzusprechen? Wenn nicht, ist es besser, trotz der Umgebung grundsätzlich den Traditionen treu zu bleiben und im Bedarfsfall individuell auf Nutzer einzugehen, die lieber anders angesprochen werden möchten. Dabei hat sich die »gespiegelte Anrede«, bei der Sie dem Nutzer so mit der Anrede antworten, mit der dieser Sie angesprochen hat, bewährt.

Kennen Sie Ihre Pappenheimer

Ein Community Manager muss nicht nur die Meinungsführer und Power-User kennen, sondern auch sonst sämtliche Mitglieder, die irgendwelche Auffälligkeiten zeigen. Sei es der Nutzer, der es immer wieder schafft, sich hoffnungslos zu blamieren, der charmante Witzbold oder der Nutzer, auf den alle losgehen, sobald er sich zu Wort meldet. Legen Sie sich am besten eine zentrale Liste an, die alle Community Manager einsehen und ergänzen können. Je besser Sie Ihre Community kennen, desto besser funktioniert die Kommunikation.

Zeigen Sie Persönlichkeit!

Es kann wahre Wunder wirken, zu zeigen, dass kein Roboter, sondern ein echter Mensch auf der anderen Seite des Bildschirms sitzt. Trauen Sie sich, Sie selbst zu sein, zeigen Sie Ihre Persönlichkeit, und geben Sie damit Ihrem Unternehmen ein Gesicht gegenüber der Community. Ein persönlicher, authentischer Dialog ist sowieso nur möglich, wenn Sie sich nicht verstellen.

Seien Sie schnell

Nutzer der sozialen Netzwerke erwarten schnelle Reaktionen. Stellen Sie sicher, dass Sie mit den passenden Tools arbeiten, um zu gewährleisten, dass Sie möglichst immer genau wissen, was in Ihrer Community gerade los ist. Neben den eingebauten Benachrichtigungen in Facebook, Twitter & Co. gibt es hier eine Reihe von Softwareanbietern und Dienstleistern, die Sie dabei unterstützen können (mehr dazu im Abschnitt 11.4.1, »Social-Media-Management-Tools für Teams«).

Seien Sie konsequent

Der Community Manager ist auch immer irgendwie ein Stück weit Kindergärtner. Die Mitglieder der Community werden ihre Grenzen austesten, Sie müssen in einem solchen Moment souverän die Regeln und die Netiquette durchsetzen. Seien Sie dabei konsequent, wenn Sie ein Mitglied für einen Regelverstoß betrafen und ein anderes nicht oder wenn Fehlverhalten niemals Konsequenzen hat, wird Ihnen die Community Willkür vorwerfen und auf der Nase herumtanzen. Von diesem Level wieder zu einer vernünftigen Kommunikation zu kommen, funktioniert meist nur noch mit externer Hilfe. Wenn Sie diese grundsätzlichen Leitlinien beachten, werden Sie schon bald merken, wie Ihnen die Kommunikation langsam, aber sicher ins Blut übergeht. Das beste Lehrbuch an dieser Stelle ist nämlich die Erfahrung. Mit jedem Posting und jeder Antwort, die Sie schreiben, sowie den damit einhergehenden Reaktionen lernen Sie ein Stück mehr, wie es geht oder eben nicht.

An dieser Stelle möchte ich Ihnen jetzt noch ein generelles Reaktionsschema für das Community Management sowie ein paar besondere Kommunikationsszenarien vorstellen.

6.3.6 Reaktionsschema für das Community-Management-Team

Besonders zu Beginn der Arbeit im Community Management hilft es, eine grobe Orientierung zu haben, wie Sie auf welche Art von Post reagieren müssen. In Abbildung 6.22 sehen Sie ein Reaktionsschema, das in Anlehnung an eine Sammlung von Schemata auf dem Blog »Next Communications« unter *http://bit.ly/12Ux9uN* entstand und sich im täglichen Einsatz bewährt hat.

Wenn ein neuer Beitrag auf einer Ihrer Präsenzen gepostet wird, gilt es zunächst einmal, zu prüfen, ob dieser positiv oder negativ ist. Im Fall einer positiven Nachricht ist das weitere Vorgehen relativ einfach. Ist keine Antwort erwünscht, dann müssen Sie auch keine verfassen. Möchte der Absender eine Reaktion, was er beispielsweise durch eine direkte Ansprache signalisiert, geben Sie ihm entweder eine nette Antwort auf seine Frage oder bedanken sich für den Inhalt der Nachricht. Im

Fall eines negativen Beitrags gilt es zunächst einmal, die Intention des Verfassers zu prüfen. Handelt es sich um einen unzufriedenen Kunden, einen Dauernörgler oder gar einen Spaßvogel/Troll? Im ersten Fall muss eine Problemlösung in die Wege geleitet werden, gegebenenfalls unter Korrektur der Fakten. Im zweiten Fall wird ebenfalls überprüft ob die Fakten stimmen und ob das Problem gelöst wurde. Je nach Ergebnis dieser Prüfungen wird dem Beschwerdeführer erneut erklärt, was unternommen wurde, oder bei Wiederholungstätern der Beitrag lediglich gemonitort. Letzteres ist auch die Strategie im letzten Fall, es sei denn der Beitrag führt zu Störungen in der Community.

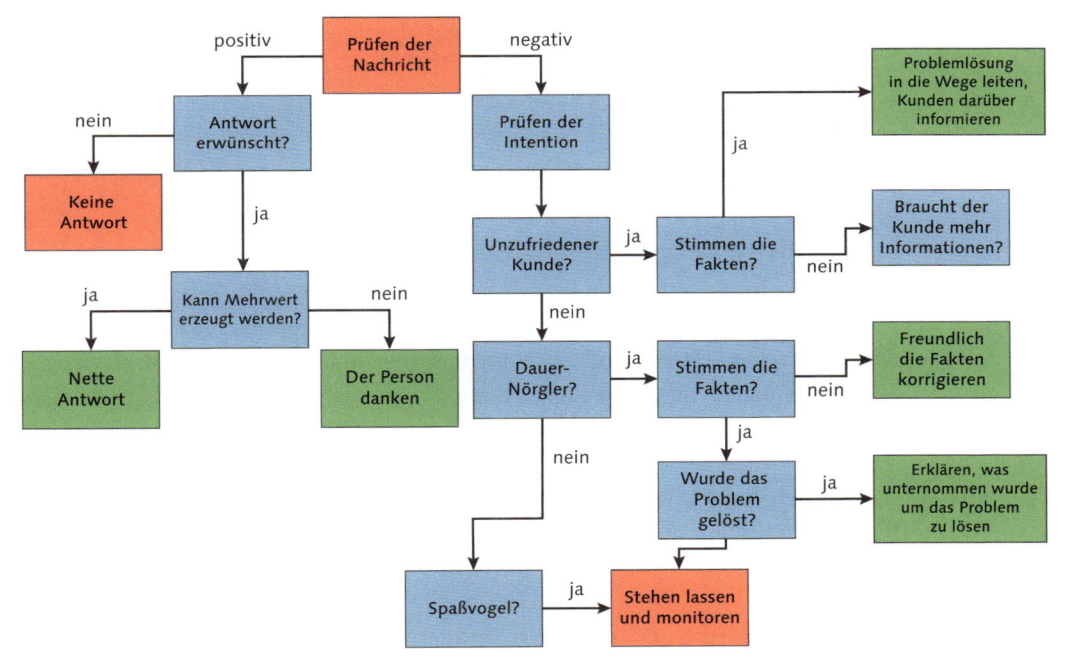

Abbildung 6.22 Reaktionsschema für Beiträge und Nachrichten

Das Reaktionsschema ist an dieser Stelle bewusst oberflächlich gehalten. Jeder Community Manager entwickelt in der Kommunikation seinen eigenen Stil, und das ist auch gut so. Nichts ist schlimmer als Textbausteine und Copy-&-Paste-Antworten in der Social-Media-Kommunikation (oder jede Antwort, die sich danach anhört). Das kommt nämlich nicht nur bei den Kunden so an, als ob sie nicht richtig ernst genommen würden, sondern ist auch eine beliebte Vorlage für Worst-Practice-Beispiele in Präsentationen auf Social-Media-Veranstaltungen. Ein solches sehen Sie in Abbildung 6.23: Eine kurze, relativ generische Antwort, die sogar noch den Namen der Person trägt, die diese ebenfalls bekommen hat. Wirklich keine gute Idee, wenn Sie einen genervten Kunden vor sich haben.

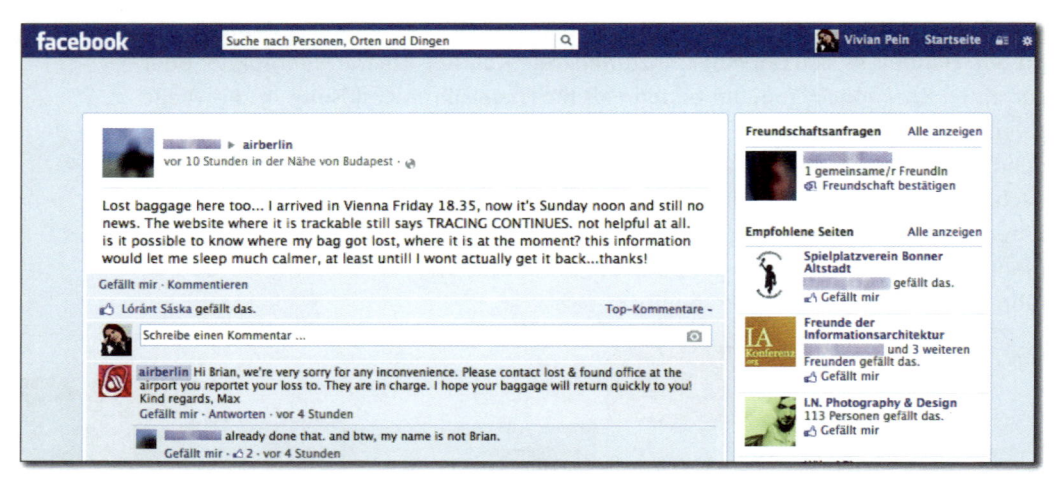

Abbildung 6.23 Alles, was sich nach Textbaustein anhört, kommt beim Kunden nicht gut an.

6.3.7 Fehler und Probleme richtig kommunizieren

Unternehmen bestehen aus Menschen, und Menschen machen Fehler. Das ist per se noch nicht einmal schlimm, solange Sie richtig damit umgehen. Richtig bedeutet in diesem Zusammenhang, zu dem Fehler zu stehen und sich öffentlich und aufrichtig dafür zu entschuldigen. Versuchen Sie gar nicht erst, Fehler zu vertuschen oder klein zu reden, damit gießen Sie nur noch mehr Öl ins Feuer. Dieses Prinzip gilt aufgrund des Mehr an Transparenz, das Social Media mit sich bringt, für sämtliche Bereiche des Unternehmens. Egal, wo im Unternehmen etwas schiefläuft, Fehler und Probleme können heutzutage jederzeit für eine breite Öffentlichkeit sichtbar werden.

Best-Practice-Beispiel: O2 und »Wir sind Einzelfall«

Diese Erfahrung musste der Mobilfunkanbieter O2 im Jahr 2011 machen. Der Kunde Matthias Bauer stellte massive Störungen bei der Datenverbindung, insbesondere in Großstädten fest. Auf Nachfrage beim Kundenservice wurde er stets mit der Aussage vertröstet, dass dies »Einzelfälle« seien. Matthias Bauer selbst ist in der Netzgemeinde gut vernetzt und bekam schnell mit, dass es verdächtig viele dieser Einzelfälle in seinem Umfeld gab. So nutzte er das Barcamp Hamburg, auf dem sich jedes Jahr über 500 internetaffine Menschen treffen, dafür, das Projekt »Wir sind Einzelfall« zu starten. Auf der zugehörigen Website *http://wir-sind-einzelfall.de* konnte sich nun jeder O2-Kunde, der ebenfalls Probleme mit seinen Verbindungen hatte, registrieren. Innerhalb etwas mehr als einer Woche hatten sich bereits 6.400

Einzelfälle registriert. Eine anonymisierte Auswertung dieser Fälle wurde direkt an O2 geschickt. Doch das Wachstum der Einträge riss nicht ab, eine eindrucksvolle Visualisierung der ersten Wochen sehen Sie in Abbildung 6.24.

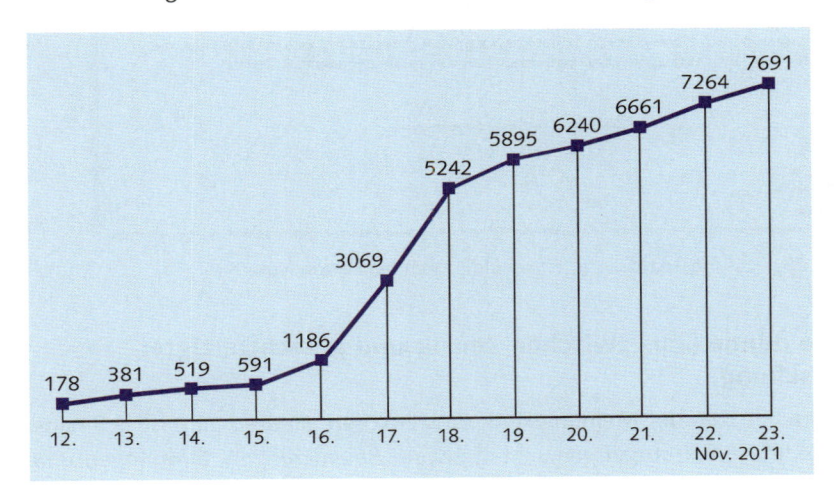

Abbildung 6.24 Wachstum der eigetragenen Einzelfälle

Die Aktion war natürlich schon längst in Medien wie Spiegel Online angelangt. Dass die Einzelfälle, von denen der Kundenservice sprach, keine sind, war jetzt mehr als offensichtlich. An dieser Stelle reagierte O2 auf die einzig richtige Art und Weise – öffentlich und transparent. Sie erklärten, warum es zu den Problemen kam, und stellten dazu direkt Maßnahmen vor, wie diese Probleme gelöst werden sollen. Den offenen Brief von Heribert Dumont, Leiter Network Quality Assurance, und Roland Kuntze, Leiter Corporate Communications bei O2, können Sie sich hier durchlesen: *http://bit.ly/19lhuhV*. An dieser Stelle ist es übrigens auch durchaus sinnvoll, dass die Antwort von »ganz oben« und nicht von einem der Community Manager kam. Situationen wie diese erfordern die öffentliche Antwort der Führungsebene und das Gewicht, das in dieser mitschwingt. Dies heißt nicht, dass Ihr Geschäftsführer die Antwort selbst schreiben muss. Ich kenne sogar Unternehmen, in denen das Community Management bei Bedarf auf die Fassade der Geschäftsleitung zurückgreifen kann.

Best-Practice-Beispiel: Fressnapf und der EM-Hund

Sie erinnern sich an das Beispiel der misslungenen Werbeaktion von Fressnapf zur Fußball-EM? Das Community Management zeigte hier die richtige Reaktion, gestand den Fehler öffentlich ein und entschuldigte sich dafür (siehe Abbildung 6.25).

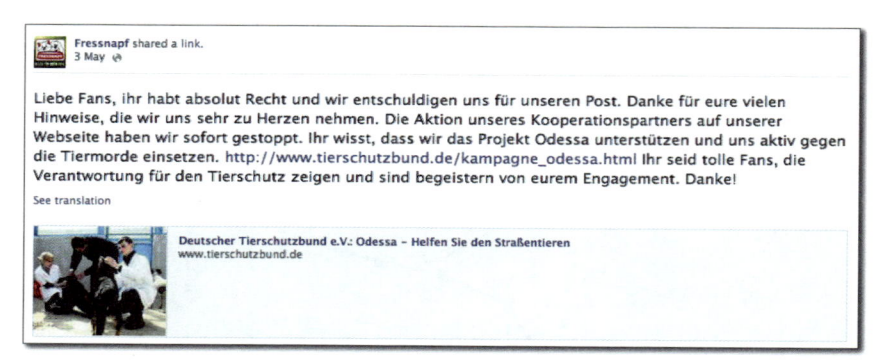

> **Fressnapf** shared a link.
> 3 May
>
> Liebe Fans, ihr habt absolut Recht und wir entschuldigen uns für unseren Post. Danke für eure vielen Hinweise, die wir uns sehr zu Herzen nehmen. Die Aktion unseres Kooperationspartners auf unserer Webseite haben wir sofort gestoppt. Ihr wisst, dass wir das Projekt Odessa unterstützen und uns aktiv gegen die Tiermorde einsetzen. http://www.tierschutzbund.de/kampagne_odessa.html Ihr seid tolle Fans, die Verantwortung für den Tierschutz zeigen und sind begeistern von eurem Engagement. Danke!
> See translation
>
> Deutscher Tierschutzbund e.V.: Odessa – Helfen Sie den Straßentieren
> www.tierschutzbund.de

Abbildung 6.25   Das Fressnapf-Team entschuldigt sich bei seinen Nutzern.

6.3.8 Die dünne Linie zwischen Zensur und gerechtfertigter Löschung

Es gibt Menschen, die der Meinung sind, dass Löschen generell tabu ist. Ich habe hier ganz andere Erfahrungen gemacht. Schwere Beleidigungen, Drohungen und persönliche Angriffe haben nichts in der Öffentlichkeit zu suchen und können sogar strafrechtlich relevant sein. Derartige Kommentare sollten Sie ausblenden oder löschen, nachdem Sie einen Screenshot zur Dokumentation gemacht haben. Wichtig ist dabei, dass Sie den Verfasser via persönliche Nachricht darüber informieren und ihm die Gründe dafür erklären. Wird in einem solchen Fall »Zensur« geschrien, antworten Sie klar auf den Vorwurf, dass es hier um die Beleidigung und nicht um die sonstigen Inhalte ging. Lassen Sie sich nicht mit der Zensurkeule trollen!

Sachlich vorgebrachte Kritik dagegen erfordert eine ebenso sachliche Antwort. Begehen Sie nicht den Fehler, Kommentare zu löschen, die Ihnen nicht gefallen oder schlechte Erfahrungen eines Kunden wider-spiegeln. Sehen Sie diese Kommentare als Chance, zu retten, was zu retten ist. Einen Leitfaden für den Umgang mit kritischen Stimmen im Netz finden Sie unter *http://bit.ly/17XT8a5*.

6.3.9 Don't feed the Trolls – der Umgang mit Störenfrieden

In jeder Community gibt es Störenfriede. Das sind die frustrierten Nutzer, die aus Unmut permanent provozieren, Personen, die bestimmte andere Nutzer nicht ausstehen können, oder jene, die gezielt mit dem Zweck, Unruhe zu stiften, bei Ihnen vorbeischauen. Ein klassischer Störenfried ist hierbei der sogenannte *Troll*. Er ist an seinen kurzen, unsinnigen und vor allem provokanten Aussagen erkennbar. Diese Nutzer suchen nach Aufmerksamkeit und haben keinerlei Interesse an einem Diskurs. Im Gegenteil, sie verdrehen und ignorieren jede noch so sinnige, faktisch korrekte und schlichtende Antwort. Deshalb hat sich zur Abwehr eine Kommunikationsweise bewährt, die man auch als »Aushungern« bezeichnen könnte. Hierbei werden die trollenden Nutzer schlichtweg ignoriert oder erhalten maximal einen Antwortsatz, der sie freundlich von der Diskussion ausschließt. Hierfür dienen Sätze, wie zum Beispiel: »Auf diese Art und Weise diskutieren wir hier nicht.« Bei der Umgangsweise mit Trollen gehen die Meinungen der erfahrenen Community Manager auseinander. Die eine Meinung besteht auf knappen Antworten, die eher vorherrschende Meinung bevorzugt das vollkommene Ignorieren dieser Nutzer.

Probleme entstehen in der Regel dann, wenn andere Nutzer der Community, die vielleicht weniger Erfahrung in dem Umgang mit Trollen haben, darauf reagieren, sich angegriffen fühlen oder allgemein lange Antworten schreiben. Dies füttert die Trolle nur an und stärkt sie. An dieser Stelle gehen einige Community Manager privat auf die betroffenen Nutzer zu und weisen diese dezent auf den Troll hin. Dies muss natürlich mit Feingefühl formuliert werden, da die angesprochenen Nutzer vielleicht mit dem Troll bekannt sind. Schwer wird es auch, wenn der Betroffene bereits zu sehr von dem Troll gereizt wurde und einen Rückzug als Zeichen der Niederlage empfindet. Erhalten Trolle nicht genügend Aufmerksamkeit, werden Sie meistens weiterziehen und nur noch vereinzelt oder gar nicht zurückkehren. Trolle zu löschen oder zu blockieren, ist übrigens keine gute Idee, da sie dies meistens nur wütend macht und zu weiterer Stör-Kommunikation ermutigt. Sie glauben gar nicht, wie viele neue Accounts ein motivierter Troll innerhalb von wenigen Stunden anlegen kann.

6.3.10 Warum eine enge Zusammenarbeit zwischen Community und Social Media Management so wichtig ist

Ich kann es gar nicht oft genug sagen, zwischen Social Media und Community Management muss eine sehr enge Zusammenarbeit gewährleistet sein. Jede Entscheidung, die im Social Media Management getroffen wird, hat direkte Konsequenzen für die Community Manager. Oftmals kann das Community Management viel besser beurteilen, wie die Community auf eine Kampagne oder ein Thema reagiert. Ich kann Ihnen deswegen nur dringend empfehlen, das Community-Team für jegliche Planungen im Bereich Social Media mit an den Tisch zu holen. Wenn Sie nicht selbst jeden Tag direkt mit Ihren Nutzern kommunizieren, werden Sie nie das gleiche Gefühl für diese entwickeln, wie jemand der genau dies tut. Hören Sie deswegen auf Bedenken der Community Manager, akzeptieren Sie klare Vetos, und tragen Sie diese auch in andere Abteilungen weiter.

6.3.11 Community Management offline – Events & Co.

Das Offline Community Management ist eine häufig unterschätze Option im Community Management. Sei es durch den Auftritt auf einem Event oder die Organisation einer eigenen Veranstaltung, mit der Community so richtig in Kontakt zu treten, verändert langfristig die Kommunikation mit den Personen, die vor Ort waren.

Besuchen Sie Konferenzen und Events Ihrer Community

Jede Branche hat Konferenzen und Events, auf denen sich die jeweiligen Vertreter und damit auch die Mitglieder Ihrer Community treffen. Finden Sie heraus, wann und wo diese Veranstaltungen sind, verschaffen Sie sich einen Überblick, welche besonders interessant für Sie sein könnten, und planen Sie möglichst früh, welche Sie letztendlich besuchen möchten. Lassen Sie dabei die Kosten nicht außer Acht. Oft ist es sinnvoller, drei Events zu besuchen, die mit geringen Eintrittskosten verbunden sind, als eine Konferenz mitzunehmen, die vierstellige Eintrittsgelder aufruft. Denken Sie immer daran, es geht primär darum, dass Sie für Ihre Community offline präsent sind. Die Kriterien bei der Auswahl der Veranstaltungen sollten entsprechend sein, wie viele Personen Sie treffen können, welche Meinungsführer vor Ort sind, was Sie Ihrer Community vor Ort bieten können und welche weiteren Aufgaben Sie erledigen können. Gibt es beispielsweise Messen, auf denen Ihr Unternehmen sowieso vertreten ist? Sehr gut, damit haben Sie an Ihrem Messestand bereits einen guten Treffpunkt und können gleichzeitig Inhalte in Form von Fotos, Interviews und Videos für Ihre Unternehmenspräsenzen produzieren.

Verkünden Sie frühzeitig, auf welchen Veranstaltungen Sie angetroffen werden können, und bieten Sie persönliche Termine an. Ich war immer wieder überrascht, wie viele Mitglieder der Community gerne einmal unter vier Augen mit mir sprechen wollten. Und es lohnt sich, jeder persönliche Kontakt, der positiv verläuft, steht Ihnen online ein Stückchen mehr zur Seite, wenn es brenzlig wird.

Party all Night – Community Manager Style

Das Ende einer Veranstaltung heißt oftmals nicht Feierabend, zumindest dann nicht, wenn noch eine Party auf dem Programm steht. In lockerer Atmosphäre gibt es hier oftmals die besten Gespräche. Achten Sie jedoch immer darauf, dass Sie in Gegenwart von Kunden & Co. stets Ihr Unternehmen repräsentieren. Inadäquates Verhalten wie Besäufnisse oder Unhöflichkeiten sind selbst nach Mitternacht absolut tabu.

Auf einen Kaffee in der Stadt

Eine Möglichkeit, die ich auch immer mal wieder gerne genutzt habe, ist Wartezeiten durch kleine, spontane Meetings zu überbrücken. Wenn ich in einer fremden Stadt war, habe ich einfach öffentlich gefragt, ob jemand Lust hat, mit mir einen Kaffee zu trinken. Hat fast immer funktioniert und ergab eine Reihe von interessanten Gesprächen.

Die gute alte Postkarte

Gerade in Zeiten der digitalen Kommunikation hat eine gute alte Postkarte eine besondere Wirkung. Schreiben Sie besonderen Mitgliedern Ihrer Community eine Postkarte zu Weihnachten oder zum Geburtstag. Eine kleine Geste, die meistens sehr gut ankommt.

6.3.12 Best Practices – Ideen für das Offline Community Management

Auf der re:publica 2013 gab es neben einer Reihe von guten Vorträgen auch einige Best-Practice-Ideen für das Offline Community Management zu sehen. Drei davon möchte ich Ihnen vorstellen.

Manuela Braun haben Sie bereits in Abschnitt 2.4.6, »Social Media Manager als Rockstar«, kennengelernt. Sie ist Social Media Specialist bei simyo und vertritt das Unternehmen unter anderem auf Events. Dort ist Sie mittlerweile nicht nur ein fester Bestandteil der Community und gern gesehener Gast, Sie bringt auch immer einen echten Mehrwert für die Smartphone-affine Zielgruppe des Mobilfunkunternehmens mit, die simyo Power Station. Hier kann sich jedermann gegen Pfand ein mobiles Akku-Pack ausleihen, um sein leeres Smartphone zu laden. Damit erreicht simyo nicht nur Sympathien vor Ort, sondern auch eine Menge an positiven Tweets und Erwähnungen online (siehe Abbildung 6.26).

Abbildung 6.26 Die Community bedankt sich bei simyo für die Akkus.

Dieses Beispiel zeigt besonders schön, wie sehr es sich lohnt, sich genaue Gedanken darüber zu machen, was Ihre Zielgruppe braucht, und diese Bedürfnisse zu erfüllen.

Das zweite Beispiel knüpft ebenfalls an die Bedürfnisse des Menschen an, das Essen. Mittlerweile ist die re:mett zur Tradition auf der re:publica geworden. Am Mittwoch, oder besser gesagt »Mettwoch«, gibt es hier Mettbrötchen, solange der

Vorrat reicht. Auch hier sah Manuela Braun Ihre Chance und arrangierte mit dem Organisator Jörn Sieveneck, aka Nerotunes, ein Sponsoring der Brötchen durch simyo. Im Vorfeld wurde laut getrommelt, eine Videoeinladung durch Jörn auf dem simyo-YouTube-Kanal veröffentlicht,[8] ein Facebook Event angelegt[9] sowie Blogbeiträge und Tweets geschrieben. Das Ergebnis waren nicht nur zufriedene Menschen vor Ort, sondern viele positive Stimmen und mehr als 40.000 Suchergebnisse in Google (siehe Abbildung 6.27).

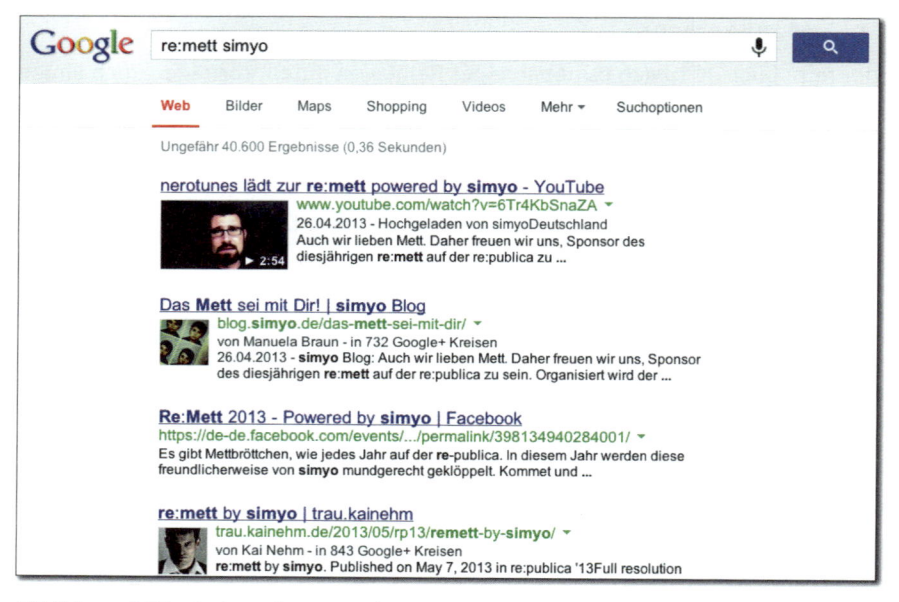

Abbildung 6.27 Suchergebnisse zu der durch simyo gesponsorten re:mett

Mein letztes Best-Practice-Beispiel appelliert an Spaß und Spieltrieb der Menschen. Pixoona, Anbieter einer Foto-App, hat auf der re:publica einen digitalen Fotoautomaten, inklusive lustiger Accessoires, zur Verfügung gestellt. Jeder, der wollte, konnte sich hier ablichten lassen. Dieses Angebot nahm eine Reihe von Personen gerne an. Die entstandenen Bilder wurden täglich auf Facebook hochgeladen und fleißig die abgebildeten Personen darauf markiert.[10] So kam zu der guten Stimmung offline noch Sichtbarkeit online dazu.

Wie Sie an diesen drei Beispiele sehen, ist es gar nicht so schwer, Ihre Community mit guten Ideen auf Events zu begeistern. Überlegen Sie einfach ganz genau, was könnte Ihrer Zielgruppe Spaß machen, was könnte ein Besucher auf dem betreffenden

---

8 http://www.youtube.com/watch?v=6Tr4KbSnaZA
9 https://www.facebook.com/events/395034727260689/permalink/398134940284001
10 https://www.facebook.com/pixoona/photos_albums

Event gebrauchen, was würden Sie gerne vor Ort bekommen oder machen? Wenn Ihnen gar keine Ideen kommen, können Sie Ihre Community auch direkt fragen oder sich mit den Kollegen aus dem Marketing für ein Brainstorming zusammensetzen. Stellen Sie sicher, dass Sie für Ihre Community einen echten Mehrwert herstellen, dann ist Ihnen der Erfolg so gut wie sicher.

Wie Sie sehen, ist Community Management ein sehr breites Feld, mit vielen Möglichkeiten. Unterschätzen Sie die Bedeutung dieser Aufgabe nicht, und installieren Sie möglichst früh einen Community Manager, der Ihr Unternehmen nach außen hin repräsentiert. Eine Reihe von Social Media Managern übernimmt diese Aufgabe kurz oder mittelfristig, langfristig sollten Sie sich jedoch entscheiden, ob Sie lieber im direkten Dialog mit den Kunden oder doch im strategischen Hintergrund arbeiten möchten. Trotzdem, es schadet nie, mal an »der Front« gearbeitet zu haben. Wenn Sie selber gespürt haben, welchen Stress und welche Beschimpfungen unglückliche Entscheidungen für das Community Management mit sich bringen, entwickeln Sie ein ganz anderes Gefühl für die potenziellen Konsequenzen – ein Faktor, der für die gute Zusammenarbeit zwischen Social-Media- und Community-Team enorm wichtig ist.

> **Buchempfehlungen: Weiterführende Links zu Community Management**
> Die Reichweite des Themas Community Management lässt sich nicht auf wenigen Seiten abhaken. Aus diesem Grund möchte ich Ihnen ein paar Bücher, Blogs und Ressourcen empfehlen, mit deren Hilfe Sie Ihr Wissen in diesem Bereich ausbauen können:
>
> - Social Media Communitys – Mathias Roskos
>   http://amzn.to/13O6FAo
> - Community Marketing Management – Frank Mühlenbeck
>   http://amzn.to/1bkf0gJ
> - The Community Roundtable
>   http://www.communityroundtable.com/blog
> - Community Management Blog von Daniel Langwasser
>   http://www.community-management.de
> - Blog Bundesverband für Community Management, digitale Kommunikation und Social Media
>   http://www.bvcm.org/blog

6.4 Social Media Monitoring und Measurement

Wenn Sie nicht wissen, was über Ihr Unternehmen gesprochen wird und wie Ihr Agieren in den sozialen Medien ankommt, dann ist kein vernünftiges Social-Media-Engagement möglich. Umso interessanter finde ich, dass in jedem Austausch unter

Social Media Managern der Kampf um das Budget für ein professionelles Social-Media-Monitoring-Tool thematisiert wird. Worum sich das Thema Social Media Monitoring überhaupt dreht, wann ein professionelles Tool sinnvoll ist und wie Sie den Erfolg Ihres Engagements messen, lernen Sie in diesem Abschnitt.

6.4.1 Was ist Social Media Monitoring?

Social Media Monitoring ermöglicht Ihrem Unternehmen, Ihren Kunden dort zuzuhören, wo sie ungefiltert über Sie reden, und daraus Erkenntnisse zu ziehen sowie Ihre eigenen Maßnahmen zu überprüfen. An dieser Stelle möchte ich Ihnen die Definition von Stefanie Aßmann, einer der Größen auf dem Gebiet des Social Media Monitorings in Deutschland, ans Herz legen:[11]

> »Unter Social Media Monitoring versteht man die Identifikation, Beobachtung und Analyse der von den Nutzern erstellten Inhalte im Internet. Bei der Fülle an Daten im Internet wird der Fokus der Analyse von Marken und Produkten zunächst auf die verschiedenen Social-Media-Plattformen (Facebook, Twitter, Blog, Forum) gelegt. Während es beim Web Monitoring generell um die Erhebung und Analyse der Daten im »gesamten« Internet geht, kann Social Media Monitoring als Spezialisierung des Web Monitoring verstanden werden.«

Vor dem Beginn des eigentlichen Monitorings ist ein Screening in Form einer Untersuchung des gesamten Internets sinnvoll. So werden relevante Quellen und sinnvolle Suchbegriffe identifiziert.

6.4.2 Wie funktioniert Social Media Monitoring?

Der Prozess des Social Media Monitorings kann in drei Schritte aufgeteilt werden, die ich Ihnen im Folgenden erläutere.

1. Datenerhebung, -bereinigung und -aufbereitung

Im Rahmen des ersten Schrittes werden die im Screening definierten Quellen nach ausgewählten Stichwörtern (Keywords) oder Kombinationen aus diesen durchsucht. Die Stichwörter können dabei

- das eigene Unternehmen betreffen (beispielsweise Name des Unternehmens, der Produkte, Marken oder Dienstleistungen),
- den Wettbewerb beobachten,

---

[11] Stefanie Aßmann/Stephan Röbbeln: Social Media für Unternehmen, Bonn 2013, S. 295. Generell möchte ich für das Buch sowie sämtliche Artikel von Frau Aßmann eine klare Leseempfehlung aussprechen.

- wichtige Branchenbegriffe sein (wie zu Beispiel »Versand« für Logistikunternehmen oder »Geschmack« für Lebensmittelhersteller),
- strategisch bedeutsame Begriffe darstellen (beispielsweise Preis-Leistung, Nutzungsdauer, Innovation, Nachhaltigkeit),
- potenzielle Krisenthemen genau im Blick haben (Beispiele: Mindestlohn, Umweltverschmutzung, Tierquälerei) oder
- speziell auf ein Ereignis, Event oder eine Aktion angepasst sein.

Mögliche Quellen sind dabei sämtliche öffentlich verfügbaren Daten im Internet, mit Fokus auf:

- soziale Netzwerke wie Facebook, XING oder LinkedIn
- Foren, Blogs und Microblogs
- multimedialen Plattformen wie Flickr, Pinterest und YouTube
- Bewertungs- und Frage-Communitys
- Wikis, Newsseiten und Verzeichnissen

Das Ergebnis ist hier zunächst eine große Menge an Daten, die in der Regel kaum ohne Weiteres zu verwenden ist. Die Suchergebnisse müssen entsprechend in einem zweiten Schritt von Spam und irrelevanten Beiträgen bereinigt werden. Dieser Teil des Prozederes ist sehr aufwendig, da im Endeffekt alle Beiträge mindestens einmal manuell durchgesehen werden und durch den Ausschluss von Quellen und Stichwörtern aufgeräumt werden müssen.

Beispiel: Taschen, Versand, Versicherungen, Fleisch und mehr

Ein gutes Beispiel für die Herausforderung der Datenbereinigung durfte ich persönlich mit dem Stichwort »Hermes« erleben. Neben dem bekannten Logistiker trägt eine bekannte Luxusmarke den Namen Hermès, und darüber hinaus gibt es eine Musikgruppe mit dem Namen »Hermes Houseband«, Euler Hermes, Hermes Fleischwaren und natürlich den gleichnamigen Götterboten. Wie wenig hilfreich das Ergebnis eines ersten Screenings aussehen könnte, sehen Sie in Abbildung 6.28.[12]

Die Herausforderung war hier, die Suchwörter so geschickt zu wählen, dass das Ergebnis möglichst »sortenrein« wurde. Zunächst galt es also, Stichworte zu definieren, die mit dem Unternehmen in Verbindung stehen (beispielsweise Versand, Paket, Paketshop, Fahrer) und solche auszuschließen, die mit den Namensvettern assoziiert sind (Beispiele: Bags, Scarf, Euler, Fleischwaren, Houseband). Sämtliche Spamblogs, die Hermès-Produkte bewarben, wurden herausgefiltert und Foren geblockt, in denen über Versicherungen gesprochen wurde. Darüber hinaus wurde der Fokus auf deutschsprachige Beiträge gelegt. Das Ergebnis wird an dieser Stelle so lange verfeinert, bis ein

---

[12] Vielen Dank an dieser Stelle an Stefan Evertz und Susanne Ulrich von Brandwatch (*http://brandwatch.de*) dafür, dass sie mir die Screenshots zur Verfügung gestellt haben.

zufriedenstellendes Resultat herauskommt. Wie das in diesem Beispiel hätte aussehen können, sehen Sie in Abbildung 6.29 – ein großer Unterschied zum Ausgangsbild in Abbildung 6.28.

Abbildung 6.28   Der Suchbegriff »Hermes« bringt unerwartete Ergebnisse.

Da das Thema der richtigen Keywords elementar wichtig für den Monitoring-Prozess ist, komme ich, gemeinsam mit dem Monitoring-Experten Stefan Evertz, in Abschnitt 6.4.4, »Die richtigen Keywords finden«, ausführlich darauf zurück.

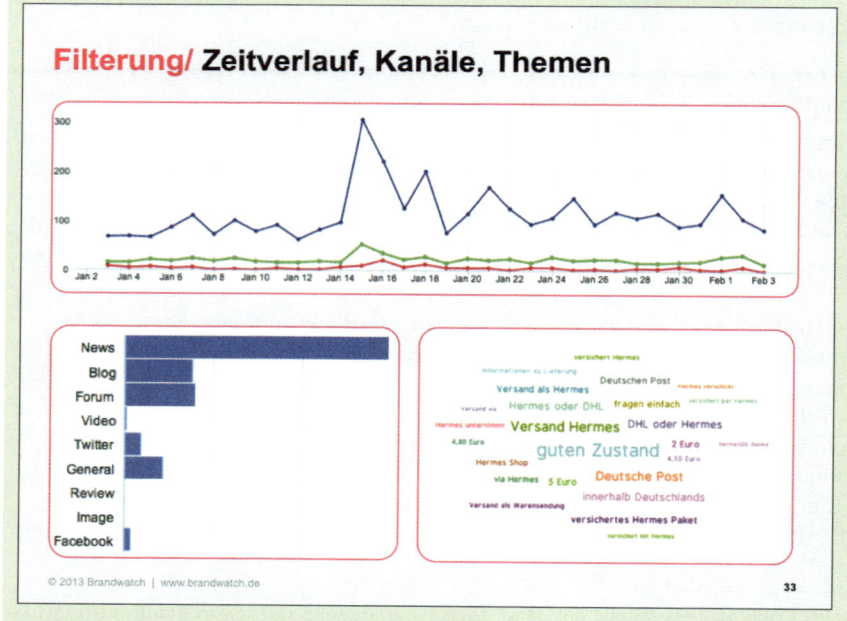

Abbildung 6.29   Ergebnis nach der Datenbereinigung

Sind die Daten bereinigt, geht es an die Aufbereitung, damit die Daten im nächsten Schritt analysiert werden können. Dies kann im Rahmen eines manuellen Monitorings in einer einfachen Excel-Tabelle stattfinden, die meisten Monitoring-Anbieter bieten Ihnen hier eine visuelle Aufbereitung an (siehe Abbildung 6.29).

2. Analyse der Daten

Mit der aufwendigste Teil des Monitorings ist die Analyse der bereinigten Ergebnisse. An dieser Stelle wird zwischen zwei Ansätzen unterschieden:

- Quantitative Analyse, bei der, vereinfacht gesagt, all das betrachtet wird, was zählbar ist. Beispiele sind hier die Anzahl der Beiträge/Tweets/Kommentare oder beteiligten Personen und dies unter anderem auch im Vergleich zum Wettbewerb.
- Qualitative Analyse, die die für das Unternehmen nutzbaren Informationen herauszieht, die zwischen den zählbaren Daten stehen. Analysiert werden hier beispielsweise die Stimmung der Beiträge, die Meinungsführer, Trends und Themen sowie potenzielle Ansätze für die Entwicklungsabteilung.

Bei der qualitativen Analyse wird jeder Beitrag auf seinen Inhalt hin überprüft. Im Bereich der Themen und Trends ist dies sowohl manuell als auch automatisch möglich, bei der Einschätzung der Tonalität (Sentiment) und der Identifizierung von Meinungsführern und Influencern können Tools bis dato nicht so genau sein wie ein Mensch. Das hat einen ganz einfachen Grund, Maschinen sind nur bis zu einem gewissen Grad in der Lage, Gefühlsäußerungen zu erkennen, Ironie und Sarkasmus entgehen ihnen in der Regel komplett.

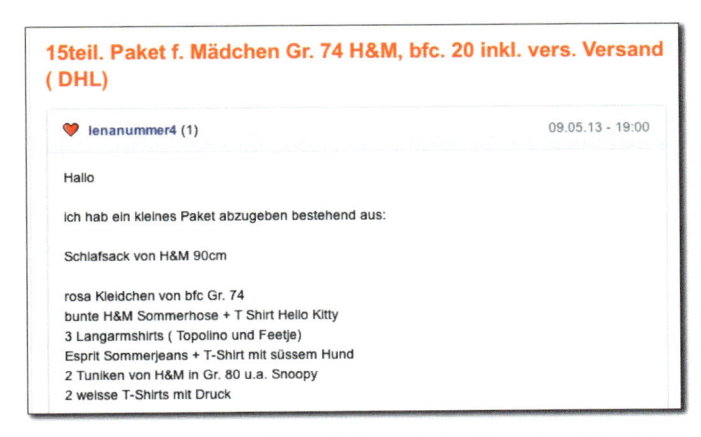

Abbildung 6.30 In der Überschrift ein dicker Hinweis auf den Versender

Dass eine Person zu einem bestimmten Thema viele Beiträge produziert, muss ebenfalls nicht zwingend heißen, dass er oder sie Meinungsführer auf diesem

Gebiet ist. Ein gutes Beispiel sind hier Elternforen, in denen die Nutzer reihenweise Artikel verkaufen und in dem Zusammenhang die unterschiedlichen Versandmöglichkeiten nennen (siehe Abbildung 6.30). Wenn eine Mutter hier 100 verschiedene Angebote einstellt, macht sie das noch nicht zu einem Meinungsführer zum Thema Versandunternehmen.

Die Bereinigung und Analyse der Daten kann entweder bei Ihnen im Team oder durch einen Dienstleister durchgeführt werden. Letzteres ist mit nicht unerheblichen Kosten verbunden, kann sich aber durchaus lohnen.

3. Interpretation der Ergebnisse

Der letzte Schritt des Monitorings ist die Interpretation und Präsentation der Ergebnisse. Dabei sollte der Fokus auf der Ableitung von konkreten Handlungsempfehlungen für das Unternehmen liegen. Die Fragen, die Sie sich in diesem Kontext stellen sollten, sind:

- Auf welchen Plattformen ist Ihre Zielgruppe aktiv?
- Welche Themen werden im Zusammenhang mit Ihrem Unternehmen besprochen?
- Wie ist die Stimmung in Bezug auf Ihr Unternehmen, Ihre Marke oder Ihre Produkte?
- Welches Image hat Ihr Unternehmen?
- Gibt es Probleme, die immer wieder besprochen werden?
- Welche Stärken und Schwächen werden Ihrem Unternehmen zugesprochen?
- Haben Ihre Kunden Ideen im Hinblick auf Verbesserung oder Innovation Ihrer Produkte und Dienstleistungen?
- Wie schneiden Ihre Wettbewerber im Hinblick auf die vorherigen Fragen ab?

Je nach Unternehmen gibt es hier noch weitere wichtige Fragestellungen, beispielsweise generelle Branchenthemen oder Unternehmenswerte. Im Rahmen einer ausführlichen Interpretation der Daten werden diese Themen oftmals sichtbar. Besonders wichtig ist, dass Sie die so gewonnenen Erkenntnisse an die zuständigen Abteilungen weiterleiten und damit arbeiten. Tun Sie dies nicht, lassen Sie eines der größten Potenziale des Social Media Monitorings, die Chance zur Verbesserung, ungenutzt.

6.4.3 Für welche Zwecke ist Social Media Monitoring einsetzbar?

Die kurze Antwort auf dieses Frage ist: Für alle Zwecke, die bedingen, dass Sie einen Einblick in die Meinungen und Themen zu Ihrem Unternehmen bekommen. Im Folgenden möchte ich Ihnen die einzelnen Anwendungszwecke noch ein wenig genauer erläutern.

Grundlage für die Strategie (Nullmessung)

Den ersten Anwendungsfall habe ich bereits kurz erwähnt, die Nullmessung. Im Rahmen eines externen Audits (dazu noch ausführlich in Abschnitt 10.1.2, »Externes Social-Media-Audit«) wird mit einer Bestandsaufnahme der Diskussionen, Meinungen und Schauplätze im Web eine Wissensgrundlage geschaffen, auf der die Strategieentwicklung aufbaut.

Social-Media-Kundenservice

Bei Fragen und Problemen rund um Produkte, Dienstleistungen und Services wenden sich Kunden immer öfter an das Social Web, dies ist für Ihr Unternehmen eine große Chance. Um Ihren Kunden zu helfen, müssen Sie deren Fragen und Probleme zunächst einmal finden, dabei hilft Ihnen das Social Media Monitoring.

Es ermöglicht Ihnen nicht nur, auf Ihren eigenen Plattformen oder auf Anfrage Service zu leisten, sondern auch darüber hinaus. Diese Art von Service überrascht Ihre Kunden in der Regel sehr positiv und stimmt sie noch ein Stück positiver. Wenn Sie zusätzlich noch bestimmte Themen im Fokus haben, können Sie auch dort weiterhelfen, wo Ihr Unternehmen nicht genannt wird, um sich als Experte zu positionieren. CosmosDirekt hilft beispielsweise auf Gutefrage.net zu allen Themen rund um Versicherungen weiter (siehe Abbildung 6.31).

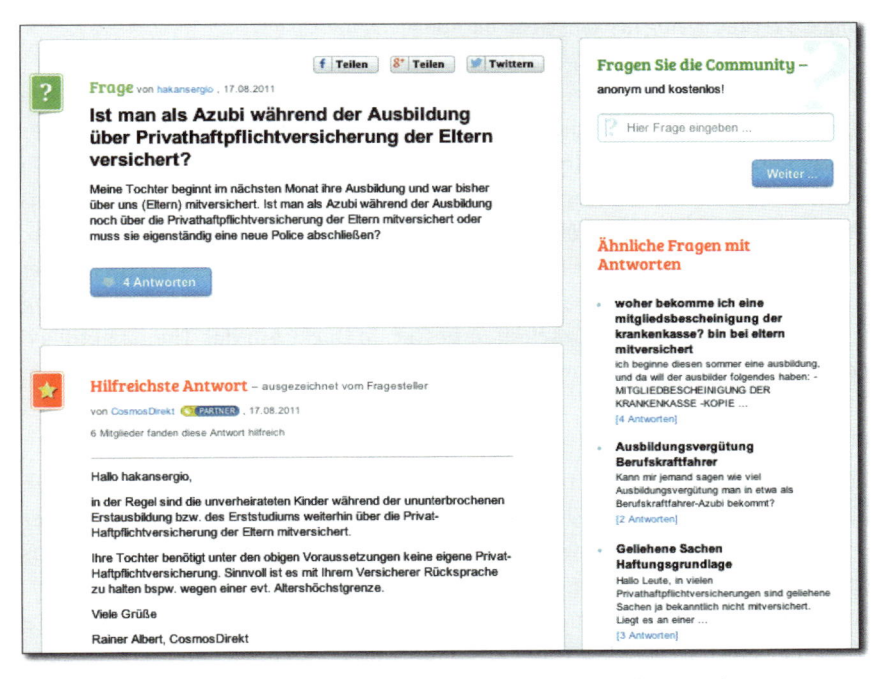

Abbildung 6.31 CosmosDirekt hilft auf Gutefrage.net zu Versicherungsthemen.

Frühwarnsystem

Wenn sich negative Stimmen häufen, ist dies eine Entwicklung, die Sie erkennen müssen, um eine handfeste Krise noch zu verhindern. Social Media Monitoring gibt Ihnen dafür das Rüstzeug an die Hand und lässt Sie potenzielle Krisenherde und -themen frühzeitig erkennen.

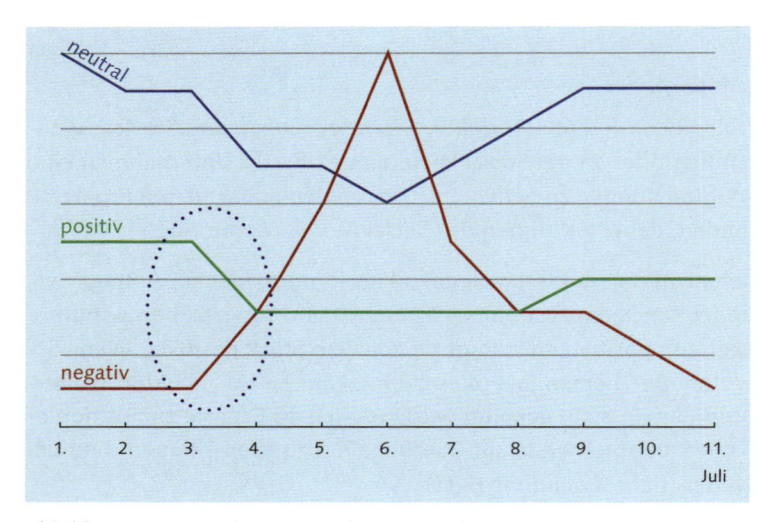

Abbildung 6.32 Rechtzeitig merken, wenn die Stimmung umschlägt

In Abbildung 6.32 sehen Sie einen hypothetischen Ablauf einer solchen Krise. Die blaue Linie repräsentiert neutrale, die rote negative und die grüne positive Äußerungen über ein Unternehmen. Im Bereich des roten Kreises können Sie bereits drei Tage vor dem Höhepunkt der negativen Äußerungen sehen, wie die Stimmung umschlägt. Hier ist schnelles Handeln gefragt. Die Anzeichen frühzeitig zu erkennen, ist kein Garant dafür, dass Sie eine Krise definitiv noch verhindern können, aber selbst wenn das nicht funktioniert, haben Sie so die Möglichkeit, sich rechtzeitig darauf vorzubereiten, und das Geschehen besser im Blick. Auf das Thema gehe ich in Abschnitt 7.4, »Krisenkommunikation und der Shitstorm«, noch ausführlich ein.

Themen, Trends und Ideen

Social Media Monitoring macht transparent, was Ihren Kunden an Ihren Produkten und Dienstleistungen nicht gefällt. Diese formulieren häufig Lösungsansätze oder Produktideen, die Sie in die Entwicklung einfließen lassen können. Darüber hinaus werden Themen und Trends aufgedeckt, mit denen sich Ihre Zielgruppe im Zusammenhang mit Ihrem Unternehmen beschäftigt. Dieses Wissen ist auch eine gute Grundlage für die Entwicklung Ihres Redaktionsplans, denn wenn Sie beispielsweise merken, dass immer wieder Fragen zu der Benutzung eines Ihrer Produkte auftauchen, ist dies ein guter Anlass dafür, Artikel und Videos zu dem Thema zu produzieren.

Identifizierung von Meinungsführern, Fürsprechern und Gegnern

Social Media Monitoring unterstützt Sie darin, herauszufinden, wer Ihre Meinungsführer, Fürsprecher und Gegner sind. Ein erster Indikator dafür ist die Menge an Beiträgen und Reaktionen, die eine Person zu Ihrem Unternehmen oder über Ihre Branche produziert. Darüber hinaus können Sie so einflussreiche Blogs und Fachforen identifizieren. Damit liefert Ihnen das Social Media Monitoring eine gute Grundlage für Influencer oder Blogger Relations, ein Themenkomplex, auf den ich in Abschnitt 7.3, »Influencer Relations – Einfluss ohne Manipulation«, noch näher eingehen werde. Wie bereits im Zusammenhang mit der zweiten Analyse der Daten erwähnt, sollten Sie die Ergebnisse noch manuell prüfen, denn es wirft kein gutes Licht auf Ihr Unternehmen, wenn Sie die falschen Personen ansprechen. Ich persönlich bekomme noch regelmäßig E-Mails für ein Blog, das seit fast vier Jahren stillgelegt ist. Für mich ein Zeichen von Schlampigkeit und mangelnder Recherche.

Controlling der eigenen Maßnahmen

Nur wenn Sie Kennzahlen haben, können Sie überprüfen, wie Ihr Engagement oder eine einzelne Kampagne bei Ihrer Zielgruppe ankommt. Social Media Monitoring unterstützt Sie dabei. Sie können gezielt den Erfolg und die Reaktionen auf eine einzelne Kampagne messen oder insgesamt Ihr laufendes Engagement beurteilen. Wichtig ist an dieser Stelle, dass Sie die jeweiligen Kennzahlen im Vorfeld bestimmen und Ihre Erwartungen definieren. Welche Möglichkeiten Sie hier haben, erläutere ich Ihnen im Rahmen von Abschnitt 6.1.4, »Vom Messwert (Metrics) über die Kennzahl zum Key Performance Indicator (KPIs)«, sowie Abschnitt 6.4.8, »Social Media Measurement – Kennzahlen erfolgreich bestimmen«.

Wettbewerbsbeobachtung

Ein wichtiger Aspekt des Social Media Monitorings ist die Möglichkeit, den Wettbewerb zu beobachten. Mit der gleichen Systematik, wie Sie Erkenntnisse über Ihr Unternehmen gewinnen, können Sie überprüfen, wie sich der Wettbewerb im Social Web verhält. Auf Basis dieser Informationen ist darüber hinaus ein Benchmark, also der Vergleich mit dem eigenen Unternehmen, möglich. So können Sie besser den Erfolg Ihrer eigenen Maßnahmen einschätzen und eventuelle Schwachpunkte offenlegen. Beispielsweise können Sie mit dem Tool Twittercounter (*http://www.twittercounter.com*) Ihren Twitter-Account mit dem eines Wettbewerbers vergleichen. Der Vergleich der Tweets pro Tag zwischen den Twitter-Accounts von @Telekom_hilft und @DB_Bahn sehen Sie in Abbildung 6.33.

Abbildung 6.33 Vergleich der Tweets von @Telekom_hilft und @DB_Bahn

Wie Sie sehen, hat Social Media Monitoring eine Reihe von sinn- und wertvollen Einsatzzwecken für Ihr Unternehmen. Je besser Sie dabei Ihre Tools auf Ihre Bedürfnisse und insbesondere Ihre Suchbegriffe einstellen, desto lohnender werden die Ergebnisse sein.

6.4.4 Die richtigen Keywords finden

Die richtigen Stichwörter zu bestimmen, ist keinesfalls so trivial, wie manch einer meint. Aus diesem Grund habe ich hier wieder einen Experten für Sie zu Rate gezogen. Stefan Evertz war Community Manager bei dem Monitoring-Anbieter Brandwatch, wo das Thema natürlich das tägliche Brot war, mittlerweile betreut er mit seiner Beratungsfirma Cortex Digital Unternehmen und Organisationen rund um das Thema digitale Kommunikation. Die weiteren Zeilen in Abschnitt 6.4.4 stammen von Stefan Evertz, danach übernehme wieder ich für den weiteren Verlauf des Kapitels.

Wie findet man die richtigen Keywords?

Von zentraler Bedeutung für die Erhebung hochwertiger Daten ist die konkrete Suchabfrage, mit der das Social Web nach relevanten Treffern durchsucht wird. Dabei spielt die richtige Kombination von Keywords und Operatoren eine besondere Rolle. Denn anders als bei einer Google-Suche geht es ja nicht darum, nur die beliebtesten Keywords oder den besten Treffer zu finden. Viel wichtiger ist es, zunächst alle aktuellen relevanten Erwähnungen zu finden, um dann später genauer filtern zu können. Natürlich hängt es vom konkreten Einsatzzweck ab, ob alle der folgenden neun Tipps greifen. Und es verfügt auch nicht jedes (im Zweifelsfall generell gute) Tool im Markt über die beschriebenen Einstellungsmöglichkeiten. Aber in der Summe sollten sich so die meisten Suchabfragen spürbar verbessern lassen.

1. Recherchieren nicht vergessen

Je nach Fragestellung ist es sinnvoll, frühzeitig begleitende Infos und Hintergründe zu recherchieren, um zum Beispiel zum Kontext passende Begriffe zu identifizieren – manchmal reicht da schon ein Blick in die entsprechenden Wikipedia-Einträge (zum Haupt-Keyword oder zur Marke). Bei der Suche zu einem Unternehmen kann es auch sinnvoll sein, nach besonders populären Marken zu suchen, denn oft wird eher der Produktname (»Billy«) und nicht der Markenname (IKEA) erwähnt. Bei der Wettbewerbsbeobachtung können Marktübersichten und Umsatzzahlen als Basis für die Markenauswahl dienen. Speziell im Themenumfeld kann es auch ein vielversprechender Ansatz sein, populäre Hashtags (und »benachbarte« Hashtags) zu ermitteln. Und auch die Suche nach den Namen relevanter bzw. »bekannter« Personen (Vorstandsmitglieder, Pressesprecher etc.) kann weitere wichtige Treffer ergeben.

2. Erst suchen, später ausschließen

Benutzernamen (zum Beispiel bei Foren oder Twitter) können oft Markennamen bzw. Suchbegriffe enthalten, die zu falschen Treffern führen (im Sinne von Unternehmenserwähnungen). Hier sollten Sie später unpassende Websites ausschließen, wenn offensichtlich ist, dass das Thema der jeweiligen Website in keinem Zusammenhang zur eigentlichen Suche steht.

3. Testen, testen, testen

Insgesamt sollten Sie die Ergebnisse der Suchabfrage immer wieder prüfen und dann die Suche optimieren, anfangs durchaus auch wöchentlich oder sogar täglich. Der Einstieg über die eigentliche Marke ist in aller Regel eine gute Idee (sofern die Verwechslungsgefahr mit anderen Wortmarken nicht zu groß ist und daher nicht allzu viele ungeeignete Treffer erzielt werden), sollte aber nach und nach durch Ergänzungen und Ausschlüsse verfeinert werden. Oft findet man auch erst im zweiten oder dritten Durchlauf weitere relevante Keywords.

4. Wortkombinationen richtig nutzen

Immer mehr Tools können über sogenannte »Näherungsoperatoren« besonders effektiv nach Wortkombinationen suchen. Hierbei werden Begriffe gefunden, die in einem bestimmten Maximalabstand zueinander stehen. Während die Suche nach »Universität St. Gallen« nur Treffer hervorbringt, die genau diese Formulierung enthalten, würde eine Suche per Näherungsoperator zusätzlich auch Treffer enthalten, in denen zum Beispiel von der »Universität in St. Gallen« die Rede ist (Beispiel: »Universität NEAR St. Gallen«). Die Zahl relevanter Treffer kann so in aller Regel spürbar verbessert werden.

5. Gerne auch mit Kontext

Gerade bei mehrdeutigen Keywords kann es sinnvoll sein, nur die Erwähnung im Kontext bestimmter thematisch passender Begriffe zu suchen, also zum Beispiel alle Treffer, bei denen »Ergo« in der Nähe des Begriffs »Versicherung« steht (Beispiel: »ERGO NEAR Versicherung*«). Hier sollten aber möglichst viele ähnliche Begriffe identifiziert werden, um nicht zu viele Ergebnisse zu verlieren.

6. Kleiner, aber zäher Feind – die Rechtschreibung

Gerade bei bekannteren und viel erwähnten Marken wächst die Gefahr von Rechtschreibfehlern. Da ist dann auch schon mal von Rianair oder von Merzedes die Rede. Und wer weiß schon, ohne nachzusehen, ob »Philipps« oder »MacDonald's« richtig ist oder nicht? In jedem Fall ist es wichtig, auch diese »Ausreißer« abzufangen bzw. zu berücksichtigen und zu finden, denn die Kundenmeinung bleibt wichtig, auch wenn besagter Kunde den Firmennamen falsch geschrieben hat.

7. Nicht vergessen: Alternative Schreibweisen

Seien es »Playmo« für Playmobil oder »Mäckes« für »McDonald's« – gerne werden Markennamen auch mal etwas abgewandelt benutzt. Und natürlich sollten Sie auch an Sonderfälle wie den Apostroph im Namen oder gerne benutzte Abkürzungen denken.

8. Und dann wäre da noch die Grammatik

Eine Suche sucht immer genau das, was angegeben wurde. Eine Suche nach »Deutsche Bank« wird zum Beispiel keine Erwähnung der »Deutschen Bank« zutage fördern, es sei denn, man erweitert die Suche zum Beispiel durch sogenannte Wildcards (Platzhalter, die für ein oder mehrere beliebige Zeichen stehen können).

9. Abkürzungen sind heikel

Es ist immer wieder erstaunlich, wie oft gerade kurze Abkürzungen (2–4 Zeichen) für Firmen- oder Produktnamen »mehrfach« zum Einsatz kommen. »DB« zum Beispiel kann da ebenso für die Deutsche Bank wie die Deutsche Bahn stehen und die zahlreichen Aktienkürzel machen es auch nicht besser. Hier sollten Sie also sehr genau die Ergebnisse prüfen, um »falsche« Erwähnungen auszusieben – eventuell sollten Sie sogar auf die Suche nach solchen Abkürzungen verzichten.

6.4.5 Kostenlose Dienste

Kostenlose Tools sind für die tägliche Arbeit und das Realtime-Monitoring eine gute Unterstützung. Beispielsweise kann das Community Management mit der Twitter-Suche *http://search.twitter.com* Fälle auf Twitter ausfindig machen und bearbeiten. Darüber hinaus liefern Dienste wie Google Alerts (*http://www.google.de/alerts*) und Socialmention (*http://socialmention.com*) einen groben Überblick über das aktuelle Webgeschehen. Der große Nachteil ist, mit freien Tools können nur jene Plattformen einigermaßen umfassend gemonitort werden, auf denen Ihr Unternehmen schwerpunktmäßig aktiv ist. Ein übergreifendes Monitoring und damit zusammenhängendes Reaktionsmanagement ist mit freien Tools nur sehr eingeschränkt bis gar nicht möglich. Ein weiteres Problem ist, dass die Beiträge nicht vernünftig gefiltert werden können und insbesondere, wenn der Unternehmensname nicht eindeutig ist, eine hohe Fehlerquote haben. Entsprechend muss dauerhaft jeder einzelne Beitrag im Hinblick darauf gesichtet werden, ob dieser mit Ihrer Marke in Zusammenhang steht oder Ihr Markenname in anderem Zusammenhang benutzt wird. Gleiches gilt für die Sammlung und Speicherung der Ergebnisse, denn jeder Beitrag muss manuell in ein Ablagesystem (wie zum Beispiel Excel oder Access) übertragen und archiviert werden. Dies kostet eine Menge an Zeit und ist, wenn überhaupt, nur bei kleinen Unternehmen, mit wenig Beitragsvolumen sinnvoll.

> **Beispiel: Was kostet der Einsatz von kostenlosen Tools?**
> Bei einem durchschnittlichen Artikelaufkommen von 4.500 Beiträgen pro Monat muss mit etwa 20 Werktagen für die reine Bearbeitung gerechnet werden, dazu kommen noch einmal etwa 10 Tage für die Weitergabe von Informationen an die jeweiligen Fachabteilung und 3–4 Tage für die Erstellung des Reportings inklusive der taktischen und strategischen Ableitungen. Das bedeutet, mit dieser Aufgabe ist schnell eine Vollzeitstelle ausgelastet. Selbst wenn Sie hier relativ niedrige Personalkosten von 2.500 € ansetzen, muss bedacht werden, das ein Mitarbeiter Urlaubszeiten hat oder mal krank ist und auch die Bereitstellung des Arbeitsplatzes Geld kostet. Rechnet man diese Faktoren mit ein, erscheint ein professionelles Monitoring im Vergleich nicht mehr ganz so teuer.

Dennoch, wenn Sie absolut kein Budget für ein professionelles Monitoring-Tool zur Verfügung haben oder sich wirklich nur einen ersten Überblick verschaffen möchten, ist der Rückgriff auf die manuelle Methode besser als gar nichts. In Tabelle 6.10 finden Sie eine Auflistung von freien Social-Media-Tools, die Ihnen in dieser Situation helfen. Die Tools sind nach Anwendungsgebiet unterteilt. Einige der Tools bieten neben einer kostenfreien Basisversion noch einen kostenpflichtigen Premium-Account.

Name	Anwendungsfeld	URL
Google Alerts	gesamtes Internet	www.google.de/alerts
Socialmention	Social Web	www.socialmention.com
Netbreeze	Social Web	www.netbreeze.ch
Twentyfeet	Social Web	www.twentyfeet.com
How Sociable	Social Web	www.howsociable.com
Mention	Social Web	https://de.erwaehnung.de
Social Searcher	Facebook, Twitter, Google+	www.social-searcher.com/social-buzz
Simplymeasured	Facebook, Twitter, Instagram, LinkedIn	www.simplymeasured.com/free-social-media-tools
TruesocialMetrics	Facebook	www.truesocialmetrics.com
Quintly	Facebook	www.quintly.com
Booshaka	Facebook	www.booshaka.com
Edgerankchecker	Facebook	www.edgerankchecker.com
Openstatussearch	Facebook	www.openstatussearch.com
Backtweets	Twitter	www.backtweets.com
Socialbro	Twitter	www.socialbro.com
Topsy	Twitter	www.topsy.com
Tweetreach	Twitter	www.tweetreach.com
Mentionmapp	Twitter	www.mentionmapp.com
Twingly	Blogs	www.twingly.com
Google-Blogsuche	Blogs	www.blogsearch.google.com
Seitwert	Blogs	www.seitwert.de
Icerocket	Blogs	www.icerocket.com
Boardtracker	Foren	www.boardtracker.com
Rivva	Themen	www.rivva.de
Virato	Themen	www.virato.de

Tabelle 6.10 Freie Tools für das Social Media Monitoring

Eine sehr gute Präsentation zum Thema kostenlose Social-Media-Monitoring-Tools, die außerdem auf den Aspekt der Weiterverarbeitung der Daten eingeht, hat Tim Krischak auf seinem Blog »Kommunikation Zweinull« unter *http://bit.ly/17Ftnu3* veröffentlicht, an dieser Stelle eine klare Leseempfehlung.

6.4.6 Kostenpflichtige Dienste

Die Zahl der Anbieter für Social Media Monitoring steigt noch immer stetig an. Aktuell gibt es mehr als 200 Anbieter auf dem deutschen Markt. In der folgenden Tabelle 6.11 sehen Sie die 18 Anbieter, die im Goldbach Interactive Social Media Monitoring Tool Report 2012 am besten abgeschnitten haben.[13] Goldbach Interactive publiziert den Social Media Monitoring Tool Report jährlich, um Unternehmen und Organisationen die Auswahl zu erleichtern, und testet dabei die unterschiedlichen Anbieter auf Herz und Nieren.

Unternehmen	Angebot	Webseite
bc.lab GmbH	bc.lab Monitor	www.bclab.de
cogia intelligence	Cogia Intelligence	www.cogia.de
cognita AG	Blue Report	www.cognita.ch
BrandsEye	BrandsEye	www.brandseye.com
Brandwatch GmbH	Brandwatch Tool	www.brandwatch.com
Buzzcapture BV	Brand Monitor, Buzzcare, Social Narrowcast	www.buzzcapture.com
Netbreeze GmbH	ComMonitor	www.netbreeze.ch
Engagor Bvba	Engagor	www.engagor.com
Ethority	Ethority Gridmaster	www.ethority.net
Meltwater Group	Meltwater Buzz	www.meltwater.com
MeMo News AG	Monitoring V1	www.memonews.com
Radian6/Salesforce.com	Radian 6 Dashboard, Engagement Console	www.salesforcemarketingcloud.com/products/social-media-listening

Tabelle 6.11 Social-Media-Monitoring-Tools für Deutschland

---

13 *http://www.goldbachinteractive.com/aktuell/fachartikel/social-media-monitoring-tool-report-2012*

Unternehmen	Angebot	Webseite
SDL	SDL SM2 (ehemals Alterian SM2)	www.sdl.com
Synthesio	Synthesio	www.synthesio.com
Sysomos/Marketwire	Sysomos Heartbeat, Map	www.sysomos.com
uberVU Ltd	uberVu	www.ubervu.com
Viralheat	Viralheat	www.viralheat.com
Visible	Visible Intelligence	www.visibletechnologies.com
Webfluenz Pte Ltd	Webfluenz	www.webfluenz.com

Tabelle 6.11 Social-Media-Monitoring-Tools für Deutschland (Forts.)

Eine ausführliche Übersicht von Social-Media-Monitoring-Diensten finden Sie auf der Seite *http://medienbewachen.de*. Medienbewachen.de ist eine Initiative von Twingly in Zusammenarbeit mit Stefanie Aßmann und ForschungsWeb mit Anna-Maria Zahn. Die Anbieter können sich und Ihr Dienstleistungsangebot auf dieser Seite selbst einstellen und aktualisieren.

6.4.7 Wie Sie den richtigen Anbieter für Ihr Unternehmen finden

Wenn Sie sich einen kostenpflichtigen Dienstleister suchen, lohnt es sich, im Vorfeld unterschiedliche Optionen zu testen, um herauszufinden, welcher Anbieter am besten zu Ihnen passt. Doch bevor Sie überhaupt in den Testlauf gehen können, müssen Sie zunächst einmal genau wissen, was Sie überhaupt von dem Tool wollen, und dabei spielen sowohl die Ziele Ihres Social-Media-Engagements als auch vorhandene Ressourcen eine große Rolle.

Ziele des Monitorings

Das Ziel, das Sie mit dem Social Media Monitoring verfolgen, hat einen großen Einfluss auf die Anforderungen an ein Tool. Die möglichen Anwendungszwecke, die ich Ihnen gerade in Abschnitt 6.4.3, »Für welche Zwecke ist Social Media Monitoring einsetzbar?«, vorgestellt habe, dienen Ihnen hier zur Orientierung. Beispielsweise sollten Sie bei einem Tool, das primär dafür gedacht ist,

- den Wettbewerb zu beobachten und als Benchmark zu setzen, darauf achten, dass Vergleiche möglich und schlüssig sind.
- Trends und Stimmungen zu identifizieren, darauf achten, dass die Möglichkeiten zur Filterung und Kategorisierung gut ausgeprägt sind.

- den Kundenservice im Social Web zu unterstützen, darauf achten, dass Anfragen möglichst direkt im Tool beantwortet werden können, Servicevorgänge für alle Teammitglieder nachvollziehbar sind und dass es Anfragen in Echtzeit abbildet.

Ausgehend von Ihrem verfolgten Ziel haben Sie damit einen Schwerpunkt, den das Tool abbilden muss. Daneben möchte ich Ihnen jetzt eine Reihe von grundsätzlichen Kriterien vorstellen, die Sie bei jedem Anbieter von Monitoring abfragen können.

Quellenabdeckung

Eines der wichtigsten Kriterien überhaupt ist, ob das betrachtete Monitoring-Tool die Quellen abdeckt, die für Ihr Unternehmen relevant sind. Auf diesen Punkt sollten Sie den Anbieter konkret ansprechen und auch fragen, ob es gegebenenfalls möglich ist, weitere Quellen hinzuzufügen. In Abbildung 6.34 sehen Sie einen Screenshot aus dem Tool Talkwalker, als Beispiel für eine Quellenabdeckung.

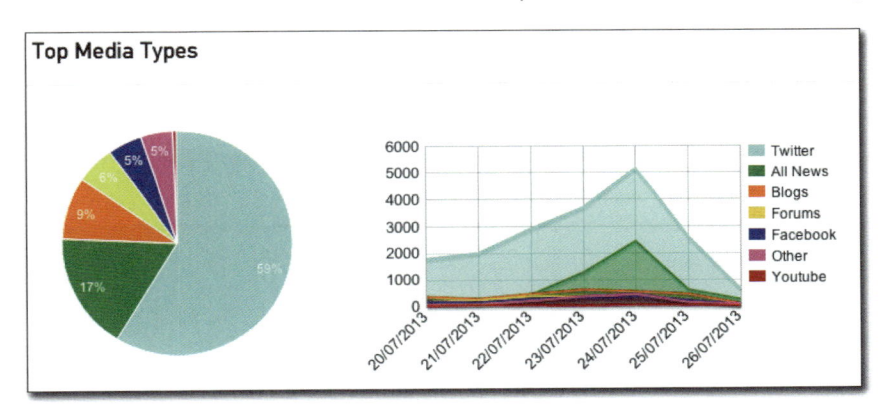

Abbildung 6.34 Die Quellenabdeckung von Talkwalker

Analysefunktionen

Die Möglichkeiten der Analyse spielen ebenfalls eine entscheidende Rolle, denn die Erkenntnisse, die Sie durch die Beobachtung der Gespräche online gewinnen, bringen für Ihr Unternehmen einen wichtigen Mehrwert.

Prüfen Sie das Tool im Hinblick auf die Möglichkeit,

- Trends und Themen zu erkennen,
- die Stimmung Ihrer Kunden zu beurteilen (Sentiment),
- Meinungsführer und Multiplikatoren zu identifizieren,
- potenzielle Servicefälle zu identifizieren und zu verfolgen und
- potenzielle Krisen frühzeitig sichtbar zu machen.

Je mehr dieser Funktionen das Tool bereits von sich aus kann oder in der Lage ist zu »lernen«, desto weniger manuelle Arbeit und damit Kosten entstehen langfristig. Ist das betrachtete Tool nicht in der Lage, eine der gewünschten Funktionen von sich aus abzubilden, fragen Sie nach den Möglichkeiten und Kosten, dies über eine Dienstleistung des Anbieters auszugleichen. Neben den Analysemöglichkeiten sollten Sie auch auf eine übersichtliche Darstellung der Ergebnisse achten. Gute visuelle Ansätze sind hier Diagramme und Tagclouds (siehe Abbildung 6.34 und Abbildung 6.35).

Abbildung 6.35 Übersichtliche Tagcloud aus dem Ethority Gridmaster

Datenmanagement

Eine enge Verbindung zu der Analyse hat das Datenmanagement. Mit diesem Begriff fasse ich sämtliche Aspekte zusammen, die Erfassung, Filterung, Weiterverarbeitung und Historisierung von Daten betreffen. Die Geschwindigkeit, mit denen Daten für Sie verfügbar sind, hängt dabei oft davon ab, wie viel manuelle Arbeit im Hintergrund noch notwendig ist. Dies kann insbesondere, wenn Sie ein bestimmtes Servicelevel gegenüber Ihren Kunden erfüllen möchten, entscheidend sein. Ein Tool, das Daten nur alle 30 Minuten aktualisiert, hilft Ihnen hier nicht weiter, wenn Sie auf alle Anfragen innerhalb von 10 Minuten reagieren möchten.

Die Filterung der Daten spielt bereits bei der Einrichtung des Tools eine entscheidende Rolle. Prüfen Sie hier, ob das Tool in der Lage ist, durch die Kombination von Suchbegriffen, die Definition von bestimmten Kriterien (zum Beispiel Sprache) und den Ausschluss von Quellen ein möglichst »sauberes« Suchergebnis zu erreichen. Im Rahmen der Analyse ist es wichtig, dass Sie die Möglichkeit haben, durch Filter tiefer in die Ergebnisse einzutauchen. Beispielsweise können Sie in der Tagcloud des Ethority Gridmasters (siehe Abbildung 6.35) jeden Begriff anklicken und sich so näher ansehen, was genau dahintersteckt. Ebenso sollten mindestens Zeit- und Sprachräume sowie einzelne Quellen filterbar sein.

Achten Sie darauf, dass Sie die Möglichkeit haben, Daten für die Weiterverarbeitung in unterschiedlichen Formaten wie Tabellenverarbeitung (.xls, .csv) oder grafisch (.pdf oder .tif) zu exportieren. So können Sie diese anderen Abteilungen zur Verfügung stellen oder individuelle Reportings erstellen. Wichtig ist auch der Zugriff auf historische Daten, damit Sie die Entwicklung Ihres Engagements über einen längeren Zeitraum beobachten und mit dem Wettbewerb vergleichen können. Darüber hinaus ist eine langfristige Analyse zu Themen, Produkten und Dienstleistungen oftmals eine sehr aufschlussreiche Maßnahme.

> **Tipp: Social-Media-Monitoring-Evaluations-Framework**
>
> Auch wenn der Titel dieses Tipps direkt beim Buzzword-Bingo gewinnen würde, steckt etwas sehr Nützliches dahinter. Helene Fritzsche hat ein ausführliches Evaluations-Framework erarbeitet, welches sich sehr gut für die Erarbeitung der eigenen Anforderungen und zur Beurteilung der Tools in der engeren Auswahl eignet. Sie finden dieses auf SoMeMo.at unter *www.somemo.at/files/EvaluationFrameworkV2.0.pdf*.
>
> Darüber hinaus bietet Frau Fritzsche unter *www.somemo.at/compareTools.php* noch einen übersichtlichen Vergleich per Knopfdruck für bereits auf Basis dieses Frameworks beurteilte Tools an (ein Ergebnis sehen Sie in Abbildung 6.36).
>
> Dieser Vergleich bietet Ihnen einen sehr guten und schnellen Überblick, wenn Sie im Vorfeld Ihre Anforderungen definiert haben.

Toolname	(Full-Service) bc.lab monitor	(Full-Service) gridmaster | ethority	(Full-Service) Meltwater Buzz	(Full-Service) Sensemetric	(Full-Service) Synthesio
1 Sources	5	5	5	5	3
2 Content-types	5	2	2	5	1
3 History	4	5	5	5	5
4 Freshness	5	5	3	4	4
5 Semantic analysis	5	3	3	3	2
6 Buzz / Issue monitoring	4	5	4	5	4
7 Extend of Sentiment detection	5	5	1	5	4
8 Process of Sentiment detection	5	5	4	5	5
	Arabisch, Bulgarisch, Katalanisch, Chinesisch (vereinfacht),	Arabic, Chinese, English, French, German,	English, German, Dutch, Swedish, Norwegian,	Belarusian, Bulgarian, Chinese, Croatian, English,	English and French automated sentiment capability, up

Abbildung 6.36 Übersichtlicher Vergleich von Social-Media-Monitoring-Tools auf SoMeMo.at

Benutzeroberfläche

Die tollsten Funktionen und Möglichkeiten eines Tools bringen Ihnen nicht viel, wenn die Benutzeroberfläche unübersichtlich, wenig intuitiv und schrecklich kompliziert ist. Wenn jeder Mitarbeiter, der das Tool anwenden soll, zunächst eine mehrtätige Schulung beim Anbieter benötigt, um überhaupt dazu in der Lage zu sein, verursacht dies zusätzliche Kosten. Eine Oberfläche, in die Sie sich schnell einarbeiten können und in die Sie bei Bedarf auch Kollegen persönlich einarbeiten können, ist aus diesem Grund wichtig. Schließlich soll es keine Strafe sein, mit dem Monitoring Tool der Wahl zu arbeiten.

Engagement-Funktionen

Wenn für Sie eine schnelle und lückenlose Bearbeitung von Fällen wichtig ist (zum Beispiel im Kundenservice), ist es von großem Vorteil, wenn Ihre Monitoring-Lösung dafür eine Möglichkeit bietet. Ist dem nicht so, sollten Sie darauf achten, dass übergreifendes Arbeiten gut möglich ist. Von großem Vorteil ist hier, wenn das Tool die entsprechenden Schnittstellen bietet.

Beratung und Support

Ein Social-Media-Monitoring-Tool perfekt einzurichten, braucht eine Menge an Übung und Erfahrung, ebenso ist es oft hilfreich, sich in die Anwendung professionell einweisen zu lassen und bei Problemen einen kompetenten Ansprechpartner zu haben. Dies sind definitiv Punkte, in die Sie investieren sollten. Achten Sie darauf, ob derartige Serviceleistungen bereits mit den Kosten für das Tool abgedeckt oder extra berechnet werden.

Kosten

Die Gesamtkosten für ein Tool sind ein weiterer, wichtiger Aspekt. Die Höhe Ihres Budgets entscheidet im Endeffekt darüber, was Sie sich leisten können, an welcher Stelle Sie für eine Erhöhung verhandeln müssen und was schlichtweg zu teuer ist. Die erste Entscheidung, die Sie hier treffen müssen, ist, welche Leistungen Sie von dem Anbieter buchen und welche Sie selbst leisten möchten. Es gibt hier drei Kategorien:

- Technologieanbieter, die Ihnen die Software zur Verfügung stellen, bei denen Sie aber alles Weitere selbst erledigen müssen (Self-Service)
- Hybriden, die für Sie das Monitoring und die Analyse der Treffer übernehmen
- Full-Service-Anbieter, die über das Monitoring und die Analyse hinaus Handlungsempfehlungen und Strategien ableiten und das Unternehmen generell zu Themen rund um das Social Web beraten

Mit der Menge an Aufgaben, die der Anbieter für Sie übernimmt, steigt hier natürlich auch der Preis. In Abbildung 6.37 sehen Sie eine Übersicht der Kostenspektren der jeweiligen Kategorien. Die Zahlen basieren dabei auf Selbstangaben, die von den Anbietern auf *www.somemo.at* gemacht wurden.

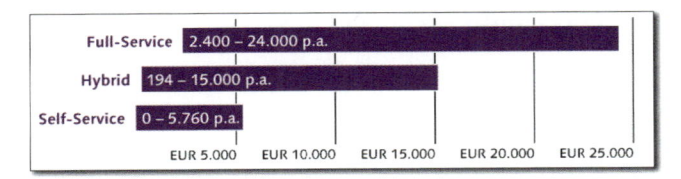

```
Full-Service   2.400 – 24.000 p.a.
Hybrid         194 – 15.000 p.a.
Self-Service   0 – 5.760 p.a.
               EUR 5.000   EUR 10.000   EUR 15.000   EUR 20.000   EUR 25.000
```

Abbildung 6.37 Kostenspektrum der Anbieter (Quelle: www.somemo.at)

Kostenlose Tools ausgenommen, müssen Sie entsprechend mit mindestens 300–400 € pro Monat rechnen, wenn Sie lediglich ein professionelles Monitoring-Tool in Anspruch nehmen. Die Basiskosten können aber durchaus auch bei 2.000 € und mehr im Monat liegen, wenn Sie sich für eine Full-Service-Lösung entscheiden. Schauen Sie sich die Angebote der Anbieter genau an. Ein Angebot, das mit niedrigen monatlichen Kosten auftrumpft, schlägt gerne einmal bei der Einrichtung des Tools und Beratungsdienstleistungen auf das Budget. Überlegen Sie sich genau, was Sie von dem Anbieter haben möchten, und fragen Sie gezielt nach dem Preis für Ihr gewünschtes Gesamtpaket. Persönlich habe ich hier die Erfahrung gemacht, dass ein Angebot, was zunächst aufgrund der monatlichen Kosten sehr teuer erschien, im Endeffekt die günstigere Alternative war.

Datenschutz

Ein wichtiger Aspekt in Deutschland ist immer der Datenschutz, fragen Sie Ihren Anbieter gezielt danach, ob er mit den deutschen Bestimmungen konform arbeitet.

Profil des Anbieters

Natürlich sollten Sie auch überprüfen, mit wem Sie es zu tun haben. Holen Sie Informationen darüber ein, wie lange der Anbieter bereits am Markt ist und welche Referenzen er vorweisen kann. Fragen Sie in Ihrem Netzwerk nach Erfahrungen, und bemühen Sie Suchmaschinen nach Meinungen über Ihren potenziellen Kandidaten.

Drum prüfe, wer sich ewig bindet ...

Dieser alte Spruch trifft beim Thema Social Media Monitoring direkt ins Schwarze. Testen Sie die Tools, die bei Ihnen ganz oben in der Liste sind, bevor Sie einen langfristigen Vertrag unterschreiben. Wie gut ein Tool oder ein Dienstleister wirklich ist, zeigt sich nämlich oft erst im laufenden Betrieb. Eine Testphase von mindestens einer Woche hilft Ihnen hier bei der Entscheidung. Gehen Sie mit einem Kriterienkatalog an die Testphase heran, um die von Ihnen betrachteten Tools vergleichbar zu machen.

6.4.8 Social Media Measurement – Kennzahlen erfolgreich bestimmen

Den Erfolg Ihres Social-Media-Engagements zu messen und für andere transparent zu machen, ist eine wichtige Aufgabe. Nur so können Sie prüfen, ob Sie Ihre Ziele erreichen und gegebenenfalls nachsteuern. Darüber hinaus helfen Ihnen die richtigen KPIs dabei, Ihr Tun vor skeptischen Abteilungen zu legitimieren, die Social Media noch als Spielerei abtun. In Abschnitt 6.1.4, »Vom Messwert (Metrics) über die Kennzahl zum Key Performance Indicator (KPIs)«, habe ich Ihnen bereits die Grundlagen zu Messwerten und KPIs erläutert, hier möchte ich Ihnen nun konkret zeigen, wie Sie die Kennzahlen ableiten, die für die Messung Ihres Erfolgs relevant sind. Zunächst jedoch noch ein paar grundlegende Anmerkungen zum Thema.

Wichtige Fragen vor der Ableitung von Kennzahlen

Die KPIs Ihres Unternehmens sind so individuell wie Ihre Ziele. Aus diesem Grund müssen Sie zunächst Folgendes klären:

- Was bedeutet im Hinblick auf Ihre Ziele »Erfolg«, und was wollen Sie entsprechend messen?
- Welche Messwerte stehen Ihnen überhaupt zur Verfügung, um daraus Kennzahlen abzuleiten (den Prozess vom Messwert zum KPI können Sie sich noch einmal in Abschnitt 6.1.4 durchlesen)?
- Auf welchen Plattformen möchten Sie messen, und welche unterschiedlichen Messwerte müssen Sie beachten?
- Welche Gewichtung möchten Sie interaktiven Elementen und den jeweiligen Plattformen zuordnen? Ist ein Share mehr wert als ein Kommentar? Ist ein Kommentar im Blog mehr wert als einer auf Google+?

Wenn Sie diese Punkte geklärt haben, können Sie damit anfangen, Ihre KPIs abzuleiten. Für diesen Prozess möchte ich Ihnen im Folgenden vier unterschiedliche Ansätze kurz vorstellen:

- Messebenen und Messpunkte der AG Social Media
- Die KPI-Pyramide des Social Media Excellence Kreises
- Die Social Media Scorecard 4×4 von Mike Schwede und Patrick Moeschler
- Social Marketing Analysis Modell von der Altimeter Group in Kooperation mit Web Analytics Demystified

Die Ansätze betrachten das Thema jeweils aus einer anderen Perspektive und ergänzen sich sehr gut. Entsprechend kann ich Ihnen damit ein möglichst breites Spektrum an Vorgehensweisen, Kennzahlen und KPIs vermitteln.[14] Da sich einige Kennzahlen überschneiden, werde ich Ihnen erst abschließend in Abschnitt 6.4.9, »Formeln für die wichtigsten KPIs«, die wichtigsten Formeln erläutern. Wenn Sie sich damit sicherer fühlen, können Sie natürlich auch gerne zuerst Abschnitt 6.4.9 durchlesen. Wichtig ist, dass Sie ein Gefühl dafür entwickeln, welche die passenden Kennzahlen für Ihr Unternehmen sind.

> **Marketing-Basic: Klassische Kennzahlen und Begriffe aus dem Marketing**
>
> Im Rahmen des Social Media Measurements werden Sie immer wieder klassischen Marketingkennzahlen oder Abwandlungen von diesen begegnen. Aus diesem Grund möchte ich Ihnen hier die wichtigsten Kennzahlen und Begriffe kurz vorstellen.
>
> **Affinität**
> Affinität bezeichnet den prozentualen Anteil einer Zielgruppe an den gesamten Nutzern eines Angebots.
>
> *Reichweite des Angebots in der Zielgruppe ÷ Reichweite des Angebots in der Gesamtbevölkerung × 100 = Affinität in Prozent*
>
> **Backlink**
> Ein Backlink ist eine Verlinkung von einer externen Seite auf die eigene Webpräsenz. Viele Backlinks auf eine Seite sind ein Indikator für ihre gute Vernetzung.
>
> **Benchmark**
> Benchmark bezeichnet den fortlaufenden Vergleich der eigenen Kennzahlen mit denen des Wettbewerbs, um eine Vergleichbarkeit herzustellen und eventuelle Optimierungspotenziale aufzudecken.
>
> **Conversion Rate (Umwandlungsrate, Konversionsrate)**
> Die Conversion Rate bezeichnet die Rate, mit der der Status von Zielpersonen in einen neuen Status umgewandelt wird. Der häufigste Kontext ist hier der Wandel vom Besucher eines Onlineshops zu einem Käufer. Die Berechnung der Konversionsrate lautet dann entsprechend:
>
> *Konversionsrate = Käufer ÷ Besucher*
>
> **Impact**
> Wortwörtlich mit »Auswirkung« übersetzt, beschreibt der Impact die Wirkung, die eine Kommunikationsmaßnahme bei den Personen oder in der Zielgruppe hat, die erreicht wurden oder werden sollten.

---

14 Da eine ausführliche Diskussion jedes einzelnen Modells den hiesigen Rahmen sprengen würde, habe Ich Ihnen jeweils die ausführliche Quelle zur vertiefenden Lektüre verlinkt.

Involviertheit/Involvement

Das Involvement ist ein Begriff aus der Marktforschung, der widerspiegelt, wie relevant oder interessant ein Produkt oder Angebot für eine Person ist. Je mehr eine Person an einem Angebot interessiert ist, desto aufgeschlossener ist diese für Informationen darüber.

Net Promoter Score (NPS)

Der Net Promoter Score gibt einen Hinweis darauf, wie wahrscheinlich es ist, dass ein Unternehmen/eine Marke weiterempfohlen wird. Zur Ermittlung dieser Kennzahl wird einer repräsentativen Zahl an Kunden die Frage gestellt: »Wie wahrscheinlich ist es, dass Sie Unternehmen/Marke X einem Freund oder Kollegen weiterempfehlen werden?« Die Antwort kann auf einer Skala von 0 (gar nicht) bis 10 (sehr wahrscheinlich) eingestuft werden. Kunden, die mit dem Wert

- von 10 oder 9 antworten, gelten als Promotoren,
- von 8 oder 7 antworten, gelten als Indifferente,
- von 0 bis 6 antworten, gelten als Detraktoren (Kritiker).

Der Net Promoter Score berechnet sich:

NPS = Promotoren (%) – Kritiker (%)

Der NPS kann einen Wert zwischen +100 % und – 100 % erreichen.

Nettoreichweite (Reichweite)

Anzahl der Personen, die mit einer Anzeige/Maßnahme mindestens einmal erreicht werden.

PageRank

Der PageRank ist ein von den Google-Entwicklern Larry Page und Sergei Brin entwickelter Algorithmus, der einer Seite auf Basis der Backlinks einen Wert zwischen 0 und 10 zuweist. Je mehr Links eine Seite hat, desto höher dieser Wert. Darüber hinaus wird ein Link von einer Seite mit hohem PageRank stärker gewichtet, als der Link einer Seite mit niedrigem PageRank.

Return on Investment (ROI)

Der ROI ist eine betriebswirtschaftliche Kennzahl, die per klassische Definition angibt, welche Rendite ein Unternehmen mit dem eingesetzten Kapital erwirtschaftet.

ROI = Gewinn ÷ Gesamtkapital

Oftmals wird der ROI jedoch synonym mit dem *Short Term Return on Investment* (STROI) verwendet. Der STROI gibt an, welchen zusätzlichen Umsatz eine Maßnahme pro aufgewendetem Euro einbringt.

STROI = zusätzlicher Umsatz ÷ Kosten der Maßnahme

Seitenabrufe (Page Impression – PI)

Mit dieser Kennzahl wird gezählt, wie oft eine Seite abgerufen wurde oder wie viele Seiten ein Besucher während seines Besuchs aufgerufen hat.

Stickiness (Klebrigkeit)

Der Begriff Stickiness ist abgeleitet von dem englischen Verb *to stick*, was kleben/kleben bleiben bedeutet. Die Stickiness umschreibt, wie häufig ein Nutzer auf eine Internetpräsenz zurückkehrt (Wiederkehrhäufigkeit) und wie lange er dort verbringt. Je höher diese beiden Werte sind, desto höher ist die Stickiness der Seite.

Verweildauer (Time Spent)

Die Verweildauer gibt an, wie lange ein Besucher im Durschnitt auf einer Seite bleibt.

Visitor (Unique Visitor/Unique Visit)

Beschreibt die Anzahl unterschiedlicher Besucher im betrachteten Zeitraum. Dazu ist wichtig zu wissen, dass die Erfassung eines Besuchers in der Regel auf Basis der IP-Adresse geschieht. Da eine IP-Adresse nicht eindeutig ist, können so sowohl Personen doppelt als auch unterschiedliche Besucher als ein Visitor gezählt werden.

Weitere klassische Kennzahlen, die jedoch mehr im Hinblick auf Online-Werbung eine Rolle spielen, finden Sie im Kasten »Marketing-Basic: Impression, Click, CTR, CPC, CPM und CPL« in Abschnitt 9.2.11.

Messpunkte und Messebenen für Social Media

Die AG Social Media (*http://ag-sm.de*) entwickelte ein Kennzahlen-Modell auf Basis von Messpunkten und Messebenen. Dabei wird die Kommunikation auf drei Ebenen brachtet:

▶ Kontext/Netzwerk

▶ Nutzer

▶ Inhalt

Ausgehend von der betrachteten Ebene werden die zugehörigen Kennzahlen abgeleitet. Eine Übersicht dieser Kennzahlen sehen Sie in Abbildung 6.38, für eine Vertiefung empfehle ich Ihnen das zugehörige Dossier von Maren Heitsche *http://bit.ly/13WUNeZ*.

Auf der Kontext-Netzwerkebene, spielen die Kennzahlen eine Rolle, die eine Aussage über die Sichtbarkeit einer Präsenz in einem sozialen Netzwerk oder der eigenen Website zulassen. Die zentrale Frage lautet: »Wo steht mein Angebot im Vergleich zu anderen Angeboten?« Neben der Reichweite spielen hier die Vernetzung einer Präsenz sowie der Vergleich zum Wettbewerb eine Rolle. Typische Kennzahlen in diesem Kontext sind die Reichweite, die Anzahl an Verlinkungen, der PageRank und die Platzierung in Rankings. Ein nützliches Tool, um einen Teil dieser Werte für Ihre Website oder Ihr Blog zu ermitteln, ist Seitwert (*http://seitwert.de*). Im Rahmen einer kostenlosen Analyse bekommen Sie unter anderem einen Überblick über PageRank, Verlinkungen und Positionierung sowie die Sichtbarkeit Ihrer Seite in sozialen Netzwerken

6 Die Eckpfeiler des Social Media Managements

Messpunkte und Messebenen für Social Media

Kontext- / Netzwerkebene
- Netzwerkanalytische Kennzahlen (Zentralität)
- Reichweite (Page Impressions / Page Visits / Unique Users)
- Erweiterte Reichweite
- Anzahl der Outlinks pro Tag (Durchschnitt)
- Anzahl der Verlinkungen bei Google
- Google Page-Rank / Technorati Authority
- Ranking in Besten-Listen

Nutzerebene
- Verweildauer
- Aktivität (z.B. Kommentare pro Beitrag)
- Involviertheit
- Einstellungen (z.B. Loyalität)
- Verhalten (z.B. Selektion; Net Promoter Score, Ropo-Effekt)
- Klebrigkeit
- Affinität
- Demographie

Inhaltsebene
- Intensität
- Anzahl der Wort- bzw. Wortfeldnennungen
- Themenspektrum
- Kommunikationsvolumen
- Nachrichtenfaktoren
- Autoren/Akteure
- Tonalität

Quelle: Maren Heltsche / AG Social Media

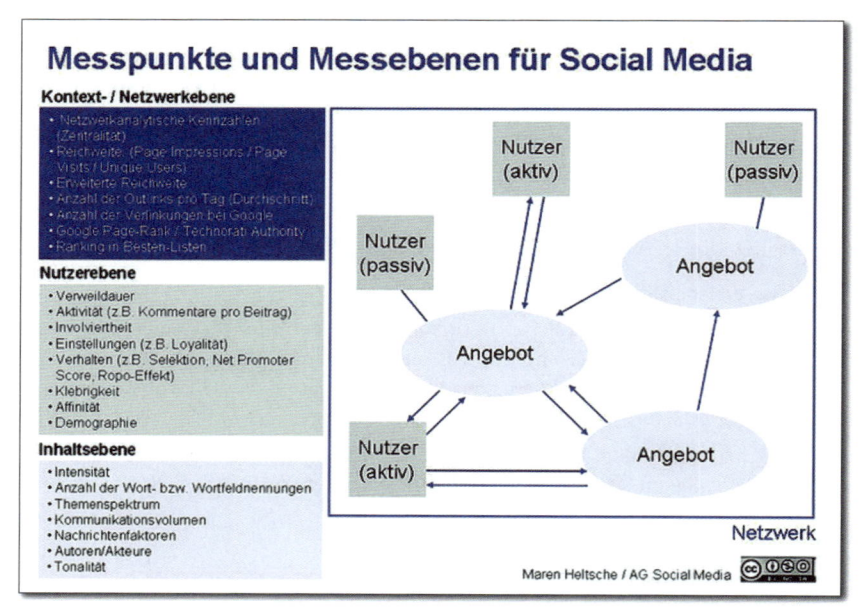

Abbildung 6.38 Messpunkte und Messebenen für Social Media
(Quelle: Maren Heltsche/AG Social Media)

Die Nutzerebene gibt Aufschluss darüber, wie sich die Besucher auf Ihrer Präsenz verhalten und mit welchen Profilen Sie es zu tun haben. Die Fragestellung an dieser Stelle lautet: »Wer besucht wie und warum mein Angebot?« Entsprechend beziehen sich die Kennzahlen hier einerseits auf Merkmale der Nutzer, wie Demografie und Einstellungen sowie Affinität und Involviertheit. Andererseits wird das Verhalten in Bezug auf das Angebot betrachtet, die Kennzahlen lauten hier Verweildauer, Aktivität und wiederkehrende Besucher (Klebrigkeit/Stickiness).

Die dritte Ebene stellt die Inhalte der Gespräche in den Mittelpunkt der Betrachtung. Die entsprechende Frage lautet: »Welche Themen werden von wem in welcher Tonalität und wie oft besprochen?« Durch eine Analyse der Inhalte wird Qualität und Quantität der Beiträge ermittelt. Die Kennzahlen beleuchten die Menge der Beiträge insgesamt oder zu speziellen Themen (Buzz-Volumen) und setzen diese Werte in ein Verhältnis zum Wettbewerb (Share of Voice/Share of Buzz). Darüber hinaus werden die Inhalte auf Tonalität (Sentiment), Autoren und Themen hin analysiert. Das Verfahren habe ich Ihnen bereits in Abschnitt 6.4.2, »Wie funktioniert Social Media Monitoring?«, im Rahmen der zweiten Analyse der Daten erläutert.

Das Drei-Ebenen-Modell der AG Social Media zielt auf eine Einheitlichkeit der Messwerte und KPIs für Social Media ab. Aus meiner Sicht eignet es sich besonders gut, um ein Verständnis der möglichen Messwerte zu schaffen. Das zweite Modell, das ich Ihnen vorstellen möchte, setzt ebenfalls auf drei Ebenen, allerding in einem völlig anderen Kontext.

KPI-Pyramide

Die Business Intelligence Group GmbH (BIG, *http://www.big-social-media.de*) hat innerhalb des Social Media Excellence Kreises eine KPI-Pyramide entwickelt. Diese in Abbildung 6.39 gezeigte Pyramide ordnet die KPIs auf Basis des Reifegrades des dahinterliegenden Social-Media-Engagements in drei unterschiedliche Ebenen ein (das Reifegradmodell stelle ich Ihnen in Abschnitt 10.8, »Social-Media-Reifegradmodelle«, ausführlich vor). Die Komplexität und Aussagekraft der Werte nimmt dabei von oben nach unten zu. Die Kennzahlen der zweiten und dritten Ebene beinhalten Werte der vorherigen Ebenen.

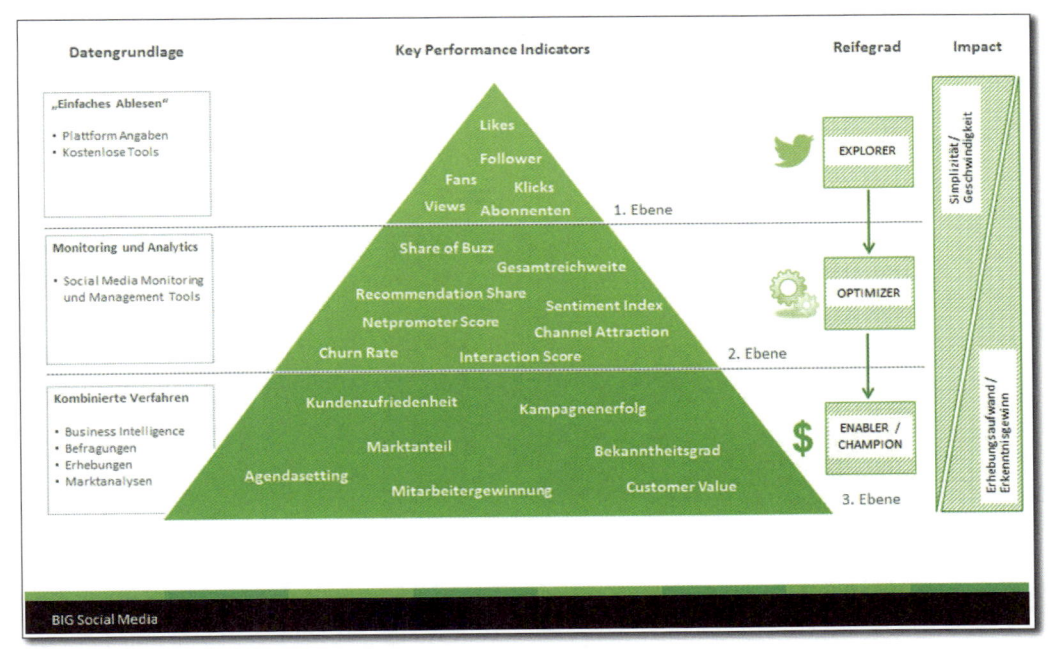

Abbildung 6.39 KPI-Pyramide (Quelle: B.I.G. Social Media GmbH)

In der ersten Ebene sehen Sie hier Messwerte, die sich durch einfaches Ablesen auf den jeweiligen Plattformen oder durch den Einsatz kostenloser Monitoring-Tools erfassen lassen (siehe Abschnitt 6.4.5, »Kostenlose Dienste«). So sind bereits kleine Unternehmen oder jene, die sich noch am Start eines Engagements befinden, in der Lage, erste Messwerte zu erfassen. Die Aussagekraft dieser Werte ist jedoch gering.

Die zweite Ebene besteht aus kombinierten Messwerten, die sich bereits an konkreten Zielen einzelner Unternehmensbereiche orientieren. Der Erhebungsaufwand ist deutlich höher und muss über ein professionelles Social Media Monitoring abgebildet werden. In der Regel reicht jedoch eine automatisierte Auswertung. Auf der zweiten Ebene werden Werte wie der *Share of Buzz*, der *Sentiment Index* und der *Interaction Score* betrachtet. Diese Kennzahlen lassen Rückschlüsse auf die Positionierung des Unternehmens im Vergleich zum Wettbewerb, die Stimmung der Nutzer sowie den Impact des Social-Media-Engagements zu. Alle in Abbildung 6.39 verzeichneten Werte stelle ich Ihnen in Abschnitt 6.4.9, »Formeln für die wichtigsten KPIs«, noch ausführlich vor.

Die dritte Ebene verknüpft dann die Kennzahlen der ersten beiden Ebenen mit klassischen Methoden und Messgrößen aus der Marktforschung und Business Intelligence. So ist es möglich, den Beitrag von Social Media zu der Erreichung von übergeordneten Unternehmenszielen sichtbar zu machen.

Die KPI-Pyramide schafft eine klare Verbindung zwischen dem Reifegrad des Unternehmens und den einhergehenden Kennzahlen. Dies ist ein wichtiger Aspekt, den Sie im Hinterkopf behalten sollten.

Social Media Scorecard 4×4

Die Social Media Scorecard, die durch Mike Schwede, Patrick Moeschler und Sandra Stirnemann ausgearbeitet wurde, soll eine Antwort auf die Frage liefern, welche Kennzahlen branchenübergreifend für eine ganzheitliche Betrachtung von Social Media sinnvoll sind (siehe Abbildung 6.40). Die Autoren schaffen eine klare Verbindung zwischen wichtigen KPIs und den wesentlichen Unternehmensbereichen:

- Kommunikation und Branding
- Innovation und Service
- Vertrieb
- Organisation

Es wurden bewusst Kennzahlen gewählt, die eine gewisse universelle Relevanz besitzen. Wenn Sie sich die empfohlenen Messwerte anschauen, werden Sie feststellen, dass sich die meisten Werte in den anderen Modellen wiederfinden. Ein weiterer positiver Aspekt an dem Modell ist, dass die Autoren die Namen der Kennzahlen so geschickt gewählt haben, dass die Zuordnung der KPIs zu Unternehmenszielen sehr einfach ist.

Eine Besonderheit im Vergleich zu den bisher vorgestellten Modellen ist die Betrachtung von Social Media aus Organisationssicht. Dieser Bereich bietet Ihnen

Kennzahlen, die helfen, zu überprüfen, ob und wie Social Media im Unternehmen adaptiert wird. Neben interner wie externer Aktivität der Mitarbeiter in Social Media wird betrachtet, wie viele Mitarbeiter in dem Themenkomplex geschult und wie viele neue Mitarbeiter über diese Kanäle rekrutiert wurden. Ein wichtiger Aspekt, dessen Beachtung ich nur empfehlen kann. Generell bietet die Scorecard 4×4 eine gute Orientierungsgrundlage für mögliche Kennzahlen auf Basis des Unternehmensbereichs. Mike Schwede kündigt auf seinem Blog ein zugehöriges Benchmarktool an, das ermöglicht, die 16 aufgeführten Werte regelmäßig zu erfassen und zu vergleichen. Eine Einladung zu dem Tool können Sie am Ende des Blogbeitrags beantragen *http://mike.schwede.ch/2012/10/26/social-media-4x4-scorecard-beta*.

Abbildung 6.40 Social Media Scorecard 4×4 von Mike Schwede und Patrick Moeschler (Quelle: http://bit.ly/12VYspX), CC 3.0 BY SA Lizenz

Social Marketing Analysis-Modell

Eine vierte und letzte Perspektive liefert an dieser Stelle das Paper »Social Marketing Analytics«, das in einer Kooperation zwischen der Altimeter Group und Web Analytics Demystified entstand. Nachdem ich Ihnen Kennzahlen auf Basis von

Messebene, Reifegrad und Unternehmensbereich vorgestellt habe, folgt jetzt die Betrachtung ausgehend vom Ziel des Social-Media-Engagements. Das Modell »Social Marketing Analysis« teilt die Kennzahlen dabei in die vier Zielbereiche auf:

- Förderung von Dialog (Foster Dialog)
- Fürsprecherschaft fördern (Promote Advocacy)
- Kundenservice unterstützen (Facilitate Support)
- Innovation ankurbeln (Spur Innovation)

Ausgehend davon, werden dann Kennzahlen abgeleitet, die ermöglichen, den Beitrag von Social Media zu dem jeweiligen Ziel zu erfassen.

Eine Übersicht der zugehörigen Kennzahlen sehen Sie in Abbildung 6.41, die wichtigsten werde ich ebenfalls in Abschnitt 6.4.9 erläutern.

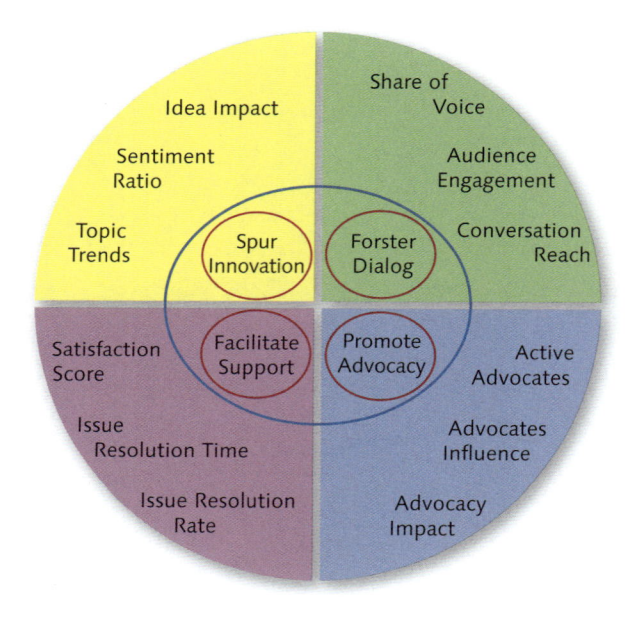

Abbildung 6.41 Kennzahlen-Kreis der Altimeter Group (Quelle: eigene Darstellung)

Da eine umfassende Erläuterung des Modells hier den Rahmen sprengen würde, empfehle ich Ihnen für eine Vertiefung des Themas das zugehörige Paper unter *http://bit.ly/12VYluJ*.

Fazit

Sie kennen jetzt eine Reihe von Möglichkeiten und Ansatzpunkten, um Kennzahlen für Ihr Unternehmen zu entwickeln. Welchen Weg Sie wählen, bleibt Ihnen überlassen. Bedenken Sie dabei jedoch, dass eine Konsistenz der Kennzahlen ermöglicht, die Entwicklung Ihres Social-Media-Engagements zu betrachten und zu beurteilen. Je gründlicher Sie Ihre Kennzahlen zu Beginn auswählen, desto besser ist die Basis für die zukünftige Weiterentwicklung. Das Ziel ist, Kennzahlen zu finden, die nach dem Prinzip der KPI-Pyramide aufeinander aufbauen und mit der Professionalisierung Ihres Engagements immer aussagekräftiger werden.

6.4.9 Formeln für die wichtigsten KPIs

Nach der Reihe von theoretischen Modellen, möchte ich Ihnen die wichtigsten KPIs vorstellen. Alle haben sich im Einsatz bewährt und decken sämtliche Perspektiven ab. Zu jeder Kennzahl finden Sie im Folgenden eine kurze Beschreibung sowie ein Beispiel.

Buzz-Volumen

Das Buzz-Volumen beschreibt die Menge der Nennungen Ihres Unternehmens im betrachteten Zeitraum. Wenn Ihr Unternehmen (Produkt/Marke/Dienstleistung) im Januar 1.000-mal genannt wurde und im Februar 1.100-mal, entspricht das einer Steigerung des Buzz-Volumens um 10 %.

Reach/Reichweite

Die Reichweite, oder im englischen *Reach*, ist eine klassische Marketingkennzahl und bezeichnet die Anzahl der Personen, denen Ihr Beitrag/Ihre Anzeige oder Ihre Seite im betrachteten Zeitraum angezeigt wurde. Auf Facebook können Sie diesen Wert in den Facebook Insights ablesen (siehe Abbildung 6.42), auf Twitter entspricht er Ihren Followern, auf YouTube den Abrufen eines Videos und auf Ihrem Blog den Besuchern.

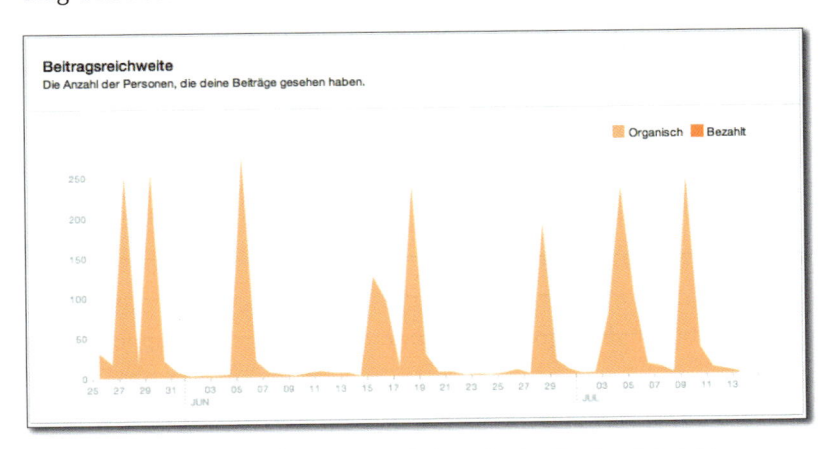

Abbildung 6.42 Die Reichweite eines Beitrags in den Facebook Insights

Engagement/Audience Engagement

Diese Kennzahl beschreibt das Verhältnis zwischen den Reaktionen (Likes, Kommentare, ReTweets, +1 etc.) zu der Reichweite. Angenommen, Sie haben eine Reichweite von 1.000 Personen bei einem Beitrag, der zehn Likes und fünf Kommentare bekommt. Dies ergibt 15 ÷ 1.000 = 0,015, also eine Engagement-Rate von 1,5 %.

Share of Voice

Prozentualer Anteil der Gespräche über Ihr Unternehmen in Relation zu allen Gesprächen im Gesamtmarkt. Die Anzahl der Nennungen Ihrer Marke beträgt 1.000, die Nennungen aller Wettbewerber im Markt betragen insgesamt 9.000. Damit haben Sie ein Share of Voice von gerundet 1.000 ÷ 9.000 = 0,111 = 11 %.

Share of Buzz (Position)

Anteil der Nennungen zu einem bestimmten Thema (Positionierungsthema) am Gesamtvolumen der Nennungen des Wettbewerbs bzw. der Top-Four-Mitbewerber.

Active Advocates

Die Kennzahl »Active Advocates« berechnet sich aus dem Quotienten Aktive Advocaten in den letzen 30 Tagen ÷ Gesamtzahl Advocaten. Advocate beschreibt eine Person, die für das Unternehmen agiert (Fürsprecher). Haben sich von diesen Personen in den letzen 30 Tagen fünf zu Wort gemeldet, wenn insgesamt 15 bekannt sind, ergibt das 5 ÷ 15 = 0,333 = 33 %.

Issue Resolution Rate

Anteil der Fälle, die gelöst wurden, im Verhältnis zu allen Fällen, die an das Social-Media-Team herangetragen wurden.

Anzahl der gelösten Fälle ÷ Anzahl aller Fälle

Im betrachteten Zeitraum wurden 100 Fälle im Social Web aufgenommen, davon wurden 78 gelöst, dies entspricht 78 ÷ 100 = 0,78 = 78 %.

Satisfaction Score (Zufriedenheitsrate)

Der Satisfaction Score ist eine Kennzahl, die sich aus dem Verhältnis zufriedener Kunden zu der Gesamtzahl der Kunden berechnet, dem das Social-Support-Team geholfen hat.

Satisfaction-Score = zufriedene Kunden ÷ Gesamtzahl der Kunden

Topic Trends

Stellt die Bedeutung eines Themas im Vergleich zu allen Themen dar.

Anzahl der Nennungen Thema X ÷ Gesamtzahl aller Nennungen

Das Thema »Geschmack« wurde im betrachteten Zeitraum 150-mal genannt, das Gesamtvolumen aller Themen beträgt 2.500. Daraus ergibt sich 150 ÷ 2.500 = 0,06 = 6 %.

Sentiment (Sentiment Ratio; Tonalität)

Bezeichnet die relative Stimmung im Hinblick auf Ihr Unternehmen.

Anzahl [positiver | negativer | neutraler] Kommentare ÷ Gesamtzahl aller Kommentare

In Abbildung 6.43 sehen Sie die relative Stimmung im Mai und Juni, die prozentualen Anteile an positiven, negativen und neutralen Beiträgen repräsentieren dabei das Sentiment.

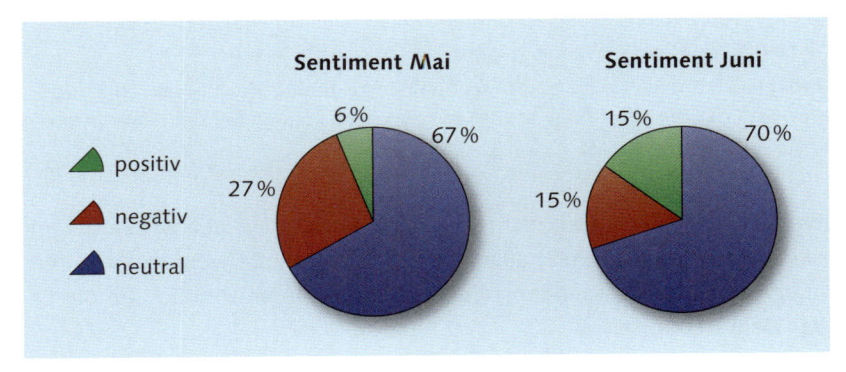

Abbildung 6.43 Vergleich des Sentiments aus Mai und Juni

Ich könnte die Liste an dieser Stelle noch beliebig fortführen, denn es werden stetig neue Kennzahlen vorgeschlagen und diskutiert. Diese Liste an Kennzahlen gibt Ihnen jedoch einen ausreichenden Einblick darin, welche Werte Sie im Rahmen des Social Media Monitorings messen könnten.

6.4.10 Und was ist jetzt der ROI von Social Media?

Was ist der ROI deiner Mutter? So lautete einst die Antwort von Gary Vaynerchuck, auf die Frage, was denn nun der ROI von Social Media sei.[15] Was er mit diesem Sinnbild ausdrücken wollte, war, dass der ROI nicht en détail und kausal in Daten

---

15 http://www.youtube.com/watch?v=xZY5b85KoOU

sichtbar gemacht werden kann, sondern das große Ganze ist, was im Rahmen eines Social-Media-Engagements entsteht.

Doch warum ist die Frage nach dem ROI überhaupt so viel diskutiert? Einer der Gründe ist ganz offensichtlich – wenn ein Unternehmen in Social Media investiert, möchte es wissen, was dafür an Geld wieder reinkommt. Das Problem an dieser Stelle ist, der Return of Investment ist ein betriebswirtschaftliches Maß, das zählbare Einheiten in ein Verhältnis setzt. Die Kosten für Social Media lassen sich an dieser Stelle gut beziffern – ob Personal, Ressourcen oder Dienstleistungen, alles hat seinen Preis. Wie viel jedoch ist eine Weiterempfehlung auf Twitter oder ein Facebook-Fan wert? Das, was in den sozialen Medien passiert, lässt sich nur selten direkt in Geld umrechnen. An diesen Stellen ist ein Zwischenschritt notwendig, um den Beitrag von Social Media sichtbar zu machen.

> **Leseempfehlung: Der Wert eines Facebook-Fans**
> Mathias Roskos hat auf seinem Blog »SocialNetworkStrategien« (*http://socialnetwork-strategien.de*) für die Facebook-Seite der Stadt Garmisch Partenkirchen exemplarisch durchgerechnet, was der Wert eines Facebook-Fans ist. Den zugehörigen Artikel finden Sie unter *http://bit.ly/15kc3wZ*.
>
> Weitere Artikel zum Thema »Wert eines Facebook-Fans« finden Sie auf FutureBiz unter *http://bit.ly/15kaEGP*, die zugehörige Studie von Syncapse können Sie sich unter *http://bit.ly/15kbLpZ* herunterladen.

Diese Problemstellung ist übrigens nicht neu. Für klassische Medien wie Zeitungen oder Fernsehen kann ebenfalls kein allgemeiner ROI angesetzt werden. Auch hier ist es nur möglich, einzelne Maßnahmen oder Kampagnen im Hinblick auf die Erreichung der Ziele zu beurteilen.

Die Frage, die Sie sich eigentlich stellen müssen, lautet entsprechend: Wie hat sich die Kampagne X auf unser Ziel Y ausgewirkt, und welche Effekte hatte dies auf unseren Absatz/welche Kosten konnten dadurch im betrachteten Zeitraum eingespart werden?

ROI = Return on Influence

Eine rein wirtschaftliche Betrachtung von Social Media greift viel zu kurz. Der eigentliche Wert liegt in den Gesprächen, die um Ihr Unternehmen entstehen und den damit einhergehenden positiven Effekten auf die Markenwahrnehmung. Den sogenannten *Return on Influence* oder *Return on Engagement*. Diesen können Sie mit Kennzahlen wie dem *Share of Voice* messen. Dies ergibt dann keine harte Summe in Euro, dafür aber zumindest einen Wert, den die Geschäftsleitung versteht.

ROI = Reduce of Investment

Social Media birgt eine Reihe von Einsparungspotenialen (*Reduce of Investment*) in anderen Unternehmensbereichen. Mögliche Ansatzpunkte sind hier:

- der Kundenservice, bei dem Kosten durch den Social-Media-Support sowie durch Kunden, die anderen Kunden helfen, langfristig gesenkt werden können (ausführlich dazu noch in Abschnitt 7.6, »Kundenservice 2.0«)
- die Produktentwicklung, bei der Einsparungen durch die Zusammenarbeit mit Kunden im Social Web möglich sind
- die Marktforschung, wo durch Erkenntnisse aus dem Social Media Monitoring Einsparungen gemacht werden können (zu diesen beiden Punkten siehe Abschnitt 7.8, »Forschung und Innovation«)
- das klassischen Marketing, bei dem weniger Budget eingesetzt wird, wenn eine direktere und kostengünstigere Ansprache der Zielgruppe über die sozialen Medien möglich ist (siehe Abschnitt 7.5, »Social Media Marketing«)

Ziehen Sie an dieser Stelle die Kosten, die durch das Social Media an anderer Stelle gespart wurden, von den Kosten, die durch das Engagement entstehen, ab, haben Sie einen monetären Wert für den ROI.

ROI = Risk of Ignoring

Ein nicht unwesentlicher Aspekt von Social Media ist *Risk of Ignoring*, die Gefahr, die damit einhergeht, wenn Ihr Unternehmen versucht, die sozialen Medien zu ignorieren. Dieses Verhalten kann mit einem nicht unwesentlichen Imageschaden einhergehen. Dafür muss es noch nicht einmal zu einem Shitstorm kommen. Bewertungen und Stimmen im Social Web haben einen maßgeblichen Einfluss auf die Kaufentscheidung. Finden potenzielle Kunden nur negative Einträge über Ihr Unternehmen, werden diese wahrscheinlich nicht bei Ihnen kaufen.

Tell me where the money is

Der ROI von Social Media ist also nicht der ROI im klassischen Sinne, dennoch werden Sie langfristig Zahlen vorweisen müssen. Der Weg ist hier, die Verknüpfung zwischen den Unternehmenszielen und Social Media zu finden und Ihren Beitrag so gut wie möglich nachzuweisen. Ansätze dafür habe ich Ihnen bereits mit der KPI-Pyramide, der Social Media Scorecard 4×4 und dem Social Media Analytics Framework in Abschnitt 6.4.8, »Social Media Measurement – Kennzahlen erfolgreich bestimmen«, vorgestellt.

Ist es nicht möglich, einen direkten finanziellen Wert auszuweisen, müssen Sie den Beitrag transparent machen, den Sie für das Unternehmen leisten. Eine Verbesserung der Stimmung gegenüber dem Unternehmen um 30 %, lässt sich vielleicht nicht in Euro beziffern, ist aber trotzdem ein Wert, den die Führungsetage versteht und zu schätzen weiß.

Der letzte Grundpfeiler des Social Media Managements stellt nun das Unternehmen selbst in den Mittelpunkt.

6.5 Change Management (interne »Überzeugungsarbeit«)

Social Media ist keine Abteilung, sondern ein Ansatz. Diesen Grundgedanken in ein Unternehmen zu bringen und Social Media als Thema in sämtliche Prozesse und Bereiche zu integrieren, ist eine wichtige Aufgabe als Social Media Manager. Gleichzeitig ist es eine der größten Herausforderungen. Interne Überzeugungs- und Aufklärungsarbeit wird gerade zu Beginn eines Engagements den Großteil Ihrer Zeit in Anspruch nehmen. Die mit der Einführung von Social Media einhergehenden Anforderungen an Unternehmen erfordern tiefgreifende Umwälzungen in sämtlichen Aspekten der Unternehmenskommunikation, -kultur, und -organisation. Entsprechend aufwendig und streckenweise unglaublich frustrierend kann diese Aufgabe für Sie sein. Lassen Sie sich von Rückschlägen nicht entmutigen! Die Erfahrung zeigt, dass die meisten Social Media Manager in diesem Bereich auf Widerstände und Probleme stoßen, langfristig aber Lösungen finden. In diesem Abschnitt möchte ich Ihnen zunächst einen generellen Einblick in die Herausforderungen des Change Managements geben und dann die drei großen Themenbereiche – Kultur, Technik und Informationsfluss – genauer darlegen. Dabei konzentriere ich mich auf die theoretischen Grundlagen, um Ihnen ein tieferes Verständnis der Thematik zu vermitteln. Aufgrund der hohen Bedeutung einer möglichst reibungslosen Integration von Social Media habe ich Kapitel 10, »Corporate Social Media«, komplett dem praktischen Aspekt des Themas gewidmet. Dort stelle ich Ihnen konkret vor, wie Sie Social Media Schritt für Schritt in Ihrem Unternehmen einführen.

6.5.1 Theoretische Grundlagen des Change Managements

Change Management oder zu Deutsch Veränderungsmanagement umfasst alle Maßnahmen, Aufgaben und Tätigkeiten, die notwendig sind, um eine grundlegende Veränderung in einer Organisation zu bewirken.

Das Lewinsche Drei-Phasen-Modell

Den idealtypischen Change-Management-Prozess möchte ich Ihnen auf Basis des Drei-Phasen-Modells von Kurt Lewin vorstellen. Lewin untersuchte Anfang der 1940er Jahre soziokulturelle Veränderungsprozesse. Er kam zu der Erkenntnis, dass

Menschen manchmal dazu gezwungen werden müssen, die Vorteile in angestrebten Veränderungen zu erkennen. Auf Basis der Annahme, dass es unlogisch ist, dass sich eine Person selbst ändert, teilte er den Prozess in die drei Phasen

- Unfreezing (auftauen),
- Moving/Changing (bewegen/verändern) und
- Refreezing (wieder einfrieren) auf.

In Abbildung 6.44 sehen Sie eine schematische Darstellung dieses Prozesses.

Abbildung 6.44   Die drei Phasen nach Lewin

In der ersten Phase, dem Auftauen, wird die Veränderung vorbereitet und Veränderungsbereitschaft unter den Organisationsmitgliedern geschaffen. Die geplanten Änderungen werden angekündigt und die betroffenen Mitarbeiter in Gesprächen, Diskussionen, Workshops und Befragungen an dem Prozess beteiligt. Darüber hinaus werden bestehende Strukturen und Prozesse analysiert und beurteilt.

In der Veränderungsphase werden dann auf Grundlage der zuvor erlangten Erkenntnisse und Informationen neue Verhaltensmuster und Prozesse entwickelt und ausprobiert. Da es oftmals schwierig ist, alte Verhaltensmuster abzulegen, wird dieser Teil des Prozesses durch Trainings, Schulungen und Rollenmodelle unterstützt.

Die letzte Phase dient dazu, die vollzogenen Veränderungen langfristig zu stabilisieren. Dafür ist es wichtig, dass die Organisationsmitglieder die vollzogenen Veränderungen als erfolgreich wahrnehmen. Wie in der Veränderungsphase wird auch hier weiterhin evaluiert, ob die neuen Prozesse gut funktionieren, und gegebenenfalls angepasst. Der neue Status quo ist damit kein starre Struktur, sondern als Ausgangspunkt für weitere Entwicklungen zu verstehen. In der Theorie klingt dieser Prozess noch relativ einfach, oder? In der Praxis sieht dies meistens anders aus, die Gründe dafür erläutere ich Ihnen jetzt.

6.5.2   Warum »Change« so schwierig ist

»Change« war das Schlagwort des Wahlkampfes des Präsidentschaftskandidaten Barack Obama im Jahr 2008. Es vermittelte Hoffnung, Aufbruchstimmung und den

Blick in eine bessere Zukunft. In der Unternehmensrealität sieht dies oftmals anders aus.

Veränderungen führen zu etwas Neuem und erfordern damit in der Regel einen Bruch mit Gewohnheiten und Altbewährtem. Mit dieser Tatsache sind Ängste und Unsicherheiten verbunden, die in einem ersten Moment dazu führen, dass der Change nicht als Chance, sondern als Bedrohung wahrgenommen wird. Die Ängste der Mitarbeiter sind hier sehr individuell und von einer Reihe von Faktoren abhängig. Eine Rolle spielt hier beispielsweise die Hierarchieebene, wie direkt die Person von dem Wandel betroffen ist und welche Kenntnisse diese von Social Media hat. Die Spanne reicht hier entsprechend von Komfort- und Machtängsten (Angst davor, Gewohnheiten, Privilegien oder Status zu verlieren) bis hin zu echten Existenzängsten (Angst, dass die eigene Stelle überflüssig wird).

Ein weiterer Punkt sind Zweifel an der Sinnhaftigkeit der Veränderung. Solange nicht absolut klar ist, dass das Unternehmen allgemein und der einzelne Mitarbeiter im Speziellen von den veränderten Rahmenbedingungen profitiert, ist die Haltung erstmal ablehnend. Als »Verursacher« der Unannehmlichkeiten müssen Sie darüber hinaus mit einer gewissen Feindseligkeit rechnen. Das teilweise aus einem sehr nachvollziehbaren Grund, denn Veränderung bedeutet oft Einschnitte in Ressourcen, die für das neue Projekt geschaffen werden müssen. Ein Aspekt, der alle vorher genannten Unwägbarkeiten noch verstärken kann, ist fehlendes Vertrauen in Ihre Person. Oftmals wird ein Social Media Manager extern rekrutiert oder war bis dato in einer wenig sichtbaren Position tätig. In dieser Situation müssen Sie erst einmal beweisen, dass Sie die Kompetenz besitzen, dem Unternehmen eine positive Veränderung zu bringen.

6.5.3 Was Ihnen hilft, Veränderungen im Unternehmen umzusetzen

Obwohl Wandel niemals einfach ist, ist er notwendig, um voranzukommen. Helfen Sie Ihren Kollegen, die eigene Komfortzone zu verlassen!

Starke Partner und Missionare finden

Change Management ist nichts, was Sie allein machen können. Suchen Sie sich starke Partner und Fürsprecher. Unterstützung durch die Geschäftsführung ist an dieser Stelle nicht nur wichtig, sondern ein essenzieller Punkt. Wenn von »ganz oben« kommt: »Wir als Unternehmen wollen Social Media«, dann hat das eine ganz andere Wirkung, als wenn Sie das sagen. Darüber hinaus sollten Sie versuchen, möglichst viele »Missionare« zu finden. Das sind solche Mitarbeiter, die den Sinn von Social Media verstanden haben und mit Ihnen gemeinsam versuchen, andere Mitarbeiter zu überzeugen.

Positionierung als Experte

Daneben ist es wichtig, dass Sie Vertrauen in Ihre Person aufbauen. Zeigen Sie Ihr Können, profilieren Sie sich als Experte, ohne dabei arrogant und unsympathisch zu sein. Stellen Sie Fragen, seien Sie stets hilfsbereit, und gehen Sie empathisch auf Ihr Gegenüber ein. Ausführlich wird dieser Themenkomplex noch in Abschnitt 10.7, »Social Media im Unternehmen etablieren«, behandelt.

Ängste und Widerstände überwinden

Eine der wichtigsten Aufgaben ist es jedoch, den Ängsten und dem Widerstand gegen die Veränderung entgegenzuwirken. Da diese über den zeitlichen Verlauf hinweg variieren, möchte ich Ihnen einmal die Verlaufsphasen einer Veränderung aus der Sicht eines Betroffenen skizzieren.[16] Im Anschluss stelle ich Ihnen dann verhaltensorientierte Maßnahmen vor, die dabei helfen, die jeweiligen Herausforderungen zu meistern.

In Abbildung 6.45 sehen Sie die Skizze einer idealtypischen Veränderungskurve. Dabei visualisiert die Y-Achse die wahrgenommene persönliche Kompetenz einer Person, die X-Achse stellt den Zeitverlauf dar.

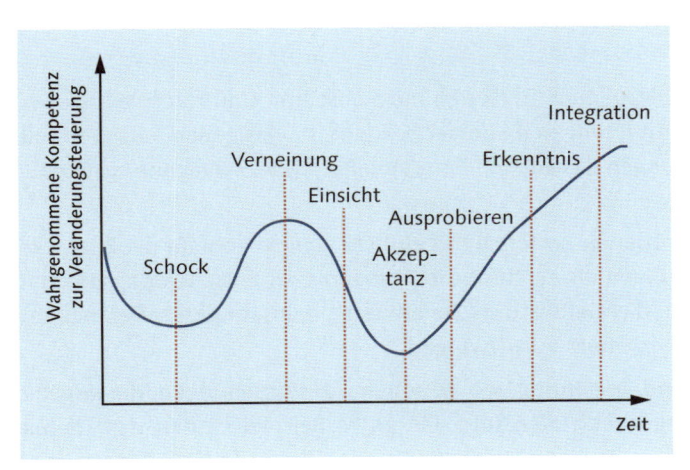

Abbildung 6.45 Veränderungsprozess aus Sicht der Betroffenen

Die Abgebildete Kurve zeigt folglich die gefühlte Kompetenz über die Zeit. Der Verlauf geht über sieben Phasen:

1. Schock: Mit der Verkündung der Veränderung kommt zunächst der Schock, die Mitarbeiter sind verunsichert und haben Angst.

---

16 Vgl. Dietmar Vahs: Organisation: Einführung in die Organisationstheorie und -praxis. 3. Aufl. Stuttgart 2001, S. 285 ff.

2. Verneinung: Die Mitarbeiter wollen den bevorstehenden Wandel nicht, haben Angst und fokussieren sich auf die negativen Aspekte der Veränderung.
3. Einsicht: Langsam erkennen die Mitarbeiter, dass eine Veränderung doch sinnvoll ist.
4. Akzeptanz: Mitarbeiter beginnen die Veränderung zu akzeptieren und lassen alte Gewohnheiten los.
5. Ausprobieren: Erste Projekte mit den neuen Gegebenheiten werden ausprobiert, der Einzelne versucht, sich mit den Veränderungen zu arrangieren.
6. Erkenntnis: Die Mitarbeiter erkennen, dass die Veränderung gut ist.
7. Integration: Die Veränderung wird von den Mitarbeitern komplett in den Alltag integriert. Alte Verhaltensweisen sind vergessen. Die gefühlte Kompetenz steigt eventuell sogar über das vorherige Niveau hinaus.

In Anbetracht dieser Phasen im Veränderungsprozess bieten sich folgende Maßnahmen an, um die damit einhergehenden Widerstände zu überwinden.

Vermeidung von Schock und Verneinung

Die ersten beiden Phasen sind durch Unsicherheiten und Ängste geprägt, hier gilt es, zu intervenieren:

▶ Informieren Sie die betroffenen Personen möglichst früh und transparent über die angestrebten Veränderungen. Je besser bekannt ist, was genau passieren soll und welche Auswirkungen das auf den Einzelnen hat, desto weniger Ängste entstehen.

▶ Beziehen Sie die betroffenen Personen mit ein! Dies gilt sowohl für die Entwicklung von neuen Prozessen als auch für die Teilnahme an Entscheidungsprozessen. So vermitteln Sie das Gefühl, dass Sie etwas gemeinsam geschaffen haben, anstatt den Betroffenen etwas aufzuzwingen.

▶ Besonderer Schutz und Begleitung von Personen oder Abteilungen, die negativ von den Veränderungen betroffen sind. Ein gutes Beispiel ist hier das Thema Budget. Oftmals werden keine neuen Gelder für das Thema Social Media aufgetan, sondern bestehendes Budget in diesen Bereich verschoben. Die Abteilungen, die Gelder »verlieren«, sind darüber natürlich nicht sonderlich erfreut. Hier ist es Ihre Aufgabe, klar und deutlich zu vermitteln, wie Sie diesen Verlust »wiedergutmachen«. In diesem Beispiel wäre es etwa denkbar, herauszustellen, wie Sie dafür in Zukunft Marketingkampagnen durch Social Media unterstützen können.

▶ Vermeiden Sie revolutionäre Ansätze. Alles umzustoßen und neu aufzubauen, ist im Rahmen einer Social-Media-Strategie meistens sowieso unnötig.

Unterstützung von Einsicht und Akzeptanz

In diesen beiden Phasen gilt es nun, die positive Einstellung gegenüber der Veränderung zu stützen:

- Positionieren Sie sich als vertrauensvoller Ansprechpartner, und geben Sie regelmäßig Rückmeldung über den Stand der Dinge.
- Unterstützen Sie die Mitarbeiter durch Schulungen, Coaching und Guidelines (ausführlich dazu in Abschnitt 10.7, »Social Media im Unternehmen etablieren« und Abschnitt 10.6, »Social Media Guidelines«).
- Nehmen Sie Rücksicht auf langjährige Arbeits- und Sozialbeziehungen. Hier kann es schon zu einer Menge Unmut führen, wenn ein Mitarbeiter das Büro wechseln muss, um Platz zu schaffen.

Förderung des Ausprobierens und der Erkenntnis

Diese beiden Phasen sind geprägt von dem Versuch der Betroffenen, mit der Veränderung zu arbeiten. Dieses Verhalten müssen Sie belohnen, unterstützen und fördern.

- Versuchen Sie so früh wie möglich, erste Erfolgserlebnisse zu schaffen. Diese sogenannten *Quick Wins* motivieren unheimlich und führen zu noch mehr Elan.
- Machen Sie deutlich, dass Fehler kein Drama sind, sondern dazu da sind, zu lernen und besser zu werden. Ermutigen Sie die Mitarbeiter, Dinge auszuprobieren, ohne dass sie Angst vor negativen Konsequenzen haben müssen. Gehen Sie konstruktiv mit Fehlern um.
- Belohnen und loben Sie Treiber und Akteure der Veränderungen sichtbar. Dies kann zum Beispiel in einem Artikel in der Mitarbeiterzeitung sein, im Rahmen einer Präsentation oder im persönlichen Gespräch.
- An dieser Stelle kann es durchaus auch sinnvoll sein, kompetente, externe Berater dazuzuholen.

Veränderungen nachhaltig Integrieren

In der letzten Phase gilt es nun, die neuen Verhaltensweisen nachhaltig zu integrieren. Dies funktioniert insbesondere über Wiederholungen und eine engen Zusammenarbeit.

Mit diesen Maßnahmen sind Sie jetzt in der Theorie gut gerüstet, den Wandel in Ihrem Unternehmen zu initiieren. Das Wichtigste an dieser Stelle ist jedoch, dass Sie ausreichend Langatmigkeit, Hartnäckigkeit und Leidenschaft für Social Media mitbringen. Ich mache Ihnen nichts vor, es wird nicht immer einfach sein, und das umso weniger, je größer das Unternehmen ist, in dem Sie arbeiten. In Kapitel 10,

»Corporate Social Media«, werde ich noch konkret auf die praktische Umsetzung eingehen.

Abschließend möchte ich Ihnen noch die Gebiete vorstellen, die sich in Gesprächsrunden unter Social Media Managern immer wieder als die größten Herausforderungen herauskristallisieren – die Unternehmenskultur und die liebe Technik.

6.5.4 Social Media und die Unternehmenskultur

Schauen wir uns ein klassisches, alteingesessenes Unternehmen an. Starre Hierarchien, klar darauf abgestimmte Kommunikations- und Informationswege und Privilegien machen ein effizientes Arbeiten schlichtweg unmöglich. Sind Sie in einem solchen Unternehmen gelandet, gibt es erst einmal eine Menge zu tun. Die Bereiche, in denen hier eine Bereitschaft zur Veränderung notwendig ist, sind:

- Hierarchie
- totale Kontrolle der Mitarbeiter
- Informationssilos und beschränkter Informationsfluss
- eine Kultur von Gewohnheit und Perfektion

Von starren Hierarchien zum vernetzten Unternehmen

Starre Hierarchien und Social Media passen einfach nicht zusammen. Zwei kleine Beispiele aus meiner Erfahrung:

Das erste passierte zum Glück vor dem öffentlichen Start in ein Engagement. Eine Panne, die den gesamten Betriebsablauf in einem bestimmten Gebiet lahmlegte, wurde bekannt. Diese Information wurde aus Hierarchiegründen an meinen Vorgesetzten gesandt, der gerade auf Dienstreise war und mir die Information erst mehrere Stunden später weiterleitete. Im laufenden Social-Media-Engagement hätte genau diese verpasste Zeit zu einer Krise führen können.

Ein Beispiel, von dem ich immer wieder höre, ist die Ausgabe von Arbeitsgeräten auf Basis der Hierarchieebene. So bekommt der Social Media Manager ein Firmenhandy, mit dem er lediglich seine Firmen-E-Mails abrufen kann. Der Zugriff auf die Social-Media-Präsenzen des Unternehmens ist nur schwerlich über den integrierten Browser möglich. Hier sind oft wochenlange Diskussionen notwendig, um klarzustellen, dass es bei dem benötigten Smartphone nicht um den Status, sondern darum geht, arbeiten zu können. Hier ist eine grundsätzliche Entscheidung der Geschäftsleitung gefragt. Gegenüber spitzen Kommentaren der Kollegen, wie: »Ach, Sie haben ein iPhone?«, müssen Sie in solchen Momenten immun sein.

Verstehen Sie mich an dieser Stelle nicht falsch, ich fordere Sie nicht dazu auf, sämtliche Hierarchien zu stürzen. Es geht an dieser Stelle darum, die Strukturen so zu lockern, dass Sie vernünftig arbeiten und mit anderen Abteilungen zusammenarbeiten können. Schaffen Sie ein Netzwerk zwischen den Mitarbeitern, die in das Social-Media-Engagement involviert sind. Sorgen Sie dafür, dass wichtige Informationen aus dem Unternehmen direkt im Social-Media-Team landen und nicht in der Ebene darüber. Schaffen Sie Verständnis dafür, dass eine gute technische Ausstattung nicht von der Hierarchie abhängig sein darf, sondern von den Anforderungen der Tätigkeit. Vor allem müssen Sie in diesem Bereich stets darauf achten, dass Sie deutlich machen, warum eine Veränderung notwendig ist. Gerade Statussymbole, spezielle Freiheiten oder Privilegien sind etwas, das nur sehr ungern aufgegeben wird.

Von Kontrolle zu Vertrauen

Nur wenige Führungskräfte geben es offen zu, aber der mit Social Media einhergehende Kontrollverlust macht Ihnen Angst. Aussagen wie: »Wir können doch nicht jeden Mitarbeiter für das Unternehmen sprechen lassen. Wer weiß was die sagen?«, weisen dann auf die eigentliche Ursache hin – fehlendes Vertrauen. Zunächst einmal müssen Sie an dieser Stelle die Illusion auflösen, dass ein Unternehmen die totale Kontrolle darüber hat, was die Angestellten im Internet sagen. Die Zeiten sind vorbei. Mitarbeiter und solche, die es einmal waren, schreiben im Internet was und wann Sie wollen. Das natürlich besonders gerne, wenn Sie unzufrieden sind (siehe Abbildung 6.46).

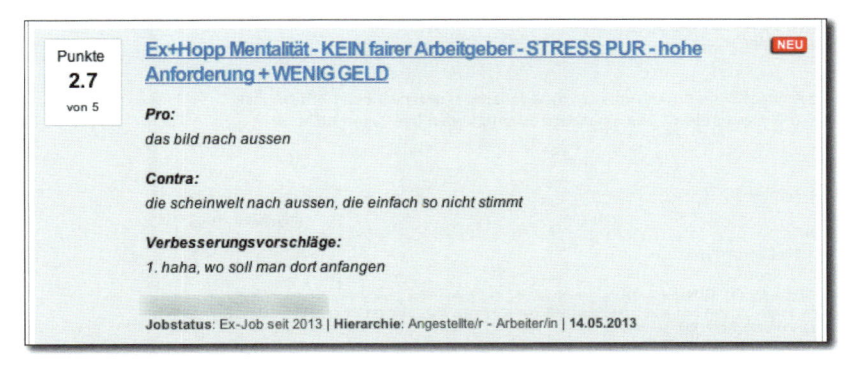

Abbildung 6.46 Unternehmen haben keinen Einfluss darauf, was Ihre (ehemaligen) Mitarbeiter ins Netz schreiben.

Unternehmen bleibt jetzt lediglich die Entscheidung, ob sie ihre Mitarbeiter dabei unterstützen, sich kompetent im Netz zu bewegen, oder nicht. Schaffen Sie Verständnis dafür, dass Misstrauen an dieser Stelle deplatziert ist. Wenn das Management den Angestellten nicht zutraut, im Social Web als Mitarbeiter Ihres Unternehmens aufzutreten, dann dürften diese überhaupt nie mit Kunden oder Partnern sprechen. Ob am Telefon, an der Ladentheke, auf einer Konferenz oder eben im

Internet, es macht heutzutage keinen großen Unterschied, wo diese Gespräche stattfinden. Fehler und unfreundliches Verhalten einem Kunden gegenüber finden genauso ihr Publikum, wenn der Fauxpas offline passiert, denn das ärgerliche Status-Update auf Twitter oder Facebook ist nur einen Klick weit entfernt. Wer seinen Mitarbeitern nicht vertraut, hat die falschen Personen eingestellt.

Von Informationssilos zu geteiltem Wissen

Geteiltes Wissen und transparente Informationsflüsse sind in vielen Unternehmen noch Wunschdenken. Damit meine ich noch nicht einmal den Einsatz von zentralen Wissensmanagementsystemen. Wissen ist Macht und Informationen über die Abteilungsgrenzen hinweg zu teilen schlichtweg ungewohnt. Das sind zwei der Gründe, warum es oftmals schwierig ist, innerhalb eines Unternehmens gut informiert zu sein. Dabei ist es für das Social-Media-Team kritisch, nicht jederzeit zu wissen, was im Unternehmen vorgeht. Nur so ist eine transparente und authentische Kommunikation nach außen möglich. Nichts ist so unangenehm, wie ein Kunde, der einen mit Fakten konfrontiert, die intern nur im Management bekannt waren, oder eine Antwort, die auf falschen Informationen basierte. Das Social Web schafft Transparenz an Stellen, wo es den Unternehmen unangenehm ist, und so wird schnell eine Ausrede vermutet, wo vielleicht nur eine Fehlinformation vorlag (siehe Abbildung 6.47).

Abbildung 6.47 Wenn der Kunde mehr weiß als der Kundenservice

Als Social Media Manager müssen Sie mindestens einen zentralen Informationspunkt für das Social-Media-Team schaffen. Hier laufen alle Informationen aus dem

Unternehmen zusammen, ob der Kampagnenplan der Marketingabteilung, der Redaktionsplan der PR, die neuesten Umfrageergebnisse aus der Marktforschung, potenzielle oder aktuelle Störungen im Betriebsablauf oder die neue Geschmacksrichtung, die gerade in der Produktentwicklung getestet wird. Schlichtweg sämtliche Informationen, die für einen offenen Dialog mit dem Kunden relevant sein könnten – und das komplett unabhängig von Hierarchie und Abteilung.

Für Sie als Social Media Manager hat es höchste Priorität, genau so einen »Single Point of Information« zu schaffen. Sprechen Sie dafür die betreffenden Abteilungen gezielt an, erläutern Sie nachdrücklich, warum hier das Teilen von Informationen so wichtig ist, und suchen Sie sich einen gezielten Ansprechpartner/Verantwortlichen pro Abteilung. Ich persönlich habe gute Erfahrungen damit gemacht, diese Schritte im Rahmen der *Roadshow* (siehe Abschnitt 10.7.1, »Die Roadshow«), vorzunehmen. Besonders hervorheben möchte ich hier noch die Bedeutung einer engen Zusammenarbeit mit der Kommunikation. Im Idealfall sind beide Abteilungen stets auf dem gleichen Informationsstand.

Ist das Management darüber hinaus gegenüber einer kollaborativen Lösung für das unternehmensweite Teilen und Zusammentragen von Wissen offen, umso besser. Die Möglichkeiten, die Social Media im internen Unternehmenseinsatz bietet, erläutere ich Ihnen noch ausführlich in Abschnitt 7.9, »Enterprise 2.0«.

Von einer Kultur der Gewohnheit und Perfektion zur Lernkultur

> »The only human being that likes change is a baby with a wet diaper.«
> Hans Crijns, Professor of Management Practice, Vlerick

Wie bereits in Abschnitt 6.5.2, »Warum ›Change‹ so schwierig ist«, ausführlich diskutiert, sind alteingesessene Gewohnheiten eine große Hürde für Veränderungen. Sprüche wie: »Aber das haben wir schon immer so gemacht«, sind hier genauso beliebt wie: »Wir brauchen so einen neumodischen Kram nicht.« Führen Sie den Skeptikern den Mehrwert vor Augen, den ein Umdenken und die Integration von Social Media ins Unternehmen mit sich bringt. Machen Sie Erkenntnisse und Feedback aus den sozialen Medien für das Unternehmen nutzbar. Gute Beispiele sind hier die Ideen, die Kunden für die Produktentwicklung liefern, oder eine Zusammenfassung häufiger Kritikpunkte als Ansatz für Verbesserungen. Es ist wichtig, dass ein Unternehmen zeigt, dass es seinen Kunden zuhört und dazulernt. Wichtig ist auch, dass für die Mitarbeiter die richtige Umgebung geschaffen wird, um zu lernen. Anfängliche Fehler sollten nicht direkt bestraft, sondern gemeinsam besprochen werden, um herauszufinden, was besser gemacht werden kann. Eine ausgereifte Lernkultur, die dem Unternehmen und jedem einzelnen Mitarbeiter die Chance gibt, zu lernen, auch mal Fehler zu machen und daran zu wachsen, ist eine wichtige Grundlage für den langfristigen Erfolg in Social Media.

6.5.5 Social Media und technische Barrieren

Notwendige Veränderungen im Zusammenhang mit IT und Sicherheit sind in vielen Unternehmen das Erste, was einem Social Media Manager auffällt. Gesperrte Internetseiten, veraltete Software, Notebooks, so schwer wie Ziegelsteine, gerade in großen Unternehmen ist alles auf Sicherheit und nicht auf die Arbeit im Social Web optimiert. IT- und Sicherheitsrichtlinien haben schon so manchen Social Media Manager Zeit und Nerven gekostet. Vorweg, es gibt immer eine Lösung! Lassen Sie sich nicht mit dem Totschlagargument »Sicherheit« abwimmeln. Wie es ein befreundeter Berater mal so treffend ausdrückte:

> »Wenn die IT sagt, es ist aus Sicherheitsgründen nicht möglich, sind die nur zu faul, eine Lösung zu finden.«

Machen Sie IT und Sicherheit auf keinen Fall zu Ihrem Feindbild, im Gegenteil. Es muss eine gemeinsame, konstruktive Lösung gefunden werden, die beide Seiten zufriedenstellt. Es ist in den meisten Fällen nicht so, dass Ihr Gegenüber nichts verändern will, sondern so, dass Sie mit Anforderungen aufwarten, die bisher so noch nie dagewesen sind.

Die Knackpunkte sind hier meistens:

- technische Grundausstattung
- freies Internet
- Software

Technische Grundausstattung

Oftmals fängt die Diskussion bei den Arbeitsgeräten an. Sie benötigen einen mobilen Rechner und ein Smartphone. Warum? In Notfällen müssen Sie immer und überall die Möglichkeit haben, nach dem Rechten zu sehen. Theoretisch geht das natürlich auch auf Ihren privaten Geräten, aber praktisch sollten Sie diese Erwartungshaltung gar nicht erst aufkommen lassen, denn dann werden Sie kaum noch die Möglichkeit haben, einfach mal abzuschalten. Wenn die IT die Anweisung hat, Smartphones erst ab Hierarchielevel X auszugeben (siehe Beispiel im Abschnitt »Von starren Hierarchien zum vernetzten Unternehmen« in Abschnitt 6.5.4), müssen Sie die Geschäftsleitung darum bitten, sich einzuschalten. Ein Notebook, das mehr wiegt, als Ihre privaten Geräte zusammen, ist nicht ideal dafür, es jeden Tag hin und her zu schleppen. Schildern Sie bei den relevanten Stellen Ihre Situation, erläutern Sie klar und deutlich, was Sie zum Arbeiten brauchen und vor allem warum. Eine logische, sachliche Argumentation führt hier in den meisten Fällen zum Ziel.

Freies Internet

Ein zweiter wichtiger Punkt ist – freies Internet. Sie und Ihr Team müssen die Möglichkeit haben, theoretisch jede Seite im Internet zu besuchen. Einerseits darf der Zugang zu sozialen Netzwerken nicht gesperrt sein und andererseits haben auch Bad-Word-Filter das Potenzial, zu einem Problem zu werden. Hier ein einfaches Beispiel aus der Praxis: Ein Kunde, der gleichzeitig Meinungsführer ist, fühlt sich schlecht behandelt und schreibt einen wütenden Blogbeitrag mit dem F-Wort in der Überschrift. Dieses Wort steht auf der Bad-Word-Liste und macht es so unmöglich, diese Seite zu besuchen. Durch die so entstehende Zeitverzögerung eskaliert die Situation unnötig. Sammeln Sie hier konkrete Beispiele, und zeigen Sie den Verantwortlichen, warum Sie mit einem gesperrten Internet nicht arbeiten können.

Software

Der dritte Punkt an dieser Stelle ist die benötigte Software. Viele Anwendungen, die Sie als Social Media Manager benötigen, gehören nicht zum Standartrepertoire der IT-Abteilung oder verstoßen sogar gegen die IT-Richtlinien. Auch hier muss ein Weg gefunden werden, Ihnen das Arbeiten zu ermöglichen, ohne die Sicherheit des Unternehmens zu kompromittieren. (In Abschnitt 11.2.1, »Die Grundausstattung«, gehe ich noch einmal ausführlich darauf ein, welche Soft- und Hardware Sie zum Arbeiten brauchen.)

Lösungsansatz

Eine praktische Lösung für alle drei oben beschriebenen Problemfelder kann eine Abtrennung der Social-Media-Technik von dem Rest des Unternehmens sein. Das bedeutet, das Social-Media-Team bekommt eine eigene, ungesperrte Internetleitung und Rechner, die nicht mit dem Firmennetzwerk verbunden werden dürfen. Ob Sie mit Ihren Ansprechpartnern diese oder eine andere Lösung finden, wird sich zeigen. Planen Sie an dieser Stelle Zeit und Investitionen für die notwendigen Veränderungen ein, Sie werden Sie brauchen. Change ist nichts, das von heute auf morgen passiert. Üben Sie sich in Geduld und Langmut, und bleiben Sie stets optimistisch. Wenn Ihr Unternehmen sich wirklich nachhaltig mit Social Media befassen möchte, ist ein Wandel unumgänglich. Die Zeit ist hier in jedem Fall auf Ihrer Seite.

Nach dieser umfassenden, theoretischen Einführung in die Eckpfeiler des Social Media Managements, kommt nun der Übergang in die Praxis. In Kapitel 7 geht es mit den Anwendungsszenarien für Social Media und einer Reihe praktischer Beispiele weiter.

7 Anwendungsfelder des Social Media Managements

> »Vor dem Web gab es für Unternehmen nur zwei signifikante Optionen, ihren Bekanntheitsgrad zu steigern: teure Werbung oder journalistische Berichte in den Medien. Doch das Web hat die Regeln geändert. Das Web ist kein Fernsehen. Unternehmen, die die neuen Marketing- und PR-Regeln verstehen, bauen direkte Beziehungen zu ihren Kunden auf, also zu Ihnen und zu mir.«
>
> David Meerman Scott, »Die neuen Marketing- und PR-Regeln im Social Web«

Social Media verändert die Art und Weise, wie Unternehmen mit ihren Anspruchsgruppen kommunizieren, und erweitert so klassische Anwendungsbereiche der Public Relations, des Marketings, des Kundenservices, der Personalarbeit, der Forschung und Entwicklung – kurzum sämtlicher Unternehmensbereiche, die irgendwie mit der Außenwelt in Kontakt treten.

In diesem Kapitel möchte ich Ihnen zunächst vorstellen, wie Social Media die Bereiche Marketing und PR verändert hat und dann auf die jeweiligen Anwendungsszenarien eingehen. Anschließend wende ich mich den weiteren Unternehmensbereichen zu und erläutere Ihnen, welche Anforderungen Social Media stellt und welche Vorteile Ihr Unternehmen hat, wenn es diese erfüllt.

7.1 Abgrenzung zwischen Unternehmenskommunikation, PR und Marketing

Wenn ich in den letzten Jahren eine Erfahrung gemacht habe, dann ist es die Schwierigkeit bei der Abgrenzung von Unternehmenskommunikation, Public Relations und Marketing. Diese ist selbst für Fachleute keineswegs trivial und sorgt immer wieder für öffentliche Grabenkämpfe zwischen PR- und Marketing-Fachleuten, die jeweils für sich beanspruchen: »Das, was in Social Media gemacht wird, war schon immer unsere Aufgabe.« Aufgrund der komplexen Anforderungen, die Social Media an ein Unternehmen stellt, verschwimmen darüber hinaus die Grenzen zwischen den einzelnen Disziplinen. Ich bin mir bewusst, dass ich mich auf dünnem Eis bewege, wenn ich in diesem Kapitel ein Anwendungsszenario der einen oder der anderen Fachrichtung zuordne. Ich persönlich habe in beiden Disziplinen eine gewisse Grundausbildung genossen und über Jahre mit mehreren Marketing- und PR-Abteilungen (wahlweise auch Corporate Communications oder Unternehmenskommunikation genannt) zusammengearbeitet. Aus dieser praktischen Arbeit in Kombination mit dem theoretischen Wissen habe ich die Erfahrung mitgenommen, zu welcher Abteilung jeweils die stärkere Schnittstelle notwendig war, und die Zuordnung entsprechend vorgenommen. Dennoch möchte ich hier einmal kurz vorstellen, was sich hinter den Begriffen versteckt, denn dies ist viel mehr als Pressemitteilungen und Werbung.

7.1.1 Was ist Unternehmenskommunikation?

Unternehmenskommunikation umfasst die Gesamtheit aller Kommunikationsinstrumente und -maßnahmen, die dazu eingesetzt werden, das Unternehmen den relevanten internen und externen Zielgruppen der Kommunikation darzustellen oder mit den Zielgruppen eines Unternehmens in Interaktion zu treten.[1] Wichtige Teilbereiche der Unternehmenskommunikation sind Public Relations und Marketing. Umgangssprachlich wird der Begriff Unternehmenskommunikation oftmals synonym mit der praktischen PR-Arbeit verwandt.

7.1.2 Was sind Public Relations?

Der Begriff Public Relations (PR) wurde bereits in 1882 an der amerikanischen Yale Universität verwendet und seitdem auch im deutschen Sprachraum als Fachbegriff verwandt. Synonym ist seit 1917 auch der Begriff Öffentlichkeitsarbeit gebräuchlich. Public Relations dienen einem Unternehmen oder einer Organisation dazu, Beziehungen (Relations) mit der Öffentlichkeit (Public) aufzubauen und zu pflegen.

Die genaue Definition von Public Relations ist jedoch umstritten. Das liegt unter anderem daran, dass die Inhalte der PR mit der Veränderung von Gesellschaft und Medien dynamisch sind. Mit Hilfe von drei unterschiedlichen Definitionen möchte ich Ihnen die Grundgedanken nahebringen.

Carl Hundhausen, einer der ersten deutschen PR-Experten überhaupt, definierte Public Relations im Jahre 1937 wie folgt:

> »Public Relations ist die Kunst, durch das gesprochene oder gedruckte Wort, durch Handlungen oder durch sichtbare Symbole für die eigene Firma, deren Produkt oder Dienstleistung eine günstige öffentliche Meinung zu schaffen.«

Günter Bentele, Professor für Öffentlichkeitsarbeit/Public Relations an der Universität Leipzig, definiert Public Relations wie folgt:

---

1 Manfred Bruhn: Kommunikationspolitik, 7., überarbeitete Auflage, München 2013, S. 3 ff.

> »Öffentlichkeitsarbeit oder Public Relations sind das Management von Informations- und Kommunikationsprozessen zwischen Organisationen einerseits und ihren internen oder externen Umwelten (Teilöffentlichkeiten) andererseits. Funktionen von Public Relations sind Information, Kommunikation, Persuasion, Imagegestaltung, kontinuierlicher Vertrauenserwerb, Konfliktmanagement und das Herstellen von gesellschaftlichem Konsens.«

Die aktuelle Definition der deutschen Public Relations Gesellschaft (DPRG) lautet:

> »Public Relations [sind] das bewusste und legitime Bemühen um Verständnis sowie um Aufbau und Pflege von Vertrauen in der Öffentlichkeit auf der Grundlage systematischer Erforschung.«

Wie gesagt, eine allgemeingültige Definition von PR gibt es nicht, aber zumindest das Credo »Tue Gutes und rede darüber« hat eine gewisse Allgemeingültigkeit in diesem Feld.[2]

Aufgaben und Anspruchsgruppen der PR

Ist die genaue Definition der PR umstritten, so kann ich Ihnen die Frage nach den Aufgaben der Öffentlichkeitsarbeit eindeutiger beantworten. Die Mitarbeiter der PR sind für die Gestaltung der öffentlichen Kommunikation zwischen dem Unternehmen und dessen Anspruchsgruppen zuständig, mit dem Zweck, zu informieren, Beziehungen aufzubauen und zu pflegen und insgesamt eine gute Reputation für das Unternehmen aufzubauen und zu erhalten. Anspruchsgruppen sind dabei nach innen die eigenen Mitarbeiter und nach außen sämtliche Gruppen, die ein Interesse an dem Unternehmen haben oder haben könnten, wie zum Beispiel Kunden, potenzielle Kunden, Investoren, Journalisten, die Öffentlichkeit, Lieferanten, Gewerkschaften oder die Politik. Diese Liste lässt sich beliebig fortführen, denn jedes Unternehmen bestimmt für sich die wichtigsten Zielgruppen.

Im Hinblick auf die Zielgruppe ergibt sich eine Reihe von unterschiedlichen Aufgabenfeldern, einige Beispiele stelle ich Ihnen in Tabelle 7.1 vor.

Aufgabengebiet	Zielgruppe	Beispiele
Media Relations	Medienvertreter, Journalisten	Pressemitteilungen, Pressekonferenzen
Produkt-PR	Kunden, Interessenten	

Tabelle 7.1 Beispiele für Aufgabengebiete der PR

---

2 Bei Interesse finden Sie noch eine Reihe weiterer Definitionen unter http://www.pr-woerterbuch.de/wiki/index.php/PR-Definition.

Aufgabengebiet	Zielgruppe	Beispiele
Human Relations	Mitarbeiter	Mitarbeiterzeitung, Intranet
Investor Relations	Investoren	Geschäftsbericht
Public Affairs	Politik, Gewerkschaften	

Tabelle 7.1 Beispiele für Aufgabengebiete der PR (Forts.)

Media Relations, Produkt-PR und Human Relations gehören hier zu den Aufgabengebieten, die jedes Unternehmen erfüllen sollte. Neben diesen zielgruppengerichteten Aufgaben kommt die situativ notwendige Krisenkommunikation (dazu ausführlich in Abschnitt 7.4, »Krisenkommunikation und der Shitstorm«).

Ziele der PR

Mögliche Ziele der PR können in Abhängigkeit von den Zielgruppen sein:

- Erhöhung der Aufmerksamkeit und der Bekanntheit
- Imageaufbau, -verbesserung und -pflege
- Stärkung von Vertrauen in das Unternehmen
- Erhöhung der Glaubwürdigkeit eines Unternehmens
- Motivation und Bindung der Mitarbeiter
- Information und Bindung von Kunden
- Ansprechen neuer Zielgruppen
- Aufbau und Pflege von Beziehungen in die Politik, zu Gewerkschaften, Investoren und Kreditgebern
- Prävention und Management von Krisensituationen

Eine Gemeinsamkeit der meisten Ziele spiegelt auch eines der Kernelemente der PR wieder. Öffentlichkeitsarbeit zielt auf langfristige Beziehungen ab und bezieht sich dabei vordergründig auf das Unternehmen.

7.1.3 Was ist Marketing?

Allgemein wird Marketing gerne mal mit Werbung gleichgesetzt, dabei umfasst der Begriff wesentlich mehr. Marketing ist nämlich nicht nur die Abteilung im Unternehmen, die sich überwiegend mit der Vermarktung von Produkten und Dienstleistungen beschäftigt, sondern eine ganzheitliche Disziplin von der Planung von Produkten und Dienstleistungen bis hin zum Vertrieb derselben.

Ziele des Marketings

Die Ziele des Marketings lassen sich in quantitative und qualitative Ziele unterscheiden:

- **Quantitative Ziele** sind marktwirtschaftliche Ziele wie Absatz, Umsatz, Gewinn, Rentabilität, Preis(-niveau) und Marktanteil.
- **Qualitative Ziele** sind marktpsychologischen Ziele wie Bekanntheit, Kundenzufriedenheit, Kundenbindung und Markenimage.

Diese Ziele sind grundsätzlich mittel- bis langfristig angelegt und tragen maßgeblich zum Unternehmenserfolg bei.

Maßnahmenkatalog des Marketings – der Marketingmix

Der Marketingmix verdeutlicht die vielfältigen Aufgaben, die sich hinter diesem Begriff verstecken. Der Marketingmix wird dabei über die vier P des Marketings charakterisiert:

- **Product** (Produktpolitik): Welche Eigenschaften muss das Produkt/die Dienstleitung haben? In diesen Bereich kann neben der Marktforschung auch der Kundenservice als Servicemerkmal eingeordnet werden.
- **Place** (Distributionspolitik): Wo und wie vertreibe ich das Produkt/die Dienstleistung am besten? Neben einer Wahl der geeigneten Vertriebskanäle spielen hier Logistik und Standorte eine Rolle.
- **Promotion** (Kommunikationspolitik): Die Fragestellung der Promotion lautet: Wie verkaufe ich, bzw. wie kommuniziere ich über mein Angebot mit meinen Kunden? Zu den Maßnahmen gehören zum Beispiel die klassische Werbung, Messen und die Verkaufsförderung durch Aktionen. In diesen Bereich fällt auch die Produkt-PR und schafft damit eine klare Schnittstelle zwischen Marketing und PR.
- **Price** (Preispolitik): Zu welchem Preis verkaufe ich? Von Preisstrategie bis hin zu Finanzierungskonditionen befasst sich das Marketing mit sämtlichen Aspekten rund um den Preis eines Produkts/einer Dienstleistung.

Alle diese Maßnahmen im Marketingmix zahlen darauf ein, dass ein Kunde ein Produkt oder eine Dienstleistung kauft. Darüber hinaus steht das Produkt oder die Dienstleistung im Mittelpunkt.

In den 1980er Jahren wurde das Marketing verstärkt durch eine beziehungsorientierte Sichtweise beeinflusst. Jetzt lag der Fokus nicht mehr zwingend darauf, eine Transaktion durchzuführen, sondern darauf, eine langfristige Beziehung und Vertrauen zwischen Kunden und Unternehmen aufzubauen. An dieser Stelle wird jetzt klar, warum es so schwierig ist, Marketing und PR mit einem breiten Verständnis beider Seiten überhaupt noch voneinander abzugrenzen. Entsprechend möchte ich im weiteren Verlauf des Buches auf das allgemeine Verständnis von Marketing zurückgreifen. In diesem liegt, wie eingangs erwähnt, der Schwerpunkt auf den Aspekten der klassischen Werbung und der Verkaufsförderung. Sie wissen jetzt, dass hinter dem Begriff wesentlich mehr steckt.

7.1.4 Was ist denn nun der Unterschied zwischen Marketing und PR?

Wenn ich den Fokus bei Marketing auf eben jenen Aspekt der Promotion und bei der PR auf das »Relations« im Begriff lege, dann kann ich den Unterschied wie folgt definieren: Marketing zielt vorrangig darauf ab, ein Produkt oder eine Dienstleistung sachlich und emotional sowie mit einer breiten Palette an Maßnahmen zu bewerben, während PR vordergründig darauf abzielt, zu informieren, Beziehungen, Vertrauen und eine gute Reputation aufzubauen und zu pflegen.

Mit dieser stark vereinfachten Definition möchte ich in diesem Kapitel arbeiten und Ihnen im Folgenden vorstellen, wie Social Media die jeweiligen Bereiche verändert und bereichert hat.

7.2 Social Media in der PR

Social Media in der PR, PR 2.0 oder *Social Media Relations* ist die Weiterentwicklung und Ausweitung der Public Relations auf die Anspruchsgruppen im Social Web. Im Fokus stehen hier entsprechend die Information sowie der Aufbau von Beziehungen, Vertrauen und einer guten Reputation innerhalb der Anspruchsgruppen in den sozialen Medien. Der große Unterschied zu der klassischen PR besteht darin, dass die Kommunikation im Social Web bidirektional ist, während die Möglichkeiten für einen direkten Dialog in den klassischen Medien sehr eingeschränkt waren. Hiermit entstehen neue Anforderungen, aber auch neue Wege, um Beziehungen und Vertrauen zwischen einem Unternehmen und seinen Zielgruppen aufzubauen.

7.2.1 Zielgruppen der Social Media Relations

Die Zielgruppen der Social Media Relations unterscheiden sich nur teilweise von denen der klassischen PR bzw. weisen einen großen Teil an Überschneidungen auf. Exklusiv finden Sie hier die Zielgruppen, die in erster Linie in den sozialen Medien auftreten und kommunizieren, wie zum Beispiel die Gruppe der Blogger, die Twitter-Nutzer oder die sogenannten Influencer, also Personen mit einer sehr großen Reichweite im Netz. Darüber hinaus tummeln sich in den sozialen Medien auch bestehende Zielgruppen, wie zum Beispiel Journalisten oder die eigenen Mitarbeiter.

7.2.2 Herausforderungen von PR 2.0

Social Media verändert die Wege, wie Unternehmen mit ihrer Umwelt kommunizieren. Ein Feld, dessen Hauptaufgabe eben diese Kommunikation ist, trifft eine solche Veränderung natürlich besonders stark. Während es früher in erster Linie die Journalisten waren, die Inhalte in die Medien und darüber an die Öffentlichkeit brachten, läuft es heute schlichtweg anders (siehe Abbildung 7.1).

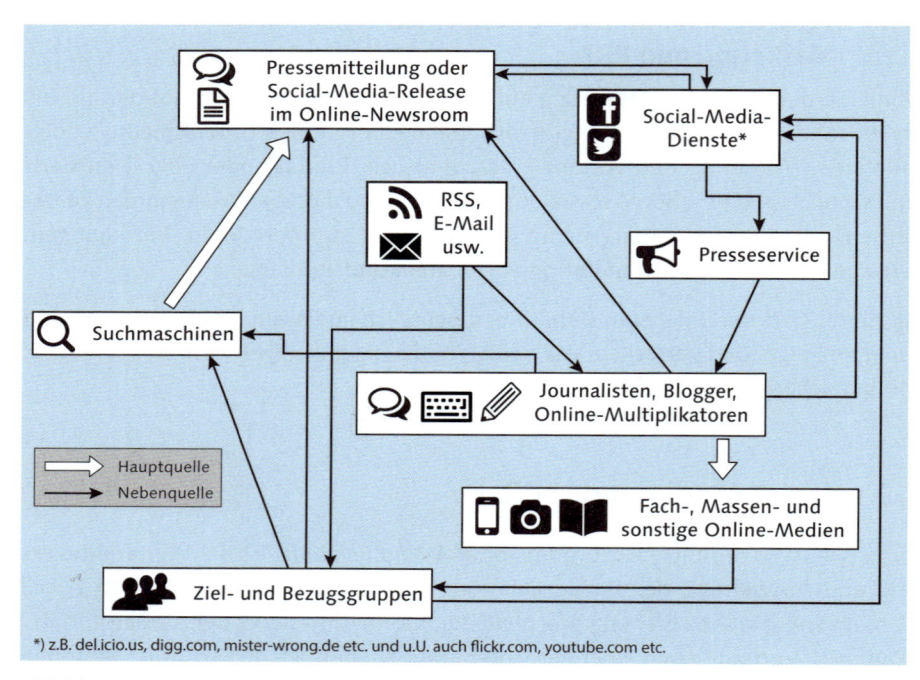

Abbildung 7.1 So erreichen die Inhalte einer Pressemitteilung oder eines Social Media Releases die Ziel- und Bezugsgruppen in der Social-Web-Ära (Grafikvorlage: Timo Lommatzsch, http://socialmediapreview.de).

Die Inhalte werden nicht nur über Journalisten, Blogger und Multiplikatoren verteilt, sondern auch in Suchmaschinen und auf Social-Media-Diensten gefunden. Unternehmen haben damit einerseits weniger Kontrolle über ihre Inhalte und sogar das eigene Image, andererseits aber auch ganz neue Möglichkeiten, Vertrauen und Beziehungen aufzubauen. Um die Vorteile nutzen zu können, müssen Sie Ihr Unternehmen zunächst jedoch auf die folgenden Herausforderungen vorbereiten.

Jeder kann behaupten, was er will

Mit Hilfe von Social Media kann jeder einem Unternehmen einen nicht unerheblichen Imageschaden verpassen. Dies muss noch nicht einmal mutwillig sein. Ein Kunde, der sich über ein Produkt oder einen misslungenen Service auf einem

Bewertungsportal beschwert, landet schneller auf den ersten Seiten der Suchmaschinen, als Ihrem Unternehmen lieb ist. Hier gilt es, die eigene Online-Reputation gut im Auge zu behalten (Stichwort Monitoring, siehe Abschnitt 6.4, »Social Media Monitoring und Measurement«) und proaktiv dafür zu sorgen, dass die »richtigen Inhalte« ganz vorne stehen (mehr dazu gleich in Abschnitt 7.2.4, »Online Reputationsmanagement«).

Dialogbereitschaft

Kennzeichnend für sämtliche Bezugsgruppen im Social Web ist der Anspruch auf einen Dialog. Beziehungen in Social Media lassen sich nicht über das Einstellen einer Pressemitteilung ohne die Möglichkeit eines Diskurses aufbauen.

Schnelligkeit

Die Geschwindigkeit, mit der sich Informationen im Internet verbreiten, stellt ganz neue Anforderungen an die Zeit, die Ihnen bleibt, um Informationen zu beschaffen oder zu veröffentlichen. Dies ist nicht nur im Rahmen der Krisenkommunikation (siehe Abschnitt 7.4, »Krisenkommunikation und der Shitstorm«) kritisch, sondern auch in der alltäglichen Kommunikation mit Ihren Zielgruppen.

Authentizität

Menschen im Netz wollen mit Menschen sprechen, nicht mit der Black Box Unternehmen. Persönlichkeit und eine offene, aufrichtige Art und Weise der Kommunikation bilden im Web die Basis für Vertrauen. Hier gilt es, die richtigen Personen für diesen öffentlichen Dialog zu finden. Fühlen Sie sich in den sozialen Medien wohl? Haben Sie Angst davor, mit Ihrem Gesicht öffentlich für das Unternehmen einzustehen? Nur wer die erste Frage mit ja und die zweite mit nein beantwortet, ist ein geeigneter Kandidat.

Die richtige Ansprache

Sind die Mitarbeiter in PR-Agenturen und Unternehmen in der Ansprache von Journalisten und anderen klassischen Zielgruppen geübt, so heißt das noch lange nicht, dass diese gut in der Ansprache von Bloggern und Influencern sind. Ich muss an dieser Stelle gerade ein wenig schmunzeln, da ich regelmäßig E-Mails aus Agenturen und Unternehmen bekomme, und die Bandbreite an unterschiedlichen schlechten Beispielen ist hier groß. Von dem kommentarlosen Zusenden einer Pressemitteilung bis zur übermäßig hippen Ansprache und dem Lob über ein aktives und spannendes Blog, das seit 2009 im Winterschlaf ist, war schon alles dabei. Umso mehr freue ich mich jedes Mal über eine Anfrage, bei der ich merke, dass das Gegenüber sich mit meinem Profil und meiner Seite beschäftigt hat.

Die Herausforderung in Social Media ist es, den richtigen Ton gegenüber der jeweiligen Zielgruppe zu treffen. Grundsätzlich ist der Umgang im Web ein wenig informeller, die Tonalität und die Umgangsformen variieren jedoch von Plattform zu Plattform. Ein »One message fits all« gibt es selten, Sie müssen jede Plattform und jede einzelne Person individuell behandeln. Tun Sie das nicht, können Sie mit einer ungeschickten Ansprache genau das Gegenteil erreichen, einen Beitrag der nicht gut für Ihre Reputation ist (siehe Abbildung 7.2).

Abbildung 7.2 Ist die Ansprache schlecht, schreibt der Blogger einen negativen Beitrag.

In Kapitel 9, »Strategische Bedeutung und Möglichkeiten der sozialen Netzwerke«, gehe ich auch immer auf die Umgangsformen auf den Plattformen ein. Wie Sie Influencer und Blogger richtig ansprechen, wird Ihnen Robert Basic, einer der bekanntesten Blogger in Deutschland, noch in Abschnitt 7.3, »Influencer Relations – Einfluss ohne Manipulation«, erklären.

Transparenz

Social Media macht es schwer, immer das beste Bild eines Unternehmens zu zeigen. Sachverhalte zu vertuschen oder mit geschickter Wortwahl »schönzureden«, funktioniert nicht mehr, da im Zweifel Ihr Wort gegen Hunderte oder Tausende Stimmen, Videos und Fotos steht. Unternehmen müssen sich auf diese Tatsache einlassen und dazu bereit sein, Fehler zuzugeben, sich öffentlich zu entschuldigen und transparent darzustellen, welche Maßnahmen Sie ergreifen werden, um sich zu verbessern. Die ist insbesondere in kritischen Zeiten essenziell (ausführlich dazu noch in Abschnitt 7.4, »Krisenkommunikation und der Shitstorm«).

Konfrontationen lassen sich nicht vermeiden

Unternehmen haben Interessen, und im Internet werden Sie über kurz oder lang Menschen treffen, denen irgendwas, was Sie tun oder darstellen, nicht passt. Solche Konfrontationen lassen sich nicht vermeiden, dafür ist die Bandbreite an Auffassungen und Meinungen und der damit einhergehenden Fettnäpfchen im Internet einfach zu groß. Der Aufhänger kann etwas ganz Einfaches sein, wie die ING-Diba feststellen musste.

Abbildung 7.3 Der Spot des Anstoßes – Nowitzki in der Metzgerei löste einen Shitstorm auf Facebook aus.

Ein Werbespot, bei dem der Basketballspieler Dirk Nowitzki in einer Metzgerei steht und sich eine Scheibe Wurst reichen lässt (siehe *http://www.youtube.com/watch?v=UUt59ka6MP4*, Abbildung 7.3), führte zu einem Proteststurm von Vegetariern und Veganern, der wiederum von Fleischessern aufgemischt wurde. In den folgenden zwei Wochen kamen mehr als 1.400 Posts und 15.000 Kommentare zu diesem Thema zusammen.

Sie müssen sich mit den neuen Techniken befassen

Wer PR 2.0 machen möchte, muss sich natürlich auch mit den technischen Möglichkeiten und Feinheiten der Social-Media-Tools und Netzwerke auseinandersetzen. Wie bekomme ich ein Video von der Geschäftsführung auf YouTube? Kann ich unsere Pressekonferenz per Live-Stream übertragen? Wie zum Teufel funktioniert dieses Wordpress? Um die richtigen Instrumente für Ihre Social Media Relations zu finden, dürfen Sie keine Angst vor Technik haben.

Das Internet hat keine Grenzen

Wenn Ihr Unternehmen global interagiert, müssen Sie aufpassen, dass die Materialien, die Sie in einem Markt veröffentlichen, nicht die Gefühle oder Ansichten eines anderen Landes verletzen. Darüber hinaus stellt sich die Frage, ob Sie Ihre Inhalte nur in Ihrer Landessprache veröffentlichen oder eventuell in einer weiteren Sprache.

All diese Herausforderungen müssen Sie bei Social Media Relations stets im Hinterkopf haben. Wie immer gehen diese Herausforderungen auch mit einer Reihe an Möglichkeiten einher.

7.2.3 Neue Möglichkeiten der PR 2.0

Eine Reihe der eben aufgezählten Herausforderungen wird Ihr Unternehmen treffen, egal, ob Sie im Social Web aktiv sind oder nicht. Dass es jedoch Sinn macht, sich eben genau auf dieses Engagement einzulassen, wird klar, wenn ich Ihnen die Möglichkeiten aufführe, die dies mit sich bringt.

Dialog ist die Basis von Vertrauen

Vertrauen zu den unterschiedlichen Zielgruppen aufzubauen und zu pflegen, ist ein elementarer Bestandteil der PR. Ein offener Dialog, bei dem Sie nicht nur sprechen, sondern auch zuhören und empathisch auf Ihr Gegenüber eingehen, schafft Vertrauen und Verständnis auf beiden Seiten. Social Media gibt Ihnen die Möglichkeit, so gut zuzuhören, wie nie zuvor. Sie haben die Möglichkeit, die Bedürfnisse Ihrer Zielgruppen genau zu analysieren und individuell auf diese einzugehen.

Menschlichkeit und Authentizität als Basis einer Beziehung

Eine echte Beziehung ist etwas Zwischenmenschliches und braucht Nähe, Kommunikation auf Augenhöhe und menschliche Sprache. Social Media gibt Ihnen die Möglichkeit, genau diese Faktoren in Ihrem Dialog online zu erfüllen, und das sogar in Echtzeit.

Social Media skaliert

In Social Media können Sie mit mehreren tausend Leuten sprechen, zumindest indirekt. Einen öffentlichen Dialog, den Sie mit einer Person, führen, kann nicht nur jeder potenziell mitlesen, sondern auch direkt seine Meinung dazu abgeben. Das wird, insbesondere in hitzigen Situationen, mitunter unübersichtlich, aber gibt Ihnen die Gelegenheit, in Echtzeit mit vielen Menschen gleichzeitig zu kommunizieren. Und vergessen Sie nicht, die Personen, die mitdiskutieren, machen lediglich 10 % der Leser aus.

Multimedia schafft Abwechslung

Multimediale Inhalte wie Bilder, Videos oder Audiomitschnitte ergänzen Ihre Kommunikationsmöglichkeiten und sorgen für Abwechslung. Darüber hinaus wird diese Art von Inhalten besonders gern geteilt, und insbesondere Videos profitieren von einer guten Positionierung in Suchmaschinen (einen ausführlichen Überblick über das Thema »Inhalte« finden Sie in Abschnitt 6.2, »Corporate Content – die richtigen Inhalte«). Darüber hinaus können Sie klassische Formate zum Beispiel durch einen Live-Stream Ihrer Pressekonferenz direkt ins Internet holen. Mit dem zusätzlichen Angebot eines Livechats und dem Sammeln von Fragen über Ihre Präsenzen in Social Media ergänzen Sie sogar noch die Dialogkomponente. In Abbildung 7.4 sehen Sie eine entsprechende Ankündigung einer Sony-Pressekonferenz.

> Startseite › News › Gamescom 2013 ›   17.08.2013 13:00 Uhr
>
> **gamescom 2013: Sony Pressekonferenz und Diskussion im Live-Stream inkl. Umfrage**
>
> Sony hat die Uhrzeit für seine Pressekonferenz auf der gamescom 2013 bekannt gegeben. Außerdem plant das Unternehmen eine Live-Diskussion und startete dazu eine Umfrage über den PlayStation Blog.

Abbildung 7.4 Ankündigung einer Sony-Pressekonferenz inklusive Live-Diskussion

Neue, reichweitenstarke Zielgruppen

Social Media Relations geben Ihnen einen direkten Zugang zu Meinungsführern und Influencern Ihres Unternehmens und der Branche. Die Reichweiten von Fachblogs im Internet stehen denen von klassischen Online-Medien teilweise in nichts nach. Darüber hinaus genießen die Blogger oft ein hohes Ansehen und Vertrauen innerhalb ihrer Community. Ähnlich wie zu Journalisten können Sie hier vertrauensvolle Beziehungen zu dieser einflussreichen Zielgruppe aufbauen. Wie das im Einzelnen geht, lernen Sie noch in Abschnitt 7.3, »Influencer Relations – Einfluss ohne Manipulation«.

Nach den Herausforderungen und Möglichkeiten der PR 2.0 möchte ich nun zu konkreten Maßnahmen und Anwendungsfällen kommen. In diesem Abschnitt folgen die Themen Online Reputation, Social Media Release und Social Media Newsroom. Den Themen Influencer Relations sowie Krisenkommunikation und Shitstorms habe ich aufgrund des Umfangs der Themen jeweils einen eigenen Abschnitt zugewiesen.

7.2.4 Online Reputationsmanagement

Eine wichtige Aufgabe der PR war schon immer, für eine gute Reputation des Unternehmens in der Öffentlichkeit zu sorgen. Social Media bringt hier, wie in

Abschnitt 7.2.2, »Herausforderungen von PR 2.0«, beschrieben, ganz neue Herausforderungen mit sich.

Die öffentliche Sichtbarkeit aller Meinungen über Ihr Unternehmen wird dann zum Problem, wenn die negativen Stimmen überwiegen. Hier gilt es dann, durch den proaktiven Aufbau von eigenen Präsenzen im Social Web, aktiven Kundenservice (siehe Abschnitt 7.6, »Kundenservice 2.0«) sowie gezielte Inhalte zu kritischen Themen zumindest den ersten Blick zu verbessern. Genauso wie die klassische PR ist Social Media PR jedoch kein Allheilmittel. Eine gute Reputation kann nur dann langfristig und nachhaltig aufgebaut werden, wenn auch im Unternehmen »alles rund läuft«. Ist dem nicht so, hilft Social Media Ihnen eher noch dabei, dass Ihre Makel an die Öffentlichkeit kommen und zu einer Krise führen. Was dann zu tun ist, beschreibe ich Ihnen ausführlich in Abschnitt 7.4, »Krisenkommunikation und der Shitstorm«.

Social Media hilft Ihnen jedoch auch durch ein gutes Social Media Monitoring (siehe Abschnitt 6.4, »Social Media Monitoring und Measurement«), Probleme mit negativen Auswirkungen auf Ihr Image zu identifizieren und deren Bewältigung anzustoßen, eine Aufgabe, die Sie unbedingt übernehmen und ernst nehmen sollten. Für die Übergangszeit können Sie auf die Maßnahmen, die ich Ihnen bereits in Kapitel 4, »Persönliches Online Reputationsmanagement«, beschrieben habe, zurückgreifen, um Ihr Unternehmen online möglichst positiv darzustellen und als Experte zu Ihren Kernthemen zu positionieren. Im Social Web funktioniert Reputation für Personen und Unternehmen vom Prinzip her nämlich genau gleich.

7.2.5 Social Media Release

Social Media Release, auch gerne einmal Pressemitteilung 2.0 oder kurz SMR genannt, ist eine moderne Art, Informationen für Journalisten, aber auch Blogger, Multiplikatoren und Ihre weiteren Zielgruppen im Netz aufzubereiten. Dabei enthält das Social Media Release mehr als nur die bloße Nachricht, die gerade aktuell ist. Das SMR enthält alle relevanten Informationen, die dabei helfen, die Nachricht, den Hintergrund und das Unternehmen zu verstehen und daraus einen möglichst interessanten Beitrag zu machen. Darüber hinaus enthält es Elemente, die einfach zu teilen und damit in den sozialen Netzwerken zu streuen sind.

Todd (*http://shiftcomm.com*) erarbeitete bereits im Jahr 2006 ein Template für diese Art von Social Media Releases, und nach einem Update im Jahr 2008 hat die Agentur Shift Communications unter *http://bit.ly/12ghIkQ* ein klickbares Beispiel für ein SMR online gestellt.

Aufbau und Inhalte des Social Media Releases

Die sieben W einer Pressemitteilung (siehe Abschnitt 6.2.2, »Content-Strategie – die Grundlage von Corporate Content«) müssen auch in der Pressemitteilung 2.0 enthalten sein, denn Journalisten sind ein fester Bestandteil Ihrer Online-Zielgruppe. Und nicht nur deswegen, es ist schlichtweg ein Konzept, das über Jahrzehnte erprobt und wirksam ist. Der offensichtlichste Unterschied zu einer klassischen Pressemitteilung ist der modulare Aufbau. Ein Social Media Release ist eine Art Informationsbaukasten, neben dem eigentlichen Text liefert es separat die Kernaussagen und Zitate sowie multimediale Inhalte und Verlinkungen zu weiterführenden Informationen. Im Groben enthält es die folgenden Elemente:

- **Überschrift**: Eine kurze und prägnante Überschrift, die für Ihr Unternehmen relevante Schlagwörter (Keywords) enthält, leitet das SMR ein. Idealerweise bleiben Sie mit der Überschrift unter 55 Zeichen, denn das ist die perfekte Länge, um Inhalte in Twitter zu teilen.
- **Untertitel**: Wenn Ihnen die Überschrift nicht ausreicht, um eine besonders wichtige Information unterzubringen, können Sie einen Untertitel hinzufügen. Dieser Teil ist optional.
- **Kernfakten**: Eine kurze Zusammenfassung der wichtigsten Fakten, Erkenntnisse und Statistiken, oftmals in Form einer Aufzählung, bietet einen schnellen Überblick.
- **Zusammenfassung**: Die Exective Summary oder tl;dr-Version (*too long; didn't read*) Ihrer Pressemitteilung kann eine Alternative oder eine Ergänzung zu den Kernfakten sein. Fassen Sie hier möglichst knapp zusammen, worum es geht. Nutzen Sie Schlagwörter, und machen Sie es spannend. Oftmals entscheidet sich schon an dieser Stelle, ob jemand den Rest der Mitteilung liest oder nicht.
- **Der eigentliche Inhalt**: An dieser Stelle kann nun eine sprachlich auf das Netz zugeschnittene Version der Pressemitteilung stehen. Die klassische Pressemitteilung können Sie natürlich zusätzlich verlinken.
- **Zitate**: Wichtige Zitate in der Pressemitteilung sollten zusätzlich als einzelne Elemente dargestellt werden.
- **Tags/Schlagwörter/Keywords**: Versehen Sie Ihr SMR mit den passenden Schlagwörtern.
- **Relevante Links**: Verlinken Sie zusätzliche Informationen zum Thema. Dies können zum Beispiel Studien, Hintergründe, Produkttests oder gleich thematisch geordnete Linksammlungen sein.
- **Multimedia**: Ob Fotos, Infografiken, Videos oder Audiomitschnitte, machen Sie Ihr SMR lebendig, und liefern Sie damit gleichzeitig Material, mit dem ein Blogger oder ein Journalist seine Artikel anreichern kann.

- **Unternehmensprofil**: Auch die klassische Kurzbeschreibung des Unternehmens, die in jeder Pressemitteilung zu finden ist, hat Ihren Platz in dem Social Media Release. Neben den Standardinformationen darf der Link zur Website sowie zu den Präsenzen im Social Web nicht fehlen.

- **Social Sharing**: Machen Sie es Ihren Lesern besonders einfach, einzelne Elemente oder die gesamte Meldung in Ihren Netzwerken zu verteilen. Social-Sharing-Buttons sowie Inhalte von Plattformen, die eben diese Funktionen anbieten (YouTube, Flickr etc.), helfen Ihnen dabei. Sprechen Sie hier mit den Entwicklern der Seite sowie dem Datenschutz über die jeweiligen Möglichkeiten.

- **Kontaktmöglichkeiten**: Ein Element, das gerne einmal vergessen wird, ist die Information darüber, wie ein Interessent mit dem Verfasser der E-Mail in Kontakt treten kann. Neben der E-Mail-Adresse gehört hier auch die Telefonnummer und das Profil in mindestens einem sozialen Netzwerk dazu.

Wenn Sie all diese Elemente berücksichtigen, haben Ihre Interessenten es wesentlich einfacher, Ihre Inhalte zu teilen und weiterzuverarbeiten. Vergessen Sie nicht, zusätzlich noch irgendwo einen Kanal zur Diskussion zu öffnen. Dies kann über eine Kommentarfunktion sein oder etwa über den Verweis auf einen Ort, an dem Sie die Diskussion führen. Selbst das beste Social Media Release führt zu keinem Dialog, wenn Sie diesem keinen Raum geben.

> **Tipp: E-Book zum Thema Social Media Release**
> Timo Lommatzsch hat auf seinem Blog SocialMediaPreview (*http://www.socialmedia-preview.de*) ein sehr ausführliches E-Book zum Thema Social Media Release erstellt, das neben praktischen Hinweisen zur Erstellung eine Reihe von Hintergrundinformationen enthält. Sie können sich das E-Book unter *http://bit.ly/16zihK7* runterladen.

Ein Social Media Release wird die klassische Pressemitteilung niemals ablösen, ist aber eine gute Möglichkeit, diese zu ergänzen und Ihren Zielgruppen einen Rundumblick auf ein bestimmtes Thema zu verschaffen.

7.2.6 Social Media Newsroom

Der Social Media Newsroom ist die Social-Media-Version der klassischen Presseseite. Dynamische, multimediale Inhalte, ergänzt durch die Aktivitäten des Unternehmens in den sozialen Netzwerken sowie eine Einladung zum Dialog lösen die statischen, wenig serviceorientierten Pressebereiche ab.

Ein gut gemachter Social Media Newsroom erfüllt die folgenden Kriterien:

- Ist übersichtlich gestaltet und ermöglicht einen schnellen Zugriff auf Informationen und Inhalte zu dem Unternehmen.
- Bietet aktuelle und vielfältige Inhalte, die im Idealfall täglich erneuert werden.
- Bietet dem Besucher ein Abonnement der unterschiedlichen Inhalte per RSS an.
- Spricht Journalisten, Blogger, Kunden und andere Online-Zielgruppen gleichermaßen an.
- Ermöglicht einen Dialog auf der Seite selbst und auf den sozialen Präsenzen des Unternehmens.
- Bindet aktuelle Inhalte von den Präsenzen des Unternehmens ein (Twitter-Feed, Facebook-Posts, Blogeinträge).
- Bietet dem Besucher lizenzfreies Bild-, Video- und Audiomaterial an, gerne auch eingebunden auf externen Plattformen, damit die Inhalte ebenso einfach weiterverwendet werden können.
- Verweist auf interessantes Material, das nicht von dem Unternehmen selbst stammt, aber thematisch passt.
- Bietet Informationen zu Ansprechpartnern im Unternehmen und führt diese mit Kontaktdaten und Profilen in den sozialen Netzwerken auf.
- Macht die wichtigen Elemente teilbar und speicherbar.

Am Beispiel der R+V Versicherungen sehen Sie in Abbildung 7.5, wie ein Social Media Newsroom aussieht, der all diese Faktoren berücksichtigt.

Abbildung 7.5 Der Social Media Newsroom der R+V Versicherungsgruppe

Es gibt viele Varianten des Social Media Newsrooms. Welche für Ihr Unternehmen die beste ist, müssen Sie gemeinsam mit der PR-Abteilung evaluieren. Zur Inspiration biete ich Ihnen in Tabelle 7.2 noch eine Übersicht mit unterschiedlichen Beispielen aus Deutschland und der Welt.

Unternehmen	URL des Newsrooms
Adobe	www.adobe-newsroom.de
Audi	www.audi-newsroom.de
Bechtle	www.bechtle.com/presse/social-media-newsroom
Coca-Cola	www.newsroom.coca-cola-gmbh.de
Helmholtz Gesellschaft	www.social.helmholtz.de
Hubert Burda Media	www.burda-news.de
Lanxess	www.lanxess.de/de/corporate/presse/social-media-newsroom
Lufthansa	http://newsroom.lufthansa.com
R+V Versicherungen	www.ruv-newsroom.de
Sage	www.sage.de/com/presse/newsroom.asp
Simyo	http://newsroom.simyo.de
Stadt Frankfurt a. M.	www.smnr-frankfurt.de
Travel Charme	www.travelcharme-newsroom.com
Westaflex	www.westaflex.com/unternehmen/presse/pressemeldungen

Tabelle 7.2 Beispiele für Social Media Newsrooms

Einen Schritt weiter geht an dieser Stelle übrigens die Social-Publish-Seite der Daimler AG (siehe *http://socialpublish.mercedes-benz.com*).

Auf dieser Seite werden neben Artikeln und Materialien der Daimler Media auch Inhalte von Bloggern gezeigt und verlinkt (siehe Abbildung 7.6). Der Zweck der Seite wird so beschrieben:

> »Mercedes-Benz Social Publish ist ein neuartiges Angebot für Blogger und Online-Journalisten, die abseits von klassischen Media-Seiten nach Inspiration rund um das Automobil, dessen Design und Technologie suchen.«

Ein gutes Beispiel dafür, wie Sie Ihre Multiplikatoren echte Wertschätzung zeigen können. Das Thema Influencer wird übrigens auch die Hauptrolle in dem nächsten Abschnitt spielen.

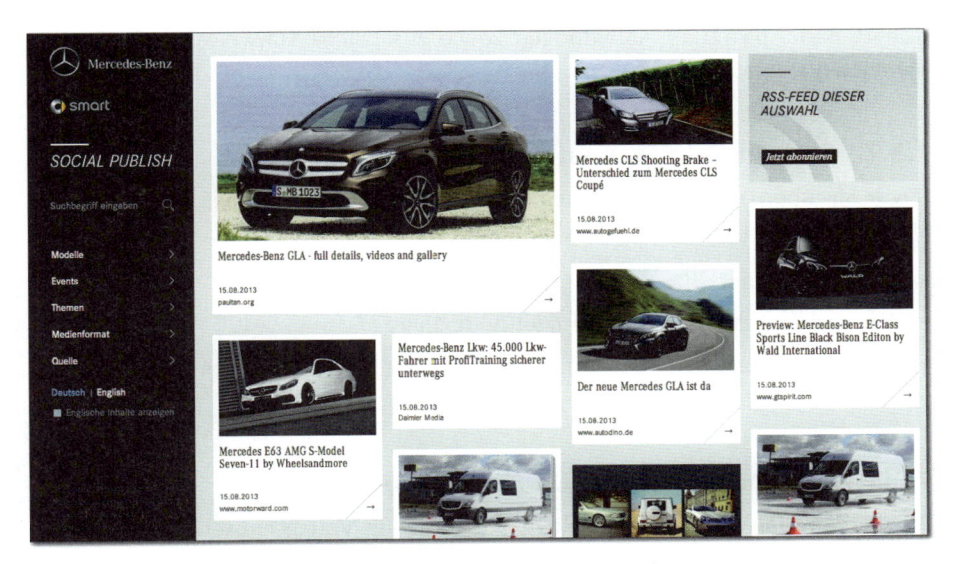

Abbildung 7.6 Die Social-Publish-Seite von Mercedes-Benz und Smart

7.3 Influencer Relations – Einfluss ohne Manipulation

Influencer Relations, also der Aufbau und die Pflege von Vertrauen und Beziehungen zu sogenannten Influencern oder Meinungsführern im Netz, ist eine Disziplin, die sich immer größerer Bedeutung erfreut. Zielgruppe sind in diesem Fall die Influencer, also jene Personen, die eine große Reichweite und viele Fans sowie eine respektierte Meinung haben.

Die wichtigste Zielgruppe unter den Influencern sind seit Jahren Blogger, die in der Regel ein passendes Themen- oder Lifestyle Blog führen und eine große, treue Leserschaft haben. Aus diesem Grund konzentriere ich mich in diesem Abschnitt auf genau diese Zielgruppe. Die Maßnahmen und Handlungsempfehlungen können dabei jedoch auf sämtliche Zielgruppen im Netz übertragen werden.

7.3.1 Blogger Relations – ein Leitfaden

Wie Blogger Relations richtig gut funktionieren, erklärt Ihnen jetzt jemand, der es wissen muss: Robert Basic (*http://www.robertbasic.de*), einer der bekanntesten Blogger in Deutschland, verfügt über jahrelange Erfahrung zum Thema Blogger Relations und hat auf dieser Basis einen Leitfaden für die Ansprache und den Umgang mit Bloggern erstellt. Wenn Sie sich an die folgenden Leitlinien von Robert Basic halten, kann eigentlich nicht mehr viel schiefgehen. Der folgende Text stammt von

Robert Basic, passende Abbildungen sowie zusätzliche Hinweise in den Kästen habe ich hinzugefügt.

7.3.2 Blogger Relations – die Basics

Bevor Sie überhaupt in das Thema Blogger Relations einsteigen, müssen Sie die »Blogger-Relations-Basislinks« lesen, die da wären:

- Rules of Contact: *http://bit.ly/1cZ2rLd*
- Blogger Kontaktregeln II: *http://bit.ly/1cZ2yXf*
- Basis-Infomaterial beim Kontakt: *http://bit.ly/1cZ2DKy* (siehe auch Abschnitt 7.2.5, »Social Media Releases«)

7.3.3 Blogger sind anders als Journalisten? Ja!

Blogger arbeiten in der Regel (!) nicht wie etablierte Verlagshäuser. Sie kennen die Regeln und die Arbeitswelt des Journalismus nicht. Blogger sind Individuen mit unterschiedlichen persönlichen Präferenzen, Zeitkontingenten und Arbeitsmethodiken. Das unterscheidet sie von Journalisten, die unter der Dachmarke ihres Unternehmens nach normierten – auch für die Unternehmenskommunikation bekannten – Regeln und Arbeitsprozessen Inhalte produzieren. Je professioneller ein Blogger agiert, desto mehr wird er sich den Arbeitsweisen eines Journalisten annähern und erfahrener im Umgang mit Unternehmen werden. Diese Welt sollte Ihnen bekannt sein, die andere Welt weniger. Sie müssen daher lernen, einschätzen zu können, wem Sie gegenüberstehen, um entsprechend zu kommunizieren.

Blogger sind nicht zwingend auf neue Inhalte angewiesen. Eine Ausnahme bilden Profi-Blogger, die mit ihrem Blog ihren Lebensunterhalt bestreiten. Da Blogger nicht unbedingt neue Inhalte benötigen, ist die Belieferung von Informationen personalisierter zu halten, um die Unternehmensnachricht an den Blogger bringen zu können.

Hierbei ist im Vorfeld das Blog genauer auf inhaltliche Ausrichtung, persönliche Präferenzen und Umgang mit Unternehmen zu untersuchen – Dauer je nach Blog bis zu 30 Minuten. Anschließend sollten Sie Ihre Erkenntnisse unbedingt in einer Bloggerdatenbank für spätere Kontaktaufnahmen eintragen, sonst war die Heidenarbeit umsonst. Wie immer gilt hierbei, zu 100 % und nicht halbherzig arbeiten. Wischiwaschi ist, wenn man diese Detailarbeit in einer E-Mail dahinschludert (»das Blog steht in den Blogcharts, lass ihn uns anmailen ...«). Achtung: Ein Blogger ist auch an anderen Stellen im Netz unterwegs (Twitter, Social Networks). Dies gilt es, in die Betrachtungen mit einzubeziehen.

Ebenso wenig ist zu erwarten, dass ein Blogger objektiv berichten wird. Er wird häufig auf eine sehr persönliche Sichtweise zurückgreifen. Dementsprechend kann man nicht erwarten, dass die PR-Nachricht 1:1 abgeschrieben wird. Auch kann ein Blogger einen schlechten Tag haben, hier gilt es umso mehr, einen persönlichen Kontakt mit der Zeit aufzubauen.

7.3.4 Checkliste für Blogs und Bloggerprofile

Die folgenden Punkte sollten Sie prüfen, um ein Blog/einen Blogger richtig einzuschätzen:

- Wie heißt das Blog, wie der Blogger?
- Ist es ein Einzelblog oder ein Gruppenblog?
- Wie alt ist das Blog?
- Wie wirkt das Layout, individuell, freundlich, kühl …?
- Wie oft wird es kommentiert?
- Wie oft wird es an anderen Stellen verlinkt?
- Über welche Themen schreibt der Blogger/die Bloggerin?
- Handelt es sich um ein Themenblog, oder gibt es keine Schwerpunkte?
- Welche Kategorien und Tags werden genutzt?
- Gibt es ein Impressum?
- Gibt es eine ABOUT- oder ÜBER MICH/ÜBER UNS-Seite?
- Werden Werbebanner auf dem Blog angezeigt?
- Arbeitet der Blogger mit Affiliate-Links, Text-Links?
- Existiert eine Facebook-Page zum Blog?
- Bietet der Blogger eigene Videos auf YouTube, Vimeo & Co. an?
- Wie oft werden Artikel pro Woche und Monat verfasst?
- Welche tonale Ausrichtung haben die Artikel, meinungsstark, sachlich …?
- Wie kommentiert der Blogger selbst, wie oft, zu welchen Themen?
- Hat sich der Blogger bereits über Wirtschaft und Unternehmen geäußert, wie und wie oft?
- Finde ich das Blog unter seinem Namen vorne in Google?
- Finde ich den Blogger unter seinem Namen ganz oben in Google?
- Verlinkt der Blogger seine Artikel auf Twitter, Facebook oder Google Buzz?
- Gibt es Retweets, Shares und Likes dazu?
- Gibt es Pressenews über das Blog oder den Blogger?

7.3.5 Warum soll ich überhaupt mit Bloggern sprechen?

In einer Welt, die zunehmend vernetzt ist auch und gerade wegen der Social Networks, werden persönliche Empfehlungen immer wichtiger. Blogger können dabei helfen, Ihr Unternehmen und Ihre Produkte im Netz zu vermitteln, und dies oft persönlicher, authentischer und interessanter. Im gleichen Atemzug ist es umso wichtiger, auf eine offene, aber auch sehr transparente Beziehung nach außen hin Wert zu legen. Helfen Sie dem Blogger dabei, dass er weiterhin Vertrauen in seiner Community genießt und nicht verliert, weil er aus Unerfahrenheit ungeschickt agiert hat.

Ignorieren Sie niemals den Faktor, dass ein Blogger in der Regel kein Wirtschaftsbetrieb ist. Zeigen Sie Respekt vor seiner Person und seinem Antrieb als Blogger. Wenn Sie in ihm nur ein multiplizierendes Vehikel sehen, werden das der Blogger und dessen Leser schnell merken. Es wird Ihnen so gemünzt, dass Sie an echten Gesprächen mit Ihren Kunden kein Interesse haben, sondern lediglich Ihre Botschaften loswerden möchten. Vermeiden Sie diesen Eindruck. Sind Sie bereit zu einem Dialog, oder nicht? Wenn Sie es nicht ehrlich meinen, meiden Sie Blogs, stützen Sie sich lieber auf etablierte Profi-Kanäle.

Weiterhin müssen Sie sich fragen, ob Blogger als Multiplikatoren nebst etablierten Kommunikationskanälen ein weiterer Kanal für das Unternehmen sein können. Das hängt natürlich vom Unternehmensangebot selbst ab und ob es überhaupt dazu passende Blogs im Netz gibt. So hat die Modeszene erkannt, dass Modeblogs einen guten, unverbrauchten Kanal in der an Mode interessierten Konsumentenwelt bieten. Zudem hat die Reichweite von Modeblogs vehement zugenommen.

BMW hat über Jahre hinweg den Kontaktaufbau mit Bloggern vorangetrieben und verfügt mittlerweile weltweit über exzellente Kontakte in die Autoblog-Szene, deren Reichweite an herkömmliche Medienkanäle heranreicht.

Auch muss es nicht immer unmittelbar um das eigentliche Produkt- und Dienstleistungsportfolio gehen. So kann Coca-Cola Blogger erreichen, indem sie über die Einführung Ihres Social-Media-Newsrooms berichten. Oder eine Industriefirma über Hightechmaschinen, deren Output nicht unbedingt spannend ist, dafür aber die Maschine. Das assoziative Denken, was für den Blogger spannend sein kann, ist hierbei unabdingbar.

7.3.6 Suche: Wie finde ich Blogger? Wie finden Blogger mich?

Die einfachste Antwort lautet: Google. Geben Sie Ihre Begriffe in Google ein, und suchen Sie in der Sparte BLOGS nach Ergebnissen. Ein Beispiel: Suche nach Coca-Cola, *http://bit.ly/aPp51g*.

7.3 Influencer Relations – Einfluss ohne Manipulation

Blogger finden mit dem Blognetz

Eine neue Möglichkeit, um Blogger zu finden, entstand im Frühjahr 2013 mit dem Blognetz (*http://blognetz.com*) von Luca Hammer. Dieser erstellte eine weitreichende Datenbank von Bloggern aus dem D-A-CH-Bereich und visualisierte deren Vernetzung untereinander auf Facebook (siehe Abbildung 7.7).

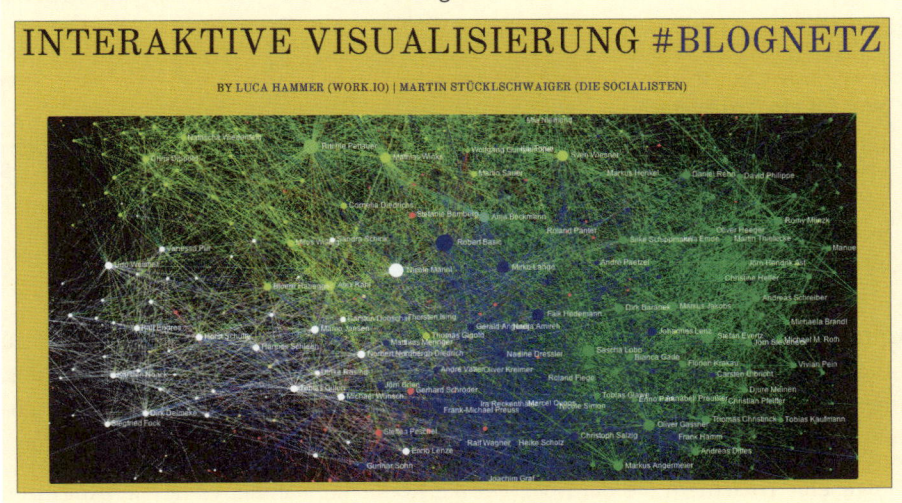

Abbildung 7.7 Das Blognetz visualisiert die Vernetzung unter Bloggern.

Die Aufbereitung als Visualisierung hilft Ihnen natürlich auch dabei, relativ schnell zu sehen, wie gut ein Blogger auf Facebook vernetzt ist. Zur Erweiterung des Projekts ermöglicht Luca Hammer allen Bloggern, sich im Blognetz einzutragen. All diese Blogs sind thematisch einer Kategorie zugeordnet und in einem Blogverzeichnis aus Blognetz durchsuchbar.

Im zweiten Schritt besuchen Sie die einzelnen Blogs und schätzen ein, ob es sich um ein thematisch enges und vielleicht sogar thematisch passendes Blog handelt. Wenn ja, sollten Sie unbedingt von dort aus – wie bei einer Quellensuche über Fußnoten in Lehrbüchern – nach Links auf andere Blogs suchen. Diese finden Sie in der *Blog-Roll*, aber auch in den Kommentaren und in den Artikeln selbst. Schauen sie zudem auf Twitter nach den Followern des Bloggers und auf Facebook nach dessen Kontakten. Über diese Stellen bekommen Sie recht schnell ein thematisches Blog-Netzwerk zusammen.

Vereinfachen Sie Bloggern die Kontaktaufnahme mit Ihrem Unternehmen. Sprechen Sie auf Ihrer Presseseite auch von »Bloggern/Blogs«! Laden Sie aktiv und deutlich zur Kontaktaufnahme ein. Viele Blogger trauen sich nicht, noch wissen sie, wo und wie man wen kontaktieren kann. Seien Sie aktiv im Netz, und verweisen Sie selbst auf Blogger/Blogs. Signalisieren Sie damit, dass Sie mit Bloggern sprechen.

7.3.7 Ethik: Darf ich Blogger kontaktieren? Dürfen mich Blogger kontaktieren?

Ja, Sie dürfen faktisch. Helfen Sie dabei dem Blogger, die notwendige Offenheit und Transparenz zu wahren, wenn der Blogger über Sie schreiben sollte. Nicht viele Blogger kennen ein Disclosure und dessen Wichtigkeit. Weisen Sie ausdrücklich darauf hin.

> **Was ist ein Disclosure?**
>
> Der lateinamerikanische Begriff *Disclosure* bedeutet übersetzt »Bekanntgabe« oder »Enthüllung« und bezeichnet die Offenlegung von Hintergründen. Dies wird genutzt, wenn ein Blogger in einem Artikel darauf hinweist, das er für diesen einen Gegenwert in Form von Geld, Sach- oder Dienstleistungen bekommen hat oder sonstige Vorteile aus dem Artikel zieht.

Unterstützen Sie ihn damit, das Vertrauen seiner Leser und dessen Reputation zu erhalten. Vor allen Dingen dann, wenn Sie die Reisekosten eines Bloggers übernehmen und/oder ihm ein Aufwandsentgelt anbieten. Damit bringen Sie Ihr Unternehmen zugleich aus der Gefahrenzone, Blogger angeblich monetär zu manipulieren.

Umgekehrt erleichtern Sie dem Blogger die Kontaktaufnahme, wenn Sie explizit im Netz betonen, dass Sie gerne Kontakt mit Bloggern aufnehmen (siehe Abbildung 7.8).

Abbildung 7.8 Die Agile Bodensee Konferenz weist Blogger explizit darauf hin, dass Sie gerne in Kontakt treten können.

7.3.8 Die richtige Ansprache und die Bedeutung von Transparenz

Wenn Sie mit Bloggern Kontakt aufnehmen, vermeiden Sie zu professionellen »Corporate Speak«, gerade bei Bloggern, die nach ihrer Erstanalyse des Blogs (siehe

Abschnitt 7.3.4, »Checkliste für Blogs und Bloggerprofile«) eher als Freizeitblogger denn als Profiblogger einzustufen sind. Erläutern Sie, warum Sie mit ihm Kontakt aufnehmen, seien Sie offen und ehrlich. Siezen Sie den Blogger. Helfen Sie Ihm, zu erkennen, warum das für seine Leser spannend sein kann. Schreiben Sie ihm niemals vor, was er/sie zu schreiben hat.

Weisen Sie ihn darauf hin, dass bereits Kontakte zu befreundeten Bloggern bestehen und mitunter sogar Blogartikel zu Ihnen bereits veröffentlicht sind. Schaffen Sie sichtbare Referenzen. Helfen Sie ihm damit, sich zu entscheiden und Vertrauen zu haben.

Sprechen Sie mit anderen Unternehmen, tauschen Sie Erfahrungswerte aus. Diskutieren Sie. Es gibt keine Standardrezepte, wie und warum es funktioniert. Betrachten Sie aufmerksam Best und Worst Practices. Hinterfragen Sie, ob das wirklich so stimmt, was Sie alles lesen.

Agieren Sie nicht anonym. In einer vernetzten Welt gehört es heute zunehmend zum Verhaltensstandard, dass man auch im Netz Signale als Teilabbild seiner Person sendet, um die Kommunikation zu erleichtern. Wenn Ihr Gegenüber mehr von Ihnen erfahren kann, erleichtert das wesentlich die Kontaktaufnahme. Wie wichtig das geworden ist und warum, können Sie im Artikel »Was kann ich über Dich erfahren« nachlesen.

Wenn der Blogger Sie kontaktiert, gehen Sie davon aus, dass sie/er kein Profi ist. Die Fragen und das Anliegen können Ihnen unprofessionell oder unerfahren erscheinen. Bieten Sie ihm ein Telefonat an, statt alles Weitere per E-Mail zu klären, bevor Missverständnisse auf unterschiedlichen Sprachebenen entstehen.

Scannen Sie die Kommentare auf dem Blog Ihres Kontakts. Es kann sein, dass der Blogger freundlich gestimmt ist, dessen Community Ihrem Unternehmen gegenüber nicht. Der Blogger wird im Zweifelsfall mit seiner Community mitschwimmen, nicht mit Ihnen. Rechnen Sie zudem mit Nachfragen seitens der Community, bereiten Sie sich darauf vor, vergessen Sie das Blog daher nicht, nachdem der Blogger Ihre Nachricht publiziert hat. Begeistern Sie mit persönlichen Reaktionen. Ignorieren Sie niemals den multiplizierenden Effekt. Genau aus diesem Grund haben Sie mit dem Blogger Kontakt aufgenommen. Sprich, vergessen Sie niemals seine Leser!

7.3.9 Vernetzte Welt – warum ein Blogger mehr als nur ein Blogger ist

Blogs von 2005 sind nicht mehr mit Blogs aus dem Jahr 2010 vergleichbar. Je professioneller ein Blogger heute auftritt, desto eher ist damit zu rechnen, dass das Blog und sein (Haupt-)Autor über die Blogosphäre hinaus vernetzt ist. So sind

Blogger häufig auf Twitter und auf Facebook anzutreffen, aber auch auf YouTube, App.net und vielen anderen Netzstellen. Diese Universen tangieren ein Blog mehr denn je. Denken Sie vernetzt. Im Sinne eines multiplizierenden Effekts ist damit die vernetzte Sphäre eines Blogs im Auge zu behalten, zeitnah zu reagieren, auf Facebook, auf Twitter oder aber im Blog.

Das heißt für Sie auch, dass der Scan eines Blog nicht mehr ausreicht. Wann und ob sie mit einem Blogger Kontakt aufnehmen, kann durch seine gesamten Netzaktivitäten besser beurteilt werden, als durch eine bloße Blog-Analyse »on the blog«. Denken Sie also immer an die Vernetzung!

7.3.10 Die richtigen Inhalte und Unterstützung für die Blogger

Auf den Fragenkomplex:

- Welche Art von Informationen kann ich liefern?
- Welche Art von Informationen kann ich bekommen?
- Welche Art von Informationen kann ich abholen lassen?

sind wir bereits in mehreren Punkten eingegangen. Neben dem Check eines Blogs sollten Sie primär in der Lage sein, wie ein Blogger zu denken. Dann werden Sie verstehen, welche Art von Informationen er benötigt. Warum er sie benötigt, was das seinen Lesern bringt. Dialogbereitschaft wird Ihnen maximal helfen, einen dauerhaften Kanal zu etablieren. Das inkludiert ebenso die Leser. Hilfsbereitschaft gehört genauso dazu. Haben Sie eine Information für ihn, die seinem Blog weiterhilft, nicht nur Ihnen? Wie muss diese Information aufbereitet sein, damit die Leser angezogen werden?

Beispiel: Wenn Sie einen Blogger zu einer Veranstaltung einladen, sorgen Sie dafür, dass er eine Mappe mit allen wichtigen Ansprechpartnern bekommt. Arrangieren Sie fertige Gesprächstermine. Bieten Sie ihm Fotomaterial an, leihen Sie ihm unter Umständen eine Video-/Fotokamera. Sorgen Sie dafür, dass er eine WLAN-Verbindung hat. Lassen Sie ihn auf dem Event nicht im Regen stehen, er ist kein Journalist, der weiß, wie man an Kontakte herankommt und Gespräche führt. Helfen Sie ihm, die richtigen Fragen zu stellen, welche Themen für ihn spannend sein könnten. Vergessen Sie standardisierte Visitenkarten der Gesprächspartner, geben Sie ihm in der Mappe alle Kontaktangaben auch via Netz mit (ist die Person auf XING, Facebook, Twitter …). Arrangieren Sie eine exklusive Pressekonferenz nur für Blogger. Geben Sie ihm das Gefühl, dass er wertgeschätzt wird. Das, was Sie dem Blogger über diese Art der Event-Organisation bieten, können Sie ebenso aufs Virtuelle übertragen.

Wenn er weitere Informationen benötigt, wo findet er diese gezielt auf Ihrer Website? Wo findet er Materialien wie Videos, Fotos, Lebendiges zum Einbinden auf dem Blog, ohne Angst vor einer Rechtsklage? Haben Sie einen Social Media Newsroom? Helfen Sie ihm, zu erkennen, wo bereits über Ihr Unternehmen im Netz gesprochen wurde und wird. Alles in Richtung Social-Media-Aktivitäten Ihrerseits muss ihm bekannt gemacht werden. Wenn Sie dialogisch im Netz unterwegs sind, spielen Sie damit auf gleicher Augenhöhe wie der Blogger selbst. Das macht Ihnen und dem Blogger das Leben einfacher.

7.3.11 Über die Kritik von Bloggern und dem Umgang damit

Blogger können persönlich und emotional werden. Sie können unfair und einseitig sein. Das, was möglicherweise in Ihren Augen eine Schwäche ist, ist in Wahrheit die Stärke der Blogger, nämlich menschlich zu sein. Betrachten Sie daher dessen Feedback, auch kritisches Feedback als wertvollstes Gut. Reagieren Sie nicht emotional und enttäuscht, hinterfragen Sie, an welchen Stellen der Blogger faktisch falsch liegt. Wo können Sie Informationen richtigstellen? Es ist die Chance für Ihr Unternehmen, einen wahren »Dialogbereitschatz« zu zeigen. Sofern die Kritik berechtigt ist, an welchen Stellen haben Sie bereits Maßnahmen eingeleitet, um Probleme zu lösen? Sie können dazu direkt Kontakt mit dem Blogger aufnehmen oder aber auch offen (!) kommentieren.

Warum ein öffentliches Statement wichtig ist

Auch außerhalb eines Influencer-Relation-Programms ist es mitunter sehr wichtig, öffentlich auf einen Blogbeitrag zu reagieren. Diese Erfahrung habe ich auch persönlich gemacht, als 2009 die Behauptung, alle großen Social Networks in Deutschland würden den Aufbau einer Zensurinfrastruktur unterstützen, durch das Blog Netzpolitik aufgegriffen wurde. Neben der persönlichen Kontaktaufnahme, verfasste ich ein knappes Dementi in den Kommentaren (siehe Abbildung 7.9).

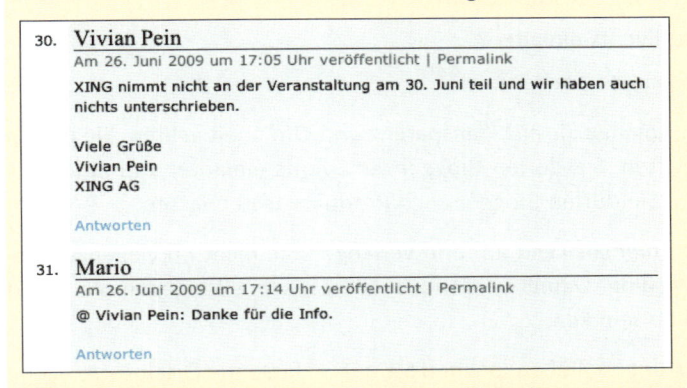

30. **Vivian Pein**
Am 26. Juni 2009 um 17:05 Uhr veröffentlicht | Permalink
XING nimmt nicht an der Veranstaltung am 30. Juni teil und wir haben auch nichts unterschrieben.

Viele Grüße
Vivian Pein
XING AG

Antworten

31. **Mario**
Am 26. Juni 2009 um 17:14 Uhr veröffentlicht | Permalink
@ Vivian Pein: Danke für die Info.

Antworten

Abbildung 7.9 Öffentliche Reaktionen auf kritische Beiträge sind wichtig.

> So konnte ein größerer Aufruhr verhindert werden, da auch weitere Blogs, die die Geschichte aufgriffen, meinen Kommentar mit berücksichtigten. Den kompletten Beitrag finden Sie unter *http://bit.ly/14MkfAh*.

Abweichend von dieser Regel kann es zu Szenarien kommen, wo jeder Hinweis und jeder Kommentar Ihrerseits auf Unliebe stößt. Hier gibt es keine Regeln mehr, wie man standardisiert reagieren soll. Wichtig ist hierbei nur eins: Verfügen Sie über ein Risikomanagement, das rechtzeitig PR-Krisen entdeckt? Viele PR-Probleme, die in Blogs entstanden sind, wurden auf Basis viel zu langsamer und ungeschickter Unternehmensreaktionen erst zu spät erkannt.

Denken Sie daran, dass Sie in einer vernetzten Welt leben. Die Analyse eines Blogs reicht nicht aus, beobachten Sie ebenso Twitter und Facebook.

7.3.12 Wie viel Zeit braucht der Beziehungsaufbau?

Es dürfte klar sein, dass ein kontinuierlicher Kommunikationsstrom mit Bloggern der sporadischen Kommunikation vorzuziehen ist. Wenn Sie sich nur alle drei Jahre melden, macht das wenig Sinn. Bleiben Sie am Ball. Nutzen Sie dabei exakt die Erfahrungen, die Sie mit Journalisten und, allgemein gesprochen, mit Stakeholdern gemacht haben. Lernen Sie, welche technischen Hilfsmittel zeitsparend und effektiv sind, den Output des Bloggers zu verfolgen. Sie werden unendlich viele Gesprächsaufhänger finden. Sie werden den Blogger als Person kennenlernen.

7.3.13 Die Sache mit den Finanzen und der Transparenz

- Biete ich Bloggern Geld?
- Dürfen Blogger Geld von mir verlangen?
- Darf ich Blogger Produkte testen lassen?
- Darf ich Blogger zu Events einladen?
- Sollte ich auf Transparenz pochen?

Sie dürfen all das tun, solange Sie auf Transparenz und Offenheit achten. Sie dürfen Banner auf Blogs schalten. Sie dürfen Blogger auf Events einladen und ihnen die Reisekosten erstatten. Sie dürfen Blogger auch Produkte testen lassen.

Aber bieten Sie ihnen niemals Geld an, und verlangen Sie nicht im Gegenzug geneigte Artikel auf dem Blog. Damit werden Sie im Netz schneller gegen die Wand fahren, als es Ihnen lieb sein kann.

Und egal, welche Leistungen fließen, pochen Sie auf umfassende Disclosures (siehe Abbildung 7.10)!

Abbildung 7.10 Anja Beckmann weist auf ihrem Blog http://travelontoast.de auf das Sponsoring einer Verlosung durch die Marché Restaurants hin.

7.3.14 Wie Sie die Arbeit der Blogger würdigen und diesen zu mehr Bekanntheit verhelfen

Viele Blogger schreiben Artikel über Unternehmen. Oftmals bedanken sich die Unternehmen nicht, weder direkt (via E-Mail, Kommentar) noch indirekt über eine Verlinkung aus dem Unternehmensblog. Kommentierende Leser loben und kritisieren Ihr Unternehmen. Das Unternehmen schweigt. Das enttäuscht die Leser, aber auch den Blogger. Gehen Sie auf den Blogger zu, helfen Sie ihm. Gleichzeitig steigt damit die Bedeutung des Blogs, wenn die Leser merken, dass die Unternehmen auf den Blogger reagieren.

7.3.15 Die Praxis – gute und schlechte Beispiele

BMW wurde in Abschnitt 7.3.5, »Warum soll ich überhaupt mit Bloggern sprechen?«, bereits als positives Beispiel genannt. Gute Beispiele aus der Modewelt finden Sie in diesem Artikel aus der Zeit: *http://www.zeit.de/2010/08/Modeblog*. Eines der bekanntesten negativen Beispiele ist das von Walmart und Edelmann. Die Agentur hatte einen Blog von angeblichen Walmart-Fans von einem Journalisten und einer freien Texterin führen lassen. Als das rauskam, war der Image-Verlust groß.[3]

---

3 Die ganze Geschichte sowie Hintergründe finden Sie unter *http://bit.ly/16yZZbM*.

Gute Beziehungen zu Influencern und Meinungsführern helfen Ihnen nicht nur dabei, ein gutes Image aufzubauen. Insbesondere in Krisenzeiten ist es Gold wert, wenn Sie einen starken Partner an der Seite haben. Auf das Thema Krisenkommunikation möchte ich nun im folgenden Abschnitt ausführlich eingehen.

7.4 Krisenkommunikation und der Shitstorm

Social Media ist nicht direkt ein Anwendungsszenario im eigentlichen Sinne, dennoch ist es ein wichtiges Instrument in der Krisenkommunikation geworden. Deutlich wird das auch an der inflationären Verwendung des Begriffs *Shitstorm*, der sofort benutzt wird, sobald auf einer Facebook-Seite vermehrt negative Kommentare auftreten.

> **Was ist ein Shitstorm?**
>
> Der Begriff Shitstorm leitet sich von dem Sprichwort ab: »When the shit hits the fan.« Das bedeutet: »Wenn die Scheiße den Ventilator trifft«, und Sie können sich vielleicht vorstellen, was dann passiert. Der Duden definiert Shitstorm als
>
> »Sturm der Entrüstung in einem Kommunikationsmedium des Internets, der zum Teil mit beleidigenden Äußerungen einhergeht«.
>
> Damit wird eine Situation beschrieben, die durch eine breite öffentliche Entrüstung gekennzeichnet ist, die teilweise in beleidigende, angreifende und bedrohende Kommentare ausartet, die vom eigentlichen Thema abweichen. Einen sehr schönen Vortrag über das Thema »How to Survive a Shitstorm« hat Sascha Lobo auf der re:publica im Jahr 2012 gehalten, der die Grundlagen und Prinzipien der Thematik unterhaltsam erklärt, zu sehen unter *http://bit.ly/17PnCbv*.
>
> Mittlerweile lehnen zumindest viele deutschsprachige Social-Media-Experten den Begriff ab, weil er die negativen Kommentare, die durchaus ihre Berechtigung haben können, diskreditiert. Man sollte besser von einer Welle der Empörung, Empörungswellen oder Beschwerdewellen sprechen.

Um es einmal ganz deutlich zu sagen, nicht jede Empörungswelle ist gleich eine Unternehmenskrise, hat aber durchaus das Potenzial, zu einer zu werden, wenn Sie falsch reagieren. In der Kommunikation mit Ihrer Community gelten hier die gleichen Spielregeln wie in der Krisenkommunikation, die um die Anforderungen von Social Media angepasst wurden.

7.4.1 Was ist eigentlich Krisenkommunikation?

Bevor ich mich den Auswirkungen von Social Media auf die Krisenkommunikation widme, möchte ich Ihnen einige Grundlagen der klassischen Krisenkommunikationen nahebringen. Krisen sind schon immer ein Risikofaktor der unternehmerischen Tätigkeit gewesen und mussten kommunikativ bewältigt werden. Die Aufgaben und Methoden der Public Relations unterscheiden sich dabei nicht großartig von denen des Social Media Managements. Im Gegenteil, es gibt zahlreiche Überschneidungen und dringend notwendige Schnittstellen. Eine enge Zusammenarbeit mit der Kommunikationsabteilung ist entsprechend unerlässlich. Nutzen Sie die Erkenntnisse, die hier in vielen Jahren der Erfahrung gewonnen wurden.

Was ist überhaupt eine Krise?

Unternehmenskrisen sind ungeplante, intern oder extern ausgelöste Prozesse, die in der Lage sind, einem Unternehmen nachhaltig zu schaden, und einen ambivalenten Ausgang haben. Mit ambivalent meine ich, dass in einer Krise auch immer die Chance liegt, die sie zu einer positiven Wende und nicht zwingend zum Untergang des Unternehmens führt. Krisen treten in drei unterschiedlichen Erscheinungsformen auf (siehe Abbildung 7.11), dabei ist unerheblich, wie existenziell und heftig sich die Krise auf das Unternehmen auswirkt:

- **Die überraschende Krise**: Eine derartige Krise tritt überraschend und ohne Vorwarnung auf. Auslöser sind hier beispielsweise Skandale, Unfälle, Katastrophen und andere Umstände, die ein Unternehmen »kalt« erwischen.

- **Die wellenförmige Krise**: Eine wellenförmige Krise geht auf ein Thema zurück, bei dem das Medieninteresse schwankt und entsprechend mal mehr und mal weniger zu einem Krisenzustand führt. In diese Kategorie fallen beispielsweise Saisonthemen, wie etwa Probleme im Winter bei allem was mit Transport zu tun hat, oder gesellschaftliche Themen wie Lohn- und Arbeitsbedingungen.

- **Die schleichende Krise**: Die dritte Form der Krise ist schleichend, die sich langsam aber sicher aufbaut. Hintergrund ist meistens das Verschieben von Konflikten, die sich so immer mehr aufbauschen und dann letztendlich eskalieren. Das Thema ist im Unternehmen entsprechend gut bekannt, der Zeitpunkt der Eskalation kommt dagegen überraschend.

Unabhängig von der Erscheinungsform läuft eine typische Krise in vier Phasen ab (siehe Abbildung 7.12):

- **Potenzielle Krisenphase**: Die potenzielle Krisenphase, auch Nicht-Krisenphase genannt, ist die Zeit, in der »alles ruhig« ist.

- **Latente Krisenphase**: Die latente Krisenphase ist der Moment, kurz bevor eine Krise wahrscheinlich ausbricht. Mit den geeigneten Systemen zur Früherkennung können Sie an dieser Stelle noch Maßnahmen einleiten, um eine Krise zu verhindern oder zumindest abzuschwächen. Bei einer überraschenden Krise entfällt diese Phase.

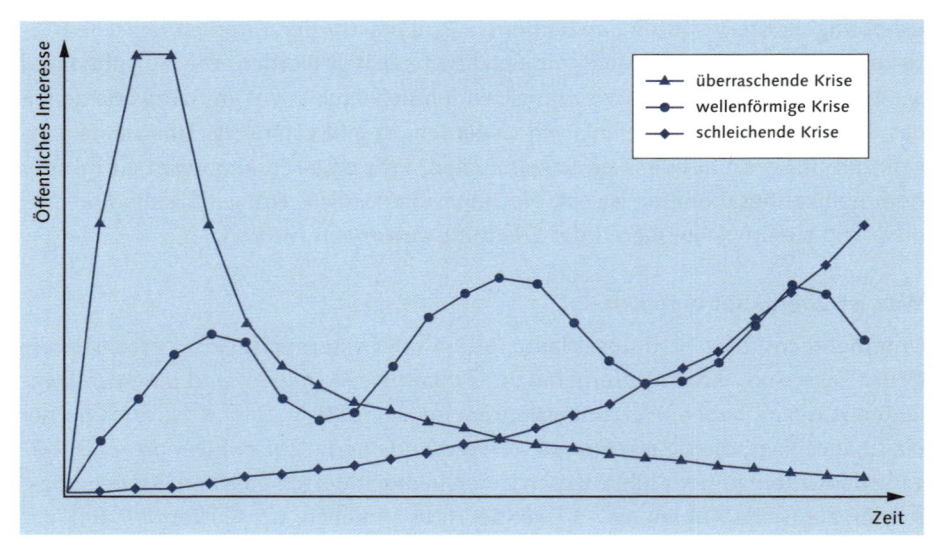

Abbildung 7.11 Erscheinungsformen von Krisen

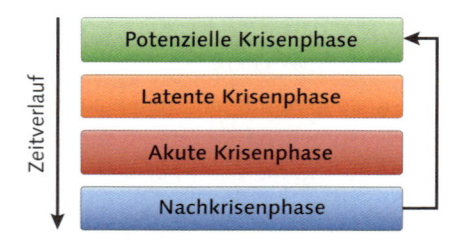

Abbildung 7.12 Phasen einer Krise

▶ **Akute Krisenphase**: Die akute Krisenphase steht für den eigentlichen Ausbruch der Krise und erfordert von Ihnen und Ihrem Unternehmen den höchsten Einsatz. Unter Zeit- und Handlungsdruck müssen jetzt schnellstmöglich Lösungen gefunden und kommuniziert werden. Der Verlauf der akuten Krisenphase hat zwei Szenarien, die beherrschbare und die unbeherrschbare Krise. Die beherrschbare Krise kennzeichnet sich dadurch, dass trotz Krisenszenario absehbar ist, dass die Krise zu bewältigen ist. Im Falle einer nicht beherrschbaren Krise gerät die Situation völlig außer Kontrolle, und das Unternehmen wird zunehmend handlungsunfähig, während die schädigende Wirkung der Krise stetig zunimmt.

▶ **Nachkrisenphase**: Nach der Krise ist vor der Krise. Aus diesem Grund ist es wichtig, die vorhergehende Krise genau zu analysieren und daraus zu lernen. Darüber hinaus gilt es jetzt, umzusetzen, was im Rahmen der Krisenbewältigung vereinbart wurde, und das kommunikativ zu dokumentieren.

Das Krisenmanagement berücksichtigt genau diesen typischen Verlauf einer Krise und umfasst alle Maßnahmen zur Prävention, Früherkennung und Vorbereitung von Krisen, deren akute kommunikative Bewältigung sowie die Nachbereitung und Auswertung der Krisen. Die Krisenkommunikation bezeichnet an dieser Stelle die Öffentlichkeitsarbeit von Unternehmen, Behörden und Organisationen im Kontext dieser Krisensituationen.

7.4.2 Anforderungen an die Krisenkommunikation durch Social Media

Wie gesagt, Krisen gab es schon immer, und auch die »alten Medien« haben einen guten Beitrag dazu geleistet, diese für Unternehmen möglichst unangenehm zu machen. Social Media bringt an dieser Stelle lediglich neue Anforderungen mit sich.

Wegfall der Gatekeeper und Vernetzung der Community

Der große Unterschied ist, dass früher Journalisten als Gatekeeper darüber entschieden, ob es sich lohnt, über ein Thema zu berichten. Heute kann jeder einen Umstand veröffentlichen, und die Community entscheidet dann, ob dies zu einer Empörungswelle wird, oder nicht. Dabei spielt sowohl die Vernetzung des jeweiligen Beschwerdeführers als auch die Reaktion des Beklagten eine große Rolle. Je stärker das Netzwerk einer Person ist, desto größer ist die Wahrscheinlichkeit, dass ein Thema über die sozialen Medien hinaus Beachtung findet. Darüber hinaus lässt eine (vermeidlich) falsche Reaktion der Gegenseite die Situation schnell eskalieren.

Solidarität mit dem »Schwächeren«, Empörung und der Streisand-Effekt

Als falsche Reaktion ist in diesem Zusammenhang jegliche Handlung gemeint, die ausdrückt, dass eine Kritik nicht wirklich ernst genommen wird oder mit unverhältnismäßigen Mitteln geschieht. Das unkommentierte Löschen oder löschen lassen, einer gerechtfertigten Kritik führt oft zu dem Effekt, dass sich noch mehr Personen mit dem Beschwerdeführer solidarisieren und sich über das Verhalten empören. Nach dem Motto: jetzt erst recht. Diese Erfahrung musste Nestlé machen, als diese das Greenpeace-Video »Give the rainforst a break« (siehe Abbildung 7.13) wegen Urheberrechtsverletzungen offline nehmen ließen.

Das Video,[4] welches als Kritik an der Zerstörung von Regenwaldflächen für die Zutat Palmöl in Nestlè-Produkten gedacht war, wurde prompt von mehreren Nutzern an den verschiedensten Stellen verbreitet und der Konzern mit negativen Kommentaren überhäuft. Verstärkend wirkte an dieser Stelle, dass der Community Manager der Facebook-Seite wenig empathisch kommunizierte. Eine ausführliche

---

4 Zu sehen unter *http://www.youtube.com/watch?v=IzF3UGOlVDc*.

Analyse des Nestlé-Shitstorms, der wohl zu den bekanntesten Beispielen gehört, finden Sie bei Till Achinger unter *http://bit.ly/1a7LrBh*.

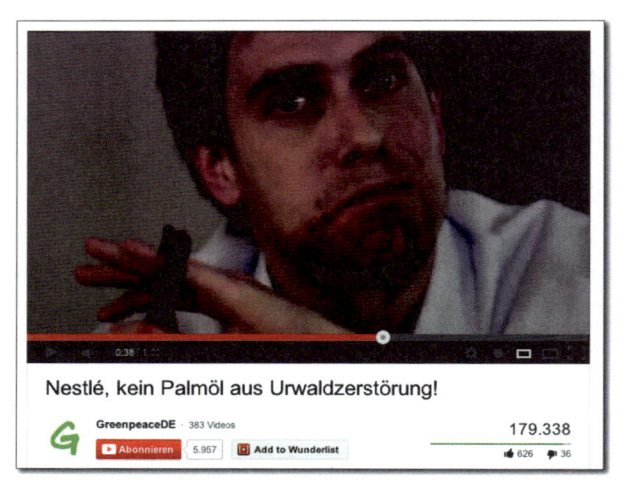

Abbildung 7.13 Das Schockvideo im Greenpeace-YouTube-Kanal

Dieses Phänomen, bei dem ein Unternehmen versucht, durch Löschung die Verbreitung eines Themas zu unterdrücken, und dadurch noch mehr Interesse auf das Thema lenkt, hat einen Namen: *Streisand-Effekt*. Ein weiteres Phänomen ist hier der *David-und-Goliath-Effekt*, bei dem sich die Masse mit dem vermeintlich schwächeren solidarisiert. In der Regel wird der Beschwerdeführer als »schwächer« wahrgenommen und das Unternehmen oder die Organisation als Feind, der bekämpft werden muss. Im Social Web erreichen beide Phänomene mitunter unglaubliche Reichweiten.

Echtzeit

Eine weitere große Herausforderung, die Social Media an die Krisenkommunikation stellt, ist Echtzeit. Dadurch dass die Menschen heutzutage stets mit Ihren Smartphones unterwegs sind, sind Fotos und Videos von kritischen Themen bereits auf Twitter oder Facebook, bevor das Unternehmen selbst überhaupt etwas davon mitbekommen hat. An dieser Stelle spielt das Social Media Monitoring eine große Rolle, ohne ein Monitoring werden Unternehmen meist erst dann auf ein Krisenthema aufmerksam, wenn dieses bereits eine gewisse Reichweite hat. Zu diesem Zeitpunkt ist die Chance, die Krise noch abzuwenden, in den meisten Fällen bereits vertan. Darüber hinaus macht das Internet keinen »Feierabend«; in Krisenzeiten müssen alle Beteiligten deswegen so lange dranbleiben, bis eine erste Lösung und eine merkliche Beruhigung eintritt. Das heißt mitunter auch, Nachtschichten einzulegen.

Multimediale Waffen

Social Media ermöglicht einen plattformübergreifenden Kampf mit multimedialen Waffen. Im Beispiel von Nestlè war ein Video das Stilmittel, im Fall von Wiesenhof ein offener Brief auf dem Blog von Manomama (*http://bit.ly/1a7MZLD*), und immer häufiger wird Ihnen das passende Tumblr-Blog mit satirischen Motiven begegnen. Jüngstes Beispiel ist hier »Pofalla beendet Dinge« (*http://pofallabeendetdinge.tumblr.com*) als Reaktion darauf, dass der Politiker Ronald Pofalla die NSA-Abhöraffäre für beendet erklärte (siehe Abbildung 7.14), obwohl die Diskussion darüber nach der Meinung vieler Journalisten und Blogger gerade erst anfängt.

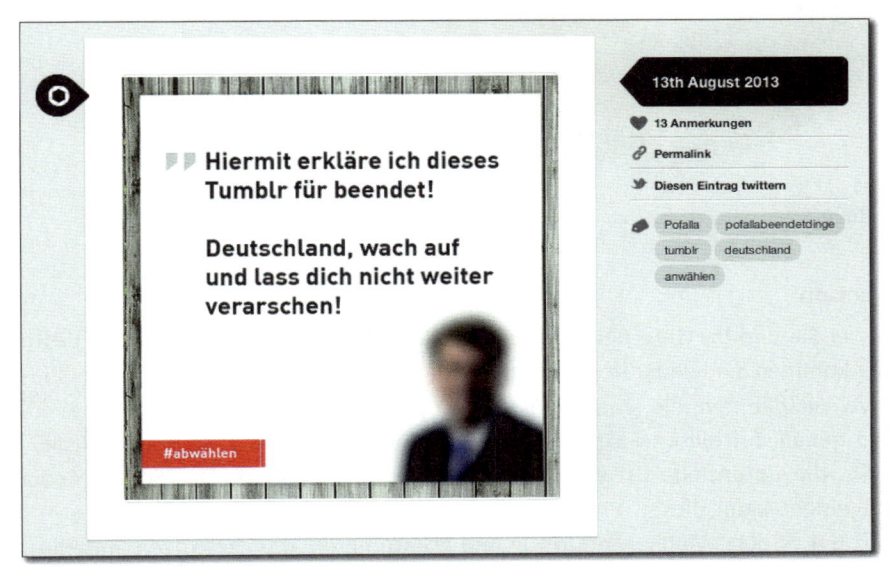

Abbildung 7.14 Pofalla beendet Dinge.

Wie Sie sehen, stellt Social Media eine Reihe von Anforderungen an die Krisenkommunikation. Die Regeln und Prinzipien werden aber nicht grundlegend verändert, im Gegenteil, Social Media macht es noch wichtiger, sich auf altbewährte Methoden zurückzubesinnen, denn diese geben Stabilität.

7.4.3 Aufgabenbereiche der Krisenkommunikation

Die Krisenkommunikation hat keineswegs nur dann etwas zu tun, wenn eine Krise akut ausbricht. Jede der in Abschnitt 7.4.1, »Was ist eigentlich Krisenkommunikation?«, vorgestellten Krisenphasen bietet Ansätze für ein umfassendes Krisenmanagement. In Abbildung 7.15 sehen Sie die vier typischen Aufgabenbereiche, die ich Ihnen vorstellen möchte. Dabei werde ich auch immer auf den Beitrag eingehen, den das Social-Media-Team leisten kann.

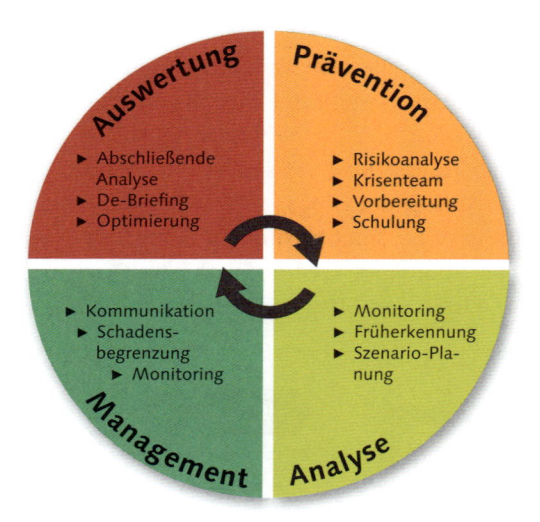

7 Anwendungsfelder des Social Media Managements

Abbildung 7.15 Aufgabenbereiche der Krisenkommunikation

Prävention

Je besser Sie und Ihr Unternehmen auf eine Krisensituation vorbereitet sind, desto besser kommen Sie wieder heraus oder im Idealfall gar nicht erst so tief hinein. Präventive Maßnahmen, die idealerweise in der potenziellen Krisenphase geschehen, zahlen genau auf diesen Faktor ein. Zunächst wäre hier die ausführliche Risikoanalyse, die potenzielle Krisenthemen aufdeckt und benennt. Das Social Media Management kann diesen Prozess mit dem Social Media Monitoring (siehe Abschnitt 6.4, »Social Media Monitoring und Measurement«) unterstützen, indem es kritische Themen identifiziert.

Eine weitere wichtige Maßnahme ist die Einrichtung eines interdisziplinären Krisenteams, welches im Notfall auch zu Unzeiten abrufbereit sein muss. Die Besetzung des Teams hängt dabei auch immer von der Unternehmensstruktur ab, beinhaltet aber mindestens ein Mitglied aus der Unternehmensleitung, der Unternehmenskommunikation, aus den Abteilungen, die laut Risikoanalyse »gefährdet« sind, eventuell einen externen Krisenberater sowie Vertreter aus Community und Social Media Management.

Gemeinsam mit den Mitgliedern des Krisenteams werden dann die potenziellen Krisenszenarien durchgesprochen und gemeinsam Kommunikationsleitfäden sowie Workflows und Reaktionsschemata entwickelt. Diese Vorbereitung wird verschriftlicht und in Form eines Krisenhandbuches aufbereitet. Auf Basis des Handbuches werden Schulungen und Trainings im Unternehmen durchgeführt und Krisenszenarien durchgespielt.

Eine weitere wichtige Aufgabe in diesem Kontext, die nicht direkt in die Krisenkommunikation gehört, ist der Aufbau von Glaubwürdigkeit und Vertrauen in der Öffentlichkeit. Je mehr Fürsprecher Ihr Unternehmen hat, desto besser lässt sich während einer Krise navigieren und umso größer ist die Wahrscheinlichkeit, dass eine Krise nicht völlig außer Kontrolle gerät. Vorausgesetzt natürlich, die Ursache liegt nicht in Dimensionen, die gesellschaftlich völlig inakzeptabel sind. Auch an dieser Stelle kann das Social-Media-Team einen großen Beitrag leisten, schließlich sind Dialog, Authentizität und Menschlichkeit wichtige Faktoren für die Vertrauensbildung.

Analyse

Die Analyse spielt eine wichtige Rolle im Übergang zwischen der potenziellen und der latenten Krisenphase. Zu den Hauptaufgaben gehört hier eine stetige Überwachung sämtlicher interner wie externer Faktoren, die eine Krise auslösen könnten. Auch hier leistet das Social Media Monitoring einen wertvollen Beitrag zur Früherkennung. Werden kritische Vorgänge bemerkt, werden diese genau analysiert und gegebenenfalls Vorbereitungen auf eine Krisensituation eingeleitet.

Management

In der akuten Krisenphase liegen sämtliche Maßnahmen, um eine Krise zu bewältigen, beim Management. An dieser Stelle findet sich das Krisenteam zusammen und im Falle eines Krisenszenarios, das vorbereitet wurde, liegen hier auch die zugehörigen Kommunikationsrichtlinien und -maßnahmen aus dem Krisenhandbuch vor. Handelt es sich um einen Sonderfall, müssen durch die Unternehmenskommunikation schnellstmöglich Richtlinien nachgeliefert werden, darüber hinaus ein erstes Statement, dass in den sozialen Medien veröffentlicht werden kann. Hier ist eine extrem enge Zusammenarbeit zwischen der Unternehmenskommunikation sowie Social Media und Community Management zwingend notwendig. In diesem Zusammenhang hat sich ein sogenannter »War-Room« bewährt, also ein Raum in dem sämtliche Mitglieder des Krisenteams zusammensitzen. Dieser sorgt für kurze Kommunikations- und Abstimmungswege und damit für einen einheitlichen Auftritt nach außen. Ist eine solche räumliche Nähe nicht möglich, muss gewährleistet werden, dass alle Parteien auf dem gleichen Stand sind, beispielsweise durch Telefon- oder Videokonferenzen.

An dieser Stelle spielen Social Media und Community Management eine Schlüsselrolle in der Kommunikation. Die Teams sind für die Echtzeitkommunikation auf Basis des Kommunikationsleitfadens zuständig und weisen die Community gegebenenfalls auf eine zentrale Seite mit weiterführenden Informationen hin. Darüber hinaus kann der Versuch unternommen werden, die Diskussion zu kanalisieren, um möglichst eine zentrale Anlaufstelle für die Diskutanten zu haben. Konzentrieren

Sie sich in solchen Momenten auf Ihre Social-Media-Präsenzen, und greifen Sie auf anderen Schauplätzen nur dann ein, wenn es unbedingt sein muss.

In der Managementphase spielt das Social Media Monitoring ebenfalls eine wichtige Rolle, da die Entwicklung der Stimmen und Meinungen im Netz sowie in der Regel auch die Berichterstattung in Blogs und klassischen (Online-)Medien in Echtzeit mitverfolgt werden kann.

Auswertung

Ist die Krise vorbei, geht die Arbeit noch weiter. Sämtliche Beteiligte Abteilungen müssen jetzt auswerten, was passiert ist, wie die Reaktion war und wie die jeweiligen Maßnahmen zu bewerten sind. Mit Hilfe einer Auswertung des Social Media Monitorings können Sie an dieser Stelle den Verlauf der Stimmungen und Meinungen visualisieren. Besondere Ausschläge und Wendepunkte im Sentiment lassen sich dabei den jeweiligen kommunikativen Maßnahmen und Berichten in den unterschiedlichen Medien zuordnen.

7.4.4 Faktoren einer guten Krisenkommunikation

Aus den eben genannten Aufgaben der Krisenkommunikation lassen sich insbesondere für die akute Phase der Krise die folgenden Erfolgsfaktoren ableiten:

- **Schnelligkeit**: Je schneller Sie einen kritischen Beitrag oder gar einen Krisenherd entdecken und je schneller Sie adäquat reagieren, desto größer ist die Wahrscheinlichkeit, dass Sie die Wucht einer Krise noch mildern oder im Idealfall ganz stoppen können.

- **Empathie**: Nehmen Sie Ihr Gegenüber und die Betroffenen einer Krise ernst, und versetzen Sie sich in deren Lage. Sie müssen diese direkt ansprechen und Ihnen verständliche Lösungswege aufzeigen. Wer an dieser Stelle gereizt reagiert oder versucht, Dinge herunterzuspielen, hat schon verloren. Egal, was der Beschwerdeführer sagt, nehmen Sie ihn ernst. Zeigen Sie Mitgefühl, und entschuldigen Sie sich im Namen des Unternehmens, wo es notwendig ist.

- **Transparenz**: Ein Statement abzugeben und zu hoffen, dass es reicht, funktioniert nicht. Eine offene Kommunikation darüber, was Sie gerade tun, um den beklagten Umstand zu verbessern, ist Pflicht. Kommunizieren Sie dort, wo Ihre Community ist, nutzen Sie die unterschiedlichen Plattformen, um Ihre Message möglichst weit zu streuen.

- **Vorbereitung**: Ich kann es gar nicht oft genug sagen, bereiten Sie sich vor! Die sozialen Medien sorgen dafür, dass kritische Themen öfter und heftiger an die Oberfläche kommen. Sie müssen Ihre »Leichen im Keller« kennen und wissen, was zu tun ist, wenn jemand diese entdeckt.

- **Proaktiv**: In den Bereich Vorbereitung gehören für mich auch Themen, die unweigerlich zu einer Krise führen, proaktiv anzusprechen und zu behandeln. Ein gutes Beispiel, dass so etwas funktioniert, liefert hier McDonald's (siehe Abbildung 7.16), die proaktiv auf ein kritisches Video hinwiesen. Die Reaktionen der Fans waren in 80 % der Fälle positiv.

Abbildung 7.16 Proaktiver Facebook-Post von McDonald's

- **Nahtlose Zusammenarbeit**: Eine nahtlose Zusammenarbeit mit allen beteiligten Abteilungen ist essenziell wichtig, insbesondere die mit der Unternehmenskommunikation. Erarbeiten Sie gemeinsam die Kommunikationsrichtlinien. Weisen Sie dabei auf die Besonderheiten in der Community hin, und bleiben Sie während der gesamten Krisenphase in enorm engem Kontakt.
- **One Voice Policy**: Womit früher gemeint war, dass nur der Unternehmenssprecher spricht, bedeutet heute, dass das Unternehmen auf sämtlichen Kanälen eine Sprache spricht. Widersprüche in der Kommunikation machen alle Beteiligten unglaubwürdig. Umso wichtiger ist, dass sich sowohl die Unternehmenskommunikation als auch das Social-Media-Team fest an die Richtlinien halten und neue Informationen an allen Stellen gleichzeitig bekannt sind.
- **Fakten, Fakten, Fakten**: Insbesondere bei Krisen, die auf Behauptungen basieren, gilt es, die Fakten klar und deutlich zu nennen und zu belegen. Ein gutes Beispiel in dieser Hinsicht, den WWF, habe ich Ihnen bereits in Abschnitt 1.2.2, »Social Media – alles ist erleuchtet«, vorgestellt.
- **Klarheit in der Kommunikation**: Krisenzeiten sind die Zeiten von verständlicher und klarer Sprache. Machen Sie auf keinen Fall den Fehler, in unverständlicher Fachsprache oder PR-Sprech zu kommunizieren. Seien Sie verständlich, brechen Sie komplexe Sachverhalte so runter, dass auch ein Laie versteht, was gemeint ist.

Und ganz wichtig – keine Panik! Lassen Sie sich nicht aus der Ruhe bringen. Falscher Aktionismus, voreilige Statements oder Widersprüche in der Kommunikation verschlimmern die Situation nur. Weder Beschwerdewelle noch Krise sind Angelegenheiten, die sich vermeiden lassen, aber Sie können sich gut auf potenzielle Krisenthemen vorbereiten und diesen dann entsprechend besser entgegentreten. Außerdem, egal, wie schlimm es ist, es geht irgendwann vorbei.

7.4.5 Ist das jetzt schon ein Shitstorm?

Eine Frage, die mir im Berufsalltag des Öfteren gestellt wurde, war, was denn jetzt klare Anzeichen dafür wären, dass eine Beschwerdewelle herrscht. Sagen wir mal so, wer längere Zeit Community Management gemacht hat, entwickelt Gefühl dafür, welche Situation unweigerlich eskaliert und welche nicht. Darüber hinaus wird einem bewusst, wie häufig eigentlich kleinere »Problemfälle« auftreten, die ein Außenstehender vielleicht schon als Shitstorm bezeichnet. Übung macht hier den Meister, dabei müssen Sie noch nicht einmal selbst im Mittelpunkt des Wutsturms stehen. Schauen Sie sich an, wenn gerade einmal wieder das Wort »Shitstorm« durch Ihre Timeline geistert, lesen Sie sich Beispiele für Best und Worst Practices durch,[5] und sprechen Sie auf Events mit anderen Social Media Managern über das Thema.

SHITSTORM SKALA	WINDSTÄRKE	WELLENGANG	SOCIAL MEDIA	MEDIEN-ECHO
0	Windstille	völlig ruhige, glatte See	Kein kritischen Rückmeldungen.	Keine Medienberichte.
1	leiser Zug	ruhige, gekräuselte See	Vereinzelt Kritik von Einzelpersonen ohne Resonanz.	Keine Medienberichte.
2	schwache Brise	schwach bewegte See	Wiederholte Kritik von Einzelpersonen. Schwache Reaktionen der Community auf dem gleichen Kanal.	Keine Medienberichte.
3	frische Brise	mässig bewegte See	Andauernde Kritik von Einzelpersonen. Zunehmende Reaktionen der Community. Verbreitung auf weiteren Kanälen.	Interesse von Medienschaffenden geweckt. Erste Artikel in Blogs und Online-Medien.
4	starker Wind	grobe See	Herausbildung einer vernetzten Protestgruppe. Wachsendes, aktives Follower-Publikum auf allen Kanälen.	Zahlreiche Blogs und Berichte in Online Medien. Erste Artikel in Print-Medien.
5	Sturm	hohe See	Protest entwickelt sich zur Kampagne. Grosser Teil des wachsenden Publikums entscheidet sich fürs Mitmachen. Pauschale, stark emotionale Anschuldigungen, kanalübergreifende Kettenreaktion.	Ausführliche Blog-Beiträge. Follow-Up-Artikel in Online-Medien. Wachsende Zahl Artikel in klassischen Medien (Print, Radio, TV).
6	Orkan	schwere See	Ungebremster Schneeball-Effekt mit aufgepeitschtem Publikum. Tonfall mehrheitlich aggressiv, beleidigend, bedrohend.	Top-Thema in Online-Medien. Intensive Berichterstattung in allen Medien.

Shitstorm-Skala: Wetterbericht für Social Media von Daniel Graf und Barbara Schwede steht unter einer Creative Commons Namensnennung-Nicht-kommerziell-Weitergabe unter gleichen Bedingungen 3.0 Unported Lizenz. Über diese Lizenz hinausgehende Erlaubnisse können Sie unter www.feinheit.ch erhalten.

Abbildung 7.17 Die Shitstorm-Skala von Barbara Schwede und Daniel Graf

---

5 Eine schöne Liste an Beispielen finden Sie unter *http://de.wikipedia.org/wiki/Shitstorm*.

Eine sehr gute Übersicht über die Stärke einer Beschwerdewelle und die jeweiligen Anzeichen, dass Sie sich gerade in diesem Stadium befinden, haben die Experten Barbara Schwede und Daniel Graf von *www.Feinheit.ch* in der in Abbildung 7.17 sichtbaren »Shitstorm-Skala« zusammengefasst. Unter *http://www.feinheit.ch/blog/2012/04/24/shitstorm-skala* finden Sie das Original.

7.5 Social Media Marketing

Social Media verändert die Spielregeln des klassischen Marketings. Die Auswirkungen auf das Marketing und insbesondere die Werbung fasste Egbert Wege, Co-Autor der Publikation von Roland Berger »Changing the Game«,[6] wunderbar in diesem Zitat zusammen:

> »Bislang war Werbung vergleichbar mit einem Bowling-Spiel: Die Kugel rollt und auf der anderen Seite fallen die Pins. Das heißt: Das Marketing hat Kunden angesprochen und sie von einem Produkt überzeugt. Heute gleicht Marketing eher einem Pinnball-Spiel: Die Kugel wird angestoßen, springt in alle Richtungen und löst verschiedene Interaktionen aus.«

7.5.1 Wie Social Media das Marketing verändert

Im Endeffekt habe ich Ihnen diese Frage bereits in Kapitel 1, »Social Media – Chancen und Herausforderungen für Unternehmen«, beantwortet, denn Social Media Marketing ist das große Ganze.

Social Media hat einen großen Einfluss auf die Art, wie Menschen heutzutage Kaufentscheidungen treffen. Um genau zu sein, fast so viel wie TV-Werbung, zu diesem Schluss kommt die »German Social Media Consumer Report 2012/2013«-Studie der Universität Münster.[7] Demnach liegt Social Media mit 7,6 % nur 0,2 % hinter TV und hat Radio (5,6 %) sowie Außenwerbung (7,4 %) bereits überholt. Doch nicht nur der Einfluss der TV-Werbung auf die Kaufentscheidung sinkt, sondern auch deren Glaubwürdigkeit. Lediglich 14 % der Konsumenten halten Werbung im Fernsehen heutzutage noch für glaubwürdig, dagegen vertrauen 90 % auf Empfehlungen aus Ihrer Peergroup.[8]

Empfehlungen und Bewertungen übernehmen den Einfluss der Massenmedien

Den Einfluss, den Unternehmen früher über die Massenmedien auf Meinungsbildung und Kaufentscheidung der Konsumenten hatten, wird von Dialogen und

---

6 Die Studie ist erhältlich unter *http://bit.ly/13DU9Fw*.
7 Die Studie ist erhältlich unter *http://bit.ly/13OyLbe*.
8 Quelle: *http://bit.ly/16tAKoM*

Empfehlungen in den sozialen Medien abgelöst. Dort, wo der Mensch früher vielleicht noch in seinem Freundeskreis herumfragen konnte, sind Empfehlungen, Erfahrungs- und Testberichte sowie Meinungen zu Produkt und Dienstleistungen heute nur einen Klick weit entfernt. Dort ist zwar auch Ihre Unternehmenswebsite, die schauen sich aber nur 51 % der Nutzer an, während sich 73 % Bewertungen durchlesen.[9] Es ist also nicht mehr nur das Unternehmen, das mit seinen Marketingmaßnahmen über Erfolg oder Misserfolg eines Produkts oder einer Marke entscheidet, sondern eben diese Gespräche der Konsumenten untereinander.

Werbung in Social Media funktioniert nicht

Darüber hinaus reicht es heute nicht mehr, irgendwo ein Werbebanner anzeigen zu lassen. Tagtäglich begegnen den Konsumenten beim Surfen unzählige Banner und Werbeanzeigen, doch geklickt wird hier höchst wenig. Auf Facebook beispielsweise liegen die durchschnittlichen Klickraten bei 0,029 %,[10] das bedeutet, dass gerade einmal Personen klicken, wenn die Anzeige 1.000 Mal angezeigt wird. Darüber hinaus sind Werbeblocker so beliebt, dass es Anfang diesen Jahren sogar eine Kampagne von Nachrichtenportalen gegen diese technischen Helfer gab, da so bis zu 25 % der Werbeeinnahmen auf der Strecke blieben.[11]

Weniger Push, mehr Pull

Wie gesagt, den Konsumenten einfach Werbung aufs Auge zu drücken, funktioniert in Social Media nicht. Diese möchten unterhalten werden und sich untereinander und mit Ihnen austauschen. Dafür brauchen Sie interessante Inhalte und Geschichten, die Sie über Ihre Produkte und Ihr Unternehmen erzählen können. Interessant ist dabei immer genau das, was Ihre Kunden möchten. Stellen Sie entsprechend die Bedürfnisse und Wünsche Ihrer Zielgruppe in den Mittelpunkt, und stimmen Sie sämtliche Maßnahmen darauf ab.

Der Mensch im Vordergrund

In Social Media dreht sich alles um den Menschen und die Dialoge untereinander. Unternehmen, die in diese Gespräche einsteigen möchten, müssen ebenso Ihre menschliche Seite zeigen. Authentizität, Transparenz und Ehrlichkeit sind die Schlüsselfaktoren zu einem Erfolg in Social Media. Dafür gilt es, Einblicke in das Unternehmen hinter den Produkten und Dienstleistungen zu zeigen. Die Menschen, die tagtäglich für den Erfolg einer Marke arbeiten und sich damit identifizieren.

---

9 http://www.bitkom.org/files/documents/BITKOM_E-Commerce_Studienbericht.pdf
10 http://www.emarketer.com/Article/Getting-Most-of-Facebook-Ads/1009144
11 http://www.wuv.de/digital/nachrichtenportale_starten_kampagne_gegen_adblocker

Informationen über die Zielgruppe helfen im Marketingmix

Social Media gibt Unternehmen eine enorme Chance, die Bedürfnisse und Wünsche der eigenen Zielgruppen zu verstehen und sämtliche Kommunikationsmaßnahmen darauf auszurichten. Das gilt für jeden Schritt im Marketingmix.

Ob eine Konzentration auf gute Inhalte (Abschnitt 6.2, »Corporate Content – die richtigen Inhalte«), die genaue Analyse der Zielgruppe (Abschnitt 6.4, »Social Media Monitoring und Measurement«), der direkte Dialog mit den Kunden (Abschnitt 6.3, »Community Management – der direkte Dialog«), guter Kundenservice im Web (Abschnitt 7.6, »Kundenservice 2.0«), Social PR (Abschnitt 7.2, »Social Media in der PR«) oder sogar die direkte Zusammenarbeit mit Kunden an Produkten und Dienstleistungen (Abschnitt 7.8, »Forschung und Innovation«) – Social Media beeinflusst sämtliche Bereiche im Kaufprozess und damit das gesamte Unternehmen. Dialog ist das neue Marketing.

7.5.2 Kampagnen mit Social Media unterstützen

Eigentlich ist die Überschrift an dieser Stelle falsch. Der richtige Weg ist, wenn das Thema Social Media bereits von Anfang festen Bestandteil der Konzeption und der Social Media Manager Teil des Kampagnenteams ist. Leider sieht die Realität meistens anders aus und das Marketing kommt (mit Glück) wenige Wochen vor Kampagnenstart auf Sie zu und fragt, was Sie denn jetzt noch für Ideen hätten, um die Kampagne zu begleiten. Ihre erste Aufgabe an dieser Stelle ist entsprechend die Wahrnehmung im Unternehmen dafür zu schaffen, dass Social Media nichts ist, was man mal eben so irgendwo »ranflanschen« kann. Dies ist ein Prozess, der gerade in Unternehmen, die neu in das Thema einsteigen, Zeit braucht. Wie Sie hier für mehr Verständnis sorgen und sich als Experte im Unternehmen positionieren, zeige ich Ihnen in Kapitel 10, »Corporate Social Media«.

Eine weitere Frage, die Ihnen sicher irgendwann begegnen wird, ist diese: »Könnt ihr nicht mal eben einen Link auf unsere neue Kampagne/das neue Werbeprospekt auf Facebook oder Twitter posten?« Die Gegenfrage, die ich an dieser Stelle grundsätzlich stelle, lautet: »Was ist denn deiner Meinung nach der Mehrwert für unsere Fans, wenn ich das jetzt tue?« Wenn ich hier eine überzeugende Antwort mit echtem Mehrwert für die Zielgruppe im Web bekomme, dann lass ich mit mir reden. Die Antwort »Weil der Marketing-Chef das gesagt hat« zählt hier nicht. Wenn das Marketing lediglich seine Werbung in die sozialen Netzwerke pusht, ist das Spam. Diesen mögen Facebook-Fans und Twitter-Follower genauso wenig, wie jeder andere auch. Die Studie »Social Break-up« von Exacttarget ergab hier,[12] dass 43 bzw.

---

12 http://www.exacttarget.com/resources/SFF8.pdf

41 % der Nutzer Marken aus Ihrem Stream schmeißen, weil diese zu viel Werbung posten.

Erklären Sie dem Marketingteam hier deutlich, dass klassische Werbung in den sozialen Netzwerken nicht funktioniert. Regen Sie diese dazu an, sich Gedanken zu machen, wie sie die klassische Kampagne durch die »Social-Brille« betrachten können, um Themen und Einblicke zu identifizieren, die Sie gemeinsam für die sozialen Medien aufarbeiten können.

Eine kleine Liste an Ideen zur Inspiration finden Sie bereits in Abschnitt 6.2, »Corporate Content – die richtigen Inhalte«, im folgenden Abschnitt möchte ich Ihnen noch einige Best-Practice-Ideen zeigen, darüber hinaus finden Sie noch jede Menge Anregungen in Kapitel 9, »Strategische Bedeutung und Möglichkeiten der sozialen Netzwerke«.

7.5.3 Best Practice: Social-Media-Marketingkampagnen

Gut gemachte Social-Media-Kampagnen begeistern die Community, ohne dass Produkt oder Marke zu sehr in den Vordergrund rücken. Sie setzen direkt an den Wünschen und Bedürfnissen der Zielgruppe an, bieten einen echten Mehrwert und machen einfach Spaß. Ein paar gute Beispiele möchte ich Ihnen hier vorstellen.

Dumb ways to die – mit Ohrwurm in die Köpfe der Zielgruppe

Dass das eher langweilige Thema »Sicherheit im Straßenverkehr« zu einem echten Hit in der Zielgruppe der Teenager und darüber hinaus werden kann, zeigte die Kampagne »Dumb Ways to Die«.

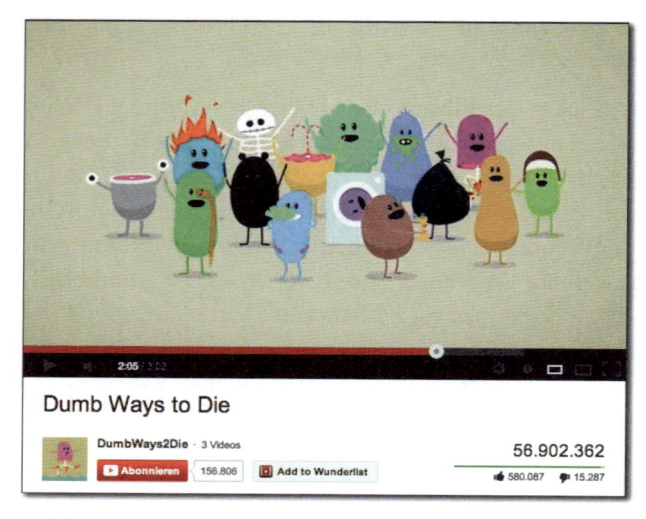

Abbildung 7.18   »Dumb Ways to Die« – mit Comics für mehr Sicherheit

Die Kampagne der öffentlichen Verkehrsbetriebe in Melbourne verpackte ihre Botschaft in ein Zeichentrickvideo (siehe Abbildung 7.18), das mit einem echten Ohrwurm unterlegt war und zeigte, was man lieber nicht tun sollte. Das Video (*http://www.youtube.com/watch?v=IJNR2EpS0jw*) wurde mehr als 56.900.000 Mal abgespielt und sorgte bei seiner Veröffentlichung für reichlich Gesprächsstoff im Social Web und darüber hinaus.

Samsung Galaxy S4 sponsert interessante Infos für die Zielgruppe

Samsung hat in Kooperation mit Foursquare eine Kampagne für das Galaxy S4 entwickelt. Passend zur Smartphone-affinen Zielgruppe können sich Foursquare-Nutzer Ihre Check-in-Historie auf Foursquare anzeigen und in einer Infografik ausgeben lassen. Die Infografik lässt sich natürlich direkt in den sozialen Netzwerken teilen (siehe Abbildung 7.19). Diese virtuelle Zeitmaschine finden die Nutzer auf der Seite von Foursquare *https://foursquare.com/timemachine*, erst auf den zweiten Blick fällt das Sponsoring durch das Galaxy S4 auf. Eine schlaue Art, der Zielgruppe interessante Informationen zu geben und dafür Reichweite zu gewinnen.

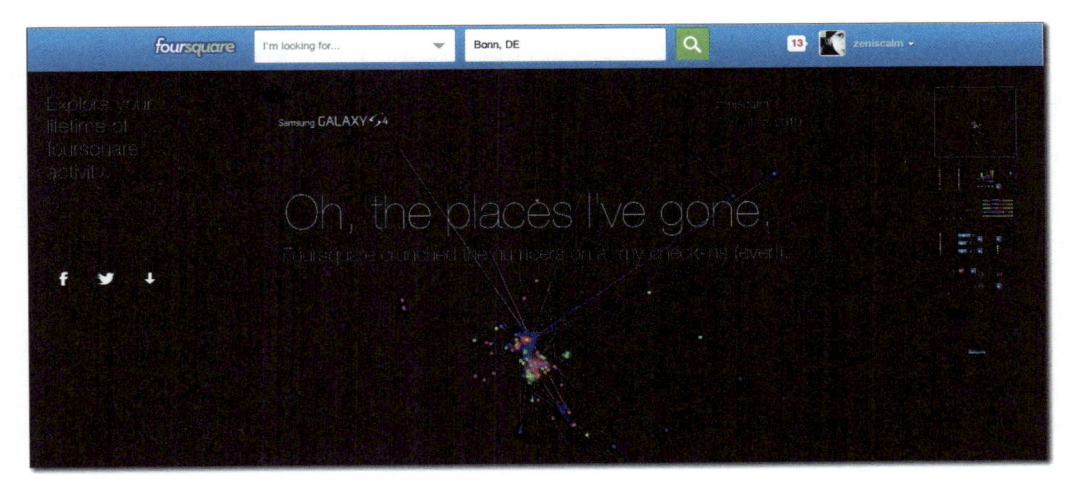

Abbildung 7.19 Samsung sponsert die Foursquare-Historie.

Red Bull Stratos – der Bulle im Weltall

Eine beeindruckende Kampagne, die über Jahre geplant war und auf ein geschätztes Budget von 50 Millionen € zurückblickt, ist der Weltraumsprung von Felix Baumgartner. Red Bull Stratos (*http://www.redbullstratos.com*) schickte den Extremsportler ins Weltall und übertrug per Livestream, wie dieser zur Erde sprang (siehe Abbildung 7.20). Der zugehörige YouTube-Kanal verzeichnete während dieser Zeit mehr als 366 Millionen Abrufe. Auf Twitter und Facebook beherrschte der Sprung die Timelines, und der Red Bull-TV-Sender ServusTV holte in Österreich

Traumquoten von bis zu 19,2 % Marktanteil bei 14–49-jährigen Zuschauern. Eine Kampagne, die wohl noch eine Weile einzigartig bleiben wird.

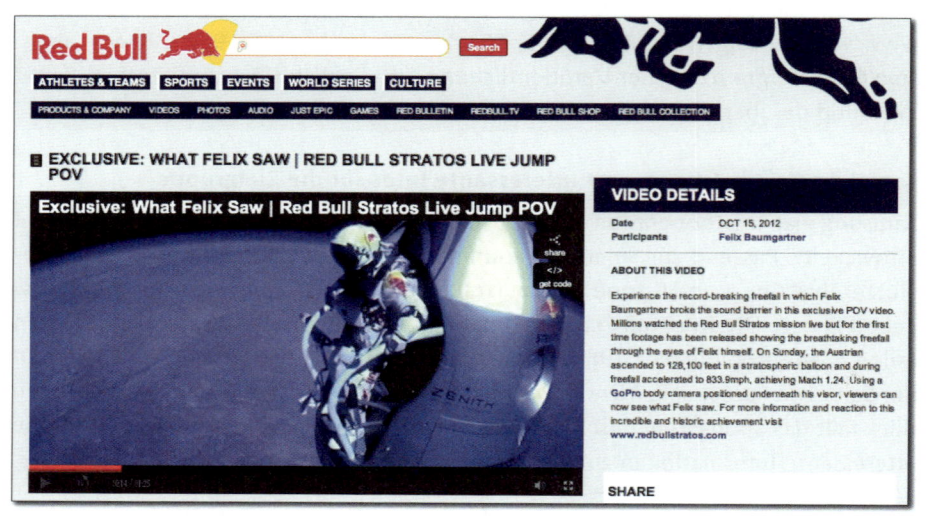

Abbildung 7.20   Redbull sponserte einen Weltraumsprung.

Projekt Studiobau von Hornbach – wir bauen uns ein Studio und alle gucken zu

Die Baumarktkette Hornbach unterstützte die Berliner Band Plan B dabei, einen Proberaum zu bauen. Das Vorhaben wurde per Video dokumentiert und in den Social-Media-Kanälen von Hornbach gezeigt (siehe Abbildung 7.21). Zu der Band gehört Johnny Haeusler, einer der Köpfe hinter der re:publica mit entsprechender Reichweite.

Abbildung 7.21   Hornbach hilft Plan B, ein Studio zu bauen.

Das Projekt war für beide Seiten ein Gewinn, Hornbach bekam Aufmerksamkeit in einer nicht unbedingt Baumarkt-affinen Zielgruppe, und Plan B konnte sich den eigenen Proberaum einrichten. Für das Projekt gab es einen Preis beim Onlinekommunikationspreis 2013, die weiteren Gewinner können Sie sich unter *http://bit.ly/16uZe0U* ansehen.

Der Audi Social Stunt – mit einem Facebook-Video ins TV

Ein wunderschönes Beispiel dafür, dass es heutzutage sogar anders funktioniert und eine exklusive Social-Media-Kampagne ihren Weg in die klassischen Medien schafft, stammt von Audi. Gemeinsam mit der Agentur Razorfish wurde anlässlich des 500.000 Fans auf der Facebook-Seite das Video »Social Stunt« gedreht. Darin schreibt der Rennfahrer Dindo Capello mit einem driftenden Audi R8 die Zahl 500.00 auf den Asphalt (siehe Abbildung 7.22). Darüber hinaus wurden 20 Drucke aus dem Profil der so abgefahrenen Reifen gefertigt und an die treuesten Fans versandt. Das Video wurde online wie offline aufgegriffen und geteilt und erzielte eine Reichweite von 44.000.000 Impressionen. Aufgrund des Erfolgs wurde das Video dann auch in eine TV-Kampagne übernommen. Das erste Facebook-Video im TV überhaupt. Ausführlichere Informationen zu der Kampagne und das Video finden Sie unter *http://bit.ly/1doLM2g*.

Abbildung 7.22 Der Audi Social Stunt, das erste Facebook-Video im TV

Weitere Best Practices finden Sie in Kapitel 9, »Strategische Bedeutung und Möglichkeiten der sozialen Netzwerke«, lassen Sie sich inspirieren!

7.5.4 Besser gefunden werden mit Social SEO

Social Media hat einen Einfluss auf Suchmaschinenergebnisse. Die Disziplin, die sich damit beschäftigt, wie Sie Social Media für die Sichtbarkeit der eigenen Website nutzen können, nennt sich Social SEO.

> **Marketing-Basic: Was ist SEO?**
>
> Das Akronym SEO steht für *Search Engine Optimization* und bezeichnet Maßnahmen, um eine Webseite in den Suchergebnissen der Suchmaschinen möglichst weit nach vorne zu bringen. Google bietet unter *http://bit.ly/16v0wsA* ein umfangreiches PDF zur »Einführung in die Suchmaschinenoptimierung« zum freien Download an.

Für die steigende Beliebtheit von Social SEO ist unter anderem die Korrelation zwischen Social Signals und der Positionierung einer Seite verantwortlich. Als *Social Signals* (soziale Signale) bezeichnet man das Resultat einer Interaktion eines Nutzers mit sozialen Daten. Zu den Social Signals gehören beispielsweise Likes, Shares, Kommentare, ReTweets, +1 (PlusOnes), Repinns und sämtliche anderen Aktionen, die ein Nutzer mit Inhalten innerhalb eines sozialen Netzwerkes ausführen kann. Viele Social Signals suggerieren den Suchmaschinen, dass ein Inhalt relevant ist, und relevante Inhalte genießen höhere Sichtbarkeit.

> **Social Signals für Ihre Website**
>
> Unter *http://www.socialsignals.de* können Sie sich öffentlich sichtbare Social Signals auf Facebook, Twitter und Google+ für jede beliebige URL anzeigen lassen.

Wie Social Ihre SEO-Strategie unterstützt

Neben den Social Signals gibt es noch eine Reihe von weiteren Faktoren, die sich positiv auf die Sichtbarkeit einer Seite auswirken:

- Das beginnt schon an der Stelle, wo Sie oder einer Ihrer Kollegen einen guten Artikel für das Web verfassen. Google mag Seiten, die regelmäßig neue Inhalte haben, entsprechend sind Blogs in der Regel gut in Suchmaschinen positioniert. Darüber hinaus liefern Sie mit guten Artikeln und klug ausgewählten Überschriften und Schlagwörtern schlichtweg mehr Ansatzpunkte dafür, gefunden zu werden.

- Die Inhalte, die Sie auf Ihrem Blog veröffentlichen, posten Sie natürlich auch auf Ihren Präsenzen in den Social Networks. Dort werden diese mit Social Signals bedacht, und vielleicht schreibt sogar jemand einen Blogeintrag als Antwort auf Ihren Beitrag. Dabei ist jedes »Teilen« Ihrer Beiträge besonders wertvoll, denn es generiert Links auf Ihre Seite. Diese *Backlinks* haben besonders positive Auswirkungen auf das Suchmaschinenranking.

- Über interessante Beiträge werden mehr Leser auf Ihren Blog aufmerksam und abonnieren diesen per RSS-Feed oder werden Fan/Follower Ihrer Präsenzen.

- Darüber steigt Ihre Reichweite, ein Kreislauf beginnt. Immer mehr Personen sehen Ihre Inhalte, was mehr Social Signals und mehr Abonnenten und damit wiederum noch mehr Reichweite bedeutet. Das funktioniert natürlich nur dann, wenn Sie regelmäßig gute Inhalte liefern.
- Mit etwas Glück werden Ihre Inhalte in Online-Magazinen aufgegriffen, was aus der Sicht von Suchmaschinen bedeutet, das Ihre Seite relevant für diese Themen ist. Relevante Seiten, werden weiter vorne gelistet.

Ihre so erhöhte Sichtbarkeit in den Suchmaschinen führt wiederum dazu, dass mehr Personen über die Suchmaschinenergebnisse auf Ihre Seite kommen.

Erfolgsfaktoren für Social SEO

Social SEO ist keine eigenständige Disziplin, sondern ein Grundsatz, den Sie bereits bei der Erstellung Ihrer Inhalte im Kopf haben müssen. Die Fragen, die Sie sich dabei im Vorfeld stellen müssen, sind:

- Welche Themen möchte ich besetzen?
- Unter welchen Stichworten sollen Personen unsere Seite finden?
- Wie kann ich unseren Kunden und Interessenten dabei helfen, die Informationen zu finden, die Sie suchen?

Denken Sie dabei aus der Perspektive Ihrer Zielgruppe, was würde diese in Google & Co. eintippen? Durch die Antworten auf diese Frage erhalten Sie eine Liste von Stichwörtern, die in Ihren Inhalten enthalten sein müssen. Zwei kleine Beispiele:

- Ein Kunde hat ein Problem mit einem Ihrer Produkte. Er sucht »Aufbauanleitung Produkt XY«. Ein Video, das dem Kunden zeigt, wie er das Produkt aufbaut, hilft an dieser Stelle nicht nur mehr als ein Text, sondern ist darüber hinaus auch gut in Suchmaschinen positioniert. Gute Stichwörter an dieser Stelle sind zum Beispiel Anleitung, Aufbauanleitung, Hilfe, Produktname, Videoanleitung, Tutorial, How-to, Einleitung.
- Ein Journalist hat mitbekommen, dass es gerade kritische Stimmen zu einem Ihrer Produkte gibt und googelt »Probleme Produkt X«. An dieser Stelle ist ein Blogbeitrag sinnvoll, der Hintergründe über den Sachverhalt anbietet und dazu erläutert, wie das Problem zu lösen ist.

Erfolgreiches Social SEO funktioniert am besten, wenn Sie gute Inhalte mit den richtigen Keywords erstellen und diese Inhalte fleißig in den sozialen Netzwerken geteilt und »gemocht« werden. Eine gute Social-Media- und Content-Strategie ist entsprechend auch hier der Schlüssel zum Erfolg.

7.5.5 Social Commerce

Social Commerce ist eine Variante des elektronischen Handels, bei der die aktive Beteiligung der Kunden sowie die persönliche Beziehung zu diesen im Vordergrund stehen. Die Beteiligung der Kunden geschieht dabei durch:

- ein aktives Mitgestalten am Produktdesign oder dem Produkt selbst
- die Zusammenstellung von Einkaufslisten im Sinne einer Empfehlung
- die Bewertung von Produkten und Händlern

Über diese aktive Beteiligung der Kunden hinaus wird auch das Einbinden eines Onlineshops in ein Social Network dem Social Commerce zugerechnet. Social Commerce senkt durch ein Empfehlungs- und Bewertungssystem die Kaufbarriere. Da ich diese Prinzipien bereits ausgiebig behandelt habe, möchte ich mich hier auf den Teil der Distributionspolitik im Marketingmix konzentrieren, den Vertrieb.

Mass Customization – der Kunde macht das Produkt so, wie er will

Eine Möglichkeit, den Kunden direkt an dem Endprodukt zu beteiligen, ist *Mass Customization*. Dabei kann sich der Kunde aus einem Basisprodukt oder -zutaten, sein individuelles Einzelstück kreieren. Die Bandbreite der Personalisierung geht dabei von einem individuellen Äußeren, wie es zum Beispiel der dm-Drogeriemarkt unter (http://produktdesigner.fotoparadies.de) anbietet (siehe Abbildung 7.23), bis hin zu komplett individualisierbaren Produkten, wie zum Beispiel My Müsli (http://mymuesli.de) oder Chocri (http://chocri.de).

Abbildung 7.23 Das persönliche Duschgel

Mass Customization ermöglicht so die Erfüllung von individuellen Kundenwünschen, was durch gesteigerte Loyalität und sicher auch mit der einen oder anderen Empfehlung im Social Web belohnt wird. Eine weitere Variante der direkten Kundenbeteiligung ist das *Crowdsourcing*, auf das ich noch in Abschnitt 7.8.3, »Crowdsourcing«, eingehen werde.

Onlineshopping-Berater

Ob das perfekte Outfit auf Stylefruits (siehe Abbildung 7.24) oder Listen mit spannenden Produkten auf Pinterest, wenn Sie Ihre Fans begeistern, machen diese von ganz allein Werbung für Sie im Social Web.

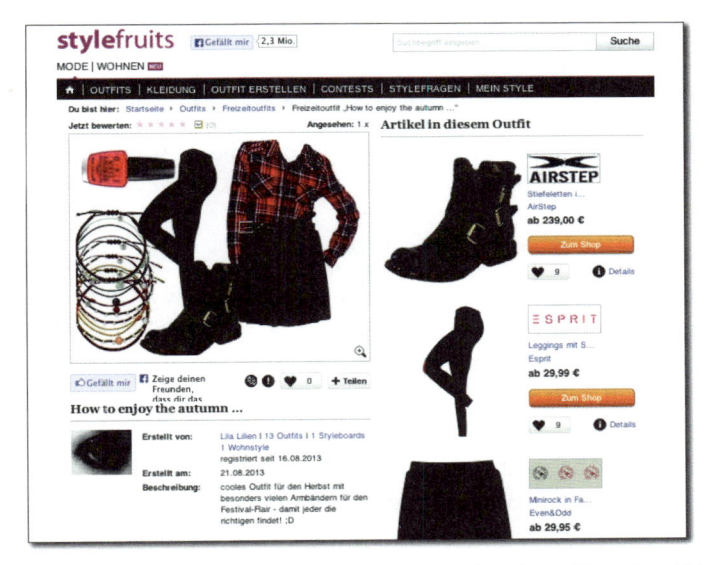

Abbildung 7.24 Das perfekte Outfit mit angebundener Shopping-Möglichkeit

An dieser Stelle müssen Sie Ihren Fans so einfach wie möglich machen, Ihre Inhalte für eben diesen Zweck zu nutzen. Das bedeutet beispielsweise, Pinterest in Ihre Seite zu integrieren oder dort selbst aktiv Inhalte einzustellen (mehr dazu in Abschnitt 9.7.5, »Pinterest – visuelles Social Bookmarking«), oder dafür sorgen, dass Ihr Artikel in den sogenannten Shop-Aggregatoren wie Stylefruits (*http://stylefruits.de*), Smatch (*http://smatch.com*) oder Stylight (*http://stylight.de*) aufgenommen werden.

Social Media im stationären Handel

Ein weiterer Trend ist der Einzug von Social Media in den stationären Handel. Produkte, die von der Community im Social Web als Favoriten bewertet (siehe Abbildung 7.25) wurden, werden als solche im Geschäft ausgewiesen.

Abbildung 7.25 Der Deichmann-Facebook-Schuh des Monats

Der Käufer vor Ort bekommt so zusätzliche Sicherheit beim Kauf, da die Empfehlungen online so auch offline sichtbar werden. Natürlich ist diese Auszeichnung auch im Onlineshop ein Verkaufsargument.

F-Commerce

F-Commerce, eine Wortschöpfung aus Facebook und E-Commerce, war der Hype im Jahr 2011, doch hat letztendlich die großen Erwartungen nicht erfüllt. Das hat einen ganz einfachen Grund. Menschen gehen nicht auf Facebook, um einzukaufen. Sie sind dort, um sich mit Bekannten und Freunden auszutauschen und unterhalten zu werden. Wenn Ihre Fans aber gerade schon einmal da sind und Sie diese mit Ihren Inhalten begeistert haben, kann es durchaus Sinn machen, hier direkt Ihre Produkte in einer speziellen Shop-Lösung anzuzeigen. Anbieter dafür gibt es reihenweise, Beispiele wären hier Ondango (*http://ondango.de*) Payvment (*http://payvment.com*) und der Amazon Webstore (*http://webstore.amazon.com*). Neben dem direkten Verkauf in Facebook, kann der Absatz, der über die Empfehlung von Produkten über den Facebook-Like Button generiert wird, ebenfalls dem F-Commerce zugerechnet werden. Diesen in Ihren Shop einzubauen, ist entsprechend ein gutes Marketinginstrument.

Social Media hilft Ihnen dabei, Ihre Kunden zu verstehen und zu diesen eine Beziehung aufzubauen – bessere Voraussetzungen für wirkungsvolle Marketingaktionen gibt es nicht!

7.6   Kundenservice 2.0

Die Öffentlichkeit des Servicedialogs im Social Web macht den Kundenservice 2.0 zum neuen Marketing. Denn guter Kundenservice sorgt für zufriedene Kunden, und im Internet haben Sie viele Zuschauer, die genau das mitbekommen. Bereits in Abschnitt 1.3.5, »Kundenservice auf einem neuen Level«, habe ich Ihnen einen Einblick in die Bedeutung des Kundenservices im Web gegeben. An dieser Stelle möchte ich Ihnen kurz erläutern, was die Aufgaben des klassischen Kundenservices sind, welche Auswirkungen der Service im Netz für ein Unternehmen haben kann und was die Erfolgsfaktoren für guten Service sind. Darüber hinaus stellt Ihnen der Experte Ben Ellermann zum Abschluss des Abschnitts das Thema Service-Communitys vor.

7.6.1 Was ist überhaupt Kundenservice?

Guter Kundenservice spielt heutzutage eine wichtige Rolle bei der Kaufentscheidung. So gaben in einer repräsentativen Studie des Beratungsunternehmens Verint 53 % der Befragten an, dass ihnen der Preis nicht wichtiger sei als Service.[13] Als Kundenservice wird die Abteilung oder Einheit im Unternehmen bezeichnet, die sich den Beschwerden, Bedürfnissen und Wünschen der Kunden während und nach Kauf eines Produkts oder einer Dienstleistung widmen. Weitere Bezeichnungen für den Kundenservice sind Kundendienst, oder auch die englischen Varianten Customer Care, Customer Service und Support. Der Kundendienst ist dabei entweder eine Abteilung im eigenen Haus, wird an einen Dienstleister ausgelagert oder ist eine Mischform aus beiden Varianten.

Die Mannschaft des Kundenservices tritt überall dort in Aktion, wo ein Kunde ein Problem hat; sei es aufgrund eines Defekts an einem Produkt, der Unzufriedenheit mit einer Dienstleistung, missverständlicher Werbeversprechen oder unverständlicher Tarifstrukturen, der Kundendienst ist für den Kunden da und versucht diesem nach besten Möglichkeiten weiterzuhelfen. Diese Aufgabe ist bei Weitem nicht immer einfach. Aufgebrachte Kunden, die den Servicemitarbeiter als Sündenbock beschimpfen und anschreien, gehören genauso zum Alltag wie komplizierte Sachverhalte und Situationen, in denen einem Kunden schlichtweg nicht geholfen werden kann. Ein guter Servicemitarbeiter bleibt auch in diesen Fällen ruhig, freundlich und sachlich und versucht zu retten, was zu retten ist. Man könnte sagen, der Kundenservice reißt all das wieder raus, was irgendwo anders im Unternehmen schiefgelaufen ist, und leistet damit einen enormen Beitrag zum Unternehmenserfolg.

Diese Leistung blieb bisher in Kundenservice-Abteilungen und Callcentern eher hinter den Kulissen verborgen. Kunden konnten Ihre Anliegen per Telefon, E-Mail oder postalisch vorbringen und bekamen dann über einen dieser Wege eine Antwort. Fällt diese nicht im Sinne des Empfängers aus, schreiben die Kunden immer

---

13 *http://www.lebensmittelzeitung.net/studien/pdfs/515_.pdf*

öfter Ihre Erfahrungen im Social Web nieder (siehe Abbildung 7.26) oder suchen dort direkt Hilfe.

Abbildung 7.26 Kunden beschweren sich im Netz über den Kundenservice.

An diesem kleinen Beispiel sehen Sie direkt die erste Herausforderung, die Social Media an den Kundenservice stellt. Nicht nur der Social-Media-Support ist öffentlich, Fehler, Patzer und unfreundliches Verhalten per E-Mail und Telefon können genauso schnell transparent werden. Über diese Tatsache sollte sich jeder einzelne Mitarbeiter im Kundenservice bewusst sein.

7.6.2 Herausforderungen von Social Media an den Kundenservice

Neben dem Plus an Transparenz, das Social Media in den klassischen Kundenservice bringt, gibt es weitere Anforderungen, die Sie bei dem Aufbau eines Social-Media-Supports beachten müssen.

Schnelligkeit ist entscheidend

Kunden, die in den sozialen Medien eine Serviceanfrage stellen, sind ungeduldig. 20 % erwarten eine Antwort innerhalb von 15 Minuten, insgesamt 42 % geben Ihnen eine Stunde und eine Antwort, die mehr als zwei Stunden benötigt, führt schon dazu, dass Ihre Kunden Ihr Unternehmen um 2 % weniger weiterempfehlen, selbst wenn die Antwort dann noch hilfreich ist. Kommt gar keine Antwort, sinkt die Wahrscheinlichkeit, dass der Fragesteller Kunde wird oder bleibt übrigens direkt um 80 %.[14] Die geforderte Schnelligkeit stellt hohe Anforderungen an die Prozesse im Unternehmen und an Schnittstellen zu bestehenden Prozessen. Diesen Themenkomplex erörtere ich noch ausgiebig in Abschnitt 10.5.2, »Herausforderungen für die Prozessgestaltung«.

Der Dialog ist öffentlich und transparent

Selbst der beste Kundenservice-Mitarbeiter macht mal einen Fehler, im Social Web wird jeder Fehltritt sichtbar. Dieser Umstand übt einen hohen Druck auf die Mitarbeiter aus, die im Social-Media-Support arbeiten. Das Positive an dieser Stelle ist jedoch, dass gute Arbeit genauso sichtbar wird und die Social Media Agents genauso Fans und Fürsprecher haben, wie Community Manager. Ein Phänomen, das es im klassischen Support nicht gibt und das sehr motivierend wirkt. Eine Herausforderung ist, dem eigenen Unternehmen klarzumachen, dass Ausreden nicht mehr funktionieren. Wenn ein Fehler oder ein Problem im Betriebsablauf auftaucht, wird dieser in den sozialen Medien transparent. Hier gilt es, gemeinsam mit dem Social-Support-Team darum zu kämpfen, dass auch diese mit Hilfe einer größtmöglichen Transparenz arbeiten dürfen und stets darüber informiert sind, was im Unternehmen gerade passiert.

Der Kunde bestimmt, ob Sie ein Service-Team im Netz brauchen

Selbst wenn Sie keinen Service auf Ihrer Facebook-Seite anbieten, müssen Sie Service machen. Zumindest gilt das, wenn Ihr Ziel rundum zufriedene Kunden sind. Sorgen Sie dafür, dass Ihr Social-Media-Team eine gute Schnittstelle zum Kundenservice hat und bei Anfragen reaktionsfähig ist. Beschwert sich ein Kunde auf Ihrer Präsenz und wird stumpf an Ihre »klassischen Kanäle« verwiesen, sorgt das nur für weiteren Unmut, und das deutlich sichtbar für den gesamten Freundeskreis des Beschwerdeführers sowie alle »Zuschauer« auf Ihrer Präsenz (siehe Abbildung 7.27). Die Sichtbarkeit von öffentlichen Facebook-Einträgen in Suchmaschinen ist hier auch nicht zu unterschätzen.

Neue Herausforderungen an die Servicemitarbeiter

Ich persönlich vertrete die Meinung, dass es einfacher ist, einem guten und erfahrenen Mitarbeiter aus dem Kundenservice die öffentliche Kommunikation im Web nahezubringen, als einen im Web erfahrenen Mitarbeiter in den Kundenservice einzulernen. Und mit dieser Meinung stehe ich offensichtlich nicht alleine da. Sowohl die Mitarbeiter hinter den erfolgreichen Servicekanälen der Bahn und als auch der deutschen Telekom bestehen primär aus ehemaligen Mitarbeitern aus dem Kundenservice.

---

14 Quelle für die Statistiken *http://bit.ly/14UKNDk* und *http://16ZXldL*

Abbildung 7.27 Den Kunden in Social Media auf klassische Kanäle zu verweisen, ist in den meisten Fällen keine gute Idee.

Vor einem Start in das Social Web müssen diese Mitarbeiter jedoch ausgiebig auf die Anforderungen vorbereitet werden. Neben den Besonderheiten in der Kommunikation müssen diese in der Anwendung der jeweiligen Tools und Netzwerke trainiert werden. Neben Schulungen und Trainings ist ebenso die Ausarbeitung von Leitfäden und im Idealfall eines Handbuches notwendig, in dem all diese Informationen zusammengefasst sind. In Abschnitt 10.4, »Auswahl und Ausbildung der Mitarbeiter«, finden Sie zu diesen Themen noch ein spannendes Interview mit dem Social-Media- und Dialogteam der Deutschen Bahn.

Der schmale Grat zwischen Extra-Wurst und zu viel des Guten

Eine große Herausforderung, die mit der Öffentlichkeit des Servicedialogs einhergeht, ist, den Kunden glücklich zu machen, ohne dass dieser eine echte »Extra-Wurst« bekommt. Das Social-Media-Team muss bei der Bearbeitung der Anliegen stets im Rahmen der Möglichkeiten bleiben, die im klassischen Service vorgegeben sind. Übertreiben Sie im Social Web mit den Zugaben und Rabatten, wird sich das rumsprechen, und alle weiteren Kunden werden eben diese Vorzugsbehandlung fordern. Kunden des Social Media Supports genießen in der Regel schon schnellere Bearbeitungszeiten und individuellere Behandlung, ziehen Sie hier die Grenze.

All diese Anforderungen geben Ihnen einen Hinweis darauf, dass der Kundenservice im Web ebenso eine gründliche Vorbereitung braucht wie jedes andere Anwendungsszenario von Social Media. Warum sich dieser Aufwand lohnt, erläutere ich Ihnen im nächsten Abschnitt.

7.6.3 Warum ist Kundenservice in Social Media sinnvoll

Meine Kurzantwort auf diese Frage lautet:

Ein Kritiker, dem Sie im Social Web geholfen haben, ist der beste Fan und hat sogar das Potenzial, ein echter Fürsprecher zu werden. Darüber hinaus bringt die Sichtbarkeit öffentlicher Servicedialoge einen unbezahlbaren Mehrwert für das Unternehmensimage mit sich. Aus der Kombination aus gutem Kundenservice und der Öffentlichkeit wird eine neue Art des Marketings.

An dieser Stelle möchte ich Ihnen erläutern, warum Service im Social Web Sinn macht und was Ihr Unternehmen davon hat.

Ihre Kunden suchen Online nach Hilfe

Immer mehr Kunden gehen für die Suche nach einer Kontaktmöglichkeit zu dem Kundenservice eines Unternehmens online und suchen dort. Das Marktforschungsunternehmen NM Incite fand im Rahmen des »State of Social Customer Service 2012 Reports« Folgendes heraus:[15]

- 47 % der Social-Media-Nutzer haben bereits auf den Service im Netz zurückgegriffen, in der Altersgruppe zwischen 18 bis 24 Jahren liegt die Zahl sogar bei 59 %.
- Fast jeder dritte Social-Media-Nutzer zieht den Kontakt zum Kundenservice über Social Media dem Telefonkontakt vor.

Diese Zahlen stammen aus den USA, wo die Bevölkerung in Sachen Social im Schnitt ein bis zwei Jahre voraus ist. Entsprechend sind diese Zahlen noch nicht 1:1 auf den deutschen Markt übertragbar, aber sie geben Ihnen einen sehr zuverlässigen Ausblick darauf, wohin die Reise geht.

Positive Mundpropaganda

71 % der Kunden, die eine positive Erfahrung mit einem Social Customer Service gemacht haben, empfehlen das jeweilige Unternehmen weiter. So lautet ein weiteres Ergebnis des NM Incite Reports. Als positiv wird hier eine schnelle und effektive Antwort bewertet, und selbst eine Antwort, die keine wirkliche Verbesserung für den Kunden bringt, steigert diesen Wert noch auf 33 % (siehe Abbildung 7.28).

---

15 Sie können sich die Studie hier runterladen: *http://slidesha.re/16sbn9s*.

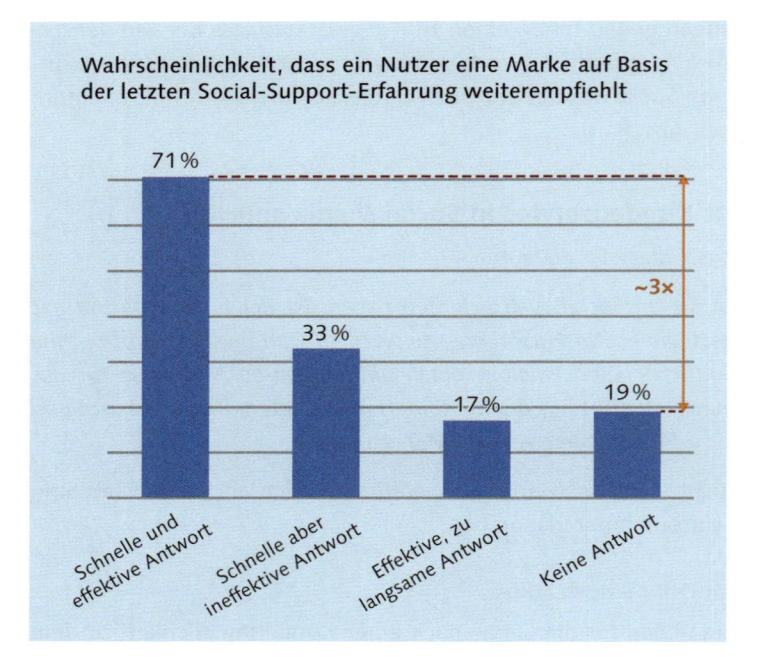

Abbildung 7.28 Die Wahrscheinlichkeit einer Weiterempfehlung auf Basis der letzten Kundenservice-Erfahrung im Web

Damit ist die Wahrscheinlichkeit, dass Ihre Kunden Sie weiterempfehlen, fast einenhalb bzw. dreimal so hoch, als wenn Sie Ihnen keine Antwort geben. An dieser Stelle zeigt sich auch noch einmal die Bedeutung von Schnelligkeit im Kundenservice: Eine Antwort, die zu langsam kam, sorgt, selbst wenn diese hilfreich ist, noch für eine Senkung der Wahrscheinlichkeit um 2 %.

Aktives Reputationsmanagement durch Social-Media-Support

Customer Service im Netz bietet besonders den Unternehmen, über die sehr viel negativ im Web gesprochen wird, eine echte Chance dafür, Ihre Reputation zu verbessern. Hier können Sie genau dort ansetzen, wo die Kritik geäußert wird, und auf Ihre Kunden zugehen, die ein Problem mit Ihrem Unternehmen haben. Dadurch senken Sie in einem ersten Schritt vielleicht nicht direkt die negativen Stimmen, erhöhen aber die Quote von positiven und neutralen Nennungen. Insgesamt verbessert sich so das Sentiment gegenüber dem Unternehmen und damit auch ein Stück weit das Image. Ein Plus an positivem Überraschungseffekt bringt hier die proaktive Ansprache von Kunden (siehe Abbildung 7.29), die sich über ein gutes Social Media Monitoring realisieren lässt. Achten Sie dabei jedoch darauf, dass Sie mit viel Fingerspitzengefühl und Empathie vorgehen. Gehen Sie nur in den proaktiven Dialog, wenn Sie sehen, dass Sie einen echten Mehrwert für den Kunden schaffen können. Selbst dann sollten Sie zunächst einmal vorsichtig nachfragen, ob Ihre Hilfe gewünscht ist. Die Erfahrung zeigt hier, in etwa 80 % der Fälle wird diese gerne angenommen.

Abbildung 7.29 Wenn das Unternehmen aktiv zuhört und proaktiv handelt, wirkt sich das meist positiv aus.

Kunden helfen Kunden – Reduktion der Servicekosten durch aktive Helfer

Ein ganz besonderer Nebeneffekt des Kundenservices im Netz ist bei einer ausreichend großen und loyalen Community, dass Kunden, die dem Unternehmen besonders positiv gegenüber eingestellt sind, anderen Kunden helfen. In dieser Situation muss sich der Kundenservice nur noch dann einschalten, wenn ein Fall durch die Community nicht gelöst werden kann bzw. wenn persönliche Daten oder der Zugriff auf interne Datenbanken notwendig werden.

Wissensdatenbanken im Web

Ein weiterer Pluspunkt in diesem Zusammenhang sind die Wissensdatenbanken, die insbesondere in den sogenannten Service-Communitys aufgebaut werden. Diese sind besonders gut in den Suchmaschinen sichtbar und für den Kunden einfach zu durchsuchen. Auf diesem Wege finden entsprechend weitere Kunden Ihre Lösung, bevor der Kundenservice überhaupt in Anspruch genommen wird.

Besserer Service durch bessere Kenntnis der Probleme der Kunden

Darüber hinaus hilft Social Media dem Unternehmen dabei, Servicethemen zu identifizieren und dafür gezielt Hilfestellung in Form von Videos und Blogeinträgen anzubieten, eben auf den Plattformen, die besonders gut gefunden werden, wenn ein Kunde nach einer Lösung seines Problems in einer Suchmaschine sucht (siehe auch Abschnitt 7.5.4, »Besser gefunden werden mit Social SEO«).

7.6.4 Wie und wo mache ich Kundenservice im Netz?

Grundsätzlich gibt es vier unterschiedliche Varianten für den Kundenservice in Social Media:

- Service »nebenbei«
- die eigene Service-Seite
- Service dort, wo der Kunde ist
- die eigene Service-Community

Ich stelle Ihnen hier alle Varianten einmal kurz vor und verlinke dazu jeweils Präsenzen und Beispiele. So können Sie sich die Alternativen am aktiven Beispiel ansehen und besser einschätzen, welche Variante für Ihr Unternehmen am besten geeignet ist.

Service »nebenbei«

Das Serviceangebot »nebenbei« bedeutet, es auf einer bestehenden Präsenz in den sozialen Medien abzubilden. In dieser Variante ist Ihre »normale« Facebook-Seite, Ihr Twitter-Kanal oder Ihre Google+-Seite gleichzeitig der Ort, auf dem Ihre Kunden sich mit Servicefragen an Sie wenden können und sollen. Beispiele für diese Variante sind:

- dm-Drogeriemarkt: *www.facebook.com/dm.Deutschland*
- Lufthansa: *www.facebook.com/lufthansa*
- O2 Deutschland: *www.facebook.com/o2de*
- Rossmann: *www.facebook.com/rossmann.gmbh*
- Mediamarkt: *www.facebook.com/mediamarkt*
- DB Bahn: *www.facebook.com/dbbahn*

Vorteil ist, der Kunde findet alles an einer Stelle, und für den Kanal selbst ist eine gewisse Grundaktivität gewährleistet. Der Nachteil ist, dass eben diese Serviceanfragen unfreiwillig in den Vordergrund rücken, wenn Sie Ihren Kanal nicht aktiv genug betreiben. Grundsätzlich lassen sich Serviceanfragen auf keiner Ihrer aktiven Präsenzen vermeiden. Selbst wenn Sie beispielsweise auf Facebook deaktivieren, dass Nutzer Ihnen dort auf Ihre Seite schreiben können, werden diese eben Ihre Postings mit einer Anfrage in den Kommentaren versehen.

Die Service-Seite im sozialen Netzwerk

Meint einen speziellen Servicekanal in den sozialen Netzwerken. Die Seite ist speziell nur für Serviceanfragen und servicerelevante Themen, wie beispielsweise

Wartungsarbeiten, gedacht. Eine solche dezidierte Seite haben die folgenden Unternehmen im Einsatz:

- Telekom Hilft: *www.facebook.com/telekomhilft*
- UnityMedia Hilfe: *www.facebook.com/UnitymediaHilfe*
- Strato: *www.facebook.com/stratohilft*
- Mobile.de: *www.facebook.com/mobile.de.kundenservice*

Vorteil an dieser Variante ist, Ihre Kunden finden sämtliche Servicethemen an einem Ort und Sie Ihre Kunden ebenso. Der Nachteil ist, Sie müssen Kunden gegebenenfalls von Ihrer »Hauptseite« an die Serviceseite verweisen. Ein verärgerter Kunde reagiert darauf nicht immer positiv.

Service dort, wo Ihre Kunden sich beschweren

Geben Sie einmal die Kombination aus Ihrem Unternehmensnamen und dem Wort »Beschwerde« oder »Kundenservice« in eine Suchmaschine ein. Viele Frage- und Bewertungsplattformen sind in diesen Bereichen überdurchschnittlich gut sichtbar. Kennen Sie beispielsweise die Reclabox (*http://de.reclabox.com*). Wie Sie in Abbildung 7.30 sehen, finden sich hier Tausende von Kundenbeschwerden durch alle Branchen.

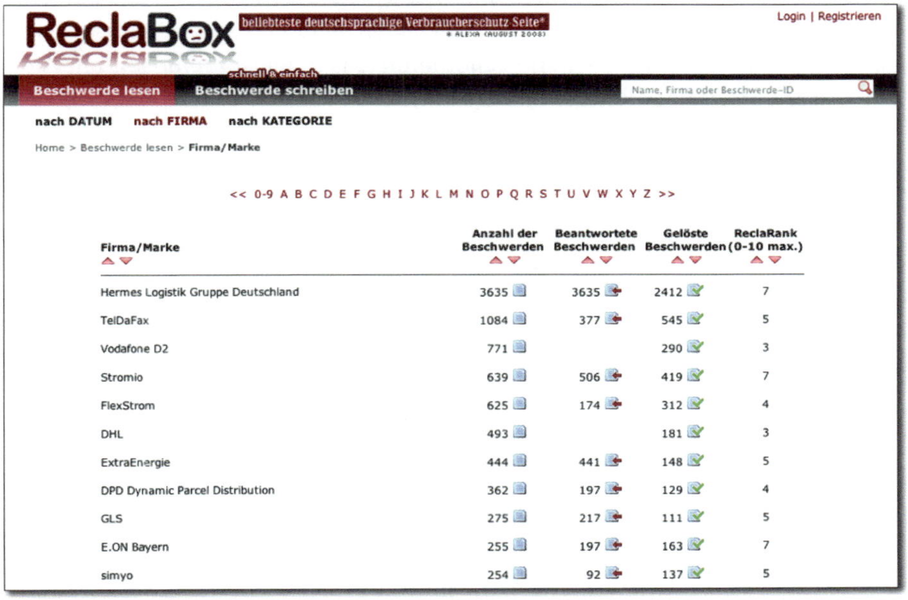

Firma/Marke	Anzahl der Beschwerden	Beantwortete Beschwerden	Gelöste Beschwerden	ReclaRank (0-10 max.)
Hermes Logistik Gruppe Deutschland	3635	3635	2412	7
TelDaFax	1084	377	545	5
Vodafone D2	771		290	3
Stromio	639	506	419	7
FlexStrom	625	174	312	4
DHL	493		181	3
ExtraEnergie	444	441	148	5
DPD Dynamic Parcel Distribution	362	197	129	4
GLS	275	217	111	5
E.ON Bayern	255	197	163	7
simyo	254	92	137	5

Abbildung 7.30 Beliebte Anlaufstelle für Beschwerden – die ReclaBox

Hier kann unter Umständen ein guter Ort sein, um in den Dialog zu treten und Ihren Kunden aktiv und sichtbar zu helfen. Der Vorteil ist der Überraschungsmoment und der Umstand, dass andere Kunden, die ebenso suchen wie Sie, sehen, dass Sie sich aktiv um Ihre Kunden kümmern. Der Nachteil ist, dass dies mitunter eine sehr kleinteilige Arbeit wird oder Sie sich irgendwo eine Anlaufstelle für Kunden aufbauen, die Ihnen vielleicht gar nicht so lieb ist. Darüber hinaus braucht es hier eine gehörige Portion Fingerspitzengefühl. Gerade in Foren sind Unternehmen nicht immer willkommen. Die gängigen Frage- und Bewertungsplattformen stelle ich Ihnen in Abschnitt 9.8, »Bewertungs-, Verbraucher und Frageportale«, vor.

Die eigene Service-Community

Kundenservice in einer eigenen Kunden-Community mit perfekt auf die eigenen Bedürfnisse angepassten Funktionen und einer aktiven Armee von freien Helfern ist die absolute Königs-Disziplin. Beispiele für solche Communitys sind:

- Kabeleins *www.kunden-kabeldeutschland.de*
- Telekom *https://feedback.telekom-hilft.de*
- O2 *http://hilfe.o2online.de*
- Berliner Sparkasse *https://kundenservice.berliner-sparkasse.de*

Ben Ellermann, Experte auf dem Gebiet des Kundenservices im Web, hat dazu unter *http://buw.me/customercommunities* einen hervorragenden Beitrag veröffentlicht, der Ihnen ausführlich die Anforderungen, Herausforderungen und Vorteile dieser Variante des Kundenservices im Web erläutert.

7.6.5 Der ROI des Kundenservices im Social Web

Abschließend möchte ich noch auf ein wichtiges Thema zurückkommen, den ROI des Kundenservices 2.0, denn Social-Media-Kundenservice soll Kosten sparen – aber stimmt das auch wirklich? Diese Frage werde ich Ihnen ausführlich beantworten, denn mit dieser Frage werden Sie sowohl die Geschäftsleitung als auch der Leiter des Kundenservices konfrontieren.

Die digitale Promillegrenze

Eine Sache möchte ich Ihnen nicht vorenthalten: Kundenservice im Social Web macht nur einen Bruchteil der Serviceanfragen aus, die Unternehmen insgesamt erhalten. Dies gilt insbesondere für Großkonzerne. Ich möchte Ihnen das einmal an den Beispielen der Deutschen Telekom und der Deutschen Bahn zeigen,[16] die mit

---

16 Die Zahlen stammen aus diesem Artikel von Mirko Lange: *http://blog.talkabout.de/2012/10/31/die-digitale-promillegrenze-im-social-web/*.

ihren jeweiligen Teams einen hervorragenden Job im Social Web machen. In Tabelle 7.3 habe ich Ihnen jeweils die Anzahl der Kontakte im klassischen Kundenservice der Anzahl der Kontakte in Social Media gegenübergestellt und daraus den Anteil berechnet.

Unternehmen	Klassischer Support	Social-Media-Support	Anteil
Telekom	83.000.000	165.000	0,20 %
Bahn	7.000.000	70.000	1 %

Tabelle 7.3 Jährliche Serviceanfragen im klassischen und Social-Media-Support, Stand: 2012

Wie Sie sehen, machen die Anfragen im Social Web bei der Telekom gerade einmal 0,20 % aus, die Bahn liegt hier knapp unter 1 %. Diese »digitale Promillegrenze im Social Web«, wie Sie der Social-Media-Berater Mirko Lange nennt, ist nur schwer zu durchbrechen. Lediglich sehr kleine Unternehmen mit wenigen Kunden oder die absolut besten ihrer Klasse schaffen es, diese Werte zu toppen.

Kundenservice 2.0 ist teuer

Dazu ist Kundenservice in den sozialen Medien mitnichten günstiger als der klassische Kundenservice, im Gegenteil: Während im klassischen Kundenservice auf Effizienz und Schnelligkeit in der Bearbeitung optimiert wird, geht es im Social-Media-Kundenservice primär darum, den Kunden bestmöglich zu betreuen und individuell auf diesen einzugehen. So etwas kostet Zeit, und Zeit verursacht Kosten. Darüber hinaus müssen die Mitarbeiter speziell für die Aufgabe im Web geschult und vorbereitet werden (dazu mehr in Abschnitt 10.4, »Auswahl und Ausbildung der Mitarbeiter«). Selbst wenn Sie die gesamte Infrastruktur, die ein Engagement in den sozialen Medien generell von einem Unternehmen fordert, außen vor lassen, bedeutet Kundenservice 2.0 zunächst einmal eine Investition.

Kundenservice 2.0 kann trotzdem Kosten einsparen

Trotz des minimalen Anteils am Gesamtvolumen der Serviceanfragen und der höheren Kosten pro Servicekontakt kann der Social-Media-Support Kosten sparen oder zumindest das Serviceangebot eines Unternehmens kostenneutral ergänzen. Der Grund dafür liegt in den Kontakten, die dank Social Media gar nicht erst entstehen.

Die Personen, die das Social-Support-Team direkt anschreiben, entsprechend dem aktiven Prozent nach der Nielsen 90-9-1-Prinzip (siehe Abschnitt 6.3.4, »Community Engagement – Ihre Community aktivieren«). Das bedeutet aber auch, dass dort noch weitere 99 % sind, die zuschauen. Und nicht nur zuschauen, sondern eben auch direkt eine Lösung finden und den Kundenservice gar nicht erst kontaktieren.

Jeder einzelne Kontakt, der durch Social Media vermieden wird, spart bares Geld. Dass sich guter Service im Web positiv auf die digitale Mundpropaganda auswirkt, ist empirisch belegt.[17] Eine entsprechende Auswirkung auf die Kaufentscheidung bei Neukunden ist wahrscheinlich. Jeder Kunde, dem Sie im Web helfen, ist ein Kunde, der bleibt. Es ist zu erwarten, dass hier in naher Zukunft empirische Verhältniszahlen veröffentlicht werden. Spätestens dann können Sie jedem gelösten Fall im Social Web einen »Gewinn« zuordnen.

Der Gewinn durch einen geretteten Kunden

Mike Schwede (*http://mike.schwede.ch*) hat eine plausible Formel für den Gewinn, den der Kundenservice im Web pro gelöstem, komplexen negativen Fall macht, aufgestellt. Diese lautet, unter der Annahme, dass 80 % der Kunden aufgrund schlechten Services kündigen:

[Anzahl gelöster, komplexer Negativ-Fälle] × *Churn Rate* × 80 % × *Kosten pro Neukunde*

Die *Churn Rate* ist dabei die Rate, mit der die Kunden eines Unternehmens im Durchschnitt kündigen. Diese Zahl sowie die Kosten pro Neukunde können Sie in der Regel in Ihrer Marketingabteilung erfragen.

Dialog ist das neue Marketing

Einen Neukunden zu werben, ist teurer, als einen bestehenden Kunden zu halten. Hier gilt es auch, ein wenig die Wahrnehmung weg vom »Kundenservice als reinem Kostenfaktor« hin zum »Kundenservice als neuem Marketinginstrument« zu verändern. Marketingmaßnahmen werden mit anderen Kennzahlen gemessen. Der Social-Media-Kundenservice benötigt entsprechend Kennzahlen aus beiden Welten. Beim Kundenservice 2.0 geht es natürlich noch um Reaktionszeiten und zufriedene Kunden, aber eben auch um Reichweite und die Menge an positiven Reaktionen, die dieser im Web schafft. Mit diesem Wissen können Sie gegenüber dem Management sicher vertreten, warum ein Social-Media-Support aus finanzieller Sicht lohnenswert ist.

Benchmarking für Kundenservice im Web

Wenn Sie sich einen Überblick darüber verschaffen möchten, welche Unternehmen in Deutschland besonders gut beim Service in Social Media sind, dann sollten Sie bei Socialbakers vorbeischauen.

Das Ranking Socially Devoted (*http://sociallydevoted.socialbakers.com*), bestehend aus einer gewichteten Bewertung von Fans, Antwortzeit, Antwortrate und den beantworteten, minus der ignorierten Fragen, zeigt Ihnen, wer auf Twitter und Facebook den besten Service macht (siehe Abbildung 7.31).

---

17 http://www.stgallen-institute.ch/strategie/2013/07/17/guter-service-zahlt-sich-aus

Abbildung 7.31 Das Kundenservice-Ranking von Socialbakers für Deutschland

Kundenservice in Social Media ist aus meiner Sicht eine der logischsten Dinge, die ein Unternehmen tun kann, denn neben einem echten Mehrwert für die Kunden hat dieser Service einen positiven Abstrahleffekt auf das gesamte Unternehmen. Wenn Ihr Unternehmen jetzt noch aus den Problemen und Kritikpunkten im Kundenservice lernt und die Erkenntnisse im gesamten Unternehmen umsetzt, besteht langfristig die Chance auf eine Verbesserung auf allen Ebenen. Eine Chance, die Sie ausnutzen sollten, denn Ihr bester Fan ist ein Kritiker, dem Sie geholfen haben.

7.7 Social Media im Personalwesen

Der Kampf um die Talente (»War for Talents«) ist in vielen Deutschen Unternehmen Realität. Es fehlen gut ausgebildete Fachkräfte und qualifizierter Nachwuchs. Die Ansprüche der Mitarbeiter an ein Unternehmen steigen, und für ein Image als attraktiver Arbeitgeber reicht eine hübsche Website schon lange nicht mehr aus. Darüber hinaus wird auch die klassische Mitarbeitersuche durch das Internet und Social Media modernisiert. In diesem Abschnitt möchte ich Ihnen zeigen, welche Möglichkeiten Ihr Unternehmen durch Social Recruiting und digitales Employer Branding hat.

7.7.1 Social Recruiting

Ein befreundeter Personalberater sagte einst zu mir:

> »Business-Netzwerke sind so etwas wie das El Dorado für unsere Profession. Reihenweise potenzielle Kandidaten, die freiwillig alle relevanten Informationen für eine erste Grobauswahl ins Internet stellen, und das über sämtliche Branchen und Ebenen hinweg.«

Ich habe selbst in einer Personalberatung gearbeitet und habe in meiner Zeit nicht nur das damalige OpenBC lieben gelernt, sondern war auch diejenige, die für die ersten Premium-Accounts verantwortlich war.

Social Recruiting beschreibt den Prozess der Personalbeschaffung über die sozialen Netzwerke. Dabei möchte ich zwei unterschiedliche Ansätze unterscheiden:

- Social Distribution – die aktive Ansprache des Kandidaten auf Basis seiner hinterlegten Daten in dem jeweiligen Netzwerk
- Social Profiling und -Sourcing – die indirekte Ansprache über eine Werbeeinblendung der Stellenanzeige des Unternehmens in einem Social Network oder die Verteilung der Stellenanzeige über die Präsenzen des Unternehmens.

Social Profiling und Sourcing

Social Profiling und *-Sourcing* ergänzen in erster Linie die klassische Stellenanzeige durch die Reichweite und Dynamik der sozialen Medien. Das Social Profiling nutzt aus, dass soziale Netzwerke die Möglichkeit haben, aufgrund der hinterlegten Daten der Nutzer die passenden Stellenanzeigen anzuzeigen. Diese Mechanismen begegnen Ihnen beispielsweise auf Ihrer persönlichen Startseite von XING und LinkedIn. Social Sourcing ist das Posten einer Stellenanzeige auf Facebook, XING oder Twitter, wie Sie es am Beispiel der edudip GmbH in Abbildung 7.32 sehen.

Abbildung 7.32 edudip sucht auf Facebook nach neuen Mitarbeitern.

Social Distribution – die Direktansprache

Passive Talente, eben die Kandidaten, die noch gar nicht wissen, dass Sie einen neuen Job suchen, sind die Zielgruppe der Direktansprache auf den Business-Plattformen. Die Netzwerke werden mit Suchabfragen durchforstet und die geeigneten Kandidaten mal mehr und mal weniger dezent per private Nachricht kontaktiert – eine sehr effektive Methode, wenn Sie genau wissen, was Sie suchen. Über die Jahre haben die beiden großen Business-Netzwerke XING und LinkedIn erkannt, welches Potenzial in der Unterstützung der Recruiter liegt, und spezielle Produkte für diese Klientel entwickelt. Auf dieses Thema gehe ich in Abschnitt 9.5, »Business-Netzwerke – XING und LinkedIn«, noch genauer ein.

> **Rechtliche Stolpersteine bei der aktiven Kandidatensuche**
>
> Laut BGH ist das Abwerben von Mitarbeitern als Teil des freien Wettbewerbs grundsätzlich zulässig (BGH 11.01.2007 Az. I ZR 96/04). Wettbewerbswidrig wird es, wenn unlautere Begleitumstände hinzukommen, insbesondere unzulässige Mittel eingesetzt oder unlautere Zwecke verfolgt werden. Beispiele wären hier das Schlechtmachen des aktuellen Arbeitgebers oder das Androhen von Nachteilen. Die IHK München hat den aktuellen Stand hierzu in einem Merkblatt zusammengefasst: *http://bit.ly/16PdF32*.

Bei all diesen Maßnahmen hilft natürlich, wenn der Arbeitgeber mit einem gutem Image aufwarten kann. Auf dieses wichtige Thema, das Employer Branding, gehe ich im folgenden Abschnitt ein.

7.7.2 Was ist Employer Branding?

Employer Branding (Arbeitgebermarkenbildung) ist eine Maßnahme im Personalmarketing, die darauf abzielt, eine positive Arbeitgebermarke zu bilden und zu erhalten. Die Employer Branding Akademie (*http://www.employerbranding.org*) definiert den Begriff so:

> »Employer Branding positioniert ein Unternehmen nach innen wie nach außen als Arbeitgebermarke oder auch ›Employer Choice‹. Grundlage dafür ist eine Arbeitgebermarkenstrategie, die aus Unternehmensstrategie und Unternehmensmarke erwächst. Ein professionell entwickeltes und strategisch fundiertes Employer Branding verbessert nicht nur das Arbeitgeberimage, sondern auch die faktische Arbeitgeberqualität, so dass die Wettbewerbsfähigkeit eines Unternehmens als Arbeitgeber vollumfänglich und nachhaltig gesteigert wird.«

Ziel des Employer Brandings ist die Gewinnung und Bindung von Mitarbeitern durch die Positionierung des Unternehmens als attraktiver Arbeitgeber. Dafür müssen Sie sich gemeinsam mit der Personalabteilung die Fragen stellen:

- Warum sollte sich ein Bewerber gerade für dieses Unternehmen entscheiden?
- Welche Gründe hat ein bestehender Angestellter, um möglichst lange bei uns zu bleiben?
- Was ist unser Unique Selling Point (USP) als Arbeitgeber, also was macht uns besonders?
- Welche Werte und Ideale haben wir als gemeinsame Grundlage für ein gutes Betriebsklima? Welche hätten wir gerne?

Darüber hinaus müssen Sie wissen, wer Ihre Wunschkandidaten sind (Stichwort Zielgruppe) und welche Bedürfnisse und Anforderungen diese an einen Arbeitgeber stellen. Bei all diesen Fragen hilft Ihnen sowohl eine anonyme Befragung der bestehenden Mitarbeiter als auch ein Blick ins Social Web, aber dazu mehr in Abschnitt 7.8.3, »Warum Social Media im Personalmarketing?«.

Was macht einen guten Arbeitgeber aus?

Ein Hinweis darauf, welche Bereiche Fach- und Führungskräften besonders wichtig sind, liefert die Studie »Top Job«.[18] Die identifizierte, dass Arbeitnehmer insbesondere auf die Themen Führung und Vision, Entwicklungs- und Weiterbildungsmöglichkeiten, die Work-Life-Balance sowie Vertrauenskultur und Mitarbeiterkommunikation Wert legen.

Authentizität ist die Grundlage einer guten Employer Brand

Ihre Maßnahmen zum Employer Branding können noch so toll sein, wenn das, was Sie einem potenziellen Mitarbeiter versprechen, nicht dem entspricht, was er letztendlich im Unternehmen vorfindet, führt das zu großer Unzufriedenheit. Achten Sie deswegen darauf, dass Ihre Employer Brand auch dem entspricht, was Ihr Unternehmen ausmacht.

7.7.3 Warum Social Media im Personalmarketing?

Insbesondere die sogenannten High Potentials, also Studenten und Absolventen tummeln sich in den sozialen Netzwerken. Laut der »Studentenmatrix 2012« nutzen 67 % der befragten Studenten soziale Netzwerke, um sich über einen potenziellen Arbeitgeber zu informieren. 50 % der Befragten sind darüber hinaus davon überzeugt, dass der Ton des Twitter- oder Facebook-Auftritts das Betriebsklima widerspiegelt. Umso wichtiger wird das Thema Employer Branding im Unternehmen, denn es setzt auch auf eine Festigung der Bindung zu bestehenden Mitarbeitern. Ein zufriedener Mitarbeiter, der sich mit dem Unternehmen identifiziert,

---

18 *http://www.topjob.de/studie-2011.html*

repräsentiert diese Werte auch nach außen. Ein besonders zufriedener Mitarbeiter empfiehlt ein Unternehmen sogar weiter. Alles, was Sie im Unternehmen für Zufriedenheit und ein gutes Betriebsklima tun, gelangt entsprechend nach außen.

Darüber hinaus unterstützt Sie Social Media in den folgenden Aspekten:

- Social Media gibt Ihnen die Möglichkeit, mit Videos, Fotos, Reportagen oder Blogbeiträgen der eigenen Mitarbeiter einen authentischen und interessanten Einblick in Ihr Unternehmen zu bieten.
- Über den Dialog mit Bewerbern und potenziellen Arbeitnehmern erfahren Sie, welche Themen Ihre Zielgruppen interessieren.
- Darüber hinaus können Sie eine Menge darüber lernen, was Ihre Mitarbeiter von Ihnen denken. Arbeitgeberbewertungsportale wie Kununu (dazu mehr in Abschnitt 9.8.5, »Arbeitgeberbewertungen – Employer Branding umgekehrt«), liefern hier genauso wichtige Hinweise wie eine spezielle Auswertung des Social Media Monitorings (Abschnitt 6.4, »Social Media Monitoring und Measurement«) im Hinblick auf Ihre Employer Brand. Dies gibt Ihrem Unternehmen darüber hinaus die Chance, Schwachstellen in Angriff zu nehmen.

Generell macht es als Unternehmen einfach Sinn, dort zu sein, wo sich potenzielle Mitarbeiter aufhalten. Auch das finden Sie mit dem Social Media Monitoring heraus und können dann entsprechend dort Ihre Unternehmenspräsenz aufbauen. Dafür, was Sie dann konkret in Sachen Employer Branding und Personalmarketing tun können, liefern Ihnen die folgenden Abschnitte Inspiration.

7.7.4 Maßnahmen im Social Web, die das Employer Branding unterstützen

Den Grundstein für Ihre Employer Brand legen Sie mit den Inhalten, die Sie auf Ihre Unternehmenspräsenzen einpflegen, den zweiten Teil des Bildes machen die Mitarbeiter aus. An dieser Stelle ist es demnach wichtig, dass diese für potenzielle Interessenten ein einheitliches Bild repräsentieren, das Ihre Werte transportiert. Dafür sollten Sie die folgenden Punkte beachten.

- **Einheitliche Benennung des Unternehmens**: Beide Netzwerke (XING, LinkedIn) aggregieren die Mitarbeiter auf Basis der Benennung des Unternehmens im Profil. Achten Sie darauf, dass Ihre Mitarbeiter eine einheitliche Benennung durchführen.
- **Musterbeispiele und Vorschläge**: Manche Mitarbeiter wissen schlichtweg nicht, was sie in ein professionelles Profil eintragen sollen. Erstellen Sie ruhig ein paar Musterbeispiele, oder verweisen Sie an Kollegen, die es besonders gut gemacht

haben. Bedenken Sie aber an dieser Stelle, dass Sie nur Vorschläge machen können, arbeitsrechtlich ist es verboten, feste Vorgaben zu machen.

- **Sympathische Fotos**: Sie können niemanden zwingen, ein Foto von sich online zu stellen, aber oftmals hilft das Angebot eines (semi-) professionellen Fotografen, der alle Mitarbeiter einheitlich fotografiert. Fällt ein Kollege mit seinem Bild unangenehm auf, ist es durchaus legitim, diesen dezent darauf anzusprechen.

Eine perfekte Employer Brand in einem sozialen Netzwerk wird es niemals geben, denn Sie können niemanden zu einer Darstellung in Ihrem Sinne zwingen. Die Chancen steigen aber mit jedem Mitarbeiter, der glücklich und zufrieden in seinem Job ist und die Werte des Unternehmens online wie offline lebt.

7.7.5 Personalmarketing im Social Web

Mit der Employer Brand in den Netzwerken haben Sie den Grundstein für ein gutes Personalmarketing gelegt. In einem zweiten Schritt geht es nun darum, die richtigen Kandidaten auf sich aufmerksam zu machen und von Ihren Vorzügen zu überzeugen. Und dies tun Sie, wie eigentlich immer, mit guten Inhalten. Bieten Sie authentische Einblicke in den Arbeitsalltag an, und machen Sie potenzielle Kandidaten neugierig auf Ihr Unternehmen. Ein paar Beispiele:

- Verlinken Sie Blogbeiträge, in denen Mitarbeiter von Ihrem Arbeitstag erzählen oder den Bericht Ihres letzten Ausflugs.
- Machen Sie auf Veranstaltungen aufmerksam, auf denen man Ihre Mitarbeiter treffen kann.
- Verlinken Sie interessante Statistiken und Studien zu Ihrem Berufsfeld, natürlich inklusive Kommentar, warum diese für potenzielle Kandidaten relevant sind.
- Sprechen Sie in der Sprache Ihrer Zielgruppe und das auf Augenhöhe.
- Wenn Sie Stellenanzeigen auf den Business-Plattformen schalten, werden diese auf Ihrem Profil veröffentlicht. Tun Sie dies nicht, sollten Sie geeignete Angebote auf Ihrem Unternehmensprofil verlinken.
- Reagieren Sie zeitnah auf Kommentare und Nachrichten, seien Sie hilfreich und freundlich.
- Bleiben Sie in Erinnerung. Es reicht nicht mehr, wenn Sie Ihre Zielgruppe nur erreichen. Sie müssen so interessant, anders oder besonders sein, dass Sie aus der Masse herausstechen und so im Gedächtnis bleiben.

Wie Sie sehen, gelten hier die gleichen Regeln, wie in allen anderen Unternehmensbereichen, nur eben in Inhalten, Themen und Tonalität auf ein spezielles Zielpublikum abgestimmt.

XING- und LinkedIn-Unternehmensprofile auf Ihrer Homepage

Um Interessenten auf Ihre Präsenzen in den Business-Netzwerken aufmerksam zu machen, bieten Ihnen beide Plattformen Button(s) für Ihre Homepage an.

Auf XING finden Sie den Quellcode für den Button auf der rechten Seite neben dem jeweiligen Unternehmensprofil (siehe Abbildung 7.33 rechts), auf LinkedIn können Sie sich unter *https://developer.linkedin.com/plugins/follow-company* den Button für Ihr Unternehmen erstellen (siehe Abbildung 7.33 links).

Abbildung 7.33 LinkedIn- und XING-Unternehmensprofil-Buttons

7.7.6 Best-Practice-Beispiele zum Thema Employer Branding

Es gibt eine Reihe von guten Beispielen in Sachen Employer Branding im Netz, die dabei so völlig unterschiedlich sind, dass ich Ihnen hier eine kurze Liste mit meinem persönlichen Favoriten vorstellen möchte. Um im Detail zu verstehen, was die Auftritte jeweils so gut macht, müssen Sie sich selbst hineinklicken und sich die Beispiele mit den Augen eines potenziellen Bewerbers ansehen.

Otto – Blick hinter die Kulissen

Das Otto Personalmarketing bespielt auf der Suche nach guten Kandidaten gleich fünf verschiedene Bereiche. Neben einer Karriereseite auf Facebook (*https://www.facebook.com/ottogroupkarriere*, Abbildung 7.34) werden über den Twitter-Kanal @otto_jobs (*http://twitter.com/otto_jobs*) Stellenangebote und Jobthemen getwittert, es gibt einen Otto-Azubiblog sowie den eStarter Blog und darüber hinaus Präsenzen auf XING und LinkedIn.

AKOM360 – mit einem Tumblr auf der Suche nach Profis im Web

Tumblr-Blogs und animierte GIFs sind eine willkommene Abwechslung im Arbeitsalltag des Webworkers. Diesen Gedanken hat die Agentur AKOM360 aufgegriffen und zeigt auf Ihrem Tumblr-Blog »When you work at AKOM« (*http://whenyouworkatakom360.tumblr.com*) über eine Reihe von lustigen animierten GIFs einen Einblick in den Arbeitsalltag bei der Zielgruppe ein Volltreffer.

Abbildung 7.34 Die Seite »Otto Group Karriere« auf Facebook

Krones AG – Einblicke hinter die Kulissen

Die Krones AG bietet in Ihrem Azubiblog (*https://blog.krones.com/azubiblog*) ausführliche Einblicke in den Arbeitsalltag ihres Unternehmens (siehe Abbildung 7.35). Darüber hinaus ist die Facebook-Seite des Unternehmens (*https://www.facebook.com/kronesag*) komplett auf das Thema Karriere ausgerichtet.

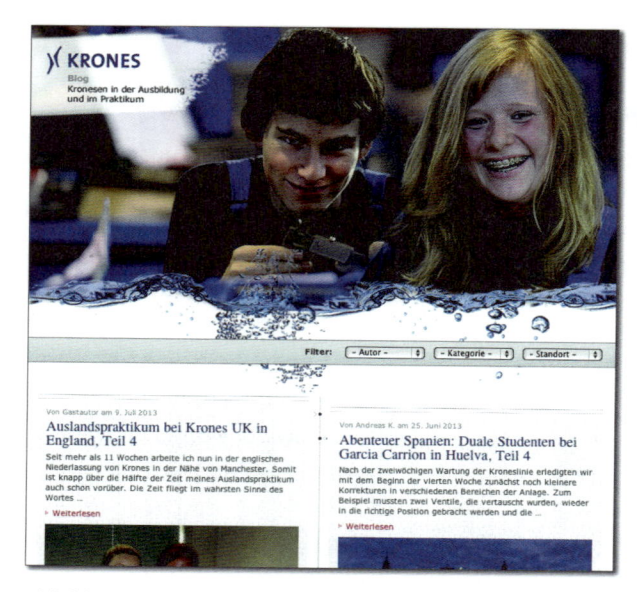

Abbildung 7.35 Das Krones Azubi Blog

Jetzt wissen Sie auch, wie Sie die Personalabteilung durch Social Media unterstützen können. Auch hier gilt: Setzen Sie sich mit den Verantwortlichen an einen Tisch, sensibilisieren Sie die Personaler für die Möglichkeiten, und entwickeln Sie gemeinsam Ideen. Persönlich habe ich sogar die Erfahrung gemacht, dass die Personalabteilung stets zu den Ersten gehört, die gerne das Social Web nutzen möchten.

7.8 Forschung und Innovation

Noch nie hatten Unternehmen einen so direkten Zugang zu Meinungen, Ideen und Verbesserungsvorschlägen, wie in den Zeiten von Social Media – eine riesengroße Chance für Ihr Unternehmen, die Bedürfnisse und Probleme Ihrer Kunden wirklich zu verstehen und auf dieser Basis Produkte und Dienstleistungen zu entwickeln. In diesem Abschnitt möchte ich Ihnen vorstellen, wie Social Media die klassische Marktforschung komplettiert und wie Sie mit dem Instrument Crowdsourcing gemeinsam mit Ihren Kunden neue Produkte entwickeln können.

7.8.1 Die Grundlagen der Marktforschung

Um die Bedürfnisse Ihrer Kunden zu erfüllen, müssen Organisationen die Verhältnisse auf den Märkten kennen, auf denen Sie agieren. Genau an dieser Stelle kommt die Marktforschung ins Spiel. Die Beschaffung derartiger Informationen, insbesondere im Hinblick auf die Bedürfnisse der Kunden und das Käuferverhalten, ist Ihre zentrale Aufgabe. Die Marktforschung befasst sich zu diesem Zweck entsprechend mit der systematischen Sammlung, Aufarbeitung, Analyse und Interpretation von Daten. Dazu bedient sie sich insbesondere der folgenden Forschungsfelder:

- Untersuchung der Einstellungen und Meinungen zu bestehenden Produkten oder solchen, die sich noch in der Entwicklung befinden
- Analyse des Informationsverhaltens vor einem Kauf
- Ermittlung der Entscheidungskriterien der Konsumenten bei der Auswahl eines Produkts

Als Grundlage der Analysen werden Primär- und Sekundärquellen ausgewertet. Als Primärquellen werden dabei Daten bezeichnet, die aus einer extra dafür durchgeführten Erhebung stammen. Sekundärquellen basieren auf bereits vorhandenem Datenmaterial, wie zum Beispiel amtlichen Statistiken und Gutachten.

Datenerhebung und -analyse

Um Daten im Rahmen der Primärforschung zu gewinnen, werden in erster Linie die in Tabelle 7.4 aufgeführten Methoden angewandt.

Methode	Beispiel
Beobachtung	Feldbeobachtung
	Laborbeobachtung
Befragung	Telefoninterviews
	persönliche Interviews
	schriftliche Interviews
	Internetumfragen
Experiment	Labortest
	Warentest
	Markttest
Panels	Verbraucherpanels
	Handelspanels

Tabelle 7.4 Methoden in der Primärforschung

Nach der Erhebung müssen sie ausgewertet und interpretiert werden. Quantitative Erkenntnisse lassen sich dabei durch Zählung sowie die Anwendung von speziellen Statistikprogrammen gewinnen. Für qualitative Erkenntnisse dagegen ist ein erheblicher Mehraufwand notwendig, darüber hinaus gibt es hier kein einheitliches Konzept, und die Praxis ist sehr individuell- und erfahrungsgetrieben. Grundsätzlich lassen sich hier jedoch vier Ansätze unterscheiden:

- **Interpretation**: Eine Person interpretiert die Interviews oder Diskussionen im Hinblick auf die Fragestellung.
- **Konkretisierung**: Einzelne Äußerungen oder Beispiele werden Prototypen zugeordnet, die auf Basis der quantitativen Daten entwickelt wurden.
- **Kategorien**: Die beobachteten Handlungen oder Einstellungen werden einer Kategorie zugeordnet.
- **Tagging**: Den Ergebnissen werden Tags (Schlagwörter) zugeordnet, die inhaltlich erwähnt wurden.

Aufgrund des Spielraums, der durch diese Auswertung entsteht, müssen die im Rahmen der Primärforschung gewonnenen Daten strengen Gütekriterien entsprechen:

- **Objektivität**: Die Ergebnisse müssen von dem Durchführenden unabhängig sein.
- **Reliabilität**: Zufallsfehler müssen durch eine formale Genauigkeit ausgeschlossen werden.
- **Validität**: Die Ergebnisse müssen Gültigkeit haben.
- **Repräsentativität**: Die Ergebnisse müssen eine allgemeine Aussagekraft haben. Um repräsentative Ergebnisse für nationale Fragen zu erhalten, ist beispielsweise eine Befragung von mindestens 2.000 Personen notwendig.

Ablauf eines Marktforschungsprojekts

Der Ablauf eines Marktforschungsprojekts wird durch Homburg und Krohmer in elf Phasen eingeteilt:[19]

1. Formulierung des Problems
2. Festlegung des Untersuchungsdesigns
3. Festlegung der Informationsquellen
4. Bestimmung des Durchführenden
5. Festlegung der Datenerhebungsmethode
6. Auswahl der Stichprobe
7. Gestaltung des Erhebungsinstruments
8. Durchführung der Datenerhebung
9. Editierung und Kodierung der Daten
10. Analyse und Interpretation der Daten
11. Präsentation der Forschungsergebnisse

Folglich wird eine Fragestellung formuliert, die zur Beantwortung notwendigen Quellen, Methoden und Instrumente gewählt, die Daten erhoben, ausgewertet und anschließend die Ergebnisse präsentiert. Wie Sie sehen, ist hier eine starke Ähnlichkeit zum Prozess des Social Media Monitorings (siehe Abschnitt 6.4, »Social Media Monitoring und Measurement«) sichtbar.

Diese kurze Einführung in die klassische Marktforschung gibt Ihnen die Grundlage für den weiteren Verlauf dieses Abschnitts. Bei Interesse finden Sie eine Übersicht über weitere wichtige Begriffe und Methoden der Marktforschung unter *http://bit.ly/14t13ax*.

---

[19] Christian Homburg, Harley Krohmer: in: Andreas Herrmann, Christian Homburg, Martin Klarmann: Handbuch Marktforschung, 3. überarb. u. erw. Aufl. Wiesbaden 2008., S.21 ff.

7.8.2 Marktforschung 2.0

Manch einer behauptet, dass die primäre Datenerhebung, die heute in der Marktforschung üblich ist, in Zukunft nicht mehr notwendig sein wird, da sämtliche Antworten aus dem Datenpool des Internets bezogen werden können. Dieser Meinung bin ich nicht, sehe die Möglichkeiten des Social Webs jedoch als wertvolle Ergänzung für die klassische Marktforschung an, und das hat die folgenden Gründe:

- **Datenmenge**: Die Menge an Daten, die jeden Tag im Social Web entsteht, ist riesig und es wird immer mehr.
- **Zugang zu bestimmten Zielgruppen**: Gerade jüngere Zielgruppen, die mit klassischen Methoden eher schwierig zu erfassen sind, halten sich in den sozialen Medien auf und sagen dort Ihre Meinung.
- **Grenzenlos**: Social Media hat keine Grenzen; wenn Sie möchten, haben Sie Zugang zu globalen Informationen zu Ihren Themen.
- **Direkter Zugang**: Für Informationen und Meinungen müssen Sie nicht direkt auf Personen zugehen, sondern können die Daten auswerten, die diese freiwillig veröffentlicht haben.
- **Authentizität**: Meinungen und Stimmen, die auf den sozialen Plattformen veröffentlicht werden, sind ungefiltert und authentisch. Sie hören Ihren Anspruchsgruppen in freier Wildbahn zu statt unter Laborbedingungen.
- **Effizienz**: Sie haben hier nicht die Stimmen von 2.000 Personen vor sich, sondern können direkt Tausende Meinungen auswerten.
- **Echtzeit**: Ob Fehler bei einem neuen Produkt oder ein negativer Stimmungsumschwung gegenüber Ihrem Unternehmen, Social Media ermöglicht Ihnen, diese Informationen in Echtzeit zu erheben und direkt darauf zu reagieren.
- **Und den Wettbewerb gleich mit**: All diese Vorteile können Sie zugleich auf die Beobachtung des Wettbewerbs anwenden und sich zusätzlich mit diesem messen.

Social Media Monitoring, das Marktforschungswunder 2.0

Eine der größten Möglichkeiten der Marktforschung im Web habe ich Ihnen bereits ausführlich in Abschnitt 6.4 erläutert, das Social Media Monitoring. Mit diesem Instrument können Sie eben diese ungefilterten Stimmen, Meinungen, Kritiken, Verbesserungsvorschläge und so viel mehr finden, filtern und auswerten. Darüber hinaus haben Sie die Möglichkeit, Trends zu erkennen, die Reputation Ihres Unternehmens laufend im Blick zu haben, Problematiken (Issues) aufzuspüren und rechtzeitig vorgewarnt zu werden, sollte eine Situation eskalieren.

Gezielte Umfragen im Web, der schnelle Weg zu bestimmten Fragen

Neben der Möglichkeit, die Daten auszuwerten, die bereits vorhanden sind, gibt es eine Reihe von Tools, die es Ihnen einfach machen, neue Daten zu erheben. Der Vorteil ist, Sie können dies genau dort tun, wo Ihre Zielgruppe bereits ist. Viele Anbieter bieten Ihnen beispielsweise direkt die Möglichkeit, erstellte Umfragen per App in Ihre Facebook-Fanseite einzubauen, andere sind nur einen Klick weit entfernt. Ein weiterer Vorteil ist, dass Sie quantitative und demografische Daten schnell und einfach auswerten können, die qualitativen Antworten müssen Sie jedoch auch hier manuell bearbeiten.

> **Tools für Umfragen im Web**
>
> Es gibt eine Reihe von Anbietern für Umfragen im Web. Bewährt haben sich die folgenden:
>
> **Survey Monkey**: Survey Monkey (*http://surveymonkey.com*) ist eine professionelle Lösung für Online-Umfragen. In der kostenlosen Basisversion sind allerding nur 10 Fragen und 100 Antworten enthalten. Die kostenpflichtigen Versionen variieren zwischen 25 € und 67 € pro Monat und bieten Ihnen neben sicherer Verschlüsselung und unbegrenzten Fragen und teilweise auch Antworten in der teuersten Version auch die Möglichkeit, die Umfrage an Ihr Unternehmensdesign anzupassen. Alle Umfragen lassen sich auf Facebook und Ihre Unternehmensseite einbinden. Der Funktionsumfang ist so groß, dass es teils ein wenig unübersichtlich wird.
>
> **Google Umfragen**: Google Umfragen (*https://docs.google.com/forms*) basieren auf Google Docs und sind eine schnelle und einfache Möglichkeit, um eine Umfrage zu erstellen. Der Funktionsumfang ist zwar ein wenig kleiner als der von Survey Monkey, aber dennoch ausreichend für die meisten Umfragen. Nachteil ist, dass die Möglichkeiten zur Anpassung an die Corporate Identity des Unternehmens sehr eingeschränkt sind. Vorteil ist dafür, dass Sie die Google Umfragen völlig gratis nutzen können.
>
> **LimeSurvey**: LimeSurvey (*http://www.limesurvey.org*) ist im Gegensatz zu seinen Vorgängern keine Online-Applikation, sondern muss auf Ihren Unternehmensservern (oder bei einem Dienstleister) installiert werden. Dafür haben Sie die Daten dann auch direkt auf einem (eigenen) Server in Deutschland, was im Hinblick auf den Datenschutz ein riesiger Vorteil ist. Die Liste der Funktionen ist lang, neben 28 unterschiedlichen Fragetypen, können Sie auch Fotos und Videos integrieren. Mit LimeSurvey können Sie unbegrenzte Umfragen erstellen, die Sie in Wordpress und Drupal integrieren können. Entwickelt wurde das System übrigens in Hamburg.

7.8.3 Crowdsourcing

Die Königsdisziplin der Forschung im Social Web ist die gemeinsame Entwicklung von Produkten und Dienstleistungen mit Ihren Kunden, das sogenannte *Crowdsourcing*. Der Begriff Crowdsourcing bezeichnet dabei in Anlehnung an den Begriff Outsourcing die Auslagerung von Projekten an eine Gruppe von freiwilligen

Internetnutzern. Der Gedanke, der hinter dem Crowdsourcing steht, ist der, dass Entscheidungen, die von einer heterogenen Masse von Einzelpersonen getroffen wurde, die Qualität von einer Expertenentscheidung erreichen kann. Diese »Wisdom of the Crowd« (Weisheit der Masse oder auch Schwarmintelligenz) hat sich in der Praxis bewiesen. Produkte, die auf diese Weise entstehen, sind mit Entwicklungen von Experten vergleichbar. Diese Erkenntnis können Sie für Ihr Unternehmen nutzen, um Kosten in der Entwicklung zu sparen. Gleichzeitig geben Sie Ihren Kunden das Gefühl, an etwas Großem teilzuhaben, und finden genau heraus, was diese wirklich wollen. Sie können sich also relativ sicher sein, dass das so entwickelte Produkt kein kompletter Reinfall wird.

Vorreiter auf diesem Gebiet war der Computerhersteller Dell, der seit Anfang 2007 auf seiner Innovationsplattform Dell Ideastorm (*http://www.ideastorm.com*) die eigenen Kunden dazu aufruft, Ihre Ideen rund um das Unternehmen zu teilen. In Deutschland ist eine der ältesten und erfolgreichsten Beispiele die Plattform Tchibo Ideas (*https://www.tchibo-ideas.de*), auf der Kunden Ideen für neue Produkte einreichen und darüber diskutieren können. Die zahlreichen Produkte, die bereits realisiert wurden, können Sie sich unter *https://www.tchibo-ideas.de/loesungen/realisierte* ansehen.

7.8.4 Best Practice: McDonald's und Edeka

Neben dauerhaften Innovationsplattformen wie Dell Ideastrom und Tchibo Ideas gibt es immer mehr Unternehmen, die Ihre Kunden im Rahmen einer Kampagne dazu aufrufen, neue Produktideen zu entwickeln. Zwei besonders erfolgreiche Beispiele möchte ich Ihnen kurz vorstellen.

McDonald's »Mein Burger«

Die Fast-Food-Kette McDonald's rief 2013 Ihre Kunden bereits zum dritten Mal auf, ihre eigenen Burger zu entwickeln. Auf der zugehörigen Online-Plattform konnten die Teilnehmer dafür aus vorgegeben Zutaten ihre Burger zusammenstellen und in zwei Kategorien zur Wahl stellen. Der eigentliche Clou kommt aber erst im nächsten Schritt. Gewinnen konnte nur derjenige, der die meisten Stimmen sammelt. Entsprechend waren die Nutzer höchst motiviert, ihren Burger auf Facebook, Twitter & Co. zu teilen, um so möglichst viele Stimmen zu bekommen. Insgesamt wurden mehr als 200.000 Burger kreiert und 150.000 Nutzer stimmten für ihren Favoriten ab.[20] Aus den 15 höchstplatzierten Classic-Burgern sowie jeweils drei der Sonderkategorien, wählte jetzt eine Fachjury die Gewinner aus. Die Sieger sehen Sie in Abbildung 7.36.

---

20 Die zugehörige Pressemitteilung finden Sie hier *http://bit.ly/16KjACh*.

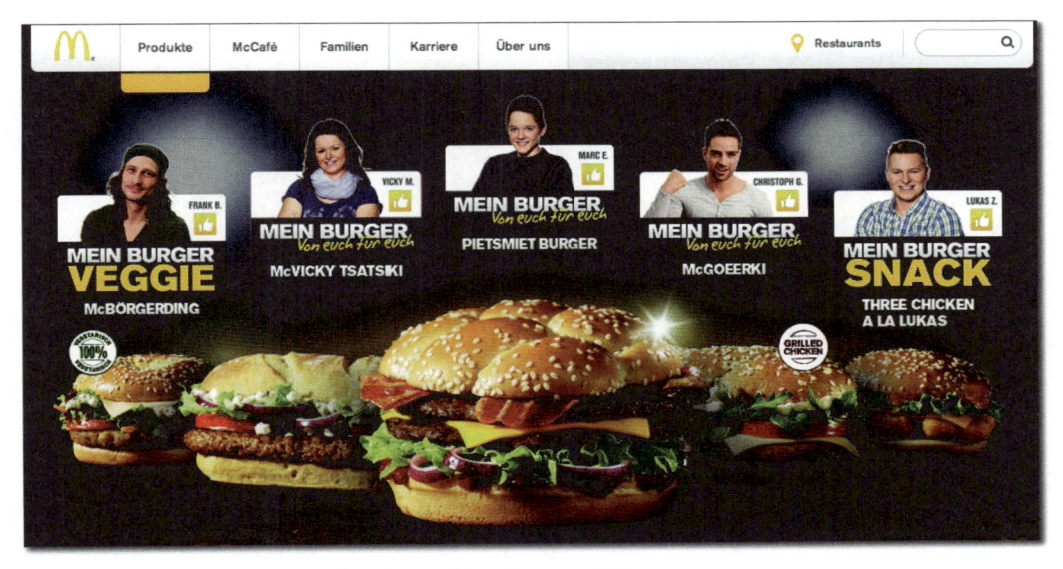

Abbildung 7.36 Die Gewinner der Aktion »Mein Burger« 2013

Ein interessanter Fakt am Rande: Gleich zwei der Gewinner verdanken ihren Erfolg wahrscheinlich ihrer großen YouTube-Community. Der Pietsmiet Burger wurde von einem Fan des populären YouTube-Kanals PietSmittie (*http://www.youtube.com/user/PietSmittie*) eingereicht. Der McGoeerki, stammt von Chris, alias Goeerki *http://www.youtube.com/user/goeerki*.

Der Edeka-Selbermacher

Die Lebensmittelkette Edeka geht mit Ihrem »Selbermacher« ebenfalls schon in die zweite Runde. Nachdem Edeka im November 2012 die eigene Community dazu aufrief »Dein Edeka Eis« zu kreieren, wurden innerhalb von weniger als drei Wochen über 17.000 Vorschläge eingereicht und 42.000 Stimmen für die Favoriten abgegeben. Die Siegersorte »Cheesy Maple Pie« (zu sehen unter *http://bit.ly/16Km0R7*) wird seit der Sommersaison 2013 als Handelseigenmarke verkauft. Im Juli 2013 rief Edeka die Community dann gleich zu drei unterschiedlichen Produkten auf – Smoothies, Cookies und Joghurt. Die Teilnehmer können im Online-Produktgenerator (siehe Abbildung 7.37) ihre Lieblingssorten entwerfen und darüber abstimmen. Auch hier bestimmt eine Fachjury über die finalen Gewinner.

Welche Bedeutung diese Art der Produktentwicklung für Edeka gewonnen hat, zeigt sich darin, dass die zweite Runde mit TV-Werbespots beworben wird, währen die Eis-Aktion hauptsächlich über Facebook kommuniziert wurde.

Abbildung 7.37 Der Edeka-Selbermacher

7.8.5 So funktioniert auch Ihre Crowdsourcing-Kampagne

Abschließend noch ein paar Hinweise, wie auch Ihre Crowdsourcing-Aktion zum Erfolg wird:

- **Überlegen Sie sich, wen Sie einbeziehen möchten**: Das Thema Zielgruppe spielt auch bei Crowdsourcing eine große Rolle. Massenprodukte wie Lebensmittel oder Kosmetik, sind zwar gut auf Facebook aufgehoben, für wissenschaftliche Probleme werden Sie hier weder die notwendige Technologie und wahrscheinlich auch nicht die richtigen Personen finden. Ein Beispiel für eine wissenschaftliche Lösung ist die Plattform Foldit (*http://fold.it*).

- **Klare Vorgaben**: Definieren Sie möglichst genau, was Sie von der Community möchten. Geben Sie die Rahmenbedingungen vor, damit die Produkte oder Ideen möglichst umsetzbar und auch finanziell sinnvoll bleiben. In den beiden Best-Practice-Beispielen von McDonald's und Edeka werden beispielsweise die möglichen Zutaten pro Produkt eingeschränkt.

- **Klare Regeln**: Denken Sie auch immer an die »Scherzkekse« im Internet, und stellen Sie klare Regeln dafür auf, was okay ist und was nicht. Sonst geht es Ihnen so wie Pril, und Sie haben plötzlich eine Flasche »Pril mit Hähnchengeschmack« auf Platz eins der Abstimmung (siehe Abbildung 7.38). Ein großes Problem sind »übermotivierte« Wähler, die versuchen, die Abstimmung zu manipulieren. Hier gibt es eine Reihe von technischen Möglichkeiten, dies einzuschränken, vermeiden lässt es sich jedoch meist nicht komplett.

Abbildung 7.38 Pril mit Hähnchengeschmack – so war das sicher nicht gedacht.

- **Regeln Sie die rechtliche Seite**: Machen Sie sich auch Gedanken darüber, wie Sie die rechtliche Seite gestalten möchten. Die meisten Unternehmen schreiben in den Teilnahmebedingungen fest, dass sämtliche Rechte an das Unternehmen übergehen. Tchibo Ideas dagegen unterstützt seine Teilnehmer dabei, Patente für Ihre Ideen anzumelden und beteiligt diese so am Gewinn.

- **Motivieren Sie Ihre Kunden**: »Whats in it for me?«, diese Frage muss nicht zwingend mit einem finanziellen Beitrag beantwortet werden. Insbesondere bei der Produktentwicklung kann der Gedanke daran, dass das eigene Produkt Realität wird, Anreiz genug sein.

- **Machen Sie Lärm**: Oder ermöglichen Sie Ihren Teilnehmern, möglichst viel Lärm für Sie zu machen. Eine gute Methode ist hier eben jenes Community-Voting, welches die Nutzer dazu animiert, Ihre Kreationen möglichst breit zu streuen. Machen Sie es möglichst einfach, die eigene Idee in den sozialen Netzwerken zu teilen.

- **Setzen Sie sich mit Profis zusammen**: Für großflächige Crowdsourcing-Aktionen brauchen Sie zumindest einen Partner, der sich damit auskennt. Eine der erfahrensten Agenturen in diesem Bereich ist beispielsweise VODA *http://www.vo-agentur.de*.

- **Plan B – für den Fall des Falles**: Crowdsourcing funktioniert oft, aber eben nicht immer. Überlegen Sie sich immer auch einen Plan B, einfach zur Sicherheit.

Eine große Übersicht an Crowdsourcing-Projekten finden Sie bei Mathias Roskos, der Experte für dieses Thema ist, unter *http://bit.ly/19slpJz*.

Crowdsourcing-Aktionen sind im Verhältnis relativ aufwendig, bringen dafür aber neben neuen Produktideen auch eine Menge Reichweite und vor allem involvierte, zufriedene Kunden.

7.9 Enterprise 2.0

Für das letzte Anwendungsszenario möchte ich Ihren Blick einmal weg von den sozialen Netzwerken und in das Unternehmen hineinlenken. Enterprise 2.0 und der damit verbundene Einsatz von Social-Media-Tools im Unternehmen eröffnet ganz neue Möglichkeiten der Zusammenarbeit und der internen Kommunikation. Was Enterprise 2.0 genau bedeutet und welche Erfolgsfaktoren und Herausforderungen dieses Feld an Sie und Ihr Unternehmen stellt, wird Ihnen im Folgenden Oliver Ueberholz darstellen. Oliver gründete bereits 1999 sein erstes Unternehmen, eine wiederverkaufbare Community-Lösung für Bonn, und unterstützt seit 2007 Unternehmen dabei, Social-Media-Plattformen aufzubauen und Enterprise 2.0 einzuführen. Er ist geschäftsführender Gesellschafter der mixxt GmbH, eines Anbieters von Social-Enterprise-Software, und anerkannter Experte und Blogger auf dem Gebiet.

7.9.1 Definition von Enterprise 2.0

Es gibt viele Definitionen von Enterprise 2.0. Die älteste Definition hat der Professor Andrew McAfee der Harvard Business School im Jahr 2006 geliefert:[21]

> »Enterprise 2.0 ist die Nutzung von Social Software Plattformen innerhalb von Unternehmen, oder zwischen Unternehmen, ihren Partnern oder Kunden.«

Mittlerweile sieht man dies aber differenzierter. Es müssen nicht gleich Plattformen sein, es können auch einzelne Werkzeuge sein. Mir fehlen bei dieser Definition die konkreten Ziele, weshalb ich es anders definiere:

> »Enterprise 2.0 dreht sich um die Herausforderung, im Unternehmen die Produktivität, Kreativität, Innovationskultur, Organisation, Kommunikation und Agilität zu verbessern, indem es eine neue Informations- und Kommunikationskultur schafft, starre Hierarchien aufweicht und virtuelle Teams zusammenbringt, die kurzfristige oder langfristige Aufgaben effektiver lösen. Dabei werden verstärkt interaktive und kollaborative Systeme eingesetzt, die sich durch flache Hierarchien und bestmögliche Benutzbarkeit (Usability) hervortun und sich an die modernen Arbeitsweisen anpassen.«

---

21 Quelle: http://andrewmcafee.org/2006/05/enterprise_20_version_20

7.9.2 Wieso Enterprise 2.0?

Enterprise 2.0 kann man als eine Art Neustart unserer Unternehmensstrukturen und -strategie verstehen. Die meisten Unternehmen sind so aufgebaut, wie es zu Zeiten der Industrialisierung üblich wurde:

- Arbeitszeiten zu Tageslicht: 9 to 5
- strikte Arbeit am Arbeitsplatz (innerhalb des Unternehmens)
- komplexe hierarchische Strukturen (Teams, Abteilungen, C-Levels)
- Fachabteilungen und deren Leiter stellen die höchste fachliche Entscheidungsinstanz dar.
- Kunden werden von dem Inneren des Unternehmens abgeschirmt.
- Gehalt wird als Hauptmotivator für die Arbeit angesehen.
- Innovation und Produktentwicklung geschehen innerhalb des Unternehmens.
- Unternehmen setzen auf Festangestellte in Vollzeit und Teilzeit.
- Unternehmen stellen ihren Mitarbeitern die Arbeitsgeräte.

In der heutigen Zeit weist aber jeder dieser bisher als unantastbar angesehenen Grundsätze des Unternehmens kleine oder große Risse auf. Studien zeigen, dass mehr Bezahlung nicht zu mehr Loyalität, Produktivität oder Kreativität führt. Gruppen von Menschen, die sich noch nie zuvor gesehen haben und auch nicht von dem Unternehmen angestellt sind, schaffen gemeinsam Werte und Wissen, die traditionellen Institutionen Paroli bieten können und sie in einigen Punkten sogar übertreffen, wie zum Beispiel bei der Wikipedia oder dem Crowdsourcing. Das Homeoffice und der mobile Arbeitsplatz sind auf dem Vormarsch. Arbeitnehmer möchten an den Geräten arbeiten, an denen sie sich produktiver und einfach besser fühlen.

Es gibt also mehr als das Geld, den Arbeitgeber und dessen Gebäude und Geräte. In immer mehr Berufen werden wir zu Knowledge Workern, bei denen Information, die Lösung immer komplexerer Probleme und die Agilität mehr und mehr an Bedeutung gewinnen. Diese immer kopflastigere Arbeit führt auch zu einem Umdenken bei den Mitarbeitern. Enterprise 2.0 sucht und findet darauf Antworten.

Die praktischen Werkzeuge des Enterprise 2.0

Im Enterprise 2.0 geht es verstärkt darum, Werkzeuge einzusetzen, die wir aus den sozialen Medien kennen. Da diese aber nicht als Medien genutzt werden, kommt hier der Begriff der Social Software auf. Zu den üblichen Tools gehören:

- Mitarbeiterprofile, oft auch interaktiv (kommentieren, taggen, merken)
- Blogs
- Wikis

- Diskussionsforen
- Frage- und Antwort-Systeme
- Activity Streams (ähnlich der Ströme von Beiträgen aus Facebook und Twitter)
- Chats und Instant Messaging in Echtzeit
- moderne Medienformate (Podcasts, Videocasts, Webinare, Videochats)

Nicht alle diese Werkzeuge müssen innerhalb eines Unternehmens zum Einsatz kommen. Es gilt dabei eher, eine solide, nützliche und verständliche Basis an notwendigen Werkzeugen zu finden, als sie alle einzuführen.

7.9.3 Unterschiede zwischen Social Media und Social Software

Auch wenn die Social Software nur aufgrund der Beliebtheit von Social Media aufgekommen ist, sind die beiden Anwendungsgebiete grundlegend verschieden. Einer der wesentlichsten und leider auch am stärksten vernachlässigten Unterschiede ist die Tatsache, dass jeder Nutzer eines Social-Software-Systems auch gleichzeitig ein Angestellter des Unternehmens ist (mit Ausnahme von Kunden oder Partnern, die darin eingebunden werden können). Durch die namentliche Kennzeichnung jedes Inhalts durch den jeweiligen Autor werden viele Probleme wesentlich minimiert, die in den »offenen« sozialen Medien auftreten können. Mir ist zum Beispiel kein Fall bekannt, in dem politisch sehr fragwürdige, rechtlich bedenkliche, sexistische oder sogar sexuelle Inhalte innerhalb eines Unternehmens veröffentlicht worden wären.

Dafür entstehen innerhalb eines Unternehmens auch viele Probleme, die es in freier Wildbahn nicht gibt. So können Befindlichkeiten unter Kollegen oder im Bezug auf den Vorgesetzten oder auch die vollkommene Offenheit von sensiblen Daten oder Informationen zu Problemen führen. Deshalb muss der Social Media Manager seine Erfahrungen mit Social Media für den Enterprise 2.0-Kontext immer wieder hinterfragen und überlegen, ob seine Lösung oder seine Empfehlung auch für diesen unternehmensinternen Einsatz passt oder nicht vielleicht etwas angepasst werden muss.

7.9.4 Der kulturelle Wandel des Enterprise 2.0

Enterprise 2.0 ist nicht einfach nur die Einführung einiger, schöner Web 2.0-Tools. Aufgrund der Funktionsweise dieser Werkzeuge und der Zielsetzung des Enterprise 2.0 ist auch ein kultureller Wandel innerhalb des Unternehmens notwendig. Diese Ansicht ist erst nach der ursprünglichen Definition hinzugekommen. Einerseits hat man gelernt, dass die bloße Einführung von Wikis und Blogs nicht automatisch bedeutet, dass das Unternehmen produktiver und kreativer wird und nun alle

Mitarbeiter diese regelmäßig einsetzen. Andererseits ist diese Ansicht aber auch deshalb aufgekommen, weil viele Einführungen dieser Werkzeuge keinen messbaren Effekt verursacht haben.

Der kulturelle Wandel betrifft vor allem die Informationsverteilung, die Kommunikation und die Struktur des Unternehmens. Information darf nicht mehr im Push-Prinzip durch E-Mails mit ewigen Kopie-Empfängern verteilt und somit in Posteingängen ausgewählter Mitarbeiter verschlossen werden. Die Information muss stattdessen zentral abgelegt werden, damit alle Kollegen, die diese Information benötigen, diese auch finden können. Die Kommunikation verläuft dadurch nicht mehr entlang der starren Hierarchien des Unternehmens. Schließlich soll eine gute Idee schnell aufgegriffen, weiterentwickelt und implementiert werden können. Oder bereits hart erarbeitete Erfahrungswerte sollen direkt von allen nutzbar sein, ohne einen komplexen Erfassungsprozess für Wissen zu durchlaufen und im Zweifelsfall irgendwo zu versickern. Hierarchien werden dadurch auch verändert. Es entsteht mehr Gruppendynamik, in der »Communitys of Practice«, also eine Art virtuelle Teams mit einem spezifischen Fachbezug, die höchste fachliche Instanz werden.

Diese Offenheit, dieses Loslassen von traditionellen Kontrollmethoden und die neue Verantwortung, die jeder einzelne Mitarbeiter nun erhält, wird in den Augen vieler Manager und Mitarbeiter leider noch als Risiko statt als Chance begriffen. Mir erscheint diese als Mantra gepredigte Forderung nach einem kulturellen Wandel aber auch oft als Ausrede von Softwareherstellern benutzt zu werden. Denn: Wenn diese Werkzeuge so viel besser sind und eine so viel effektivere Arbeit ermöglichen, wieso benötigen diese dann so viel Engagement, Planung und Wandel, um akzeptiert zu werden? Sollte der kulturelle Wandel nicht durch die Werkzeuge entstehen? Hier kommen wir zu den Kernanforderungen von Enterprise 2.0-Werkzeugen: Die User-Experience, die Usability und die Integration der altmodischen und ineffektiven Kommunikationsformen, an denen sich viele noch festklammern. Ja, von der 40 Jahre alten E-Mail ist die Rede. Mehr dazu später.

7.9.5 Die kritischsten Erfolgsfaktoren für Enterprise 2.0

Das Unternehmen muss es wirklich wollen, auf allen Ebenen, in allen Abteilungen, mit überzeugender Konsequenz und inklusive des Betriebsrates. Als Erstes muss das Management an Bord sein, es muss also mindestens einen Sponsor und Champion geben, der auf höchster Ebene im Unternehmen aktiv ist und die Einführung mit Herzblut unterstützt.

Im Kern sollte ein abteilungsübergreifendes Team stehen, das die Einführung plant, alle Abteilungen auf höchster und niedrigster Ebene einbindet, Schulungen und Trainings durchführt und die restlichen Entscheider des Unternehmens durch

Mentoring, Workshops oder andere Methoden davon überzeugt und für die Sache gewinnt. Dabei dürfen weder der Betriebsrat noch die IT-Abteilung, der Datenschutz oder die (IT-)Sicherheit zu kurz kommen. Während dieser Planungsphase müssen ebenfalls die KPIs der ersten Launchphase sowie der Status quo bestimmt werden, um nach der Einführung Vergleichswerte zu haben und Erfolge bestimmen zu können.

Zur erfolgreichen Einführung gehört ein gemeinsam anerkanntes Regelwerk, wie mit den Werkzeugen umgegangen werden sollte, wie die Tonalität klingt und welche Grenzen es gibt. Dieses sollte nicht jede Eventualität abdecken, sondern eine kompakte, verständliche und allgemein gültige Sammlung an Richtlinien beinhalten. Ohne diesen Rahmen entartet eine Einführung zu oft in Chaos, und die gute Idee sowie die frühen Advokaten werden verbrannt. Nach dem Launch gilt es, die Unterstützung des Managements zu sichern bis die ersten Erfolge erzielt werden können, ein Community Management von dauerhafter Qualität zu gewährleisten und als Moderator für eventuelle Probleme in den Frühphasen bereitzustehen. Nicht zuletzt ist auch die eingesetzte Software kritisch für den Erfolg von Enterprise 2.0 im Unternehmen.

7.9.6 Die kritischen Erfolgsfaktoren von Enterprise 2.0-Werkzeugen

Im Gegensatz zur Textverarbeitung, Tabellenkalkulation und zur Buchhaltungssoftware beruht die eingeführte Social Software auf einer freiwilligen Nutzung. Auch wenn einige Bestandteile und Inhalte verpflichtend sein können, ist die vollumfängliche Nutzung in den allermeisten Fällen freiwillig. Folglich muss das System einfach zu bedienen sein (Usability) und Spaß machen. Das Nutzungserlebnis (User Experience) muss in den Vordergrund gerückt werden.

Auf folgende Kriterien sollte unbedingt geachtet werden:

- Verstehen versierte und nicht versierte Nutzer große Teile des Systems innerhalb von maximal einer Minute?
- Wird jeder Inhalt mit dem Autor und der Veröffentlichungszeit gekennzeichnet?
- Ist eine Bildung von Gruppen oder Unterbereichen für Projekte und/oder Themen einfach möglich?
- Löst das System auch wirklich die vorher gestellten Anforderungen, oder liefert es einfach nur alle Funktionen, die man in diesem Kontext so kennt?
- Können Nutzer des Systems auch mit anderen Mitarbeitern kommunizieren, die das System weniger intensiv oder gar nicht nutzen, ohne das System dabei verlassen zu müssen?

- Erfüllt das System die notwendigen Anforderungen des Datenschutzes, der Rechtsabteilung, des Betriebsrates und der Sicherheit?
- Verfügt das System auch über vollwertige mobile Anwendungen?

Besonders wichtig ist hier die Integration mit der bestehenden IT-Landschaft. Oft werden solche Enterprise 2.0-Systeme nur in Teilen innerhalb des Unternehmens ausgerollt. Dies ist allerdings leider allzu oft das Rezept für eine Fehleinführung, weil diejenigen Mitarbeiter mit dem System dennoch dieses verlassen müssen, um mit anderen Mitarbeitern kommunizieren zu können. Deshalb ist eine vollwertige Integration von zum Beispiel E-Mail sehr sinnvoll sowie auch die Synchronisation von Kalendern, Dateien, Aufgaben und anderen Daten mit den bestehenden Systemen innerhalb des Unternehmens. Dadurch werden die ersten Befürworter und Nutzer nicht immer wieder zu den alten Systemen zurückgezerrt.

Vorsicht ist auch bei Piloten und Testphasen zu genießen. Betont man zu sehr den Test-Charakter eines Systems, werden die Mitarbeiter sich nicht genug mit dem System beschäftigen und sich unzureichend einbringen, was den Erfolg negativ beeinflusst.

7.9.7 Die Rolle des Social Media Managers im Enterprise 2.0

Selten wird von Ihnen als Social Media Manager erwartet, dass Sie Enterprise 2.0 innerhalb des Unternehmens einführen. Vielmehr sollte Ihre Rolle sein, die Einführung als Mentor und Champion zu begleiten. Sie sind aber auch der Moderator zwischen der Unternehmenssichtweise und der Welt von Social Media. Sie wissen, wie diese Medien genutzt werden, welche Erwartungshaltungen an die Kommunikation entstehen können und welche Regeln und Ausprägungen sinnvoll sind. Im Bezug auf die einzusetzenden Systeme sind Sie vermutlich eine der ganz wenigen Personen im Unternehmen, die die wichtigen Faktoren wie die Usability, die User Experience und die Feinheiten der Lösungen im Detail evaluieren kann. Stellen Sie sich also als Mentor zur Verfügung. Helfen Sie aktiv bei der Entwicklung der Trainingskonzepte, bei den Workshops selbst, beim Community Management, beim Aufbau des Intranet-Teams, und nutzen Sie Ihren Einfluss im Unternehmen, um solche guten Ideen auch zur Verwirklichung zu bringen.

Wie Sie sehen ist das Feld der Anwendungsmöglichkeiten von Social Media sehr weit und geht mit einer Reihe an Anforderungen, aber auch Chancen einher. Welche der Möglichkeiten Sie für Ihr Unternehmen beanspruchen, hängt allein von Ihren Zielen und den verfügbaren Ressourcen ab. Überstürzen Sie nichts, fangen Sie klein an, und machen Sie lieber einen Bereich richtig gut als alles nur ein bisschen.

8 Rechtliche Grundlagen

Als Social Media Manager ist es für Sie Pflicht, die rechtlichen Grundlagen in Social Media zu kennen und stets über Änderungen informiert zu sein. Im Rahmen der Vorstellung von wichtigen Fachblogs habe ich Ihnen bereits das Blog von Rechtsanwalt Thomas Schwenke empfohlen. Diesen Experten, der zu den bekanntesten Social-Media-Anwälten in Deutschland gehört, konnte ich dafür gewinnen, für Sie einen Crashkurs in Social-Media-Recht zu verfassen. Das folgende Kapitel stammt aus seiner Feder, ich habe für Sie an den relevanten Stellen Beispiele und Praxistipps eingefügt, die Sie durch die farbliche Abhebung erkennen können. Natürlich kann Herr Schwenke Ihnen hier nur die absoluten Grundlagen erläutern, für eine Vertiefung des Themas möchte ich Ihnen sein Buch »Social Media Marketing und Recht«, wärmstens empfehlen. Die Informationsseite zum Buch finden Sie unter http://smmr-buch.de.

Die rechtlichen Gefahren beim Umgang mit sozialen Medien liegen nicht darin, dass es ein »Social-Media-Recht« oder neue Gesetze gäbe, die es zu erlernen gilt. Ganz im Gegenteil. Das Problem liegt darin, dass weiterhin das bestehende Recht gilt, es aber nicht mehr zu unserem täglichen Umgang mit Social Media passen will. Oder würden Sie beim »Teilen« eines Facebook-Beitrags daran denken, dass Sie gegebenenfalls einen Urheberrechtsverstoß begehen und die Haftung für den Beitragsinhalt übernehmen? Rechtliche Vorgaben und das Rechtsgefühl driften immer weiter auseinander. Weil zusätzlich in Social Media die Kommunikation nicht von langer Hand vorbereitet und geprüft wird und vor allem öffentlich stattfindet, ist die Gefahr groß, dass Fehler sichtbar und ausgenutzt werden. Dieses Kapitel hat jedoch nicht das Ziel, Sie von der Nutzung sozialer Medien abzuhalten oder Schreckensszenarien zu zeichnen. Vielmehr soll es Ihnen ein Rechtsgefühl vermitteln, das Ihnen hilft, die gesetzlichen Vorgaben unabhängig von der eingesetzten Technik und den genutzten Plattformen einzuhalten. Dazu brauchen Sie kein Jura zu studieren oder Paragraphen auswendig zu kennen. Wenn Sie die nachfolgenden Regeln beachten, werden Sie sicher 99 % aller rechtlichen Gefahren umschiffen.

8.1 Anwendbares Recht und Hausregeln

Wenn Sie in Deutschland wohnen oder als Unternehmen Ihren Sitz haben, müssen Sie das deutsche Recht beachten. Das gilt auch, wenn Sie zum Beispiel eine ausländische Plattform wie Facebook nutzen. Auch wenn Sie aus dem Ausland tätig sind, aber explizit die deutsche Zielgruppe ansprechen, müssen Sie das deutsche Recht beachten. Umgekehrt müssen Sie auch die Gesetze anderer Länder beachten, wenn Sie dortige Zielgruppen ansprechen. Jedoch können Sie davon ausgehen, dass Sie sich bei Beachtung der strengen deutschen Gesetze auch im Ausland rechtskonform verhalten werden. Neben den gesetzlichen Vorgaben müssen Sie auch die Hausregeln der Social-Media-Dienste beachten. Diese können in AGB, Nutzungsbedingungen sowie Richtlinien enthalten sein oder wie bei Facebook aus einem Bündel verschiedener Vorgaben für Profile, Seiten oder Werbemaßnahmen bestehen. Gerade bei geschäftlicher Nutzung können die Verstöße gegen die Hausregeln mit Entfernung von Werbekampagnen oder Löschung von Accounts zu schlimmeren Konsequenzen als Gesetzesverstöße führen.

> **Hausregeln der größten Social-Media-Dienste**
>
> Mitunter machen es einem die Social-Media-Dienste gar nicht so leicht, die jeweiligen Hausregeln zu befolgen. Damit Sie nicht lange suchen müssen, habe ich Ihnen hier eine Übersicht für die größten Dienste zusammengetragen. Dabei steht die Abkürzung TOS für *Terms of Service*, dem englischen Pendant zu den deutschen AGB (Allgemeine Geschäftsbedingungen).
>
> - Facebook-TOS
>   *https://www.facebook.com/legal/terms*
> - Facebook-Richtlinien für Fanseiten
>   *https://www.facebook.com/page_guidelines.php*
> - Facebook-Plattform-Richtlinien
>   *https://developers.facebook.com/policy/Deutsch/*
> - Twitter-TOS
>   *https://twitter.com/tos*
> - XING-AGB
>   *https://www.xing.com/terms*
> - LinkedIn-TOS
>   *http://www.linkedin.com/legal/user-agreement*
> - YouTube-TOS
>   *http://www.youtube.com/static?template=terms*
> - Pinterest-TOS
>   *http://about.pinterest.com/terms/*
> - Instagram-TOS
>   *http://instagram.com/legal/terms/*

- Flickr Community Guidelines
  http://www.flickr.com/help/guidelines/
- Flickr-TOS
  http://www.flickr.com/atos/pro/

8.2 Wahl eines Accounts

Bevor Sie eine Präsenz innerhalb eines sozialen Netzwerkes anlegen, sollten Sie prüfen, ob die von Ihnen geplante Nutzung überhaupt zulässig ist. Zum Beispiel kann die geschäftliche Nutzung nur gegen die Zahlung eines Mitgliedsbeitrags zulässig sein (zum Beispiel bei der Videoplattform Vimeo.com). Darüberhinaus hat sich bei sozialen Netzwerken eine Unterscheidung zwischen persönlichen Profilen für natürliche Personen und Unternehmensprofilen (auch Seiten oder Fanseiten genannt) für Unternehmen sowie Organisationen eingebürgert. Wenn Sie sich zum Beispiel bei Facebook anmelden, erhalten Sie automatisch ein persönliches Profil. Möchten Sie jedoch Ihre Unternehmenspräsenz aufbauen, müssen Sie hierzu eine »Seite« anlegen. Freiberufler können sich dagegen entscheiden, ob Sie eine Seite anlegen oder ein persönliches Profil nutzen wollen. Jedoch sollten Sie bedenken, dass mit der geschäftlichen Nutzung des persönlichen Profils das ganze Profil geschäftlich wird. Damit müssen strengere Regeln des Wettbewerbsrechts und die Impressumspflicht beachtet werden.

8.3 Benennung des Accounts

Im nächsten Schritt müssen Sie prüfen, ob der geplante Account-Name rechtmäßig ist. Wenn Sie Ihren bürgerlichen Namen verwenden oder einen bereits markenrechtlich geprüften Unternehmens- oder Markennamen, werden Sie ebenfalls keine Probleme erhalten. Soll es jedoch ein Fantasiename sein, müssen Sie fremde Namens-, Marken- oder Titelrechte geltend machen. Daher gehört zu jeder neuen Namenswahl eine vorhergehende Recherche in Suchmaschinen und den Markenämtern (Deutschland/EU). Des Weiteren haben einige Anbieter eigene Namensvorgaben, wie zum Beispiel Facebook, das Großschreibung, Symbole oder Slogans in Namen verbietet.

Benennung Ihrer Facebook-Seite

Die genaue Regelung zu der Benennung einer Seite auf Facebook finden Sie unter *https://www.facebook.com/page_guidelines.php*. Bevor Sie sich Gedanken über den Namen Ihrer Facebook-Seite machen, sollten Sie diesen Abschnitt aufmerksam lesen.

8.4 Impressumspflicht

Auch Social-Media-Präsenzen, die Webseiten gleichkommen, weil deren Betreiber Bilder und Texte einstellen, werben und mit Nutzern kommunizieren können, unterliegen der Impressumspflicht. Dazu gehören zum Beispiel Präsenzen innerhalb von Facebook, Twitter, Google+ oder YouTube. Ob auch Profile wie bei XING dazugehören, ist umstritten, zur Sicherheit sollten sie jedoch auch ein Impressum entsprechend den folgenden Vorgaben enthalten.

8.4.1 Inhalt des Impressums

Da ein Impressum von der Person, dem Unternehmen und deren Tätigkeit abhängig ist, würde es den Rahmen sprengen, hier einzelne Möglichkeiten aufzuführen. Stattdessen verweise ich Sie auf die Seite *http://anbieterkennung.de* oder eine Vielzahl von Impressumsgeneratoren, die Sie per Online-Suche finden können.

> **Aktuelles zur Impressumspflicht**
> Auf der Website von Thomas Schwenke finden Sie aktuelle Hinweise und Beispiele zur Erfüllung der Impressumspflicht: *http://rechtsanwalt-schwenke.de/impressumspflicht*

8.4.2 Einfach erkennbar und unmittelbar erreichbar

Ein Impressum muss einfach zu erkennen und unmittelbar erreichbar sein. Es ist unmittelbar erreichbar, wenn es von jeder Seite des Social-Media-Profils aus mit zwei Klicks erreicht werden kann. Viel problematischer als die Erreichbarkeit ist die Frage, ob ein Impressum einfach zu erkennen ist. Bisher wurden Rubriken wie IMPRESSUM, ANBIETERANGABEN, KONTAKT, MICH oder ÜBER MICH als ausreichende Orte für ein Impressum angesehen. Dagegen wurde ein Impressum in Bereichen wie AGB oder BACKSTAGE als nicht einfach zu erkennen abgelehnt. Im Jahr 2011 entschied ein Gericht, dass auch Anbieterangaben in der Rubrik INFO einer Facebook-Seite für einen »durchschnittlich informierten und verständigen Verbraucher« nicht »leicht zu erkennen« sind und daher ein Gesetzesverstoß vorliegt. Den Einwand, dass Facebook eine Rubrik IMPRESSUM gar nicht anbietet, ließ das Gericht nicht gelten. Da diese Entscheidung auch auf andere Social-Media-Profile übertagen werden kann, die ausländischen Anbieter jedoch kein Impressumsfeld anbieten, sind deutsche Unternehmen auf Behelfslösungen angewiesen.

> **Beispiel für eine rechtskonforme Facebook-Seite**
> Herr Schwenke macht auf seiner Facebook-Seite vor, wie hier der rechtskonforme Hinweis auf ein Impressum auszusehen hat (siehe Abbildung 8.1).

8 Rechtliche Grundlagen

Abbildung 8.1 Facebook-Seite von Rechtsanwalt Thomas Schwenke

Mit einem Klick in das Informationsfeld gelangt man hier direkt auf das Impressum auf seiner Homepage. Umstritten ist hingegen die Platzierung des Impressums über ein Tab, da diese auf manchen mobilen Geräten nicht ausreichend angezeigt werden.

8.5 Nutzung von Bildern und Videos

Bevor Sie innerhalb von Social-Media-Plattformen Bilder verwenden, müssen Sie klären, ob Sie ein Recht dazu haben. Denn so gut wie alle Grafiken und alle Fotografien sind urheberrechtlich geschützt. Werden sie in Social Media verwendet, müssen die Rechteinhaber um Einwilligung gefragt werden. Das gilt ganz besonders für Profilbilder oder Coverbilder. Dabei steigt die Anzahl der Abmahnungen in diesem Bereich, da Rechteinhaber dank der verbesserten Bildersuchtechniken, die Urheberrechtsverstöße immer einfacher aufspüren können.

8.5.1 Vorschaubilder beim Teilen von Inhalten

Auch die kleinen Vorschaubilder, die beim Teilen von Inhalten aus Links generiert werden, stellen »Vervielfältigungen« und »öffentliche Zugänglichmachungen« dar. Sie mindern das Risiko jedoch erheblich, wenn Sie nur Inhalte von Webseiten teilen, die selbst mit Empfehlungsschaltflächen wie »Gefällt mir« zum Teilen auffordern. Jedoch muss der Website-Betreiber auch das Recht haben, die Erlaubnis zu erteilen. Wenn er zum Beispiel das Artikelbild nur selbst verwenden darf, ist seine Erlaubnis unwirksam, und Sie begehen mit dem Vorschaubild trotzdem eine Urheberrechtsverletzung. Leider können Sie wegen eines Urheberrechtsverstoßes auch dann abgemahnt werden, wenn Sie guten Glaubens waren, das Bild verwenden zu dürfen.

8.5.2 Bilder aus Stockarchiven

Wenn Sie Bilder bei Stockarchiven einkaufen, müssen Sie beachten, dass die Lizenzbedingungen der Stockarchive eine weitere Einräumung von Bilderrechten gegenüber Dritten verbieten. Wenn Sie sich jedoch bei den Social-Media-Plattformen registrieren, räumen Sie diesen Nutzungsrechte an den eingestellten Inhalten ein und verstoßen damit gegen die Lizenzbedingungen der Stockarchive. Die Folge ist ein abmahnbarer Urheberrechtsverstoß. Da der Umfang der eingeräumten Rechte unterschiedlich ist, sollten Sie mit den Betreibern der Stockarchive klären, ob Sie diese Bilder auch innerhalb von Social-Media-Plattformen verwenden dürfen.

Inhalte mit Creative-Commons-Lizenz

Mehrere Social-Media-Plattformen räumen ihren Nutzern die Möglichkeit ein, Ihre Werke mit einer sogenannten Creative-Commons-(CC-)Lizenz (*http://de.creativecommons.org*) zu versehen. Creative-Commons-Lizenzen ermöglichen dem Nutzer, die Grundregeln für das Teilen seiner Inhalte genau zu bestimmen. Neben der Wahl, ob das eigene Werk verändert und/oder kommerziell genutzt werden darf, kann die Lizenz auch auf bestimmte Länder eingeschränkt werden. Dies geht einfach und bequem per Lizenz-Generator unter *http://creativecommons.org/choose/?lang=de*.

Grundsätzlich ist bei der Verwendung von CC-Inhalten die Angabe des Namens und der Quelle erforderlich. Darüber hinaus empfehle ich Ihnen, den Urheber im Vorfeld zu fragen, ob Sie seine Inhalte für Ihren gewünschten Zweck nutzen dürfen. Ein Beispiel für Inhalte mit CC-Lizenzen ist die Fotoplattform Flickr. Hier können Sie gezielt nach Bildern mit einer CC-Lizenz suchen (*http://flickr.com/search/advanced*).

Darüber hinaus möchte ich Ihnen die Creative-Commons-Lösung auch sehr für die Inhalte Ihres Unternehmens ans Herz legen.

8.5.3 Recht am eigenen Bild

Sind auf einem Bild andere Personen erkennbar, müssen Sie auch deren Einwilligung vor der Veröffentlichung des Bildes einholen. Denn jedem Menschen steht ein »Recht am eigenen Bild« zu, von dem es nur wenige Ausnahmen gibt. Die erste Ausnahme erlaubt ungefragt Abbildungen von Personen im Rahmen von öffentlich relevanten Ereignissen zu verwenden. Damit sind die Bilder von Politikern und Prominenten erfasst, solange sie sich in der Öffentlichkeit bewegen. Auch zeitweilige »Prominente« wie Straftäter fallen hierrunter. Praktischer ist die Ausnahme, die es erlaubt, Personen als unwesentliche Beiwerke abzulichten. Das sind die Fälle, in denen eine oder mehrere Personen zufällig im Bild sind und theoretisch entfernt werden könnten, ohne den Charakter des Bildes zu verändern. Damit sind Aufnahmen von Passanten in der Fußgängerzone oder Touristen vor Sehenswürdigkeiten gemeint. Auch Abbildungen von Personen als Bestandteil von Versammlungen oder Aufzügen dürfen ohne deren Einwilligung verwendet werden. Jedoch ist damit nicht jede Ansammlung von Personen gemeint, sondern nur eine Gruppe, die einen gemeinsamen Zweck verfolgt. Das können zum Beispiel Konzerte, Demonstrationen oder vergleichbare Veranstaltungen sein. Nicht unter diese Kategorie fallen rein private Ereignisse, wie zum Beispiel drei Personen, die auf einer Wiese sitzen, oder eine private Geburtstagsfeier.

8.5.4 Nutzung von Videos

Die obigen Ausführungen zu Bildern gelten ebenso für die Nutzung von Filmen und Videos. Auch sie sind urheberrechtlich geschützt, und die Rechte der aufgenommenen Personen müssen beachtet werden. Die Besonderheit bei Videos ist, dass sie meistens aus Videoportalen wie YouTube, MyVideo oder Sevenload eingebunden und nicht selbst hochgeladen werden. Trotzdem haften Sie nach gegenwärtiger Rechtsprechung für etwaige Rechtsverletzungen, die der Uploader des Videos begangen hat. Jedoch ist diese Gefahr gering, da die meisten Plattformen eigene Filtertechniken haben, mit denen Sie Urheberrechtsverstöße entfernen. Zudem wenden sich die Rechteinhaber in der Regel an die Plattformen, um die Rechtsverletzungen zu beseitigen.

8.5.5 Nutzung von Texten

Die Verwendung von Texten führt in Social Media eher selten zu Problemen. Das liegt daran, dass bei Texten nicht die darin enthaltenen Informationen oder Fakten, sondern nur deren individuelle Form geschützt wird. Damit der Text individuell ist, benötigt er jedoch eine gewisse Länge. Das heißt, Blogbeiträge oder Presseartikel sind in der Regel urheberrechtlich geschützt, Facebook-Beiträge oder Blogkommentare dagegen nicht. Es gibt jedoch Ausnahmen, in denen schon ein kurzer Limerick oder sogar ein Satz so ungewöhnlich und kreativ ist, dass er geschützt ist. Ist ein Text urheberrechtlich geschützt, dürfen Sie ihn im Rahmen eines Zitats wiedergeben. Ein Zitat setzt jedoch voraus, dass Sie mit dem Text eigene Gedanken und Ausführungen belegen. Das heißt, es ist nicht erlaubt, fremde Texte zu übernehmen, nur um sich Arbeit zu sparen. Ferner muss ein Zitat so kurz wie möglich sein und eine Quellenangabe enthalten. Da es für Textzitate keine festen Längenvorgaben gibt, sollten Sie im Zweifel fremde Texte mit eigenen Worten wiedergeben.

8.6 Linkhaftung

Die Links an sich, also URL-Verweise auf andere Netzinhalte, sind weniger gefährlich, als vermutet wird. Eine Haftung für die verlinkten Inhalte kann sich erst ergeben, wenn Sie sich mit der verlinkten Quelle solidarisieren und zum Beispiel einen verleumderischen oder beleidigenden Blogartikel mit dem Begleittext »Ich bin derselben Ansicht« verlinken. Wenn Sie innerhalb von sozialen Plattformen verlinken und ein Textauszug und ein Vorschaubild generiert werden, haften Sie auch für Rechtsverletzungen, die sich daraus ergeben, zum Beispiel wenn bereits der Textauszug beleidigend ist. Darüber hinaus haften Sie nur, wenn Ihnen die Rechtswidrigkeit hätte auffallen müssen, wie bei einem Link auf eine illegale Softwaredownloadseite. Hat sich der verlinkte Inhalt nachträglich verändert, haften Sie erst ab Kenntnis der Änderung.

Was also gegen die Linkhaftung hilft, ist die Prüfung des verlinkten Inhalts mit gesundem Menschenverstand. Was auf keinen Fall hilft, sind Linkdisclaimer, wie in etwa: »Wir distanzieren uns von den verlinken Inhalten«. Ein solcher pauschaler Haftungsausschluss ist schlicht unwirksam.

8.7 Haftung für Nutzerbeiträge

Social Media zeichnet sich dadurch aus, dass viele Inhalte von den Nutzern beigesteuert werden. Diese können Bilder hochladen, Beiträge bei Facebook oder in Blogs kommentieren und Links hinterlassen. Wenn diese Inhalte rechtswidrig sind und zum Beispiel Beleidigungen, Unwahrheiten oder Urheberrechtsverstöße beinhalten, haften die Nutzer zuerst selbst dafür. Da die Nutzer jedoch oft anonym agieren, werden die Betreiber der Online-Präsenzen für diese rechtswidrigen Inhalte belangt. Ist das der Fall, können sie sich jedoch auf »das Haftungsprivileg für nutzergenerierte Inhalte« berufen. Das bedeutet, sie müssen den Inhalt unverzüglich löschen (je nach Schwere innerhalb von 1 bis 5 Tagen). Sie können jedoch nicht abgemahnt werden und müssen keine Unterlassungserklärungen unterschreiben oder Abmahnungsgebühren tragen.

Auf das Haftungsprivileg können Sie sich jedoch nur dann berufen, wenn Sie sich den nutzergenerierten Inhalt nicht zu eigen gemacht haben und man Ihnen nicht die Kenntnis der Rechtsverletzung oder Verletzung von Überwachungspflichten nachweisen kann.

8.7.1 Zueigenmachen der nutzergenerierten Inhalte

Wenn sich der Inhalt aus der Sicht der anderen Nutzer als Inhalt des Betreibers einer Social-Media-Präsenz darstellt, haftet dieser für den Inhalt. Dafür gibt es leider keine festen Kriterien, sondern nur die folgenden von Gerichten entwickelten Indizien, die Sie vermeiden sollten:

- Betreiber wählt die von Nutzern eingereichten Inhalte selbst aus, bevor sie veröffentlicht werden (zum Beispiel Einreichungen bei Gewinnspielbeiträgen).
- Betreiber lässt sich Rechte zur wirtschaftlichen Verwertung der Inhalte einräumen (zum Beispiel in den Nutzungsbedingungen).
- Auf den Inhalten der Nutzer werden eigene Logos/Copyright-Zeichen angebracht.

8.7.2 Kenntnis der Rechtsverletzung

Kenntnis der Rechtswidrigkeit bedeutet, dass Sie die Rechtsverletzung hätten erkennen müssen. Jedoch muss man Ihnen diese Kenntnis nachweisen, was gar nicht so einfach ist. Urheberrechtsverstöße oder Unwahrheiten sind in der Regel ohnehin nicht erkennbar, so dass diese Regel praktisch nur für Beleidigungen gilt. Zudem muss man Ihnen die Kenntnis nachweisen können. Und solange Sie nicht den Nutzerbeitrag kommentiert oder ein »Gefällt mir« geklickt haben, ist der Nachweis nicht möglich.

8.7.3 Überwachungspflichten

Wenn Sie von einer Rechtsverletzung Kenntnis erlangt haben, müssen Sie dafür sorgen, dass ähnliche Rechtsverletzungen in der Zukunft nicht mehr vorkommen. Das bedeutet, Sie müssen, sofern mit vorhandenen oder mit verhältnismäßigen Mitteln machbar, Filter einsetzen und dort zum Beispiel die Namen der Unternehmen eintragen, die verletzt worden sind. Nutzer, die Rechtsverstöße begangen haben, sollten Sie zumindest verwarnen oder je nach Schwere des Rechtsverstoßes sofort blocken.

> **Vorbeugung von Rechtsverletzungen**
>
> Störenfriede schlafen nie, auf diese Problematik reagieren Online-Portale mit unterschiedlichen Lösungen. Ein paar Beispiele wären hier:
>
> - Nutzer müssen sich vor dem Kommentieren mit einer gültigen E-Mail-Adresse oder ihrem Account in einem sozialen Netzwerk registrieren.
> - Die Kommentarfunktion wird außerhalb der »Öffnungszeiten« deaktiviert.
> - Kommentare werden erst nach Freischaltung sichtbar.
> - Kommentare, die bestimmte Schlüsselbegriffe enthalten, werden automatisch abgefangen.

8.8 Löschen von Nutzerbeiträgen

Mit der Haftung für Nutzerbeiträge hängt die Frage zusammen, wann man diese löschen darf. Ferner stellt sich diese Frage bei negativen oder kritisierenden Beiträgen. Das gilt ganz besonders, wenn Sie das Opfer eines sogenannten Shitstorms werden, der oft unsachliche oder rechtswidrige Meinungs- und Tatsachenäußerungen enthält. Die Grundregel ist, dass Sie nicht jede unliebsame Meinung und Kritik entfernen dürfen. Wer einen »öffentlichen Raum« eröffnet, darf dessen Besucher und deren Meinungen nicht willkürlich entfernen. Nur wenn diese gegen die Hausregeln sowie Gesetze verstoßen oder den Geschäftsbetrieb lahmlegen, dürfen Sie die Inhalte löschen und Nutzer bannen.

Das heißt, wenn die Nutzer zum Beispiel beleidigend werden, dürfen sie und deren Beiträge entfernt werden. Hausregeln gelten nur, wenn Sie sie vorher, zum Beispiel in einer Netiquette aufgestellt haben. Der Geschäftsbetrieb wird dann lahmgelegt, wenn die Social-Media-Präsenz durch einen Strom an Einträgen »lahmgelegt« wird, so dass Sie mit den regulären Nutzern nicht mehr in Kontakt treten können. Um den Unmut der Nutzer nicht zu erregen, sollten Sie bei all diesen Maßnahmen immer transparent bleiben, Ihre Maßnahmen erklären oder Fehler zugeben.

> **Hausregeln per Netiquette**
>
> Ich empfehle Ihnen, für Ihre Online-Präsenzen eigene Hausregeln in Form einer Netiquette, also Verhaltensregeln für den respektvollen Umgang im virtuellen Raum, anzulegen. Eine gute Grundlage für Ihre Netiquette ist hier die Zusammenfassung der wichtigsten Regeln, die Sie in dem zugehörigen Wikipedia-Artikel finden. *http://de.wikipedia.org/wiki/Netiquette*. Stimmen Sie die Netiquette auf Ihr Publikum ab, weisen Sie ruhig auch auf offensichtliche Dinge wie die Einhaltung von Gesetzen hin, und platzieren Sie Ihre Hausregeln so, dass diese einfach auffindbar sind.

8.9 Haftung für Äußerungen

Bei Äußerungen muss zuerst zwischen Meinungen und Tatsachen unterschieden werden. Tatsachen können falsch oder richtig sein (zum Beispiel die Aussage »der Geschäftsführer der X-GmbH hat gesagt, dass sie nun in China produzieren«). Wird eine Tatsache angezweifelt, muss der Behauptende sie beweisen. Das bedeutet, Sie sollten nur Tatsachen behaupten, wenn Sie sich völlig sicher sind, dass sie zutreffen. Das gilt auch, wenn Sie lediglich fremde Aussagen wiederholen. Allenfalls, wenn Sie sich auf große Medienmagazine berufen, können Sie sich in den meisten Fällen auf ein sogenanntes Laienprivileg berufen. Dieses erlaubt, darauf zu vertrauen, dass anerkannte Medien den Sachverhalt hinreichend recherchiert haben. Anders als

Tatsachen sind Meinungen persönliche Ansichten, die weder falsch noch richtig sein können (zum Beispiel die Aussage »das Unternehmen X leistet nach meiner Ansicht schlechte Arbeit«). Die Grenze der Meinung ist Schmähung oder Beleidigung. Diese liegen vor, wenn die Auseinandersetzung nicht mehr sachlich, sondern auf Diffamierung ausgerichtet ist. Da die Meinungen einen größeren Spielraum haben, sollten sie Tatsachenbehauptungen vorgezogen worden. Daher sollten Sie in Social Media immer Worte wie »Ich meine«, »meines Erachtens« oder »nach meiner Ansicht« verwenden.

Umgekehrt bedeutet dies, dass man sich auch eine harsche Kritik gefallen lassen muss, solange diese nicht beleidigend ist und keine falschen Tatsachen enthält. Das bedeutet, dass ein Nutzer sagen darf, dass ihm eine Leistung nicht gefallen hat, obwohl ein Unternehmen sie objektiv ohne Fehler erbracht hat.

8.10 Wettbewerbsrecht und Werberichtlinien

Sie sollten nie vergessen, dass auch beim Social-Media-Marketing die strengen Wettbewerbsvorschriften weiterhin gelten. Im Rahmen der öffentlichen Kommunikation mit Nutzern können auch beiläufige Aussagen teure Folgen haben. Die goldene Regel im Social Media Marketing lautet daher: »Keine Aussagen über und Vergleiche mit Konkurrenten.« Vermeiden Sie Superlative wie »wir sind die schnellsten«, »wir haben die größte Reichweite« oder »wir können es am besten«, da diese Aussagen alle Konkurrenten herabsetzen und häufig Abmahnungen provozieren. Auch die Vergleiche mit konkreten Konkurrenten und deren Leistungen sind nur im engen rechtlichen Rahmen zulässig und auf entscheidungsrelevante, objektive und nachprüfbare Kriterien beschränkt. Vergleiche wie »besser« oder »schöner« sind in Bezug auf konkrete Konkurrenten tabu.

Zusätzlich sollten Sie auch die Werberichtlinien und Inhaltsbeschränkungen der Social-Media-Plattformen beachten. Vor allem auf US-Plattformen sollten Sie von der klassischen Werbeweisheit »Sex Sells« Abstand nehmen. Auch bei Gewinnspielen, sollten Sie die Plattformregeln beachten. Bei Google+ sind Gewinnspiele zum Beispiel gänzlich untersagt.

8.11 Direktmarketing und Ansprache von Nutzern

Das Gesetz verbietet es, ungefragt Werbenachrichten an andere Nutzer zu verschicken, wobei unter Werbung praktisch jede kommerzielle Nachricht außerhalb konkreter Geschäftsbeziehungen fällt. So stellt zum Beispiel auch die Einladung zum Besuch eines Social-Media-Accounts Werbung dar. Wenn Sie Werbenachrichten per E-Mail verschicken möchten, brauchen Sie eine ausdrückliche Einwilligung des Empfängers. Das bedeutet, dieser muss aktiv ein Kontrollkästchen markieren oder sich ausdrücklich zu einem Newsletter anmelden. Versteckte Einwilligungen in den AGB oder der Datenschutzerklärung sind unwirksam. Ferner sollte ein sogenanntes *Double-Opt-in-Verfahren* angewendet werden, bei dem die Nutzer an die eingetragene Adresse zuerst eine E-Mail mit einem Bestätigungslink erhalten. Nur so können Sie nachweisen, dass die Anmeldung wirklich von dem E-Mail-Inhaber stammt.

Auch der unerwünschte Versand von werbenden Privatnachrichten bei Facebook oder Direktnachrichten bei Twitter stellt unerlaubtes Direktmarketing dar. Nur weil jemand Fan einer Seite ist oder einem Nutzer folgt, bedeutet es nicht, dass man der Person direkt Werbung zustellen darf. Dagegen ist es erlaubt, Kontaktanfragen zu stellen, an Diskussionen teilzunehmen, auch wenn sich daraus mittelbar eine werbende Wirkung ergibt. Ebenso ist es zulässig, Personen anzuschreiben, die einen Kontaktwunsch signalisieren. Zum Beispiel darf ein Headhunter ein XING-Mitglied kontaktieren, das laut Profilangaben nach »neuen Herausforderungen« sucht.

8.12 Datenschutz

Der Datenschutz ist ein sehr abstrakter Begriff, der sich nur anhand praktischer Fälle erklären lässt. Die folgenden Ausführungen beinhalten die für Sie relevanten Datenschutzprobleme.

8.12.1 Datenschutzerklärung

Das Gesetz verpflichtet die Anbieter von Online-Diensten, die Nutzer darüber zu informieren, welche Daten gesammelt, verwendet und an Dritte übermittelt werden. Ferner müssen Nutzer über deren Rechte zur Auskunft, Korrektur und Löschung von Daten aufgeklärt werden. So braucht jede Website und jedes Blog eine Datenschutzerklärung. Innerhalb von Social-Media-Plattformen benötigen Sie in der Regel keine eigene Datenschutzerklärung, da nicht Sie, sondern die Plattformbetreiber diese Daten sammeln. Nur wenn Sie selbst Nutzerdaten erheben, zum Beispiel im Rahmen von Gewinnspielen oder Newslettern, müssen diese eine Datenschutzerklärung beinhalten.

> **Generator für Datenschutzerklärungen**
> Auf der Website von Rechtsanwalt Thomas Schwenke finden Sie einen praktischen Generator für Datenschutzerklärungen: *http://rechtsanwalt-schwenke.de/datenschutz-generator*

8.12.2 Verwendung von Kundendaten

Social Media macht es einfach, mit Kunden in Verbindung zu bleiben oder Kunden zu beobachten. Die Verwendung von Kundendaten ist jedoch nur dann zulässig, wenn es gesetzlich erlaubt ist oder die Kunden darin eingewilligt haben. Das Gesetz erlaubt es nur, die Kundendaten für die Zwecke zu verwenden, für welche die Kunden Ihre Daten überlassen haben. Handelt es sich zum Beispiel um einen Shopeinkauf, dürfen die Kundendaten nur für die Produktzustellung und Abwicklung des Einkaufs verwendet werden. Dagegen ist es nicht erlaubt, sie zu nutzen, um Kunden zu beobachten, anzusprechen oder sie mit weiteren Daten anzureichern. So wären die folgenden Beispiele verboten:

- Beispiel 1: Ein Nutzer beschwert sich auf einer Bewertungsplattform über ein nicht funktionierendes Produkt. Der Name des Nutzers wird mit der Kundendatenbank abgeglichen, es wird eine Lösung für sein Problem gefunden und der Nutzer wird daraufhin angesprochen. Bei dem Abgleich handelt es sich um einen Datenschutzverstoß. Zulässig wäre es gewesen, den Nutzer allgemein aufzufordern sich an die Servicestelle zu richten, damit ihm abgeholfen werden kann.
- Beispiel 2: Ein Nutzer lobt einen Dienstleister. Auch der Name dieses Nutzers wird mit den Kundendaten abgeglichen und das Lob wird vermerkt. Beim nächsten Einkauf erhält der Kunde einen Rabatt. Dieser Vorgang ist ebenfalls wegen des Datenabgleichs unzulässig.

Vorhandene Kundendaten dürfen nur eingesetzt werden, um die Verträge mit den Kunden abzuwickeln. So darf zum Beispiel ein Online-Händler die Postadressen an Spediteure herausgeben. Dagegen ist es nicht erlaubt, ohne Einwilligung der Kunden weitere Daten zu speichern, die durch Social Media Monitoring gewonnen wurden, wie Geburtstage, Online-Profile oder Meinungen zu dem Unternehmen. Ebenso dürfen als potenzielle Kunden ermittelte Nutzer nicht aktiv angesprochen werden. Hier gilt dasselbe wie beim E-Mail-Marketing.

8.12.3 Verwendung von »Like«-Buttons auf Websites

Das Problem des »Like«-Buttons von Facebook liegt darin, dass es sich aus der Sicht der Datenschützer um Tracking-Tools handelt. Besucht ein Nutzer eine Website, auf der der »Like«-Button eingebaut ist, werden die Daten des Nutzers an Facebook gesendet. Dabei werden zum Beispiel pseudonyme Nutzerprofile auch von Nutzern erstellt, die keine Facebook-Mitglieder sind. Das wäre nach dem deutschen Recht (§ 15 Abs. 3 TMG) nur zulässig, wenn die Nutzer ein Recht zum Widerspruch hätten (zum Beispiel Opt-out-Cookie), welches Facebook nicht bietet. Die Datenschutzbehörden sehen darin einen Datenschutzverstoß und sind der Ansicht, dass die Website-Betreiber für diesen haften. Diese Problematik betrifft zudem nicht nur den »Like«-Button, sondern auch andere Social Plugins, die in die Website eingebunden werden können. Da viele Juristen anderer Ansicht sind, wird diese Frage derzeit vor dem Verwaltungsgericht in Schleswig-Holstein ausgetragen. Solange dieses Verfahren noch andauert, brauchen Sie mit keinen Sanktionen zu rechnen. Sollte sich das Gericht den Datenschützern anschließen, ist mit technischen Änderungen seitens Facebook zu rechnen.

Unabhängig von dem Ausgang dieses Verfahrens sind Sie bereits jetzt verpflichtet, die Nutzer über die Verwendung des »Like«-Buttons in der Datenschutzerklärung aufzuklären. Wenn Sie das Risiko noch weiter mindern wollen, sollten Sie die 2-Klick-Lösung einsetzen. Diese gibt es mittlerweile als Plugins für die wichtigsten CMS- und Bloggingsysteme. Dabei wird der »Like«-Button erst nach einem Klick auf eine Platzhaltergrafik geladen und der Nutzer zuvor über den Datenaustausch aufgeklärt.

9 Strategische Bedeutung und Möglichkeiten der sozialen Netzwerke

Unternehmen bietet sich heutzutage eine unübersichtliche Fülle an sozialen Netzwerken und Plattformen, auf denen sie mit Ihren Anspruchsgruppen kommunizieren könnten. Bei diesen vielfältigen Möglichkeiten gilt es den Überblick zu bewahren und für Ihr Unternehmen die Plattform zu finden, die am besten zu den eigenen Zielen passt.

Rund zwei Drittel der deutschen Internetnutzer sind in mindestens einem sozialen Netzwerk angemeldet, in der Altersgruppe der 14- bis 29-Jährigen sind es sogar 92 %. So lautet das Ergebnis der repräsentativen Forsa-Studie »Soziale Netzwerke«, die von der BITKOM in Auftrag gegeben wurde.[1] Darüber hinaus ergab die Studie, dass die Deutschen im Schnitt in 2,3 Netzwerken angemeldet sind und 66 % die Plattformen aktiv nutzen. Auch hier sind diese Werte für die unter 30-Jährigen mit 2,5 % bzw. 85 % höher. Eine detaillierte Auswertung der Studie sehen Sie in Abbildung 9.1.

Nutzung sozialer Netzwerke im Internet (1)	Angemeldet Anteil	durchschnittliche Anzahl (Basis angemeldet in einem sozialen Netzwerk)	Aktive Nutzung Anteil	durchschnittliche Anzahl (Basis angemeldet in einem sozialen Netzwerk)
Befragte insgesamt (n=1.023)	74	2,3	66	1,4
14- bis 29-Jährige (n=225)	92	2,5	85	1,5
30- bis 49-Jährige (n=391)	72	2,2	65	1,4
50 Jahre und älter (n=407)	55	2,1	46	1,5
Männer (n=544)	70	2,3	61	1,4
Frauen (n=479)	78	2,3	71	1,4

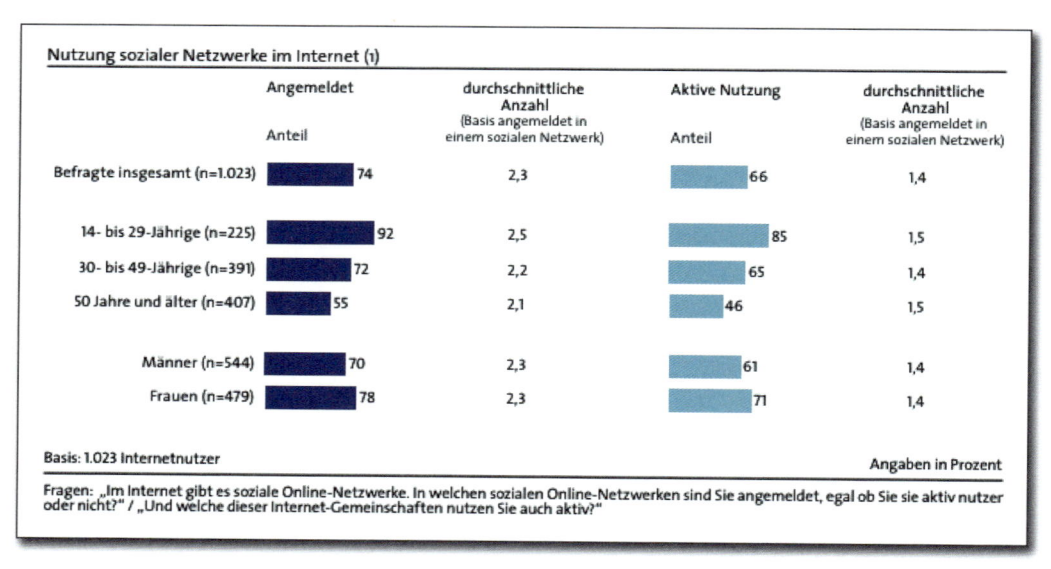

Basis: 1.023 Internetnutzer — Angaben in Prozent

Fragen: „Im Internet gibt es soziale Online-Netzwerke. In welchen sozialen Online-Netzwerken sind Sie angemeldet, egal ob Sie sie aktiv nutzer oder nicht?" / „Und welche dieser Internet-Gemeinschaften nutzen Sie auch aktiv?"

Abbildung 9.1 Nutzung sozialer Netzwerke (Quelle: BITKOM)

---

1 http://www.bitkom.org/de/publikationen/38338_70897.aspx

Darüber hinaus sind 24 % der deutschen Internetnutzer, also 13 Mio. Menschen, Fan oder Follower einer Marke auf Facebook & Co. Zu diesem Ergebnis kam die Studie »Facebook Commerce« der BITKOM, die Anfang 2013 erschien.[2] Noch dominieren hier die jüngeren Altersgruppen, zwischen 14 und 29 liegt die Zahl bei 48 %, zwischen 30 und 49 bei 20 %, und bei den Internetnutzern über 50 sind es bisher 11 %. Aber auch hier ist eine Dynamik absehbar. Beispielsweise ist die Altersgruppe, die aktuell den größten Zuwachs auf Twitter hat, zwischen 55 und 64 Jahre alt. Zwischen Juni 2012 und März 2013 war hier ein Wachstum von 79 % zu verzeichnen (GlobalWebIndex, *http://bit.ly/YEgYEt*). Was aber bedeuten diese Zahlen für Sie als Social Media Manager? Zunächst einmal – eine Menge von Möglichkeiten. Generell lässt sich hier erneut festhalten, dass soziale Netzwerke eine stetig wachsende Bedeutung für die Gesellschaft und damit auch für die Positionierung von Unternehmen erlangen. Es bedeutet aber nicht, dass jedes Unternehmen zwingend auf jeder Plattform im Netz eine Präsenz haben muss – im Gegenteil. Es ist wichtig, sich im Vorfeld genau mit der Frage zu beschäftigen, welchen Beitrag welche Plattform zur Erreichung der eigenen Ziele leisten kann und ob es wirklich Sinn macht, überhaupt auf mehr als einer Hochzeit zu tanzen. Unterschätzen Sie nicht, mit welchem Aufwand schon der Betrieb einer Plattform einhergeht.

Um Ihnen ein Gefühl dafür zu geben, welche Netzwerke für Ihr Unternehmen strategisch sinnvoll sein können, stelle ich Ihnen in diesem Kapitel die unterschiedlichen Optionen ausführlich vor. Ergänzt werden die Porträts der Plattformen durch eine strategische Einordnung, sowie eine Reihe von Tools und Tipps rund um Administration und Erfolgsmessung. Doch bevor ich auf die einzelnen Netzwerke eingehe, möchte ich mit Ihnen einen kleinen Exkurs zur generellen Einordnung der Möglichkeiten vornehmen, die sich Ihnen auftun.

9.1 Arten, Unterschiede und Aufgaben

Das Social Media Prisma der Hamburger Agentur Ethority visualisiert die vielfältigen Möglichkeiten, die sich Ihnen als Social Media Manager bieten (siehe Abbildung 9.2).[3]

---

2 *http://www.bitkom.org/de/presse/8477_74702.aspx*
3 *http://www.ethority.de/weblog/social-media-prisma*

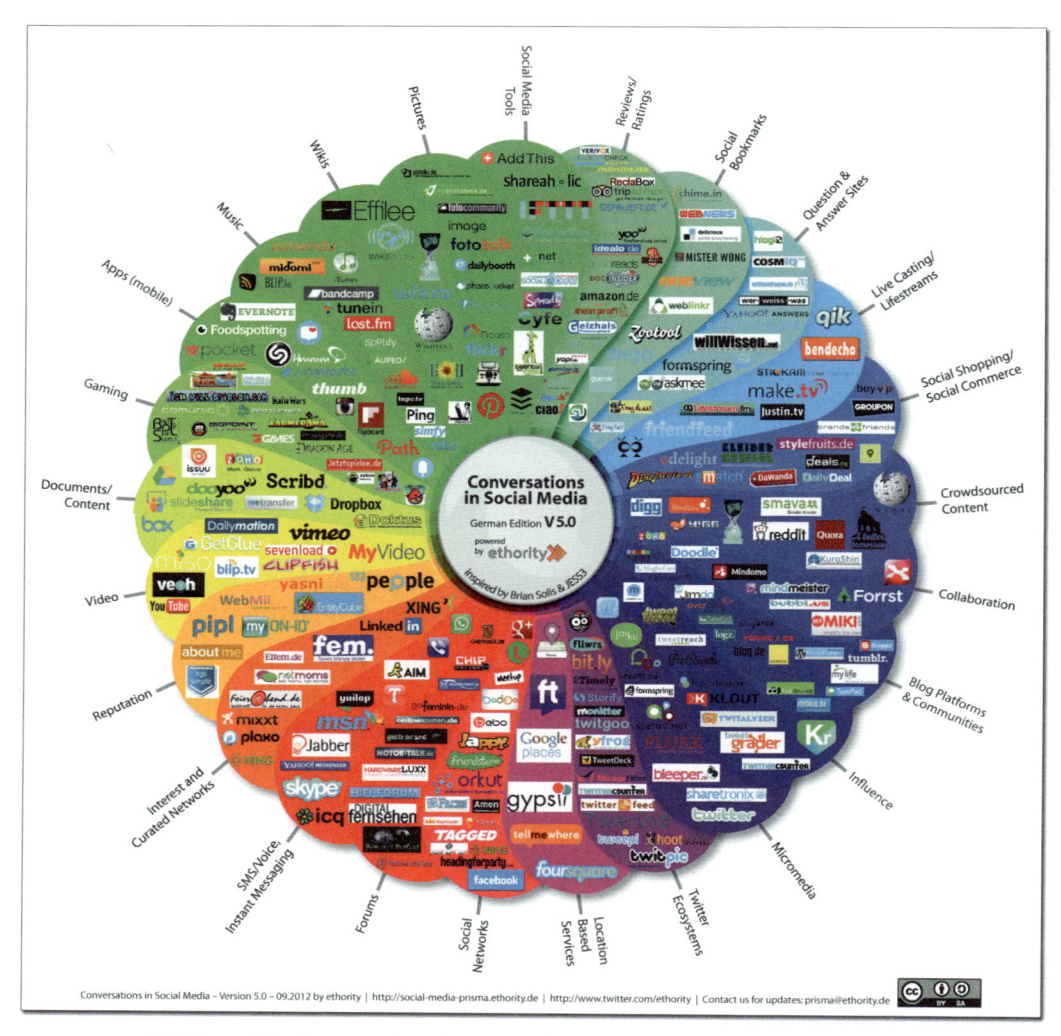

Abbildung 9.2 Das Social Media Prisma für Deutschland

9.1.1 Definition soziales Netzwerk

Aber nicht nur das, Abbildung 9.2 zeigt auch, dass der Begriff *soziales Netzwerk* nicht eindeutig definiert ist. Einerseits werden damit Gemeinschaften wie Facebook, Google+ und auch kleinere, lokale Netzwerke wie Jappy bezeichnet, andererseits ist aber auch Twitter, ein Forum und sogar die Smartphone-App Instagram eine Art soziales Netzwerk. Gemeinsam haben alle diese Anwendungen:

- Nutzer haben ein persönliches Profil, auf dem Sie Namen und/oder Spitznamen, Foto und weitere Informationen von sich preisgeben können. Das Profil ist die virtuelle Selbstdarstellung des Nutzers.
- Nutzer können untereinander Kontakte schließen, durch welche ein Netzwerk entsteht.
- Nutzer können sich austauschen, sprich miteinander kommunizieren. Die Art und Weise der Kommunikation ist dabei abhängig von der jeweiligen Plattform und reicht von öffentlicher Kommunikation über Kommentare bis hin zu persönlichen Nachrichten oder Privatchats.

Wenn ich in diesem Buch von sozialen Netzwerken spreche, so meine ich gemeinhin die übergreifende Definition. Lediglich für die im nächsten Abschnitt folgende Unterscheidung der sozialen Netzwerke wird dieser Begriff im engeren Verständnis eingesetzt.

9.1.2 Arten und Besonderheiten von Social-Media-Plattformen

Um Ihnen die Orientierung in der Fülle der Netzwerke zu erleichtern, habe ich Ihnen unter *http://bit.ly/19dOt1E* eine grobe Kategorisierung der Plattformen zusammengestellt. Diese gibt Ihnen einen ersten Überblick über die Arten der Plattformen. Eine ausführliche Diskussion der Varianten folgt dann in den Abschnitten 9.2 bis 9.11.

9.1.3 Welches Netzwerk ist das richtige für mein Unternehmen?

Pauschal kann ich Ihnen auf diese Frage keine Antwort geben, und das ist auch gut so. Allein in dem Prozess, sich mit den strategischen Vor- und Nachteilen der jeweiligen Plattformen auseinanderzusetzen und genau zu überlegen, welche am besten zu den eigenen Zielen und der Zielgruppe passen, liegt ein großes Potenzial für Sie und Ihr Unternehmen. Überstürzen Sie nichts, und lassen Sie sich nicht von Agenturen, die gerade »das nächste große Ding« am Horizont sehen, zu blindem Aktionismus verführen. Sie müssen nicht immer das erste Unternehmen auf einer Plattform sein, und nicht jeden Trend mitmachen. Beschäftigen Sie sich umfassend mit einem Netzwerk, und damit meine ich nicht nur die Lektüre des zugehörigen Abschnitts in diesem Buch. Werden Sie Mitglied, bekommen Sie ein Gefühl für die Tonalität, die Stimmung und die Gepflogenheiten auf der Plattform. Machen Sie sich mit den Funktionen vertraut, lesen Sie Best Practices und ebenso die Beispiele, die nicht (so gut) funktioniert haben. Hier ist wieder einmal die Suchmaschine Ihr Werkzeug der Wahl, suchen Sie gezielt nach dem anvisierten Netzwerk und kombinieren Sie den Namen mit Begriffen wie »Best Practices«, »Fail« oder Namen von

Unternehmen, die dort bereits seit einiger Zeit eine Präsenz haben. Natürlich werden Sie so auch eine Reihe von Artikeln finden, mit denen Agenturen Ihre Dienstleistungen bewerben, aber selbst in diesen Artikeln sind oft interessante Inhalte. Darüber hinaus empfiehlt es sich, oft einen Blick in Best Practices zu werfen, die von den Netzwerken selbst ausgearbeitet wurden.

Im Endeffekt zählt nur, ob das Netzwerk zu Ihnen, Ihrem Unternehmen und dem, was Ihre Stakeholder von Ihnen möchten, passt. Hypes sind für eine nachhaltige strategische Ausrichtung irrelevant.

Monitoring als Grundlage der Auswahl

Gefühl ist gut, Kontrolle ist besser. Natürlich sollte die generelle Entscheidung für eine bestimmte Plattform darauf basieren, dass Ihre Zielgruppe dort vertreten ist. In Abschnitt 6.4, »Social Media Monitoring und Measurement«, können Sie noch einmal nachlesen, wie Sie herausfinden, wo Ihre Kunden über Ihre Produkte, Ihr Unternehmen oder Ihre Branche sprechen. Für einen ersten groben Überblick auf Basis von Geschlecht, Alter und Interessen ist der Social Media Planner von *Inpromo* (siehe Abbildung 9.3) interessant, den Sie unter *http://socialmediaplanner.de* erreichen.

Abbildung 9.3 Der Social Media Planner von Inpromo

Dieser gibt Ihnen einen Einblick in die Richtung, in die es gehen könnte, ersetzt aber nicht das Monitoring im Hinblick auf die Entscheidung, welches Ihre Netzwerke sind.

9.2 Facebook

Facebook ist mehr als ein soziales Netzwerk, es ist ein Phänomen. Mit insgesamt mehr als 1 Mrd. angemeldeten Nutzern hat es innerhalb von nur acht Jahren mehr Nutzer erreicht, als das Internet insgesamt in den ersten 30 Jahren seiner Existenz. Facebook ist die meistgenutzte Website weltweit, in Deutschland wird lediglich Google häufiger aufgerufen. Was sagt dies über die Bedeutung von Facebook für Ihre Social-Media-Strategie aus? Ob Sie es glauben oder nicht – zunächst einmal nicht viel. Obgleich Facebook oftmals mit Social Media gleichgesetzt wird, heißt dies noch nicht, dass es das Richtige für Sie und Ihr Unternehmen ist. Die beeindruckende Reichweite kann niemand bestreiten, ebenso wenig dass Facebook eine bedeutende Komponente im Kommunikationsmix sein kann. Trotzdem lohnt es sich, genau zu analysieren, was Sie mit einem Engagement auf Facebook erzielen möchten und ob Sie dort für Ihre Ziele die richtigen Voraussetzungen finden.

> **Marketing-Basic: D-A-CH**
> Die Abkürzung D-A-CH steht für die Länder Deutschland (D), Österreich (lateinisch Austria – A) sowie die Schweiz (lateinisch Confoederatio Helvetica – CH) und bezeichnet den deutschsprachigen Raum.

9.2.1 Facebook-Nutzerstruktur in D-A-CH

In Deutschland hat Facebook fast 27 Mio. Nutzer (Stand August 2013), die sich fast gleichmäßig auf weibliche und männliche Nutzer verteilen (48,51 % zu 51,49 %) Die größte Nutzergruppe befindet sich in dem Segment zwischen 18 und 29 Jahren. Die Visualisierung dieser Zahlen sehen Sie in Abbildung 9.4.

In Relation zur Bevölkerung wirkt diese Zahl gleich noch beeindruckender, denn mehr als 30 % der deutschen Gesamtbevölkerung und über 37 % der deutschen Internetnutzer sind damit auf Facebook vertreten.

Für Österreich und die Schweiz sehen die Zahlen ähnlich imposant aus. Österreich stellt 3,2 Mio. der registrierten Nutzer, was 38 % der Bevölkerung und 48 % der Internetnutzer entspricht. In der Schweiz hat Facebook mit 3,2 Mio. Nutzern einen Anteil von 40 % an der Bevölkerung und 47 % an der Internetnutzerschaft.

> **Aktuelle Daten und Fakten zu Facebook**
> Aktuelle Nutzerzahlen können Sie jederzeit im Facebook AdManager (*http://www.facebook.com/ads/create*) sowie bei den Socialbakers (*http://www.socialbakers.com/facebook-statistics*) nachlesen. Der Facebook AdManager bietet Ihnen außerdem die

Möglichkeit, neben Geschlecht und Alter weitere Kriterien, wie zum Beispiel »Interessen« oder »Region« zur Differenzierung der Nutzer zu verwenden.

Interessante Übersichten und Zusammenfassungen im Zusammenhang mit der Facebook-Demografie finden Sie auch immer wieder auf den Facebook-Fachblogs allfacebook.de (http://allfacebook.de/userdata) und thomashutterer.com (http://www.thomashutter.com).

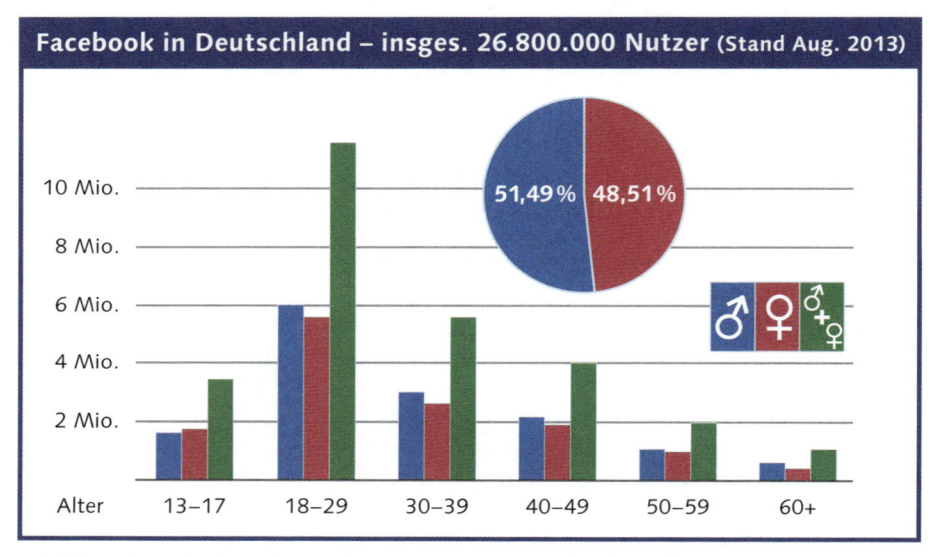

Abbildung 9.4 Struktur der Facebook-Nutzer in Deutschland (Quelle: Facebook AdManager August 2013)

9.2.2 Das Facebook-Profil

Ein Facebook-Profil ist die Voraussetzung, um auf Facebook aktiv zu sein, und soll die Geschichte seines Inhabers erzählen. Der obere Teil Ihres Facebook-Profils wird von einem selbst wählbaren Titelbild dominiert, am unteren Rand von diesem findet sich Ihr Profilbild sowie auf der rechten Seite Informationen über Ihre Person (siehe Abbildung 9.5).

Links neben dem Informationsteil werden Ihre Beiträge sowie wichtige Lebensereignisse (Meilensteine) angezeigt. Dieser Teil wird als Facebook Chronik oder Timeline bezeichnet und wurde 2012 eingeführt.

Facebook – privat oder beruflich?
Für Sie als Social Media Manager ist Facebook Teil Ihrer Online-Reputation. Füllen Sie deswegen auch hier Ihren Werdegang sorgfältig aus, und überprüfen Sie Ihre Interessen

Abbildung 9.5 Das eigene Facebook-Profil

und Unternehmen, die Sie mit »Gefällt mir« markiert haben. Darüber hinaus sollten Sie auch Ihre persönlichen Meilensteine überprüfen, diese sind oft öffentlich sichtbar. Achten Sie genau darauf, was Sie öffentlich schreiben und wen Sie als »Freund« aufnehmen bzw. wem Sie welche Freigaben gewähren. Über Listen können Sie ein ausgefeiltes Rechtesystem für Ihre Beiträge entwickeln und beispielsweise Fotos generell nur Personen aus der Liste FREUNDE UND GUTE BEKANNTE zugänglich machen. Achten Sie trotzdem immer darauf, nur Inhalte zu veröffentlichen, die Sie auch vor einem großen Publikum sagen oder zeigen würden – niemand weiß, wann Facebook seine Privatsphäre-Einstellungen mal wieder ändert.

Sie können sich jederzeit Ihre Chronik aus der Perspektive der Öffentlichkeit ansehen. Unter *https://www.facebook.com/settings?tab=timeline* finden Sie die Option ANZEIGEN AUS DER SICHT VON. Mit einem Klick auf diesen Link können Sie sich Ihr Profil wahlweise aus Sicht eines bestimmten Freundes oder der Öffentlichkeit ansehen.

Administration einer Facebook-Seite

Eine weitere wichtige Funktion des Facebook-Profils ist die der Administration einer Facebook-Seite, auf die ich im folgenden Abschnitt noch ausführlich eingehen werde. Zwar könnte man eine Facebook-Seite auch von einem speziellen Unternehmenskonto aus steuern, dies bringt jedoch große Nachteile mit sich. Sie können mit einem Unternehmenskonto weder andere Facebook-Seiten liken noch Freunde zu Ihrer Seite einladen, und eine Suche gibt es auch nicht. Generell finde ich es sehr wichtig, dass ein Social Media Manager sich auch persönlich in den

Netzwerken aufhält, mit denen er arbeitet. Aus diesem Grund hier mein klares Plädoyer für Facebook-Seiten, die über persönliche Profile administriert werden.

Die ideale Lösung wäre, wenn der Geschäftsführer selbst die Facebook-Seite mit seinem Profil anlegt und dann Sie in Ihrer Position als Social Media Manager als Administrator einsetzt. Da dies in vielen Fällen utopisch ist, funktioniert die Praxis oft so, dass der Social Media Manager die Aufgabe der Registrierung übernimmt und dann weitere Kollegen für die Administration einsetzt.

9.2.3 Facebook-Unternehmensseiten – die Basis für Ihr Unternehmen

Facebook-Seiten, auch Fanseiten, Pages oder Unternehmensseiten genannt, sind Präsenzen für Organisationen, Unternehmen und berühmte Persönlichkeiten. Sie bieten diesen die Möglichkeit, auf Facebook Kunden, Fans, Kritiker und Interessenten zu erreichen und mit diesen in einen Dialog zu treten. Dabei ist die Sichtbarkeit nicht auf Facebook-Nutzer beschränkt. Ein großer Vorteil ist hier, dass diese auch im ausgeloggten Zustand sichtbar und damit in Suchmaschinen auffindbar sind. Das Anlegen einer Facebook-Page ist kostenlos und für jedes Unternehmen möglich. Ist die Fanseite erstellt, können Facebook-Nutzer auf »Gefällt mir« (*Like*) klicken und werden so Fan einer Seite.

Abbildung 9.6 Die Facebook-Fanpage von Alnatura

Der Aufbau einer Facebook-Fanseite ist ähnlich dem eines persönlichen Facebook-Profils, wie Sie in Abbildung 9.6 am Beispiel von Alnatura sehen können. Die einzelnen Bestandteile und deren Bedeutung für die Fanseite möchte ich Ihnen im Folgenden erläutern. Ich beginne oben mit dem Titelbild und arbeite mich von links nach rechts bis zu der Timeline vor. Dabei nenne ich Ihnen jeweils auch die englische Bezeichnung für die Elemente, damit Sie bei Interesse einfacher nach weiterführenden Materialien suchen können.

Titelbild (Cover Photo)

Das Titelbild ist das Erste, was einem Nutzer ins Auge springt, wenn er Ihre Seite besucht. Sorgen Sie dafür, dass dies einen bleibenden Eindruck hinterlässt. Warum? Die große Mehrheit der Interaktion zwischen Nutzern und Fanseiten passiert nicht auf der Seite, sondern im Newsfeed. Es ist also gut möglich, dass ein Nutzer Ihre Seite kein zweites Mal besucht. Nutzen Sie diese Chance!

Für die Inhalte des Titelbildes hat Facebook Regeln, die Sie unter *https://www.facebook.com/page_guidelines.php* finden. So darf Ihr Titelbild nicht irreführend sein, nicht als bloße Werbefläche missbraucht werden oder gegen Urheberrechte verstoßen. Gute Titelbilder dagegen zeichnen sich aus durch:

- perfekte Ausnutzung der verfügbaren Maße
- nicht mehr als 20 % Text
- Eine gute Auflösung. Wenn Ihr Titelbild verschwommen oder pixelig angezeigt wird, sollten Sie dieses noch einmal überarbeiten (lassen).
- Ein Bild, das zu Ihrem Unternehmen/Ihrer Marke/Ihrer Dienstleistung passt. Alternativ können Sie, wie in dem Beispiel zu sehen, saisonale Anlässe nehmen.
- Abwechslung. Testen Sie ruhig aus, wie Ihre Fans auf unterschiedliche Bilder reagieren. Mit dem Wechsel des Titelbildes haben Sie außerdem die Chance, im Newsfeed Ihrer Fans zu erscheinen.

Profilbild (Profile Picture)

Das Profilbild ist das Gesicht Ihrer Facebook-Seite im Newsfeed der Nutzer, denn hier wird eine Miniaturversion des Bildes angezeigt. Auf der Fanpage selber wird es links neben dem Namen der Seite dargestellt und ragt in das Titelbild hinein. Das Format ist quadratisch, die Mindestmaße für das Bild betragen 180 × 180 Pixel. Angezeigt werden jedoch nur 160 × 160 Pixel, aus diesem Grund empfiehlt es sich, hier eine Grafik zu erstellen, bei der auf jeder Seite 10 Pixel »frei« sind. Das Miniaturbild hat die Maße 32 × 32 Pixel.

Nachricht senden (Message)

Diese Funktion macht es möglich, über eine Fanseite private Nachrichten von Facebook-Nutzern zu bekommen. Nutzer haben so eine Alternative zu dem Verfassen eines Beitrags auf Ihrer Timeline. Darüber hinaus können auf diesem Weg Daten ausgetauscht werden, die nicht in die Öffentlichkeit gehören. Natürlich öffnen Sie mit dieser Funktion auch einen weiteren Kommunikationskanal, der zeitnah betreut werden muss. Ist dieses nicht gewünscht oder mit Ihren Ressourcen nicht abzubilden, können Sie die Nachrichtenfunktion in den Einstellungen der Fanseite deaktivieren.

Info (About)

Direkt unter dem Profilbild werden die potenziell wichtigsten Informationen über eine Facebook-Seite angezeigt. Wenn Ihre Unternehmensseite mit einem Facebook Ort/Place verbunden ist (ausführlich stelle ich Ihnen die Funktion in Abschnitt 9.2.10, »Facebook Orte/Places und die Funktion ›In der Nähe‹«, vor), dann sehen Sie hier automatisch die Adresse dieses Platzes sowie gegebenenfalls die Öffnungszeiten (siehe Abbildung 9.7, linke Seite). Wenn Sie keine Location für Ihre Fanseite angegeben haben, werden die ersten 165 Zeichen des Textes aus dem Bereich INFO angezeigt, wie Sie am Beispiel der Social Media Akademie in Abbildung 9.7 auf der rechten Seite sehen.

Abbildung 9.7 Der Info-Bereich einer Fanseite

Nutzen Sie in diesem Fall den INFO-Bereich, um kurz und prägnant zu erklären, was ein Nutzer von Ihrer Seite erwarten kann. Darüber hinaus ist hier der Platz, an dem ein Link zum Impressum stehen muss, wenn dieses nicht in einem der Applikations-Tabs angezeigt wird. Das Thema wird im Detail in Abschnitt 8.4, »Impressumspflicht«, behandelt.

Ansichten und Anwendungen (Apps and Views)

Rechts neben dem INFO-Bereich werden vier Vorschaubilder für alle Facebook-Applikationen angezeigt, die auf einer Seite installiert sind. Mit einem Klick auf den Pfeil neben dem letzten Bild werden bis zu acht weitere Anwendungen sichtbar.

Fest platziert ist dabei die FOTOS-App, die immer an erster Stelle steht. Für alle weiteren Anwendungen können Sie die Reihenfolge der Anzeige bestimmen. Die Auswahl an Anwendungen ist groß, und stetig kommen neue Möglichkeiten hinzu. Ob die Verknüpfung mit anderen Diensten, die Integration eines Onlineshops oder ausgeklügelte Gewinnspiele, die Sie extra von einer Agentur entwickeln lassen, Sie haben die Wahl.

> **Verknüpfen Sie Ihre Social-Media-Präsenzen**
>
> Mit Facebook Anwendungen können Sie Ihre Social-Media-Präsenzen verknüpfen. Beispielsweise gibt Ihnen die Twitter-Applikation (*http://facebook.com/twitter*) die Möglichkeit, Inhalte, die Sie auf Ihrer Seite veröffentlichen, automatisch bei Twitter zu veröffentlichen. Umgekehrt gibt es eine Reihe von Apps, die Inhalte Ihrer weiteren Kanäle in Facebook integrieren. Empfehlungen zu Apps finden Sie in diesem Kapitel jeweils in einem Abschnitt zu den jeweiligen Netzwerken.
>
> Ganz wichtig: Bitte nutzen Sie diese Anwendungen nur als zusätzliches Angebot, und stellen Sie sicher, dass jeder Kanals ausreichend und individuell betreut wird.

Welche Anwendungen für Ihr Unternehmen sinnvoll sind, hängt ganz von Ihren Aktivitäten ab. Wenn Sie viele Veranstaltungen organisieren, ist es sinnvoll, diese Anwendung in die obere Leiste zu sortieren. Gleiches gilt für eine Gewinnspiel-Applikation, die Sie für den Zeitraum der Laufzeit in den Vordergrund rücken. Eine Übersicht aller Anwendungen, die Sie auf Ihrer Fanseite installieren können, finden Sie unter *https://www.facebook.com/appcenter/category/pageapps* Die Vorschaubilder der Anwendungen haben die Maße 111 × 74 Pixel, Sie können diese Bilder in den Einstellungen der jeweiligen Anwendung einsetzen.

Beitrag schreiben

Diese Box gibt Facebook-Mitgliedern die Möglichkeit, Beiträge auf Ihrer Wall zu veröffentlichen, diese können mit einem Foto, Video oder Link ergänzt werden. Die letzten Beiträge der Nutzer werden auf der rechten Seite in der Box AKTUELLE BEITRÄGE ANDERER NUTZER angezeigt. In den Einstellungen können Sie Beiträge von Nutzern abstellen, diesen Schritt sollten Sie sich aber genau überlegen. Insbesondere Angst vor Beschwerden und Anfragen für den Kundenservice ist hier der falsche Grund, diesen Service nicht anzubieten.

Eine Deaktivierung der Beitragsfunktion verärgert den Nutzer nur zusätzlich, und dieser wird einen Weg finden, seinem Anliegen Luft zu machen, zum Beispiel als Kommentar auf einen Ihrer Beiträge. Ein klassisches Beispiel dafür sehen Sie in Abbildung 9.8. Wenn Sie sich trotzdem für eine Deaktivierung entscheiden, sollten Sie als Alternative zumindest die Kontaktaufnahme via private Nachrichten anbieten.

Abbildung 9.8 TelDaFax-Kunden beschweren sich auf Facebook.

Beiträge (Posts)

Das wichtigste Element auf einer Facebook-Seite ist die Möglichkeit, interessante Beiträge und Inhalte zu veröffentlichen. Sie haben die Auswahl, denn neben einem einfachen Textbeitrag können Sie Fotos und Videos, Links, Angebote, Veranstaltungen oder Meilensteine mit Ihren Fans teilen. Entsprechend haben Sie die Möglichkeit, auf Ihrer Fanseite für Abwechslung zu sorgen und Ihre Fans zu begeistern.

Sie können Beiträge direkt oder zu einem von Ihnen definierten Zeitpunkt veröffentlichen. Neu eingestellte Beiträge werden links oben in der Timeline angezeigt. Mit einem Klick auf den Stern in der oberen rechten Ecke können Sie bei Bedarf einen Beitrag über die gesamte Fläche verbreitern. Ab 5.000 Fans haben Sie zusätzlich die Option, Beiträge auf bestimmte Regionen einzugrenzen. Eine besondere Variante der Beiträge ist der Meilenstein, mit diesem können Sie besondere Momente in der Geschichte Ihres Unternehmens (zum Beispiel Gründung, Jubiläum) oder Ihrer Facebook-Seite (1.000 Fans, ein Jahr online) markieren. Meilensteine werden immer über die gesamte Breite angezeigt.

9.2.4 Warum Nutzer Fan einer Facebook-Page werden

Die Grundvoraussetzung dafür, dass ein Facebook-Nutzer Ihre Beiträge in seinem Newsfeed angezeigt bekommt ist, dass dieser Ihre Fanseite mit »Gefällt mir« markiert (geliket) hat. Doch welchen Anreiz sollte Ihr Unternehmen schaffen, damit Facebook-Nutzer genau dies tun? Die Ergebnisse der Studie »The Digital Republic«,[4] die von dem E-Mail-Marketing-Anbieter ExactTarget 2012 veröffentlicht wurde, hilft Ihnen dabei, dieser Frage auf den Grund zu gehen. Im Rahmen der Studie wurden 1.920 deutsche Internetnutzer im Alter von über 18 Jahren gefragt, was Sie dazu motiviert, ein Unternehmen zu liken. Die Antworten darauf sehen Sie in Abbildung 9.9 (Mehrfachnennungen möglich).

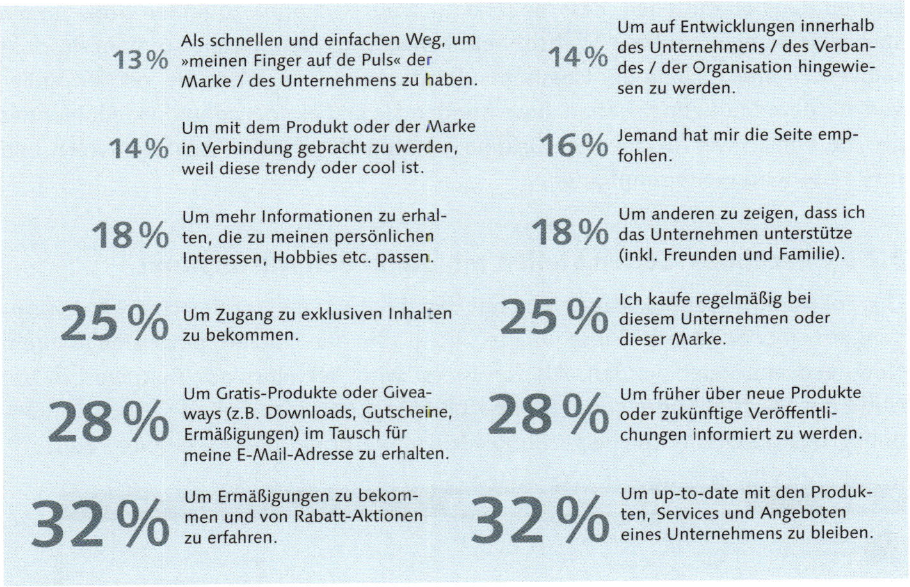

- 13 % Als schnellen und einfachen Weg, um »meinen Finger auf de Puls« der Marke / des Unternehmens zu haben.
- 14 % Um auf Entwicklungen innerhalb des Unternehmens / des Verbandes / der Organisation hingewiesen zu werden.
- 14 % Um mit dem Produkt oder der Marke in Verbindung gebracht zu werden, weil diese trendy oder cool ist.
- 16 % Jemand hat mir die Seite empfohlen.
- 18 % Um mehr Informationen zu erhalten, die zu meinen persönlichen Interessen, Hobbies etc. passen.
- 18 % Um anderen zu zeigen, dass ich das Unternehmen unterstütze (inkl. Freunden und Familie).
- 25 % Um Zugang zu exklusiven Inhalten zu bekommen.
- 25 % Ich kaufe regelmäßig bei diesem Unternehmen oder dieser Marke.
- 28 % Um Gratis-Produkte oder Giveaways (z.B. Downloads, Gutscheine, Ermäßigungen) im Tausch für meine E-Mail-Adresse zu erhalten.
- 28 % Um früher über neue Produkte oder zukünftige Veröffentlichungen informiert zu werden.
- 32 % Um Ermäßigungen zu bekommen und von Rabatt-Aktionen zu erfahren.
- 32 % Um up-to-date mit den Produkten, Services und Angeboten eines Unternehmens zu bleiben.

Abbildung 9.9 Warum Nutzer zu Fans werden

Grob können diese Antworten in drei Kategorien eingeteilt werden:

- Nutzer möchten aktuelle, exklusive und unterhaltsame Informationen über das Unternehmen erhalten.
- Nutzer möchten Vorteile bekommen.
- Das »Gefällt mir« ist der Ausdruck einer tatsächlich bestehenden Vorliebe für das Unternehmen.

Nutzer der ersten Kategorie überzeugen Sie mit interessanten Beiträgen in Ihrer Timeline, auf dieses Thema gehe ich in Abschnitt 9.2.7, »Merkmale guter Beiträge auf Facebook«, noch genauer ein.

---

[4] http://assets.exacttarget.com/pdf/SSF18_DigitalRepublic_US_Web.pdf

Die Bedürfnisse der zweiten Gruppe können Sie mit Rabatten und Aktionen stillen, achten Sie hier aber darauf, dass dies nicht der Kern Ihrer Strategie ist. Erfahrungsgemäß sind Fans, die nur den materiellen Vorteil sehen, eher inaktiv, was sich wiederum negativ auf die Aktivität und damit die Sichtbarkeit der Seite auswirkt. Darüber hinaus zeigen Studien immer wieder, dass Fans, die nur wegen einer Aktion Fan einer Seite geworden sind, schnell wieder auf »Gefällt mir nicht mehr« klicken.

Ihren treuen Kunden, die in die dritte Kategorie fallen, müssen Sie auf Ihren klassischen Kanälen mitteilen, dass Sie jetzt auch auf Facebook zu finden sind. Ob ein spezieller Bereich auf Ihrer Website, ein Hinweis im Newsletter, auf dem Produkt selbst oder eine Zeile in der klassischen Printanzeige – sprechen Sie mit den Kollegen aus dem Marketing. Haben diese Kunden Sie erst einmal gefunden, gilt hier das gleiche Prinzip wie für die erste Gruppe – bieten Sie einen echten Mehrwert, und Ihre Seite wird weiterempfohlen.

9.2.5 Facebook-Seiten stellen Inhalte in den Mittelpunkt

Der Fokus der Facebook-Pages liegt auf den Inhalten, die der Besitzer mit den Anhängern einer Seite teilt. Diese Inhalte sind es, die den Nutzern potenziell in ihrem Newsfeed angezeigt werden. Als Newsfeed wird der Fluss aus Beiträgen in der Mitte der Startseite bezeichnet (siehe Abbildung 9.10 innerhalb der roten Umrandung). Der durchschnittliche Facebook-Nutzer verbringt hier 40 % seiner Zeit.

Abbildung 9.10 Der Newsfeed als zentrales Element auf der Startseite

Dabei reicht es nicht aus, irgendwelche Beiträge zu posten, sondern es müssen relevante Beiträge sein, damit diese Ihren Nutzern überhaupt angezeigt werden. Über die Relevanz entscheidet dabei der Facebook Newsfeed Rank.

9.2.6 Der Facebook Newsfeed Rank (ehemals Edge Rank)

Jeden Tag werden auf Facebook Milliarden an Beiträgen veröffentlicht. Je mehr Verbindungen zu Freunden und Seiten eine Person hat, desto größer wird die Menge an Informationen, die tagtäglich in deren Newsstream gelangt. Um der Überforderung der Nutzer entgegenzuwirken, hat Facebook einen Algorithmus eingeführt, der die Beiträge nach Relevanz für den Betrachter bewertet und anzeigt. Dieser Algorithmus hieß bis August 2013 Edge Rank und wurde zu diesem Zeitpunkt von drei auf mehr als 100.000 Rankingfaktoren ausgeweitet und »Newsfeed Rank« benannt. Trotz dieser Erweiterung bleiben die drei Rankingfaktoren des Edge Ranks, Affinität, Gewichtung und Zeit, ein zentraler Bestandteil des Algorithmus. Auf Basis dieser Faktoren werden alle Aktionen auf Facebook, die potenziell im Newsfeed eines Nutzers angezeigt werden könnten, bewertet (gerankt). Wirklich eingeblendet werden die Aktionen mit den höchsten Werten. In Tabelle 9.1 sehen Sie noch einmal die drei Faktoren und ihre Bedeutung.

Faktor	Bedeutung
Affinität (Affinity)	Die Affinität beschreibt die Enge der Beziehung zwischen dem Nutzer und dem Urheber eines Beitrags. Häufige Interaktion eines Nutzers mit den Inhalten einer Seite oder einer Person erhöht den Wert der Affinität.
Gewichtung (Weight)	Die Gewichtung ist ein von Facebook ausgeklügeltes Wertesystem, das sowohl der Art des Postings als auch den Reaktionen darauf Werte zuweist. So sind Beiträge mit vielen Likes, Kommentaren und Shares (ge)wichtiger als welche, die niemand beachtet. Darüber hinaus haben Fotos, Videos und Links eine höhere Gewichtung als Text.
Zeit (Time)	Der Faktor Zeit ist am einfachsten zu verstehen. Je älter ein Beitrag ist, desto weniger Wert hat dieser.

Tabelle 9.1 Die Faktoren des Edge Ranks

Neben diesen drei Faktoren hat Facebook bisher drei weitere Kriterien offengelegt,[5] die einen Einfluss auf die angezeigten Beiträge haben:

▶ »Last Actor«: Facebook bezieht bei der Bewertung eines Beitrags die letzten 50 Interaktionen eines Nutzers ein. Je häufiger dieser mit Inhalten einer Person oder einer Page interagiert, desto häufiger werden ihm Inhalte aus diesen Quellen angezeigt.

---

5 http://on.fb.me/14H1dQg

- »Re-Bumping«: Re-Bumping zeigt Beiträge, die ein Nutzer potenziell gesehen, aber auf die er nicht reagiert hat, erneut an, wenn diese besonders viele Likes oder Kommentare bekommen.
- »Chronological Order«: Serielle Beiträge werden möglichst in der chronologischen Reihenfolge angezeigt.

Über die genaue Funktionsweise des Newsfeed Ranks hält Facebook sich genauso bedeckt, wie Google über dessen Suchalgorithmus. Die Quintessenz für Sie ist an dieser Stelle, dass aktuelle, beliebte und relevante Beiträge, generell eine höhere Wahrscheinlichkeit haben, angezeigt und wahrgenommen zu werden.

9.2.7 Merkmale guter Beiträge auf Facebook

Ein großer Vorteil von Beiträgen auf Facebook ist, dass ein Fan diese kommentieren, mit »Gefällt mir« markieren und mit seinen Freunden teilen kann. Auf diese Weise verschafft er Ihnen mehr Reichweite und mit etwas Glück auch neue Fans. Damit dies passiert, müssen mehrere Faktoren zusammenkommen. Zunächst einmal muss Ihr Beitrag durch die Relevanz-Prüfung des Newsfeed-Ranks (siehe letzter Abschnitt) kommen, dann dem Nutzer im Newsstream auffallen und abschließend so gut gefallen, dass dieser mit ihm interagiert.

Was aber sind Merkmale guter Beiträge? Hier helfen Ihnen die Best-Practice-Tipps[6] von Facebook selbst, die auf den Daten von sämtlichen Facebook-Unternehmensseiten basieren. Demnach sind die Merkmale der erfolgreichsten Beiträge:

- Kürze und Prägnanz: Beiträge mit 100 bis 250 Zeichen werden 60 % häufiger geliket, kommentiert und geteilt als längere Beiträge.
- Visuelle Unterstützung: Beiträge, die mit Fotogalerien, Videos oder einzelnen Bilder angereichert werden, steigern die Interaktion im Vergleich zu einem durchschnittlichen Beitrag um 180 %, 100 % bzw. 120 %.
- Direkte Ansprache der Fans: Beiträge, in denen Sie Fans nach deren Meinung oder Feedback fragen, funktionieren überdurchschnittlich gut. Eine weitere Variante, die 90 % höhere Reaktionen erzielt, ist, Ihre Fans einen Satz vervollständigen zu lassen.
- Exklusive Inhalte: Belohnen Sie Ihre Fans mit exklusiven Informationen und einem Blick hinter die Kulissen.
- Angebote und Rabatte: Nicht umsonst stehen Angebote und Rabatte oben in den Gründen, warum Facebook-Nutzer Fan einer Seite werden.
- Aktuelle Themen: Ob gesellschaftliche Themen, Feiertage oder große Events, Fans reagieren eher auf Themen, die ihnen gerade präsent sind.

---

6 http://ads.ak.facebook.com/ads/creative/Page-Publishing-Best-Practices-FS-2.pdf

- Passgenauigkeit zum Unternehmen und Themenrelevanz: Sprechen Sie die Sprache des Unternehmens, und beschäftigen Sie sich mit Themen, die zu Ihnen passen und die Ihre Fans von Ihnen erwarten.
- Regelmäßigkeit und gutes Timing: Posten Sie regelmäßig Beiträge, aber nicht zu oft, testen Sie, wann Ihre Fans am meisten auf Ihre Beiträge reagieren.

Wie ein erfolgreicher Post aussehen kann, zeigt Abbildung 9.11 mit einem Beispiel von der Facebook-Seite von Knorr. Absolute Passgenauigkeit zur Marke und visuelle Inhalte in Kombination mit kurzem Text und der Frage nach der Meinung der Fans. So einfach und gut kann es sein.

Abbildung 9.11 Best-Practice-Beispiel von der Knorr-Facebook-Seite

Ist Ihr Ziel die höchstmögliche Viralität, dann ist das Ergebnis der Facebook-Content-Studie 2012 der österreichische Agentur *vi knallgrau* interessant.[7] Diese Studie ergab, dass die besten Ergebnisse mit Beiträgen erzielt wurden,

- die kurz sind,
- die Bilder, Galerien oder Umfragen enthalten oder über die doppelte Breite gehen (Links und Videos haben einen negativen Effekt),
- die kurz vor Mittag, in den frühen Abendstunden oder am Sonntag veröffentlicht wurden,

---

7 http://www.knallgrau.at/facebookcontentstudie

- die einfach, konkret und emotional sind,
- die von einer Fanseite stammen, die nicht öfter als alle drei Tage postet.

Welche Inhalte gut funktionieren und welche nicht, können Sie in Ihren Facebook-Seitenstatistiken unter *https://www.facebook.com/insights* überprüfen. Hier finden Sie zu jedem Ihrer Beiträge die Anzahl der Nutzer, die diesen gesehen und mit diesem Interagiert haben.

9.2.8 Grundsätzliches vor dem Start einer Facebook-Seite

Wenn Sie eine Facebook-Seite für Ihr Unternehmen anlegen möchten, bedeutet dies für Sie:

- Legen Sie den Fokus auf gute Inhalte, und erzählen Sie Geschichten, denen Ihre Nutzer gerne zuhören. Wenn Sie nichts zu erzählen haben, ist Facebook vielleicht (noch) nicht das Richtige für Sie.
- Versuchen Sie gar nicht erst, Ihren Anhängern platt Werbung oder PR-Meldungen unterzujubeln.
- Seien Sie darauf vorbereitet, dass Ihre Fans etwas ganz anderes mit der Fanseite vorhaben als Sie. Dies zeigen immer wieder Unternehmen, die das Aufkommen von Support-Anfragen unterschätzen.
- Planen Sie ausreichend Zeit und Mittel ein, nicht nur für die Erstellung von Inhalten, sondern auch für die Betreuung der Seite selbst.
- Wo Lob ist, ist auch Kritik – seien Sie darauf vorbereitet, auch mit kritischen Fragen und Beiträgen konfrontiert zu werden. Von kleinen Einzelfällen bis hin zum berühmt berüchtigten Shitstorm. Das generelle Rüstzeug dafür habe ich Ihnen in Abschnitt 7.4, »Krisenkommunikation und der Shitstorm«, vorgestellt.
- Sorgen Sie dafür, dass die Prozesse und Zuständigkeiten innerhalb des Unternehmens geklärt sind.

9.2.9 Benchmarking-Tools für Facebook

Das Thema *Benchmarking* hat eine besondere Bedeutung in der Einschätzung der eigenen Performance. Durch den Abgleich mit anderen Fanseiten wird deutlich, wie die eigene Seite wirklich abschneidet. Achten Sie dabei aber auch darauf, dass Sie ähnliche Pages zum Vergleich heranziehen, sprich gleiche Branche, Größe und Ausrichtung. Sich als Mobilfunkanbieter mit Fokus auf Kundenservice mit einem Konsumartikelhersteller, der den Fokus auf Reichweite setzt, zu messen, macht hier wenig Sinn. Wenn Sie wissen möchten, wie Sie im Wettbewerb dastehen, helfen Ihnen die Tools und Dienste, die ich Ihnen unter *http://bit.ly/19dPXZH* vorstelle dabei, zu evaluieren, wie Sie im Vergleich abschneiden.

> **Ihre Facebook-Seite als Infografik**
> Ein schönes Tool, das Statistiken Ihrer Facebook-Seite mit wenigen Klicks in eine Infografik verwandelt, ist der Pagealyzer (http://www.pagealyzer.com). Neben offensichtlichen Informationen wie der Anzahl der Fans werden die besten Arten und Zeitpunkte für Postings, die Reaktionszeit, die Beantwortungsquote und noch einige weitere Zahlen visualisiert. Das Tool ist kostenlos.

9.2.10 Facebook Orte/Places und die Funktion »In der Nähe«

Seit August 2010 können Facebook-Nutzer ihre Statusmeldungen mit einer Ortsangabe ergänzen. Diese Funktion ist auf die mobile Nutzung in der App optimiert, findet aber Schritt für Schritt mehr Einzug in die Desktop-Version. Auf der linken Seite in Abbildung 9.12 sehen Sie die mobile Ansicht der Frittebud in Bonn. Unter der Leiste mit den Möglichkeiten, die der Nutzer jetzt hat, sieht dieser einen Kartenausschnitt, mit dessen Hilfe er zu dem Ort navigieren kann, die Öffnungszeiten und – für Sie besonders interessant – das Gesamtergebnis der Bewertungen.

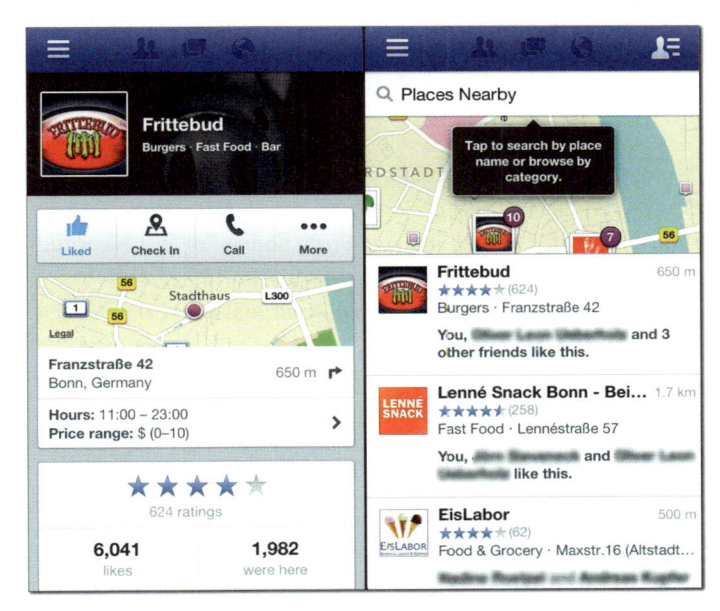

Abbildung 9.12 Mobile Ansicht der Frittebud und »In der Nähe«

Mit einem Klick auf CHECK IN kann der Nutzer direkt einchecken und dabei gegebenenfalls die Freunde markieren, die ihn begleiten. Checkt ein Nutzer bei Ihnen ein oder wird von einer anderen Person eingecheckt, ist dies theoretisch für alle seine Freunde sichtbar. Gleiches gilt, wenn dieser eine Bewertung über Ihren Ort schreibt.

Die Funktion »In der Nähe« (Nearby)

Im Dezember 2012 erweiterte Facebook die Ortsfunktion auf einen eigenständigen Bereich in der Mobile App namens IN DER NÄHE. Ähnlich wie bei Foursquare werden dem Nutzer, basierend auf den Ortsangaben, die dieser mit seinem Mobiltelefon übermittelt, die Orte angezeigt, die in seiner Nähe sind. Am Beispiel der Bonner Innenstadt, sehen Sie in Abbildung 9.12, wie diese Funktion in Aktion aussieht. Neben den Profilbildern der umliegenden Orte werden die Bewertungen sehr prominent angezeigt. Strategisch ist es aus diesem Grund natürlich wichtig, dass Sie möglichst viele begeisterte Kunden dazu bekommen, dies auch an dieser Stelle kundzutun. Aus Unternehmenssicht gibt es einen großen Nachteil bei den Bewertungen, diese können nicht kommentiert werden.

Ihren Facebook Ort anlegen

Haben Sie bereits eine Facebook-Seite, können Sie dieser die zusätzliche Funktion als Facebook Ort verschaffen, indem Sie die vollständige Adresse eintragen. Wenn Sie noch keine Seite haben, legen Sie unter Facebook eine Seite an und ordnen diese in der Kategorie LOKALES UNTERNEHMEN ODER ORT ein. Das macht natürlich vor allem Sinn für ein Unternehmen mit Laufkundschaft, also Geschäfte, Restaurants, Museen, Theater usw. Das Ergebnis ist automatisch eine Seite mit den Zusatzfunktionen eines Ortes, die da wären:

- ▶ Veränderter INFO-Bereich. Hier stehen jetzt die Informationen im Vordergrund, die ein Nutzer benötigt, wenn er Sie besuchen möchte, also Adresse, Öffnungszeiten und bei Restaurants eine Einordnung der Preisspanne für ein Hauptgericht. Wichtig: Achten Sie an dieser Stelle darauf, dass Sie Ihr Impressum gesetzeskonform anlegen! Wie das geht, können Sie noch einmal in Abschnitt 8.4, »Impressumspflicht«, nachlesen.
- ▶ Der Nutzer sieht neben den Freunden, die Fan der Seite sind, auch, wer schon einmal zu Besuch an diesem Ort war.
- ▶ Bewertungen durch die Nutzer sowie ein Rating mit Sternen

Filialen auf Facebook – ja oder nein?

Da jeder Facebook Ort gleichzeitig eine Facebook-Seite ist, steigt der administrative Aufwand entsprechend mit jeder zusätzlichen Filiale. Aber nicht nur der Aufwand, sondern auch die Sichtbarkeit und die Chance, regionalspezifische Informationen und Aktionen zu veröffentlichen. Darüber hinaus besteht durchaus die Möglichkeit, dass Kunden die Filialen selbst anlegen, wenn Sie dies nicht selbst tun. Sprich, allein mit der Kontrolle und gegebenenfalls dem Beantragen der Entfernung einer Seite geht ein gewisser Aufwand einher. Persönlich bin ich ein Befürworter davon, sich die Mühe zu machen und einmal alle Filialen sauber anzulegen.

9.2 Facebook

Bewährt hat sich dabei ein Namensschema in der Art: Unternehmensname, Ort und bei mehreren Filialen in der Stadt auch die Straße. Ein gutes Beispiel liefert hier die Drogeriekette Rossmann (siehe Abbildung 9.13).

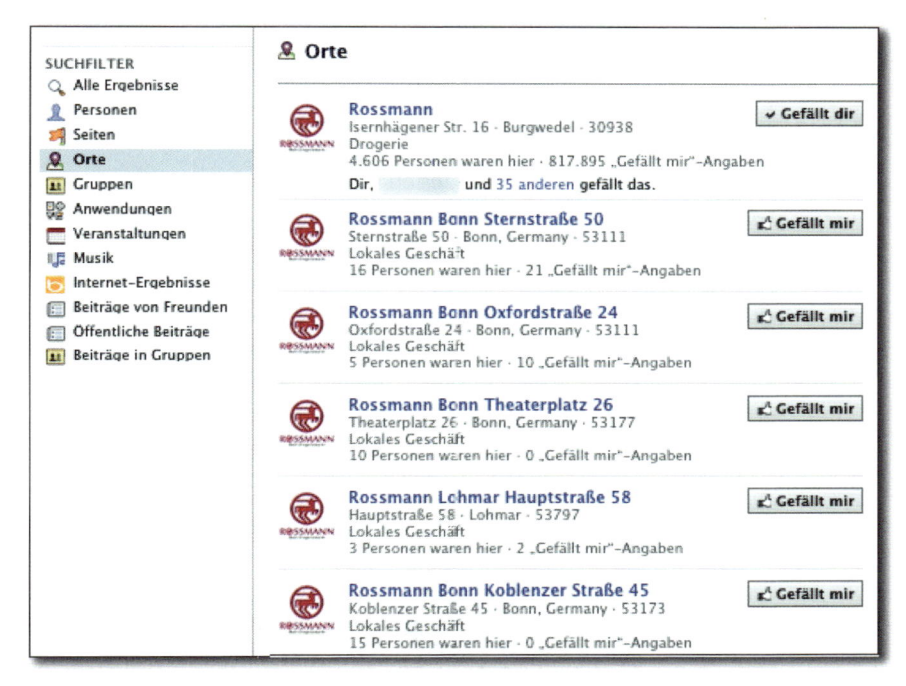

Abbildung 9.13 Die Rossmann-Filialen auf Facebook

Ideal wäre natürlich, wenn in jeder Filiale ein Mitarbeiter die Verantwortung für die Betreuung der Seite übernähme. Ist das nicht möglich, ist eine Betreuung durch das zentrale Community Management unerlässlich. Denn auf jeder Seite muss mindestens eine Reaktion auf Kundenanfragen erfolgen.

Administration großer Filialsysteme

Bei entsprechender Größe und einem damit verbundenen Werbebudget unterstützt Facebook Sie bei der Abbildung eines großen Filialnetzes. Auf der Hauptseite können sich Ihre Facebook-Kunden eine Karte mit der Übersicht aller Filialen anzeigen lassen. Dies hilft den Kunden, die nächste Filiale zu finden. Für die Administration können Sie eine sogenannte Parent-and-Child-(Eltern-und-Kind-)Funktion durch Facebook einrichten zu lassen. Diese ermöglicht, dass auf allen zugehörigen Filialen (Child) automatisch die Header-Grafik der Hauptseite (Parent) übernommen wird. Außerdem hilft Facebook Ihnen einmalig bei dem Einpflegen und Zusammenführen der Filialen. Dieser Service ist, wie eingangs erwähnt, zum jetzigen Zeitpunkt großen Kunden vorbehalten.

Fazit

Facebook Orte sind besonders interessant, wenn Sie eines oder mehrere Ladengeschäfte haben. Ist dem nicht der Fall, müssen Sie abwägen, ob die Sichtbarkeit durch Check-ins durch Besucher und Mitarbeiter den veränderten INFO-Bereich ausgleicht oder für Ihre Zielgruppe textuelle Informationen wichtiger sind.

9.2.11 Facebook-Werbeanzeigen

Neben der Möglichkeit, einen Dialog mit Kunden und Fans zu führen, bietet Facebook auch statische Werbeformate an. Diese können unterstützend für ein Engagement auf Facebook eingesetzt werden. Doch die Welt der Facebook-Werbung ist komplex, Facebook hat seine eigenen Terminologien, und die Unterschiede zwischen den Werbeformaten zeigen sich oft erst im Detail. Dazu ist die Endwicklung der Facebook-Werbeformate rasant und bringt stetig neue Varianten hervor. Um in diesem Dschungel strategische Entscheidungen treffen zu können, müssen Sie zunächst einmal verstehen, welche Werbeformate es gibt und wie Sie diese einsetzen können. Davor möchte ich Ihnen noch kurz auf Basis der Zielgruppen-Segmentierung auf Facebook erläutern, warum sich diese Mühe lohnen kann.

Zielgruppen-Segmentierung auf Facebook

Die große Stärke von Facebook basiert auf der Masse an Daten, die Nutzer freiwillig über sich, ihre Interessen und Vorlieben preisgeben. Diese Angaben ermöglichen ein präzises Targeting der eigenen Zielgruppe und sie erhöhen so die Wahrscheinlichkeit, dass ein Nutzer tatsächlich auf die Anzeige klickt.

> **Marketing-Basic: Was ist Targeting?**
>
> *Targeting* (englisch *target* = Ziel) ist ein Marketinginstrument zur fokussierten Ansprache der eigenen Zielgruppe. Auf Basis von Informationen, die über den Nutzer vorliegen, wird hier eine möglichst passgenaue Werbung angezeigt. Ziel des Targetings ist es, die Klickraten zu erhöhen und Streuverluste einer Werbekampagne zu minimieren.
>
> Beispiel: Besucht der Nutzer eine Seite, die das Thema Auto hat, wird ihm Werbung für eine PKW-Versicherung angezeigt.

Die Möglichkeiten, eine Zielgruppe konkret einzugrenzen, sind auf Facebook außergewöhnlich vielfältig. Neben sozialen und demografischen Merkmalen können Sie sogar einzelne Interessen als Kriterium angeben. Diese großzügigen Optionen zur Segmentierung helfen Ihnen nicht nur bei der Erstellung von Werbeanzeigen. Sie können diese auch perfekt zur Recherche im Vorfeld einer Kampagne oder eines Gewinnspiels nutzen. Geben Sie einfach die gewünschten Kriterien Ihrer Zielgruppe in den Facebook Manager ein, und Sie bekommen in Echtzeit angezeigt, wie groß die Reichweite ist.

Die Facebook-Werbeformate

Die Facebook-Werbeformate lassen sich grundsätzlich in zwei Kategorien aufteilen:

- **Marketplace Ads** oder auch Self-Service Ads können Sie manuell im Facebook Ad Manager erstellen. Dieses Tool finden Sie unter *http://www.facebook.com/ads/create*. Marketplace Ads werden irgendwo auf Facebook eingeblendet, Sie als Werbekunde haben keinen Einfluss darauf, wo.
- **Premium Ads**, auch unter Engagement Ads bekannt, können nur über das Facebook Business Team (*https://www.facebook.com/business/contact.php*) oder einen Facebook-Ad-Partner gebucht werden. Voraussetzung ist hier, dass Sie über ein regelmäßiges hohes Werbebudget verfügen (mindestens 10.000 €). Dafür garantiert Facebook eine Einblendung der Premium Ads auf der Profilseite der Nutzer. Darüber hinaus sind bestimmte Werbeformate, wie zum Beispiel die Werbeanzeige im ausgeloggten Zustand (Logout Page Ad) exklusiv Premium-Kunden vorbehalten.

Die vier großen Unterkategorien der Marketplace- und Premium-Werbeformate sind Marketplace bzw. Premium Ads, Page Post Ads, Sponsored Stories und Promoted Posts.[8] Bei Interesse halte ich unter *http://bit.ly/19dRK0F* eine kurze Erläuterung dieser Unterformate für Sie bereit.

Alle Werbeformate können durch Informationen zum sozialen Kontext ergänzt werden. Das bedeutet, dass die Freunde der Person angezeigt werden, die das beworbene Produkt, Event oder Unternehmen bereits als »Gefällt mir« markiert haben. Durch diese Ergänzung erhält die Anzeige einen Touch von persönlicher Empfehlung.

Marketing-Basic: Impression, Click, CTR, CPC, CPM und CPL

Das Online Marketing ist eine Welt voller Abkürzungen und Fachbegriffe. Die wichtigsten im Zusammenhang mit Facebook-Werbeanzeigen sind folgende:

Impression: Häufigkeit der Einblendung einer Werbeanzeige

Click: Häufigkeit, mit der ein Nutzer eine Anzeige angeklickt hat

Click-Trough-Ratio (CTR): Zu Deutsch Klickrate, bezeichnet das Verhältnis von Werbeeinblendungen (Impressions) zur Häufigkeit, mit der ein Nutzer die Anzeige anklickt (Click). Ein CTR von 0,1 % entspricht demnach einem Klick bei 1.000 Werbeeinblendungen.

---

8 Eine visuelle Übersicht aller Marketplace- und Premium-Ads-Varianten können Sie sich unter *http://www.facebook-studio.com/fbassets/media/4969/AdsandSSTypes.pdf* ansehen.

> **Cost-per-Click (CPC)** oder auch **Pay-per-Click (PPC)**: Ist ein Abrechnungsformat im Online Marketing. Hier werden die Kosten auf Basis der Klicks berechnet, die auf eine Anzeige gemacht werden, unabhängig davon, wie diese eingeblendet wird.
>
> **Cost-per-Mille (CPM)**: In diesem Abrechnungsformat bezahlen Sie pro 1.000 Werbeeinblendungen, dabei ist es unerheblich, wie oft Nutzer die Anzeige anklicken.
>
> **Cost-per-Lead (CPL)**: Das Format Cost-per-Lead vervollständigt die Liste der messbaren Aktionen. Hier bezahlt der Werbekunde für jeden Kunden, der nach dem Klick die gewünschte Aktion (zum Beispiel einen Kauf, Abonnement eines Newsletters, Kontaktaufnahme) ausführt. Dieses Abrechnungsformat wird auf Facebook (noch) nicht angeboten. Mit der Einführung des neuen, erweiterten Facebook-Conversion-Measurement-Tools[9] ist dies aber durchaus eine mögliche Option für die Zukunft.

Kosten von Facebook-Werbung

Der Großteil der Facebook-Werbeanzeigen sind leistungsbasiert, was heißt, dass Sie als Werbekunde nur für bestimmte, messbare Aktionen zahlen (*Performance-based Advertising*).

Facebook bietet Ihnen die Möglichkeit, nach den Aktionen Klick (CPC) oder per 1.000 Einblendungen (CPM) abzurechnen. In beiden Varianten geben Sie ein Gebot darauf ab, wie viel Sie bereit sind, für die jeweilige Aktion zu zahlen. Ähnlich wie bei einer Online-Auktion entscheidet Facebook auf Basis Ihres Gebots im Vergleich zu Geboten anderer Werbekunden, wie oft und wo Ihre Anzeige eingeblendet wird. Liegen gerade viele Gebote auf eine bestimmte Zielgruppe vor, so bekommen die Anzeigen Priorität, die einen höheren Preis geboten haben. Aus diesem Grund empfiehlt es sich nicht unterhalb der von Facebook vorgeschlagenen Spanne zu bieten. In Abbildung 9.14 sehen Sie den Dialog zu Preis und Zeitplan im Facebook Werbemanager. Auf der rechten Seite wird Ihnen zu Ihrer ausgewählten Zielgruppe eine Gebotsspanne vorgeschlagen. In der Mitte sehen Sie die Möglichkeit, Budget, Laufzeit und das Abrechnungsformat zu bestimmen.

Für die Angabe des Werbebudgets bietet Facebook zwei Möglichkeiten:

- Tagesbudget: Sie geben an, welchen Beitrag Sie pro Tag höchstens ausgeben möchten.
- Laufzeitbudget: Sie geben an, welche Summe Sie über eine bestimmte Laufzeit ausgeben möchten.

Wird die Obergrenze der gewählten Budgetart erreicht, stellt Facebook die Einblendung Ihrer Anzeige(n) automatisch ein. Die Bezahlung erfolgt über Paypal,

---

9 *http://www.facebook-studio.com/news/item/conversion-measurement-a-win-for-direct-response-marketers*

Kreditkarte oder exklusiv in Deutschland auch per Lastschriftverfahren. Rechnungen gibt es nur in digitaler Form.

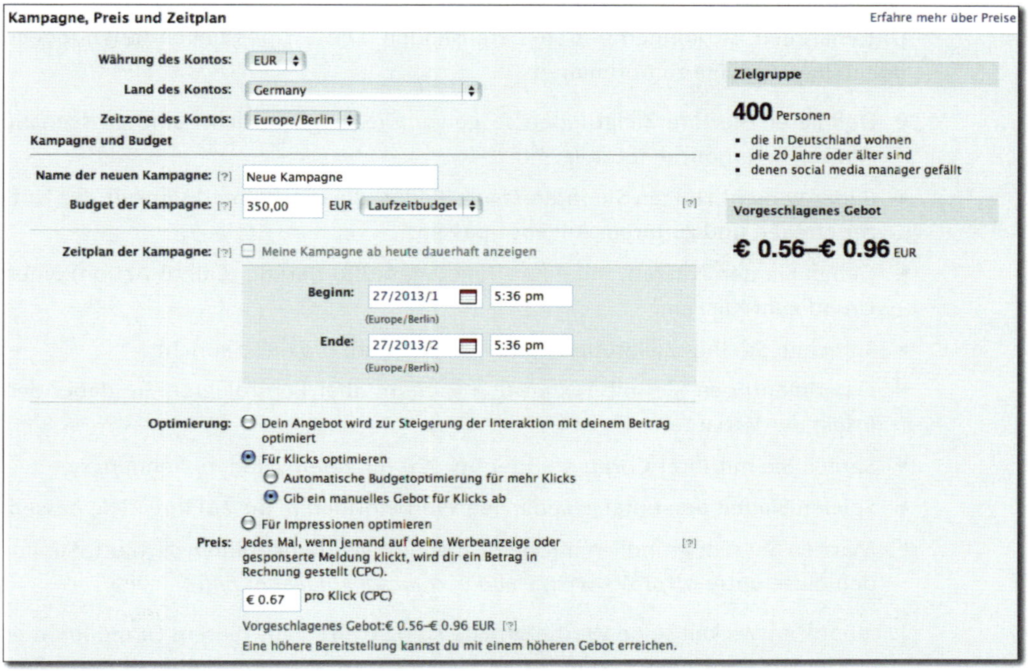

Abbildung 9.14 Der Facebook Werbemanager

> **Wann CPC und wann CPM?**
>
> Im Jahr 2010 hat Facebook sein Werbesystem dahingehend geändert, dass CPC-Anzeigen eine höhere Priorität und damit höhere Klickraten als CPM-Anzeigen bekamen.[10] Das bedeutet, dass für Sie vorteilhaftere Abrechnungsformat hängt davon ab, welche Ziele Sie auf Facebook verfolgen. Wenn Sie Markenbekanntheit erreichen möchten, empfiehlt sich die Variante CPM, die viele Impressionen, aber nur wenige Klicks bringt. Lautet Ihr Ziel Traffic, dann sollten Sie CPC-Anzeigen nutzen, die weniger Impressionen, aber dafür besseren Durchklickraten haben.
>
> Ein kleines praktisches Tool zum Experimentieren mit Werten ist an dieser Stelle der kostenlose CPC-Rechner von Miniwebtools (*http://www.miniwebtool.com/cpc-calculator*). Dieser ermöglicht Ihnen, im Vorfeld aus zwei dieser Werte den jeweils dritten zu berechnen. Im Zuge einer konkreten Facebook-Werbekampagne werden Ihnen diese Zahlen auch in der Auswertung zur Performance angezeigt.

---

10 *http://allfacebook.de/news/cpm-kampagnen*

Tipps für Facebook-Werbeanzeigen

Aufgrund der Menge an Werbung auf Facebook muss Ihre Anzeige schon das gewisse Etwas haben, um aus der Masse herauszustechen. Was dieses Etwas für Ihr Unternehmen ist, können nur Sie herausfinden. Diese Tipps helfen Ihnen jedoch dabei, Ihre Anzeige zu optimieren:

- Definieren Sie Ihre Zielgruppen so genau wie möglich, denn eine passgenaue Ansprache erhöht den Erfolg.
- Bilder wirken! Nutzen Sie interessante Bilder, die die Aufmerksamkeit der Nutzer erregen und zu Ihrem Angebot passen.
- Geben Sie den Nutzern mit einer Handlungsaufforderung (Call to Action) einen Grund zum Klicken.
- Sprechen Sie Ihre Zielgruppe in der Tonalität an, die diese spricht.
- Experimentieren Sie mit Texten und Bildern, aber kontrollieren Sie dabei den Erfolg der Varianten.
- Sorgen Sie mit Ihrer Corporate Identity (CI) für einen Wiedererkennungswert.
- Spielen Sie mit den unterschiedlichen Werbeformaten, die auf Ihre Ziele passen.
- Machen Sie sich gründlich mit den Facebook-Werberichtlinien vertraut, Sie finden diese unter *https://www.facebook.com/ad_guidelines.php*.

Facebook entwickelt seine Werbeformate stetig weiter, aus diesem Grund lohnt es sich, hier stets auf dem Laufenden zu bleiben. Aktuelle Informationen und Hilfestellungen zu Facebook Ads finden Sie unter *http://www.facebook.com/advertising* und in den in Abschnitt 9.2.1, »Facebook-Nutzerstruktur in D-A-CH«, genannten Facebook-Fachblogs.

9.2.12 Gewinnspiele und Promotions

Eine der beliebtesten Varianten, um viele Fans, Shares und Likes auf Facebook zu generieren, sind Gewinnspiele. Aber wussten Sie, dass diese Art der Fanaquisition nur kurzfristig zu mehr Fans und dafür dauerhaft zu einer schlechteren Sichtbarkeit Ihrer Inhalte führt? Bis Ende August 2013 durften Gewinnspiele nur in extra dafür eingesetzten Apps stattfinden, diese Richtlinie lockerte Facebook überraschend. Dennoch gibt es eine Reihe von Punkten, die Sie bei einem Gewinnspiel auf Facebook beachten müssen.

Facebook Promotion Guidelines

Ihr Gewinnspiel muss den Facebook Promotion Guidelines entsprechen, die Sie sich unter *https://www.facebook.com/page_guidelines.php* durchlesen können. Da

Facebook seine Regeln generell häufiger ändert, müssen Sie die Guidelines stets überprüfen, bevor Sie in die Konzeption eines Gewinnspiels auf Facebook einsteigen.

Gesetzliche Rahmenbedingungen

Über die Facebook Guidelines hinaus müssen Sie Ihr Gewinnspiel natürlich auch konform zu der deutschen Gesetzgebung ausrichten. Diese sieht unter anderem vor, dass jedes Gewinnspiel Teilnahmebedingungen und eine Datenschutzerklärung haben muss. Wenn Sie also ein Gewinnspiel über einen Facebook-Post realisieren, müssen Sie in diesem beide sichtbar verlinken. Wie Sie ein rechtskonformes Gewinnspiel ausrichten, können Sie noch einmal genau bei Rechtsanwalt Thomas Schwenke unter *http://bit.ly/15IZUC2* sowie *http://bit.ly/15m2QhW* nachlesen.

Warum es trotzdem Sinn macht, Ihr Gewinnspiel in einer App zu veranstalten

Facebook hat im August 2013 überraschend die Regelung, dass Gewinnspiele in einer App stattfinden müssen, aufgehoben. Aber nicht nur die rechtlichen Anforderungen machen es sinnvoll, das Gewinnspiel trotzdem in einer Facebook-App auszurichten. Ein weiterer Aspekt sind die Daten, die Nutzer im Rahmen eines Gewinnspiels preisgeben. Darüber hinaus ist es mit Aufwand verbunden, Likes auf einem Post umfassend auszuwerten. Die Firma Fanpage Karma hat aus diesem Grund zumindest eine Art virtuelle Glücksfee entwickelt, mit der Sie per Zufall einen Gewinner bestimmen können. Sie finden die »Good Luck Fairy« unter *http://www.fanpagekarma.com/facebook-promotion*.

Letztendlich bieten Ihnen App mehr Möglichkeiten und Freiheiten bei der Ausrichtung Ihres Gewinnspiels. Wenn Sie also die Möglichkeit und das Budget dafür haben, eine App für Ihr Gewinnspiel zu nutzen, würde ich empfehlen, das zu tun. Eine kleine Liste von Anbietern habe ich hier für Sie zusammengetragen

- App Arena: *www.app-arena.com*
- Halalati: *www.halalati.com*
- SQ Apps: *www.sq-apps.de*

Darüber hinaus können Sie mit einem Dienstleister, der sich auf Facebook-Apps spezialisiert hat, Ihre individuelle Traum-Gewinnspiel-App entwickeln.

9.2.13 Fazit – Pro und Contra einer Unternehmenspräsenz auf Facebook

Sie haben jetzt eine Reihe von Möglichkeiten gesehen, die Facebook Ihnen und Ihrem Unternehmen bietet. Abschließend möchte ich noch einmal auf Argumente pro und contra einer Unternehmenspräsenz auf Facebook eingehen, um Ihnen die strategische Abwägung zu erleichtern.

Pro

- **Reichweite**: Eine Milliarde Nutzer weltweit und Millionen Nutzer in der D-A-CH-Region sind ein klares Argument.
- **Aktivität**: Der durchschnittliche Nutzer verbringt monatlich sieben Stunden auf Facebook, das sind 14 Minuten pro Tag.
- **Internationalität**: Aufgrund der internationalen Präsenz haben Sie die Möglichkeit, auf Facebook Kampagnen in mehreren Ländern durchzuführen.

Contra

- **Datenschutz**: Nicht nur den deutschen Datenschutzbehörden ist Facebook ein Dorn im Auge – rund die Hälfte aller Nutzer vertraut Facebook nicht oder kaum.
- **Schlechte Anpassbarkeit**: Außer dem Titelbild und selbst programmierten Applikationen haben Sie keinerlei Einfluss auf das Aussehen und die Funktionen von Facebook.
- **Unbeständigkeit**: Facebook ändert gerne die Plattform, und das auch, ohne die Nutzer vorher darüber zu informieren. Diese Änderung können von den Maßen der Profilbilder bis hin zu einem kompletten Wegfall von Möglichkeiten (wie zum Beispiel der Gestaltung von Facebook-Tabs mit XHTML) reichen. Wenn Sie sich auf Facebook einlassen, müssen Sie entsprechend für solche Änderungen Ressourcen und Budget einplanen.
- **Bugs**: Immer wieder treten Fehler (Bugs) auf, die den Administratoren von Facebook-Seiten das Leben schwer machen.

Und last but not least – Sie sollten nicht auf Facebook, wenn

- Sie nicht in einen Dialog treten können oder wollen. Dann ist Facebook nicht die richtige Plattform für Sie. Zumindest nicht, wenn Sie mehr als das Sichern der Seite Ihres Unternehmens vorhaben. Das Bespielen von Facebook in klassischer One-Way-Tradition, sprich Posten von Marketing- und PR-Botschaften, ist nicht das, was Nutzer von Ihnen erwarten. Dies wird immer wieder an schlechten Beispielen, wie dem TelDaFax-Fehltritt,[11] deutlich. Selbst wenn Sie einzelne Marketingaktionen planen, sollten Sie immer bedenken, dass der Kommunikationsbedarf Ihrer Kunden vielleicht höher ist, als gedacht. Ignorieren Sie Ihre Kunden dann, wird dies mindestens zu einem negativen Beigeschmack führen.

---

11 *http://www.indiskretionehrensache.de/2011/02/teldafax-facebook*

▶ Sie weder ausreichende Prozesse noch Ressourcen im Unternehmen haben. Eine offizielle Facebook-Seite geht mit hohen Erwartungen der Nutzer einher. Solange Sie diese nicht bedienen können, wirkt sich eine Facebook-Seite mehr negativ als positiv auf Ihr Unternehmensimage aus.

9.3 Google+

Der Suchmaschinenriese Google eröffnete im Juni 2011 sein lange angekündigtes soziales Netzwerk Google+ und konnte nach nur 88 Tagen eine Nutzerzahl von mehr als 50 Mio. vorweisen. Facebook brauchte für diesen Meilenstein noch über drei Jahre. Ob und, wenn ja, warum und wie Google+ relevant für Ihre Social-Media-Strategie ist, möchte ich gemeinsam mit Ihnen herausfinden.

9.3.1 Strategische Einordnung von Google+ für Unternehmen

Heute hat Google+ mehr als 500 Mio. Mitglieder, die Zahl der Mitglieder in Deutschland liegt in etwa bei 2 Mio. (Stand Juni 2013). Aktiv sind weltweit nur 190 Mio. Nutzer. Kritiker bezeichnen Google+ deswegen gerne als virtuelle Geisterstadt, da zu jeder neuen Google-E-Mail-Adresse automatisch ein Google+-Account angelegt wird, der oftmals inaktiv bleibt. Entsprechend ist die Aktivität im Durchschnitt deutlich niedriger als bei der Konkurrenz. Laut einer Studie von Nielsen verbrachte der durchschnittliche Nutzer im Mai 2013 gerade einmal 6 Minuten und 47 Sekunden pro Monat auf Google+.[12] Auf Facebook lag der Schnitt bei 6 Stunden und 44 Minuten. Die aktiven Nutzer in Deutschland bestehen aus einer relativ spitzen Zielgruppe. Drei Viertel der Nutzer sind männlich, fast 50 % zwischen 18 und 24 Jahren alt und 75 % zwischen 18 und 34 Jahren. Die Städte mit den meisten Google+-Nutzern sind Berlin, Hamburg und Frankfurt.

> **Google+-Charts und Statistiken für Deutschland**
> Einen Überblick über die bekanntesten Google+-Nutzer in Deutschland können Sie sich unter *http://gpluscharts.de* verschaffen. Gelistet werden sowohl Unternehmen und Organisationen als auch Personen. Aktuelle Statistiken und demografische Informationen über die Google+-Nutzer finden Sie bei der Agentur Plusdemographics unter *http://www.plusdemographics.com/country_report.php?cid=Germany*.

Dennoch, allein schon aufgrund der tiefen Integration von Google+ in die Google-Suche und andere Produkte, wie YouTube und Gmail, sowie einer Reihe von span-

---

[12] *http://mashable.com/2013/05/10/google-has-20-million-u-s-monthly-mobile-users-report-says*

nenden Funktionen kann Google+ eine interessante Option für Unternehmen sein. Im Folgenden möchte ich mir diese Möglichkeiten gemeinsam mit Ihnen ansehen.

9.3.2 Google+ – die Basics

Die Grundfunktionen von Google+ entsprechen denen eines klassischen sozialen Netzwerkes: Profile, Verbindungen zwischen Profilen, Statusmeldungen und private Nachrichten. Google+ nutzt ebenfalls ein paar Fachbegriffe, die ich Ihnen im Zusammenhang mit dem generellen Aufbau zur Einführung erläutern möchte.

Das persönliche Profil

Ihr persönliches Profil auf Google+ ist Ihre digitale Visitenkarte. Neben einem Titelbild und einem Profilbild können Sie hier analog zu Facebook unterschiedliche Informationen über sich eintragen und bestimmen, welche Informationen für welche Öffentlichkeit sichtbar sind. Besonderen Wert sollten Sie hier auf den Punkt ÜBER MICH legen, da dieser auf Ihrem Kurzprofil angezeigt wird.

Google+ Circles – Kontaktverwaltung über Kreise

Auf Google+ fügen Sie keine Kontakte oder Freunde hinzu, sondern Sie ordnen Personen den Google+ Circles (Kreisen) zu. Sie können sich beliebig viele Kreise anlegen und Ihre Kontakte beispielsweise Regionen (Städte, Länder), Themen (Social Media, Sport, Blog) oder nach dem Grad des Kontakts (Bekannter, Freund, VIP) zuordnen. Jeden Status, den Sie schreiben, können Sie für die Öffentlichkeit oder nur bestimmten Kreisen oder Personen zugänglich machen. Sie können Ihre Kontakte direkt beim Hinzufügen einem Kreis zuordnen und im Nachhinein in der Kontaktverwaltung (zu sehen in Abbildung 9.15) zwischen den Kreisen hin- und herschieben. Eine Person kann dabei mehreren Kreisen zugeordnet werden.

Kontakte auf Google+ funktionieren mono- und bidirektional, das bedeutet, Sie können eine Person Ihren Kreisen hinzufügen, ohne dass Sie in deren Kreisen sind, und umgekehrt. Die Statusmeldung aller von Ihnen eingekreisten Personen erscheinen auf Ihrer Google+-Startseite (siehe Abbildung 9.16).

Google bezeichnet Personen, die Ihnen folgen, ohne dass Sie diese einem Kreis zugeordnet haben, als Follower.

+1 (Plusone) – das Like von Google

Google bietet seinen Nutzern den +1-Button, um ein »Gefällt mir« für einen Beitrag oder eine Seite auszudrücken. Der große Vorteil eines +1 gegenüber einem Like auf Facebook ist, dass Plusones auch in den Suchergebnissen auf Google angezeigt werden. Wenn Sie eingeloggt sind, sehen Sie hier zusätzlich sogar noch, welcher Ihrer Kontakte auf Google+ einen bestimmten Beitrag als gut markiert hat.

9.3 Google+

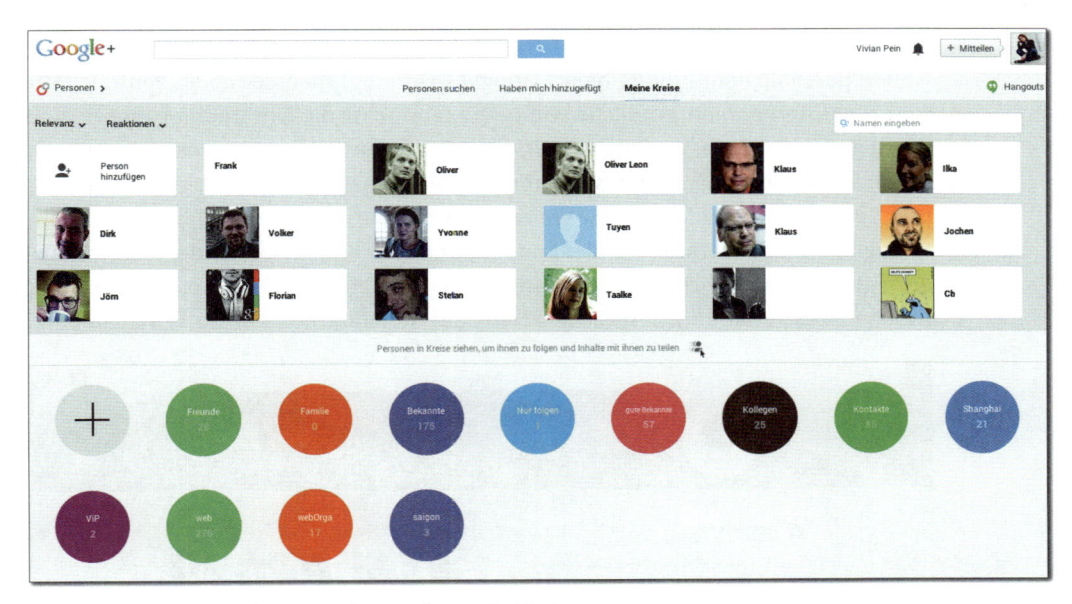

Abbildung 9.15 Google+-Kontaktverwaltung via Circles

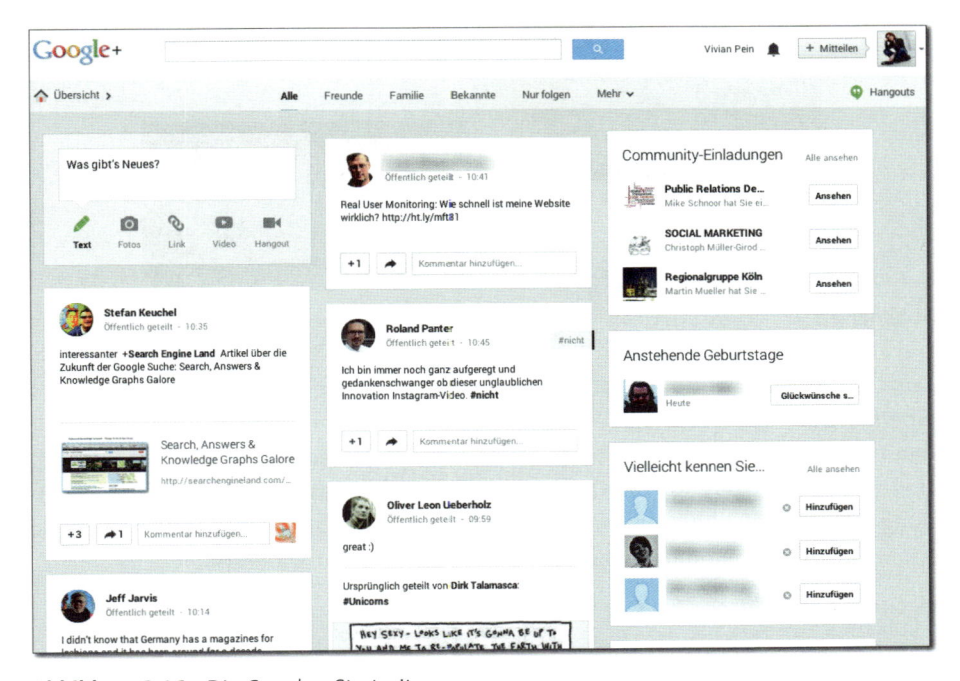

Abbildung 9.16 Die Google+-Startseite

361

9.3.3 Die Google+-Unternehmensseite

Neben persönlichen Profilen bietet Google+-Unternehmensseiten als zentrale Präsenz für Unternehmen. Ähnliche wie bei Facebook ist die Unternehmensseite eine spezielle Variante des Profils, mit ein paar Besonderheiten. Zunächst wäre da die Möglichkeit, bis zu 50 Administratoren pro Seite einzusetzen, was eine Verwaltung und Betreuung vereinfacht. Eine weitere Hilfe an dieser Stelle ist, dass Benachrichtigungen über Aktivitäten auf der Seite, in persönlichen Accounts der Admins, angezeigt werden. So haben alle Administratoren jederzeit einen Überblick darüber, welche Aktivitäten und Gespräche gerade auf der Unternehmensseite stattfinden.

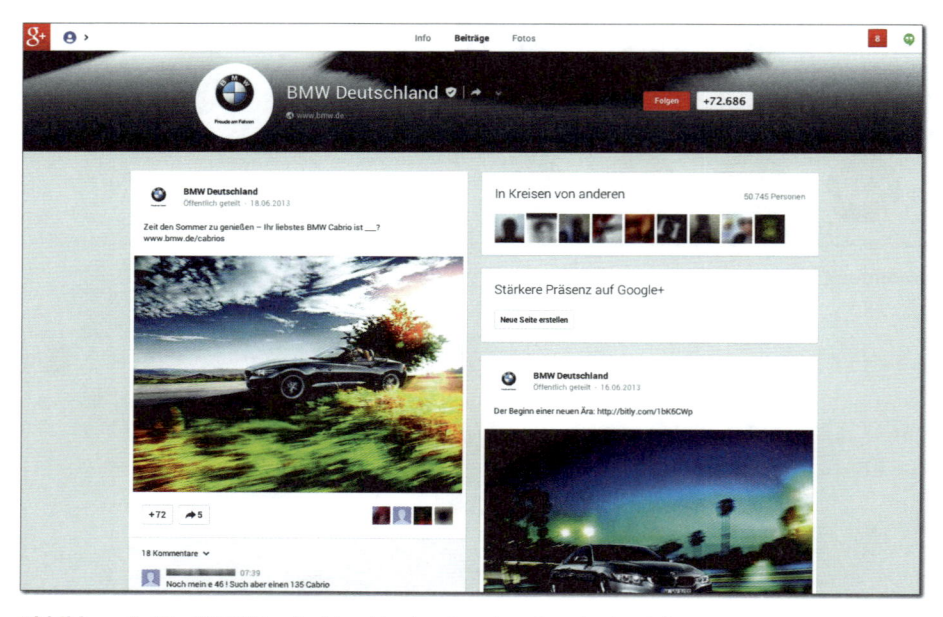

Abbildung 9.17 BMW Deutschland in der Google+-Standardansicht

Das Unternehmensprofil selbst präsentiert sich, wie die persönlichen Profile, mit einem starken Fokus auf der Timeline. Das fast überdimensionale Titelbild ist nur dann zusehen, wenn der Betrachter gezielt nach oben scrollt. Hier gilt es, ein Design zu schaffen, das sowohl im Bildausschnitt der Standardansicht (siehe Abbildung 9.17) als auch im Ganzen wirkt. Eine weitere gestalterische Herausforderung ist das kreisrunde Profilbild. Gut gelöst haben dies unter anderem:

- Greenpeace: *https://plus.google.com/+greenpeace*
- BMW: *https://plus.google.com/+BMWDeutschland*
- Hugo Boss: *https://plus.google.com/+hugoboss*
- Adidas: *https://plus.google.com/+adidas*

Diese vier Seiten sind generell einen Blick wert, denn Sie zeigen einen guten Mix aus (Marken-)Kommunikation und Community Engagement.

In dem Titelbild wird unter dem Namen der Seite die eingetragene URL und – wenn vorhanden – zusätzlich Telefonnummer und die Adresse angezeigt. Rechts daneben findet der Besucher die Zahl der aktuellen Follower und die Möglichkeit, das Unternehmen selbst in einen Kreis aufzunehmen. Ganz oben in der weißen Leiste (siehe Abbildung 9.18, roter Kasten) verstecken sich die Punkte INFO und FOTOS sowie wahlweise VIDEOS auf Google+, ERFAHRUNGSBERICHTE und auch der You-TUBE-Kanal, wenn dieser mit dem Google++-Account verbunden ist. In den multimedialen Menüpunkten werden automatisch Fotos und Videos gesammelt und angezeigt, die Sie auf Google+ oder YouTube veröffentlichen.

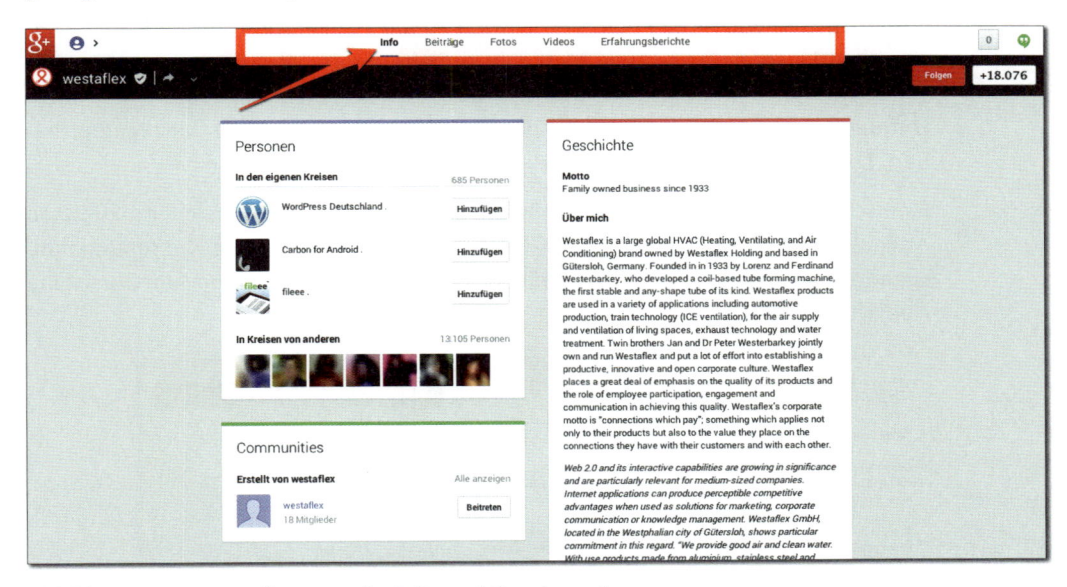

Abbildung 9.18 Westaflex nutzt die Reiter auf Google+ gut aus.

Unter dem Punkt INFO sollten Sie unbedingt einen Link zu Ihrem Impressum hinterlegen, denn dies ist auch auf Google+ Pflicht für Unternehmen (siehe hierzu auch Abschnitt 8.4, »Impressumspflicht«).

Bereits beim Anlegen der Seite können Sie Ihr Unternehmen grob einer Kategorie zuordnen.Die Auswahl hier bestimmt, welche Felder Sie zu Ihrem Unternehmen vorgegeben bekommen, so wird ein LOKALES GESCHÄFT beispielsweise direkt mit dem lokalen Eintrag verbunden. Darüber hinaus können Sie angeben, für welche Altersgruppen Ihre Seite geeignet ist (Jugendschutz).

Analog zu Facebook oder Twitter können Sie auf Google+-Status-Updates mit Ihren Followern teilen, hier gelten die gleichen Regeln wie in allen sozialen Netzwerken. Schneiden Sie Ihre Inhalte passgenau auf Ihre Zielgruppe zu, und seien Sie authentisch, hilfreich und dialogbereit. Konkrete Tipps zu Beiträgen können Sie sich noch einmal in Abschnitt 9.2.7, »Merkmale guter Beiträge auf Facebook«, durchlesen.

9.3.4 Kreisen Sie Ihre Zielgruppen ein

Für Unternehmen bringt die Google+-Circles-Funktion eine praktische Möglichkeit zur Zielgruppensegmentation mit sich. Sie können damit Ihre Follower bestimmten Kreisen zuordnen und darüber Informationen gezielt an bestimmte Personen herausgeben. Sinnvoll ist hier eine Segmentierung nach Zielgruppen, Themen oder besonderen Personenkreisen wie Markenbotschaftern oder Wettbewerbern. Eine Besonderheit für Unternehmensseiten ist, dass Sie nur Personen in die Kreise Ihres Unternehmens einordnen können, die Sie bereits zu einem Kreis hinzugefügt haben. Das bedeutet, Sie müssen vorher einen Anreiz dafür schaffen.

Eine schöne Aktion in diesem Zusammenhang führte die R+V Versicherung letzten Advent durch. Jede Person, die das Unternehmen in die eigenen Kreise aufnahm, spendete gleichzeitig einen Teddybär mit dem jeweiligen Namen am Ohr (siehe Abbildung 9.19).

Abbildung 9.19 Der Google+-Aufruf – einkreisen und Teddy spenden

Die Aktion brachte der R&V Versicherung 1.650 Follower innerhalb der 10 Aktionstage, viele positive Kommentare und +1-Bewertungen sowie natürlich positive

Effekte auf das soziale Image des Unternehmens. Eine Case Study über die Aktion können Sie bei Google nachlesen unter *http://services.google.com/fh/files/misc/ rundv_casestudy.pdf*.

9.3.5 Einfach besser gefunden werden

Neben den generellen Vorteilen einer aktiven Präsenz im Social Web bringt der Umstand, dass Google+ zu dem Suchmaschinenriesen gehört, einige Bonuspunkte mit sich. So wird Ihre Unternehmensseite prominent auf der rechten Seite der Suchergebnisse angezeigt, wenn Sie Ihre Webseite korrekt mit dieser verbunden haben. (siehe Abbildung 9.20).

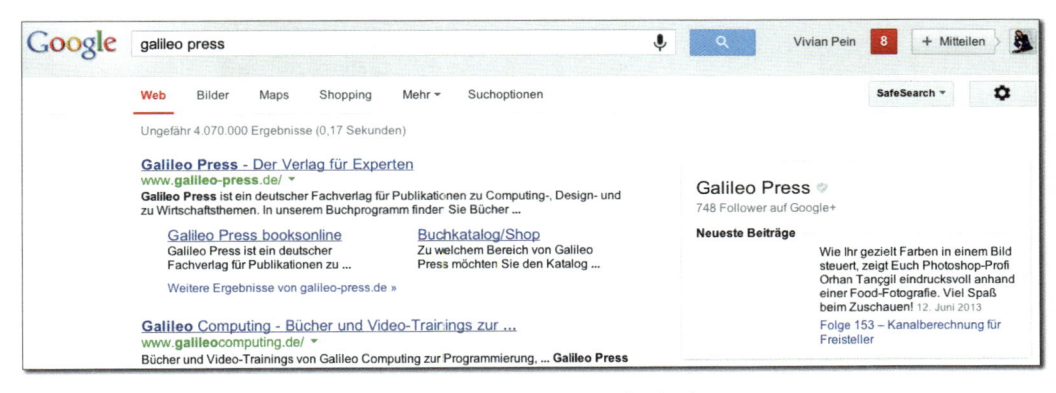

Abbildung 9.20 Google+-Unternehmensseiten prominent in der Suche

Neben dem Namen der Seite und der Anzahl der Follower, wird der neueste Beitrag angezeigt. Darüber hinaus können Sie jeden einzelnen Beitrag, den Sie auf Ihrer Unternehmensseite verfassen, mit passenden Schlagwörtern noch attraktiver für Suchmaschinen machen. Was hier ebenfalls zu einer besseren Sichtbarkeit verhilft, ist die Anzahl der +1, Kommentare und Shares (Social Signals), die ein Artikel gesammelt hat. Wenn Sie viele relevante Inhalte produzieren, strahlt dieser Effekt natürlich auch entsprechend auf Ihr Unternehmensprofil ab.

Was sind Social Signals?

Als *Social Signals* (soziale Signale) bezeichnet man das Resultat einer Interaktion eines Nutzers mit sozialen Daten. Zu den Social Signals gehören beispielsweise Likes, Shares, Kommentare, ReTweets, +1 (PlusOnes), Repinns und sämtliche andere Aktionen, die ein Nutzer mit Inhalten innerhalb eines sozialen Netzwerkes ausführen kann. Unter *http://www.socialsignals.de* können Sie sich öffentlich sichtbare Social Signals auf Facebook, Twitter und Google+ für jede beliebige URL anzeigen lassen.

9.3.6 Google Local

Google Local ist im Endeffekt ein besonderes Profil für lokale Unternehmen auf Google+. Die Anzeige in den Suchergebnissen ist überdurchschnittlich prominent, da zusätzlich Basisinformationen wie die Adresse, Telefonnummer und ein Kartenausschnitt direkt angezeigt werden (siehe Abbildung 9.21).

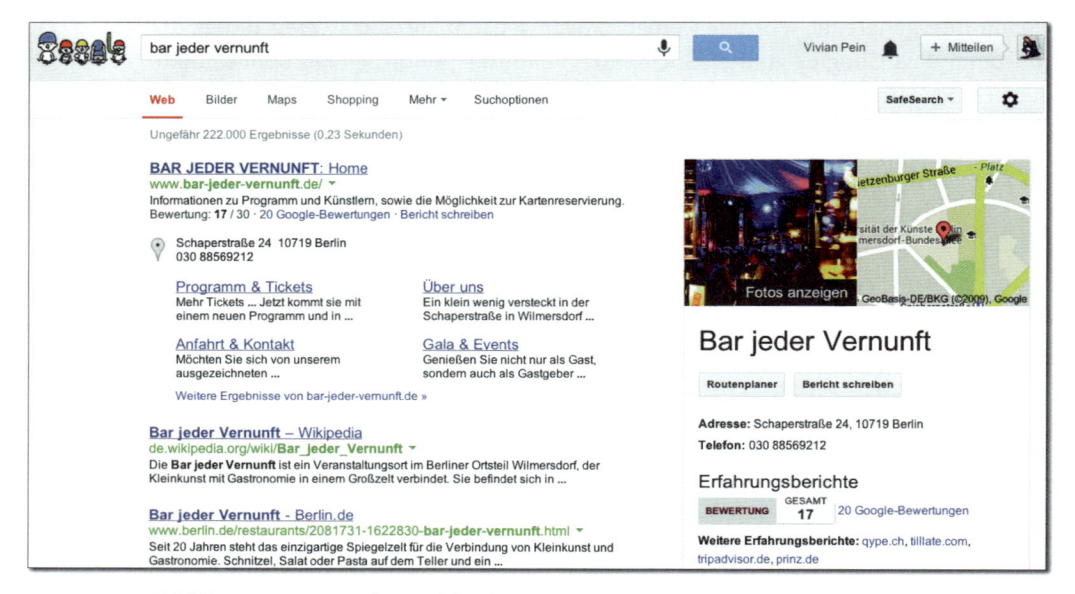

Abbildung 9.21 Google Local für die Bar jeder Vernunft

Darüber hinaus wird angezeigt, wie viele Bewertungen auf Google und anderen Bewertungsportalen vorliegen, und direkt angeboten, einen Erfahrungsbericht zu verfassen. Für viele Plätze existieren bereits Google-Local-Seiten, denn diese werden von Google und Nutzern eingetragen. Hat Ihr Unternehmen Ladengeschäfte, sollten Sie direkt einmal prüfen, ob Sie nicht schon längst ein Google+-Unternehmensprofil haben, von dem Sie bis dato nur nichts wussten.

9.3.7 Hangouts – Videokonferenzen mit Kunden

Hangouts ist der Name des Gruppenunterhaltungs- und Videokonferenzsystems von Google, für das es sowohl in der internen, als auch in der externen Kommunikation interessante Anwendungsfälle gibt. Neben der Funktion als Chat für eine definierte Gruppe an Google+-Nutzern ist besonders die Videofunktion für Unternehmen interessant.

Bis zu zehn Google+-Nutzer können gleichzeitig an einem Video-Hangout teilnehmen, die Videoanrufe sind dabei kostenlos und meistens von einer recht guten

Qualität. Die Teilnehmer eines Hangouts können sich direkt im Browser oder via Hangout-App auf Andoid- und iOS-Smartphones oder Tablets in die Konferenz einwählen. Die Anwendungsszenarien dieser Funktion sind vielfältig, so können Sie beispielsweise Videokonferenzen unter Mitarbeitern, Meetings mit Kunden oder Partnern, Präsentationen oder sogar Kundenservice über diese Plattform realisieren.

Weitere Möglichkeiten bietet der öffentliche »Hangout on Air«. Dieser ist, im Gegensatz zu einem normalen Hangout, öffentlich unter einer bestimmten URL abrufbar, das bedeutet, Sie können neben den eigentlichen Teilnehmern unbegrenzt Zuschauer haben. Zuschauer können dabei über den Chat direkt in die Konversation mit einsteigen.

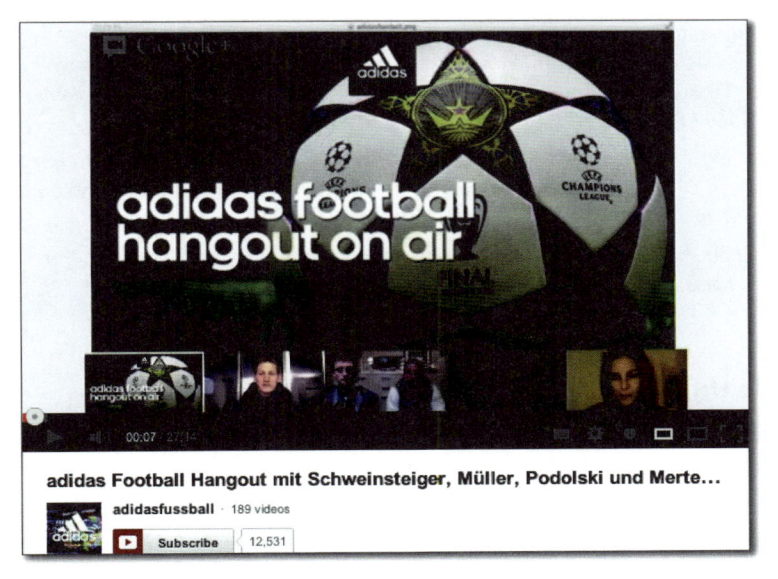

Abbildung 9.22 Adidas veranstaltet Talkrunden via Hangout on Air.

Dieses Szenario eignet sich zum Beispiel gut für Pressekonferenzen und Produktvorführungen, Online-Seminare, Talkrunden und Interviews oder Live-Berichte von Events.

> **Google Hangout on Air und die Sendelizenz**
> Mal wieder ein typisch deutsches Problem sind die Formalitäten, die für einen Hangout on Air notwendig sind. Aufgrund der technischen Ähnlichkeit zu einer Fernsehsendung ist unter Umständen eine Sendelizenz oder Bestätigung der rundfunkrechtlichen Unbedenklichkeit notwendig. Die Medienanstalten haben unter *http://bit.ly/14klvwa* eine Richtlinie für Sendungen im Internet herausgebracht, die Ihnen bei der Einschätzung Ihres geplanten Hangouts on Air helfen.

Besonders praktisch ist, dass Google jeden Hangout on Air automatisch als YouTube-Video speichert und Sie diesen dann im Anschluss über Google+ und Ihren YouTube-Kanal teilen können. Eine Reihe an weiteren Inspirationen für Ihre Google-Hangouts finden Sie in Googles Terminkalender für öffentliche Hangouts unter *http://bit.ly/16JovnU*.

Gute Ergänzungen für Ihren Hangout

Im Zusammenhang mit Präsentationen habe ich bereits die Slideshare-App erwähnt, darüber hinaus gibt es noch ein paar interessante Apps, die Hangouts sinnvoll erweitern:

Lower Third: Diese App ermöglicht Untertitel im unteren Drittel der Videoteilnehmer. So kann jeder Teilnehmer seinen Namen und bei Wunsch auch seinen Titel eintragen. Lower Third eignet sich besonders für Meetings, in denen sich nicht jeder kennt, sowie Interviews und Diskussionen in einem Hangout on Air: *https://plus.google.com/104402231746556471870/about*.

Scoot & Doodle: Ein virtuelles Blatt Papier, auf dem alle Beteiligten Ihren Ideen freien Lauf lassen können. Diese App ist besonders gut für kreative Meetings und Brainstormings geeignet: *http://scootdoodle.com*.

Cacoo: Cacoo ist die App der Wahl, wenn Sie gemeinsam mit anderen Diagramme erstellen möchten: *https://cacoo.com*.

9.3.8 Google Urheberschaft – als Experte in Suchergebnissen

Über die Google Urheberschaft (Authorship) können Sie Inhalte mit Namen und Gesicht des Autors verbinden. In den Suchergebnissen wird dann unter dem jeweiligen Eintrag ein Foto des Autors, sein Name und die Anzahl der Google+-Kreise angezeigt (siehe Abbildung 9.23). Alle drei Attribute leiten bei Klick auf das verbundene Google+-Profil.

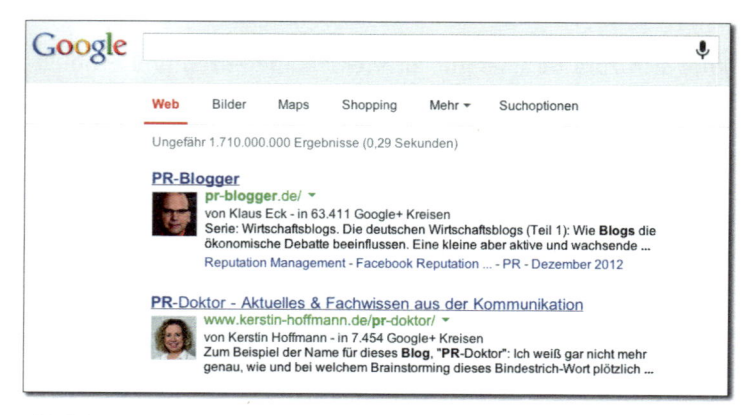

Abbildung 9.23 So sieht angewandte Google Urheberschaft aus.

Das Ziel von Google ist, seinen Nutzern gute und vertrauenswürdige Suchergebnisse zu liefern. Der Autor steht jetzt schließlich mit seinem Namen für die Inhalte ein. Darüber hinaus erfährt Google auf diesem Weg, welche Autorität der Autor zu unterschiedlichen Themen hat. Für Unternehmen bietet sich dadurch eine Reihe an Vorteilen:

- Die Expertise einzelner Mitarbeiter wird bereits in der Google-Suche visualisiert. Dieser Expertenstatus überträgt sich auch auf die Wahrnehmung des Unternehmens.
- Ihr Unternehmen wird durch die Gesichter Ihrer Mitarbeiter greifbarer und menschlicher.
- Durch die prominente Darstellung des Autors fällt es in den Suchergebnissen mehr auf und zieht mehr Klicks an. Eine Studie von Catalystsearchmarketing beobachtete eine Steigerung von 150 %.[13]
- Ihr Mitarbeiter kann sein persönliches Profil schärfen und gewinnt so an Selbstbewusstsein sowie Autorität in der Branche.

Selbst wenn Sie Google+ nicht aktiv mit einem Unternehmensprofil nutzen, so lohnt es sich, die Expertise Ihrer Mitarbeiter so sichtbar zu machen. Alles über die Verknüpfung von Google+-Profilen mit den zugehörigen Inhalten lernen Sie bei Google direkt unter *http://www.google.com/insidesearch/features/authorship/index.html* sowie in einer übersichtlichen Anleitung bei Kissmetrics unter *http://blog.kissmetrics.com/google-authorship*.

9.3.9 Fazit Google+

Google+ ist eines der am besten durchdachten und designten Social Networks überhaupt, das in einer spannenden Entwicklungsphase steckt und hinter dem ein Konzern steht, der sich im Internet auskennt. Funktionen wie Hangouts und die Integration von Google Local machen Google+ trotz der geringen Aktivität zu einer interessanten Option. Es lohnt sich dort mindestens die Präsenz für Ihr Unternehmen zu reservieren, sich mit dem Netzwerk vertraut zu machen und bei Bedarf auf die speziellen Funktionen zurückzugreifen. Wenn Sie auf Google+ Ihre Zielgruppe finden, kann eine Unternehmensseite hier durchaus eine gute Alternative zu einer Fanpage bei Facebook sein. Wer weiß, vielleicht wird Google+ seinem Ruf als potenzieller Facebook-Killer doch irgendwann noch gerecht.

---

13 *http://www.catalystsearchmarketing.com/how-rich-snippets-can-improve-your-ctr*

9.4 Twitter

Die Limitierung der Kommunikation auf 140 Zeichen war im Jahr 2006 eine kleine Revolution und die Geburtsstunde eines neuen Genres, des *Microbloggings*. Über die Jahre versuchten eine Reihe an Microbloggingdiensten Ihr Glück, aber selbst die bekannteren Dienste wie *Plurk* (http://plurk.com), *Indenti.ca* (http://identic.ca) oder *Jaiku* (http://jaiku.com) kamen nicht an Twitter ran. Lediglich in China dominiert *Sina Weibo* (http://www.weibo.com), was aber auch daran liegt, dass Twitter hier gesperrt ist. Laut des Global Web Indexes für das zweite Quartal 2012 hat Twitter weltweit mehr als 485 Mio. Accounts und im Schnitt 288 Mio. aktive Nutzer pro Monat.[14] Dies entspricht 21 % der gesamten Internetpopulation und einer Steigerung von 40 % innerhalb des letzten Jahres. Dies macht Twitter zu dem am schnellsten wachsenden Netzwerk der Welt. Insgesamt liegt die Zahl der deutschen Twitter-Accounts laut Global Web Index bei 2,4 Mio. Laut einer Untersuchung der Webevangelisten, sind davon 825.000 Accounts, die regelmäßig in deutscher Sprache twittern.[15] Im Vergleich zum Vorjahr entspricht dies einem Wachstum von 50 %. Den Account mit den meisten Followern besaß im Mai 2013 mit 39,1 Mio. der Teenie-Star Justin Bieber, dies sind 5 Mio. mehr als der amerikanische Präsident Barack Obama vorweisen kann.

9.4.1 Das Twitter-ABC

Tweet, Follower, Retweet, DM – im Zusammenhang mit Twitter fallen eine Reihe von Begriffen, die ohne Erklärung durchaus verwirrend sind. Aus diesem Grund möchte ich Ihnen einmal kurz das Twitter-ABC erklären, bevor ich auf die strategischen Anwendungsszenarien für Unternehmen zu sprechen komme:

- **Tweet**: Das zentrale Element auf Twitter sind Tweets (von englisch *to tweet* = zwitschern), die Nachrichten, mit denen Sie, auf 140 Zeichen limitiert, mit anderen Twitter-Nutzern kommunizieren können.
- **Follower**: Follower sind die Nutzer, die einen anderen Nutzer abonniert haben. Ihre Follower bekommen Ihre Tweets automatisch in Ihrer Timeline angezeigt.
- **Timeline (TL)**: Die Timeline ist ähnlich wie bei Facebook der Strom an Nachrichten, der aus den Tweets der Nutzer entsteht, denen Sie folgen.
- **Re-Tweet (RT)**: Wenn Sie den Tweet eines anderen Nutzers weiterleiten, dann machen Sie einen Re-Tweet, der dadurch gekennzeichnet wird, dass Sie die Initialen RT davorsetzen.

---

14 *https://www.globalwebindex.net/twitter-now-the-fastest-growing-social-platform-in-the-world*
15 Stand November 2012, *http://webevangelisten.de/825-000-twitteraccounts-auf-deutsch*

- **@Mention**: Der »Klammeraffe« @ vor einem Tweet wird dazu genutzt, einen anderen Nutzer direkt anzusprechen. Beispielsweise würden Sie mich mit @zeniscalm persönlich adressieren.
- **Direct Message (DM)**: Direktnachricht ist eine private Nachricht, die Sie mit einem Nutzer austauschen. Achten Sie dabei immer gut darauf, dass Sie auch wirklich privat schreiben. Früher, als DMs in erster Linie durch ein d vor dem Nutzernamen des Gegenübers generiert wurden, gab es hier den einen oder anderen Fauxpas. DMs können nur ausgetauscht werden, wenn zwei Nutzer sich gegenseitig folgen.
- **Hashtag (#)**: Hashtags sind Schlagwörter, die dazu dienen, einen Tweet einem gewissen Thema zuzuordnen oder einem Gefühl Ausdruck zu verleihen (Beispiel: #happy für positive Stimmung).
- **Favoriten (Favs)**: Mit Hilfe des kleinen Sterns unter einem Tweet können Sie diesen als Favoriten markieren und dem Verfasser so Ihre Wertschätzung ausdrücken. Ich nutze die Funktion auch gerne, um mich für positive Tweets über meine Person zu bedanken, darüber hinaus sammeln Sie so Testimonials.
- **#ff (Follower Friday)**: Der Hashtag *#ff* hat sich eingebürgert, um an Freitagen besonders interessante Twitter-Accounts weiterzuempfehlen

Mit diesen Grundlagen sind Sie für den folgenden Abschnitt gerüstet.

9.4.2 Strategische Einordnung von Twitter

Die große Stärke von Twitter ist die Kommunikation in Echtzeit. Selbst Facebook kommt kaum an die potenzielle Reichweite und Geschwindigkeit heran, mit der sich Nachrichten auf Twitter verbreiten. Das liegt in erster Linie daran, dass die meisten Accounts auf Twitter öffentlich sind und die Twitter-Nutzer ohne Hierarchien miteinander kommunizieren. Für Unternehmen eröffnet sich hier die Chance, mit den unterschiedlichsten Stakeholdern unkompliziert und direkt in einen Dialog zu treten. Dabei sind die Anwendungsszenarien von Twitter vielfältig. Ob Marketing, Kundenservice, Krisenkommunikation, Marktforschung, Investor Relations oder Pressearbeit, auf Twitter sind von Kunden bis Journalisten sämtliche Zielgruppen vertreten. Im Vergleich zu der Nutzung in den USA hat Twitter hier in Deutschland noch massiv Potenzial im Hinblick auf Nutzerzahlen und Reichweite. Wer jetzt einsteigt, oder bereits einen Account pflegt, kann von dem aktuellen Wachstum nur profitieren. Mit Hilfe der folgenden Anwendungsfälle können Sie einschätzen, ob Twitter ein interessantes Netzwerk für Ihr Unternehmen ist.

9.4.3 Twitter als Krisenradar und -kommunikationsmittel

In der Krise zählt jede Minute. Twitter, mit seinem Charakter als Echtzeitmedium, ermöglicht Ihnen schnell, direkt und konkret auf Vorwürfe einzugehen und damit eine große Zahl an Menschen zu erreichen. Ebenso schnell können sich Vorwürfe verbreiten, auf die Sie nicht reagieren. Twitter funktioniert hier wie ein Brandbeschleuniger, da spannende Nachrichten, mit nur zwei Mausklicks weiter verbreitet und oftmals vorher nicht geprüft werden. Welche verheerenden Konsequenzen das haben kann, habe ich Ihnen bereits in der Einleitung (Abschnitt 1.2.1, »Social Media = Informationen ›auf Speed‹«) am Beispiel des gehackten Twitter Accounts der AP dargelegt.

Twitter gibt Ihnen in Krisenzeiten die Möglichkeit, direkt mit den Meinungsführern zu kommunizieren, diesen Ihre Seite der Geschichte darzulegen und auf weiterführende Informationen auf Ihrem Blog oder Ihrer Unternehmenswebsite zu verweisen. Außerdem fällt eine deutliche Stimmungsänderung auf Twitter sehr schnell auf. Mit Twitter haben Sie ein gut funktionierendes Krisenradar, wenn sich der Wutsturm unerwartet zusammenbraut. Nehmen Sie dieses Medium ernst, denn durch die hohe Anzahl an Journalisten, die auf Twitter vertreten sind, ist der Weg in die klassischen Medien nicht weit.

9.4.4 Twitter als Stimmungsbarometer und Marktforschungs-Tool

Es muss ja nicht immer gleich die Krise sein, wenn es um Stimmungen auf Twitter geht. Wenn Sie ehrliches Feedback zu Ihren Produkten haben möchten, sind Sie auf Twitter genau richtig. Und selbst wenn Sie eigentlich nicht geplant haben, hier Thema zu sein, wird wahrscheinlich doch über Sie gesprochen. Twitter-Nutzer sind erfahrungsgemäß überdurchschnittlich direkt, was Ihre Meinung zu Produkten, Unternehmen und Dienstleistungen angeht. Sie nehmen im wahrsten Sinne des Wortes kein Blatt vor den Mund und teilen mit der Welt, was Sie denken. Nutzen Sie diese Chance, um sich einen Überblick darüber zu verschaffen, wie die Stimmung zu Ihrem Unternehmen und dem Angebot ist. Fragen Sie Ihre Follower gezielt nach Ihrer Meinung und Ideen. Lernen Sie daraus, welche Produkte Ihren Kunden besonders oder so gar nicht gefallen und welche Punkte Sie verbessern können. So hat zum Beispiel die Telekom im Rahmen der Neustrukturierung der Tarife das Feedback der Kunden mit einbezogen (siehe Abbildung 9.24).

Genau zu wissen, was Ihre Kunden denken und wo Probleme liegen, ist übrigens auch der ideale Ansatzpunkt für das nächste Anwendungsszenario.

Abbildung 9.24 Die Telekom nutzt das Feedback der Twitter-Nutzer.

9.4.5 Kundenservice über Twitter

Der Kundenservice über Twitter ist für mich eines der Best-Practice-Anwendungsszenarien überhaupt. Prominente Beispiele wie Telekom hilft (*https://twitter.com/telekom_hilft*) oder DB Bahn (*https://twitter.com/DB_Bahn*) antworten auf direkte Fragen der Nutzer und informieren über relevante Ereignisse für Ihre Kunden. Besonders wichtig für den persönlichen Dialog: Alle Mitarbeiter, die für das Unternehmen twittern, sind mit Foto und Namen auf der Twitter-Seite aufgeführt und kennzeichnen Ihre Tweets mit ihrem jeweiligen Kürzel (siehe Abbildung 9.25). So weiß der Kunde sofort, mit wem er spricht.

Da alle Tweets öffentlich sichtbar sind, wird der Support-Dialog transparent und damit zum Marketinginstrument. Die positiven Auswirkungen eines Kundenservices auf Twitter stellen sich oftmals direkt ein und sind messbar. Ich konnte in unterschiedlichsten Projekten eine Steigerung der positiven Nennungen im Bereich von 5 % bis 30 % innerhalb des ersten Monats beobachten.

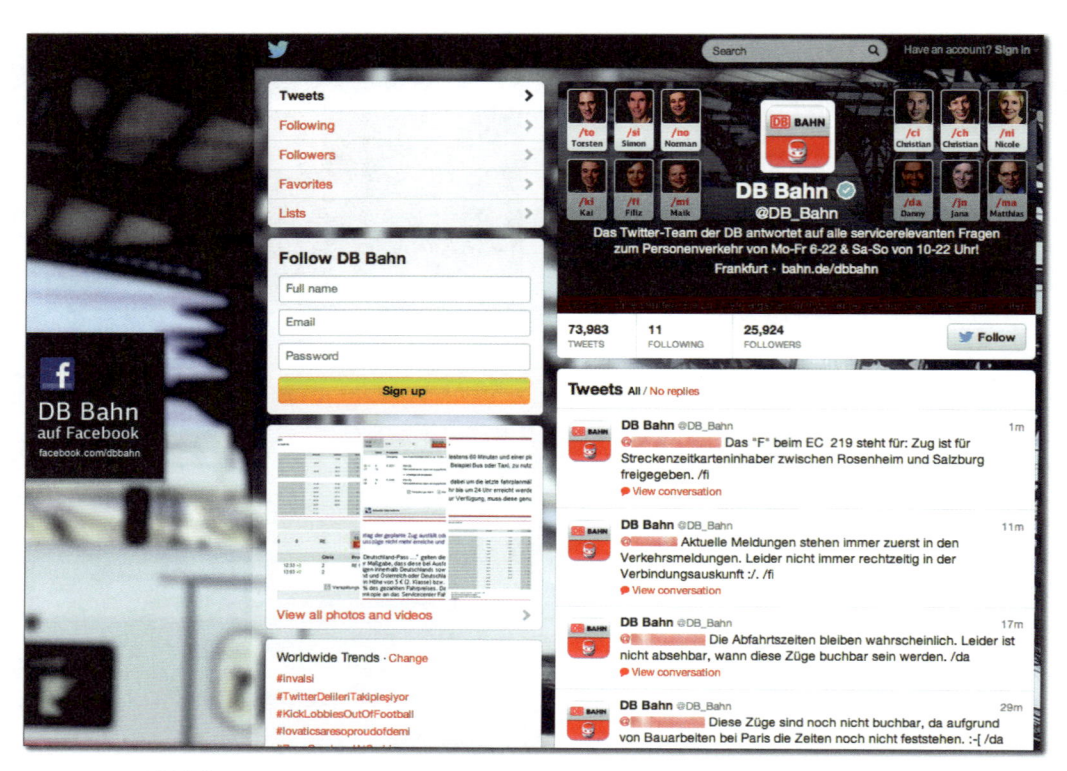

Abbildung 9.25 Das Serviceteam der Deutschen Bahn auf Twitter

9.4.6 Twitter für das Marketing

Nicht nur die Imagewirkungen von gutem Kundenservice ist ein Ansatzpunkt für Marketeers auf Twitter. Jeweils 22 % der Twitter-Nutzer folgen einem Unternehmen, um über Discounts oder über neue Produkte informiert zu werden. Darüber hinaus brachte die »Subscribers, Fans and FollowersGermany«-Studie von ExactTarget einen interessanten Aspekt ans Licht.[16] 19 % der Personen, die angaben, von Twitter zu einem Kauf bewegt worden zu sein, haben noch nicht einmal einen eigenen Twitter-Account und damit die entscheidenden Tweets bei der Recherche gefunden.

Twitter ist also ein guter Ort, um Ihre Kunden auf besondere Aktionen oder exklusive Informationen zu Produktneuheiten hinzuweisen. Übertreiben Sie es aber nicht, und achten Sie darauf, dass Ihre Informationen und Angebote einen realen Mehrwert für Ihre Follower haben. Spam ist auch hier unerwünscht, und der Dialog sollte immer im Vordergrund stehen.

---

16 *http://assets.exacttarget.com/pdf/SSF18_DigitalRepublic_US_Web.pdf*

Abbildung 9.26 Die Deutsche Lufthansa mit Angeboten und Aktionen

Einen guten Mittelweg hat hier die Deutsche Lufthansa *https://twitter.com/ Lufthansa_DE* gefunden. In Abbildung 9.26 sehen Sie die Mischung aus Hilfsangeboten, Einblicken in den Alltag sowie Hinweisen auf Aktionen und Sonderpreise.

9.4.7 Twitter als Wissensquelle

Was macht die Konkurrenz, oder was gibt es Neues in Ihrer Branche? Twitter macht es Ihnen leicht, über Neuigkeiten im Wettbewerb informiert zu bleiben und mit Experten Ihres Metiers in einen Dialog zu treten. Folgen Sie einfach den Twitter-Konten Ihrer Wettbewerber, und suchen Sie sich die Experten und Meinungsführer zu Ihren Themen heraus. Tools, mit denen Sie interessante Accounts finden, stelle ich Ihnen in Abschnitt 9.4.11, »Twitter-Tools«, noch vor.

9.4.8 Twitter für Events

Twitter eignet sich auch sehr gut für die Liveberichterstattung von Events, sowohl für die firmeneigenen als auch jene, die Sie als Unternehmensvertreter besuchen. In den meisten Fällen legen im Internet aktive Veranstalter mittlerweile eigene Hashtags fest, mit denen die Tweets markiert werden können. So hat beispielsweise Daimler für das Event zur Vorstellung der neuen S-Klasse das Hashtag #sclass gewählt (siehe Abbildung 9.27).

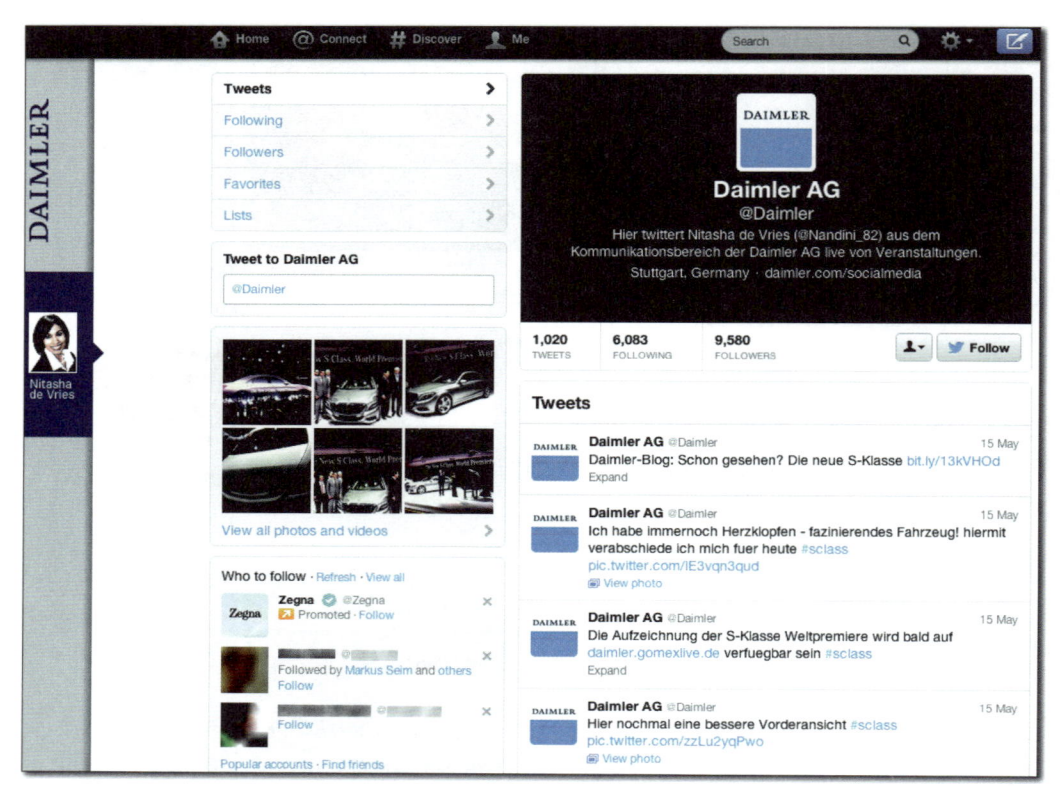

Abbildung 9.27 Der Twitter-Account der Daimler AG

Generell ist der Twitter-Account von Daimler (*https://twitter.com/daimler*) speziell für die Berichterstattung von Events gedacht. Geboten werden neben Kommentaren und Fotos zu der Veranstaltung auch weiterführende Links und persönliche Einschätzungen der Dame hinter dem Twitter-Account.

Mit einer *Twitterwall*, also einer Projektion der Tweets zum Event auf eine Leinwand oder einen Bildschirm, machen Sie die Gespräche um Ihr Event offline sichtbar. Dies motiviert die aktiven Twitterer unter den Gästen, über die Veranstaltung zu sprechen.

9.4.9 Twitter macht das Fernsehen »social«

Twitter ist immer häufiger auf dem zweiten Bildschirm, also dem Smartphone, Tablet oder PC, parallel zu TV-Sendungen zu finden. Mit Hilfe von Hashtags tauschen sich die Nutzer über das Fernsehprogramm aus. Immer mehr Fernsehserien erkennen diesen Trend und fordern Ihre Zuschauer direkt auf, einen bestimmten Hashtag zu nutzen. Dieses Marketing-Tool wird in den USA schon weitläufig verwendet, in

Deutschland ziehen die ersten Fernsehsender nach. Ein beliebtes Beispiel ist hier der Tatort, zu dem sich die Twitter Nutzer jeden Sonntag über den Hashtag #tatort zu einem regelrechten Live-Event treffen. Die ARD hat auf Twitter (*https://twitter.com/Tatort*) einen dezidierten Account eingerichtet, und in den meisten Fällen sind sogar die Regisseure während der Sendung ansprechbar. Genaue Auswirkungen auf die Einschaltquote sind noch nicht messbar, es gibt aber zumindest Indizien dafür, dass sich die virtuellen Fangemeinden positiv auf die Zuschauerzahlen auswirken.

> **Vine – kurze Videos auf Twitter**
> Mit der App »Vine«, die zur Twitter Inc. gehört, können die Nutzer bis zu 6 Sekunden lange Videos machen und diese dann online veröffentlichen. Die Videos lassen sich aus mehreren Sequenzen zusammensetzen und laufen in einem Loop (starten sofort wieder vom Beginn, wenn das Video zu Ende ist). Vine ist kostenlos und für iOS und Android unter *http://vine.co* verfügbar.

9.4.10 Die Twitter-Netiquette

Es gibt ein paar ungeschriebene Gesetze auf Twitter, an die Sie sich sowohl privat als auch mit Ihrem Firmen-Account halten sollten.

Reden Sie mit anderen, nicht mit sich selbst

Twitter ist ein soziales Netzwerk, hier geht es um Dialog und nicht darum, anderen Ihre Informationen aufzudrücken. Noch immer machen einige Unternehmen den Fehler und veröffentlichen einfach stumpf Ihre neuen Pressemitteilungen und Blogbeiträge und nichts anderes. Die einzige Ausnahme hier, Sie erstellen einen dezidierten Account für Ihren Informations-Output und kennzeichnen diesen deutlich als solchen. Auf Rückfragen und Kommentare müssen Sie aber auch hier reagieren.

Seien Sie Mensch, nicht Unternehmen

Wer spricht schon gerne mit einem Logo? Zeigen Sie die Menschen hinter dem Twitter-Account, ein gutes Beispiel dafür konnten Sie bereits in Abbildung 9.25 bei der Bahn sehen. Jeder Mitarbeiter sollte zusätzlich zu einem sympathischen Foto ein eigenes Namenskürzel haben und damit seine Tweets kennzeichnen. So weiß der Twitter-Nutzer immer genau, mit wem er gerade spricht. Weitere Inspiration für die Gestaltung Ihres Twitter-Accounts mit zugehörigen Gesichtern finden Sie hier:

- Telekom hilft *www.twitter.com/telekom_hilft*
- Hermes Logistik Gruppe (HLGD) *www.twitter.com/hermesde*

- XING AG *www.twitter.com/xing_de*
- dm Alverde *www.twitter.com/dm_alverde*

Echte Stimme statt PR-Sprech

Mit bis zur Perfektion geschliffenen PR-Antworten kommen Sie auf Twitter nicht weit. Die Menschen hier erwarten von Ihnen die Bereitschaft zu einem ehrlichen, individuellen Dialog, und das auf Augenhöhe. Zeigen Sie ruhig Ihre Persönlichkeit, und schreiben Sie so, wie Sie mit Ihrem Gegenüber vis-à-vis sprechen würden.

Gute Manieren sind Pflicht

Eigentlich selbstverständlich, aber nicht immer praktiziert, sind gute Manieren auf Twitter. Ich gebe zu, mitunter verleitet die saloppe Umgebung dazu, sich ein wenig gehen zu lassen und gegen eine sympathisch, lockere Ausdrucksweise ist auch nichts einzuwenden. Behalten Sie aber immer im Hinterkopf, Sie sprechen gerade öffentlich und potenziell für die ganze Welt sichtbar im Namen Ihres Unternehmen. Fluchen, Beschimpfungen, Lästereien & Co. sind hier absolut tabu.

Eigenlob stinkt

Sich für Lob freundlich zu bedanken, ist eine gute Sache. Jeden positiven Tweet zu retweeten, damit jeder sieht, wie toll Sie sind, sollten Sie lieber lassen. Dies kommt nicht nur angeberisch rüber, sondern verzerrt zusätzlich Ihre Statistiken bezüglich des Sentiments. Markieren Sie das Lob lieber als Favoriten, so finden Sie es auch jederzeit wieder.

Gekaufte Follower

Wussten Sie, dass Sie auf Ebay & Co. ganz einfach Follower für Ihren Twitter-Account kaufen können? Selbst wenn, vergessen Sie diese Option am besten gleich wieder! Obwohl gekaufte Follower keine Auswirkungen auf die Sichtbarkeit Ihrer Tweets haben, ist diese Methode definitiv der falsche Ansatz. Es kommt nicht auf die Menge der Follower an, sondern darauf, dass Sie die richtigen Leute erreichen. Machen Sie publik, dass Sie auf Twitter zu finden sind, und schauen Sie dem organischen Wachstum zu, das jetzt passiert. Diese Methode ist schlichtweg nachhaltiger. Darüber hinaus gibt es Tools (siehe folgender Abschnitt), mit denen gekaufte Follower ganz schnell zu einer peinlichen Angelegenheit werden.

9.4.11 Twitter-Tools

Für den Einsatz von Twitter gibt es eine ganze Reihe von praktischen Tools für die unterschiedlichsten Einsatzgebiete.

Twitter mobil nutzen

Twitter ist Echtzeit, und Echtzeit bedeutet für mich, immer und überall die Möglichkeit zu haben, zu reagieren und selbst Dinge zu schreiben. Für Twitter gibt es eine Reihe von Apps für sämtliche mobile Systeme. Mir persönlich gefallen die Apps von Twitter selbst (*https://twitter.com/download*) sowie die mobile Version von Hootsuite (*https://hootsuite.com/features/mobile-apps*) am besten.

Trends auf Twitter identifizieren

Welche Themen in der deutschsprachigen Twittersphäre gerade besonders heiß diskutiert werden, sehen Sie unter anderem auf *http://twitter-trends.de* und *http://twitterthemen.de*. International können Sie sich auf What the Trend *http://whatthetrend.com* informieren, welche Hashtags gerade häufig genutzt werden.

Interessante Twitterer finden

Interessante Twitter-Accounts aus Ihrer Branche und zu Ihren Themen finden Sie mit diesen Tools:

- *http://wefollow.com* und *http://twellow.com* sind Verzeichnisse von Twitter-Accounts, geordnet nach Themen und Branchen.
- Auf Tweetranking finden Sie eine Topliste von twitternden Unternehmen: *http://tweetranking.com/tags/twitternde-firmen*.
- Twitterer, die besonders beliebte Tweets schreiben, finden Sie auf Favstar: *http://favstar.de*.

Umfragen auf Twitter

Mit Twtpoll (*http://twtpoll.com*) können Sie Umfragen generieren und so schnell und einfach kleine Umfragen oder Abstimmungen unter Ihren Followern abbilden. Twtpoll bietet unterschiedliche Umfragepakete ab 9 US-Dollar im Monat an.

Fake Follower Check

Um herauszufinden, wie viele Ihrer Follower echt sind, gibt es den *Fake Follower Check* von Status People (*http://fakers.statuspeople.com*). Das Tool überprüft stichprobenartig bis zu 1.000 Accounts Ihrer Follower gegen eine Liste von Spam-Kriterien, wie zum Beispiel das Verhältnis von Followern zu Follows. Für Accounts bis zu 50.000 Followern liefert das Tool, laut Aussage der Entwickler, sehr akkurate Einblicke. Natürlich funktioniert der *Fake Follower Check* auch für die Accounts des Wettbewerbers.

> **Wie funktionieren verifizierte Accounts auf Twitter?**
> Ein verifizierter Account auf Twitter wird durch ein blaues Symbol neben dem Nutzernamen markiert und bestätigt die Echtheit eines Accounts. Beispiele können Sie und der Bahn (siehe Abbildung 9.25) und bei der Lufthansa (siehe Abbildung 9.26) sehen. Aktuell hält sich Twitter noch bedeckt zu den genauen Kriterien, die eine Verifizierung eines Accounts möglich machen, und bittet um Geduld. Man würde auf die jeweiligen Account-Inhaber zukommen, wenn diese für einen verifizierten Account in Frage kämen. FAQs zu den verifizierten Accounts finden Sie unter http://bit.ly/11WfarA.

9.4.12 Fazit zu Twitter im Unternehmenseinsatz

Aus meiner Sicht ist Twitter ein wichtiges Instrument im Social-Media-Mix für Unternehmen. Es eignet sich gut als Einstieg, da der Aufwand für die Einrichtung eines Twitter-Accounts verhältnismäßig gering ist, natürlich abgesehen von den Menschen und Prozessen dahinter. Die Kommunikation in 140 Zeichen ist ein gutes Training für andere Netzwerke, und die Kurzlebigkeit auf Twitter ist ein verzeihendes Umfeld für kleinere Fehler. Darüber hinaus ist die passive Nutzung von Twitter als Barometer für Stimmungen, Trends und Meinungen aus meiner Sicht eine unerlässliche Quelle für Wissen.

Twitter selbst bietet übrigens unter https://business.twitter.com eine Reihe von Ressourcen und Best-Practice-Beispielen für Unternehmen. Es lohnt sich durchaus, hier einmal durchzuklicken.

9.5 Business-Netzwerke – XING und LinkedIn

Dienst ist Dienst, und Schnaps ist Schnaps. Wäre diese Mentalität nicht noch immer so stark verbreitet, hätten es reine Business-Netzwerke wie XING und LinkedIn sicher schwer. Doch auch so stehen Business-Netzwerke unter einem gewissen Druck und reagieren mit Angeboten, die nicht nur für Einzelpersonen, sondern auch für Unternehmen attraktiv sind. Starteten beide mit dem Fokus auf Geschäftskontakte, so entwickelten beide mit der Zeit ein zweites Standbein als Plattform für Recruiting und das Employer Branding. Bei der Frage, ob und wie Sie die beiden Business-Netzwerke im Rahmen der Social-Media-Strategie einsetzen können, hilft Ihnen dieser Abschnitt.

9.5.1 Warum Business-Netzwerke?

Wie bereits eingangs erwähnt, tendiert der Mensch dazu, Berufliches und Privates zu trennen, insbesondere hier in Deutschland. Warum das aus meiner Sicht auch sinnvoll ist, möchte ich Ihnen an einem kleinen Beispiel erläutern. Stellen Sie sich einmal vor, Sie waren auf einer geschäftlichen Messe und haben einen Stapel Visitenkarten von beruflich interessanten Kontakten gesammelt. Möchten Sie diese wirklich als »Freund« auf Facebook hinzufügen? Wahrscheinlich nicht, und genauso wird es auch Ihrem Gegenüber gehen. Allein schon der Umstand, dass Sie auf XING und LinkedIn keine Freunde, sondern Kontakte haben, schafft eine ganz andere Basis für die so entstehende Verbindung.

Berufliche Kontakte pflegen und erweitern

Der Hauptzweck eines Business-Netzwerkes ist, Geschäftskontakte zu pflegen und zu erweitern. Hier ist der Ort für die Kontakte von Messen, Kongressen, Kunden, Partnern und zu jetzigen sowie früheren Arbeitskollegen. Über die bestehenden Kontakte hinaus haben Sie außerdem die Möglichkeit, neue, interessante Kontakte zu finden, sei es im Austausch in einer der Gruppen oder über die Suche nach bestimmten Stichworten. Seien Sie dabei nicht zu offensiv, und formulieren Sie ausführlich und begründet, wenn Sie einer fremden Person den Kontakt anbieten. Viele Mitglieder in Business-Netzwerken werden fast täglich mit Kontaktanfragen à la »Wir sind gemeinsam in der Gruppe X« oder »es ergeben sich bestimmt Synergien« überhäuft; um mit Ihrer Anfrage Erfolg zu haben, müssen Sie aus der Masse herausstechen. Darüber hinaus funktionieren XING und LinkedIn wie selbst aktualisierende Adressbücher. Ändern sich Kontaktdaten oder Position in Ihrem Netzwerk, pflegen Ihre Kontakte die neuen Daten in der Regel selber ein. So haben Sie immer die aktuelle Telefonnummer oder E-Mail-Adresse zur Hand.

> **Nutzen Sie Ihr berufliches Netzwerk**
>
> Wenn Sie mit einem bestimmten Unternehmen in Verbindung treten möchten, dort aber keinen direkten Kontakt haben, lohnt es sich, zu prüfen, ob Sie nicht jemanden kennen, der jemanden kennt. Dies können Sie sowohl auf XING als auch auf LinkedIn tun, indem Sie in der erweiterten Suche die Einstellung IN KONTAKTEN ZWEITEN GRADES SUCHEN wählen.

Seriöses Umfeld für B2B-Aktivitäten

Business-Netzwerke bieten Ihnen ein seriöses Umfeld im Rahmen von B2B-Aktivitäten in der Social-Media-Landschaft. In der Regel sorgt allein das professionelle Umfeld für einen anderen Ton im Austausch zwischen den Mitgliedern, zumindest in Fachgruppen und in der Diskussion auf den Unternehmensprofilen.

Positionierung als Experte

Die Möglichkeit des Austauschs in mehr als 42.000 deutschsprachigen XING- und 6.000 deutschsprachigen LinkedIn-Gruppen, die vielfältige Fachthemen abdecken, hilft Ihnen dabei, sich als Experte auf Ihrem Gebiet zu positionieren. Darüber hinaus können Sie Ihr Wissen und Ihre Fähigkeiten durch Ihre Kontakte bestätigen lassen. Dies geht sowohl per Zustimmung zu einem bestimmten Attribut, als auch durch ausführliche Empfehlungen, die auf Ihrem Profil angezeigt werden.

9.5.2 XING und LinkedIn im Profil

LinkedIn wurde im Mai 2003 eröffnet, nahm aber erst 2009, mit dem Start der deutschen Version, den offiziellen Eintritt in den deutschen Markt vor. Die Zentrale liegt im kalifornischen Mountain View, und seit 2011 werden Aktien des Unternehmens an der New Yorker Börse gehandelt.

XING startete im November 2003 unter dem Namen OpenBC (Open Business Club) und hat seinen Hauptsitz in Hamburg. Die Umfirmierung zu XING fand 2006 statt und ging dem Börsengang einen knappen Monat später voraus. Nach einigen Akquisen von internationalen Netzwerken in 2007 und 2008, fiel in 2010 die Entscheidung für eine Konzentration auf die Märkte, mit dem größten Potenzial, den deutschsprachigen Raum.

> **Zing, Crossing oder X-ing?**
> Eine Frage, die mir in meiner Zeit im Community Management von XING immer wieder gestellt wurde, war: Wie spricht man es denn richtig aus? Offiziell gibt es kein richtig oder falsch, ich kann aber verraten, dass deutschsprachige Mitarbeiter es so aussprechen, wie es geschrieben wird »Xing«, die internationalen Kollegen sagen »Zing«.

Ende Februar 2013 hat XING laut Quartalsbericht 6,1 Mio. Mitglieder in der D-A-CH-Region, LinkedIn bringt es hier auf 3,3 Mio. Mitglieder. International dagegen ist LinkedIn mit mehr als 200 Mio. im Vergleich zu über 13 Mio. weit überlegen.

Beide Netzwerke bieten Ihnen die Möglichkeit, sich mit einem persönlichen Profil zu präsentieren und über dieses mit anderen Personen zu vernetzen. Natürlich sollten Sie sich hier von Ihrer besten Seite zeigen, Tipps und Hinweise dafür können Sie in Abschnitt 4.1, »Gefunden werden«, nachlesen.

Für Unternehmen bieten beide Plattformen Unternehmensprofile an, auf die ich in den folgenden Abschnitten noch genauer eingehen werde. Darüber hinaus können Sie Jobanzeigen schalten und über die ausgeprägten Suchfunktionen potenzielle Kandidaten identifizieren. Finanziert werden sowohl XING als auch LinkedIn aus einer Kombination aus Premium-Mitgliedschaften, Werbung und Angeboten für Unternehmen, wie zum Beispiel das Schalten von Jobangeboten oder Premium-Funktionen für die Unternehmensseiten.

9.5.3 XING oder LinkedIn?

Für Ihr persönliches Profil lässt sich diese Frage recht einfach beantworten, nutzen Sie die Möglichkeit der kostenlosen Mitgliedschaft auf beiden Plattformen, und pflegen Sie Ihr Profil sorgfältig ein.

Ob für Ihr Unternehmen eines oder beide Netzwerke relevant sind, hängt in erster Linie von Ihrer Zielgruppe ab. XING fokussiert sich auf den deutschen Markt und hat hier entsprechend den größten Nutzerstamm.[17] Die vier am häufigsten vertretenen Branchen sind Dienstleistungen, Industrie, Medien und IT. Mehr als 33 % der Nutzer sind in höheren Führungspositionen (Manager, Geschäftsführer, Bereichsleiter), Berufseinsteiger und Studenten stellen nur 6 % der Nutzerschaft. 51 % der Nutzer sind zwischen 20 und 39 Jahren alt, und mehr als 51 % haben Abitur oder einen höheren Abschluss.

LinkedIn ist dagegen international breit aufgestellt, hat dafür in Deutschland weniger Nutzer und als etablierte Hauptsprache Englisch.[18] In der Branchenverteilung liegen IT/Telekommunikation, Industrie, Corporate und Finanzen an der Spitze. Die größte Altersgruppe wird mit 37 % von den 35- bis 54-Jährigen vertreten. Die Gruppe der Berufseinsteiger ist mit 26 % relativ hoch, was aber auch an einer anderen Klassifizierung im Vergleich zu XING liegen kann. Die Level Manager und Geschäftsführer stellen 30 %.

In beiden Netzwerken dominieren männliche Nutzer, mit 63 % (XING) bzw. 66 % (LinkedIn).

Fazit

Auch hier kann Ihnen nur eine ausführliche Analyse eine abschließende Antwort geben, generell lässt sich aber Folgendes sagen:

- Liegt der Fokus Ihres Unternehmens auf dem deutschen Markt, empfiehlt sich XING.
- Ist der Schwerpunkt der Aktivitäten international und liegt die Verantwortung der globalen Social-Media-Strategie in Ihrer Verantwortung, empfiehlt sich LinkedIn.

---

17 XING-Mediadaten 2013: *http://bit.ly/Zkw3v9*
18 LinkedIn-Mediadaten 2013: *http://bit.ly/ZkvtO4*

- Da die Basisversion der Unternehmensseiten in beiden Netzwerken kostenlos ist, lohnt sich in jedem Fall die Investition in eine professionelle Gestaltung Ihrer Seite in beiden Netzwerken.

9.5.4 Unternehmensprofile auf XING und LinkedIn – der Ort für Ihr Employer Branding

Die Business-Netzwerke bieten Ihnen die Möglichkeit, Ihr Unternehmen vor einem professionellen Publikum als attraktiven Arbeitgeber zu positionieren. Am besten geeignet sind hierfür die Unternehmensprofile. Waren die Funktionen zu Beginn noch sehr statisch, bieten beide Netzwerke heute die Möglichkeit, Status-Updates zu veröffentlichen, die von den Mitgliedern der jeweiligen Netzwerke als interessant markiert, kommentiert und geteilt werden können. Die Funktionen, Gemeinsamkeiten und Unterschiede der Unternehmensprofile möchte ich Ihnen im Folgenden Vorstellen.

Die XING-Unternehmensprofile

Die XING Unternehmensprofile gibt es in einer kostenfreien Basisversion sowie den kostenpflichtigen Standard- und Plusvarianten. Die drei Versionen unterscheiden sich im Funktionsumfang, wie Sie in Abbildung 9.28 sehen können.

So sammeln Sie alle Mitarbeiter in Ihrem Unternehmensprofil

Je mehr Ihrer Mitarbeiter auf Ihrem Profil angezeigt werden, desto höher ist die Chance, dass ein Interessent dort einen Kontakt ersten oder zweiten Grades und damit einen potenziellen Ansprechpartner findet. Da Mitarbeiter nur dann angezeigt werden, wenn der Name auf ihrem Profil genauso geschrieben ist, wie der des Unternehmensprofils, ist es wichtig, dass Ihre Mitarbeiter den Namen einheitlich nutzen und auch wissen, warum dies relevant ist. Erfahrungsgemäß hilft hier am besten eine E-Mail an die bestehenden Mitarbeiter und die Aufnahme des Punktes in den Leitfaden für die Einarbeitung neuer Mitarbeiter. Idealerweise wird die zugehörige E-Mail von oberster Position verschickt oder im Rahmen einer Aktion durch die Unternehmenskommunikation. Auch das Ausloben eines kleinen Preises, wie beispielsweise eines Gutscheins, für alle Mitarbeiter, die bis zum Datum X ihr Profil angepasst haben, hat sich bewährt.

Wenn Sie das große Pluspaket wählen, gibt es darüber hinaus die Möglichkeit, durch XING unterschiedliche Schreibweisen verschmelzen zu lassen. Der beste Weg bleibt jedoch ein einheitlicher Auftritt all Ihrer Mitarbeiter.

Welches der Unternehmensprofile – ein Beispiel für ein Plus-Profil sehen Sie in (siehe Abbildung 9.29) – Sie für Ihr Unternehmen brauchen, ist davon abhängig, wie umfangreich Ihr Engagement auf XING ist. Wenn Sie unsicher sind, empfiehlt es sich, zunächst mit einem Basisprofil zu starten und bei Bedarf schrittweise die nächsthöhere Kategorie zu buchen.

9.5 Business-Netzwerke – XING und LinkedIn

	BASIS	STANDARD	PLUS
"Über uns"-Seite und eigenes Logo	✓	✓	✓
Automatisch generierte Mitarbeiterliste	✓	✓	✓
Anzeige Ihrer aktuellen XING-Stellenangebote	✓	✓	✓
Unternehmens-Neuigkeiten schreiben	✓	✓	✓
Auffindbarkeit bei Google, Bing etc. (optional)	✓	✓	✓
Max. Zugänge für den Bearbeitungsbereich	1	5	10
Fotos oder PDFs hochladen	2	10	30
Max. Schlagwörter für bessere Auffindbarkeit bei XING	-	5	10
Max. Einträge im Kontaktbereich	-	4	10
Arbeitgeber-Bewertungen von kununu (optional)	-	✓	✓
Einbindung von Videos	-	-	✓
Verlinkbare Header-Grafik	-	-	✓
Besucher des Unternehmensprofils sehen	-	-	✓
Besucher- und Abonnenten-Statistik	-	-	✓
Prominente Darstellung in den XING-Suchergebnissen	-	-	✓

Abbildung 9.28 Die XING-Unternehmensprofile (Quelle: XING)

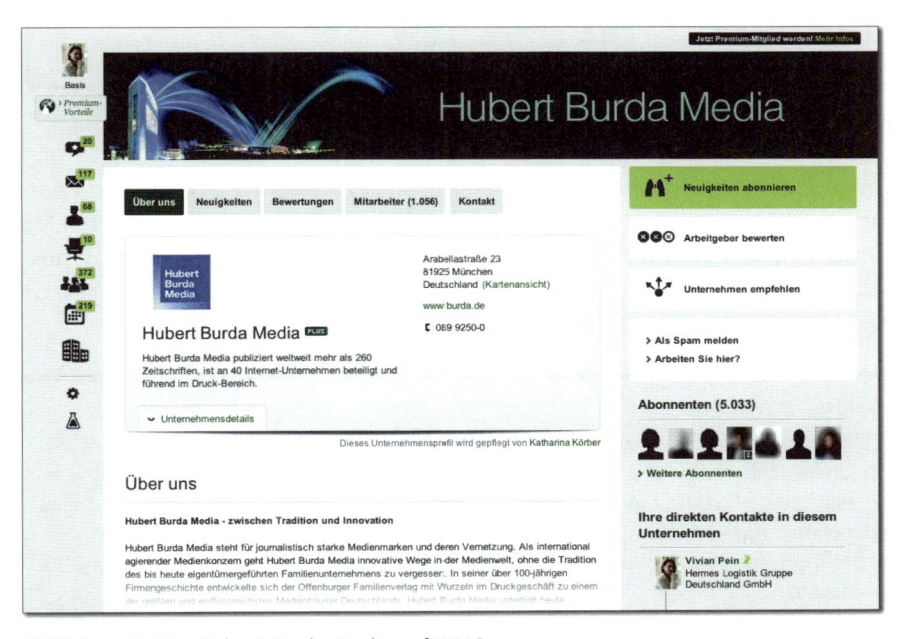

Abbildung 9.29 Hubert Burda Media auf XING

Die LinkedIn-Unternehmensprofile

LinkedIn-Unternehmensprofile sind kostenfrei, und das mit einem beachtlichen Funktionsumfang, der in weiten Teilen dem der XING-Plusprofile entspricht (siehe Abbildung 9.30). Wie auf XING haben die Mitglieder die Möglichkeit, Ihrem Unternehmen zu folgen und so automatisch über Neuigkeiten sowie aktuelle Stellenangebote informiert zu werden.

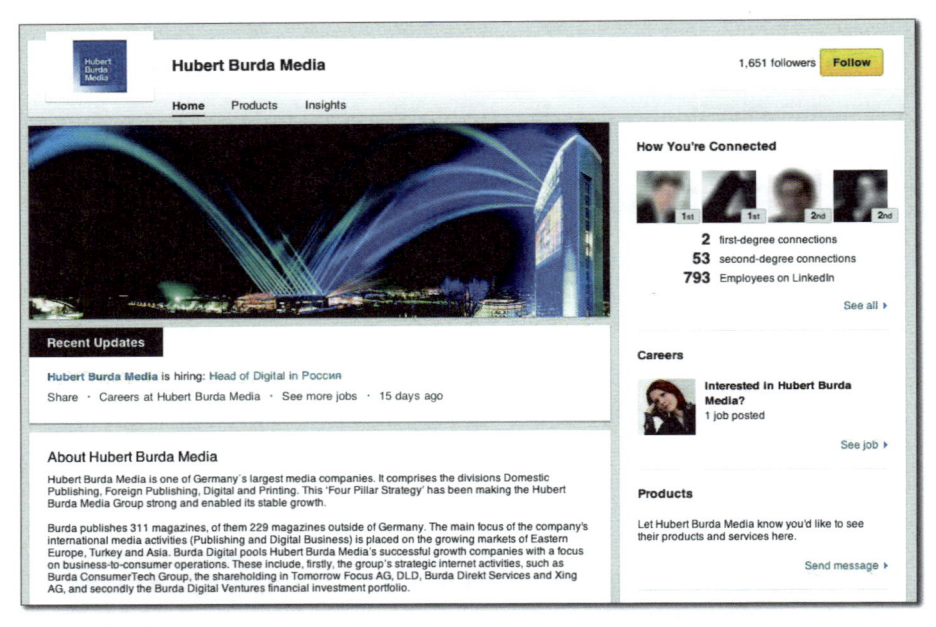

Abbildung 9.30 Hubert Burda Media auf LinkedIn

LinkedIn offeriert Ihnen hier ein umfassendes Paket zu einem unschlagbaren Preis. Selbst wenn Sie sich gegen ein Engagement auf LinkedIn entscheiden, sollten Sie ein Unternehmensprofil für Ihr Unternehmen anlegen und dies gewissenhaft ausfüllen. Es schadet nie, eine weitere virtuelle Visitenkarte zu haben, vorausgesetzt natürlich, sie reagieren auf Nachrichten, die Sie hier bekommen.

LinkedIn-Karriereseite

Auf LinkedIn lässt sich eine zusätzliche Karriereseite innerhalb Ihres Unternehmensprofils buchen. Neben einem weiteren, komplett anpassbaren Reiter bringt die Karriereseite zusätzliche Funktionen für die Personalabteilung mit, die in eine Silber- und eine Goldversion aufgeteilt sind. Der Preis für die Pakete beginnt bei 10.000 US-Dollar jährlich, bei Interesse können Sie sich unter *http://talent.linkedin.com/Career-Pages* darüber informieren.

9.5.5 Möglichkeiten für das Social Recruiting

Die XING-Recruiter-Mitgliedschaft bietet Personalern die Möglichkeit, eine besonders feinkörnige Suche durchzuführen und damit die potenziellen Kandidaten bereits im Vorfeld einzugrenzen. Das bedeutet, Sie sparen sich die Zeit, die sonst für das Prüfen der ungefilterten Profile einzusetzen war. Darüber hinaus können Sie Suchagenten speichern, auch ist die Höchstanzahl der Nachrichten an Nicht-Kontakte im Vergleich zu der normalen Premium-Mitgliedschaft deutlich höher. Seit Einführung des XING Talentmanagers Ende 2012 ist die Recruiter Mitgliedschaft einzeln nicht mehr buchbar. Der XING Talentmanager ist eine kollaborative Lösung für das Recruiting. Die zugehörigen Accounts haben alle Funktionen der ehemaligen Recruiter-Mitgliedschaft, dazu aber die Möglichkeit, Projekte und die zugehörigen Kandidaten im Team zu verwalten. Die gesamte Korrespondenz mit den Kandidaten kann für alle Teammitglieder einsehbar gemacht werden und ist losgelöst von den einzelnen Mitarbeitern. Damit löst XING das Problem, dass ein XING-Account dem jeweiligen Mitarbeiter gehört und entsprechend seine Kontakte und die Kommunikation mit den möglichen Kandidaten mit sich nimmt, wenn er das Unternehmen verlässt. Des Weiteren können alle Kandidaten mit Notizen und einem Status versehen werden, und der Personaler hat die Möglichkeit, seinen Besuch auf Profilen zu verstecken.

Wenn die Kollegen in der Personalabteilung selber aktiv auf die Suche gehen und Kandidaten auf XING ansprechen, ist der Talentmanager eine Erleichterung, die Sie mit gutem Gewissen empfehlen können. Sind Sie sich nicht sicher, können Sie den Talentmanager kostenlos 10 Tage lang testen, danach liegt dieser bei knapp 300 € im Monat. Weitere Informationen sowie Demo-Videos des Systems finden sie unter *https://talentmanager.xing.com*.

Unter dem Namen LinkedIn Recruiter bietet LinkedIn seit 2009 ein ähnliches System an. Umfangreiche Teamverwaltungs- und Suchfunktionen, sowie eine 2013 komplett überarbeitete Startseite, die einen Überblick über Projekte, Kandidaten und Aktivitäten bietet (siehe Abbildung 9.31).

Die LinkedIn Recruiter Corporate Edition beginnt bei 679,95 US-Dollar pro Monat, die kleinere Small-Business-Version, die nur einen Account und damit keine kollaborativen Elemente hat, beginnt bei 399,95 US-Dollar im Monat. Weitere Informationen finden Sie unter *https://business.linkedin.com/de-de/talent-solutions/products/tools-fuer-die-kanidatensuche*. Wenn Ihre Zielgruppe auf LinkedIn ist und Ihre Personaler hier nach Kandidaten suchen, ist auch dies eine lohnende Option.

Stellenanzeigen

Beide Business-Netzwerke bieten Ihnen die Möglichkeit, ganz klassisch Stellenanzeigen zu schalten. Der Vorteil gegenüber speziellen Jobportalen ist hier, dass Sie auch Personen erreichen, die gerade nicht aktiv nach einer Stelle suchen. Darüber hinaus werden die Anzeigen primär den Kandidaten angezeigt, die zu dem gesuchten Profil passen. Ein weiterer Vorteil ist, dass Sie Jobangebote mit Ihrem Netzwerk teilen und dieses auf Ihrem Unternehmensprofil veröffentlichen können. So steigern Sie die Reichweite und erhöhen die Wahrscheinlichkeit, dass ein geeigneter Kandidat die Anzeige sieht. Auf XING finden Sie weitere Informationen zu Stellenanzeigen unter *https://www.xing.com/us/jobs/products*, auf LinkedIn sind die Informationen unter *http://de.talent.linkedin.com/jobs-network* zu finden.

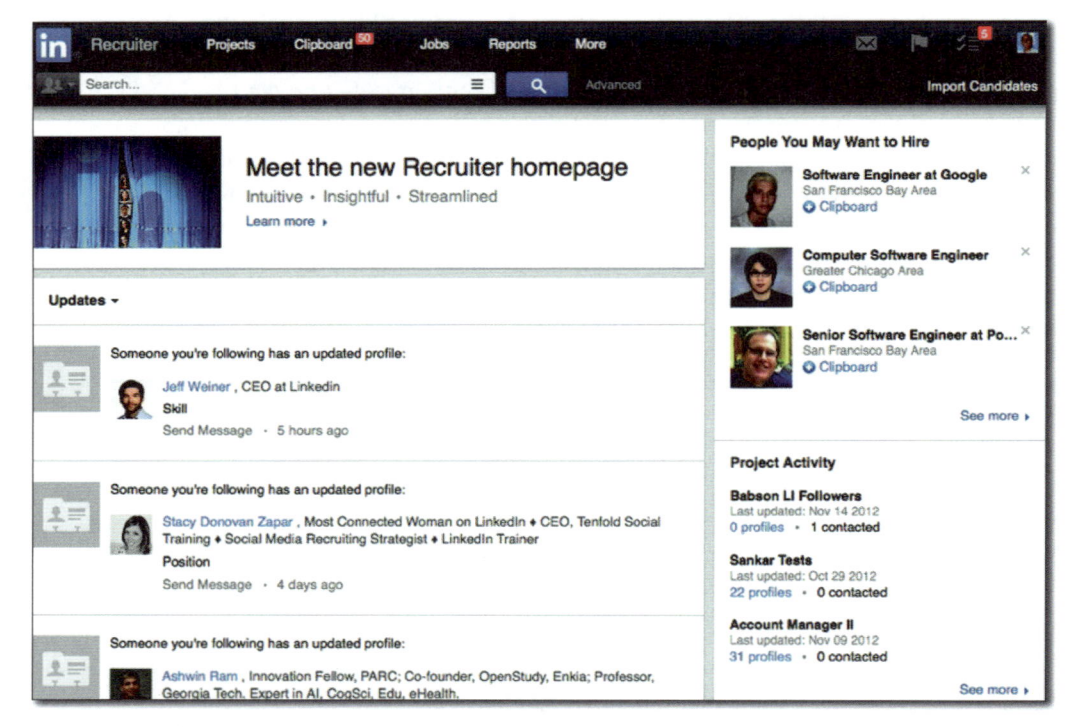

Abbildung 9.31 Startseite LinkedIn Recruiter (Quelle: LinkedIn)

9.5.6 Social Media im B2B – das Unternehmen als Experte positionieren

Nach so vielen Möglichkeiten für die Kollegen aus dem Personalwesen sollten Sie nicht vergessen, dass Business-Netzwerke ideale Plattformen für Social Media im Bereich B2B sind. Die Seriosität der Business-Plattformen, in Kombination mit der Anwesenheit von Entscheidern, ist ideal dazu geeignet, bestehende und potenzielle Geschäftspartner zu erreichen. Neben der Möglichkeit, diese über Neuigkeiten auf dem Laufenden zu halten, spielt die Positionierung als Experte eine große Rolle. Und dies nicht nur über die Veröffentlichung von Fachthemen auf dem

Unternehmensprofil, sondern gerade auch durch das Fachwissen der Mitarbeiter. Ermutigen Sie Ihre Mitarbeiter, sich mit Geschäftspartnern zu vernetzen und in Ihrem Netzwerk interessante Links zu teilen oder sich in den Gruppen der Plattformen aktiv an Fachdiskussionen zu beteiligen. Geben Sie Ihnen dazu Social Media Guidelines (mehr dazu in Abschnitt 10.6, »Social Media Guidelines«) an die Hand, und bieten Sie spezielle Schulungen für die Business-Netzwerke an. Auf dem Unternehmensprofil Fachkompetenz zu zeigen, ist gut, wenn Sie dies durch kompetente, freundliche und hilfsbereite Mitarbeiter ergänzen können, wird es perfekt.

9.5.7 Slideshare und Scribd – zeigen Sie Ihr Wissen

Neben den großen Business-Netzwerken gibt es noch zwei Plattformen, die wie geschaffen für einen Auftritt im Business-Kontext sind. Slideshare (*http://slideshare.net*) und Scribd (*http://scribd.com*) sind Netzwerke, auf denen Sie Ihre Präsentationen, Studien und Whitepaper präsentieren und sich so mit Ihrem Wissen profilieren können. Der Fokus bei Scribd liegt, wie der Name schon sagt, auf Skripten, Handbüchern und anderen textlastigen Schriftstücken, während auf Slideshare primär Präsentationen zu finden sind. Sämtliche Inhalte, die Sie hier hochladen, können Sie bequem auf Ihrer Homepage oder Ihrem Blog einbinden. Wenn Sie es freigeben, können sogar Ihre Interessenten die Inhalte verbreiten. Slideshare ist dabei die bekannteste Plattform in diesem Bereich und zieht im Monat 25 Mio. Besucher an. Mitarbeiter aus Ihrem Unternehmen halten Vorträge auf Konferenzen, oder Sie haben die wichtigsten Erkenntnisse aus Ihrer letzten Studie anschaulich in PowerPoint aufbereitet? Perfekt, genau diese Inhalte sind interessant für Ihren Slideshare-Account. Der Basis-Account auf Slideshare ist gratis, die Premium-Version ab 19 US-Dollar im Monat bietet Ihnen unter anderem ausführliche Statistiken und die Möglichkeit zu Online-Meetings.

Bei der Nutzung von Slideshare oder Scribd gibt es die folgenden Punkte zu beachten:

- Achten Sie darauf, dass Ihre Folien oder Skripte einem hohen Anspruch an Professionalität und Struktur genügen, schließlich sollen diese die Kompetenzen Ihres Unternehmens widerspiegeln.
- Ob Sie Ihre Inhalte zum Download für jedermann freigeben oder nicht, ist Ihre Entscheidung. So oder so würde ich empfehlen, Ihr Branding auf den Dokumenten zu haben.
- Sie können Ihre Inhalte von Slideshare oder Scribd bequem auf Ihrer Website oder Ihrem Blog einbinden, die Plattformen generieren Ihnen dafür den passenden Code. Darüber hinaus können Sie Ihre Slideshare-Präsentationen auf Ihrem persönlichen LinkedIn-Profil anzeigen lassen.

- Achten Sie darauf, dass Sie die Rechte an verwendeten Bildern und Texten haben, sonst kann es auch hier zu einer Abmahnung kommen.
- Dies gilt auch für die Reaktion auf Kommentare oder Nachrichten.
- Auch hier gilt, eine gute Beschreibung und die passenden Keywords sind Pflicht.

Slideshare und Scribd stellen aus meiner Sicht eine perfekte Ergänzung für den Business-Kontext im Social Web dar.

9.5.8 Fazit Business-Netzwerke

Insbesondere im Bereich Employer Branding, Recruiting und der Positionierung in Bereich B2B bieten Ihnen Business-Netzwerke ideale Bedingungen für den Dialog mit potenziellen Kandidaten, Alumni und Geschäftspartnern. Auch wenn XING und LinkedIn lange nicht so gehypt sind wie der blaue Riese Facebook, lohnt es sich, hier Zeit und Geld zu investieren, wenn Ihre Ziele das Rekrutieren neuer Mitarbeiter, die Positionierung als Experte in Ihrer Branche (Thought Leadership) oder das Aufbauen langfristiger Geschäftskontakte beinhalten. Das Engagement in Business-Netzwerken ist besonders dafür geeignet, um die Verantwortung in den jeweiligen Fachabteilungen zu belassen. Ihre Aufgabe ist es an dieser Stelle, die Kollegen auf einen professionellen Auftritt in diesem Kontext vorzubereiten. Bieten Sie Schulungen für die unterschiedlichen Bedürfnisse an – von einfacher Nutzung der Netzwerke, über die Dos und Don'ts bis hin zu Hintergrundwissen über Recruiting in den Netzwerken. Darüber hinaus sollten Sie jederzeit als Ansprechpartner zur Verfügung stehen, falls Probleme oder Unsicherheiten auftauchen.

9.6 Videoportale (YouTube, Vimeo & Co.)

YouTube steht hinter Facebook auf Platz zwei der am häufigsten besuchten Seiten im Web und ist nach Google die am meisten genutzte Suchmaschine.[19] Darüber hinaus sind Videos, die auf die entsprechenden Stichwörter optimiert sind, sehr gut in der Google-Suche positioniert.

Dementsprechend bringt es große Vorteile für die Sichtbarkeit und die Reichweite mit sich, hier Inhalte zu platzieren. Dennoch scheuen sich viele Unternehmen davor, genau diesen Schritt zu tun. Vielleicht weil es »einfacher« ist, einen Post auf Facebook oder einen Blogbeitrag zu verfassen, als ein Video zu planen und zu produzieren. In diesem Abschnitt möchte ich Ihnen zeigen, dass es gar nicht so kompliziert ist, wie es scheint. Da YouTube mit Abstand das bekannteste Videoportal in Deutschland ist und die größte Reichweite hat, werde ich dies in den

---

19 Quelle: Google Ad Planner, *http://www.google.com/adplanner/static/de/top1000*

Mittelpunkt der Erläuterungen stellen. Die Tipps und Hinweise lassen sich aber genauso auf die alternativen Plattformen übertragen, die ich Ihnen in Abschnitt 9.6.7, »Alternativen zu YouTube«, vorstellen werde.

9.6.1 Zahlen und Fakten zu YouTube

Über eine Milliarde Besucher und mehr als vier Milliarden Stunden an geschauten Videos kann YouTube mittlerweile jeden Monat vorweisen. Ebenso beeindruckend ist, dass jede Minute 100 Stunden an Videomaterial hochgeladen wird.

Reichweite in den Zielgruppen

Auch im Bezug auf Zielgruppen hat YouTube eine immense Reichweite, diese beträgt beispielsweise für

- Männer zwischen 18 und 54 Jahren 53 %,
- Frauen zwischen 18 und 54 Jahren 46 % und
- Jugendliche zwischen 10 und 19 Jahren 58 %.

Unternehmen auf YouTube

Gemäß der Studie »Global Social Check-up 2012« der Agentur Burson-Marstella ist YouTube unter den »Fortune Global Top 100«-Unternehmen der am schnellsten wachsende Social-Media-Kanal.[20] Hatten im Jahr 2010 noch 50 % dieser Unternehmen einen eigenen YouTube-Kanal, so stieg diese Zahl in 2012 schon auf 79 %, Tendenz weiter steigend. Die Studie stellte außerdem fest, dass ein Unternehmenskanal im Schnitt 1.669 Abonnenten und 2.024.931 Views hat. Besonders erfolgreiche Videos von Unternehmen bringen es auf mehr als 50.000.000 Abrufe, wie ich Ihnen anhand von Beispielen im Verlauf dieses Abschnitts noch vorstellen werde.

Ein etwas differenzierteres Bild für Deutschland zeigt wiederum die Studie »Social Media in deutschen Unternehmen der Bitkom«.[21] Insgesamt setzen hier nur 28 % der Unternehmen YouTube im Rahmen der Social-Media-Strategie ein. Betrachten Sie die Zahlen jedoch nach Unternehmensgröße, so werden für Unternehmen mit 500 oder mehr Mitarbeitern glatte 81 % ausgewiesen. Entsprechend sind die Zahlen von kleineren Unternehmen mit weniger als 30 % deutlich geringer. Ich bin sehr gespannt darauf, wie sich diese Zahlen im Verlaufe des Jahres entwickeln.

---

20 *http://www.slideshare.net/BMGlobalNews/b-m-global-social-media-checkup-2012-deck-13341217*
21 *http://www.bitkom.org/files/documents/Social_Media_in_deutschen_Unternehmen.pdf*

Bundesregierung auf YouTube

Selbst die deutsche Bundesregierung hat Ihren eigenen YouTube-Kanal (http://www.youtube.com/user/bundesregierung), in dem sie unter anderem wöchentlich über das berichtet, was die Kanzlerin so gemacht hat (siehe Abbildung 9.32).

Abbildung 9.32 Die Woche der Kanzlerin auf YouTube

Der Kanal der Bunderegierung hat fast 9.500 Abonnenten, das beliebteste Video knapp 720.000 Abrufe, Platz drei und vier kommen noch auf über 70.000 Abrufe. Platz drei zeigt übrigens eine Aufnahme der Kanzlerin während eines Google-Hangouts zum Thema Integration.

9.6.2 Strategische Einordnung von Videoportalen

Die Frage, welche Ziele eine Präsenz auf YouTube & Co. unterstützen kann, ist entsprechend einfach zu beantworten. Sichtbarkeit, Reichweite und eine verbesserte Positionierung in Suchmaschinen sind die offensichtlichen Ziele. Dazu kommt der Aufbau einer Fangemeinde, Reputationsmanagement und Employer Branding sowie Recruiting.

Wenn Sie auf Ihrer Unternehmenswebsite oder im Blog Videos verwenden (möchten), ist eine Präsenz auf einer der Videoplattformen fast schon eine logische Konsequenz. Einerseits bieten Ihnen die Plattformen die Möglichkeit, Ihre Inhalte unkompliziert auf jeglichen Präsenzen einzubinden. Auf der anderen Seite bekommen Ihre Videos automatisch potenzielle neue Reichweite, wenn diese mit einem guten Titel, einer guten Beschreibung und passenden Stichworten versehen sind. YouTube gehört zu Google und da hauseigene Dienste durchaus ein Stück besser in der

Suche positioniert werden, eröffnet sich hier sogar die Chance, bei sehr beliebten Suchphrasen ganz vorne mit dabei zu sein.

Und zu guter Letzt wäre da auch noch der Vorteil, dass die Nutzer Kanäle auf den Videoplattformen abonnieren können und damit über Neuigkeiten informiert werden. Das bedeutet, Sie haben direkt potenzielle Zuschauer und Multiplikatoren, sobald Sie ein neues Video hochladen.

9.6.3 Was macht ein gutes Video aus?

Um ein Konzept für ein Video zu entwickeln, das aus der Masse heraussticht, stellt sich natürlich die Frage, was ein wirklich gutes Video ausmacht. Eines der bekanntesten Beispiele dafür, dass die Antwort hier nicht »hohes Budget« heißt, ist Gary Vaynerchuck. Mit seinem Videoblog Winelibrary (*http://tv.winelibrary.com*), erreichte er zuletzt mehr als 80.000 Zuschauer am Tag. Was er dafür tat, war sehr einfach. Er setzte sich an einen Tisch und probierte vor laufender Kamera die Weine, die es in dem Weinladen seiner Eltern gab. Wie das aussah, können Sie in Abbildung 9.33 sehen.

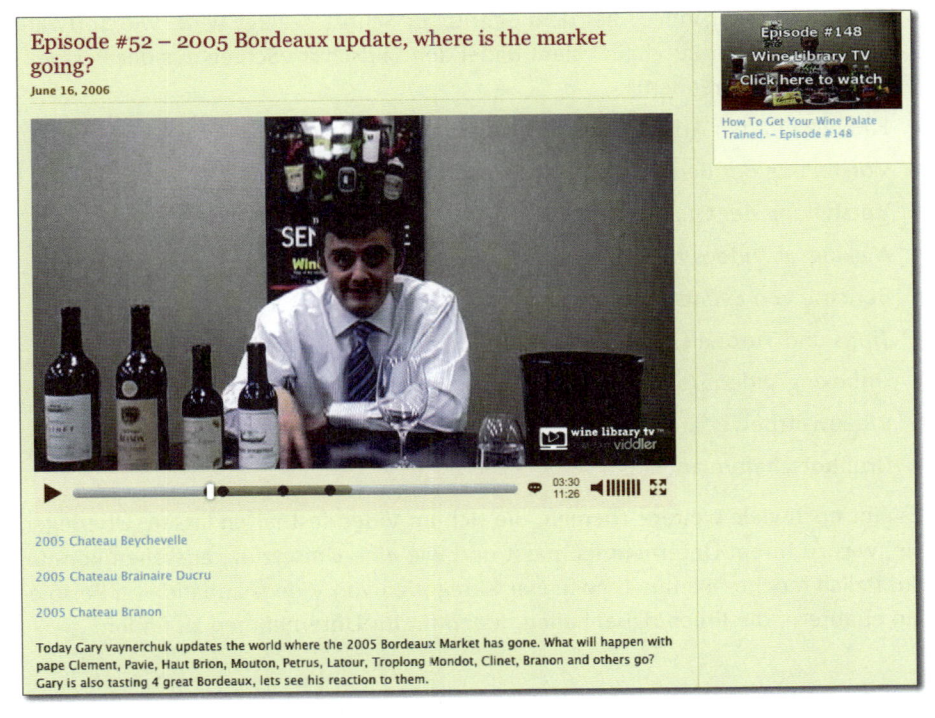

Abbildung 9.33 Folge 52 der Winelibrary

Ausschlaggebend für den Erfolg war hier die Persönlichkeit des Hauptdarstellers, der auf eine authentische Art und Weise und vielleicht nicht ganz regelkonform das tat, was er liebte. Nehmen Sie sich daran ein Beispiel.

> **Wie wird ein Video viral?**
> Eines der höchsten Ziele ist noch immer ein virales Video zu schaffen. Welche Faktoren dabei zu beachten sind, können Sie unter *http://bit.ly/1f5GqKj* nachlesen.

Videos, die gut funktionieren, sind in der Regel witzig, nützlich, interessant, sprechen den Zuschauer emotional an oder sind schlichtweg so seltsam, dass man Sie einfach teilen muss. Da all diese Attribute natürlich auch immer im Auge des Betrachters liegen, hier eine Liste von Ideen für Inhalte, die keinerlei Ansprüche auf Vollständigkeit erhebt.

- Interviews mit Experten
- Interviews mit Kunden
- Einblick in die Produktion
- Screencasts (ein Video, bei dem Schritt für Schritt gezeigt wird, wie Software funktioniert; der Zuschauer sieht dabei den Bildschirm/Screen aus der Perspektive des Vorführenden)
- Einblicke in den Arbeitsalltag der Mitarbeiter
- Vorstellung der Berufe in Ihrem Unternehmen
- Vorstellung der Quartalszahlen
- Making-of-Videos zu Werbespots
- Berichte von Events
- Tipps und Tutorials zu Produkten
- Unboxing Videos (auspacken von Produkt-Premieren)
- Videowettbewerbe
- Grußbotschaften an Fans

Es gibt noch viele weitere Themen, die sich im Video festhalten lassen. Überlegen Sie, was zu Ihrem Unternehmen passt und wie eine Umsetzung aussehen könnte. Zusätzlich möchte ich Ihnen noch vier Kategorien von Videos anhand von Beispielen erläutern, die Ihnen dabei helfen, Ideen für Ihr Unternehmen zu finden.

9.6.4 Videos, die Kunden helfen und sie inspirieren

Eigentlich ein sehr logisches Anwendungsszenario ist es, Kunden per Video zu zeigen, wie die eigenen Produkte funktionieren. Ein gutes Beispiel aus Deutschland ist hier der YouTube-Kanal von Bosch Heimwerken & Garten (siehe Abbildung 9.34): *http://www.youtube.com/user/BoschHeimwerkenDE*.

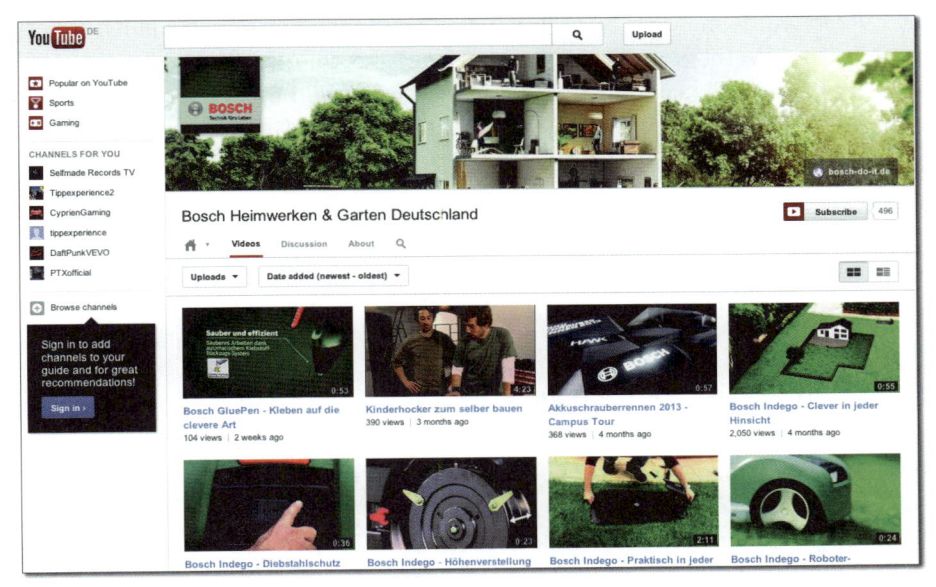

Abbildung 9.34 Der YouTube-Kanal von Bosch Heimwerken & Garten

Neben Produktvorstellungen und Erklärungen finden sich hier eine Reihe von Projekten, die zeigen, wie der Zuschauer zum Beispiel eine Torwand oder eine Hängeleuchte selber bauen kann. Image-Videoproduktionen wechseln sich hier mit lockeren Videos im Stil einer Heimwerkersendung ab. Eine gelungene Mischung, die Ihnen zeigt, wie ein derartiger Kanal für Ihr Unternehmen aussehen könnte. Ein weiteres gutes Beispiel in diesem Umfeld ist Stihl: *http://www.youtube.com/user/stihl*.

9.6.5 Werbung als Kunstform

Werbung, die bewegt, den Zuschauer mitten ins Herz trifft, ihn zum Lachen oder fast zum Weinen bringt, kann ein großer Hit auf YouTube werden. Das bekannteste Beispiel aus diesem Bereich ist die »Smell like a man«-Kampagne von Old Spice aus dem Jahr 2010 (*http://www.youtube.com/watch?v=owGykVbfgUE*). Im Hinblick auf die Abrufe hat die Pflegemarke Dove Anfang 2013 einen Spot produziert, der den Old Spice Mann überholt hat. Real Beauty Sketches (echte Skizzen der Schönheit) ist ein Spot, der auf die Differenz zwischen Selbst- und Fremdbild bei Frauen anspielt, zu sehen unter *http://www.youtube.com/watch?v=XpaOjMXyJGk*. Ein Phantombildzeichner zeichnet Frauen, einmal nach der eigenen und dann nach der

Beschreibung einer fremden Person. Die Auflösung zeigt alle Frauen sehr emotional und erstaunt.

Das Video wurde mehr als 50.000.000 Mal aufgerufen und wird als einer der erfolgreichsten Werbespots aller Zeiten auf YouTube gefeiert. In der gleichen Liga spielt übrigens auch das Video der tanzenden Babys von Evian (*http://www.youtube.com/watch?v=pfxB5ut-KTs*).

Wenn es um die Produktion Ihres nächsten Werbespots geht und das Marketing Sie um Ihre Meinung fragt, können Sie durchaus auf gute Beispiele in dieser Hinsicht verweisen. Darüber hinaus machen Ihre Werbespots auf YouTube durchaus Sinn, denn hier bekommen Sie das Feedback, dass Sie von TV-Zuschauern, wenn überhaupt, nur auf Umwegen bekommen.

9.6.6 Interaktive Videoerlebnisse

Die Königklasse unter den Videokampagnen ist aus meiner Sicht die Kreation von interaktiven Videoerlebnissen. Eines der bekanntesten Beispiele habe ich Ihnen bereits in Abschnitt 2.3.1, »Fachliche Kompetenzen«, kurz vorgestellt, die Tippexperience mit Jäger und Bär in der Hauptrolle. Um den Erfolg dieser Kampagne abseits der 46 Mio. Klicks ein wenig weiter zu verdeutlichen, möchte ich Ihnen noch ein paar weitere Zahlen vorstellen. Im Schnitt probierten die Nutzer aus 217 Ländern 15 verschiedene Wörter aus, auf Facebook gab es über 1 Mio. Shares, auf Twitter 220.000 Tweets und dazu 60.000 Onlineartikel.[22] Diese Zahlen entsprechen laut der ausführenden Agentur Buzzman einem Gegenwert von 3,2 Mio. €, die Gesamtkosten der Kampagne betrugen 900.000 €.

Für den Nachfolger (*http://www.youtube.com/user/Tippexperience2*), der die beiden Hauptakteure auf eine virtuelle Zeitreise schickte (siehe Abbildung 9.35), gab es übrigens bereits am ersten Tag über eine Millionen Besucher und mehr als 20 Millionen abgespielte Szenen in nur zwei Wochen.[23]

Sie fragen sich jetzt vielleicht, was das Geheimnis des Erfolgs hinter einer solchen Kampagne ist? Persönlich bin ich der Meinung, dass hier erfolgreich an den Spieltrieb der Menschen hinter den Bildschirmen appelliert und diese damit zu einem Teil der Kampagne gemacht haben. Dazu kommt der Spaßfaktor in Kombination mit der Herausforderung, immer wieder neue Kombinationen zu finden, die man mit seinen Freunden teilen kann, führten in meinem Umfeld zu regelrechten Wettbewerben, wer die lustigsten Wörter (Tipp-Experience 1) bzw. Jahre (Tipp-Experience 2) findet.

---

22 Buzzman Case Study: *http://www.youtube.com/watch?v=YhrWA9ET9us*
23 Buzzman Case Study II: *http://www.youtube.com/watch?v=bQfIGniyJe0*

Abbildung 9.35 Tipp-Ex-Geburtstagsparty im Jahre 1970

Aufgrund des hohen benötigten Budgets ist die interaktive Kampagne etwas, das nicht jedes Unternehmen stemmen kann. Dennoch sollten Sie sich in jedem Fall von dem Gedanken dahinter inspirieren lassen – Menschen lieben es, involviert zu werden und Teil von etwas zu sein, anstatt nur zuzuschauen.

9.6.7 Alternativen zu YouTube

Obgleich YouTube aufgrund der überragenden Größe mit Abstand das bekannteste Videoportal in Deutschland ist, gibt es einige kleinere Wettbewerber, auf die sich durchaus ein Blick lohnt. Im Folgenden stelle ich Ihnen die Alternativen kurz vor.

Vimeo

Aus meiner Sicht die beste Alternative zu YouTube, denn Vimeo (*http://vimeo.com*) bietet eine professionelle Videoseite ohne Werbung und Schnickschnack. Vimeo war die erste Plattform, die für alle Nutzer HD-Videos möglich machte, und die Community ist im Ton deutlich zahmer als die YouTube-Klientel. Ein weiterer großer Vorteil gegenüber dem Platzhirschen YouTube ist, die Rechte an dem hochgeladenen Material bleiben bei demjenigen, der das Video hochgeladen hat.

Der bekannteste Nutzer auf Vimeo ist wohl das amerikanische Weiße Haus (*http://vimeo.com/channels/whitehouse*), aber auch die Luxusmarken Chanel (*http://vimeo.com/chanel*) und Rolex (*http://vimeo.com/rolexawards*) haben hier eine Präsenz.

In dem Gratis-Account auf Vimeo sind ausdrücklich nur nichtkommerzielle Videos erlaubt, entsprechend müssen Unternehmen einen Vimeo-Business-Account buchen. Dieser bietet jedoch für 159 € im Jahr eine Menge fürs Geld. 50 Gigabyte Speicher, Statistiken und suchmaschinenoptimierte Seiten sind nur ein paar der Benefits, die Sie sich ausführlich unter *http://vimeo.com/business* ansehen können.

MyVideo

MyVideo (*http://myvideo.de*) ist das größte deutschsprachige Videoportal und gehört zum Großteil der SevenOne Intermedia GmbH, einer Tochter der ProSieben-Sat.1-Gruppe. Das Videoportal gehört mit 7,69 Mio. Besuchern im Monat zu den 25 reichweitenstärksten Seiten in Deutschland. Über die Hälfte der Nutzer ist jünger als 30 Jahre, die Zielgruppe zwischen 14 und 19 Jahren ist hier besonders gut zu erreichen. Einen »Branded Channel« gibt es auf MyVideo nicht, Sie können sich aber unter *http://www.myvideo.de/werbung* über die Werbemöglichkeiten auf dieser Plattform informieren.

Dailymotion

Dailymotion ist ein Videoportal aus Frankreich, welches pro Monat 116 Mio. Besucher vorweisen kann. Nutzer können hier Videos mit einer Länge von bis zu 60 Minuten und einer Größe von zwei Gigabyte hochladen. Als offizieller Content-Partner können Sie auf Dailymotion einen Kanal in Ihrem Corporate Design oder sogar Live-Streams betreiben. Die Deutsche Welle macht von dieser Möglichkeit unter *http://www.dailymotion.com/DW_Deutsch* gebrauch. Weitere Informationen zu dem Official-Content-Programm finden Sie unter *http://www.dailymotion.com/de/content/official*.

9.6.8 Webvideos sind mehr als Spielerei

In Deutschland gibt es mit dem Webvideopreis (*http://webvideopreis.de*) mittlerweile einen eigenen Award nur für diese Form der Videos. Bei der Abstimmung über die Gewinner im Jahr 2013 nahmen über 300.000 Personen teil. Auf der Gala im Düsseldorfer Capitol wurden die Preise vor mehr als 1.000 Menschen von der bekannten Fernsehmoderatorin Miriam Pielhau überreicht. Besonders interessant für Unternehmen ist an dieser Stelle der Sonderpreis mit Namen »Silberner Sellerie«, der der goldenen Himbeere entspricht und für das schlechteste professionell produzierte Video überreicht wird. Nominiert in dieser Kategorie waren bereits renommierte Unternehmen wie McDonald's, Edeka und BMW. Wenn Sie also wissen möchten, wie Sie es nicht tun sollten, schauen Sie auf der Webseite des Webvideopreises unter *http://webvideopreis.de/nominiert/fail* vorbei.

> **Profi-Tipps für Video-Inhalte**
> Auf meinem Blog *http://bit.ly/1f5JqGu* habe ich für Sie eine umfassende Liste an Punkten zusammengestellt, die ich im Gespräch mit Profis für Video-Inhalte als Erfolgsfaktoren identifiziert habe.

9.6.9 Fazit Videoportale

Ob aufwendig produzierte Kampagnen oder Videos, die Sie selbst mit der HD-Kamera aufnehmen, Bewegtbild wirkt und birgt große Potenziale im Hinblick auf Reichweite und Sichtbarkeit Ihres Unternehmens. Entsprechend ist es definitiv eine Überlegung wert, ob Sie YouTube oder eine der anderen Videoplattformen als Außenposten mit in Ihre Social-Media-Strategie aufnehmen.

9.7 Fotoplattformen

Das Thema Fotoplattformen erlebte in den letzten Jahren mit dem Aufkommen von immer besseren Kameras in Smartphones und Foto-Apps wie Instagram einen regelrechten Boom. Jetzt waren es nicht mehr nur die Fotografen und Geeks, die Ihre Bilder online zur Schau stellten, sondern jedermann kann mit Hilfe von Filtern aus mittelmäßigen Aufnahmen vorzeigbare Bilder machen. Ein Instagram-Foto schaffte es auf das Cover der New York Times und das Time Magazin ließ die Dokumentation über die Folgen des Hurrikans Sandy via Instagram durchführen.[24] Aber auch abseits der Foto-Apps rücken Bilder weiter in den Mittelpunkt. Pinterest, das den Fokus auf der visuellen Sammlung von Links hat, wurde Anfang 2012 die Seite, die in der Geschichte des Internets am schnellsten mehr als 10 Mio. Besucher im Monat erreichte. Das Fotoportal Flickr erstrahlt Mitte 2013 nach einer Generalüberholung im neuen Glanz und bietet jetzt jedem Nutzer ein Terrabyte an Speicher, und das gratis.

Der Bedeutung von Fotoportalen und -Communitys für Ihre Social-Media-Strategie werde ich in diesem Abschnitt auf den Grund gehen.

---

24 *http://lightbox.time.com/2012/10/30/in-the-eye-of-the-storm-capturing-sandys-wrath/#3*

9.7.1 Strategische Einordnung von visuellen Plattformen

Ein Bild sagt mehr als 1.000 Worte, schon dieses alte Sprichwort drückt den Mehrwert eines Bildes gegenüber Text aus. Bilder sind in der Lage, ganze Botschaften zu transportieren und selbst komplizierte Sachverhalte einfach darzustellen. In Abschnitt 11.3.4, »Multimediale Ergänzung für Ihre Beiträge«, habe ich bereits erwähnt, dass Bilder die Interaktion mit einem Post auf Facebook zwischen 120 % und 180 % erhöhen. Kurzum, Bilder sind wichtig für Ihr Engagement in den sozialen Medien, was aber heißt dies für die Nutzung von Fotoportalen und Communitys? Mit jeder weiteren Plattform steigt der administrative Aufwand, dennoch bieten Ihnen die Netzwerke, unabhängig von der konkreten Ausrichtung, die folgenden Vorteile:

- **Reichweite und Sichtbarkeit für Ihre Bilder**: Unabhängig davon, ob Sie Ihre Bilder auf einem Fotoportal wie Flickr ablegen oder einen eigenen Fotostream auf Instagram haben, Ihre Kunden können Ihre Bilder finden, wenn diese danach suchen.

- **Futter für Suchmaschinen**: Genauso wie Videos sind auch Bilder für Suchmaschinen relevant, wenn Sie diese vernünftig benennen und mit den passenden Schlagworten ausstatten. Darüber hinaus können Sie auf allen Plattformen ein persönliches Profil inklusive Link zu Ihrer Homepage erstellen.

- **Zusätzlicher Außenposten und Online-Speicher (gratis)**: Mit dem Mehraufwand eines weiteren Profils geht natürlich auch der Vorteil einher, einen weiteren Außenposten in Ihrem Social-Media-Universum zu haben. Darüber hinaus bieten Ihnen die meisten Plattformen mindestens eine gute Basis an freiem Speicherplatz an. Sprich, Sie können Ihre Bilder gratis online speichern, haben von jedem Rechner der Welt aus zugriff darauf und können sie von dort aus überall einbinden.

- **Eine Community um Ihre Bilder**: Die meisten Plattformen ermöglichen Profile, Kontakte, Likes und Kommentare und bieten damit alle Voraussetzungen für eine Community. Nutzen Sie diese Chance, interagieren Sie, vernetzen Sie sich mit anderen Nutzern, und gehen Sie einen Dialog ein.

Ich möchte Ihnen im Folgenden drei sehr unterschiedliche visuelle Plattformen vorstellen, die allesamt relevant für Ihre Social-Media-Strategie sein können.

9.7.2 Instagram – Fotos, Filter und Facebook

Instagram (*http://instagram.com*) lässt seine Nutzer die Welt mit anderen Augen sehen, oder besser gesagt durch andere Filter. Im Oktober 2010 wurde die Foto-Sharing Community Instagram als iPhone-App veröffentlicht, erst im April 2012 folgte eine Version für Android. Zur Nutzung der Apps ist eine Mitgliedschaft auf Instagram Pflicht. Als Mitglied können Sie sich ein Profil anlegen, Bilder hochladen und taggen, anderen Nutzern folgen sowie Bilder kommentieren und liken. Die App ermöglicht, aufgenommene Fotos mit Filtern, Rahmen und Weichzeichnungseffekten so zu verändern, dass selbst aus schlechten Aufnahmen ansehnliche Bilder werden.

Facebook kaufte das Unternehmen im Jahr 2012 für eine Milliarde US-Dollar, hat aber angekündigt, die Plattform unabhängig von Facebook weiterzuentwickeln und auszubauen. Die Eröffnung von Webprofilen im November 2012, die Personen und Unternehmen eine ähnliche Präsenz bietet, wie eine Facebook-Page, könnte an dieser Stelle als Annäherung der Services gewertet werden. Wenige Monate später folgte der Web Feed, in dem sich Nutzer Ihren Instagram-Fotostream auch im Web anschauen können.

Instagram hat Mitte 2013 mehr als 90 Mio. aktive Nutzer im Monat, die 40 Mio. Bilder am Tag hochladen und 8.500 Likes pro Sekunde verteilen.

9.7.3 Instagram im Unternehmenseinsatz

Die Agentur Simplymeasured fand heraus,[25] dass bereits 59 % der Top 100 der globalen Unternehmen einen Instagram-Account haben und 55 % diesen aktiv als Teil Ihrer Social-Media-Strategie nutzen. 98 % dieser Unternehmen teilen Ihre Bilder auf Facebook und 59 % auf Twitter. Für Deutschland gibt es leider keine konkreten Zahlen, gefühlt gibt es aber noch viel Potenzial nach oben. Instagram bietet Unternehmen eine einfache Möglichkeit, um die eigene Geschichte mit Bildern zu bereichern oder Fans daran teilhaben zu lassen. Insbesondere eignen sich dafür die Funktionen Hashtags und Markierung von Accounts.

Hashtags

Genauso wie bei Twitter können Sie auf Instagram Ihre Botschaft mit einem Schlagwort versehen und damit einem Thema zuordnen. Lassen Sie sich aber nicht dazu verleiten, ein Foto mit vielen Hashtags zuzukleistern, damit Sie möglichst oft in den Suchergebnissen auftauchen. Vieltagger, insbesondere die, die irreführende Tags vergeben, werden als Spammer wahrgenommen. In diese Kategorie möchten Sie nicht fallen. In der Regel reichen ein bis zwei Tags aus, wenn es unbedingt mehr sein muss, sollten Sie die Grenze von sechs nicht überschreiten.

---

25 *http://bit.ly/13zBRSd*

> **Mit oder ohne Filter?**
> Persönlich bin ich ein Fan der Möglichkeiten, die Instagram mit seinen Filtern für das kreative inszenieren von Fotos einräumt. Die Studie von Simply Measured zeigte hier, dass Fotos mit Filtern im Durchschnitt leicht höhere Engagement-Raten haben, als ungefilterte Bilder. Das höchste Engagement bringt dabei der Filter Hudson.

Markieren von Accounts

Seit Mai 2013 ermöglicht Instagram das Taggen von Nutzern oder besser gesagt Accounts auf Bildern. Diese getaggten Bilder zu einem Account werden sowohl auf den Profilen in der App als auch im Onlineprofil angezeigt. Dieser Schritt ermöglicht eine Interaktion mit Ihrem Unternehmen, ohne dass der Nutzer einen bestimmten Hashtag wissen muss. Dieser Prozess läuft bei manchen Marken ganz von allein. So hat die Restaurantkette Vapiano bereits mehr durch Nutzer getaggte Bilder, als sie selbst Bilder hochgeladen hat.

In Abbildung 9.36 zeigt die linke Seite Bilder von Vapiano selbst, auf der rechten Seite sehen Sie die Bilder von Nutzern, die Vapiano getaggt haben.

Abbildung 9.36 Vapiano in der Instagram iPhone App

Videos auf Instagram

Ende Juni 2013 veröffentlichte Instagram eine eigene Videofunktion und tritt damit in Konkurrenz zu Twitters Vine. Videos auf Instagram können 15 Sekunden lang sein und direkt innerhalb der App bearbeitet und mit 13 verschiedenen Filtern aufgehübscht werden. Anwendungsszenarien sehe ich dort, wo ein kurzes Video einen kurzen Überblick über eine komplexe Situation geben kann, bei der ein Foto nicht so gut funktioniert. Eine andere Idee wären zum Beispiel kurze Testimonials von Kunden.

9.7.4 Best Practices auf Instagram

Wenn Sie Instagram für Ihr Unternehmen einsetzen, habe ich hier ein paar erfolgreiche Anwendungsbeispiele für Sie.

Aus dem Arbeitsalltag – Blick hinter die Kulissen

Auch auf Instagram gilt: Ihre Fans möchten Einblicke, die sie sonst nicht bekommen. Zeigen Sie die Menschen, die Ihr Unternehmen ausmachen, geben Sie Einblicke in den Arbeitsalltag und hinter die Kulissen. Da kann der süße Hund der Kollegin genauso interessant sein, wie ein Bild aus dem Labor oder ein Schnappschuss während des Fotoshootings für die neue Kollektion. Letzteres macht zum Beispiel das Modehaus Lodenfrey aus München (siehe Abbildung 9.37): *http://instagram.com/lodenfrey*.

Abbildung 9.37 Hinter den Kulissen beim Lodenfrey-Dirndl-Shooting

Versetzen Sie sich in Ihre Zielgruppe hinein, und überlegen Sie, was Sie an deren Stelle gerne sehen würden.

Mehr Livestyle, weniger Salestagram

Instagram startete als App, in der Freunde und gleichgesinnte Fotos austauschen konnten. Zwar ist der ursprüngliche, private Charakter spätestens seit den öffentlichen Profilen ein wenig dahin, dennoch ist Instagram nicht der richtige Ort für platte Werbung. Respektieren Sie dies, und denken Sie darüber nach, ob Ihre Marke in der Lage ist, ein Lebensgefühl, eine Leidenschaft oder einen Leitgedanken zu transportieren. Wenn Sie hier einen zentralen Punkt finden, wie zum Beispiel der österreichische Getränkehersteller Red Bull mit #GivesYouWings (siehe Abbildung 9.38), haben Sie den idealen Rahmen für Ihr persönliches Lifestylemagazin.

Abbildung 9.38 Red Bull auf Instagram

Produktwerbung, ohne zu nerven

Wenn Sie unbedingt Ihre Produkte auf Instagram in den Mittelpunkt der Bilder stellen müssen, tun Sie dies bitte auf eine kreativ-menschliche Weise. Machen Sie Bilder, die Ihre Kunden nicht in der Werbung oder in Zeitschriften sehen. Überraschen Sie mit wunderschönen, witzigen, oder total durchgeknallten Bildern. Lassen Sie Ihrer Kreativität freien Lauf.

Fanfotos und Wettbewerbe

Über die Nutzung von Hashtags können Sie ganz einfach Fotos von Ihren Fans und Followern sammeln oder sogar einen Wettbewerb veranstalten. Liefern Sie Ihren Followern und Fans einfach ein passendes Hashtag zu dem jeweiligen Anlass. Mercedes Benz hat beispielweise im Rahmen einer Aktion Fotos der Fans unter dem Hashtag *#mbfanphoto* gesammelt und die besten Bilder auf Facebook präsentiert (siehe Abbildung 9.39).[26]

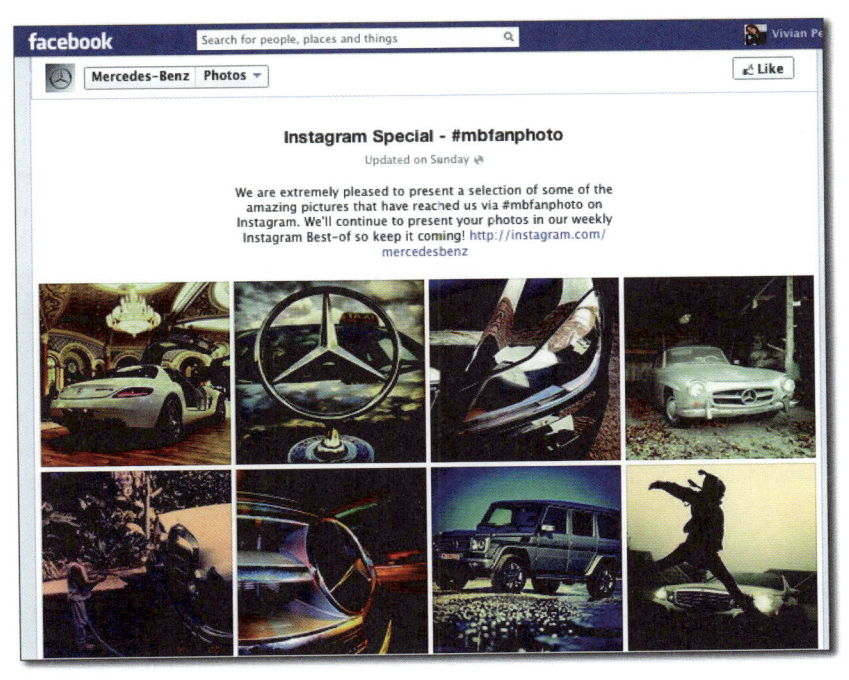

Abbildung 9.39 Das Album #mbfanphoto auf Facebook

Um dauerhaft einen Anreiz in der Community zu belassen, wird weiterhin wöchentlich das beste Bild mit #mbfanphoto auf Instagram prämiert.

Tools für einen Instagram-Tab auf Facebook

Natürlich können Sie es wie Mercedes Benz machen und ausgewählte Bilder auf Facebook hochladen, eine Alternative wäre eines der folgenden Tools:

Instakeeeb, ein Produkt aus dem Hause Keeeb, auf das ich im Rahmen von Pinterest noch zu sprechen komme, sammelt für Sie automatisch alle Bilder zu einem Hashtag. Diese lassen sich dann mit wenigen Klicks als App auf der eigenen Facebook-Seite

---

26 Das Album finden Sie unter *http://on.fb.me/ZGXmA4*.

> integrieren. Als kostenpflichtigen Service bietet Instakeeeb auch ein Wettbewerbsmodul für Facebook an inklusive Administration, Leaderboards und Voting. Alle Informationen zu Instakeeeb finden Sie unter *http://keeeb.com/info/de/instakeeeb*.
>
> **Stati.gram** bietet Ihnen auch eine App für Facebook sowie eine Galerie für Wordpress und ebenso ein Toolkit für die Abwicklung von Wettbewerben. Informationen finden Sie unter *http://statigr.am/instagram-promote*. Statigram bietet übrigens auch eine sehr gute Suche für Instagram an.

Events visuell begleiten

In der Barcamp-Szene seit Jahren ein Selbstläufer, im Unternehmenskontext noch viel zu selten genutzt – die Begleitung eines Events über ein bestimmtes Hashtag. Möglichst kurz und eindeutig sowie deutlich kommuniziert, können alle Besucher Ihre Bilder mit dem Hashtag ergänzen. Die Zuschauer an den Bildschirmen haben nun die Chance, gezielt nach diesem Schlagwort suchen, um sich einen Eindruck von dem Event zu verschaffen. Für das Communitycamp 2013 in Berlin wählten wir beispielsweise das Hashtag *#ccb13*, um das Camp medienübergreifend zu begleiten. Zur re:publica 2013 gab es eine von der Community organisierte Aktion, an der die Besucher über das Hashtag *#rp13story* teilnehmen konnten.[27] Die Ergebnisse der Aktion finden Sie auf dem zugehörigen Pinterest-Board von Klaus Eck *http://pinterest.com/klauseck/fotoparade-zur-republica-2013*. Wo ich schon bei Pinterest bin, mache ich hier direkt mit dem zweiten Vertreter der Kategorie visuelle Plattformen weiter und steige direkt in die Betrachtung ein.

9.7.5 Pinterest – visuelles Social Bookmarking

Pinterest, ein Wortspiel aus Pinboard (Pinnwand) und Interest (Interesse), ist ein visueller Social-Bookmarking-Dienst, auf dem die Nutzer Bilder mit einer kurzen Beschreibung (Pins), auf virtuellen Pinnwänden (Boards) festhalten können (siehe Abbildung 9.40). Mit Hilfe einer kleinen Browsererweiterung kann so jedes beliebige Bild aus dem Internet in dem passenden Album abgelegt werden.

Als angemeldeter Nutzer können Sie anderen Mitgliedern folgen und bekommen dann auf der Startseite deren Pins angezeigt. Jeder dieser fremden Pins kann geliket und in die eigenen Boards weitergepinnt werden. Im Unterschied zu Instagram geht es bei Pinterest nicht primär um selbst gemachte Fotos, sondern um interessante Bilder, die die Nutzer sammeln und mit der Community teilen.

In Deutschland sind die Besucherzahlen von Pinterest von April 2012 bis April 2013 um glatte 181 % auf 864.000 angestiegen, und in den USA hat das Portal mit

---

27 *http://pr-blogger.de/2013/04/30/visuelles-storytelling-blogparade-zur-republica-2013*

mehr als 35 Mio. Besuchern sogar den Bloggingdienst Tumblr im Hinblick auf Reichweite überholt. Interessant ist auch, dass der Großteil der Pinterest-Nutzerschaft weiblich ist. In den USA liegt der Anteil bei etwa zwei Dritteln, in Europa sind es auch noch mehr als 60 %.

Pinterest ist im Browser sowie auf iPhones, iPads und Android-Geräten nutzbar.

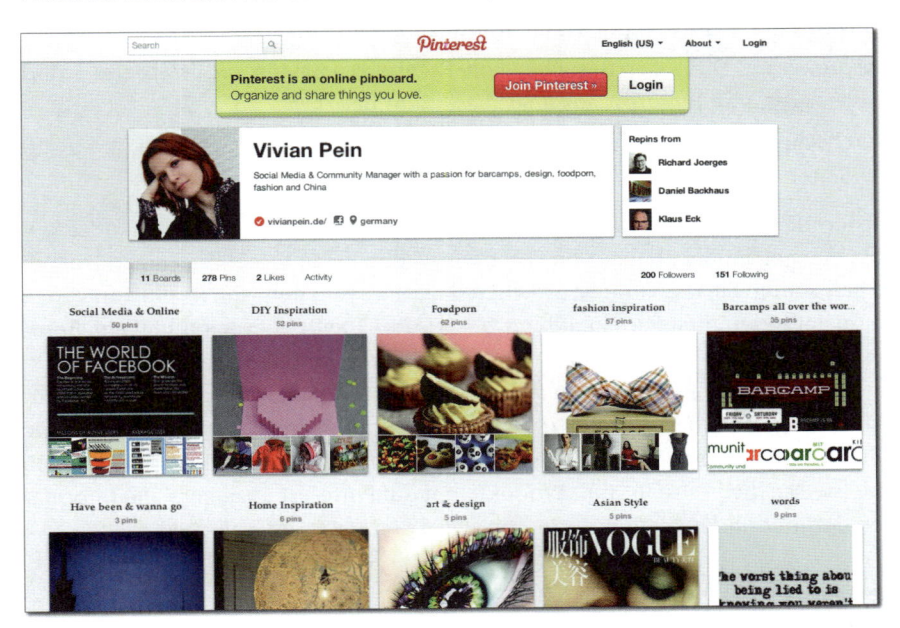

Abbildung 9.40 Boards auf Pinterest

9.7.6 Anwendungsszenarien für Pinterest im Unternehmen

Aus meiner Sicht gibt es drei hauptsächliche Anwendungsszenarien für Unternehmen: eine passive Variante, in der Pinterest primär als virtuelles Schaufenster und Traffic-Lieferant eingesetzt wird, eine aktive Variante mit einem vollen Engagement und eine Variante, die im Mittelfeld liegt und primär als Social Media Newsroom (siehe Abschnitt 7.2.6, »Social Media Newsroom«) fungiert.

Pinterest als Traffic-Lieferant

Hinter jedem Pin steckt die Original-URL eines Bildes. Wenn von Ihrer Website ein Bild gepinnt wird, gelangt jeder Besucher auf Pinterest mit einem Klick direkt auf Ihre Website. Bemerkenswert sind in diesem Zusammenhang die Studienergebnisse von BloomReach.[28] Diese untersuchten für eine Reihe von Kunden aus dem

---

28 http://www.bloomreach.com/2013/04/facebook-vs-pinterest-youre-investing-but-what-are-your-goals

Einzelhandel, wie sich der Traffic von Pinterest und Facebook auswirkt. Obwohl Facebook für die besagten Unternehmen mehr als das 7,5-Fache an Traffic auf die Webseite leitete, liegt Pinterest weit vorne im Hinblick auf:

- Ausgaben: Die Besucher von Pinterest gaben 60 % mehr aus als die von Facebook.
- Conversionrate: 22 % mehr Traffic führte zu einem Einkauf.
- Absprungrate: 90 % der Besucher von Facebook klicken die Webseite sofort wieder weg, von Pinterest aus liegt diese Rate bei 75 %.
- Durchschnittliche Seiten pro Besuch: Nutzer von Pinterest sahen sich im Schnitt 2,9 Seiten an, die von Facebook nur 1,6 Seiten.

Besucher, die über Pinterest auf Ihre Website kommen, stehen einem Kauf aufgeschlossener gegenüber als jene von Facebook. Wenn Ihr Unternehmen einen Onlineshop hat, sollten Sie die Verantwortlichen dazu anregen, den »Pin it«-Button in den Shop zu integrieren (siehe Abbildung 9.41, roter Pfeil). Dieser ermöglicht Besuchern, Ihre Produkte mit nur einem Klick auf Pinterest zu bringen. Die Möglichkeit, einen individuellen Button zu gestalten, finden Sie unter *http://business.pinterest.com/widget-builder/#do_pin_it_button*. Darüber hinaus haben Sie auch die Möglichkeit, die Grundlage für sogenannte *Rich Pins* zu schaffen. Rich Pins können beispielsweise die Preise für Ihre Produkte mit auf Pinterest anzeigen, alle Informationen darüber finden Sie hier: *http://business.pinterest.com/rich-pins*.

Pinterest als virtuelles Schaufenster

Trotz des guten Traffics, den Pinterest bringen kann, sollten Sie prüfen, ob die Plattform wirklich zu Ihrer Zielgruppe passt. Ein Best-Practice-Beispiel ist hier DaWanda, eine Verkaufsplattform für Handarbeiten.

DaWanda passt perfekt zu Pinterest, da die Zielgruppe ideal übereinstimmt, denn bei den überwiegend weiblichen Nutzern rangieren Themen wie DIY, Mode und Inneneinrichtung ganz weit vorne. Aus diesem Grund ist es auch sinnvoll, dass DaWanda neben jedem Artikel die Möglichkeit zum Pinnen der Seite anbietet (siehe Abbildung 9.41, roter Pfeil). Pinterest wird so zum zusätzlichen virtuellen Schaufenster für potenzielle Kunden.

Pinterest als Magazin

Die Nutzer auf Pinterest sind auf der Suche nach Inspiration. Wenn Sie dafür sorgen, dass sie diese auf Ihren Boards finden, werden Sie dafür mit Followern belohnt. Überlegen Sie sich genau, welche Werte und Ideale Ihre Marke transportiert und welche Themen Sie passend dazu abbilden möchten. So könnte ein Joghurthersteller beispielsweise die Themen gesunde Ernährung und aktiver Lebensstil in den Mittelpunkt stellen, während ein Verlag für Reiseliteratur wie Marco Polo (*http://pinterest.com/MarcoPoloOnline*) natürlich alles rund um das Thema Reisen sammeln kann.

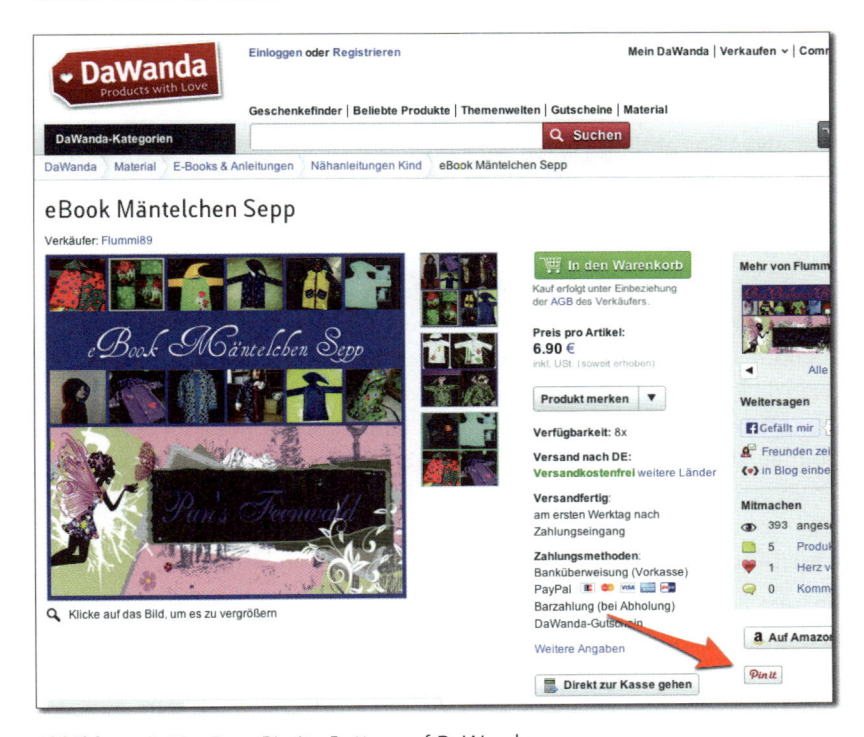

Abbildung 9.41   Der »Pin it«-Button auf DaWanda

> **Rechtliche Stolperfallen bei Pinterest**
>
> Da Pinterest beim Pinnen eines Bildes eine Kopie macht, macht sich der Pinner haftbar, wenn er nicht eine Einwilligung des Urhebers hat. Zu diesem Thema finden Sie Informationen in Abschnitt 8.5, »Nutzung von Bildern und Videos«, sowie einen ausführlichen Artikel von Thomas Schwenke in der t3n unter *http://t3n.de/news/pinterest-rechtlichen-grenzen-364782*.

Pinterest als Social Media Newsroom oder Online-Portfolio

Sie können Ihre Pinterest-Boards als Social Media Newsroom einrichten, indem Sie hier Artikel, die im Social Web über Ihr Unternehmen verfügbar sind, einsortieren. Das können Presseberichte, Blogbeiträge, Fotos, Videos oder Referenzen sein. Verschaffen Sie sich und interessierten Lesern einen Überblick über das, was über Sie gesprochen wird.

9.7.7 Tipps für Pinterest

Wenn Sie sich für einen aktiven Auftritt auf Pinterest entscheiden, möchte ich Ihnen noch ein paar Tipps mitgeben, wie Sie diesen erfolgreich gestalten.

Melden Sie sich mit einem Business-Account an

Pinterest bietet spezielle Business-Accounts für Unternehmen an *http://business.pinterest.com*. Ein großer Vorteil sind hier aktuell die kostenlosen Analyse-Tools, für die Zukunft hat Pinterest weitere Funktionen angekündigt.

Grundlage vor dem Start

Bevor Sie an Ihre Fans und Follower kommunizieren, dass Sie jetzt auch auf Pinterest unterwegs sind, sollten Sie sich die Zeit nehmen, um eine solide Grundlage zu schaffen. Richten Sie Ihre Boards ein, und befüllen Sie diese jeweils mit mindestens zehn bis zwanzig Pins. Bieten Sie Ihren Fans etwas zum Gucken, damit diese einen Anreiz haben, Ihnen zu folgen. Darüber hinaus sollten Sie in Ihrer Profilbeschreibung zusammenfassen, was diese erwarten können, wenn Sie Ihre Boards oder gleich Ihren Account abonnieren.

Gute Beschreibungen und Tags

Egal ‚ob Pin oder Board, nutzen Sie aussagekräftige Beschreibungen für Ihre Inhalte. Sie haben zwar für jeden Pin 500 Zeichen frei, ideal sind trotzdem kurze, prägnante Beschreibungen mit den passenden Schlagwörtern. Dazu können Sie genauso wie auf Facebook und Twitter Hashtags verwenden, um Ihre Bilder einer Kategorie zuzuordnen. Achten Sie darauf, dass das Hashtag Ihr Produkt gut beschreibt, denn viele Nutzer verändern die Tags beim Repinnen eines Bildes nicht.

Optimieren Sie Ihre eigenen Bilder

Optimieren Sie Bilder auf Ihrer Website mit aussagekräftigen Dateinamen. Wenn Sie selbst Bilder auf Pinterest hochladen, sollten Sie diese im Anschluss bearbeiten und einen Link auf Ihre Website einfügen.

Mehr als ein Katalog

Pinterest ist nicht nur ein Katalog, sondern vielmehr eine Plattform für gesammelte Inspirationen. Posten Sie also nicht nur normale Bilder von Ihren Produkten oder Dienstleistungen. Zeigen Sie, was Ihre Fans damit machen können, und befüllen Sie genauso Boards mit Dingen, die wenig mit Ihrem Unternehmen zu tun haben. Eine gute Mischung macht hier die Modemarke Esprit vor (siehe Abbildung 9.42; *http://pinterest.com/espritofficial*)

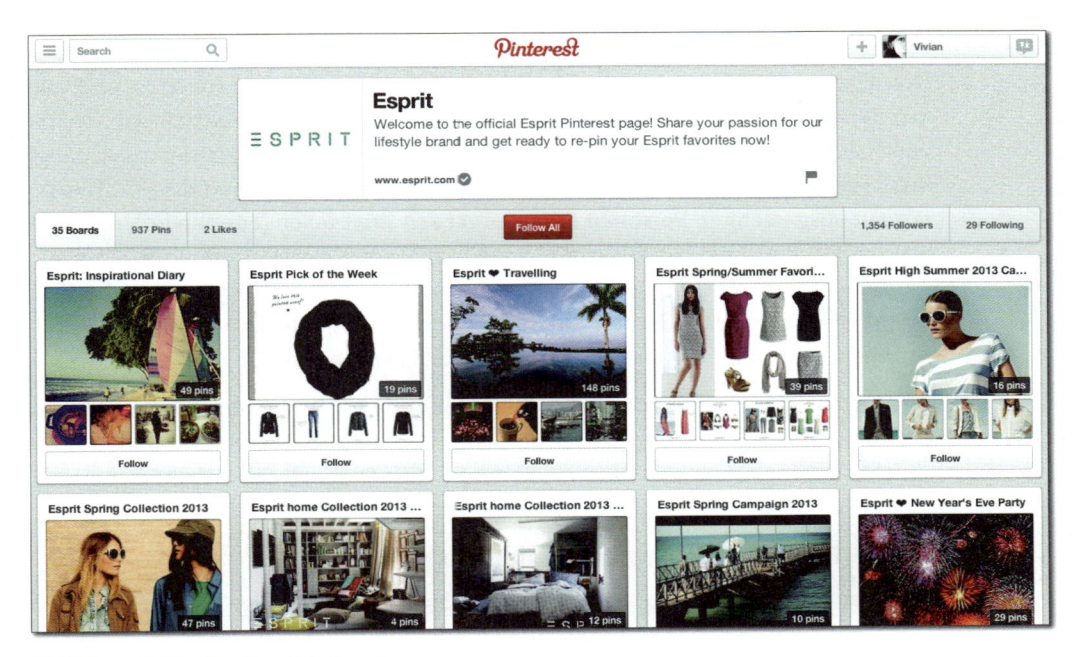

Abbildung 9.42 Esprit auf Pinterest

Neben den Produkten der Woche, werden Kombinationsmöglichkeiten gezeigt und Reisedokumentationen sowie Veranstaltungsberichte in Pins verwandelt.

Menschlich und Social

Vergessen Sie nicht, dass Pinterest eine Social-Media-Plattform und keine Werbesendung ist. Tauschen Sie sich mit anderen Nutzern aus, durchstöbern Sie die Plattform nach Pins, die zu Ihrem Unternehmen passen, und teilen Sie diese weiter. Verteilen Sie Likes, und antworten Sie auf Kommentare. Zeigen Sie mit Ihren Pins das Gesicht des Unternehmens.

Alternativen zu Pinterest

Im Bereich des visuellen Bookmarkings stellt die Plattform Keeeb *http://keeeb.com* aus Hamburg eine schöne Alternative dar. Besonders häufig wird diese zum Zeigen von Portfolios genutzt. Insbesondere gefällt mir an Keeeb die Möglichkeit, mit mehreren Personen eine Themenseite zu befüllen.

Als Alternative mit einer überwiegend männlichen Zielgruppe positioniert sich Gentlemint *http://gentlemint.com*. In Deutschland wird die Plattform jedoch sehr wenig genutzt.

9.7.8 Flickr – die klassische Fotocommunity

Der Klassiker und gleichzeitig Platzhirsch unter den Fotocommunitys ist Flickr *http://flickr.com*. Die Plattform wurde 2004 gegründet und bereits ein Jahr später von Yahoo gekauft. Öffentliche Medien auf Flickr sind ohne Registrierung zugänglich. Registrierte Nutzer können Fotos und Videos hochladen und diese entweder nur mit ausgewählten Personen oder der ganzen Welt teilen. Für den letzteren Anwendungsfall ermöglicht Flickr die Markierung mit Creative-Commons-Lizenzen, die ich Ihnen in Abschnitt 8.5.2, »Bilder aus Stockarchiven«, erläutert habe. Das macht Flickr zu einer beliebten Quelle für Bilder in Blogartikeln und anderen Publikationen. Neben der Online-Version gibt es Flickr-Apps für iOS und Android.

Im Mai 2013 veröffentlichte Flickr ein komplett neues Design und für jeden registrierten Nutzer ein Terrabyte Speicherplatz, was im Schnitt 500.000 Bildern entspricht. Darüber hinaus werden die Bilder in Ihrer Originalqualität gespeichert.

9.7.9 Flickr im Unternehmenskontext

Flickr ist ein beliebtes Tool im Rahmen des Social-Media-Mixes. Dies geschieht in einer Reihe von unterschiedlichen Anwendungsszenarien.

Überall verfügbares Backup

Nach der Rundumerneuerung in 2013 ist ein erster Anwendungsfall, unabhängig davon, ob im privaten oder im beruflichen Kontext, fast schon obsolet. Keine andere Fotoplattform bietet aktuell so viel kostenlosen Speicherplatz an. Flickr eignet sich entsprechend, auch aufgrund der Option auf private Galerien, dazu ein sicheres und überall verfügbares Backup der eigenen Bilder anzulegen.

Zusätzlicher Außenposten und Material für Ihre Social-Media-Präsenzen

Wenn Sie Ihre Bilder online auf Flickr speichern, haben Sie die Möglichkeit, diese von überall auf Ihren Social-Media-Präsenzen zu veröffentlichen oder diese dort einzubinden. Viele Blogger speichern beispielsweise Ihre Medien auf Flickr, um diese dann direkt in ihr Blog einzubinden. Die XING AG nutzt Flickr unter anderem auch in diesem Kontext (siehe Abbildung 9.43), und das schon seit 2005.

Mit der Präsenz auf Flickr schaffen Sie gleichzeitig wieder einen Außenposten, der auf Ihr Unternehmen aufmerksam macht.

Diashows und weitere Gimmicks für Ihre Webseiten

Mit Hilfe von Flickr-Apps können Sie Diashows und andere kleine Applikationen kreieren und diese dann direkt in Ihre Website integrieren. Eine Übersicht aller Apps finden Sie unter *http://www.flickr.com/services*. Mir persönlich gefällt der

Abbildung 9.43 Die XING AG ist seit 2005 auf Flickr

Dienst Flickrslideshow (*http://www.flickrslideshow.com*) für individuelle Diashows. Spannend für Unternehmen, die viele Bilder aus unterschiedlichen Ländern haben, ist Mypicsmap *http://www.mypicsmap.com*, ein Dienst, der die Bilder anhand Ihrer Geodaten auf einer Googlemap anzeigt.

Fotos für die Blogosphäre

Wenn Sie Fotos oder Infografiken haben, die interessant für die Bebilderung von Artikeln in der Blogosphäre sind, sollten Sie diese unter einer Lizenz einstellen, die Namensnennung und Link erfordert. So hat der Blogger ein Bild für seinen Artikel, und Sie bekommen Anerkennung in Form eines Links zurück. Ein Beispiel ist hier der Chemiekonzern BASF, der auf Flickr qualitativ hochwertige Bilder unter einer CC-BY-NC-ND 2.0-Lizenz[29] veröffentlicht (siehe Abbildung 9.44, roter Pfeil). Das bedeutet, die Bilder können für nichtkommerzielle Zwecke, unbearbeitet und unter Namensnennung verwendet werden.

Alternativ ist auch ein Vermerk in der Bildbeschreibung möglich, wie Interessenten mit Ihnen in Kontakt treten können, um ein Bild zu lizenzieren.

Geschichten und Gesichter aus Ihrem Unternehmen

Genauso wie auf Instagram eignet sich Flickr sehr gut dazu, Geschichten aus Ihrem Unternehmen zu visualisieren. Ob ein Blick hinter die Kulissen, Bilder aus den

---

29 *http://creativecommons.org/licenses/by-nc-nd/2.0/deed.de*

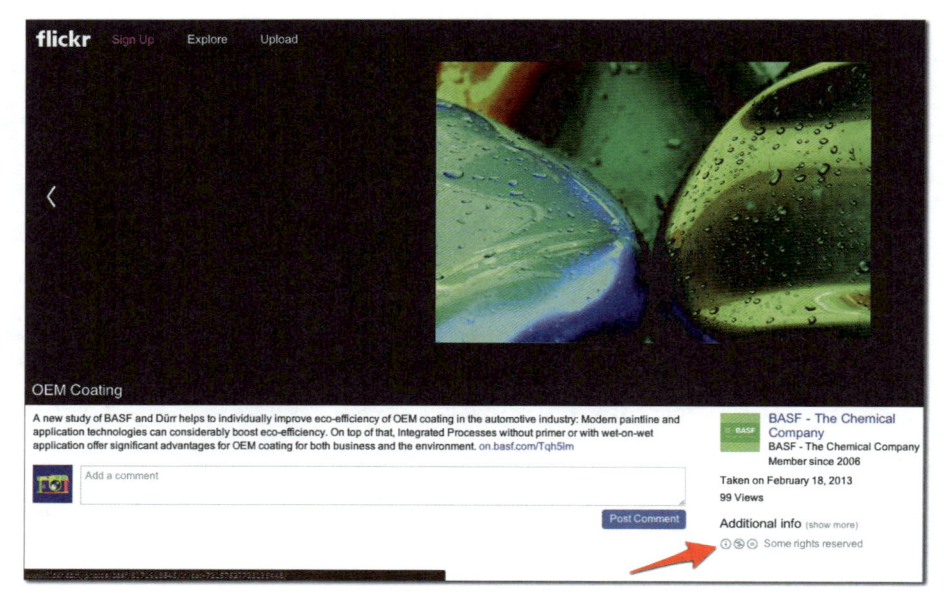

Abbildung 9.44 BASF mit beeindruckenden Bildern unter CC-Lizenz

Büros oder von dem letzten Event, hier ist der Ort, um Werte, Gesichter und Erlebnisse aus Ihrem Unternehmen zu zeigen. Ein gutes Beispiel in diesem Bereich liefert hier die Deutsche Bank auf ihrem Flickr-Account unter *http://www.flickr.com/photos/deutschebank/sets*.

Wie Sie in Abbildung 9.45 sehen können, berichtet die Deutsche Bank bunt und aus aller Welt über das Unternehmen und die Menschen, die hier arbeiten.

Geschützte Galerien für die interne Kommunikation

Eine geschützte Galerie eignet sich ganz gut dafür, die Bilder der letzten Weihnachtsfeier, die vielleicht nicht für die Öffentlichkeit bestimmt sind, mit den Mitarbeitern zu teilen. Das gilt insbesondere dann, wenn die Kollegen nicht an einem Standort sitzen. Vergessen Sie in so einer Situation jedoch nicht, darauf hinzuweisen, dass jede Person, die den Link hat, die Galerien einsehen kann.

9.7.10 Tipps für Ihre Bilder auf Flickr

Entscheiden Sie sich für ein Engagement auf Flickr, sollten Sie Ihre Bilder für das Web optimieren, und Sie dürfen natürlich die Community auf der Plattform nicht vergessen.

Abbildung 9.45 Die Deutsche Bank auf Flickr

Halten Sie sich an die Community-Richtlinien

Flickr hat eigene Community-Richtlinien, die einen hohen Stellenwert innerhalb der Community genießen. So dürfen beispielsweise keine Produkte oder Dienstleistungen direkt über Flickr verkauft werden. Sie finden die Guidelines unter *http://www.flickr.com/help/guidelines*.

Interagieren Sie mit anderen Nutzern

Ich kann es gar nicht oft genug sagen, jede Community, in der Sie eine Präsenz aufbauen, erfordert den Dialog mit den anwesenden Nutzern. Gehen Sie auf Kommentare ein, und bedanken Sie sich für gute Bilder rund um Ihr Unternehmen, indem Sie diese als Favoriten markieren.

Optimieren Sie Ihre Bildbeschreibungen

Flickr bietet Ihnen neben Bildüberschriften und -beschreibungen auch Hashtags und Geodaten zur Beschreibung Ihrer Bilder. Machen Sie sich die Mühe, diese Möglichkeiten auszuschöpfen. Verfassen Sie aussagekräftige Bildbeschreibungen und Schlagwörter, damit diese gut in der Suche gefunden werden. Beinhalten Ihre Bilder keine Geoinformationen, haben Sie die Möglichkeit, diese über eine Weltkarte hinzuzufügen.

Legen Sie Bilderalben an

Laden Sie nicht alle Bilder in den Hauptstream, sondern legen Sie Sets für thematisch zusammengehörige Bilder an. Ein gutes Beispiel dafür habe ich Ihnen bereits in Abbildung 9.45 bei der Deutschen Bank gezeigt. Dies hilft nicht nur der Übersichtlichkeit, sondern liefert Ihnen zusätzlich eine weitere Überschrift, unter der Sie gefunden werden können.

Integrieren Sie Flickr auf Facebook

Mit Hilfe einer Applikation können Sie Ihre Flickr-Fotos als Tab auf Facebook anzeigen. Beispiele sind hier die Flickr-Tab-App *https://www.facebook.com/flickr-tabapp* oder Flickr for Pages *https://apps.facebook.com/involver_caehhxyv*.

9.7.11 Alternativen zu Flickr

Flickr ist der bekannteste Fotodienst, Sie können aber auch eine der Alternativen nutzen:

Picasa: Aus dem Hause Google kommt Picasa, ein Bilderdienst, der mittlerweile komplett in Google+ integriert ist. Das bedeutet, alle Bilder, die ein Nutzer in Google+ hochlädt, können im Anschluss in Picasa verwaltet werden. Neben den Picasa-Webalben (*http://picasaweb.google.com*), die für Google+-Nutzer unbegrenzten Speicherplatz bieten, gibt es eine Picasa-Software für iOS, Windows und Linux (*http://picasa.google.com*). Mit der Software, die für Einsteiger konzeptioniert ist, können Sie Bilder am Rechner verwalten, bearbeiten und hochladen.

Photobucket (*http://photobucket.com*) bietet Ihnen ebenfalls ein Programm für den Desktop an und dazu auch einen Online-Editor für Ihre Bilder. Ein weiteres nettes Feature ist Photobucket Stories, das ermöglicht, Bildergeschichten zu erstellen. Sie können auch hier frei über Sichtbarkeit der Bilder bestimmen und Ihren Account mit Facebook, Pinterest & Co. verbinden. Im kostenlosen Basis-Account haben Sie aktuell 2 Gigabyte an Speicher.

9.7.12 Fazit Fotoportale

Wie Sie sehen, gibt es eine Reihe von Möglichkeiten und Anwendungsszenarien für die unterschiedlichen Fotoportale, die Ihnen die Social-Media-Welt bietet. Fakt ist, Bilder sind eine wichtige Komponente, um Ihre Fans zu aktivieren, und leisten einen erheblichen Mehrwert im Hinblick auf die nonverbale Vermittlung von Botschaften. Bilder durchbrechen Sprachgrenzen und brauchen nur Sekunden, um ganze Geschichten zu erzählen. Wie und mit welcher Plattform Sie dieses Potenzial für Ihr Unternehmen ausschöpfen, hängt von Ihren Zielen, Ihrer Zielgruppe, Ihrem

Zeitbudget, Ihrer Ausstattung und Ihren Ressourcen ab. Evaluieren Sie hier genau, ob und, wenn ja, welche Plattform hier für Sie die richtige ist.

9.8 Bewertungs-, Verbraucher- und Frageportale

Frage-, Bewertungs- und Verbraucherportale sind ein Phänomen, das älter ist als Facebook & Co. Bereits um die Jahrtausendwende wurden einige Vertreter dieses Genres gegründet, und konkrete Suchen zu Produkten, Dienstleistungen und Unternehmen führen direkt zu den zugehörigen Bewertungen. Dennoch laufen diese Plattformen im Zusammenhang mit Social-Media-Strategien oftmals unterhalb des Radars. Ein Fehler, den Sie nicht machen sollten, denn diese offenen Meinungen, Fragen und Bewertungen stellen für Unternehmen einen enormen Wert dar.

Rufen Sie sich noch einmal in Erinnerung, dass 70 % der Deutschen vor dem Kauf eines Produkts im Internet recherchieren. Dann beziehen Sie zusätzlich ein, dass in einer Studie der Agentur BrightLocal, 72 % der Befragten angaben, dass Sie Online-Bewertungen ebenso viel Vertrauen schenken wie einer persönlichen Empfehlung.[30] Können Sie sich jetzt vorstellen, welche Auswirkungen Bewertungen haben können? Trotz großer Sichtbarkeitsverluste nach einer Umstellung des Google-Suchalgorithmus in 2012, erscheinen Bewertungsportale bei der Kombination eines Produktnamens und »Testbericht« oder »Erfahrungsbericht« noch immer auf den ersten Seiten der Suchergebnisse. Aus diesem Grund stelle ich Ihnen die bekanntesten Portale aus den unterschiedlichen Bereichen vor.

9.8.1 Ciao – das Urgestein unter den Verbraucherportalen

Das Verbraucherportal Ciao wurde 1999 in München gegründet und bietet europaweit mehr als 5,7 Mio. Produktbewertungen in 20 Kategorien und sieben Sprachen. Der Fokus der Bewertungen liegt auf Konsumgütern aus den Bereichen Elektronik, Haushalt, Freizeit und Lebensmittel. Die Besucherzahlen in Europa liegen laut Comscore bei 28,4 Mio. Besuchern im Monat. Ciao bietet neben Produktbewertungen auch Preisvergleiche und für Unternehmen Marktforschungskampagnen an.

Angemeldete Nutzer können auf Ciao Bewertungen zu mehr als 10 Mio. eingetragenen Produkten verfassen, die Bewertungen anderer Nutzer bewerten und kommentieren. Jedes Produkt hat eine eigene Übersichtsseite, die neben einer Gesamtbewertung die einzelnen Testberichte sowie einen Preisvergleich zeigt (siehe Abbildung 9.46).

---

30 Local Consumer Review Survey 2012, *http://selnd.com/12NBR4q*.

Als Unternehmen haben Sie die Möglichkeit, den Verfasser eines Beitrags per privater Nachricht zu erreichen. Kommen Sie nicht auf die Idee, einen Nutzer gezielt um die Löschung eines negativen Beitrags zu bitten, dies beschwört eher eine gegenteilige Reaktion herauf. Kontaktieren Sie fremde Nutzer am besten nur, wenn Ihnen mehr Informationen über den Vorfall oder das Problem dabei helfen, den Umstand zu beseitigen, oder wenn Sie dem Verfasser helfen können. Erfahrungsgemäß ist die Reaktion auf Ciao eher gering. Portale mit der gleichen Funktionsweise und ähnlicher Bekanntheit in Deutschland sind Dooyoo (http://dooyoo.de) und Yopi (http://yopi.de).

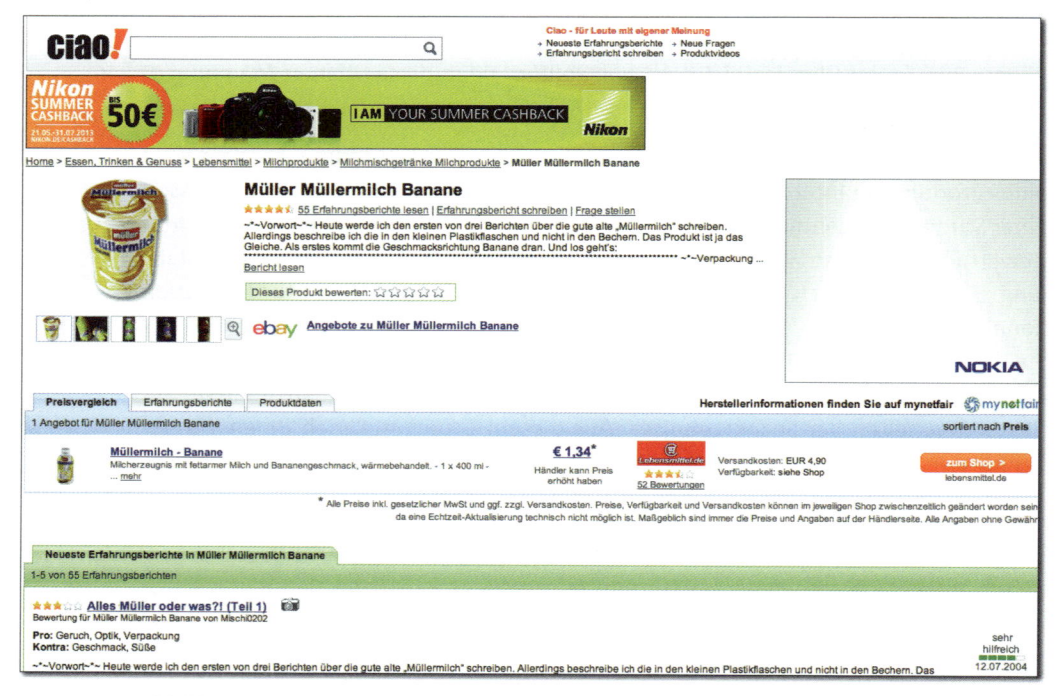

Abbildung 9.46 Bewertungen zu Müllermilch Banane auf Ciao

9.8.2 Amazon – Produktbewertungen mit Einfluss

In Sachen Produktbewertungen ganz vorne mit dabei ist der Onlineshopping-Gigant Amazon (http://amazon.de). Vom Startschuss im Jahr 1995 an konnten Amazon-Kunden Produkte, die auf Amazon angeboten werden, mit einem bis fünf Sternen bewerten und wahlweise noch einen Text dazu verfassen. Seit 2010 ist Amazon die Quelle der meisten Produktbewertungen im Internet überhaupt. Genaue Zahlen darüber, wie viele Bewertungen auf der Plattform existieren, sind nicht bekannt, ein Indiz ist jedoch, dass mehr als 151 Mio. URLs auf Amazon das Wort »review« beinhalten.

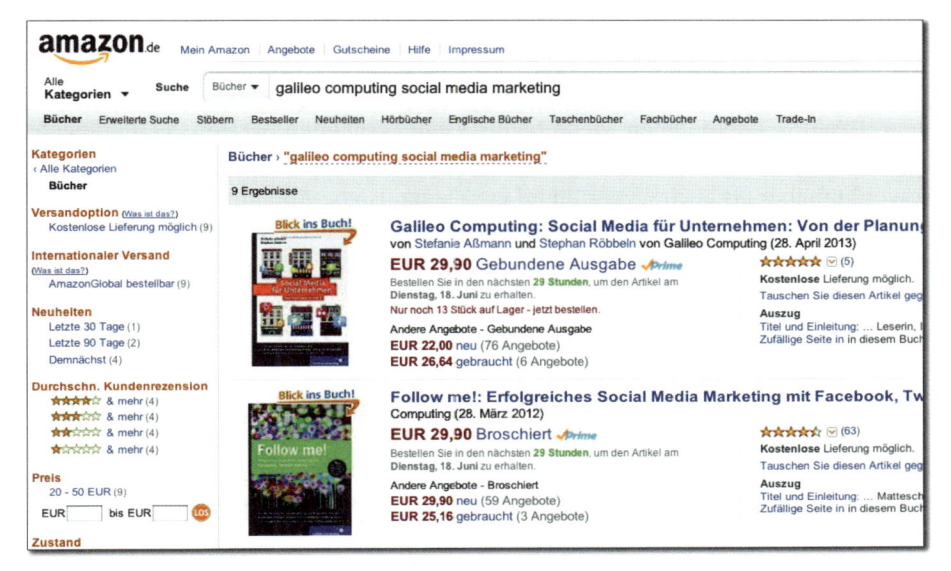

Abbildung 9.47 Suchergebnisse von Amazon mit Bewertungen

Da die Produktbewertungen schon in der Suche direkt neben dem jeweiligen Artikel angezeigt werden (siehe Abbildung 9.47) ist von einem sehr hohen Einfluss auf die Verkaufszahlen auszugehen.

9.8.3 Qype/Yelp – Bewertungen für Gastronomie und Dienstleister

Qype (gesprochen kwaip), ein Yelp-Unternehmen, wurde 2005 in Hamburg gegründet und ist eine Art virtuelles Branchenbuch mit Bewertungen. Von Restaurants über Dienstleister und Geschäfte bis hin zu Hotels, Sehenswürdigkeiten und Events finden Sie hier alles, was bewertbar ist. Qype hat heute mehr als 3 Mio. Bewertungen zu mehr als 900.000 Plätzen allein in Europa und 15 Mio. monatliche Besucher. Die Bewertungen zu jedem Platz sind öffentlich und ohne Anmeldung einsehbar. In Suchmaschinenergebnissen steht Qype oftmals direkt hinter, oder teilweise sogar vor der Webseite des Platzes.

Ein wichtiger Aspekt ist die Qype-App, die für iOS-, Android-, Blackberry-, Windows- und Nokia-Geräte verfügbar ist. Diese zeigt dem Nutzer die eingetragenen Orte inklusive der jeweiligen Bewertungen in der Nähe seines Standortes an. Darüber hinaus kann der Nutzer über die App in eine Location einchecken und direkt vor Ort Bewertungen hinterlassen. Laut Aussage von Qype wurde die mobile App mehr als drei Millionen Mal heruntergeladen. Persönlich nutze ich die App gerne, um in fremden Städten nach einem guten Restaurant oder Cafe zu suchen. Hier entscheiden dann die Bewertungen darüber, wo ich letztendlich einkehre, und ich bin damit sicher kein Einzelfall.

Unternehmen haben die Möglichkeit, kostenlos Ihren eigenen Eintrag zu erstellen oder diesen zu übernehmen, wenn bereits einer vorhanden ist. Neben grundlegenden Informationen wie Adresse, Öffnungszeiten und einer Beschreibung können sowohl Inhaber als auch Qyper Bilder einpflegen (siehe Abbildung 9.48). Die kostenpflichtigen Premium-Varianten beinhalten Vorteile wie Logos, Videos und PDFs sowie Statistiken und besonders gute Platzierungen in der Suche. Eine Übersicht der Möglichkeiten finden Sie unter http://www.qype.com/business_pitch/what_you_get. Für Filialisten gibt es ebenfalls eine spezielle Lösung inklusive des Services, dass alle bestehenden Filialen durch Qype eingepflegt werden.

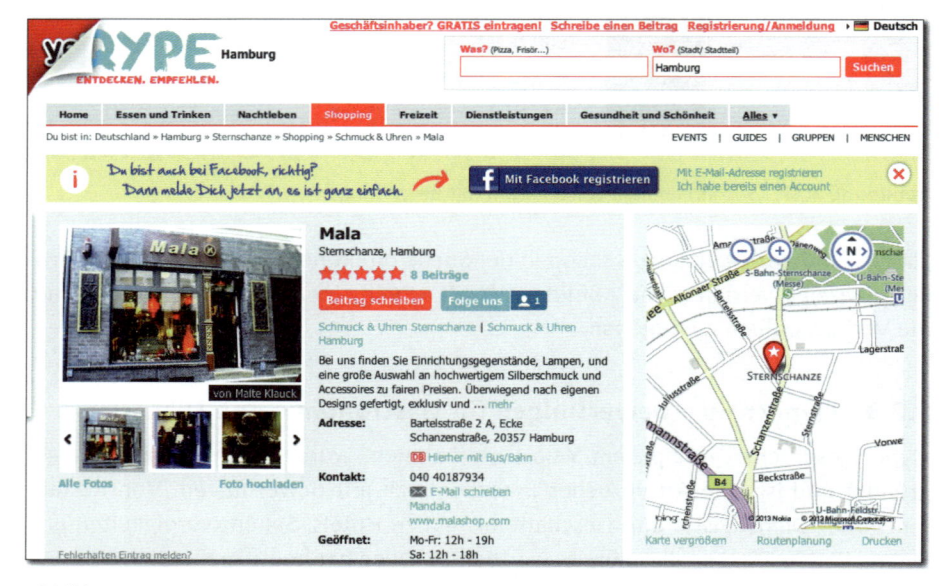

Abbildung 9.48 Ein Brancheneintrag auf Qype

Ein weiterer Service für Unternehmen sind kostenlose Qype-Aufkleber, die Besucher dazu animieren sollen, Bewertungen über die besuchte Örtlichkeit abzugeben und als eine Art Gütesigel funktionieren. Denn wer würde sich schon einen Hinweis auf sein Qype-Profil an die Tür kleben, wenn dort nur negative Bewertungen zu finden sind? Die Bestellmöglichkeit für die Aufkleber finden Sie unter http://de.business.qype.com/tipps-tricks/der-qype-aufkleber.

Qype wurde Ende 2012 von dem amerikanischen Konkurrenten Yelp übernommen. Die Marke Qype ist im deutschen Markt deutlich stärker als Yelp, aus diesem Grund lohnt sich der Einstieg auf Qype immer noch. Im Zuge eines Re-Brandings können Sie die Links auf Ihren Präsenzen ja immer noch anpassen. Interessant ist an dieser Stelle übrigens auch, dass Yelp einer der Partner für die neuen Karten auf iOS ist. Entsprechend ist davon auszugehen, dass Bewertungen in Zukunft direkt auf iPhones und iPads abrufbar sind.

9.8.4 Holidaycheck, Tripadvisor & Co. – Hotels und Reisen auf dem Prüfstand

Eine weitere Branche, für die Bewertungsportale einen enorm hohen Stellenwert haben, ist der Tourismus. Laut den »Daten und Fakten zum Online Reisemarkt 2013« des Branchenverbandes Verband Internet Reisevertrieb (VIR) haben 80 % der deutschen Online-Bevölkerung im zweiten Halbjahr 2012 ein Reiseportal besucht.[31] Eine interessante Zahl aus der Vorjahresversion ist, dass die Onliner im Schnitt neun Stunden auf dreizehn unterschiedlichen Webseiten recherchieren, um eine Urlaubsreise zu planen.[32] Massig Zeit und Möglichkeiten, um Bewertungen über potenzielle Unterkünfte, Reiseziele und Transportmittel zu lesen.

HolidayCheck

HolidayCheck (*http://holidaycheck.de*) wurde 1999 von Studenten gegründet und ist das größte deutschsprachige Urlaubsbewertungsportal, mit Hauptsitz in der Schweiz. Laut GfK hatte HolidayCheck im zweiten Halbjahr 2012 eine Reichweite von 19,1 % innerhalb der deutschen Online-Bevölkerung. Neben der Möglichkeit, Bewertungen und Reisetipps zu schreiben, können sich die angemeldeten Nutzer in dem hauseigenen Reiseforum austauschen.

Die Bewertungen zu den jeweiligen Hotels sind in unterschiedliche Bereiche wie Zimmer und Gastronomie aufgeteilt, dazu hat ein Besucher die Möglichkeit, sich nur die Bewertungen von Personen mit einem ähnlichen Profil (Altersgruppe, Art der Reise) anzeigen zu lassen (siehe Abbildung 9.49). Neben der Gesamtbewertung wird ausgewiesen, wie viel Prozent der Gäste das Hotel weiterempfehlen würden.

Für Hoteliers sowie Tourismusziele gibt es die Option, den eigenen Eintrag zu administrieren, Informationen über den kostenlosen HotelManager erhalten Sie unter *https://secure.holidaycheck.de/access_login*.

---

31 *http://www.v-i-r.de/download-mafo-datenfakten/df-2013-web.pdf*
32 *http://www.v-i-r.de/download-mafo-datenfakten/df-2012-web.pdf*

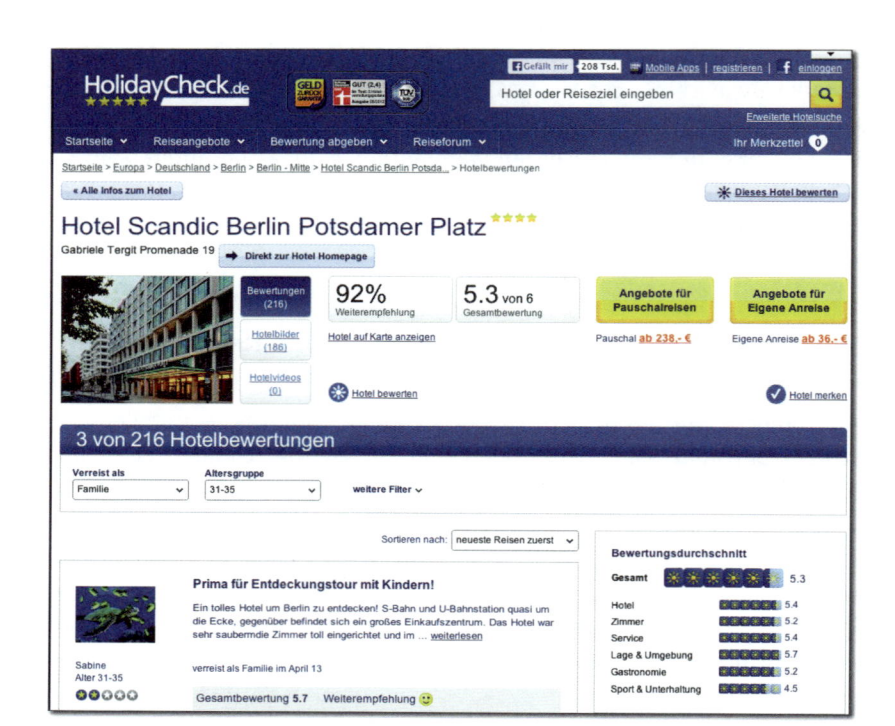

Abbildung 9.49   Das Scandic Hotel würden 92 % der befragten Hotelgäste weiterempfehlen.

TripAdvisor

TripAdvisor (*http://www.tripadvisor.de*) ist die größte internationale Reiseplattform und trumpft mit mehr als 75 Mio. Bewertungen und Erfahrungsberichten sowie 60 Mio. Besuchern pro Monat auf (Stand Januar 2013). Gegründet wurde die Plattform 2000 und war von 2005 bis 2011 Teil des Reisekonzerns Expedia. Neben Bewertungen und Erfahrungsberichten zu jeglichen Aspekten des Reisens können sich die Nutzer auch hier in Foren austauschen und auf den »Travels Choice«-Bestenlisten zu Hotels, Destinationen und Restaurants inspirieren lassen (*http://www.tripadvisor.de/TravelersChoice*).

TripAdvisor bietet ähnliche Bewertungs- und Filtermöglichkeiten zu den einzelnen Plätzen wie HolidayCheck, ebenso besteht die Möglichkeit, direkt über einen der Reisepartner zu buchen (siehe Abbildung 9.50).

Unternehmen können bereits gelistete Einträge übernehmen oder einen neuen anlegen. Auch hier können Sie Informationen wie Öffnungszeiten, Serviceangebote sowie offizielle Fotos einfügen oder ergänzen. Mit Hilfe des Management-Antwort-Formulars können Sie auf Bewertungen und Fragen reagieren. Weitere Informationen über die Möglichkeiten auf TripAdvisor für Unternehmen finden Sie unter *http://www.tripadvisor.de/Owners*.

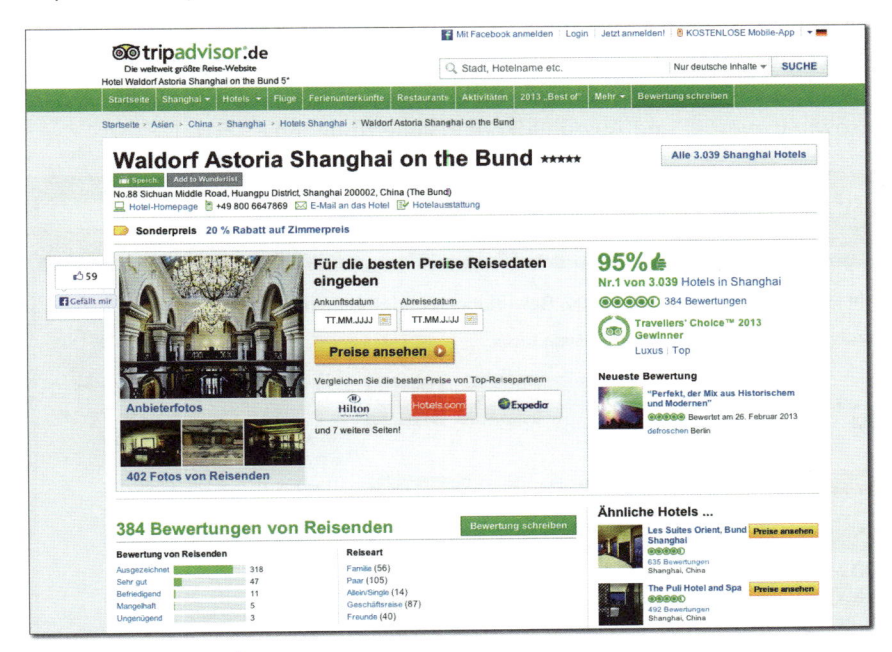

Abbildung 9.50 Hotelbewertungen auf TripAdvisor

Das weite Feld der Bewertungsplattformen

HolidayCheck und TripAdvisor sind nur die größten Vertreter der Branche, darüber hinaus gibt es noch eine Reihe anderer Plattformen, wie zum Beispiel trivago.de, zoover.de, hotelkritiken.de, myhotelcheck.de und sogar direkt auf Google können Bewertungen abgegeben werden. Darüber hinaus haben Buchungsplattformen wie Booking.com und Expedia.de eigene Bewertungssysteme in die jeweilige Plattform integriert, damit Nutzer direkt die Bewertung ehemaliger Gäste lesen können. Um die Anzahl der Bewertungen zu steigern, bekommt ein Gast nach jeder Buchung eine E-Mail, in der um eine Bewertung gebeten wird. Die Möglichkeiten für Hoteliers variieren von Plattform zu Plattform, am besten informieren Sie sich direkt bei dem jeweiligen Anbieter, wenn Sie Einträge zu Ihrem Hotel finden.

Wie Sie sehen, gibt es eine Reihe von Baustellen, die Sie als Hotelinhaber im Blick haben müssen. Ein vernünftiges Social Media Monitoring, wie in Abschnitt 6.4, »Social Media Monitoring und Measurement«, beschrieben, sowie adäquate Reaktionen sind fast unerlässlich. Ein Aufwand, der jedoch mit mehr Buchungen belohnt werden wird, wenn Sie sich online aufrichtig um Ihre Gäste kümmern.

9.8.5 Arbeitgeberbewertungen – Employer Branding umgekehrt

Eine Bewertungsplattform, die definitiv für Ihr Employer Branding relevant werden kann, ist die Arbeitgeberbewertungsplattform Kununu (*http://kununu.de*). Hier sind es nicht Ihre Social-Media-Aktivitäten, die primär für das Bild Ihres Unternehmens verantwortlich sind, sondern die Meinungen aktueller und ehemaliger Mitarbeiter sowie Bewerber und Auszubildender (siehe Abbildung 9.51).

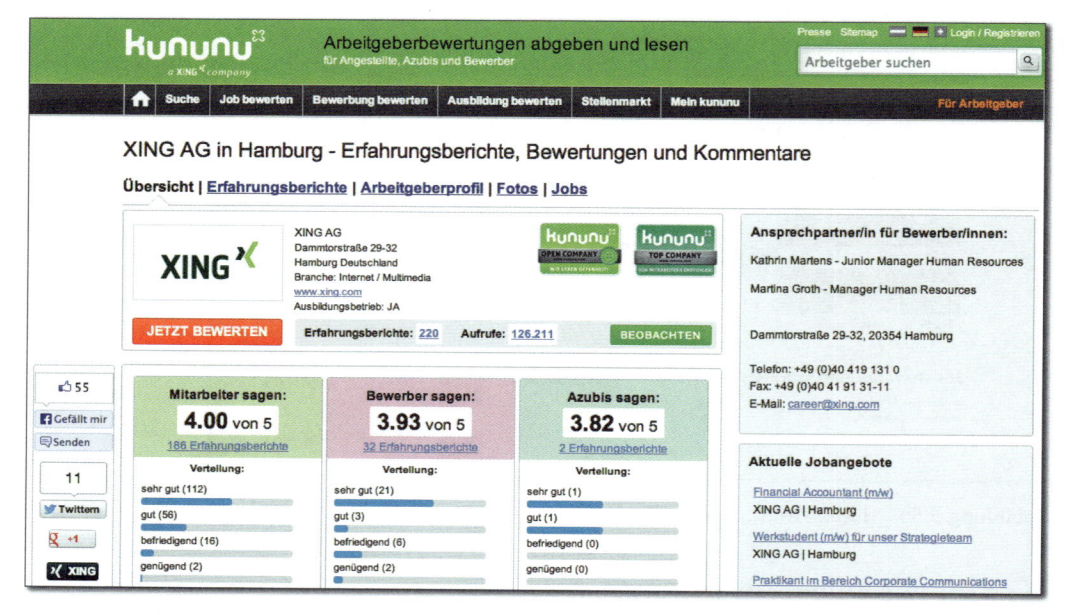

Abbildung 9.51 Die XING AG auf Kununu

Kununu bietet für Unternehmen unterschiedliche Möglichkeiten, das eigene Profil zu verwalten und mit Informationen zu bestücken. In Kooperation mit XING, die Kununu im Jahr 2013 gekauft haben, wird das sogenannte Employer Branding Profil angeboten, welches auf beiden Plattformen Vorteile mit sich bringt. Eine detaillierte Übersicht der Funktionen finden Sie unter *https://www.xing.com/companies/contract/select_package*.

Ob sich für Ihr Unternehmen ein Premium-Profil auf Kununu lohnt, ist eine Entscheidung, die Sie gemeinsam mit der Personalabteilung treffen müssen. Ist im Hause bereits ein XING-Plusprofil und/oder ein XING Talentmanager vorhanden, ist dies durchaus eine spannende Ergänzung. Wenn Sie sich dagegen entscheiden, sollten Sie auf jeden Fall im Blick haben, was hier über Sie geschrieben wird. Im Zweifel ist dies einer der ersten Eindrücke, den ein potenzieller Kandidat von Ihnen bekommt.

9.8.6 Was tun bei negativen Bewertungen?

Unabhängig von der Art der Bewertungsplattform – negative Bewertungen tun weh und können mitunter ziemlich wütend machen. Das Wichtigste ist in so einer Situation zunächst einmal – durchzuatmen. Jetzt einfach zurückzukeifen, dass das alles überhaupt nicht stimmt, ist hier definitiv der falsche Weg. Nehmen Sie die Antwort auf keinen Fall persönlich, sondern sehen Sie diese als Chance, noch besser zu werden. Wenn Sie antworten möchten, ist es wichtig, dass Sie sich darüber im Klaren sind, dass der Kunde aus seiner Sicht im Recht ist. Er hat die Situation so erlebt und Punkt. Ihr öffentlicher Beitrag oder die persönlichen Nachricht sollte mit einer Entschuldigung für die negative Erfahrung eingeleitet werden. Wenn Sie Hintergrundinformationen haben, die der Grund für die missglückte Situation sind, trägt dies oft zur Entschärfung bei. Darüber hinaus sollten Sie Maßnahmen beschreiben, die Sie einleiten werden, damit so etwas nicht erneut vorkommt, und dies dann natürlich auch tun. Besonders Letzteres ist sehr wichtig, denn wenn Sie an dieser Stelle leere Versprechungen machen, feuert dies irgendwann doppelt negativ zurück. Seien Sie insgesamt sehr sensibel und einfühlsam in einer solchen Situation. Kommt Ihre Antwort unhöflich, beschwichtigend oder unehrlich beim Kunden an, kann es die Situation noch verschlimmern. Eine ehrliche Antwort, in Kombination mit dem aufrichtigen Willen, etwas zu ändern dagegen hat schon vielen Unternehmen eine zweite Chance eingebracht.

> **Was tun bei gefälschten Bewertungen?**
> Für den Sonderfall eines Verdachtes auf gefälschte Bewertungen, habe ich Ihnen unter *http://bit.ly/1f5KMAV* einen Reaktionsleitfaden verfasst.

9.8.7 Fazit Bewertungs- und Verbraucherportale

Nicht alle Bewertungs-, Verbraucher- und Frageportale bieten bisher gute Lösungen für Unternehmen an, in manchen Fällen wünschen die Nutzer auch gar keinen Dialog. Nichtsdestotrotz müssen Sie die Portale im Auge behalten, wenn hier über Ihr Unternehmen und Ihre Produkte gesprochen wird. Sonst verpassen Sie diese Vorteile, die ich Ihnen noch einmal aufgelistet habe.

Aus Beschwerden lernen

Mehrere Kunden beschweren sich darüber, dass Ihr Kaffee zu stark oder Ihr Ladengeschäft nur schwer zu finden ist? Lernen Sie aus den Beschwerden, was Sie besser machen können.

Missstände aufdecken

Ob Arbeitsgeber- oder Hotelbewertungsportal, manchmal gibt es Missstände im Unternehmen, die schlichtweg nicht bekannt sind, aber hier publik werden. Nutzen Sie diesen Umstand als Chance, diese Probleme anzusprechen und zu lösen.

Neue Ideen entwickeln

Viele Unternehmen verschenken ein riesiges Potenzial für neue Produktideen und Verbesserungen bestehender Produkte, indem Sie Online-Bewertungen schlichtweg ignorieren. Analysieren Sie genau, was Ihre Kunden stört, und extrahieren Sie Ideen, die geäußert werden. Diese Daten sind in der Produktentwicklung in der Regel gerne gesehen.

Für Portale, die Unternehmen richtige Präsenzen ermöglichen, gelten die gerade genannten Punkte genauso. Darüber hinaus können Sie hier mit einer aktiven Präsenz, ähnlich wie auf Facebook oder Twitter, unzufriedenen Kunden helfen und so allen Lesern zeigen, dass Ihnen Ihre Kunden am Herzen liegen. Eine Chance, die Sie nicht außer Acht lassen sollten.

9.9   Foren

Foren sind eine der ältesten Formen der Diskussion im Internet und trotz oftmals chaotisch und nicht unbedingt modern aussehender Oberfläche nach wie vor eine der wichtigsten Anlaufstellen zu bestimmten Themen. Strategisch ist es aus diesem Grund wichtig, dass Sie sich über das Monitoring (siehe Abschnitt 6.4, »Social Media Monitoring und Measurement«) einen Überblick verschaffen, in welchen Foren über Sie gesprochen wird, und nach einer Sichtung der Diskussionen über Ihr weiteres Vorgehen entscheiden.

9.9.1   Strategische Einordnung von Foren

Sie sind der Meinung, Foren sind zu antiquiert, um relevant für Ihre Social-Media-Strategie zu sein? Ich könnte wetten, damit liegen Sie falsch. Foren sind eine gute Quelle für ehrliche, ungefilterte Meinungen über Ihre Produkte und Dienstleistungen, die Sie nicht außer Acht lassen dürfen. Achten Sie aus diesem Grund darauf, dass Ihr Social Media Monitoring Foren einschließt und Sie wissen, in welchen Foren über Sie diskutiert wird. Zu einer Reihe von Branchen gibt es Fachforen mit immenser Reichweite, die außerdem besonders gut in Suchmaschinen platziert sind.

Nehmen wir einmal das bekannteste Beispiel für die Autobranche Motortalk (*http://www.motor-talk.de*). Gegründet in 2001 hat der Forenbereich heute über 2,2 Mio. Mitglieder und mehr als 36 Mio. Beiträge. Allein das Unterforum für die Automarke Audi bringt es hier auf mehr als 5 Mio. Beiträge (siehe Abbildung 9.52) – eine immense Quelle für Meinungen, Erfahrungen und Ideen zu der Marke.

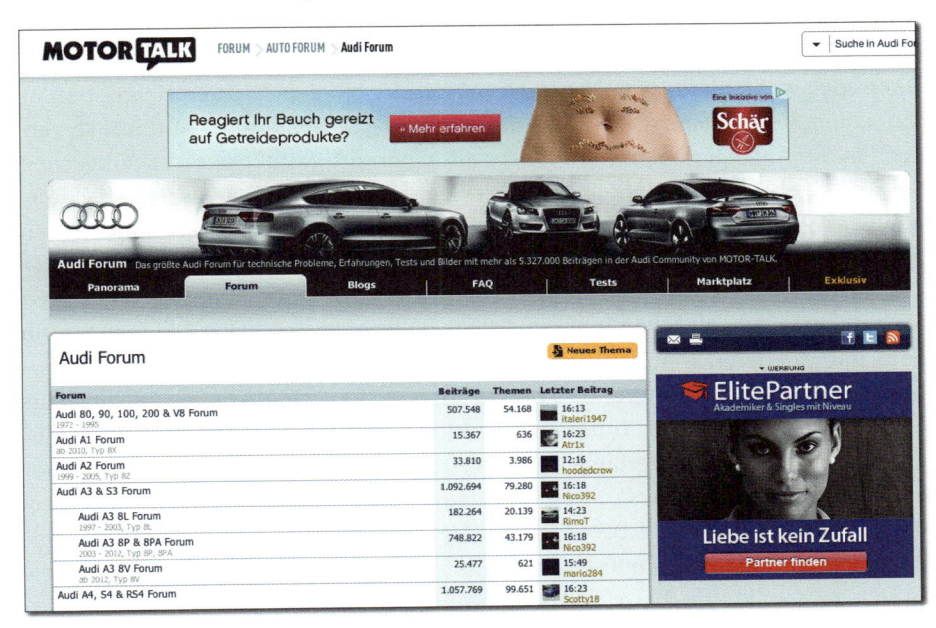

Abbildung 9.52 Das Audi-Forum auf Motor-Talk

Korrekt ist dagegen, dass Sie sich nicht zwingend im Namen Ihres Unternehmens in Foren bewegen und mitdiskutieren müssen, ja dies in manchen Fällen sogar unerwünscht ist. Strategisch empfiehlt sich aus diesen Gründen die Vorgehensweise in drei Stufen.

9.9.2 Was Sie beim Einstieg in die Forenwelt beachten müssen

Nehmen Sie sich ausreichend Zeit dafür, zu beobachten, worüber in den Foren gesprochen wird und vor allem in welchem Ton. Hören Sie genau zu, was die Kritikpunkte sind und welche Verbesserungsvorschläge gemacht werden. Machen Sie sich ein genaues Bild davon, wer die Meinungsführer sind und wer für und gegen Sie eingestellt ist. Lernen Sie, wie der Umgangston ist und welche Gepflogenheiten und Rituale in dem Forum herrschen. Achten Sie auch besonders darauf, ob die Stimmen von Unternehmen in dem Forum überhaupt erwünscht sind. Ist dem nicht der Fall, sollten Sie als stiller Beobachter im Forum bleiben und die Informationen ausschöpfen, die Sie auf diesem Weg bekommen.

9.9.3 Richtig in Foren mitdiskutieren

Um auf Nummer sicher zu gehen, dass Sie in einem Forum als Unternehmensvertreter erwünscht sind, empfiehlt es sich, den Admin zu fragen.

Doch auch wenn dieser sein Okay gibt, müssen Sie bei dem Einstieg einiges beachten. Lesen Sie zu allererst die FAQs und die Verhaltensregeln des Forums, so vermeiden Sie Anfängerfehler und Fragen, die schon oft gestellt wurden. Versuchen Sie auf keinen Fall, Ihre Herkunft zu verschleiern. Stellen Sie sich offiziell als Unternehmensvertreter vor, und sagen Sie etwas zu den Gründen, warum Sie gerne ein Teil des Forums sein möchten. Wählen Sie dabei aber ein persönliches Profil. Behalten Sie im Hinterkopf, dass Sie das Gesicht Ihres Unternehmens sind, und zeigen Sie sich entsprechend schon in Ihrem Profil von Ihrer besten Seite. Nehmen Sie ein Foto mit Wiedererkennungswert, und verlinken Sie Ihren persönlichen Twitter- oder Facebook-Account. Wenn es die Forenregeln gestatten, können Sie durchaus auch einen Link zu Ihrem Unternehmen in die Signatur einfügen. Wichtig ist jedoch, dass in der Regel Werbung jeglicher Art in Foren unerwünscht ist. Sprich über einen dezenten Link hinaus sollten Sie keine Beiträge mit werbenden Inhalten veröffentlichen. Seien Sie hilfsbereit, fragen Sie die Forenteilnehmer nach Ihrer Meinung, und diskutieren Sie mit – ein authentisches, geschätztes Mitglied des Forums zu sein, ist sowieso die beste Werbung für Sie und Ihr Unternehmen.

9.9.4 Lohnt sich ein eigenes Forum?

Die Königsklasse ist, ein eigenes Forum aufzubauen und erfolgreich zu führen. Königsklasse in sämtlicher Hinsicht, denn es reicht nicht aus, eine Forensoftware aufzusetzen und darauf zu warten, dass die Nutzer kommen und mit Ihnen sprechen. Eine kritische Masse in einem Forum aufzubauen, ist harte Arbeit und überhaupt nur dann zu empfehlen, wenn Sie genau wissen, dass Sie eine ausreichend große Zielgruppe haben und diese auf Ihrer Plattform mit Ihnen diskutieren möchte. Gelingt es Ihnen tatsächlich, ausreichend Mitglieder zu gewinnen, müssen Sie in der Lage sein, den administrativen Aufwand zu stemmen, der damit einhergeht, Ihre Mitglieder stetig dazu zu motivieren, zurückzukommen und sich aktiv zu beteiligen. Ein guter Kompromiss kann hier die Kooperation mit einem Forum sein, dass sich mit Ihren Themen beschäftigt, vielleicht in Form eines Sponsorings. Doch auch hier sollten Sie mit Fingerspitzengefühl rangehen und Ihr Vorhaben transparent gegenüber dem Admin und den Mitgliedern des Forums kommunizieren.

9.9.5 Welche Foren sind für Sie relevant?

Für Sie relevante Foren sind natürlich jene, in denen bereits über Sie gesprochen wird und dazu diese, die sich mit Themen Ihrer Branche beschäftigen. Die folgenden Tools helfen Ihnen dabei, einen ersten Überblick darüber zu gewinnen, welche Foren diese Kriterien erfüllen.

Forenverzeichnisse

Um Ihnen die Suche von Foren zu speziellen Themen zu erleichtern, verfügt das Forenverzeichnis Hoood (*http://www.hoood.de*) neben thematisch geordneten Verzeichnissen auch über eine Suche, mit der Sie gezielt nach Stichworten suchen können. Die gleichen Funktionen hat *http://forumcheck.de*, welches selbst auf einem Forum basiert. Da derartige Verzeichnisse durch die Community angelegt, ergänzt und gepflegt werden, sollten Sie sich nicht auf die Vollständigkeit verlassen. Es lohnt sich durchaus, weiter zu suchen, wenn Sie absolut nichts zu Ihrem Thema finden. Bei der weiten Suche helfen Ihnen die folgenden Metasuchen.

Foren-Suchmaschinen

Google hilft Ihnen auch hier weiter. Führen Sie auf *http://google.de* eine Suche nach dem gewünschten Stichwort aus. Um sich nur Forenbeiträge anzeigen zu lassen, müssen Sie das Ergebnis anschließend mit einem Klick auf MEHR und dann auf DISKUSSIONEN filtern. Diesen Schritt habe ich Ihnen in Abbildung 9.53 mit einem Screenshot visualisiert.

Abbildung 9.53 Foren-Suche über Google

Besonders praktisch ist die Möglichkeit, dass Sie sich die Ergebnisse per E-Mail in einem gewünschten Intervall zusenden lassen können. Den Link zur Aktivierung dieser Funktion finden Sie am Ende der ersten Seite. Alternativ können Sie auch auf die amerikanische Foren-Suchmaschine Boardreader (*http://boardreader.com*) zurückgreifen. Diese durchsucht Foren weltweit. In der erweiterten Suche haben Sie die Möglichkeit, Ihre Ergebnisse auf deutschsprachige Einträge und, wenn gewünscht, auch durch weitere Filter zu begrenzen. Auch hier können Sie sich die Ergebnisse regelmäßig per E-Mail zusenden lassen oder als RSS-Feed abonnieren.

Boardtracker (*http://www.boardtracker.com*) bietet Ihnen über die bereits erwähnten Funktionen hinaus noch eine Grafik dazu an, welche Suchbegriffe besonders häufig verwandt wurden. Natürlich werden bei allen Suchmaschinen nur Einträge anzeigt, die öffentlich sichtbar sind.

9.10 Location-based Services

Ein Genre der Netzwerke, das in Deutschland bisher noch wenig in der Social-Media-Strategie beachtet wird und auch nicht für jedes Unternehmen praktikabel ist, sind die *Location-based Services*, kurz LBS. Ein solcher standortbasierter Service bietet dem Nutzer auf Basis seines Standortes unterschiedliche Möglichkeiten an. Goldmedia hat im Rahmen einer Analyse 2013 eine Übersicht der aktuell verfügbaren Services in unterschiedliche Kategorien erstellt (siehe Abbildung 9.54).[33]

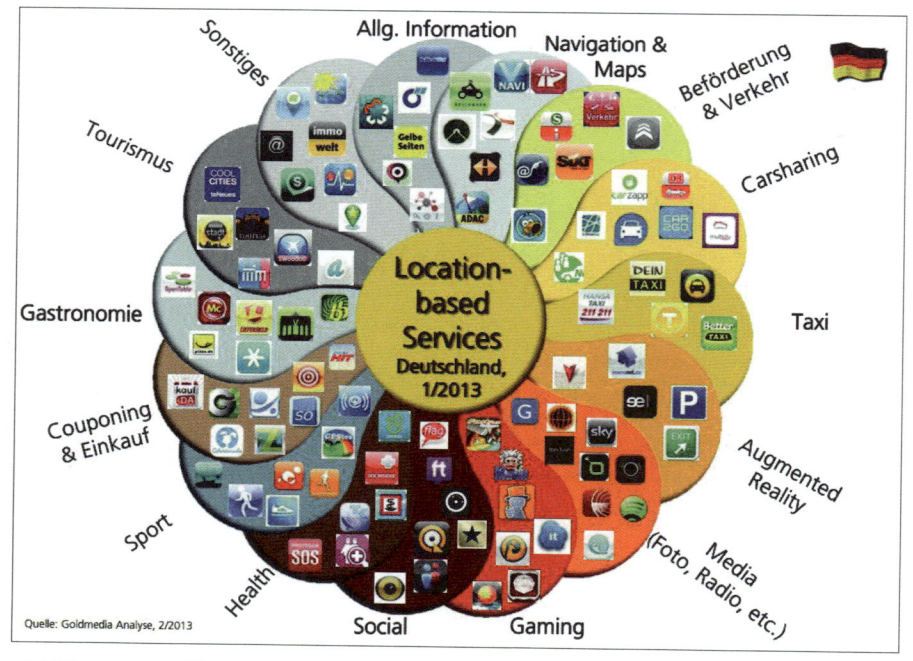

Abbildung 9.54 Übersicht von Location-based Services

---

33 *http://www.goldmedia.com/aktuelles/info/article/studie-zu-location-based-services.html*

9.10 Location-based Services

Wie Sie sehen, reicht die Bandbreite der Dienste von allgemeinen Informationen über alle Aspekte der Beförderung bis hin zu Gastronomie und Hotellerie. Mit Facebook Places (Abschnitt 9.2.10, »Facebook Orte/Places und die Funktion ›In der Nähe‹«) und der Qype-App in Abschnitt 9.8.3, »Qype/Yelp – Bewertungen für Gastronomie und Dienstleister«, habe ich Ihnen bereits zwei Vertreter der LBS und deren Möglichkeiten vorgestellt. In diesem Abschnitt möchte ich Ihnen noch ein paar interessante Beispiele zu Foursquare vorstellen und Ihnen so generell einen Überblick über die Möglichkeiten dieser Dienste verschaffen.

9.10.1 Foursquare

Foursquare wurde 2009 gegründet und im Rahmen der größten Internetkonferenz der USA, der SXSW, gestartet. Weltweit hat der Dienst heute etwa 30 Mio. Nutzer, davon etwa die Hälfte außerhalb der USA. Genaue Zahlen für Deutschland sind nicht bekannt, Spekulationen bewegen Sie hier im Raum zwischen 350.000 und 500.000 Nutzern. Mit einem Profil auf Foursquare können Sie Freunde hinzufügen, auf Basis Ihres Standortes in eine Location einchecken, hier Tipps und Fotos hinterlassen oder sich interessante Orte in Ihrer Umgebung anzeigen lassen. Neben mobilen Versionen für iOS und Android ist Foursquare in einer abgespeckten Version auch im Browser nutzbar.

Gamification als Erfolgsfaktor

Der Erfolg von Foursquare ist mit Sicherheit auch auf den angewandten Gamification-Aspekt zurückzuführen (das Thema Gamification werde ich noch ausführlich in Abschnitt 12.2, »Gamification – spielerisch Kunden begeistern«, erläutern). Die Nutzer können für Check-ins Punkte sammeln, Auszeichnungen (Badges) bekommen oder Bürgermeister (Mayor) einer Location werden. Mit den Punkten können sich Nutzer mit Ihren Freunden messen, Mayorships und Badges werden auf dem jeweiligen Profil angezeigt (siehe Abbildung 9.55, linke Seite).

Badges gibt es beispielsweise, wenn ein Nutzer gemeinsam mit vielen Nutzern eincheckt (Swarm-Badge) oder eine bestimmte Anzahl an Check-ins in einer bestimmten Kategorie sammelt, wie etwa den »Hot Tamale-Badge« für fünf Check-ins in mexikanische Restaurants (siehe Abbildung 9.55, rechte Seite). Entsprechend lohnt sich jeder Check-in für den Nutzer, was zu einer regelmäßigen Nutzung des Dienstes animiert.

9.10.2 Foursquare für Unternehmen – Location-based Marketing

Foursquare hat von Beginn an Unternehmen die Möglichkeit geboten, Teil des Spiels zu werden. Jeder Check-in ist Werbung für das jeweilige Unternehmen, denn

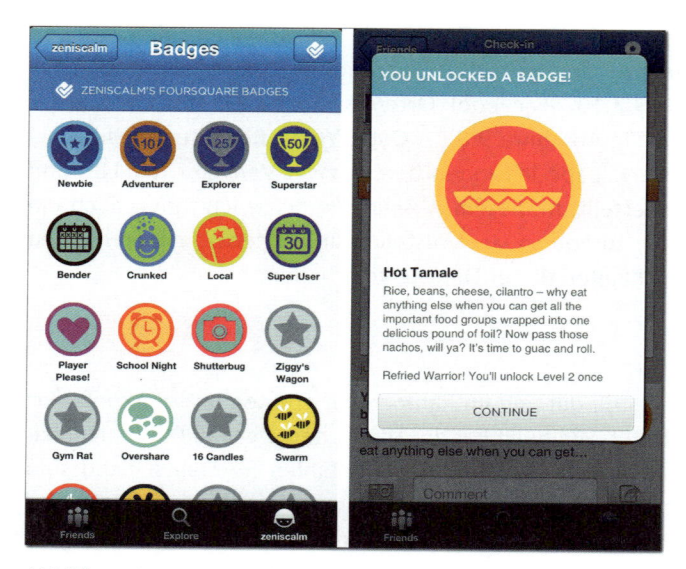

Abbildung 9.55 Screenshots aus der Foursquare-iPhone-App

viele Foursquare-Nutzer teilen Ihren Standort auf Twitter oder Facebook und machen damit Ihren Freunde und Follower auf die Location aufmerksam. Verstärkt wird dieser Effekt durch das Anzeigen von Likes und Tipps, allerdings nur, wenn diese positiv sind. Darüber hinaus bietet Foursquare Unternehmen an, einen zusätzlichen Anreiz für einen Check-in zu schaffen. Dafür müssen Sie sich zunächst als Inhaber Ihrer Location bekennen oder wie Foursquare es sagt: »Claim your Business«. Loggen Sie sich dafür im Browser in Foursquare ein, und suchen Sie nach Ihrer Location. Auf der Übersichtsseite haben Sie dann die Möglichkeit, diese zu »claimen«. Genau ist dies auch noch einmal hier beschrieben: *http://business.foursquare.com/business-tools/claim-your-business*. Als Besitzer einer Location können Sie besondere Angebote für jeden Check-in oder nur für den Bürgermeister Ihres Ortes ausloben. Diese Spezialangebote (Specials) werden beim Einchecken in die Location und bereits in der Übersicht angezeigt. Wie das im Browser aussieht, sehen Sie in Abbildung 9.56.

Die Location mit einem Spezialangebot wird mit einem orangen Marker angezeigt und lobt zum Beispiel für den Mayor eine Kaffeespezialität gratis aus. Angebote speziell an den Bürgermeister animieren Nutzer dazu, möglichst häufig wiederzukommen, Angebote für einen Check-in dagegen regen zum Ausprobieren einer neuen Location an. Eine Erfolgsstory, die ich in diesem Zusammenhang selbst miterlebt habe, ist die Kopiba in Hamburg (*http://www.kopiba.de*). Die machen nicht nur hervorragenden Kaffee, sondern nutzten nach Ihrer Eröffnung eifrig Foursquare-Angebote, um neue Kunden zu gewinnen und auf sich aufmerksam zu machen – mit Erfolg, laut einem Ranking, das durch Foursquare ausgearbeitet wurde,[34] ist die die Kopiba das Cafe in Hamburg mit den meisten Check-ins.

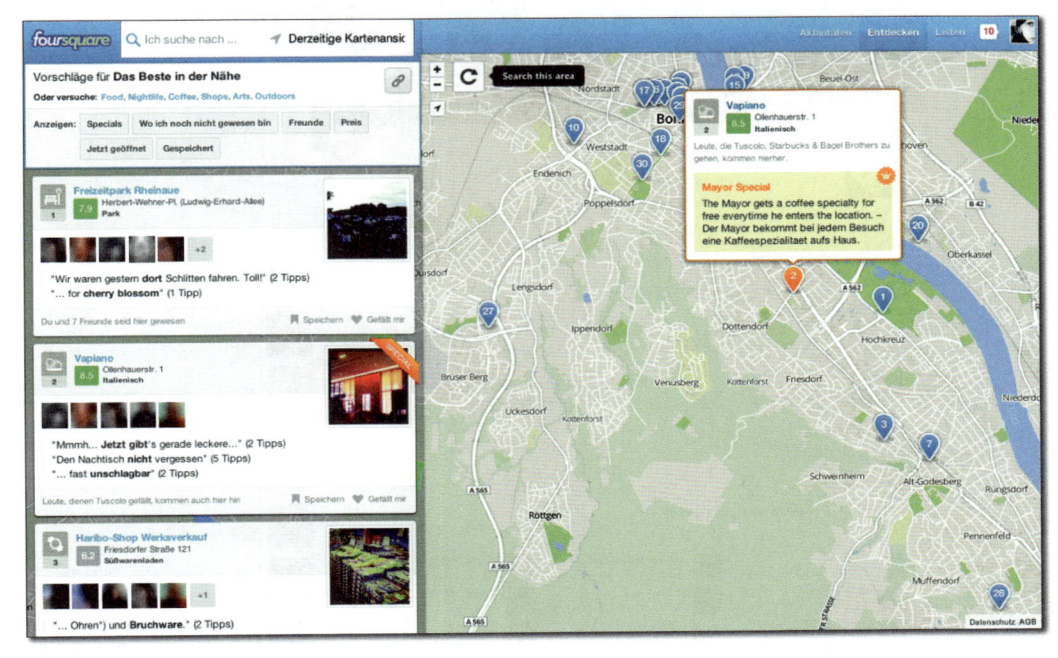

Abbildung 9.56   Specials auf Foursquare

9.10.3   Empfehlungsmarketing mit Foursquare

Nicht nur der »Social Buzz«, den die Check-ins in Ihre Location mit sich bringen, ist gut für das Geschäft. Durch die Möglichkeit, Tipps, Likes und Tos für Plätze anzulegen, die öffentlich für alle Nutzer sichtbar sind, eignet sich Foursquare auch gut für das Empfehlungsmarketing.

In Abbildung 9.57 sehen Sie die soeben erwähnte Kopiba mit den wichtigsten Informationen, Statistiken zu Check-ins, vorhandenen Fotos, Tipps und Bewertungen. Explizit wird hier auch noch darauf hingewiesen, wie viele Freunde bereits hier waren und wie viele einen Tipp hinterlassen haben. Hier gilt es also, Ihre Besucher, die Foursquare aktiv nutzen, dazu zu animieren, Tipps zu verfassen, auch dies lässt sich über Foursquare-Specials abbilden. Der beste Weg ist hier jedoch, die Kunden mit perfektem Service, freundlichem Personal und guten Produkten zu überzeugen. Ein begeisterter Kunde schreibt schon von ganz allein.

---

34   http://bit.ly/11uliXp

9 Strategische Bedeutung und Möglichkeiten der sozialen Netzwerke

Abbildung 9.57   Die Kopiba in Hamburg auf Foursquare

9.10.4   Best Practice: Information, Recruiting und mehr, die Bahn

Die Deutsche Bahn setzte bereits in 2010 eine Recruiting-Kampagne auf Foursquare um. Im Berliner Hauptbahnhof wurde jeder Foursquare-Nutzer über die Special-Funktion auf den Lehrpfad aufmerksam gemacht, der hinter die Kulissen des Bahnhofs führt und dabei die Ausbildungsberufe der Bahn-Tochter DB Services vorstellt.

Seit Ende 2012 hat die Bahn Foursquare tief in Ihre Social-Media-Aktivitäten integriert und diese mit Facebook verknüpft.

Auf dem Reiter FOURSQUARE BAHNHÖFE unter *https://www.facebook.com/deutschebahn/app_309524899161709* werden für die Top 40-Bahnhöfe aus Deutschland Informationen, Tipps, Check-ins sowie die Mayorships angezeigt (siehe Abbildung 9.58). Natürlich sind die entsprechenden Informationen auch innerhalb der Foursquare-App zu finden.

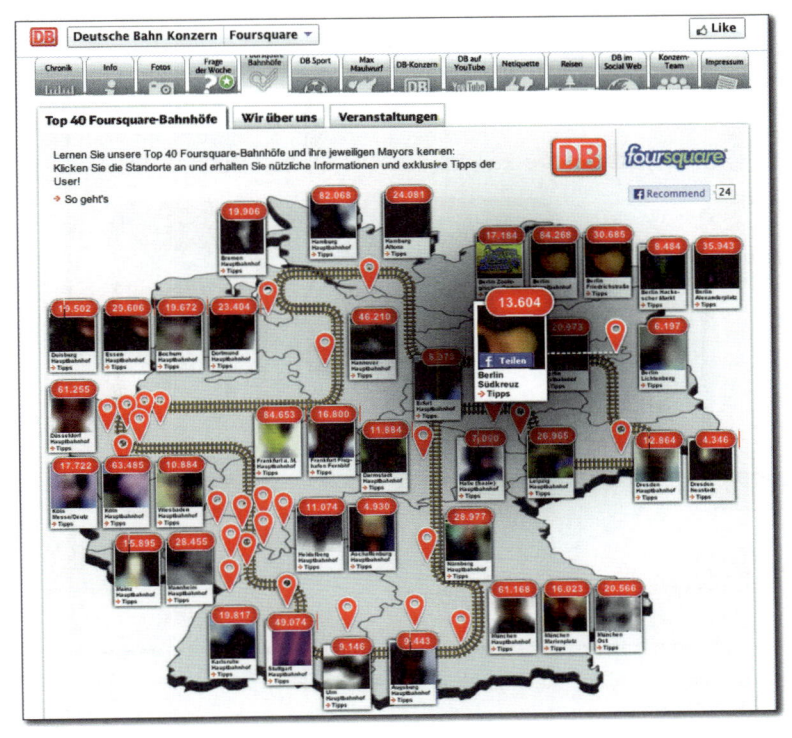

Abbildung 9.58 Foursquare-Tab der Bahn auf Facebook

9.10.5 Best Practice: Der Rossmann-Spendenmarathon

Ende 2012 veranstaltete Rossmann einen virtuellen Spendenmarathon und verknüpfte dafür Foursquare und Facebook (siehe Abbildung 9.59).

Begleitend wurde dazu ein Blogartikel sowie ein Video auf YouTube (http://www.youtube.com/watch?v=89GQIYr3nLI) veröffentlicht, die den Nutzern ganz genau erklären, wie der Spendenmarathon funktioniert. Die Teilnehmer mussten in der zugehörigen Rossmann-App auf Facebook Ihre Homebase angeben und danach Ihren Foursquare-Account verbinden. Jeder folgende Check-in in einer Rossmann-Filiale wurde jetzt registriert. Für die zurückgelegten Kilometer erhöhte sich die Spendensumme, zusätzlich konnten die Teilnehmer spezielle Auszeichnungen erspielen.

Die Aktion war für Rossmann ein großer Erfolg, von 4.553 Nutzern wurden insgesamt 152.498 Kilometer zurückgelegt und so 66.000 € Spendengelder erspielt.[35] Zusätzlich konnte sich Rossmann über ein breites mediales Echo freuen.

Abbildung 9.59 Der Rossmann-Spendenmarathon auf Facebook

9.10.6 Fazit Location-based Services

Location-based Services bieten Unternehmen mit Ladengeschäften, Büros oder anderen Orten eine bequeme Möglichkeit, die eigene Bekanntheit zu steigern. Mit der stetig wachsenden Menge an Smartphones wird die Bedeutung von LBS weiter wachsen. Deutschland liegt in der Nutzung von Location-based Services noch weit hinter den USA oder sogar China. Dies bedeutet, dass hier noch ein entsprechendes Potenzial ist, insbesondere auch für kreative Ideen.

9.11 Das Corporate Blog als Social-Media-Zentrale

Das Thema Corporate Blog erachte ich persönlich als zentral für eine abgerundete Plattform-Strategie. Aus diesem Grund habe ich Klaus Eck, den führenden Experten zum Thema Corporate Blogs in Deutschland, gebeten, für Sie einen Abschnitt über das Corporate Blog als Social-Media-Zentrale zu verfassen. Wie in Kapitel 8, »Rechtliche Grundlagen«, mit Herrn Schwenke stammt der Rest dieses Abschnitts

---

35 http://www.rossmann.de/unternehmen/verantwortung/stiftungsaktivitaeten/spendenmarathon.html

9.11 Das Corporate Blog als Social-Media-Zentrale

aus der Feder von Herrn Eck, Anmerkungen und Ergänzungen von meiner Seite finden Sie in den Kästen.

9.11.1 Bedeutung von Corporate Blogs

Durch die Popularisierung der Social Networks sind Blogs als Kommunikationsinstrument in den vergangenen Jahren etwas in den Hintergrund der medialen Aufmerksamkeit getreten. Unternehmen, die in die Social-Media-Welt starten, setzen wesentlich häufiger auf Facebook als auf Corporate Blogs. Damit unterschätzen sie die Chancen, die ein Unternehmensblog bietet, ganz gewaltig. Der Technorati Media's 2013 Digital Influence Report macht deutlich, dass gerade Blogs ein spannendes Instrument für die Influencer Relations darstellen und sogar für das Social Selling wichtig sind.[36]

Grundlage der Analyse ist eine Befragung von 6.000 Influencern, 1.200 Konsumenten und 150 Markenmanagern. Jedoch fand der Report auch heraus, dass die meisten Unternehmen auf anderen Plattformen mehr machen. 90 % der befragten Unternehmen sind auf Facebook aktiv und geben dafür auch das meiste Geld aus, aber nur 32 % betreiben ein Corporate Blog.

Verteilung des digitalen Budgets

An dieser Stelle lohnt sich ein kurzer Blick auf die Technorati-Studienergebnisse zum Thema Verteilung des digitalen Budgets, welche in Abbildung 9.60. visualisiert sind. Interessant daran ist, dass lediglich 10 % des Gesamtbudgets im Bereich Social Media angesiedelt sind, während fast 75 % in Banner-Werbung, Videoproduktion und Suchmaschinenwerbung fließt.

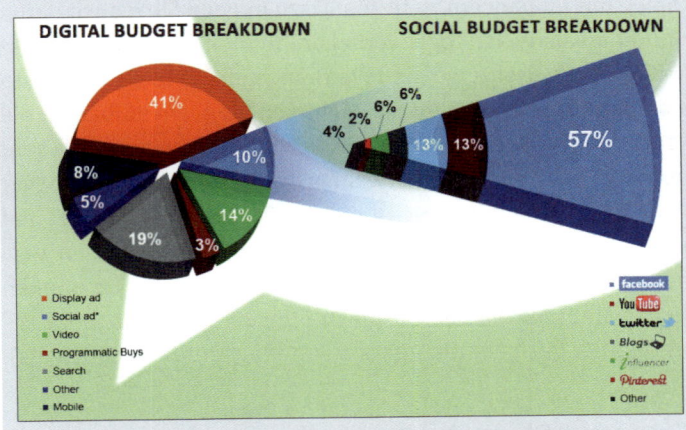

Abbildung 9.60 Verteilung der Budgets (Quelle: Technorati)

---

36 http://bit.ly/18xJA8m

> Die Verteilung des Social Budgets wird mit 57 % klar von Facebook dominiert, darauf folgen YouTube und Twitter mit jeweils 13 % sowie Blogs mit 6 %.

Meistens versuchen Unternehmen, Influencer via Twitter, Facebook, E-Mail oder Telefon für sich zu gewinnen. Das ist nicht einfach, weil sich Blogger nicht an dem Selbstverständnis eines Journalisten orientieren und auch nicht deren Kodex befolgen (müssen). Pressemitteilungen und werbliche E-Mails funktionieren in der Ansprache in der Regel nicht. Einige Organisationen agieren in den Blogger Relations nicht besonders glücklich. Es entstehen schnell Missverständnisse zwischen Bloggern und Unternehmen, die vor allem darauf basieren, dass man sich zu wenig kennt und unterschiedliche Erwartungshaltungen hat.

9.11.2 Blogger über Corporate Blogs erreichen

Basis einer Influencer-Strategie sollte es sein, selbst viele Informationen zur Verfügung zu stellen. Statt Blogger direkt anzusprechen, um sie für eine Verlinkung oder einen Bericht zu gewinnen, empfehle ich meinen Kunden, als Publisher gute Inhalte zu schaffen und diese wirken zu lassen. Die ideale Plattform dafür ist wiederum ein Corporate Blog. Wenn Sie einem Nicht-Journalisten eine Pressemitteilung zusenden, freut sich der Adressat nicht unbedingt. Oftmals werden solche Avancen sogar als reiner Spam betrachtet (siehe oben). Wenn Sie in Blogs einen Kommentar schreiben, in dem Sie nur auf Ihre eigenen Leistungen eingehen, nicht aber einen Beitrag zum Blogartikel leisten, machen Sie sich ebenfalls unbeliebt.

Sehr viel einfacher ist es, im eigenen Corporate Blog seine Ideen auszuformulieren und darüber in den Dialog mit Influencern zu treten. Dazu müssen Sie jedoch deren Inhalte kennen, lesen und idealerweise sogar verlinken. Je mehr Sie dabei auf Curatierung (auf andere Blogs verweisen) und aktuelle Brancheninhalte setzen, desto leichter können Sie eine Beziehung zu den für Sie wichtigen Bloggern aufbauen, die oft selbst ein Webcontrolling und ein gewisses Monitoring betreiben und sehr schnell bemerken, wer sie wann verlinkt oder erwähnt. Ihren Erfolg messen Blogger in aller Regel über ihre Zugriffs- und Besuchsrate. Social Signals (Plusones auf Google+, Retweets und Likes) werden ebenfalls sehr geschätzt, sind aber im Vergleich zum Webtraffic nachrangig. Über eine Teilhabe an der Blogosphäre können sich Marken wesentlich leichter ins digitale Gespräch bringen. Wer spannende Inhalte liefert, schafft es darüber auch auf die Agenda von Bloggern (Earned Media).

9.11.3 Worauf Corporate Blogger achten sollten

Ein erfolgreiches Blog entsteht nicht über Nacht. Storytelling will gelernt sein. Wer jedoch journalistische Regeln beachtet und sich an seiner jeweiligen Zielgruppe orientiert, ist auf einen guten Weg in die Blogosphäre zu seiner Leserschaft. Letztlich entstehen die meisten Kosten nicht beim technischen Aufbau. Erst im Blogbetrieb selbst zeigen sich die wahren Probleme. Guter Content alleine macht nicht glücklich. Die Leser müssen ihn überhaupt erst einmal zur Kenntnis nehmen und als für sich relevant wahrnehmen. Deshalb gehören Influencer Relations und Blogmarketing eng zusammen. Je mehr gute, lesenswerte Inhalte ein Corporate Blog bietet, desto mehr Futter für Linkbaiting und Content Marketing bietet es und kann seine Stakeholder erreichen. Denn die Influencer verlinken gerne via Facebook und Twitter auf Branchenthemen.

Das Bloggen ist in der Regel personalintensiv. Deshalb scheuen noch immer viele Unternehmen das Betreiben eines Corporate Blogs. Doch der Aufbau von Qualitäts-Content und eigenen Markenbotschaftern lohnt sich sehr schnell. Darüber kann ein Unternehmen im Idealfall das Vertrauen der Kunden in eine Marke bestärken. Zudem können sich Unternehmen souveräner gegenüber Bloggern positionieren, indem sie auf ihrer eigenen Plattform Content-Angebote und sich ansprechbar machen, ohne andere anbetteln zu müssen. Wenn Influencer auf einer Branchenplattform gute Inhalte finden, die sie nutzen können und dürfen, erleichtert das ihre jeweiligen Blogaktivitäten.

Im Technorati-Report werden Blogs als das ideale Kommunikationsinstrument der Unternehmen in den Influencer Relations bezeichnet. Das sehe ich genauso. Als Blogger möchte ich wissen, mit wem ich es zu tun habe, wenn ich auf Twitter, Facebook oder in anderen Netzwerken angesprochen werde. Ein Blog ermöglicht es mir als Leser, sehr viel über einen Menschen und eine Marke zu erfahren. Es gibt keine formale Limitierung bei der Erstellung von Texten, Bildern und Videos. Außerdem fällt es viel leichter, über einen längeren Beitrag Leser zu begeistern als über wenige Tweets an Profil zu gewinnen. In einem Unternehmensblog erhalten Marken die einmalige Gelegenheit, ihre Geschichte spannend aufzubereiten und gleichzeitig Kunden- und Influencer-Beziehungen auszubauen.

> **Lese-Tipp – Corporate Blogs als Kommunikationszentrale**
> Eine wunderbare Ergänzung an dieser Stelle ist der Artikel »Corporate Blogs als Kommunikationszentrale«, den Sie auf dem *PR-Blogger* von Klaus Eck *http://bit.ly/19dMKcH* finden. Dieser geht noch einmal ausführlich auf die Herausforderungen für Corporate Blogger und die Bedeutung eines Corporate Blogs als Kommunikationszentrale ein.

9.11.4 Tipps, die Ihr Corporate Blog zum Erfolg führen

Wer erfolgreich für sein Unternehmen bloggen will, sollte beim Corporate Blogging jedoch einige Dinge beherzigen:

1. Kostenaufstellung

Bevor Sie ein Corporate Blog ins Leben rufen, sollte der finanzielle Rahmen geklärt sein. Überlegen Sie sich, was sie an monetären Ressourcen für die Einführung und das Betreiben des Blogs zur Verfügung haben. Arbeiten Sie danach einen Kommunikationsplan für das Blog aus, und machen Sie sich Gedanken darüber, wie Ihr Blog aus gestalterischer Sicht aussehen soll. Wichtig für die Kostenaufstellung ist, dass die zukünftigen Verfasser der Blogartikel eingearbeitet und im Idealfall noch geschult werden. Hierbei können größere Kosten anfallen. Wenn das Blog erst einmal in Betrieb genommen ist, entstehen neue Ausgaben für das Bloghosting, die Kundenbetreuung und das Blogmarketing.

Zudem fallen Zahlungen für das Monitoring des Blogs, also die Kontrolle des Blogtraffics, an. Zu guter Letzt müssen Sie in Ihrer Kostenaufstellung auch noch anfallende Personalkosten (intern sowie extern) berücksichtigen.

2. Commitment von der Geschäftsführung

Für den Fall, dass Sie sich erst das Einverständnis der Geschäftsleitung holen müssen, um ein Corporate Blog zu starten, sollten Sie sich sehr gut auf das Gespräch und/oder die Präsentation vor den Verantwortlichen vorbereiten. Letztere werden mit ziemlicher Sicherheit mit vielen Fragen auf Sie zukommen. Konzentrieren Sie sich allerdings nicht nur auf die Geschäftsführung, sondern auch auf weitere Führungskräfte und Kolleginnen sowie Kollegen. Nur wenn alle Abteilungen in einem Boot sitzen und Sie unterstützen, kommt hinterher tatsächlich ein vernünftiges Ergebnis heraus. Letztlich benötigen Sie eine umfassende Unterstützung, damit Sie über Autoren aus allen Fachbereichen verfügen können.

3. Bestimmen Sie einen Blog-Chefredakteur

Ein gutes Blog zeichnet sich durch eine hohe Dynamik und eine regelmäßige Content-Aktualisierung aus. Besonders für Blogs von Unternehmen gibt es nicht Fataleres als ein vernachlässigtes oder sogar stillgelegtes Blog, das aber noch online ist. Wenn jetzt ein Kunde gezielt nach einem Artikel oder Informationen im World Wide Web sucht und dann auf diese Blogruine stößt, kann (und wird) sich das negativ auf das Markenimage auswirken.

4. Legen Sie einen Content-Fahrplan fest

Gute, lesenswerte Blogartikel fallen nicht vom Himmel und lassen sich nicht spontan im Dutzend-Paket erstellen. Es bedarf einer persönlichen Agenda, einer Themenplanung und einer guten Content-Strategie. All das verschafft dem Leser etwas Orientierung, damit dieser sich in unserer Themenwelt zurechtfindet. Ohne Content-Fahrplan tun sich Schreiber wie Leser schwer, weil niemand Ihrer persönlichen

Bloglogik ohne Weiteres folgen kann. Fertigen Sie eine persönliche Blog-Agenda an, planen Sie Ihre Themen, und erstellen Sie so Ihre individuelle Content-Strategie. Durch so eine Content-Strategie bieten Sie Ihren Lesern nicht nur lesenswerte Inhalte, sondern erreichen dadurch auch, dass diese Leser Ihre Artikel in anderen Social Networks teilen und in der Platzierung in Suchmaschinen immer weiter nach oben wandern lassen.

5. Entwickeln Sie eine Kommunikationsstrategie

Zusammen mit Ihrer Content-Strategie bildet die Kommunikationsstrategie einen weiteren wichtigen Punkt auf Ihrem Weg zum erfolgreichen Corporate Blog. Überlegen Sie sich folgende Fragen:

- Welche Botschaften soll das Blog vermitteln?
- Welche Stakeholder wollen Sie ansprechen?
- Gibt es Ziele, die erreicht werden sollen?
- Gibt es bestimmte Themenblocks, die angesprochen werden sollen?

6. Nehmen Sie das Bloggen richtig ernst

Das Bloggen ist für viele Spaß und die Verwirklichung einer Leidenschaft, doch in Wirklichkeit harte Arbeit, wenn man damit konkrete Ziele verbindet, sich etwa in einem Beratungsumfeld als guter Ansprechpartner etablieren oder in den Suchmaschinen unter den für das eigene Unternehmen wichtigen Keywords gefunden werden will. Wer das neben seiner Arbeit realisieren will, benötigt eine große Ausdauer. Es kann sehr lange dauern, bis sich ein merkbarer Erfolg einstellt. Am besten legen Sie Ihre persönlichen oder Unternehmensziele frühzeitig fest, damit Sie Ihre Blogartikel daran messen können.

7. Verlassen Sie Ihre Bloginsel

Gute Blogartikel nennen immer ihre Quellen und verlinken diese aus Wertschätzung. Auf diese Weise werden wertvolle Content-Quellen im Netz sichtbarer. Für den Leser, der ein Thema vertiefen will, stellen Links einen großartigen Service dar. Trotzdem ist die Verlinkung untereinander in der Blogosphäre in den vergangenen Jahren leider stark zurückgegangen. Nur wer selbst andere aktiv verlinkt, darf sich auch über entsprechende Backlinks in anderen Blogs, auf Facebook oder Twitter freuen.

8. Jeder Blogartikel zählt

Wenn Sie ein Corporate Blog betreiben, steht jeder einzelne Beitrag im Idealfall für ein konkretes Ziel. Vielleicht wollen Sie darüber mit Ihrer Community diskutieren, auf eine wichtige Neuigkeit verweisen oder Ihren Meinungsbeitrag zu einem Thema präsentieren. In den Suchmaschinen steht jeder Beitrag für sich allein.

9. Blogcontent wird gerne geteilt

Ist ein Inhalt für Ihre Leser von Interesse, werden diese ihn vermehrt miteinander via Facebook und Twitter teilen. Das bringt Ihnen mehr Aufmerksamkeit als ein Tweet oder ein Facebook-Update. Außerdem wirkt sich aktueller Blogcontent positiv auf Ihre Suchergebnisse aus.

10. Nützliche Inhalte werden gefunden

Google legt immer mehr Wert auf echte, geteilte und lesenswerte Inhalte. Blogs profitieren hiervon besonders, wenn sie eine tatsächliche Relevanz für die Suchenden haben. In den Suchmaschinen belegen sie oftmals die ersten Plätze in den organischen Suchergebnissen.

11. Content ohne Limitierung

Auf Twitter haben Sie nur 140 Zeichen, auf Facebook sind auch nicht viel mehr Zeichen üblich. Bilder, Videos und Präsentationen können Sie nur nach strengen Vorgaben in den Social Networks veröffentlichen. Im Corporate Blog haben Sie kaum Limitierungen. Beim Blogsystem WordPress haben Sie große Gestaltungsfreiheiten bei der Einbindung von Wort und Bild. Das Layout und Design können Sie frei gestalten.

12. Unique Content

Me-too-Inhalte langweilen schnell. Niemand liest gerne den hundertsten Beitrag zu einem PR- oder Marketing-Thema, wenn dieser nur per Copy & Paste zusammengetragen worden ist, ohne einen eigenen Zugang zum Thema zu eröffnen. Idealerweise sollten Sie deutlich machen, warum Sie leidenschaftlich für etwas brennen. Das fällt vielen Menschen schwer. Schließlich erfordert es, eine eigene Meinung zu vertreten und den Widerspruch auszuhalten.

13. Aufbau einer Leserschaft

Twitter, Facebook und Google+ bieten zahlreiche Content-Schnipsel, die doch sehr flüchtig wirken und schnell vergessen sind. Wo habe ich den Hinweis gefunden und gelesen? Ein Blog bietet eine bessere Leserbindung und verleitet zum Wiederkommen, wenn der Inhalt passt. In Corporate Blogs können Markenbotschafter ein Profil entwickeln und die Leser für ihre Themen begeistern.

Auf Facebook verzichten müssen Sie gar nicht, aber zumindest sollte man sich im Rahmen einer Social-Media-Strategie überlegen, wo die Stärken von Facebook, Blogs und anderen Instrumenten liegen.

Der letzte Satz von Herrn Eck schließt an dieser Stelle den Kreis. Welches soziale Netzwerk für Ihr Unternehmen das richtige ist, müssen Sie selbst abwägen und entscheiden. Was auch immer Sie tun, achten Sie darauf, dass Ihre Präsenzen zu Ihren Zielen passen, und überprüfen Sie regelmäßig, ob Ihr Engagement Früchte trägt. Im nächsten Kapitel erläutere ich Ihnen jetzt, wie Sie sicherstellen, dass hinter Ihrer öffentlichen Social-Media-Präsenz eine solide Basis steht. Denn ohne Verankerung von Social Media im Unternehmen selbst wird Ihr Engagement niemals das volle Potenzial erreichen.

TEIL 3
Social Media Management im Unternehmen

10 Corporate Social Media

»*Innovation needs to be part of your culture. Consumers are transforming faster than we are, and if we don't catch up, we're in trouble.*«
Ian Schafer, Deep Focus

Die Einführung von Social Media im Unternehmen ist eine der größten Herausforderungen überhaupt. Dem, was letztendlich in den sozialen Medien sichtbar wird, geht eine Menge Arbeit voraus. Dieser Umstand ist für Außenstehende oftmals schwer nachzuvollziehen. Ich wurde schon des Öfteren nach drei, vier Wochen von anderen Mitarbeitern gefragt, wann denn nun endlich die Facebook-Seite eröffnet wird. Das Erstaunen war groß, wenn ich auf diese Frage mit »etwa in sechs Monaten« antwortete. Hilfreich war hier das Sinnbild des Eisberges, dessen sichtbare Spitze die Plattformen darstellen, während sich der deutlich umfangreichere Teil aus Strategie, Prozessen, Guidelines, Inhalten, Teams und Analysen im unsichtbaren Teil befindet. Eine Skizze des Eisberges sehen Sie in Abbildung 10.1. Auf alle Punkte unterhalb des Meeresspiegels bin ich bereits in diesem Buch eingegangen oder werde es in den folgenden Abschnitten noch tun.

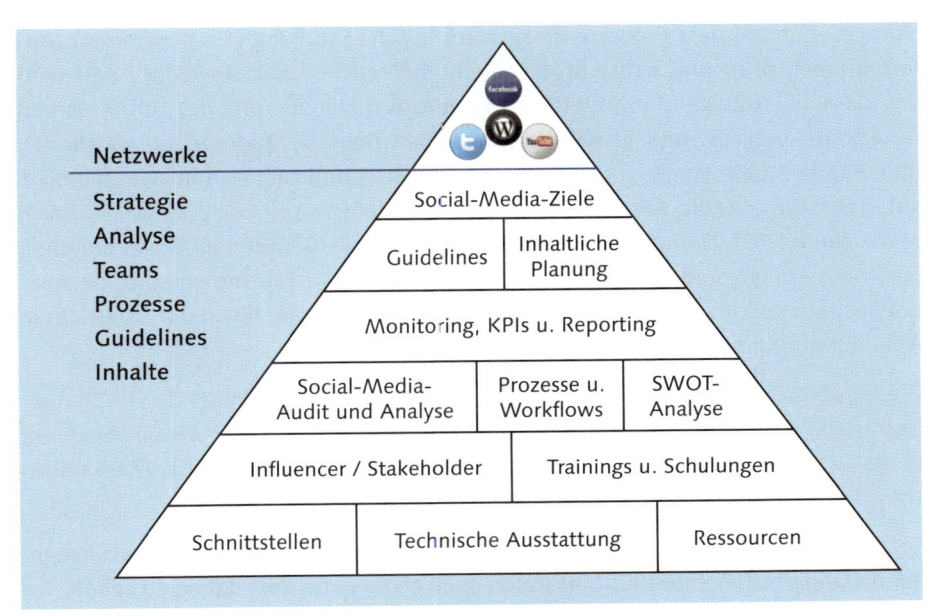

Abbildung 10.1 Der Social-Media-Eisberg – Social Icons von Eli Burford

Die Zeitspanne, die die Vorbereitung eines Social-Media-Engagements in Anspruch nimmt, ist von einer Reihe von Faktoren abhängig, etwa von der Unternehmensgröße, dem Grad der Bereitschaft zur Veränderung und der Passgenauigkeit von bestehenden Prozessen, um nur einige zu nennen. Erfahrungsgemäß variiert die Spanne hier irgendwo zwischen zwei Monaten und einem Jahr. Welche Schritte vor dem öffentlichen Start eines Social-Media-Engagements stehen und wie Sie Ihr Unternehmen bestmöglich vorbereiten, zeige ich Ihnen in diesem Kapitel.

10.1 Ist mein Unternehmen bereit für Social Media?

Um den Standort Ihres Unternehmens in Bezug auf die Bereitschaft für ein Engagement in den sozialen Medien zu bestimmen, gibt es eine Reihe von professionellen Werkzeugen, die Ihnen dabei helfen. Drei dieser Werkzeuge, mit denen Sie bestens für diese Aufgabe gerüstet sind, stelle ich Ihnen in diesem Abschnitt vor.

10.1.1 Die umfassende Bestandsaufnahme

Bevor Sie überhaupt anfangen zu planen, müssen Sie herausfinden, mit welchen Rahmenbedingungen Sie es zu tun haben. An dieser Stelle hilft Ihnen ein systematisches *Social-Media-Audit*, in dem sowohl die externen als auch die internen Gegebenheiten und Voraussetzungen analysiert werden. Der Begriff Audit leitet sich von dem lateinischen audire für hören/anhören ab und bezeichnet ein Untersuchungsverfahren, dass Prozesse im Hinblick auf die Erfüllung von bestimmten Anforderungen prüft und beurteilt. In einem anfänglichen Social-Media-Audit wird der aktuelle Ist-Zustand ermittelt und so verortet, wie »bereit« das Unternehmen für Social Media ist und in welchen Bereichen noch Veränderungen stattfinden müssen, damit ein Engagement starten kann. Das Audit teilt sich in zwei Bereiche auf, das externe Audit, das die Voraussetzungen der Umwelt analysiert (ausführlich in Abschnitt 10.1.2) und das interne Audit, das überprüft, wie die Gegebenheiten im Unternehmen sind (ausführlich in Abschnitt 10.1.3). Externe wie interne Analyse fächern sich jeweils in weitere Unterkategorien auf, wie Sie in der Übersicht in Abbildung 10.2 sehen können.

Die Ergebnisse der Audits bilden die Grundlage für eine anschließende *SWOT-Analyse* (siehe Abschnitt 10.1.4) sowie die Berechnung des *Social Media Readiness Scores* (siehe Abschnitt 10.1.5) und damit die Ausarbeitung der Social-Media-Strategie.

Ein Social-Media-Audit macht nicht nur zu Beginn eines Social-Media-Engagements Sinn, im Gegenteil. Es hilft Ihnen auch zu späterer Zeit dabei, zu sehen, wo Sie aktuell stehen, welchen Weg Sie bereits zurückgelegt haben und in welchen Bereichen noch Potenzial für eine Verbesserung besteht. Deshalb sollten Sie sich auch dann mit dem Prozess vertraut machen, wenn Sie ein bereits bestehendes Social-Media-Programm betreuen.

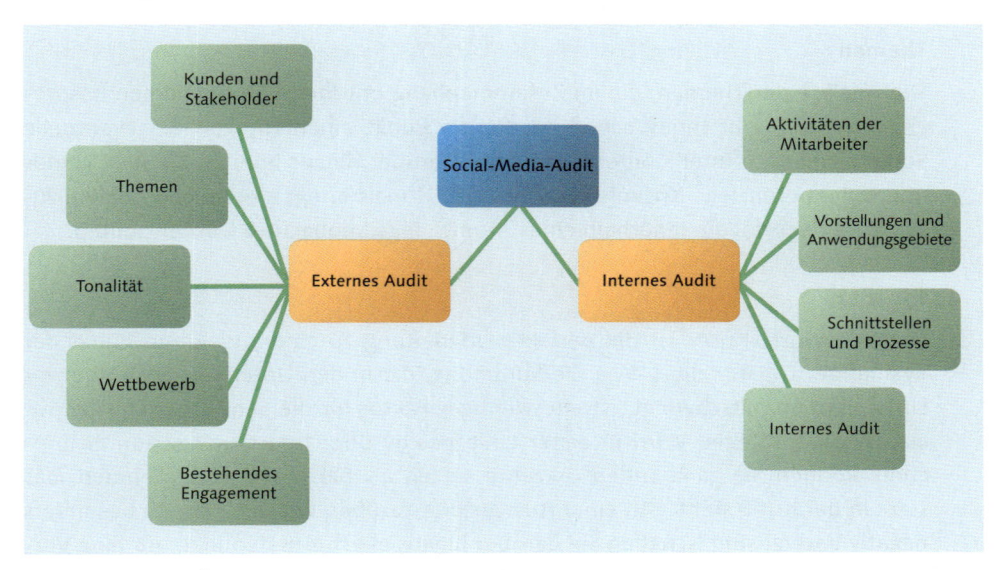

Abbildung 10.2 Übersicht des Social-Media-Audits

10.1.2 Externes Social-Media-Audit

Ziel des externen Audits ist es, die externen Gegebenheiten genau zu analysieren. Neben einer Einschätzung über die Bezugsgruppen des Unternehmens werden Themen und die Tonalität überprüft, der Wettbewerb eingestuft und bereits bestehende Aktivitäten bewertet.

Eine Zusammenarbeit mit einer auf Social Media Monitoring spezialisierten Agentur macht für diese Nullmessung, also die Erfassung des Status vor dem Start eines Social-Media-Engagements, viel Sinn. Diese verfügen über die richtigen Technologien und das Wissen, um Ihr Unternehmen im Social Web zu verorten. Darüber hinaus können Sie nach einem professionellen Audit besser einschätzen, wie sinnvoll das Engagieren einer Agentur für das dauerhafte Monitoring ist. Professionelle Anbieter von Social-Media-Monitoring-Dienstleistungen in Deutschland finden Sie in Abschnitt 6.4.6, »Kostenpflichtige Dienste«. Im Detail werden im Rahmen eines externen Audits die folgenden Aspekte evaluiert.

Kunden und Stakeholder

Eine Analyse darüber, wo im Netz über Ihr Unternehmen und Ihre Produkte gesprochen wird, ist insbesondere für die Auswahl der Plattformen unerlässlich, auf denen Ihr Unternehmen Präsenzen einrichtet. Darüber hinaus werden in diesem Rahmen wichtige Meinungsführer und Multiplikatoren identifiziert, und Sie finden heraus, welche Zielgruppen Sie überhaupt im Social Web erreichen können.

Themen

Die Analyse der Themen, die im Zusammenhang mit Ihrem Unternehmen besprochen werden, gibt Ihnen schon an diesem Punkt einen Hinweis auf eventuelle Schwerpunkte in Ihrer Content-Strategie. Darüber hinaus können Sie hier Trends und sogar potenzielle Krisenherde ableiten. Oftmals bringt eine solche Analyse zusätzliche Begriffe, die innerhalb eines Monitorings beobachtet werden sollten.

Tonalität

Das Stichwort »Krise« ist die perfekte Überleitung zu einem weiteren Punkt der Evaluation. Die Tonalität, also die Stimmung, die in den Unterhaltungen über Ihr Unternehmen mitschwingt, ist ein wichtiger Faktor für die Schwerpunkte der Social-Media-Strategie. Wird in erster Linie positiv über Ihre Organisation gesprochen, können Sie ganz andere Akzente setzen als bei einem Unternehmen, das stark in der Kritik steht. Mit einer Auswertung darüber, welche Themen besonders negativ besetzt sind, schaffen Sie darüber hinaus gleich Ansatzpunkte für eine Verbesserung der angesprochenen Punkte.

Wettbewerber

Interessant ist immer auch eine Auswertung dessen, was der Wettbewerb macht. Zunächst wäre hier analog eine Analyse der Kunden, Tonalität und Themen hilfreich, die Sie mit Ihren Ergebnissen abgleichen können. Darüber hinaus sollten Sie sich die Engagements unbedingt persönlich ansehen und sich dabei die folgenden Fragen stellen: Wo und wie wird kommuniziert? Gibt es öffentliche Informationen über die Strategie, Ziele oder den Aufbau des Teams? Was macht der Wettbewerb besonders gut oder schlecht? Was können Sie aus all dem für Ihr Engagement lernen? Ein persönlicher Tipp an dieser Stelle, suchen Sie doch einmal in Suchmaschinen und auf Plattformen wie Slideshare, mit der Stichwortkombination aus dem Namen des Unternehmens und »Social-Media-Strategie«. Oftmals finden Sie so direkt, was Sie suchen. Eine Suche für das Logistikunternehmen DHL nach diesem Vorbild ergibt zum Beispiel einen Artikel auf der Seite »Call Center News« unter *http://bit.ly/11fYZHX*, der die Strategie ausführlich beschreibt (siehe Abbildung 10.3).

In diesem Zusammenhang sollten Sie sich durchaus auch Auftritte in den USA und Großbritannien ansehen, denn in der Regel sind Unternehmen aus dem angelsächsischen Raum immer einen Schritt voraus. Wenn Sie dort keine direkten Wettbewerber haben, können Sie Ihre Analyse auf vergleichbare Unternehmen der Branche ausweiten. Was macht der Wettbewerb? Welche Strategie wird verfolgt? Wie ist das Engagement aufgebaut? Was können wir davon lernen?

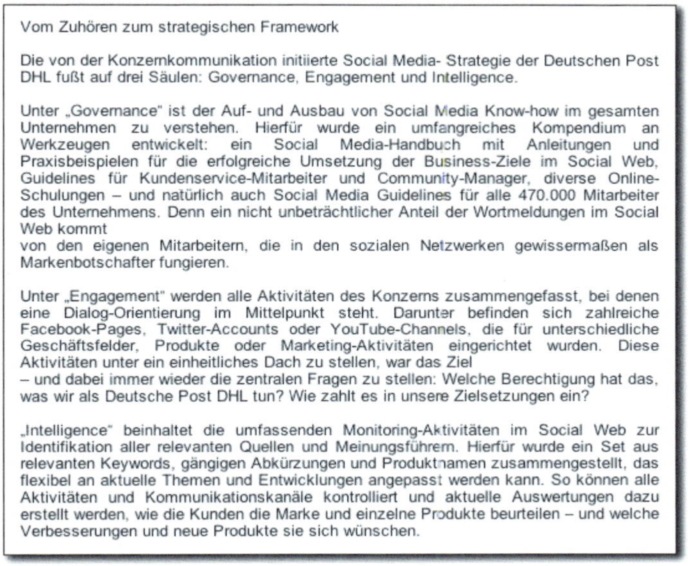

Vom Zuhören zum strategischen Framework

Die von der Konzernkommunikation initiierte Social Media- Strategie der Deutschen Post DHL fußt auf drei Säulen: Governance, Engagement und Intelligence.

Unter „Governance" ist der Auf- und Ausbau von Social Media Know-how im gesamten Unternehmen zu verstehen. Hierfür wurde ein umfangreiches Kompendium an Werkzeugen entwickelt: ein Social Media-Handbuch mit Anleitungen und Praxisbeispielen für die erfolgreiche Umsetzung der Business-Ziele im Social Web, Guidelines für Kundenservice-Mitarbeiter und Community-Manager, diverse Online-Schulungen – und natürlich auch Social Media Guidelines für alle 470.000 Mitarbeiter des Unternehmens. Denn ein nicht unbeträchtlicher Anteil der Wortmeldungen im Social Web kommt
von den eigenen Mitarbeitern, die in den sozialen Netzwerken gewissermaßen als Markenbotschafter fungieren.

Unter „Engagement" werden alle Aktivitäten des Konzerns zusammengefasst, bei denen eine Dialog-Orientierung im Mittelpunkt steht. Darunter befinden sich zahlreiche Facebook-Pages, Twitter-Accounts oder YouTube-Channels, die für unterschiedliche Geschäftsfelder, Produkte oder Marketing-Aktivitäten eingerichtet wurden. Diese Aktivitäten unter ein einheitliches Dach zu stellen, war das Ziel
– und dabei immer wieder die zentralen Fragen zu stellen: Welche Berechtigung hat das, was wir als Deutsche Post DHL tun? Wie zahlt es in unsere Zielsetzungen ein?

„Intelligence" beinhaltet die umfassenden Monitoring-Aktivitäten im Social Web zur Identifikation aller relevanten Quellen und Meinungsführer. Hierfür wurde ein Set aus relevanten Keywords, gängigen Abkürzungen und Produktnamen zusammengestellt, das flexibel an aktuelle Themen und Entwicklungen angepasst werden kann. So können alle Aktivitäten und Kommunikationskanäle kontrolliert und aktuelle Auswertungen dazu erstellt werden, wie die Kunden die Marke und einzelne Produkte beurteilen – und welche Verbesserungen und neue Produkte sie sich wünschen.

Abbildung 10.3 Ausführliche Informationen zu der DHL-Social-Media-Strategie auf der Seite »Call Center News«

Social Media

Den Abschluss des externen Audits bildet eine Bewertung der aktuellen Aktivitäten im Social Web, sofern hier schon welche vorhanden sind. In diesem Zusammenhang sollten Sie auch überprüfen, auf welchen Plattformen bereits ein Account mit dem Namen des Unternehmens existiert. Einen schnellen Überblick können Sie sich mit dem Tool Namechk (*http://namechk.com*, siehe Abbildung 10.4) verschaffen.

Dieser Dienst überprüft auf über 150 Plattformen, ob ein bestimmter Name oder eine Vanity-URL bereits vergeben ist. Sollte sich bereits jemand Ihre Präsenzen reserviert haben, können Sie die Person direkt schon einmal anschreiben und um eine Übergabe bitten. Übrigens, auf den meisten Plattformen ist per AGB der Verkauf eines Accounts untersagt. Sollten Sie ein entsprechendes Angebot bekommen, lohnt es sich, den jeweiligen Kundenservice zu kontaktieren und diesbezüglich mal nachzufragen. Im Rahmen des externen Audits werden nur die öffentlich sichtbaren Aspekte bestehender Engagements überprüft, diese Analyse wird im Rahmen des internen Audits, das ich ihnen jetzt vorstelle, noch um die interne Perspektive erweitert.

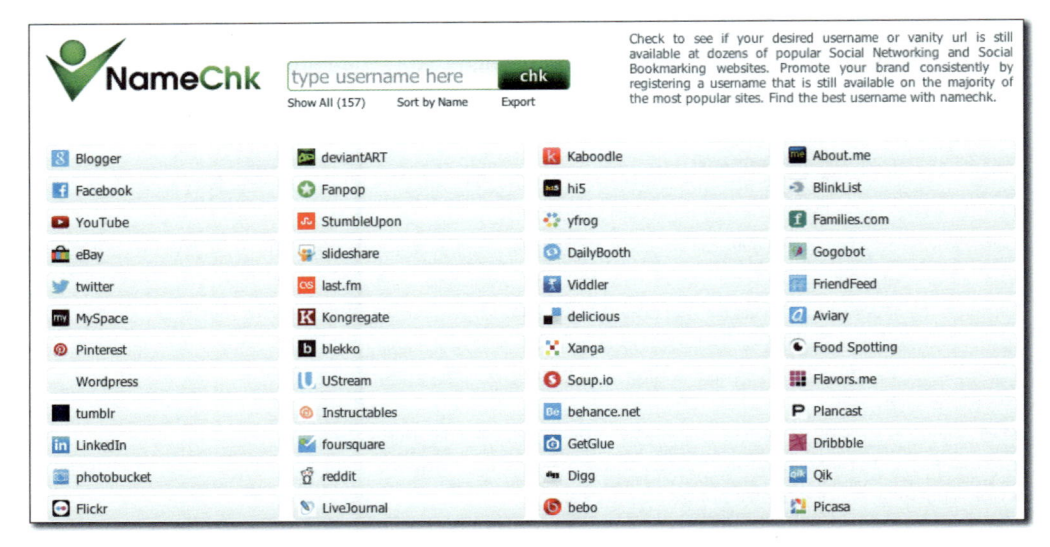

Abbildung 10.4 NameChk verschafft Ihnen einen Überblick über vergebene Accounts.

10.1.3 Internes Social-Media-Audit

Das interne Audit hat zum Ziel, die Bereitschaft des Unternehmens für ein Engagement in Social Media sowie Standpunkte und mögliche Schwerpunkte zu verorten. Im Rahmen des internen Social-Media-Audits werden die folgenden vier Teilbereiche untersucht:

- Bestandsaufnahme der Social-Media-Aktivitäten durch Abteilungen oder einzelne Mitarbeiter des Unternehmens
- Evaluation, welche Vorstellungen und potenziellen Anwendungsgebiete die einzelnen Abteilungen im Kopf haben
- Analyse der bestehenden Prozesse und Schnittstellen, die relevant für ein Social Media Management sind
- Analyse der technischen Gegebenheiten und Ressourcen

Am Ende dieses internen Audits steht ein Gesamtbild des Status quo aus der internen Perspektive.

Bestandaufnahme der Aktivitäten

Bevor ein Unternehmen in das strategische Social Media Management einsteigt, passiert es durchaus, dass einzelne Abteilungen oder Personen eigenständig kleinere Aktivitäten anstoßen, etwa das Sichern von Accounts auf Twitter, Facebook & Co. durch einen Social-Media-affinen Mitarbeiter oder den Kundenservice, wie in dem Beispiel in Abbildung 10.5 die Hermes Logistik Gruppe, die ihre Kunden bereits seit mehreren Jahren in einzelnen Foren und Verbaucherplattformen professionell betreute, bevor das Social Media Management ins Leben gerufen wurde.

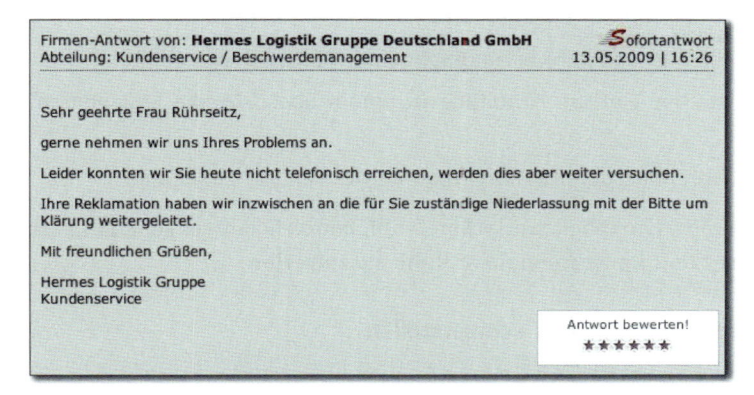

> Firmen-Antwort von: **Hermes Logistik Gruppe Deutschland GmbH** *S*ofortantwort
> Abteilung: Kundenservice / Beschwerdemanagement   13.05.2009 | 16:26
>
> Sehr geehrte Frau Rührseitz,
>
> gerne nehmen wir uns Ihres Problems an.
>
> Leider konnten wir Sie heute nicht telefonisch erreichen, werden dies aber weiter versuchen.
>
> Ihre Reklamation haben wir inzwischen an die für Sie zuständige Niederlassung mit der Bitte um Klärung weitergeleitet.
>
> Mit freundlichen Grüßen,
>
> Hermes Logistik Gruppe
> Kundenservice
>
> Antwort bewerten!
> ★★★★★★

Abbildung 10.5 Der Kundenservice der HLGD agierte bereits vor dem offiziellen Start aktiv und professionell in den sozialen Medien.

Ziel des internen Audits ist an dieser Stelle, all diese Einzelaktionen zu identifizieren. Diese Daten können durch ein Social Media Monitoring gewonnen werden, eine Umfrage im Unternehmen bringt oft zusätzliche Erkenntnisse. Bedenken Sie an dieser Stelle, dass kein Mitarbeiter dazu verpflichtet ist, Ihnen Auskünfte über seinen privaten Twitter-Account zu geben.

Evaluation der Vorstellungen und potenziellen Anwendungsszenarien

Wie unterschiedlich teilweise die Vorstellungen zum Einsatz der sozialen Medien im Unternehmenskontext sind, habe ich immer wieder in Interviews zum Thema erlebt. Das Vorgehen an dieser Stelle ist, eine oder mehrere Schlüsselfiguren aus der Geschäftsführung, den Abteilungen Marketing, Unternehmenskommunikation, Kundenservice, Personal, Vertrieb, IT sowie anderen Abteilungen, die für ein Engagement relevant sein könnten, zu interviewen. Die Fragen reichen hier von einer Einschätzung des eigenen und unternehmensweiten Wissenstandes bis hin zu konkreten Vorstellungen, wie Social Media in dem jeweiligen Bereich eingesetzt und umgesetzt werden könnte. Einen konkreten, allgemeinen Fragenkatalog gibt es hier nicht. Die Fragen müssen konkret auf das Unternehmen und sogar die jeweils gerade im Interview befindliche Person zugeschnitten sein. Als Inspiration können Ihnen diese Beispielfragen dienen:

- Halten Sie ein Social-Media-Engagement für sinnvoll?
- Welches Ziel sollte das Unternehmen mit Social Media verfolgen?
- Was wissen Sie über Social Media?
- Kennen Sie gute Beispiele für Social-Media-Engagements?

- Wo sehen Sie das Unterhemen aktuell, was muss dringend vor einem Engagement getan werden?
- Sehen Sie Hindernisse für ein Engagement?
- Welche potenziellen Krisen könnte ein Engagement mit sich bringen?
- Welche Rollen sollten Sie/Ihre Abteilung in einem Social-Media-Engagement spielen?
- Gibt es in Ihrer Abteilung bereits Aktivitäten im Bereich Social Media?

Führen Sie die Interviews im möglichst lockeren Stil, hilfreich kann es sein diese auf Video aufzuzeichnen und im Nachhinein in Ruhe auszuwerten.

Analyse bestehender Prozesse und Schnittstellen

Eine Aufgabe, die nicht ganz trivial ist, ist die Analyse bestehender Prozesse, die für Social Media relevant sind. In diesem Stadium wäre »sein könnten« die treffendere Formulierung, da Sie noch nicht genau wissen, welchen Weg die Social-Media-Strategie im Endeffekt vorsieht. Auch hier gibt es kein allgemeingültiges Rezept. Aspekte, die Sie sich aber in jedem Fall anschauen sollten, sind die folgenden:

- Freigabeprozesse: Wie werden Botschaften, die das Unternehmen verlassen, heute freigegeben? Welche Personen sind involviert? Wie könnte hier ein Rahmen geschaffen werden, der den Kommunikatoren innerhalb des Social-Media-Teams größtmögliche Freiheiten ermöglicht?
- Krisenkommunikation: Welche Prozesse setzen ein, wenn eine Krise erwartet wird oder eintritt? Wie sind die Meldeketten, wer wird zu welchem Zeitpunkt informiert und einbezogen? Gibt es eine spezielle Krisen-Taskforce?
- Kundenservice: Wie werden Beschwerden von Kunden heute bearbeitet? Gibt es spezielle Eskalationsstufen? Was passiert, wenn jemand die Geschäftsführung direkt anschreibt? Was passiert, wenn die Medien einen missglückten Fall aufnehmen?
- Marketing: Wie werden Kampagnen organisiert? Welche Kampagnen begleiten das Unternehmen? Gibt es unterschiedliche Zuständigkeiten für potenzielle und bestehende Kunden?
- Forschung und Entwicklung: Wie werden neue Produkte entwickelt? Wie wird Marktforschung betrieben?

Eine Analyse der Prozesse sollte immer im Hinblick auf folgende Fragen stattfinden:

- Wie könnte eine Zusammenarbeit mit den zuständigen Abteilungen aussehen?
- Welche Schnittstellen müssen geschaffen werden?
- Welche Personen in den Abteilungen wären als Ansprechpartner geeignet?

Analyse der technischen Gegebenheiten und Ressourcen

Ein Social-Media-Team, das nicht richtig ausgestattet ist, kann nicht arbeiten. Was zunächst absolut logisch klingt, ist in der Realität oftmals ein echtes Problem. Sicherheitsrichtlinien, blockiertes Internet, hierarchiebedingte Freigabe für Smartphones und der Internet Explorer 6 als Standard-Browser machen das Arbeiten schwer. Im Rahmen des internen Audits müssen entsprechend auch die hiesigen Rahmenbedingungen erfasst werden. Kann das Social-Media-Team frei auf das Internet zugreifen, ist die technische Grundausstattung vorhanden (konkret dazu in Abschnitt 11.2.1, »Die Grundausstattung«) und wo gibt es sonst noch Hindernisse oder Engpässe, die ein Engagement stören könnten? Idealerweise setzen Sie sich hier gleich mit der IT-Abteilung zusammen, um eventuelle Lösungsansätze anzustoßen.

Ist auch das interne Audit abgeschlossen, kommt die Auswertung und Analyse der gewonnenen Daten.

10.1.4 SWOT-Analyse

Das Akronym SWOT leitet sich von diesen englischen Begriffen ab:

- **S**trenghts (Stärken)
- **W**eaknesses (Schwächen)
- **O**pportunities (Chancen)
- **T**hreats (Risiken)

Es bezeichnet ein Instrument der strategischen Planung, das eine Grundlage für die Strategientwicklung schafft. Die Ergebnisse des Audits werden dafür in eine Matrix eingeordnet, die unternehmensinterne Schwächen und Stärken (Unternehmensfaktoren) sowie Herausforderungen und Risiken abbildet, die in externen Bedingungen ihre Ursache finden (Umweltfaktoren). Auf den Stärken können Sie Strategie und Umsetzung gezielt aufbauen, Schwächen sind beeinflussbare Größen, an denen Sie arbeiten müssen, bevor Sie und Ihr Unternehmen bereit für ein Engagement in den sozialen Medien sind. Chancen beschreiben Möglichkeiten, denen Sie besondere Berücksichtigung in Strategie und Umsetzung zukommen lassen sollte. Risiken müssen Sie bei der Kommunikation in sozialen Medien stets im Auge behalten und wo möglich beeinflussen. Sind die Ergebnisse des Social-Media-Audits in die SWOT-Matrix übersetzt, gilt es, den Nutzen aus Stärken und Chancen zu maximieren und die negativen Effekte aus Risiken und Schwächen zu minimieren. Eine Ableitung erfolgt hier über die folgenden vier Kombinationsfragen:

1. **SO – Stärke-Chance-Kombination**: Welche Stärke kann genutzt werden, um eine Chance zu nutzen?

2. **ST – Stärke-Risiko-Kombination**: Welche Stärke kann genutzt werden, um ein bestimmtes Risiko zu minimieren?
3. **WO – Schwäche-Chance-Kombination**: Gibt es eine Möglichkeit, aus einer Schwäche eine Chance zu machen? Wie lässt sich eine Schwäche in eine Stärke verwandeln?
4. **WT – Schwäche-Risiko-Kombination**: Wie lässt sich das Unternehmen optimal vor Risiken schützen? Welche Schwächen können sich in Risiken verwandeln?

Aus den Antworten auf diese vier Kombinationen können Sie jetzt geeignete Maßnahmen ableiten, die im Rahmen der Social-Media-Strategie aufeinander abgestimmt werden. Da das Thema SWOT-Analyse so sehr abstrakt ist, möchte ich Ihnen die Methode anhand eines fiktiven Praxisbeispiels näherbringen.

Praxisbeispiel SWOT-Analyse

Hauptdarsteller in meinem Beispiel ist die Motorrad AG, ein Hersteller von Motorrädern mit guter Marktposition. Das externe Social-Media-Audit ergab hier, dass es eine Menge Kunden gibt, die sich über die Marken des Unternehmens austauschen, und Mitarbeiter, die mit diesen Fans bereits aktiv in Kontakt sind (Stärken). Dies wird von den Fans sehr positiv aufgenommen (Chancen). Der Tenor ist grundlegend positiv (Stärke), jedoch im Bereich Kundenservice sowie zu einigen wenigen Händlern gibt es sehr negative Stimmen (Risiken). Da das Unternehmen bisher kein offizielles Social-Media-Programm hat, ergibt das interne Audit unzureichende Infrastrukturen und personelle Ressourcen, einen langsamen Informationsfluss sowie ein fehlendes Social Media Monitoring (Schwächen). Die zugehörige SWOT-Matrix sehen Sie in Abbildung 10.6.

Stärken	**Schwächen**
Starke Marke Starke Fangemeinschaft Engagierte Mitarbeiter Gute Grundlage für Inhalte	Kein Social Media Monitoring Fehlende Infrastruktur Langsamer Informationsfluss Unzureichende personelle Ressourcen
Chancen	**Risiken**
Fans wünschen sich Dialog mit der Marke Mitarbeiter als Markenbotschafter	Kundenservice hat ein schlechtes Image Schwarze Schafe unter den Händlern

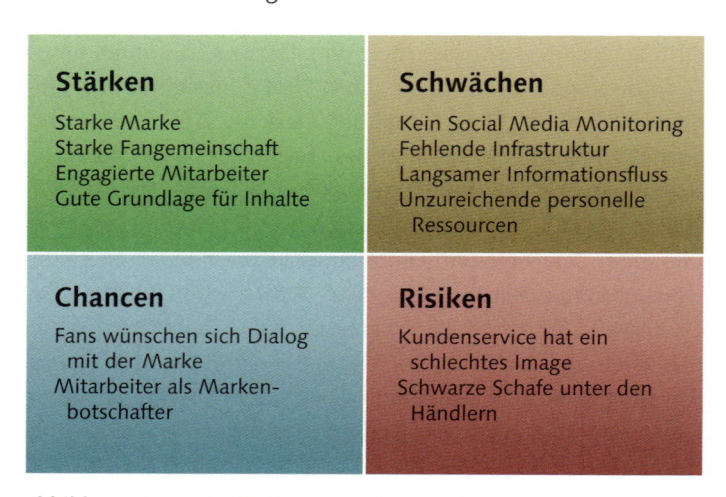

Abbildung 10.6 SWOT-Matrix für das Praxisbeispiel

Auf Basis dieser SWOT-Matrix ergeben sich die folgenden Antworten auf die vier Kombinationen:

1. **SO – Stärke-Chance-Kombination**: Eine starke Fangemeinschaft und engagierte Mitarbeiter sind die ideale Grundlage für einen Dialog in den sozialen Medien.
2. **ST – Stärke-Risiko-Kombination**: Da sich die Fans aktiv über das Unternehmen austauschen, sind Schwachstellen im Kundenservice sowie bei Händlern, die negativ auffallen, leicht zu identifizieren.
3. **WO – Schwäche-Chance-Kombination**: Im Rahmen der Einführung eines Social-Media-Engagements werden die Schwächen schrittweise beseitigt. Dies ermöglicht einen Dialog auf einem ganz anderen Level als zuvor.
4. **WT – Schwäche-Risiko-Kombination**: Hat das Unternehmen weiterhin keine Möglichkeit, Gespräche im Netz durch ein Social Media Monitoring zu beobachten, kann zum Beispiel ein besonders negativer Erfahrungsbericht über einen Händler Auswirkungen auf das Gesamtimage des Unternehmens haben.

Diese Analyse gibt dem Unternehmen eine gute Grundlage für die Entwicklung einer geeigneten Strategie und die Wahl der bestmöglichen Ziele. Auf das Beispiel der Motorrad AG werde ich im weiteren Verlauf dieses Kapitel noch zurückgreifen.

10.1.5 Social Media Readiness Score

Neben der SWOT-Analyse gibt es ein weiteres Werkzeug, das die Ergebnisse des Audits in eine Positionsbestimmung des Unternehmens übersetzt. Social Media Readiness ist ein von der Agentur *Demand Metric* entwickeltes Punktesystem (Scoring), das offen legt, in welchen Bereichen ein Unternehmen schon besonders gut im Hinblick auf die Bereitschaft für ein Social-Media-Engagement dasteht und in welchen Bereichen noch nachgebessert werden muss. Demand Metric bietet auf der *Unternehmenswebseite* (http://bit.ly/1aOBvht) eine englischsprachige Arbeitsmappe an, die Ihren Readiness Score automatisch ausrechnet. Dafür müssen Sie einen umfangreichen Fragenkatalog beantworten und Ihr Unternehmen im Hinblick auf unterschiedliche Bereiche bewerten. Als Ergebnis erhalten Sie ein Netzdiagramm, das Ihnen anschaulich zeigt, wo Ihr Unternehmen noch Verbesserungspotential hat (siehe Abbildung 10.7).

Ein Beispiel für eine vollständige Analyse können Sie sich unter *http://bit.ly/151pEEM* ansehen. Darüber hinaus finden Sie auf meinem Blog *http://bit.ly/1aODDFY* die ins Deutsche übersetzten Fragen, sowie eine ausführliche Erläuterung der Vorgehens- und Funktionsweise.

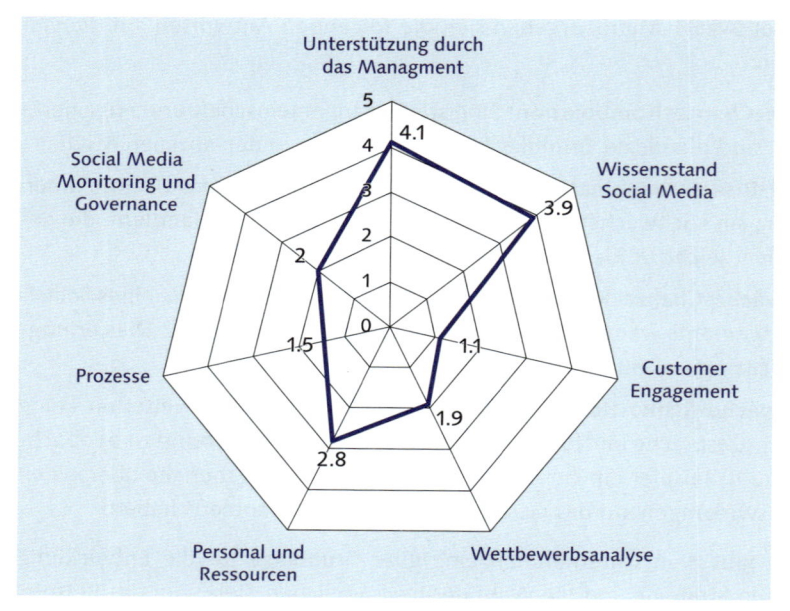

Abbildung 10.7 Ergebnis der Analyse in einem Netzdiagramm

10.2 Erfolgsfaktoren der Social-Media-Strategie im Unternehmen

Social-Media-Strategien, die nicht vollständig im Unternehmen und den bestehenden Prozessen integriert sind, sind langfristig zum Scheitern verurteilt. Zu diesem Ergebnis kam die Altimeter-Studie »Social Readiness – How Advanced Companies Prepare Internally«,[1] die 144 Unternehmen im Hinblick auf die Prozesse und Strukturen um die Social-Media-Strategie herum untersuchte. Die Studie bestätigt wieder einmal, dass die Umsetzung einer Social-Media-Strategie mehr ist als nur die Umsetzung an sich. Social Media bedingt eine Transformation des Unternehmens in ein »Social Business«. Damit Sie Ihrem Unternehmen erfolgreich durch diese Transformation helfen können, müssen Sie insbesondere vier Faktoren im Blick haben:

- Social Media Governance
- unternehmensweite Reaktionsprozesse
- fortlaufendes Schulungsprogramm und Austausch von Best Practices
- Führung durch ein dezidiertes und zentrales Team

---

1 http://bit.ly/17EJgSi

Die einzelnen Erfolgsfaktoren werde ich Ihnen in den folgenden Abschnitten ausführlich erläutern.

10.2.1 Social Media Governance

Der Begriff *Governance* bezeichnet im Allgemeinen ein Steuerungs- und Regelungssystem einer Organisation. *Social Media Governance* ist demnach die Bezeichnung für die Rahmenbedingungen für den Einsatz von Social Media. Darunter fallen neben der übergreifenden Strategie und der Ressourcenverteilung insbesondere die Schaffung eines Ordnungsrahmens für den Einsatz von Social Media. Die Minimalanforderung für eine erfolgreiche Social-Media-Strategie ist, dass das Unternehmen eine Social Media Policy oder Guideline aufsetzt, die den Mitarbeitern hilft, sich sicher im Social Web zu bewegen, und die das Unternehmen vor rechtlich bedenklichem Verhalten schützt. Fortgeschrittene Unternehmen ermutigen ihre Mitarbeiter sogar dazu, sich aktiv in den sozialen Medien zu beteiligen und als Markenbotschafter zu agieren.

Darüber hinaus müssen die Social Media Guidelines durch einen Prozess begleitet werden, der diese allen Mitarbeitern nahebringt und gegebenenfalls notwendige Aktualisierungen einleitet. Den gesamten Themenkomplex der Social Media Guidelines stelle ich Ihnen ausführlich in Abschnitt 10.6, »Social Media Guidelines«, vor.

10.2.2 Unternehmensweite Reaktionsprozesse

Bereits im Alltag braucht es einen definierten Workflow im Team, damit jeder Kunde abgeholt wird und nicht mehrere Personen gleichzeitig ein und denselben Kunden ansprechen. Dass so ein Workflow nicht auf das Social-Media-Team beschränkt ist, zeigt sich spätestens dann, wenn die erste kompliziertere Kundenanfrage eingeht oder sogar ein Shitstorm über das Unternehmen hereinbricht. Hier zeigt sich die Bedeutung von unternehmensweiten, gut durchgeplanten Prozessen und Schnittstellen, damit Ihr Unternehmen in der Lage ist, adäquat, zeitnah und konsistent zu reagieren. Die Altimeter-Studie identifizierte dabei die folgenden drei Themenkomplexe als besonders wichtig.

Social-Media-Workflow/Triage

Social-Media-Workflow, Triage oder Prozess ist eine Sequenz von aufeinanderfolgenden Schritten, die die gesamte Organisation dazu befähigen, effizient und mit minimal überlappenden Aufgaben und Ressourcen zu handeln, um den Markt in den sozialen Kanälen und darüber hinaus zu bedienen. Definierte Workflows helfen dabei, Überschneidungen in der Kundenkommunikation zu vermeiden sowie den Prozess von der Entdeckung eines Kundenpostings, bis zum Abschluss hin, für alle

Seiten zufriedenstellend zu erledigen. Community Manager und Agents haben eine Richtlinie dafür, was wann und wie zu tun ist. Haben Sie einen Workflow ausgearbeitet, sollten Sie jedoch im Hinterkopf behalten, dass dieser nicht in Stein gemeißelt ist, sondern durch Erfahrung optimiert werden kann. Auf die Ausarbeitung von Social-Media-Workflows gehe ich in Abschnitt 10.5, »Social-Media-Prozesse und Workflows gestalten und etablieren«, noch ausführlich ein. In Abschnitt 6.3.1, »Community Management – Definition und Aufgaben«, habe ich Ihnen in diesem Zusammenhang bereits einen Workflow für das Community Management vorgestellt und in Abschnitt 7.4.4, »Faktoren einer guten Krisenkommunikation«, ein Schema für die Krisenkommunikation. Genau diese beiden Prozesse wurden in der Studie als erfolgskritische Punkte identifiziert, entsprechend sollten Sie diese besonders sorgfältig für Ihr Unternehmen ausarbeiten.

10.2.3 Fortlaufendes Schulungsprogramm und Austausch von Best Practices

Aufgrund der Dynamik, mit der sich die Gegebenheiten in Social Media verändern, ist es wichtig, dass die Mitarbeiter in diesem Bereich ihre Fähigkeiten und ihr Wissen stetig ausbauen. Das Lernen in dem Bereich Social Media hört niemals auf, neue Netzwerke kommen hinzu, Facebook verändert seine Funktionen oder Spielregeln, oder ein neuer Bereich ergänzt das bestehende Engagement (Inspirationen dazu finden Sie in Kapitel 7, »Anwendungsfelder des Social Media Managements«). Unternehmen, die erfolgreich in Social Media agieren, sorgen entsprechend dafür, dass Ihr Social-Media-Team in ein fortlaufendes Schulungsprogramm eingebunden ist. Dies beginnt bei einem organisierten Austausch untereinander, reicht über den Besuch von Konferenzen und Barcamps (siehe dazu Abschnitt 3.2.4, »Der Blick über den Tellerrand«, bis Abschnitt 3.4, »Networking«) bis hin zu der Förderung einer Lernkultur. Die folgenden Maßnahmen können Ihnen eine Idee von dem vermitteln, was Sie dafür tun können:

- Stetiges Lernen ist für das Social-Media-Team wichtig und sollte entsprechend Zeit im Arbeitsalltag finden. Planen Sie Meetings, in denen Sie mit Ihrem Team Best- und Worst-Practice-Beispiele durchsprechen. Stellen Sie sich dabei die Fragen:
    - Was war gut, und was war schlecht?
    - Wie hätte hier anders reagiert werden können?
- Lernen Sie aus den Fehlern und Erfolgen anderer Unternehmen, genauso wie von den Erfahrungen Ihrer Teammitglieder.
- Erstellen Sie eine Übersicht an interessanten Konferenzen und Weiterbildungsmaßnahmen (Abschnitt 3.2.4 bis Abschnitt 3.4), und schaffen Sie bereits während der Budgetplanung die notwendigen Mittel dafür.

10.2 Erfolgsfaktoren der Social-Media-Strategie im Unternehmen

- Schaffen Sie einen Verteiler für interessante Links, in den alle regelmäßig Artikel schicken, die lehrreich sind. Alternativ können Sie auch einen wöchentlichen Newsletter verfassen, der die besten Links der Woche enthält.

- Bauen Sie ein zentrales Wissensarchiv auf, beispielsweise in Form eines internen Wikis. Hier haben die diskutierten Beispiele genauso ihren Platz wie ein Glossar mit den wichtigsten Begriffen rund um Social Media (ein Beispiel von DATEV sehen Sie in Abbildung 10.8, und können Sie sich unter *http://www.datev.de/portal/ShowPage.do?pid=dpi&nid=108247* ansehen) oder eine kommentierte Liste mit besonders wichtigen Influencern und Meinungsführern sowie Standarddokumente, wie Social Media Guidelines und Reaktionsschemata. Dieses Wissensarchiv ist nicht nur für das Social-Media-Team relevant, jeder interessierte Mitarbeiter sollte darauf Zugriff haben.

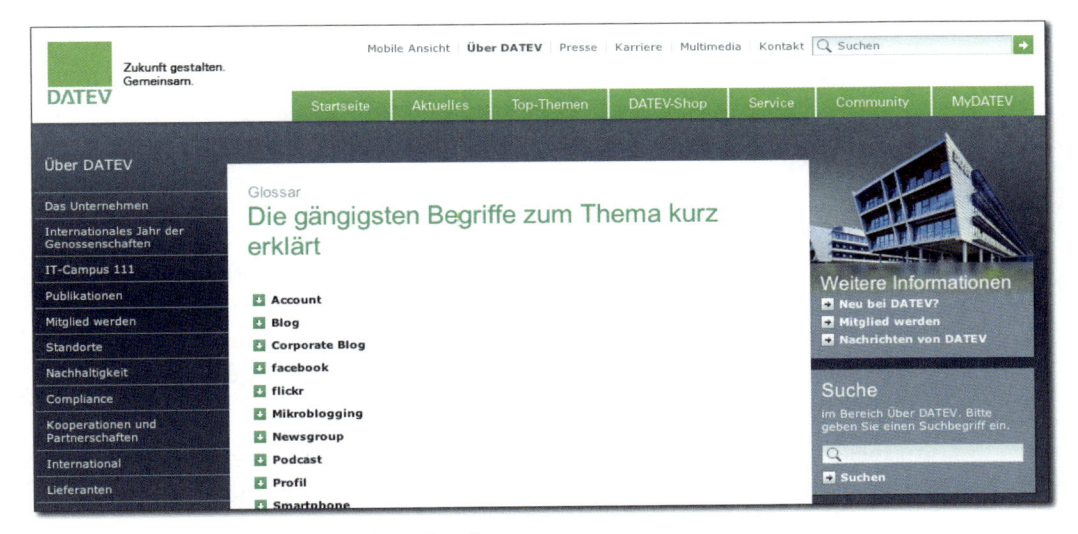

Abbildung 10.8 Das DATEV Social-Media-Glossar

Persönlich finde ich es wichtig, dass generell das gesamte Unternehmen die Möglichkeit hat, sich mit dem Thema Social Media auseinanderzu setzen. Auf diesen Aspekt gehe ich in Abschnitt 10.7.3, »Schulungen und Trainings«, noch genauer ein.

10.2.4 Führung durch ein dezidiertes und zentrales Team

Eine fehlende, übergeordnete Social-Media-Strategie in Kombination mit mehreren Abteilungen, die sich auf eigene Faust in den sozialen Medien engagieren, führt meistens zu einem höheren Verbrauch von Ressourcen und einer uneinheitlichen Repräsentation des Unternehmens nach außen. Diese Probleme lassen sich umgehen, wenn Sie in Ihrem Unternehmen ein sogenanntes *Center of Excellence* etablieren. Kern dieser Formation ist ein dezidiertes Social-Media-Team, das die bereichsübergreifende Verantwortung für sämtliche Social-Media-Aktivitäten Ihres Unternehmens trägt. Im Einzelnen sind dies die folgenden Aufgabenkomplexe:

- Entwicklung der unternehmensweiten Social-Media-Strategie
- Koordination des gesamten Engagements in den sozialen Medien
- Ausführung des Monitorings inklusive Ausarbeitung einheitlicher Messwerte-Reportings
- Etablierung und Verbesserung der Social Media Governance
- Entwicklung und Durchführung von Trainings und Schulungsprogrammen.
- Forschung im Bereich der Kunden und des Wettbewerbs
- Test und Auswahl für mögliche Tools, Partner und Agenturen
- zentraler Ansprechpartner für alle Themen und Probleme rund um Social Media

Das Team besteht dabei aus Personen mit unterschiedlichen Schwerpunkten und Hintergründen.

Die Idealbesetzung für das zentrale Social-Media-Team

Die ideale Besetzung für Unternehmen mit mehr als 1.000 Mitarbeitern entspricht, laut den Untersuchungen der Altimeter Group, im Schnitt einem Team von 11 Personen. Diese Teamgröße ist für kleine und mittelständische Unternehmen zwar unrealistisch, aber die idealtypische Verteilung hilft Ihnen dabei, eine geeignete Struktur für Ihr persönliches Team zu entwickeln.

In Tabelle 10.1 sehen Sie die Bezeichnung der Rollen inklusive einer Beschreibung des Verantwortungsbereichs und einen Stellenschlüssel (SS). Die Zahl 1 entspricht dabei einer Vollzeitstelle, 0,5 einer Halbzeitstelle.

Rolle	Beschreibung	SS
Social Strategist	Der Social Strategist trägt von der Vision bis hin zum Budget die übergeordnete Verantwortung für das Social-Media-Programm.	1,5
Social Media Manager	In diesem Konstrukt ist der Social Media Manager die Schnittstelle zu den einzelnen Unternehmensbereichen. Er koordiniert Ressourcen und die Kommunikation, entwickelt Kampagnen und Programme.	2

Tabelle 10.1 Durchschnittliche Größe des Social-Media-Teams erfolgreicher Unternehmen, gemäß der Social-Readiness-Studie

Rolle	Beschreibung	SS
Community Manager	Der Community Manager hat auch hier die klassische, auf die Kommunikation mit den Kunden fokussierte Rolle.	3
Social Analyst	Der Social Analyst ist für das unternehmensweite Monitoring und Reporting zuständig.	1
Web Developer	Der Webentwickler unterstützt das Social-Media-Team bei der Konzeption, Entwicklung, Anpassung und dem Branding von bestehenden und neuen Social-Media-Technologien.	1,5
Education Manager	Der Education Manager konzipiert Schulungs- und Trainingspläne für das gesamte Unternehmen und organisiert den Austausch von Best Practices und Wissen im Allgemeinen.	0,5
Business Unit Liaison	In Großunternehmen übernimmt diese Rolle die Koordination zwischen den einzelnen Unternehmensbereichen, beschafft die benötigten Ressourcen und gewährleistet eine Konsistenz des Engagements.	1,5
Durchschnittliche Größe des Social-Media-Teams		11

Tabelle 10.1 Durchschnittliche Größe des Social-Media-Teams erfolgreicher Unternehmen, gemäß der Social-Readiness-Studie (Forts.)

In Deutschland ist mir bis dato kein Team in der Größe und Aufgabenteilung bekannt. Die Lösung sieht meistens so aus, dass nicht jeder Mitarbeiter fester Bestandteil des Teams ist. Oftmals erfüllen Personen aus anderen Abteilungen eine Rolle in dieser Konstruktion, oder mehrere Stellen werden in Personalunion ausgefüllt.

Von der One-(Wo)Man-Show zum Team

Meiner Erfahrung nach übernimmt der Social Media Manager meistens in einem ersten Schritt alle in Tabelle 10.1 beschriebenen Aufgaben, bis diese Schritt für Schritt an weitere Personen delegiert werden können. Die zweite Rolle, die entsteht, ist oftmals die des Community Managers. Ich kenne kein Unternehmen in Deutschland, das einen dezidierten Mitarbeiter für die Business Unit Liason hat. Diese Aufgabe liegt hier in der Regel immer in der Verantwortung des Social Media Managers. Wenn Sie vor der Aufgabe stehen, Ihr Team weiter zu verstärken, hilft Ihnen Tabelle 10.1 bei der Überlegung, welchen Bereich Sie abgeben könnten. Eine alternative Rollenverteilung, die sich in der Praxis bewährt hat, stelle ich Ihnen noch in Abschnitt 10.4.1, »Wer gehört in das Social-Media-Team?«, vor. Die ideale Integrationsform des zentralen Social-Media-Teams ist, gemäß der Studie, das

Hub-and-Spoke-Modell. Diese und andere Möglichkeiten, ein Social-Media-Team in einem Unternehmen zu integrieren, stelle ich Ihnen in Abschnitt 10.3 vor.

10.2.5 Fazit

Eines steht fest, der Aufbau von derartigen idealtypischen Strukturen innerhalb Ihres Unternehmens wird Sie eine Menge Zeit, Nerven und Ressourcen kosten. Dennoch sollten Sie in die vier genannten Erfolgsfaktoren investieren, denn ein perfekt koordiniertes Social-Media-Engagement, mit klar definierten Prozessen, Verantwortlichkeiten und gut ausgebildeten Mitarbeitern, die von einem starken Team geführt und geleitet werden, zahlt sich langfristig doppelt und dreifach aus. Die obigen Ausführungen helfen Ihnen dabei, eine Roadmap dafür zu entwickeln, wie Sie Ihr Unternehmen auf den richtigen Weg bringen. Darüber hinaus sollten Sie sich in diesem Kontext mit den Social-Media-Maturity-Modellen vertraut machen, die ich Ihnen in Abschnitt 10.8, »Social-Media-Reifegradmodelle«, vorstellen werde. Diese beleuchten die Entwicklung eines Unternehmens im Rahmen der Einführung von Social Media aus einer anderen Perspektive.

10.3 Integrations-Modelle von Social Media im Unternehmen

An welcher Stelle im Unternehmen das Social Media Management angesiedelt ist, spiegelt oftmals den Schwerpunkt des jeweiligen Engagements wider. So ist eine der häufigsten Formen nach wie vor, dass Social Media ein kleiner Teil einer bestehenden Abteilung ist oder sogar zusätzlich zu den bestehenden Aufgaben erledigt wird. Dabei ist aus meiner Sicht nach wie vor fraglich, ob dies der Königsweg ist. Über einen Einblick in die Unternehmensrealität, die Diskussion der Vor- und Nachteile der Zuordnung zu einer Abteilung sowie die Vorstellung von Modellen für die Integration von Social Media möchte ich Ihnen in diesem Abschnitt alternative Möglichkeiten vorstellen, die neue Ansätze ermöglichen.

10.3.1 Organisationsmodelle für Corporate Social Media

Jeremiah Owyang beschäftigt sich seit fast einem Jahrzehnt eingehend mit der Frage, wie sich Unternehmen bestmöglich für ein Engagement in Social Media aufstellen. Seine Forschungsarbeit ergab fünf unterschiedliche Organisationsmodelle für Corporate Social Media, die er bereits 2010 im Rahmen eines Webinars vorstellte.[2] Weitere Forschungszyklen bestätigten dieses Rahmenkonzept immer wie-

---

2 Das Webinar können Sie sich unter *http://bit.ly/1ahhrmf* ansehen.

der, weswegen ich Ihnen diese Modelle vorstellen möchte. In Abbildung 10.9 sehen Sie fünf Piktogramme, die jeweils eines der Modelle repräsentieren.

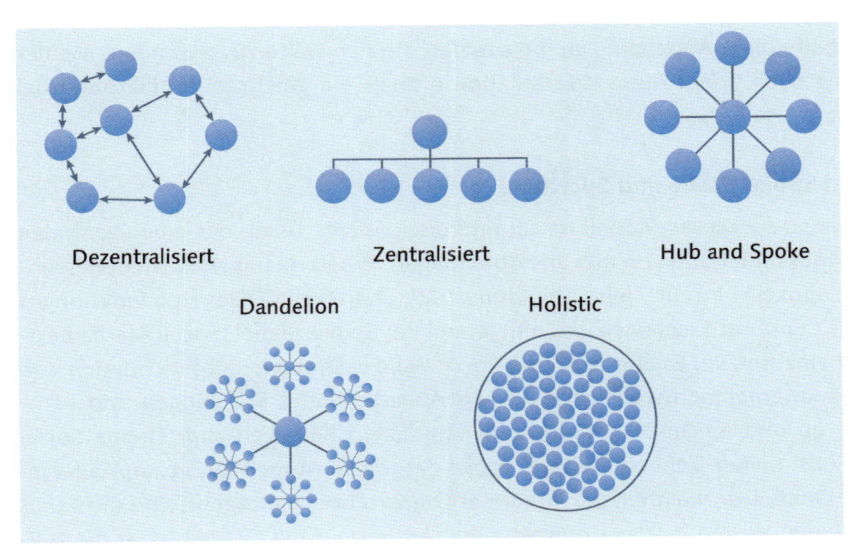

Abbildung 10.9 Organisationsmodelle nach Jeremiah Owyang

Ich werde Ihnen die einzelnen Optionen der Reihe nach von oben links nach unten rechts erläutern.

Dezentralisiert

Das dezentralisierte Modell, auch als »organisch gewachsen« bezeichnet, ist oftmals eine Art Einstiegsformation, die aus dem Tagesgeschäft heraus entsteht. Einzelne Abteilungen starten unabhängig voneinander Social-Media-Engagements, die nicht zwingend miteinander verbunden oder untereinander bekannt sind. Der Nachteil ist nicht nur eine chaotische Struktur im Unternehmen, sondern oftmals auch eine inkonsistente Repräsentation nach außen. Erfahrungsgemäß ist diese Form oft nur ein Zwischenstadium, bevor das Unternehmen in eines der weiteren Modelle übergeht.

Zentralisiert

Das zentralisierte Modell ist, wie der Name es schon sagt, eine Struktur, in der eine bestehende Abteilung sämtliche Aktivitäten im Social Web kontrolliert (siehe Abbildung 10.9, oben Mitte). Meistens liegt hier die Verantwortung bei der Unternehmenskommunikation oder dem Marketing (Genaueres dazu gleich in Abschnitt 10.3.2, »Wie sieht die Unternehmensrealität in Deutschland aus?«). Der Vorteil dieses Organisationsmodells liegt in der Konsistenz der Markenbotschaft und der

Kommunikationserfahrung der betreffenden Abteilung. Nachteilig kann wiederum sein, dass die klassische Prägung eben jener Kommunikation zu einem weniger authentischen Engagement führt. Dazu kommt laut Owyang eine Tendenz, vorhandene Inhalte ohne Anpassung an die sozialen Medien weiterzuverwenden. Meiner Erfahrung nach bringt diese Konstellation oftmals ein gewisses Konfliktpotenzial mit sich.

Hub and Spoke (Nabe und Speichen)

Bezeichnend für dieses Modell ist ein interdisziplinäres Team, das einen zentralen Punkt (Hub) bildet und von hier aus Abteilungen, Projektteams oder Niederlassungen (die Spokes) betreut (siehe Abbildung 10.9, oben rechts). Das Hub funktioniert dabei als Center of Excellence und hilft jedem der Spokes dabei, Social Media bestmöglich einzusetzen. Es erarbeitet die Social-Media-Strategie, gibt Richtlinien vor, etabliert unternehmensweit Prozesse und Abläufe, bietet Schulungen und Lernmaterial an und ist Ansprechpartner zu sämtlichen Belangen zum Thema Social Media. Aus meiner Sicht ist *Hub and Spoke* das ideale Modell für Social Media im Unternehmen. Der Nachteil, der mit dieser Organisation einhergeht, sind die damit verbundenen Kosten für das Unternehmen. Der Social Media Manager ist die zentrale Figur innerhalb des Hubs, dazu kommen anteilig oder komplette Stellen aus den involvierten Abteilungen dazu. Dieser Einsatz wird mit einem konsistenten, ganzheitlichen Auftritt in den sozialen Medien belohnt. Dazu entsteht die Möglichkeit, Social Media unternehmensweit koordiniert für die Unternehmensziele einzusetzen. Diese Art der Organisation wird heute von im Bereich Social Media professionell aufgestellten Unternehmen wie der Bahn, Rossmann und Tchibo genutzt.

Dandelion (Löwenzahn)

Der Löwenzahn (siehe Abbildung 10.9, unten links) besteht aus mehreren Hub-and-Spoke-Formationen, die zentral koordiniert werden. Dieses Modell eignet sich insbesondere für große, mulitnationale Unternehmen mit verschiedensten Produkten. Im Zentrum werden lediglich generelle Leitlinien entwickelt, die jeweiligen Unternehmenseinheiten arbeiten hier innerhalb Ihres Hub and Spoke weitestgehend autark und passen ihr Engagement auf Kultur und Zielgruppen an. Auch diese Form der Organisation ist kostenintensiv, gleichzeitig aber die beste Formation für eben jene Großunternehmen, die Ihre Social-Media-Engagements auf multiple Zielgruppen abstimmen müssen. Beispiele dieser Organisationsform sind Unilever, Procter and Gamble und IBM.

Holistic (ganzheitlich)

Ein ganzheitlicher Ansatz, den nur ein minimaler Anteil aller Unternehmen jemals erreichen wird, ist das Holistic-Modell. In diesem Modell ist jeder Mitarbeiter befähigt und fähig, an dem Dialog innerhalb der sozialen Medien teilzunehmen. Eine zentrale Kontrollinstanz gibt es nicht oder nur minimal, dafür bekommen die Angestellten jegliche Unterstützung, um sich zu engagieren. Ein Beispiel hierfür ist der amerikanische Onlinehändler Zappos, bei dem Social Media fester Bestandteil der Firmenkultur ist.

10.3.2 Wie sieht die Unternehmensrealität in Deutschland aus?

Die zentralisierte Organisation mit einer bestehenden Abteilung als »Oberhaupt« des Social-Media-Engagements ist die Form, die aktuell in Deutschland am häufigsten anzutreffen ist. Die Studienergebnisse des Bundesverbandes der deutschen Wirtschaft (BVDW) zum Thema »Einsatz von Social Media im Unternehmen« bestätigen dies.[3] Die Studie ergab einen deutlichen Schwerpunkt der Verantwortlichkeiten in den Abteilungen Marketing und PR mit Werten zwischen 59 % und 65 %. Mit einem Abstand von fast 20 % folgt hier die Geschäftsleitung und danach der Vertrieb (siehe Abbildung 10.10).

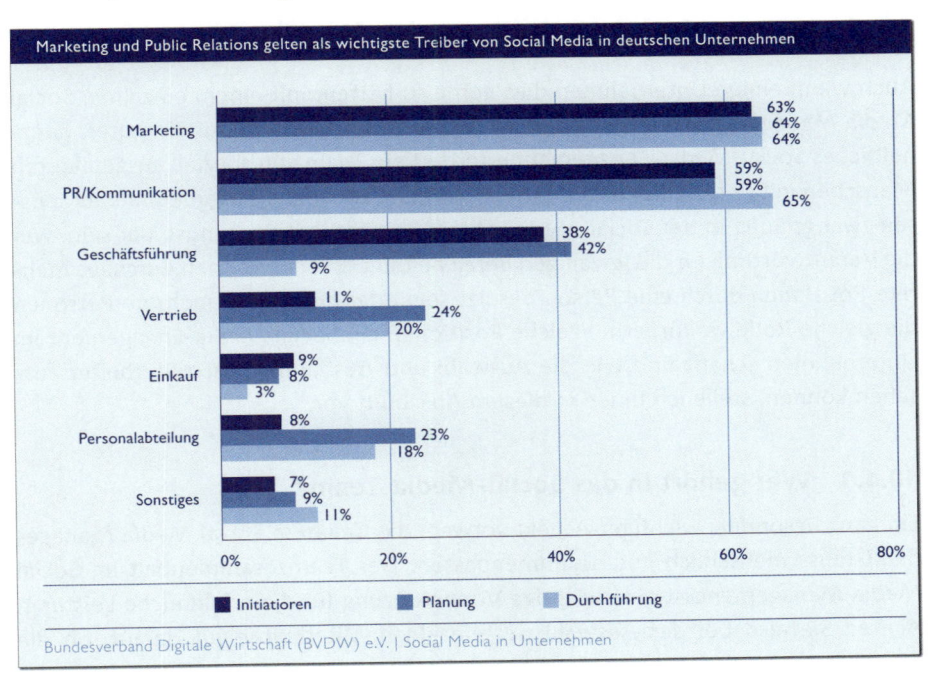

Abbildung 10.10 Verantwortlichkeiten für Social Media im Unternehmen

---

3 Die BVDW-Studie »Einsatz von Social Media im Unternehmen« finden Sie unter *http://bit.ly/10Urn20*.

Der Anteil der Sonderformen, sprich die Aufhängung als Stabsstelle oder gesonderte Abteilung, liegt hier bei 9 % in der Planung und 11 % in der Durchführung. Aus meiner Sicht wäre eine Umkehrung dieses Verhältnisses ideal. Sie fragen sich warum? Ein Thema, das in fast jeder meiner Sessions der »Social Media Manager Selbsthilfegruppe« auf Barcamps auftaucht, sind Schwierigkeiten mit der »Mutter«, also der Abteilung, zu der das jeweilige Social-Media-Team gehört. Die Kritikpunkte sind hier immer wieder die gleichen. Durch den Schwerpunkt der übergeordneten Abteilung werden Engagements außerhalb dieses Fokus niedrig priorisiert oder komplett blockiert. Mit dem Marketing gibt es öfter Auseinandersetzungen bezüglich übermäßiger Werbung, der PR dagegen fällt die Abgabe von Kontrolle über die Äußerungen von einem offiziellen Unternehmensaccount oftmals schwer. Durch die Kontrolle und Richtungsvorgabe der Abteilung werden Potenziale geblockt und Chancen verschenkt, aus diesem Grund favorisiere ich die Organisation im Hub–and–Spoke-Modell.

10.4 Auswahl und Ausbildung der Mitarbeiter

Auch wenn einige Unternehmen dies gerne so hätten, mit einem einzelnen Social Media Manager ist die Arbeit in den meisten Fällen nicht getan. Ein gutes, ganzheitliches Social-Media-Engagement erfordert ein Team von speziell ausgebildeten Menschen mit unterschiedlichen Schwerpunkten. Nicht alle Aufgabeninhaber müssen zwangsläufig in der Social-Media-Abteilung sitzen, aber es muss klar sein, wer die Verantwortung für die jeweiligen Bereiche trägt. Ebenso können durchaus mehrere Positionen durch eine Person besetzt sein oder umgekehrt mehrere Personen die gleiche Rolle verkörpern. Welche Positionen ein Social-Media-Engagement im Unternehmen schafft und wie die Auswahl und Ausbildung der Mitarbeiter aussehen können, stelle ich Ihnen in diesem Abschnitt vor.

10.4.1 Wer gehört in das Social-Media-Team?

Ein ganz besonders wichtiger Aspekt vorweg, das Team im Social Media Management muss menschlich gut zusammenpassen. Der Teamzusammenhalt im Social Media Management ist eine wichtige Voraussetzung für die erfolgreiche Leistung. Achten Sie also bei der Auswahl der einzelnen Mitarbeiter gut darauf, ob die Charaktere zusammenpassen, und holen Sie bereits bestehende Teammitglieder mit in die Auswahlgespräche. Ein weiterer wichtiger Aspekt sind die Ausrichtung und das Ziel Ihres Social-Media-Engagements. Dieser bestimmt maßgeblich über die notwendigen Schwerpunkte der Teammitglieder. Grob lassen sich die Rollen im Social-Media-Team wie folgt aufteilen:

- **Social Media Manager**: Der Hauptakteur in diesem Buch und in Kapitel 2, »Der Social Media Manager – Berufsbild, Anforderungen und Aufgabengebiete«, ausführlich erklärt. Der Social Media Manager ist für die übergreifende Strategie und die Koordination des Social-Media-Engagements zuständig.
- **Community Manager**: Der oder die Community Manager führen den direkten Dialog mit den Kunden. Ihr Schwerpunkt liegt auf der Aktivierung und der Weiterentwicklung der Community.
- **Social Media Agents (Social Media Customer Support)**: Kundendialoge mit Serviceinhalten sind die Spezialität der Social Media Agents. Diese Position besteht idealerweise aus Spezialisten für den Kundenservice, die speziell für die Interaktion im Social Web ausgebildet wurden.
- **Social-Media-Analyst(en)**: Die Meister hinter den Zahlen und des Monitorings. Der Social-Media-Analyst wertet die Daten zu der Beobachtung des Unternehmens und des Wettbewerbs aus, erstellt Reportings und gibt umgehend Bescheid, wenn Besonderheiten auftreten.
- **Social-Media-Redakteur(e)**: Die Profis für Texte und Inhalte sorgen immer für den passgenauen Nachschub auf allen Plattformen.

Behalten Sie bei dieser Aufzählung im Hinterkopf, dass es sich hier um eine idealtypische Skizze handelt. Lediglich besonders große Unternehmen können sich leisten, ein derart großes Team zu beschäftigen. Mit den richtigen Fähigkeiten, Kenntnissen, einer guten Portion Leidenschaft und der Zuarbeit aus anderen Abteilungen kann bereits ein Team von zwei Personen ein sehr gutes Social Media Management abbilden. Bevor ein Engagement an die Öffentlichkeit geht, funktioniert sogar eine One-Man- bzw. One-Woman-Show.

10.4.2 Akquisition aus den eigenen Reihen oder Externe einstellen?

Diese Frage lässt sich pauschal nicht so einfach beantworten. Im Endeffekt steht hier zunächst die Frage, was ist schwieriger, jemanden der Experte auf dem Gebiet Social Media ist, in Ihr Unternehmen und die Branche einzuführen oder einen langjährigen Mitarbeiter dazu zu befähigen sich sicher im Social Web zu bewegen? Wenn Sie das Glück haben und einen Mitarbeiter finden, der sich seit Jahren privat mit Social Media beschäftigt und auf eigene Faust Statistiken über den Wettbewerb führt, dann ist die Antwort klar. Gleiches gilt aus meiner Sicht auch für die Profis aus dem Kundenservice, denn die sind oft sowieso schon Meister der Kundenkommunikation, so dass der Weg zu einem guten Social Media Agent nicht mehr weit ist. Ähnlich verhält es sich bei den Social-Media-Redakteuren, für die Branchenwissen und -verständnis ebenso wichtig ist wie die Fähigkeit, gute Texte zu verfassen. So oder so, selbst wenn eine interne Stellenausschreibung nicht sowieso durch den

Betriebsrat vorgeschrieben ist, empfehle ich Ihnen, sämtliche Stellen auch im Unternehmen bekannt zu machen. Wer weiß, vielleicht beherbergen Sie ja einen ungeschliffenen Diamanten in Ihren Reihen.

Was bei Mitarbeitern aus den eigenen Reihen außerdem zählt, ist die Bereitschaft dazu, öffentlich mit Namen und Foto für das Unternehmen zu stehen und schlichtweg Lust darauf, sich in die entsprechende Richtung weiterzuentwickeln. Bei einer Schlüsselposition wie dem Social Media Manger oder den Leiter des Community Managements dagegen zählt oftmals die konkrete Berufserfahrung auf diesem Gebiet. Hier lohnt es sich, nach Experten außerhalb des Unternehmens zu schauen.

10.4.3 Outsourcen ja oder nein?

Die Auslagerung des Social Media oder des Community Managements an eine Agentur ist durchaus noch gängige Praxis. Dies erscheint in manchen Fällen als die schnellere oder kostengünstige Variante, als ein eigenes Team aufzubauen, langfristig sollten die ausgelagerten Bereiche jedoch wieder in das Unternehmen integriert werden. Das hat ganz einfache Gründe.

- **Authentizität**: Niemand kann die Werte eines Unternehmens so authentisch vermitteln, wie ein Mitarbeiter, der tagtäglich in diesem Unternehmen arbeitet und mit vollkommener Überzeugung dahinter steht.
- **Geschwindigkeit**: Eine externe Agentur kann teilweise schon aufgrund von Sicherheitsrichtlinien gar nicht so eng in die Informations- und Abstimmungsprozesse eingebunden werden wie ein interner Mitarbeiter. Dies verlangsamt den Prozess im Krisenfall um wichtige Minuten.
- **Integration**: Einen der häufigsten Fehler, den ich in der Zusammenarbeit beobachte, ist, dass Agenturen nicht richtig eingebunden werden (können). Entsprechend entsteht für den Kunden ein Bruch, wenn beispielsweise das Facebook-Team keinerlei Verbindung zu dem Kundenservice hat.
- **Abhängigkeit**: Wenn eine Agentur vollständig für das Social-Media-Engagement zuständig ist, geht damit eine gewisse Abhängigkeit einher. Die Agentur zu wechseln, wird schwierig, und eventuelle Preiserhöhungen werden oftmals zähneknirschend hingenommen.

Dennoch, Personalengpässe oder fehlende Kenntnisse im Social-Media-Team können zeitweise gut durch Agenturen oder Freiberufler ausgeglichen werden. Achten Sie jedoch darauf, dass Sie dauerhaft sowohl das Wissen als auch die notwenigen personellen Ressourcen im Unternehmen schaffen.

10.4.4 Die Sache mit den Praktikanten

Ein Blick auf die Fülle an Stellenanzeigen für Praktikanten im Bereich Social Media und Community Management suggeriert mitunter, dass dies die perfekten Aufgaben für diese Schnupperpositionen sind. Persönlich sehe ich das anders bzw. kann ich Praktikanten hier nur unter bestimmten Bedingungen befürworten. Social Media ist eine verantwortungsvolle Aufgabe, bei dem die Verantwortlichen im Namen des Unternehmens mit Kunden, Fans und Kritikern kommunizieren. Für diese Aufgabe benötigt der Akteur Erfahrung, Taktgefühl und Kommunikationskompetenz. Entsprechend braucht es ein etabliertes Social Media Management mit einem Team, das einen Praktikanten an die Hand nehmen und sie oder ihn in diesen Punkten ausbilden kann. Erst wenn Ihre Abteilung rund läuft und Sie die Zeit haben, einen Praktikanten gut zu betreuen, ist die Ergänzung des Teams auf diese Weise sinnvoll.

10.4.5 Von Handbüchern und Trainings

Haben Sie Ihr Wunsch-Team gefunden, gilt es, dieses optimal auf seine Aufgaben vorzubereiten. Neue Mitarbeiter von extern müssen an das Unternehmen herangeführt werden und lernen, wie »es tickt«. Als enorm hilfreich in diesem Kontext empfand ich immer, wenn ich die Möglichkeit hatte, in so vielen Abteilungen wie möglich, einen Tag im Alltag zu erleben. Ganz egal, ob im Marketing, Kundenservice oder der Produktion, ob hinterm Tresen, im Paketwagen oder auf der Messe, diese Tage ermöglichen einen unglaublich tiefen Einblick in das Unternehmen und inspirieren so direkt zu Inhalten, die auch für Kunden und Fans interessant sein könnten.

Mitarbeiter, die das Unternehmen bereits in und auswendig kennen, müssen dagegen lernen, wie der Dialog in den sozialen Medien funktioniert. In den meisten Fällen geht es hier um die Schulung der Social Media Agents, die als Mitarbeiter des Kundenservices oftmals schon Profis in Sachen Kundenkommunikation sind. Inhalte für Trainings könnten entsprechend sein:

- Unterschiede zwischen dem Dialog am Telefon/per E-Mail und in den sozialen Medien
- Einführung in die sozialen Netzwerke
- unsere Social-Media-Strategie
- unsere Social Media Guidelines
- Benutzung der Facebook-Seite/Twitter/des Social-Media-Management-Tools der Wahl

- Kommunikation im Netz – Fallbeispiele, Best und Worst Practices
- Krisenkommunikation

Vor allem sollten Sie die ausgewählten Personen dazu ermutigen, sich selbst in den Netzwerken zu bewegen, zu lernen, wie die Kommunikation dort funktioniert und was die Besonder- und Feinheiten sind. Wie Sie sehen, geht es darum, eine Menge an Wissen zu vermitteln. Ideal ist aus diesem Grund, wenn Sie zusätzlich das passende Lernmaterial in Form eines Handbuches oder eines Bereichs im Intranet zur Verfügung stellen. Ein Best-Practice-Beispiel hierzu stelle ich Ihnen gleich in Abschnitt 10.4.6 vor. Die Inhalte eines solchen Handbuches sollten sich an den Trainings orientieren und als Nachschlagewerk dienen, wenn Unsicherheiten bestehen. Ein Abschnitt über häufig gestellte Fragen ist hier ebenso sinnvoll wie Richtlinien für die Krisenkommunikation, Skizzen von Prozessabläufen für unterschiedliche Szenarien und eine generelle Einführung in Social Media sowie die unterschiedlichen Netzwerke.

Neben den Trainings und Handbüchern sollten Sie den Mitarbeitern des Social-Media-Teams deutlich signalisieren, dass Sie jederzeit für Fragen, Diskussionen und Probleme zur Verfügung stehen. Ich habe oft erlebt, wie prägend die ersten Wochen in einem Social-Media-Engagement für »Neulinge« sind. Je besser die Erfahrungen hier ausfallen, desto enthusiastischer geht die Person in der Position auf und kann auch in schweren Zeiten noch von diesem Elan zehren.

10.4.6 Best Practice: Das Social-Media-Team der Deutschen Bahn

Eine perfekt durchorganisierte Struktur, in Kombination mit einem umfassenden Trainingsprogramm für neue Mitarbeiter, möchte ich Ihnen am Beispiel des Social-Media-Teams der Deutschen Bahn vorstellen. Svea Raßmus, Teamleiterin Social Media Management der DB Vertrieb GmbH und Christiane Osterseher, Abteilungsleiterin Social Media der DB Dialog GmbH, ermöglichten mir einen Einblick hinter die Kulissen.

Organisation und Aufgabenverteilung des Deutsche-Bahn-Teams

Die Social-Media-Mannschaft der Deutschen Bahn teilt sich in zwei Teams auf, das Social-Media-Management-Team in Frankfurt und das DB-Dialog-Team in Berlin. Das Social-Media-Management-Team, welches Sie in Abbildung 10.11 sehen können, besteht zurzeit aus drei festen Vollzeitmitarbeitern und einem Werksstudenten.

In diesem Bereich liegt die Verantwortung für:

- Steuerung, Strategie und Projektmanagement
- Projekt- und Kampagnenmanagement

- Redaktion und Content Management
- Web Monitoring, Analysen und Reporting

Abbildung 10.11   Das Social-Media-Management-Team der DB Vertrieb GmbH

Die Kompetenzen und Erfahrungen im Team sind gut gemischt, hier treffen Social-Media- und Community-Management-Experten auf Kommunikationsprofis der Bahn. Entsprechend ist über die Abteilung hinaus sowohl eine gute Vernetzung in den Konzern hinein, als auch in das Social Web hinaus gewährleistet. Ergänzend wird das Social-Media-Management-Team von einer Agentur im Social-Media-Bereich unterstützt.

Das DB Dialog Team (siehe Abbildung 10.12) ist Teil der Tochterfirma DB Dialog, die den bahneigenen Kundenservice betreut und für den Support im Social Web zuständig ist. Die Abteilung besteht Mitte 2013 aus 19 Personen inklusive des Teamleiters und der Abteilungsleiterin.

Das DB-Dialog-Team rekrutiert alle Mitarbeiter aus den eigenen Reihen. Diese haben also eine Menge Erfahrung im Kundendialog und wurden speziell für die Anforderungen in den sozialen Medien ausgebildet. Neben der Betreuung der DB-Bahn-Accounts wird auch der Dialog für DB Karriere sowie das Monitoring der Facebook-Seite des Deutsche-Bahn-Konzerns abgebildet.

Abbildung 10.12 Das DB-Dialog-Team

Interview zu Auswahl und Ausbildungskonzept des DB-Dialog-Teams

Svea Raßmus und Christiane Osterseher erläuterten mir im Rahmen eines Interviews ausführlich, wie die Mitarbeiter des DB-Dialog-Teams ausgewählt und ausgebildet werden. Darüber hinaus sprachen wir über die Arbeitsweise des Dialog-Teams und über die Zusammenarbeit mit dem Social-Media-Management-Team – aus meiner Sicht ein sehr gutes Beispiel für die Organisation und das Verständnis eines Social-Media-Engagements. Die Antworten von Frau Raßmus und Frau Osterseher haben ich im Folgenden zusammengefasst, ich möchte mich an dieser Stelle noch einmal herzlich für die Offenheit bedanken.

Wie wird man bei euch Teil des Dialog-Teams?

Wird eine neue Stelle frei, wird diese zunächst intern bei der DB Dialog ausgeschrieben, denn am liebsten rekrutieren wir Mitarbeiter aus den eigenen Reihen. Bei der DB Dialog übernehmen wir alle Services für den Personenverkehr der Deutschen Bahn und haben gut geschultes Personal im Hinblick auf die Kundenbetreuung. Die Mitarbeiter haben viel Erfahrung mit Kundenanfragen zu den einzelnen Servicebereichen (zum Beispiel Bahncard, Tickets) und sind inhaltlich, fachlich und kommunikativ sehr gut ausgebildet. Darüber hinaus bringt diese Methode auch einen Mehrwert für das bestehende Team, da das Wissen und die Erfahrung des neuen Mitarbeiters durch den ständiger Austausch innerhalb des Teams auf alle übergeht. Für bestehende Mitarbeiter ist die Stelle nicht nur wegen der neuen

Herausforderungen reizvoll, sondern sie stellt auch einen Sprung auf der Karriereleiter dar. Dazu kommt, dass die Arbeitsweise im Dialog-Team eine gewisse Freiheit mit sich bringt, wie zum Beispiel den Kunden durchgehend zu begleiten und das Beste für ihn herauszuholen – etwas, das die Mitarbeiter sehr zu schätzen wissen.

Geht ihr auch aktiv auf Mitarbeiter zu, die aus eurer Sicht ins Team passen könnten?
Wenn man eng mit seinen Mitarbeitern zusammenarbeitet, fällt natürlich auf, wenn jemand großes Potenzial hat. Meistens ermutigt der Teamleiter dann denjenigen dazu, sich zu bewerben. Ob die Person das tut oder nicht, bleibt natürlich die eigene Entscheidung.

Wie wählt ihr aus den Bewerbern die neuen Mitarbeiter aus?
Zunächst einmal geben wir jedem Mitarbeiter die Chance, mal für eine Stunde in den Arbeitsalltag des Dialog-Teams reinzuschauen. Das geht übrigens auch außerhalb eines Auswahlprozesses. Uns ist wichtig, dass die Interessenten wissen, worauf Sie sich einlassen. Nach solch einer Probestunde gab es schon Mitarbeiter, die ihre Bewerbung zurückgezogen haben, aber natürlich auch die, die danach noch mehr Lust auf eine Mitarbeit im Team hatten. Danach folgt ein eher klassisches Auswahlverfahren, das sehr auf Lösungen bedacht ist. Die Bewerber bekommen schriftliche Aufgaben gestellt, deren Antworten dann ausgewertet werden. Dabei schauen wir darauf, ob jemand frei schreiben kann, wie Rechtschreibung und Grammatik ausgeprägt sind und ob der oder diejenige in der Lage ist, aus 140 Zeichen die richtige Serviceanfrage abzuleiten und ein Gefühl dafür hat, was der Kunde als Antwort hören möchte. An den Antworten merkt man schnell, wie gut sich jemand auf die Besonderheiten des Webs einstellen kann.

Wie werden neue Teammitglieder auf die Anforderungen des Social Webs vorbereitet?
Neben einer Schulung über die technische Nutzung und die Eigenheiten von Facebook und Twitter werden die Mitarbeiter auf freies, empathisches Schreiben, weg von Textbausteinen, trainiert. Anschließend erfolgt das Einarbeiten durch Training »on the job« und die Qualitätssicherung durch routinemäßige Durchsprachen von Fallbeispielen (was könnte man ändern, oder ist es gut gelaufen, was war schwierig etc.) in den Teammeetings und gegebenenfalls in Einzelgesprächen. Es gibt auch einen mit dem Betriebsrat abgestimmten Qualitätscheck. Das heißt, wir nehmen eine bestimmte Anzahl Tweets/Kommentare und legen eine Schablone mit prozentualen Punktwerten darüber – Rechtschreibung/Grammatik, fachliche Erfassung, Hinweise auf »Selbsthilfe« etc. – und wenn wir sehen, dass es dort zu größeren

Diskrepanzen kommt, dann setzen wir ein gesondertes Training auf, welches die Schwachstellen behebt.

Das bedeutet, die Mitarbeiter können frei formulieren?
Ja, die Mitarbeiter haben freie Hand bei der Formulierung (es gilt aber grundsätzlich das Vier-Augen-Prinzip, bevor etwas herausgeht), auch wenn es manchmal – nach Rücksprache – Sprachregelungen gibt. Das ist aber alles in Prozessen definiert.

Gibt es weitere, unterstützende Maßnahmen für die Mitarbeiter?
Da es nicht immer einfach ist, sich das, was auf der Pinnwand steht, nicht zu Herzen zu nehmen und unter dem Brennglas der Öffentlichkeit zu stehen, bieten wir für die Mitarbeiter eine Art Supervision an. Auf diesen Teamevents tauschen wir uns konkret über Probleme aus und versuchen gemeinsam, das Arbeitsleben zu erleichtern und positiver zu gestalten. Wichtig ist, dass die Mitarbeiter merken, dass wir uns Gedanken machen, damit es dem Team gut geht, und dass sie spüren, dass wir Ihre Arbeit wertschätzen. Ein starkes Team und der Rückhalt im Unternehmen sind gerade beim Dialog im Netz essenziell.

Im Weiteren gibt es für den Arbeitsalltag ein mittlerweile über 350 Seiten starkes Handbuch für die Social-Media-Mitarbeiter, das ihnen als Richtlinie für die Navigation im Social Web dient und sie zur eigenständigen Kommunikation mit den Kunden befähigt. Das gedruckte Handbuch ist dabei in ein Wiki umgezogen, da es so besser zu aktualisieren und zu nutzen ist, auch für andere interessierte Abteilungen.

Welche Tools nutzt ihr im Team?
Für Twitter nutzen wir SocialEngage (*http://www.exacttarget.com*), Facebook wird noch ganz klassisch im Browser abgearbeitet. Das klingt vielleicht altmodisch, hat aber einen ganz einfachen Grund. Wir haben bisher eine Reihe von Tools getestet, aber keines konnte Kommentare und Postings von Facebook so unverzögert darstellen, wie wir es für unser Servicelevel (Reaktionszeit) von 10–15 Minuten benötigen.[4] Da uns wichtiger ist, das Servicelevel zu halten, bleiben wir so lange bei dieser Lösung, bis wir etwas finden, das uns dabei unterstützt und nicht ausbremst.

Unser Teamleiter teilt die Aufgaben jeweils am Vortag ein, so dass jeder Mitarbeiter am Morgen weiß, welche Rolle er einnimmt. Zusätzlich zu den Mitarbeitern, die die Anfragen beantworten, wird täglich eine Person als »Sichter« eingeteilt, und eine weitere ist für das Veröffentlichen von Marketingbeiträgen zuständig. Der Sichter behält den Überblick und teilt den Mitarbeitern die Fälle zu, derjenige, der den Marketingpost veröffentlicht, ist für diesen Tag für die Überwachung desselben zuständig.

---

4 Das Servicelevel auf Twitter liegt bei 5 bis 10 Minuten innerhalb der Servicezeiten.

Bekommt ein Mitarbeiter einen Fall zugewiesen, prüft dieser zunächst, ob der Verfasser bekannt ist und welches Anliegen dieser hat. Wir legen viel Wert darauf, dass wir den Kunden so ansprechen, wie dieser es möchte, beispielsweise haben wir auf Wunsch unserer Pendler, die echte Power User sind, eine Duz-Liste angelegt.

Hat der Mitarbeiter seine Antwort formuliert, fragt er einfach in die Runde (das Dialog-Team sitzt in einem Raum), ob jemand mal gucken kann. Die zweite Person prüft nun, ob die Antwort passt und der Kunde mit dieser empathisch abgeholt wird. Natürlich achten wir auch darauf, dass Rechtschreibung und Grammatik korrekt sind. Ist auch die zweite Person mit der Antwort zufrieden, geht diese an den Kunden raus, wenn nicht, wird diese noch einmal überarbeitet und erneut geprüft. Mit diesem Vier-Augen-Prinzip sichern wir unsere Qualität und als netter Nebeneffekt lernen die Mitarbeiter untereinander immer wieder etwas dazu.

Haben Kunden bei euch einen festen Ansprechpartner?
Wenn möglich, wird der Kunde bei uns von A–Z und bis zu einer bestmöglichen Lösung betreut. Kann ein Fall vor dem Schichtwechsel nicht abgeschlossen werden, wird dieser einem zweiten Mitarbeiter persönlich und mit einer kurzen Erklärung übergeben. Das Gleiche gilt, wenn wir irgendwo die Gefahr einer Eskalation sehen.

Spricht immer nur das Dialog-Team oder übernimmt, zum Beispiel in Krisensituationen, auch mal das Social Media Management?
Nach außen hin ist es immer das Dialog-Team, damit die Kunden sehen können, mit wem sie sprechen und wir eine Einheitlichkeit bewahren. Um ganz ehrlich zu sein, passiert es aber hin und wieder schon, dass Svea hinter dem Bild des Teamleiters steckt. Hinter den Kulissen arbeiten wir generell sehr eng zwischen den Teams zusammen, und ziehen bei Bedarf auch die Pressestelle oder die jeweilige Fachabteilung hinzu. Entscheidungen im Bereich Social Media werden von dem Social-Media-Management-Team und dem DB-Dialog-Team immer gemeinsam getroffen.

Ganz frech gefragt – könnt ihr uns etwas über die Zukunftspläne des DB-Bahn-Social-Media-Teams verraten?
Wir prüfen etwa halb- bis vierteljährlich, ob es für uns weitere, interessante Plattformen oder Foren gibt, in denen wir aktiv sein könnten. Dabei stellen wir uns die Frage, ob das für unsere Kunden interessant ist, ob es sich für uns langfristig lohnt und ob es mit dem deutschen Datenschutz vereinbar ist. An letzterem scheiterte zum Beispiel ein Engagement auf Pinterest. Natürlich überlegen wir gerade auch, ob sich für uns eine eigene Service-Community lohnen würde oder wie wir die sozialen Kanäle passend auf bahn.de integrieren können.

Gibt es etwas, dass ihr einem angehenden Social Media Manager, der vielleicht mal ein Team wie eures aufbauen soll, mit auf den Weg geben möchtet?

Svea Raßmus: Social Media hat viel damit zu tun, sich in den Kunden hineinzuversetzen und Kommunikation zu verstehen. Das ist ein wenig Loriot 2.0: Wenn der Kunde sagt, das Fünf-Minuten-Ei sei kein Fünf-Minuten-Ei, dann ist es das auch nicht.

Christiane Osterseher: Es ist wichtig, den Mitarbeitern ihre eigene Art zu lassen. Die Mitarbeiter entwickeln ein tolles Gespür dafür, wie sie mit Ihrer eigenen Sprache und ihrer persönlichen Art umgehen können.

Fazit

Was passiert, wenn man den Mitarbeitern die Freiheit lässt, Ihre eigene Art zu zeigen, können Sie in dem Beispiel von Franzi Do, die ihre Beziehung mit der Bahn auf Facebook beenden wollte, in Abbildung 10.13 und Abbildung 10.14 nachlesen. Für mich persönlich ein Beispiel dafür, wie Kundenservice im Social Web sein sollte – authentisch, empathisch und wenn es passt mit einem kleinen Augenzwinkern.

Abbildung 10.13 Franzi Do macht Schluss mit der Bahn.

Abbildung 10.14 Mike von der Bahn antwortet so, wie es sein sollte.

10.5 Social-Media-Prozesse und Workflows gestalten und etablieren

Die Bedeutung von etablierten und auf das Unternehmen abgestimmten Prozessen und Workflows habe ich Ihnen bereits in Abschnitt 10.2.2, »Unternehmensweite Reaktionsprozesse«, kurz verdeutlicht. Hier geht es nun darum, wie Sie in Ihrem Unternehmen die relevanten Schnittstellen und Prozesse identifizieren und die passenden Workflows etablieren. Da jedes Unternehmen einzigartig ist, gibt es keinen allgemeingültigen Masterplan. Aber auch hier gilt, allein die intensive Beschäftigung mit der Thematik gibt Ihnen so tiefe Einblicke und Erkenntnisse in die Funktionsweise Ihres Unternehmens, dass dies ein Vorteil ist.

10.5.1 Ohne Prozesse zu arbeiten, birgt Risiken für Ihr Unternehmen

Es gibt tatsächlich noch Unternehmen, die arbeiten einfach so vor sich hin, ohne dass die Prozesse geregelt sind. Das mag vielleicht noch bei sehr kleinen Unternehmen, mit sehr flachen bis nicht existenten Hierarchien und kurzen Informations- und Abstimmungswegen funktionieren, aber in der Regel ist das so entstehende Risiko größer als der Aufwand, geregelte Prozesse einzuführen. Das Risiko liegt hier einerseits darin, dass widersprüchliche Antworten von Mitarbeitern eines Unternehmens im schlimmsten Fall zu einer Krise führen können. Nicht definierte Prozesse für einen solchen Fall verzögern dann zusätzlich die notwendige Reaktion und verschlimmern die Situation. Andererseits führt dieser Zustand oftmals zu einem erhöhten Verbrauch von Ressourcen, da Aufgaben doppelt gemacht werden, oder noch schlimmer, weil Kundenanfragen im Unternehmen versacken und dann erneut, mit einem deutlich frustrierteren Kunden, auftauchen. Wie das dann aussieht, sehen Sie in Abbildung 10.15.

Abbildung 10.15 Unvollständige Prozesse führen zu frustrierten Kunden.

Ein weiteres Phänomen sind unvollständig eingebundene Social-Media-Teams, die keinen Zugriff auf bestehende Unternehmensprozesse haben. Die häufigsten Beispiele sind fehlende Anbindungen an den Kundenservice oder unvollständige Feedback-Prozesse, die wertvolle Erkenntnisse aus dem Social Web nicht an die entsprechende Fachabteilung weiterleiten.

10.5.2 Herausforderungen für die Prozessgestaltung

Die Gestaltung von Prozessen im Bereich Social Media bringt ein paar Herausforderungen mit sich.

10.5 Social-Media-Prozesse und Workflows gestalten und etablieren

Gesteigerte Prozessgeschwindigkeit

Social Media erhöht die Anforderung an die Prozessgeschwindigkeit. 42 % der Kunden erwarten laut einer Studie der Agentur Convince und Convert,[5] eine Reaktion innerhalb einer Stunde, 20 % sogar innerhalb von 15 Minuten, und das unabhängig von Tages- und Öffnungszeiten. In erster Instanz reicht hier eine Rückmeldung an den Kunden, dass sein Anliegen gesehen wurde und in die Bearbeitung übergeht. Ein Beispiel einer solchen Antwort des Otto-Twitter-Teams (*https://twitter.com/otto_de*) können Sie in Abbildung 10.16 sehen.

Abbildung 10.16 Otto_de signalisiert dem Kunden, dass sein Anliegen bearbeitet wird.

Entsprechend müssen die Prozesse im Social-Media-Team so gestaltet werden, dass eine zeitnahe Erstreaktion gewährleistet ist und im Folgenden ein fester Ablauf definiert ist, wie die Fälle zum Abschluss geführt werden. Ganz wichtig ist an dieser Stelle, dass das Anliegen des Kunden nach einer Übergabe in die »normalen Prozesse« wirklich bearbeitet wird, und das innerhalb einer Zeitspanne, die den Kunden nicht ungeduldig werden lässt. Diese Anforderung zu erfüllen, stellt Ihr Unternehmen vor die nächste Herausforderung.

Verknüpfung mit bestehenden Prozessen

Social-Media-Prozesse dürfen nicht isoliert sein, sondern müssen mit bestehenden Prozessen und Abläufen verknüpft werden. Dabei müssen alle beteiligte Abteilungen und Personen abgeholt und in die Entwicklung der Prozesse eingebunden werden. Das hat gleich drei Gründe:

- Jede Abteilung kennt die eigenen Prozesse am besten, so dass gemeinsam die optimale Schnittstelle ausfindig gemacht werden kann. Darüber hinaus ist es sinnvoll, einen oder mehrere feste Ansprechpartner für Social-Media-Themen in den jeweiligen Abteilungen zu definieren.

---

[5] http://www.convinceandconvert.com/the-social-habit/42-percent-of-consumers-complaining-in-social-media-expect-60-minute-response-time

- Für eine Akzeptanz von Veränderungen und eine gute Zusammenarbeit ist es wichtig, dass sich die Prozessinhaber mit einbezogen und gehört fühlen.
- Je größer das Verständnis für Social Media und die damit einhergehenden Herausforderungen für das Unternehmen ist, desto ernster wird das Thema genommen. Ich habe selbst erlebt, wie sich durch Aufklärung und das gemeinsame Entwickeln von Prozessen die Wahrnehmung komplett änderte und der Ablauf extrem beschleunigt werden konnte. Ein Anruf von dem Twitter-Team ist dann nicht mehr eine Anfrage von den Internet-Spinnern, sondern wird genauso ernst genommen, wie eine Anfrage aus dem Eskalationsteam.

Prozesse, die zwischen dem Social-Media-Team und bereits bestehenden Prozessen geknüpft werden, sind für beide Seiten neu und benötigen in der Regel ein wenig Übung. Idealerweise testen Sie bereits vor einem offiziellen Start des Social-Media-Engagements, wie gut diese Prozesse funktionieren und nehmen dort Anpassungen vor, wo es notwendig ist.

Keine Extrawürste im Social Web

Vielleicht wundert Sie diese Aussage an dieser Stelle, da ich stetig auf die Bedeutung einer schnellen Beantwortung von Fragen und Dialogen im Web hinweise. An dieser Stelle sollte es aus meiner Sicht dann aber auch aufhören. Wenn Ihre Kunden merken, dass Sie über die sozialen Kanäle besondere Konditionen herausschlagen können oder generell bevorzugt behandelt werden, dann werden sie das ausnutzen. Diese Vorgehensweise ist aus meiner Sicht völlig nachvollziehbar, und ich gebe ehrlich zu, dass ich ebenfalls schon (erfolgreich) getestet habe, ob es funktioniert. Bleiben Sie mit Ihren Prozessen im Rahmen dessen, was für Kulanz bereits Standard oder im Rahmen von bestehenden Eskalationsprozessen möglich ist. Gegen kreative Lösungen ist hier allerding nichts einzuwenden. Wenn Sie einem Kunden mit ein paar kleinen Kniffen und ein wenig Improvisation glücklich machen können, dann tun Sie das, bzw. geben Sie Ihren Kollegen die Freiheit, dies zu tun.

10.5.3 Wo Schnittstellen und Prozesse geschaffen werden müssen

Im Rahmen des internen Audits, genauer im Abschnitt »Analyse bestehender Prozesse und Schnittstellen« in Abschnitt 10.1.3, habe ich Ihnen bereits Fragen vorgestellt, die Sie für die Analyse beantworten müssen. Daraus ergeben sich die ersten Notwendigkeiten für eine Zusammenarbeit:

- **PR**: Die Themen Krisenkommunikation, Freigaben sowie ein Teil der generellen Kommunikation des Unternehmens nach außen liegen in der Verantwortung der PR. Der Pressesprecher war in der Regel bisher die einzige, offizielle Stimme nach außen. Durch ein Social-Media-Engagement weicht diese Kommunikationshoheit auf. Entsprechend müssen hier enge Schnittstellen und übergreifende Prozesse für eine enge Zusammenarbeit geschaffen werden.

- **Marketing**: Ein weiterer Teil der Kommunikation zwischen Unternehmen und Öffentlichkeit wird durch das Marketing geleistet. Auch hier ist ein enger Austausch möglich, um stetig über geplante Aktionen informiert zu sein und mögliche Synergien, wie zum Beispiel die im Bereich Content, zu nutzen.
- **Kundenservice**: Sie können sich nicht aussuchen, ob Ihre Kunden auf Ihrer Facebook-Seite Serviceanfragen stellen oder nicht. Wenn Sie dies tun, sollten Sie vorbereitet sein und diese nicht an ein Kontaktformular verweisen. Schaffen Sie mindestens enge Schnittstellen zum Kundenservice, denn guter Service in den sozialen Medien kann maßgeblich zu einer Imagesteigerung im Social Web beitragen (ausführlich wurde dieses Thema bereits in Abschnitt 7.6, »Kundenservice 2.0«, behandelt).
- **Sales (Verkauf)**: Kunden, die durch das Social-Media-Engagement so begeistert sind, dass Sie Ihr Produkt oder Ihre Dienstleistung direkt kaufen möchten, sollten an einen konkreten Ansprechpartner verwiesen werden können. Auch hier gilt es, einen Prozess zu schaffen, der das gewährleistet.
- **Forschung und Entwicklung**: Das Social-Media-Team lernt jeden Tag aufs Neue, was den Kunden des Unternehmens gefällt, sammelt Ideen für neue Produkte oder Dienstleistungen und weiß ganz genau, wo die größten Kritikpunkte liegen. Dieses geballte Wissen sollte hier nicht stecken bleiben, sondern geordnet in die entsprechenden Abteilungen weitergegeben werden.
- **Personalabteilung (Human Resources)**: Ob im Rahmen der Einstellung neuer Mitarbeiter oder der Zusammenarbeit im Bereich Employer Branding, auch in der Personalabteilung sollten Sie wissen, wer Ihr Ansprechpartner ist.
- **Rechtsabteilung und Datenschutz**: Rechtsabteilung und Datenschutz sind zwei wichtige Partner für das Social-Media-Team. Die gemeinsamen Themen reichen hier von einer Prüfung der Social Media Guidelines über die Beurteilung von möglichen, neuen Plattformen bis hin zur Beratung im Social-Media-Alltag.
- **Betriebsrat**: Nicht jedes Unternehmen hat einen, aber wenn dieser existiert, sollten Sie auf keinen Fall den Fehler machen, diesen zu übersehen.
- **Fachabteilungen**: Unter diesem Überbegriff fasse ich alle unternehmensspezifischen Abteilungen zusammen, die für Ihr Unternehmen relevant sein könnten. Dies kann beispielsweise die Logistik bei einem Versandhändler, das Labor in einem Chemiepark oder die Produktion bei einem Lebensmittelhersteller sein. Um einen guten Informationsfluss zu sichern, müssen auch hier Schnittstellen geschaffen werden, die bei Bedarf aktiviert werden können.

Diese Liste an Schnittstellen und Prozessen erhebt keinerlei Anspruch auf Vollständigkeit. Jedes Unternehmen ist anders, die Tätigkeit, Ausrichtung und sogar die Größe machen mitunter Prozesse in einem Unternehmen notwendig, die für ein anderes unwichtig bis irrelevant sind. Um eine sorgfältige Analyse kommen Sie entsprechend nicht herum.

10.5.4 Wie Prozesse und Workflows entwickelt werden

Hier gibt es kein Geheimrezept, aber einige Richtlinien und Hinweise, die Sie beachten sollten. Zunächst möchte Ich Ihnen noch einmal die Prozesslandschaft im Zusammenhang mit Social Media verbildlichen. In Abbildung 10.17 sehen Sie die drei Bereiche, die durch ein Social-Media-Engagement entstehen. Auf der linken Seite befinden sich die bestehenden Unternehmensprozesse, wie zum Beispiel die im Kundenservice oder der Unternehmenskommunikation. Auf der rechten Seite sehen Sie die im Bereich Social Media notwendigen Prozesse, und in der Mitte finden Sie die neu zu schaffenden Schnittstellen zwischen diesen beiden Bereichen. Die Anforderung an die Geschwindigkeit, mit der ein Anliegen bearbeitet werden muss, steigt dabei von links nach rechts an. Bestehende Unternehmensprozesse sollten möglichst in ihrer ursprünglichen Geschwindigkeit belassen werden, es sei denn, diese werden vom Kunden generell kritisiert, dann sind Anstrengungen notwendig, diese generell zu beschleunigen. Die Social-Media-Prozesse unterliegen der oben genannten Herausforderung einer Erstantwort innerhalb von höchstens 60 Minuten.

Bestehende Unternehmensprozesse	Schnittstellenprozesse	Social-Media-Prozesse
▶ Kundenservice ▶ Krisenkommunikation ▶ Kommunikation ▶ Freigabeprozesse ▶ Informationsfluss ▶ …	▶ Rückfragen ▶ Rückmeldungen ▶ Weitergabe von Ideen und Feedback ▶ Meldung von potenziellen Krisen ▶ …	▶ Monitoring ▶ Delegation der Fälle ▶ Koordination zwischen den Agents ▶ Freigaben ▶ …

Steigende Anforderung an die Geschwindigkeit →

Abbildung 10.17 Verzahnung von Social Media und Unternehmensprozessen

Zwischen diesen beiden Polen müssen Prozesse geschaffen werden, die beide Welten optimal verzahnen und dabei die Bedürfnisse und Anforderungen beider Seiten erfüllen. Das ist keine einfache Aufgabe, denn selbst wenn bestehende Prozesse unberührt bleiben, muss sich die Arbeitsweise in manchen Bereichen anpassen oder um Schritte erweiterte werden, die das neue Arbeitsfeld des Unternehmens einbeziehen. Erfahrungsgemäß löst dieser Gedanke beim mittleren Management oft eine gewisse Abwehrhaltung aus, da befürchtet wird, dass zusätzliche Arbeit entsteht, ohne dass ein konkreter Gegenwert dafür erbracht wird. An dieser Stelle sind zwei Dinge wichtig:

- **Volle Unterstützung durch die Geschäftsführung**
  Wenn die Bedeutung von Social Media für das Unternehmen von »ganz oben« verdeutlicht wird, hat dies einen ganz anderen Stellenwert als ein Social Media Manager, der sagt, dass es wichtig ist. Darüber hinaus hilft es, wenn die Geschäftsleitung hier und da mal ein Machtwort spricht oder zusätzliche Ressourcen freigibt.

- **Einbeziehen der Abteilungen**
  Entwickeln Sie mit den beteiligten Abteilungen gemeinsam die neuen Prozesse, erklären Sie, worin der Mehrwert besteht und das in einer Sprache, die verstanden wird. Beispielsweise argumentiere ich im Marketing gerne über die (potenzielle) Reichweite und im Kundenservice über die Bedeutung eines Social-Media-Supports für das gesamte Unternehmen.

Bestandsaufnahme und Prüfung der Rahmenbedingungen

Die ersten Schritte bei der Entwicklung der Social-Media- und Schnittstellen-Prozesse ist eine Feststellung der Rahmenbedingungen, der bestehenden Prozesse und der Ziele, die erreicht werden sollen. Diese gründliche Bestandsaufnahme findet oft bereits während des internen Audits (siehe Abschnitt 10.1.3, »Internes Social-Media-Audit«) statt. Den Abschnitt »Analyse bestehender Prozesse und Schnittstellen« sollten Sie sich dort noch einmal durchlesen, bevor Sie hier weiter einsteigen.

Sämtliche Prozesse und Workflows, die Sie für Ihr Unternehmen entwickeln, müssen auf die Ziele der Social-Media-Strategie und damit die Unternehmensziele einzahlen. Entsprechend müssen Sie sich Ihre Ziele immer vor Augen halten, denn diese bestimmen die Priorisierung welche Prozesse zuerst stehen müssen. Ein Beispiel ist das Ziel der Social-Media-Strategie, die Kundenzufriedenheit durch die Einführung eines Social-Media-Supports zu steigern, so liegt die Priorität auf sämtlichen Prozessen, die genau diesem Zweck dienen. Ausführlich gehe ich hierauf noch in dem Praxisbeispiel in Abschnitt 10.5.5, »Best Practice: Die Einführung von Social Media bei Rossmann«, ein.

Im Hinblick auf die anvisierten Ziele gilt es dann, die Rahmenbedingungen in der Social-Media-Abteilung zu erfassen und zu beurteilen. Dabei müssen Sie sich mindestens die folgenden Fragen stellen:

- Wie viele Personen in welchen Rollen können in die Prozesse eingebunden werden? Sind wir ausreichend besetzt, um eine adäquate Reaktionszeit zu gewährleisten?
- Welche Tools stehen dem Team für die Arbeit zur Verfügung? Sind diese ausreichend, um schnell und effizient arbeiten zu können?
- Wie kann das Team optimal zusammenarbeiten (Tipps und Tools für die Zusammenarbeit im Team finden Sie in Abschnitt 11.5.2, »Tools zur Zeitmessung«)?
- Welche Prozesse und Workflows müssen definiert werden, damit das Team optimal arbeiten kann (Beispiele: Monitoring, Kundenanfragen, Krisenkommunikation, Freigaben, Feedback-Prozesse etc.)?
- Gibt es bereits bestehende Kontakte aus dem Team in Schlüsselabteilungen, wie zum Beispiel der Unternehmenskommunikation oder dem Kundenservice? Wenn ja, welche sind es, und wie eng ist die Zusammenarbeit? Wo fehlen Kontaktpersonen? Wo muss die Zusammenarbeit intensiviert werden?
- Ist das Social-Media-Team gut in den Informationsfluss eingebunden? Ist gewährleistet, dass alle Informationen aus dem Unternehmen zuerst hier bekannt sind, bevor diese nach außen gelangen (beispielsweise Pressemeldungen, Kooperationen, Events, Kampagnen)?

Je nach Unternehmen spielen hier weitere Fragestellungen eine Rolle, wie zum Beispiel tarifliche Arbeitszeiten oder datenschutzbedingte Zugriffsregelungen für bestimmte Mitarbeiter. Diese müssen Sie ebenfalls identifizieren und mit in Ihre Überlegungen einbeziehen. Mir persönlich hat in diesem Schritt immer sehr geholfen, mir einen idealtypischen Prozess vorzustellen und diesen auf seine reale Umsetzbarkeit hin zu prüfen. Halten Sie Ihre Ergebnisse schriftlich fest, und visualisieren Sie Workflows für Ihre Abteilung. Auf diese Daten werden Sie nach dem nächsten Schritt wieder zurückgreifen müssen.

In einem dritten Schritt müssen Sie alle relevanten, bestehenden Prozesse erfassen. Gehen Sie dafür direkt in die Abteilung hinein, führen Sie Interviews, und lassen Sie sich alle Abläufe ganz genau erklären. Wenn Sie die Zeit haben, ist es durchaus sinnvoll, mal ein paar Stunden im Arbeitsalltag mitzuerleben, quasi die Prozesse in Aktion zu sehen. Dokumentieren Sie Ihre Erkenntnisse aus jeder Abteilung, und stellen Sie die Prozesse visuell dar. Gleichen Sie Ihre Version dann noch einmal mit der Abteilung ab, und lassen Sie gegebenenfalls Korrekturen vornehmen.

10.5 Social-Media-Prozesse und Workflows gestalten und etablieren

Tool-Tipp: Software für die Darstellung von Prozessen und Workflows

Die Darstellung von Workflows und Prozessen ist mitunter ziemlich aufwendig. Entscheidungsbäume, Abhängigkeiten & Co. lassen ein Diagramm schnell unübersichtlich werden. Die folgenden Tools helfen Ihnen dabei, Workflow-Diagramme zu entwerfen.

Powerpoint oder Keynote

Beide Programme bieten Ihnen die Möglichkeit, Abläufe mit Formen und Pfeilen darzustellen. In der Regel ist diese Methode jedoch sehr zeitaufwendig, da Sie alle Elemente manuell justieren müssen. Dennoch, ist kein anderes Programm im Haus, geht es auch hiermit.

Lovely Charts

Lovely Charts ist ein webbasiertes Tool, mit dem man alle Arten von Diagrammen und Charts erstellen kann, darunter auch solche für Workflows und Prozesse. Es ist komplett kostenlos, hat eine breite Auswahl an Elementen zum Thema und erlaubt neben umfangreichen Anpassungen auch das Hochladen von eigenen Symbolen. Das Ergebnis können Sie als JPEG- oder PNG-Bild exportieren. Dieses Tool ist mein persönlicher Favorit, einen Screenshot sehen Sie in Abbildung 10.18.

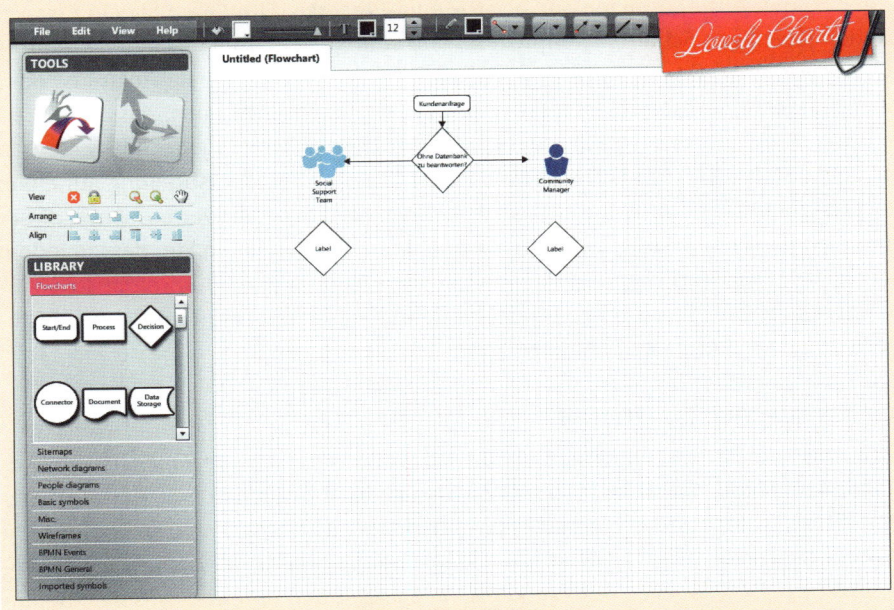

Abbildung 10.18 Die Oberfläche von Lovely Charts

Microsoft Visio

Visio ist ein professionelles Visualisierungs-Tool aus dem Hause Microsoft für die Darstellung von Workflows und Prozessen. Mit dem sehr großen Funktionsumfang überzeugt das Tool in der Anwendung, sobald Sie sich eingearbeitet haben. Visio kostet in der Standardversion aktuell (Juli 2013) 399 €: http://office.microsoft.com/de-de/visio.

> **Omnigraffle**
>
> Das Pendant zu Visio für den Mac ist Omnigraffle, der Funktionsumfang ist vergleichbar: *http://www.omnigroup.com/products/omnigraffle*. Omnigraffle ist exklusiv für Mac und iPad erhältlich und kostet 99 US-Dollar für die normale Version (die völlig ausreichend ist) bzw. 199 US-Dollar für die Professional Edition. Besonders schön an Omnigraffle finde ich die große, von der Community vorangetriebene Sammlung an sogenannten Stencils (Stempel, sprich Elemente, mit denen Sie Diagramme erstellen können). Diese finden Sie unter *https://www.graffletopia.com*.

Definition von Schnittstellen, Prozessen und Workflows

Haben Sie die Rahmenbedingungen identifiziert und alle bestehenden Abläufe realitätsgetreu zusammengetragen, gilt es nun, die bestmöglichen Schnittstellen zu finden. Überlegen Sie, an welchen Stellen eine Verzahnung zwischen den traditionellen Abläufen und Social-Media-Prozessen sinnvoll ist. Dabei helfen Ihnen die in Abschnitt 10.5.2, »Herausforderungen für die Prozessgestaltung«, genannten Kriterien zu den Anforderungen an Social-Media-Prozesse. Entwerfen Sie ein Beispiel für den jeweiligen Schnittstellenprozess, und stellen Sie diesen der beteiligten Abteilung vor. Diskutieren Sie jetzt gemeinsam, ob dies der optimale Ablauf ist oder ob sich noch eine bessere Alternative findet. Sehr wichtig ist auch, dass Sie abteilungsübergreifend sicherstellen, dass alle beteiligten Personen jederzeit wissen, in welchem Status sich ein Fall befindet. Haben Sie sich mit der Abteilung auf einen Prozess geeinigt, können Sie den zugehörigen Workflow entwerfen. Auch dieser sollte gemeinsam diskutiert und abgesegnet werden. Bedenken Sie, dass in jedem Schritt des Prozesses Menschen involviert sind. Vermeiden Sie unrealistische Anforderungen, wie die ständige Erreichbarkeit einer Einzelperson oder einer Reaktionszeit von unter einer Stunde an Sonn- und Feiertagen.

Implementierung und Testlauf

Dass zwischen Theorie und Praxis manchmal große Unterschiede liegen, ist ein Umstand, dem Sie nicht erst im öffentlichen Engagement begegnen möchten. Aus diesem Grund sollten Sie die gemeinsam entwickelten Prozesse und Workflows im Vorfeld ausgiebig testen. Neben abteilungsübergreifenden Schulungen und Trainings ist das Durchspielen der Workflows in Echtzeit und unter realistischen Bedingungen besonders lehrreich. Konstruieren Sie dafür einen realistischen Fall, wie zum Beispiel eine komplizierte Kundenanfrage auf Twitter, und gehen Sie den geplanten Ablauf Schritt für Schritt durch. Hier zeigt sich meistens, wo es noch hakt und entsprechend nachjustiert werden muss. Erst wenn hinter den Kulissen alles reibungslos läuft, sollten Sie offiziell mit dem Engagement starten.

> **Dokumentation ist entscheidend**
>
> Wichtig ist, dass immer eine Dokumentation stattfindet, die von allen Mitarbeitern des Social-Media-Teams sowie den relevanten Schnittstellen einsehbar ist. Ideal ist hier eine Verknüpfung in Form eines Social CRM Systems. Da die meisten CRM-Tools ein Freitextfeld bieten, kann diese Dokumentation auch hier geschehen. Über das Thema Social CRM klärt Sie Oliver Ueberholz umfassend in diesem Beitrag in meinem Blog auf: *http://bit.ly/14AQZk9*.

Fortlaufende Optimierung

Ein Workflow, der heute ideal ist, kann durch veränderte Rahmenbedingungen optimierungsbedürftig werden. Prüfen Sie zunächst kurze Zeit (ein bis zwei Wochen) nach dem Livegang, ob die Prozesse auch in der Realität Bestand haben, und justieren Sie gegebenenfalls mit den beteiligten Abteilungen nach. Im Anschluss liegt es in Ihrem Ermessen, wie oft und nach welchem Schema (in festen Zeitabständen, nach Bedarf) Sie sich bezüglich konkreter Optimierung zusammensetzen. Wichtig sind ein fortlaufender, enger Austausch zwischen den Schnittstellen und das gemeinsame Durchsprechen von Fallbeispielen.

Da die Theorie der Entwicklung von Prozessen und Workflows durchaus ein wenig abstrakt ist, halte ich für Sie unter *http://bit.ly/1aOFA5p* ein Praxisbeispiel bereit, in dem ich Ihnen Schritt für Schritt die Entwicklung eines Workflows für einen Social-Media-Support auf Twitter zeige.

10.5.5 Best Practice: Die Einführung von Social Media bei Rossmann

Um Ihnen die Bedeutung der tiefen Integration und des Verständnisses von Social Media im gesamten Unternehmen noch einmal zu verdeutlichen, möchte ich Ihnen noch ein Best-Practice-Beispiel mit auf den Weg geben. Ich konnte hierfür Paul Baumann von Rossmann für ein Interview zu diesem Themenkomplex gewinnen.

Bitte stelle dich kurz einmal vor

Mein Name ist Paul Baumann, ich arbeite seit September 2011 bei Rossmann und habe dort den Social-Media-Bereich mit gegründet und aufgebaut.

Wie hast du das Thema Social Media bei Rossmann eingeführt?

Das Thema als Einzelperson entsprechend einzuführen ist in einem Unternehmen eigentlich nicht möglich, sondern es funktioniert nur mit Rückendeckung und dem Vertrauen der entsprechenden Vorgesetzten und auch der Geschäftsleitung. Ich hatte das große Glück, dass ich bei Rossmann beides vorgefunden habe.

Auf dieser Grundlage haben wir zunächst ein grobes strategisches Konzept ausgearbeitet. Dabei mussten anfangs viele Fragen geklärt werden: Welche Ziele verfolgt Rossmann mit seinem Social-Media-Engagement? Welche Ressourcen werden zum Start und perspektivisch benötigt? Welche Prozesse müssen eingeführt werden? Wie kann der Erfolg gemessen werden? Wie kann ich diese Ziele operativ erreichen? Die Liste könnte ich lange fortführen, aber sie würde nicht von den allgemein gültigen Hinweisen und schon oft verfassten Tipps abweichen. Ein zentraler Punkt wird allerdings oft vergessen oder vernachlässigt: Wie binde ich die Mitarbeiter des Unternehmens aktiv ein, und wie kann ich jedem Mitarbeiter möglichst auch die Vorteile und Chancen von Social Media erklären und näherbringen? Und daraufhin: Wie kann ich Begeisterung für das Thema bei Meinungsführern im Unternehmen entfachen? Ich glaube, wir konnten als Abteilung das Thema so erfolgreich einführen, weil wir genau das gemacht haben: Wir haben möglichst viele Mitarbeiter für das Thema begeistert und ihnen die Vorteile für ihre eigene Arbeit dargelegt. Das kann man nicht mit PowerPoint-Präsentationen und E-Mails tun. Das geschieht nur im persönlichen Dialog und mit persönlicher Überzeugungsarbeit. Ein weiterer Erfolgsfaktor war meiner Meinung nach, die klare Konzentration auf ein soziales Netzwerk. Wir haben uns bewusst in den ersten beiden Jahren unserer Tätigkeit zu 90 % auf Facebook konzentriert und dort bewiesen, dass das Thema eine große Relevanz besitzt. Erst auf dieser Erfolgsgeschichte aufgesetzt, sind wir im Anschluss weitere Kanäle wie YouTube, Blogs, Twitter, Foursquare, Pinterest, Instagram, XING, Google+ usw. angegangen. Das ist deutlich einfacher, als wenn man sich direkt auf alle Kanäle stürzt und sich dann komplett in einer operativen Bespielung der Kanäle verliert.

Unternehmensweite Prozesse und Workflows sind ein wichtiges Thema in diesem Zusammenhang, wie habt ihr die relevanten Prozesse identifiziert?

Ich finde es, ehrlich gesagt, etwas merkwürdig, dass in Zusammenhang mit der Einführung einer Social-Media-Strategie auch von so vielen nötigen neuen Prozessen bei Unternehmen gesprochen wird. Ich glaube das Gegenteil ist der Fall: Wenn es in einem Unternehmen gewisse Prozesse noch nicht gibt – die es geben sollte –, dann kann Social Media das schmerzhaft ehrlich deutlich machen. Ein funktionierendes Community Management, also der Dialog mit den Kunden auf den Kanälen, kann sich stark an den Prozessen im Kundenservice orientieren. Eine Bloggerkommunikation greift viele Elemente einer klassischen PR-Arbeit auf. Und eine Social-Media-Kampagne muss genauso mit allen anderen Medien verzahnt werden, wie andere Marketingkampagnen. Mit diesem Verständnis benötigt es meiner Meinung nach dann nur noch sehr gute Mitarbeiter. Diese müssen Social Media leben und wissen, wohingehend diese bestehenden Prozesse leicht angepasst werden müssen. Genauso sind wir vorgegangen und gehen wir auch heute noch bei der Einführung und Weiterentwicklung neuer Themen und Bereiche vor.

Habt ihr neue Prozesse gemeinsam mit den anderen Abteilungen entwickelt? Wenn ja, wie sah das aus?

Die Anpassung der Prozesse haben wir gemeinsam mit den involvierten Abteilungen vorgenommen, dabei haben wir allerdings sehr viel vorgegeben – was auch so akzeptiert wurde. Hierbei kommt nämlich genau das bereits Gesagte ins Spiel: Herrscht im Unternehmen eine Akzeptanz für das Thema, so vereinfacht es auch eine Akzeptanz für neue Prozesse. Zu versuchen, diese Akzeptanz erst mit der Schaffung neuer Prozesse zu etablieren, kann meiner Meinung nach nur selten funktionieren.

Zu welchen Abteilungen gibt es bei euch Schnittstellen?

Die Abteilung Neue Medien – zu der wir als Social Media-Team gehören – ist Teil des Marketings. Hier sind die Verbindungen natürlich besonders stark, da wir immer alle Kampagnen und Aktivitäten ganzheitlich sehen und versuchen, alle Medien zu verknüpfen. Ebenfalls sehr stark ist die Verbindung zu unserem Markeneinkauf, da wir viele gemeinsame Aktionen mit unseren Industriepartnern durchführen. Aber auch das Produktmanagement unserer Eigenmarken ist ein wichtiger Partner für uns. Diese sind natürlich sehr stark an dem Feedback im Netz interessiert, um unsere Produkte stets zu verbessern und unsere Kunden immer besser kennenzulernen. Ein enger Dialog herrscht natürlich auch mit dem Kundenservice, damit wir bei Kundenanfragen einheitlich vorgehen und reagieren können. Ich könnte an dieser Stelle jetzt auch noch alle anderen Abteilungen sowie jede einzelne unserer Filialen erwähnen. Da wir jedes Feedback, das in den sozialen Netzwerken an uns gerichtet wird, an den zuständigen Mitarbeiter im Unternehmen weitergeben, stehen wir den ganzen Tag in einem regen Austausch mit fast allen Bereichen von Rossmann.

Kannst du uns ein Beispiel für einen Prozess nennen?

Wenn wir uns für die Ankündigung einer neuen Produkteinführung entscheiden, beispielsweise eines neuen Eigenmarken-Produkts, sprechen wir vorher mit unseren entsprechenden Social-Media-Ansprechpartnern der Abteilung. Dann arbeiten wir eine ideale Darstellung des Produkts für den jeweiligen Kanal aus, schreiben Texte und produzieren entsprechendes Material (beispielsweise Bilder). Ab dem Zeitpunkt der Ankündigung sind wir dann in einem engen Dialog mit dem entsprechenden Produktmanagement, um einerseits Anfragen unserer Community zum Produkt innerhalb weniger Minuten sofort beantworten zu können – aber auch jedes inhaltliche Feedback an das Produktmanagement weitergeben zu können. Für diese ist das direkte Konsumentenfeedback in Echtzeit sehr viel Wert. Auch wenn es natürlich nicht repräsentativ ist, gibt es oft sehr gute Anregungen und einen ersten Überblick der Meinung unserer Kunden. Dadurch können wir uns stetig verbessern.

Gibt es einen Tipp, den du einem angehenden Social Media Manager zum Thema Prozesse im Unternehmen mit auf den Weg geben möchtest?

Der angehende Social Media Manager sollte in der Lage sein, seine persönliche Leidenschaft für soziale Netzwerke auch auf andere Mitarbeiter zu übertragen. Besonders in Unternehmen mit sehr unterschiedlichen Altersstrukturen ist es erforderlich, sich auch in Personen reinzudenken, die den Social-Media-Plattformen noch nicht zugewandt sind und sogar skeptisch gegenüberstehen. Hier gilt es, sich nicht abschrecken zu lassen, sondern individuell den persönlichen Nutzwert für die Mitarbeiter oder den Mehrwert für die Abteilungen bzw. das gesamte Unternehmen herauszuarbeiten.

10.6   Social Media Guidelines

Social Media Guidelines sind die Leitplanken für das sichere Navigieren im Social Web und ein wichtiges Thema, dass vor einem aktiven Eintritt in ein Engagement ausgearbeitet und unternehmensweit kommuniziert werden muss. Social Media Guidelines sind Richtlinien, die Ihre Mitarbeiter dabei unterstützen, privat wie beruflich sicher im Internet zu agieren. Sie beinhalten Regeln sowie Handlungsempfehlungen für das Verhalten in den sozialen Medien.

10.6.1   Warum Social Media Guidelines?

Viele Aspekte der Social Media Guidelines werden bereits mit Arbeitsverträgen und dem gesundem Menschenverstand abgedeckt, sind Social Media Guidelines da überhaupt noch nötig? Aus meiner Sicht ist die Antwort hier ein klares Ja, denn die Unsicherheiten im Umgang mit den sozialen Medien sind in vielen Unternehmen noch sehr hoch. Social Media Guidelines helfen an dieser Stelle, da Sie wie Schwimmflügel bei den ersten Schwimmversuchen fungieren. Sie unterstützen die Bewegung im Netz, da Sie Sicherheit geben. Wichtig ist in diesem Zusammenhang, dass die Richtlinien entsprechend formuliert sind und den Mitarbeiter ermutigen, statt ihm mit Drohungen, Verboten und Worst-Case-Szenarien Angst vor dem Web zu machen. Jeder Mitarbeiter hat das Potenzial, zum Markenbotschafter oder Multiplikator zu werden und dem Unternehmen ein Gesicht zu verleihen. Gute Social Media Guidelines helfen hier bei einem professionellen Einstieg, dem Aufbau von Medienkompetenz im Unternehmen und dabei, die größten Stolpersteine zu umgehen.

10.6.2 Welche Themen gehören in Social Media Guidelines?

Social Media Guidelines sollen den Mitarbeitern Sicherheit und Kompetenz für die Kommunikation in den sozialen Netzwerken vermitteln und diese gleichzeitig dazu ermuntern, sich hier zu engagieren. Aus diesem Grund gibt es ein paar grundsätzliche Themen, die jede Social-Media-Strategie abdecken sollte. Je nach Unternehmen, können hier selbstverständlich noch weitere Punkte hinzukommen.

- **Privatsphäre**: Ein Aspekt, der für viele Mitarbeiter ein Buch mit sieben Siegeln scheint, ist das Thema Privatsphäre und der schweren Vergänglichkeit von einmal veröffentlichten Daten. Ich erinnere mich hier nur zu gut an das entsetzte Gesicht einer Kollegin, deren Bild ich gerade mit zwei Mausklicks aus dem Internet auf meinen Desktop befördert hatte, oder an den Kollegen, der sprachlos war, wie viele Informationen ich innerhalb von einer Stunde über ihn herausfand. Social Media Guidelines müssen Ihre Mitarbeiter für das Thema Privatsphäre sensibilisieren, ohne diese abzuschrecken. Eine Gratwanderung, die meiner Erfahrung nach besonders gut in Kombination mit Workshops zu dem Thema lösbar ist.

- **Die Grenze zwischen privat und beruflich**: Dass die Grenze zwischen privat und beruflich plötzlich sehr schmal wird, wenn ein Mitarbeiter den Arbeitgeber in seinem Profil einträgt, ist ebenso ein Fakt, der vielen so nicht klar ist. Der Mitarbeiter muss sich darüber bewusst sein, dass auch sämtliche privaten Äußerungen, auf seinen Arbeitgeber zurückfallen können. Weisen Sie Ihre Mitarbeiter generell darauf hin, dass die Social Media Guidelines Ihnen ebenso helfen, sich privat sicher im Web zu bewegen.

- **Auswirkung auf die Reputation**: Machen Sie Ihre Mitarbeiter darauf aufmerksam, dass sich deren Verhalten auf die Reputation des Unternehmens auswirken kann, und zwar im positiven wie im negativen Sinn. Bieten Sie Hilfestellung für Situationen an, in denen etwas schiefgelaufen ist, und bestärken Sie positives Verhalten.

- **Umgangsformen**: Gute Manieren und respektvolles Verhalten gegenüber anderen sind die Grundlage für die positive Wahrnehmung einer Person. Ein Hinweis auf diesen Umstand inklusive der Ermunterung zu entsprechenden Umgangsformen ruft dies noch einmal ins Gedächtnis.

- **Umgang mit Fehlern, Kritik und Wut**: Insbesondere in emotional geladenen Situationen ist die Tendenz zu Fehltritten groß. Unterstützende Handlungsempfehlungen für derartige Situationen helfen Ihren Mitarbeitern, einen kühlen Kopf zu bewahren und sich bestmöglich zu verhalten. Wichtig ist an dieser Stelle auch wieder der Hinweis darauf, wo der Mitarbeiter sich Unterstützung holen kann.

- **Gesetzliche Vorgaben**: Dass gesetzliche Vorgaben im Internet genauso gelten wie anderswo, ist eigentlich logisch, aber ein wichtiger Punkt in den Social

Media Guidelines. Weisen Sie auf diesen Umstand hin, und benennen Sie die Vorgaben beim Namen, damit es nicht zu abstrakt ist. Wichtige Punkte sind hier zum Beispiel Datenschutz, Persönlichkeits-, Urheber- und Markenrecht sowie Beleidigungen und Diskriminierungen.

- **Betriebliche Vorgaben**: Die Weitergabe von Betriebsgeheimnissen und Interna ist in der Regel schon durch den Arbeitsvertrag untersagt. Trotzdem ist ein Hinweis an dieser Stelle sinnvoll.

- **Transparenz und Offenheit**: Legt ein Mitarbeiter gar nicht oder erst sehr spät seine Zugehörigkeit zu einem Unternehmen offen, hat dies oftmals negative Konsequenzen. Ermutigen Sie Ihre Mitarbeiter, in Fachdiskussion zu Ihrem Unternehmen zu stehen, und weisen Sie diese auf die Bedeutung von Transparenz und Offenheit hin.

- **Ansprechpartner und Verhalten in Krisensituationen**: Die Mitarbeiter müssen ganz genau wissen, an wen Sie sich bei Fragen oder Problemen wenden können. Kontaktinformationen in Form einer zentralen E-Mail-Adresse und Telefonnummer sind hier das Mindeste, ideal sind namentliche Ansprechpartner mit einer jeweiligen Vertretung.

- **Einleitung**: Für mich fast so wichtig wie die Social Media Guidelines selbst, ist eine gute Einleitung, die den Mitarbeitern erklärt, warum die Social Media Guidelines eingeführt werden. Wichtige Punkte sind dabei, wie Sie diese zu Ihrem Vorteil nutzen können und ein deutliches Plädoyer für das Engagement im Netz. Idealerweise stammt die Einleitung von der Geschäftsführung selbst oder wird zumindest von einem Grußwort selbiger begleitet.

10.6.3 Beispiele von Social Media Guidelines deutscher Unternehmen

Nachdem es über Jahre stets nur gute Beispiele internationaler Unternehmen gab, hat der deutschsprachige Raum 2012 stark aufgeholt. Laut der »Social Media Guideline Studie« von Ausschnitt Medienbeobachtung (*http://www.ausschnitt.de/socialmediaguidelines*) wurden bereits im ersten Halbjahr 2012 mehr Social Media Guidelines in Unternehmen herausgegeben als anteilig 2011. Ich möchte Ihnen hier öffentlich verfügbare Social Media Guidelines einiger Unternehmen empfehlen und jeweils kurz skizzieren, warum ich diese empfehlenswert finde.

- **DATEV**: Schon im Prolog zu den Social Media Guidelines unter *http://bit.ly/179Vx0x* ermutigt DATEV seine Mitarbeiter zu einer aktiven Nutzung des Social Webs. Ein Überblick der Guidelines hilft bei der Verinnerlichung. Besonders gefällt mir hier die Erweiterung der Guidelines um die DATEV-Netiquette unter *http://bit.ly/179VqC8*.

10.6 Social Media Guidelines

- **Daimler**: Ausführlich und verständlich erklärt, kommt der Social-Media-Leitfaden von Daimler daher: *http://bit.ly/179WIgD*. Eine gute Ergänzung, die mit Ihrem Ursprung in 2007 zeigt, wie fortschrittlich Daimler im Thema Social Media war, sind die zugehörigen Blogging Guidelines unter *http://bit.ly/179ZXEP*.
- **Deutsche Post DHL**: Komplett im gelben Firmendesign sind die Social Media Guidelines der Deutschen Post DHL ein echter Blickfang: *http://bit.ly/179X6vC*.
- **GFK**: Eine Übersicht der eigenen Social-Media-Aktivitäten rundet die besonders detaillierten Social Media Guidelines und Vorgaben hier ab: *http://bit.ly/179XLNr*.
- **achtung!**: Allein der Untertitel des achtung!-Social-Media-Kompasses, der da lautet »Use your Brain«, macht dieses Schriftstück empfehlenswert: *http://slidesha.re/179ZT7R*.
- **Telekom**: Ein ganzes Portal rund um Social-Media-Leitlinien und Grundsätze sowie das korrekte Verhalten bietet die Telekom für Mitarbeiter und Interessierte unter *http://www.telekom.com/socialmedia* (siehe Abbildung 10.19). Mit der App »Höflich 2.0« wird sogar eine Applikation für Smartphones angeboten.

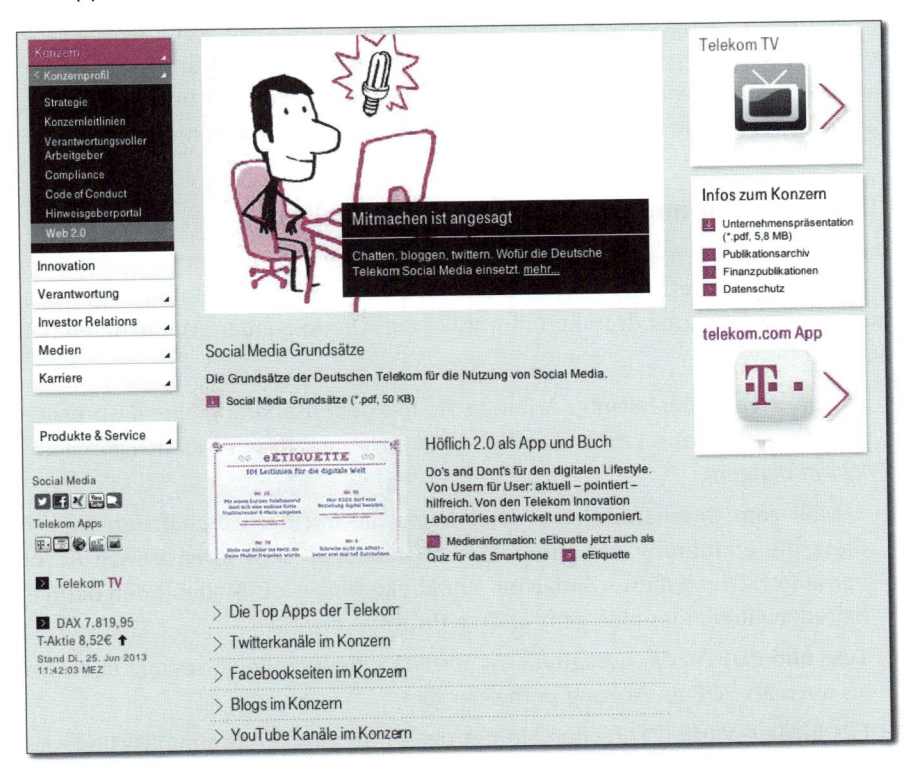

Abbildung 10.19 Web 2.0 bei der Telekom

- **flinc**: Die virtuelle Mitfahrzentrale flinc hält Ihre Social Media Guidelines, die auf den Blogging Guidelines von Daimler basieren, in einem lokkeren Ton: *http://blog.flinc.org/flinc-social-media-guidelines*.
- **Stadt Hamburg**: Ein ganzes Social-Media-Handbuch hält die Stadt Hamburg für seine Mitarbeiter bereit: *http://bit.ly/19o7Udy*.
- **Krones**: Inklusive Überblick über die bekanntesten Plattformen, Grundinformationen zum Social Web und einem Faktencheck sind die Social Media Guidelines von Krones konzeptioniert: *http://www.krones.com/downloads/social_media_d.pdf*.
- **Tchibo**: Eines der bekanntesten Beispiele zum Thema Social Media Guidelines ist wohl das Video von Tchibo, das Herrn Bohne die wichtigsten Richtlinien für das Social Web erklären lässt, zu sehen unter *http://bit.ly/19o8KqN*.
- **Telefonica**: Auf Basis von Schlagwörtern, deren Initialen das Wort Social Media ergeben, hat Telefonica die Guidelines übersichtlich auf zwei Seiten gestaltet: *http://www.telefonica.de/page/17823/social-media-guidelines.html*.

Ich habe bereits für zwei unterschiedliche Unternehmen Social Media Guidelines ausgearbeitet. Dabei musste ich feststellen, dass es trotz vieler guter Beispiele, oder gerade deswegen, gar nicht so einfach ist, perfekte und einzigartige Social Media Guidelines zu entwickeln. Als Hilfestellung habe ich deshalb unter *http://bit.ly/1aOGgaK* für Sie ein Muster für Social Media Guidelines zusammengestellt.

10.6.4 Einführung von Social Media Guidelines

Die besten Social Media Guidelines machen keinen Sinn, wenn niemand diese kennt oder beachtet. Aus diesem Grund ist eine großflächige Einführung, mit entsprechend viel »Lärm« drumherum notwendig. Die folgenden Maßnahmen haben sich hier bewährt:

- **Ansprechende Gestaltung**: Arbeiten Sie mit dem Marketing eine ansprechende Gestaltung aus. Das Ergebnis sollte so gut aussehen, dass Sie es sich gerne an die Wand hängen.
- **E-Mail vom Geschäftsführer**: Vereinbaren Sie mit der Geschäftsführung, dass diese die Einführung der Social Media Guidelines über Ihren E-Mail-Account vornimmt. Durch diesen einfachen Kniff bekommt die E-Mail mit den darin enthaltenen Guidelines eine ganz andere Priorität.
- **Text und PDF**: In der besagten E-Mail sollten die Richtlinien sowohl in Textform als auch als PDF im Anhang enthalten sein.
- **Für E-Mail-Muffel**: Sprechen Sie mit der Unternehmenskommunikation, damit die Guidelines in der nächsten Mitarbeiterzeitschrift abgedruckt werden (wenn vorhanden).

- **Lesestoff für neue Mitarbeiter**: Vereinbaren Sie mit der Personalabteilung, dass jeder neue Mitarbeiter die Leitlinien ausgehändigt bekommt.
- **Themenseiten im Intranet**: Wenn Sie im Unternehmen ein Intranet haben, nutzen Sie dieses, um ein Themenspezial rund um Social Media aufzubauen. Neben den Social Media Guidelines sollten Sie hier die Grundlagen zu den einzelnen Netzwerken und ein kleines Glossar anbieten. Darüber hinaus sorgen aktuelle Statistiken über die Unternehmenspräsenzen für einen Anreiz, die Seiten mehr als einmal zu besuchen.
- **Offizielle Einführungsveranstaltung**: Ein wichtiger Punkt bei den Social Media Guidelines ist, Verständnis für das Warum und Wieso zu schaffen. Auf einer oder mehreren offiziellen Einführungsveranstaltungen, auf denen die Guidelines Punkt für Punkt durchgespielt und erläutert werden, lassen sich diese Aspekte gut klären.

Bestimmt fallen Ihnen noch weitere Ideen ein, wie Sie in Ihrem Unternehmen bestmöglich auf die Guidelines aufmerksam machen können. Je kreativer und auffälliger die Methode, desto mehr Aufmerksamkeit werden Sie erreichen.

Mit den Social Media Guidelines haben Sie den letzten Grundstein für den Einstieg in das aktive Social Media Management gelegt. Nun gilt es, in den Social-Media-Management-Prozess einzusteigen und Ihr Engagement Stück für Stück zu etablieren.

10.7 Social Media im Unternehmen etablieren

Oft hat das Thema Social Media im Unternehmen einen speziellen Status. Das Thema ist neu und in aller Munde, viele Abteilungen möchten selber mitmachen oder bekommen sogar Angst, dass man Ihnen etwas wegnehmen möchte. Aus diesem Grund ist es enorm wichtig, dass alle Mitarbeiter des Unternehmens, vom Praktikanten bis zum Vorstandsvorsitzenden, von dem Engagement in den sozialen Medien wissen und verstanden haben, warum dies relevant für das Unternehmen ist.

In dieser Konstellation sind die Aufgaben des Social Media Managers folgende:

- Aufklärungsarbeit betreiben, um den Mitarbeitern die Angst zu nehmen
- Möglichkeiten und Risiken aufzeigen, die durch das Engagement des Unternehmens entstehen
- sich als Experte und Ansprechpartner positionieren und Hilfe sowie Unterstützung anbieten

Aus meiner Erfahrung kann ich sagen, dass bei dieser Aufgabe die folgenden Methoden enorm geholfen haben, um Wahrnehmung und Akzeptanz im Unternehmen zu erlangen.

10.7.1 Die Roadshow

Eine Roadshow bezeichnet nichts anderes als die Vorstellung und Erklärung des Social-Media-Engagements in allen Abteilungen und an allen Standorten.

Der Kern des Auftritts ist eine Präsentation, in der den Mitarbeitern möglichst anschaulich dargestellt wird, was Social Media ist, warum und wie sich das Unternehmen engagieren möchte und welche Ziele damit verfolgt werden. Idealerweise ist die Präsentation mit bunten Anekdoten und Beispielen gespickt, die an die jeweilige Abteilung angepasst sind. So kann man sogar dem Außendienst wunderbar verdeutlichen, warum Social Media auch für sie in ihrem Arbeitsalltag relevant ist.

Neben den Zielen ist es wichtig, dass hier auch individuell auf Herausforderungen, Risiken und die speziellen Möglichkeiten, die durch Social Media entstehen, eingegangen wird. Außerdem sollte vorgestellt werden, welche Hilfestellung aus dem Social Media Management geboten wird. Mit einer abschließenden Fragerunde für die Mitarbeiter wird die ideale Bühne geschaffen, um sich als Experte zu positionieren. Bei weitläufigeren Unternehmensstrukturen, in denen es nicht möglich ist, alle Mitarbeiter mit einzubeziehen, sollten diese zumindest von Ihrem Niederlassungsleiter o. Ä. über das Engagement informiert und mit Informationsmaterial versorgt werden.

10.7.2 Informationsmaterial

Was ist Social Media eigentlich, und warum sollte mich das interessieren? Wie sieht die Social-Media-Strategie des Unternehmens aus, und an wen kann ich mich wenden, wenn ich Fragen habe oder etwas im Netz bemerke, das relevant für das Unternehmen sein könnte? Diese und weitere Fragen, anschaulich aufgearbeitet und leicht zu lesen, sollten sie als Informationsmaterial für alle Mitarbeiter zur Verfügung stellen. Nutzen Sie dabei sämtliche Kanäle, die ihnen zur Verfügung stehen. Ob ein Themenspecial im Intranet, als Anhang per E-Mail versandt, ausgedruckt auf dem Schreibtisch oder am schwarzen Brett, sorgen Sie dafür, dass wirklich jeder Mitarbeiter weiß, dass Ihr Unternehmen nun im Social Web aktiv ist.

Natürlich gehören in dieses Informationsmaterial die Social Media Guidelines sowie Telefonnummer und E-Mail-Adresse des Social Media Managers. Weitere besonders hilfreiche Unterlagen sind hier ein Glossar mit den wichtigsten Begriffen aus dem Social Web und eine ausführliche FAQ rund um Social Media.

10.7 Social Media im Unternehmen etablieren

Ein äußerst kreatives Beispiel dafür liefert die adidas Group, die ihre Mitarbeiter von den Comic-Figuren Sue Social und Media Man in das Social Web führen lässt (siehe Abbildung 10.20). Neben den Social Media Guidelines werden die wichtigsten Fragen zu Social Media und Social Networks beantwortet, zu bestaunen unter *http://smg.adidas-group.com/index.php*. Lassen Sie ihrer Kreativität freien Lauf, je mehr Spaß das Lesen macht, desto mehr Mitarbeiter werden sich mit der Thematik auseinandersetzen.

Abbildung 10.20 Sue Social und Media Man führen die Mitarbeiter der adidas group durch das Social Web.

10.7.3 Schulungen und Trainings

Je größer das Verständnis für Social Media, desto höher ist die Akzeptanz im Unternehmen. Darüber hinaus helfen Sie den Mitarbeitern mit speziellen Schulungen und Trainings dabei, sich sicher im Internet zu bewegen.
Themen könnten hier sein:

- Facebook sicher nutzen
- Twitter für Anfänger
- Was ist Social Media?
- sicher im Internet
- unser Unternehmen und der Wettbewerb im Social Web
- unsere Social Media Guidelines

Diese kleine Liste soll Ihnen als Inspiration dienen, Sie werden durch die Fragen, die Ihnen im Alltag am meisten gestellt werden, sicherlich noch auf weitere Ideen kommen.

Stimmen Sie sich für die Planung des Angebots mit der Personalabteilung ab, und bitten Sie diese um Hilfe bei der Organisation. Die Trainings sollten möglichst während der Arbeitszeit angeboten werden, denn das steigert die Teilnehmerzahl erheblich. Ein Kompromiss ist hier die Nutzung von Zeiten, die weniger produktiv sind, wie zum Beispiel der späte Nachmittag. Versuchen Sie, Ihr Angebot auf etwa eine Stunde plus 15 bis 30 Minuten für Fragen und Diskussion zu konzipieren. Bauen Sie interaktive Teile mit ein, beispielsweise könnten Sie live zeigen, wie man einen Twitter-Account anlegt oder wie die Social-Web-Auftritte Ihres Unternehmens aussehen. Bereiten Sie sich auch auf kritische Fragen vor, denn diese werden kommen, und das in ganz unterschiedlicher Tonalität. Ich habe hier schon alles gehört von: »Warum geben wir für so einen Mist Geld aus?«, bis hin zu: »Ihr Job ist es also, den ganzen Tag im Internet zu surfen? Dafür möchte ich auch bezahlt werden.« An so einem Punkt ist es wichtig, dass Sie solche Fragen nicht persönlich nehmen und ruhig bleiben. Antworten Sie ganz sachlich auf solche Fragen. Erklären Sie noch einmal, warum Social Media für das Unternehmen wichtig ist, bzw. geben Sie einen Einblick in Ihren Arbeitsalltag. Sie brauchen sich nicht zu rechtfertigen, Sie sind in diesem Rahmen der Experte, und Ihre Aufgabe ist es, Ihr Gegenüber davon und von Ihrem Tun zu überzeugen. Je mehr Sie an sich und die Sache glauben, desto besser wird Ihnen dies gelingen.

Ziel der Veranstaltung ist, dass die Teilnehmer etwas über Social Media gelernt haben, Spaß hatten, wissen, wen Sie bei Fragen und Problemen zu dem Thema ansprechen können und Ihren Kollegen von einem interessanten Abend erzählen.

10.8   Social-Media-Reifegradmodelle

Im Rahmen eines Social-Media-Engagements taucht immer wieder die Frage auf: »Wo steht mein Unternehmen eigentlich im Prozess und im Vergleich zu anderen?« Für die Beantwortung dieser Fragen gibt es mehrere Ansätze eines Social-Media-Reifegradmodells. Ein Beispiel wäre hier die Ausarbeitung von Salesforce zu diesem Thema, die Sie sich unter *http://bit.ly/19Wb9G6* runterladen können.

10.8.1   Das SM3 Modell des Social Media Excellence Kreises

In diesem Abschnitt möchte ich Ihnen das Modell des Social Media Excellence (SME) Kreises (*www.social-media-excellence.de*) ausführlicher vorstellen. Der SME wird von der Business Intelligence Group (B.I.G.) geleitet und bündelt durch die

10.8 Social-Media-Reifegradmodelle

Teilnahme von mehr als 30 großen Unternehmen und Organisationen aus dem deutschsprachigen Raum geballtes Wissen zu Social Media im Unternehmen. Die Agentur B.I.G. entwickelte eine erste Version des Social-Media-Maturity-Modells (SM³) und verfeinerte dies in Zusammenarbeit mit den Unternehmen des Kreises, um es an die Praxis anzupassen. Die Zielsetzungen für das Reifegradmodell sind:

- Systematisierung und Operationalisierung der Corporate-Social-Media-Aktivitäten
- Unterstützung bei der Standortbestimmung
- Ableitung der Social-Media-Roadmap
- Verfolgung der Fortschritte über die Zeit
- Benchmarking intern und mit anderen Unternehmen und Industrien

Das SM³-Modell ermöglicht Ihnen, die organisatorische Reife Ihres Unternehmens zu ermitteln und von hier aus Schritte für die weitere Entwicklung abzuleiten. Dafür ist das Modell in vier unterschiedliche Reifegrade – Explorer, Optimizer, Enabler und Champion – unterteilt. Die Maturität eines Unternehmens wird dabei durch Merkmale in sechs Dimensionen gekennzeichnet. Auf die Dimensionen und Reifegrade gehe ich im Folgenden ausführlich ein. Eine Übersicht des Modells sehen Sie in Abbildung 10.21.

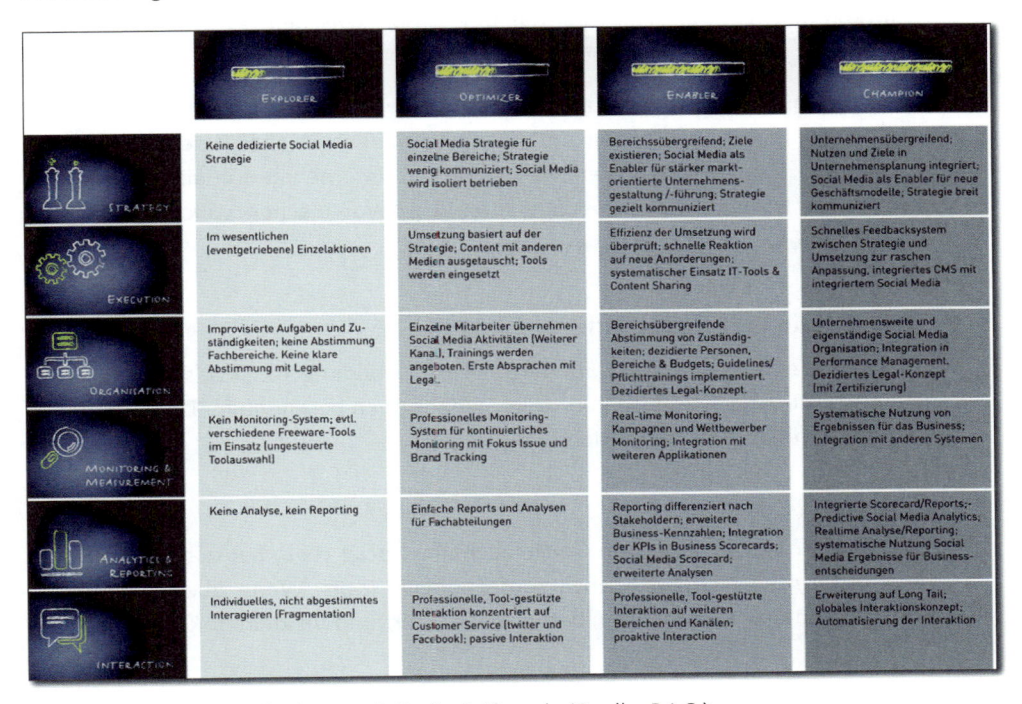

	EXPLORER	OPTIMIZER	ENABLER	CHAMPION
STRATEGY	Keine dedizierte Social Media Strategie	Social Media Strategie für einzelne Bereiche; Strategie wenig kommuniziert; Social Media wird isoliert betrieben	Bereichsübergreifend; Ziele existieren; Social Media als Enabler für stärker marktorientierte Unternehmensgestaltung /-führung; Strategie gezielt kommuniziert	Unternehmensübergreifend; Nutzen und Ziele in Unternehmensplanung integriert; Social Media als Enabler für neue Geschäftsmodelle; Strategie breit kommuniziert
EXECUTION	Im wesentlichen (eventgetriebene) Einzelaktionen	Umsetzung basiert auf der Strategie; Content mit anderen Medien ausgetauscht; Tools werden eingesetzt	Effizienz der Umsetzung wird überprüft; schnelle Reaktion auf neue Anforderungen; systematischer Einsatz IT-Tools & Content Sharing	Schnelles Feedbacksystem zwischen Strategie und Umsetzung zur raschen Anpassung, integriertes CMS mit integriertem Social Media
ORGANISATION	Improvisierte Aufgaben und Zuständigkeiten; keine Abstimmung Fachbereiche. Keine klare Abstimmung mit Legal.	Einzelne Mitarbeiter übernehmen Social Media Aktivitäten (Weiterer Kanal). Trainings werden angeboten. Erste Absprachen mit Legal.	Bereichsübergreifende Abstimmung von Zuständigkeiten; dezidierte Personen, Bereiche & Budgets; Guidelines/Pflichttrainings implementiert. Dezidiertes Legal-Konzept.	Unternehmensweite und eigenständige Social Media Organisation; Integration in Performance Management. Dezidiertes Legal-Konzept (mit Zertifizierung)
MONITORING & MEASUREMENT	Kein Monitoring-System; evtl. verschiedene Freeware-Tools im Einsatz (ungesteuerte Toolauswahl)	Professionelles Monitoring-System für kontinuierliches Monitoring mit Fokus Issue und Brand Tracking	Real-time Monitoring; Kampagnen und Wettbewerber Monitoring; Integration mit weiteren Applikationen	Systematische Nutzung von Ergebnissen für das Business; Integration mit anderen Systemen
ANALYTICS & REPORTING	Keine Analyse, kein Reporting	Einfache Reports und Analysen für Fachabteilungen	Reporting differenziert nach Stakeholdern; erweiterte Business-Kennzahlen; Integration der KPIs in Business Scorecards; Social Media Scorecard; erweiterte Analysen	Integrierte Scorecard/Reports;- Predictive Social Media Analytics; Realtime Analyse/Reporting; systematische Nutzung Social Media Ergebnisse für Businessentscheidungen
INTERACTION	Individuelles, nicht abgestimmtes Interagieren (Fragmentation)	Professionelle, Tool-gestützte Interaktion konzentriert auf Customer Service (twitter und Facebook); passive Interaktion	Professionelle, Tool-gestützte Interaktion auf weiteren Bereichen und Kanälen; proaktive Interaction	Erweiterung auf Long Tail; globales Interaktionskonzept; Automatisierung der Interaktion

Abbildung 10.21 Tabelle der Social-Media-Reifegrade (Quelle: B.I.G.)

10.8.2 Die sechs Dimensionen

Anhand der Beurteilung von sechs Aspekten (siehe Abbildung 10.21, linke Spalte) des Social Media Managements können Sie die Reife Ihres Unternehmens einschätzen. Dabei wird das Engagement in den folgenden Dimensionen innerhalb der beschriebenen Spanne eingeordnet:

- **Strategy**: Eine Einordung der Strategie auf der Spanne zwischen »keine Strategie« und »unternehmensübergreifend mit Integration in die Unternehmensplanung«
- **Execution**: Einordnung der Umsetzung zwischen »Einzelaktionen« und »schnelles Feedbacksystem zwischen Strategie und Umsetzung«
- **Organisation**: Beurteilung der Struktur für Social Media zwischen »improvisierte Zuständigkeiten« bis zu »eigenständige Social-Media-Organisation«
- **Monitoring und Measurement**: Das Monitoring und die Messung der Ergebnisse wird zwischen »kein System« bis hin zu »systematische Nutzung der Ergebnisse für das Business« eingeordnet.
- **Analytics und Reporting**: Eine Einordnung zwischen »keine Analyse, kein Reporting« und »systematische Nutzung der Social-Media-Ergebnisse für Business Entscheidungen«
- **Interaction**: Eine Einschätzung der Interaktion zwischen »Fragmentation« und »globales Interaktionskonzept«

Generell empfiehlt es sich, mit einer ordentlichen Portion Selbstkritik auf das eigene Engagement zu schauen und sich gegebenenfalls eher eine Kategorie zu niedrig, als zu hoch einzustufen. Haben Sie Ihr Unternehmen in allen Kategorien zugeordnet, können Sie sich ein ungefähres Bild davon machen, welchem Reifegrad Sie zugehören.

10.8.3 Die vier Reifegrade

Die vier Reifegrade sind in der oberen Spalte in Abbildung 10.21 zu sehen und werden durch die eben vorgestellten sechs Dimensionen beschrieben. Daraus ergeben sich die folgenden Charakterisierungen:

Explorer

Der Explorer macht die ersten Gehversuche im Social Web, hat dabei aber weder eine Social-Media-Strategie noch professionelle Tools. Wenn überhaupt, findet eine Interaktion mit seinen Kunden unkoordiniert und im kleinen Rahmen statt.

Optimizier

Ein Unternehmen im Stadium Optimizier hat bereits eine Social-Media-Strategie für einzelne Bereiche entwickelt, einzelne, dezidierte Mitarbeiter bestimmt und zur Unterstützung des Social-Media-Engagements entsprechende Tools eingeführt.

Enabler

Eine bereichsübergreifende Strategie und eine ganzheitliche Betrachtung der Schritte im Web kennzeichnen den Enabler. Unternehmen in diesem Reifegrad sind in der Lage, proaktiv zu interagieren und Social Media gezielt als »Befähiger« für eine stärker marktorientierte Unternehmensgestaltung- bzw. -führung zu nutzen.

Optimizer

Der höchste Reifegrad ist der des Optimizers. Unternehmen, die diesen Status erreichen, haben neben einer ganzheitlichen Social-Media-Strategie, die in die Unternehmensplanung integriert ist, die Möglichkeit, Social Media als Basis für neue Geschäftsmodelle zu nutzen. Neben einem globalen Interaktionskonzept, einer eigenständigen Social-Media-Organisation und einer kompletten Integration von Monitoring, Analyse und Reportings ermöglicht ein schnelles Feedbacksystem die rasche Anpassung zwischen Strategie und Umsetzung.

10.8.4 Fazit

Das Social-Media-Maturity-Modell eignet sich für eine systematische Einordnung Ihres Unternehmens in Bezug auf den Reifegrad des Social-Media-Engagements. Damit liefert es gleichzeitig eine Grundlage für die zukünftige Planung, da es Schwächen in den Dimensionen offenlegt und damit eine Verbesserung in eben diesen Bereichen nahelegt. Eine solche Einordnung basiert auf Ihrer Einschätzung, welche der jeweiligen Beschreibungen am besten zu Ihrem Unternehmen passt, und kann damit nur eine erste Übersicht liefern. Das kann ausreichen, ist aber in manchen Fällen nicht tief genug. Die Business Intelligence Group bietet hier für Unternehmen eine detailliertere Analyse an, die eine »exaktere und individuellere Bewertung mit wesentlich besser operationalisierbaren Ergebnissen« liefert. Bei Interesse können Sie unter *http://www.big-social-media.de* mit der B.I.G. Kontakt aufnehmen. Alternativ fragen Sie die Agentur Ihres Vertrauens, ob diese eine ähnliche Analyse anbieten kann.

Zu guter Letzt, möchte ich den Fokus auf Sie, den Social Media Manager, richten und gebe Ihnen nun in Kapitel 11 einen Rundumblick auf das Thema praktisches Social Media Management, angereichert mit Tipps, Tricks und Tools aus jahrelanger Erfahrung.

11 Praktisches Social Media Management

Alltag: gleichförmiger, sich wiederholender Lebensrhythmus. Schon diese Definition zeigt eigentlich, wie widersinnig es ist, beim Berufsbild des Social Media Managers von einem Alltag zu sprechen. Genauso wechselhaft wie die Ausprägung des Berufsbildes ist auch der Alltag. Ein Fakt, der für mich persönlich mit den Reiz des Berufs ausmacht.

Das Schöne am Social Media Management ist, dass es niemals langweilig wird. Jeden Tag gibt es neue Herausforderungen, Vorkommnisse und Dinge, die man dazulernen kann – aus meiner Sicht einer der besten Jobs, die es gibt. In diesem Kapitel möchte ich Ihnen anschaulich zeigen, was im Alltag als Social Media Manager auf Sie zukommt und Ihnen mit Tipps, Tricks und Tools zur Seite stehen. Meine Empfehlungen basieren auf mehr als acht Jahren praktischer Erfahrung im Social Web, sieben Jahren Social Media im Unternehmen und nicht zuletzt dem jahrelangen Austausch mit anderen Social Media und Community Managern sowie Tool-Experten. Einen Anspruch auf Vollständigkeit kann ich trotzdem nicht erheben und werde Sie deswegen unter *http://www.der-socialmediamanager.de* über neue Tools und aktuelle Entwicklungen auf dem Laufenden halten. Generell gilt: Probieren Sie alle Tools selbst aus, und testen Sie, welche am besten zu Ihnen und Ihrem Arbeitsstil passen.

11.1 Tagesablauf eines Social Media Managers

Als Social Media Manager von einem Alltag zu sprechen, ist vielleicht ein wenig hoch gegriffen. Um genau zu sein, ist das Aufgabenpaket per se ein ganz anderes, wenn Sie in einem Unternehmen das Thema Social Media von Grund auf einführen, als wenn Sie in ein laufendes Engagement einsteigen.

11.1.1 Der Tagesablauf

Anfang 2011 veröffentlichte die Agentur Socialcast eine Infografik (siehe Abbildung 11.1), die bei vielen Social Media Managern ein zustimmendes Nicken hervorrief.

Basierend auf dieser Grafik möchte ich ihnen einen für manche Tage typischen Tagesablauf skizzieren. Das Ganze mit einem Augenzwinkern und keinerlei Anspruch auf Allgemeingültigkeit.

11.1 Tagesablauf eines Social Media Managers

The Hectic Schedule of a Social Media Manager

BRAND AMBASSADORS. CONTENT MANAGERS. EVANGELISTS. These are all words that are often used to describe the constantly evolving social media manager of today. In order to be a successful one, he or she must take on a pretty demanding schedule of constant updates, meetings and tweets — all the while maintaining an effective online presence. Here we offer a glimpse inside a hardworking social media manager's day....

5:30AM — 12PM

CHECK
Immediately checks e-mails missed during the five hours of slumber.
Remember:
The social media world never sleeps.

SCAN
Scans news feeds for interesting articles, blog posts or videos to share.

TWEET & RETWEET
Writes interesting tweets and retweets other relevant links to continue the passing on of ideas.

Times the tweets to automatically go out while in meetings, at lunch & driving home.

PUBLISH
Publishes a blog entry or status update based on the latest news. Shares the published material with friends, coworkers and industry big names.

?... FOLLOW UP
Follows up with the sales team to see if they've delivered the customer testimonial video.

REPLY
Engages with the community by diligently replying to messages or comments.

Checks alerts for positive or negative mentions of the brand's product or service.

LUNCH

LUNCH
Goes to lunch with another social media manager to discuss the latest scoop in the social media sphere.

Remembers to check in on foursquare.

REC & UPLOAD
Records an impromptu video with the CEO, department managers and fellow employees, and uploads it to YouTube.

WRITE
Writes another blog entry.

SKYPE
Skypes into a conference about corporate microblogging.

REVISIT
Revisits the usual social media haunts for follow-ups and supervises periodically throughout the day to make sure things are going smoothly.

PRESENT
During the weekly department meeting, provides a crash-course presentation on the importance of RSS feeds, Facebook and Twitter.

7PM — THE NEXT DAY

REVIEW
Reviews traffic volume, bounce rates and other relevant metrics on Google Analytics.

SIGN UP
Registers and marks calendar for the next anticipated Social Media Strategies Summit.

SCHEDULE TWEET
Schedules tweets to go out overnight to promote your brand to night owls and those in other countries.

CHECK
Checks e-mail one last time on the smartphone before going to bed.

Zzzzzz..

SOCIALCAST
© 2011 SOCIALCAST INC. ALL OTHER TRADEMARKS HEREIN ARE RECOGNIZED TO BE THE PROPERTY OF THEIR RESPECTIVE OWNERS.

SOURCES:
SocialMediaExplorer.com   PayScale.com   WebProNews.com

Abbildung 11.1 Der Tagesablauf eines Social Media Managers

5:30 bis 12:00

- Direkt nach dem Aufwachen greift der Social Media Manager nach seinem Smartphone und prüft, ob über Nacht etwas Relevantes passiert ist. Immer daran denken: Social Media schläft nie! Ist alles ruhig, geht es unter die Dusche, gibt es ein Problem, setzt er sich noch im Pyjama an seinen Rechner und arbeitet los.
- Der Arbeitstag beginnt mit einem ausführlichen Scan des Netzes. Was wurde über mein Unternehmen gesagt, was passiert in der Branche, und welche Themen sind gerade interessant? Arbeitet der Social Media Manager im Büro, liest er schon auf dem Weg dahin auf seinem Smartphone, sonst setzt er sich zu Hause an den Rechner und legt damit los.
- Während des ersten Kaffees werden interessante Inhalte mit Bookmarks versehen, direkt mit Fans und Followern geteilt oder für später terminiert.
- Beiträge werden nach Redaktionsplan auf den unterschiedlichen Plattformen veröffentlicht und mit dem Netzwerk geteilt.
- In seiner Rolle als Schnittstelle fragt der Social Media Manager in der Marketingabteilung nach den Testimonial-Videos von Kunden und im Kundenservice, ob der Blogartikel fertig ist, der übermorgen veröffentlicht werden soll. Währenddessen holt er sich die neuesten Informationen, welche Themen den Kunden gerade besonders wichtig sind. Oh, es gibt Probleme mit der Bedienung des neuen Produkts? Das kommt direkt auf die Liste der How-to-Videos.
- Interagiert der Social Media Manager selbst mit der Community, werden Nachrichten und Kommentare beantwortet, sonst schließt er sich mit dem Community Management kurz, ob es irgendwelche besonderen Vorkommnisse gab und beantwortet eventuelle Fragen.
- Diverse Beiträge für das Unternehmensblog werden gegengelesen, Vorschläge für die neue Headergrafik für Facebook werden gesichtet.
- Meeting mit dem Marketing, um sich über den jeweiligen Status quo auszutauschen und Kooperationen zu besprechen

12:00 bis 19:00

- Zum Mittag trifft sich der SMM mit einem anderen Social-Media-Spezialisten, um sich über die neuen Trends zu unterhalten. Natürlich wird dabei nicht vergessen, sich auf Foursquare einzuchecken.
- Das »How-to-Video« wird sogleich in Angriff genommen und direkt im Anschluss auf YouTube hochgeladen. Vorher fragt der SMM noch vier Kollegen, ob dieses Video wirklich hilft.
- Leitung des zweiwöchentlichen Redaktionsmeetings

- Teilnahme an einer Videokonferenz via Skype mit dem Arbeitskreis zum Thema Corporate Blogging
- Das Social Media Monitoring läuft permanent auf einem zweiten Bildschirm; solange nichts blinkt, überfliegt der Social Media Manager alle zwei Stunden, was gerade passiert.
- Vorbereitung einer Präsentation der Ergebnisse des letzten Monats für den Vorstand, zehn Minuten vor dem Meeting kommt der Anruf, das dieses auf morgen verschoben werden muss.
- Prüfen der Metriken des Tages, wie viele Unterhaltungen über das Unternehmen gab es, wie oft wurden die Inhalte geteilt, wie viele Kommentare gibt es auf die Beiträge?
- Workshop nach Feierabend für interessierte Mitarbeiter über Twitter, Facebook und XING.

19:00 bis zur Schlafenszeit

- Nach Feierabend bewegt sich der Social Media Manager weiter in seinem gewohnten Terrain, er unterhält sich auf Twitter, liest interessante Blogbeiträge, markiert sich schon einmal die Termine der nächsten Barcamps in seinem Kalender und setzt sich einen Punkt »Reisekosten für Barcamp Hamburg klären« auf seine To-do-Liste.
- Vor dem Schlafengehen ruft er noch ein letztes Mal seine E-Mails ab, denn man weiß ja nie. Dann stellt er seinen Wecker und schläft ein, sobald er fertig damit ist, von einem zum nächsten interessanten Beitrag zu surfen und noch einmal seine E-Mails abzurufen.

11.2 Der Social-Media-Arbeitsplatz

Das wichtigste Arbeitsutensil eines Social Media Managers ist ein Gerät mit Internetverbindung. Ob Mac, PC, Tablet-PC oder Smartphone, Hauptsache das endlose Wissen des Internets und der Zugriff auf die Unternehmenspräsenzen ist jederzeit möglich. Der eigentliche Arbeitsplatz ist dabei die Oberfläche Ihres Rechners, diese sollte ideal auf Ihre Bedürfnisse abgestimmt sein.

11.2.1 Die Grundausstattung

Ohne Technik läuft nichts. Ich habe durchaus schon erlebt, dass ich mehrere Wochen warten musste, bis ich anständig im Büro arbeiten konnte. Damit Ihnen das nicht passiert, hier ein paar Tipps zur absoluten Grundausstattung.

Hardware

Sie benötigen mindestens einen Laptop und ein Smartphone, damit Sie unterwegs alles im Blick haben und – wenn nötig – reagieren können. Sehr nützlich ist ein zweiter Bildschirm sowie eine Tastatur und Maus oder ein externes Trackpad für Ihren festen Arbeitsplatz. Hier sollten Sie außerdem eine Dockingstation oder einen Laptop-Ständer haben. Wenn Sie die Entwicklung von mobilen Apps begleiten, gehören die zugehörigen Geräte ebenfalls zu der Ausstattung Ihrer Abteilung. Nicht zu unterschätzen sind ganz klassische Werkzeuge wie Papier und Stift. Zum schnellen Skizzieren von Ideen oder Festhalten von spontanen Gedanken finde ich diese nach wie vor perfekt.

Sie sollten in der Lage sein, Ihren Arbeitsplatz überallhin mitzunehmen. Nicht nur, weil Sie teilweise Situationen erleben werden, in denen Sie plötzlich Ihren Feierabend oder Urlaub für einen Notfall unterbrechen müssen, sondern auch weil es manchmal notwendig ist, nicht im Büro zu arbeiten. Ob zur Inspiration oder zum ungestörten Arbeiten, das Homeoffice ist aus meiner Sicht eine unverzichtbare Angelegenheit. Warum ich dies so empfinde und wie Sie Ihren Chef davon überzeugen, dass Homeoffice eine gute Idee ist, erläutere ich Ihnen unter *http://bit.ly/16Acrqg*. Im weitesten Sinne zur Hardware gehört für mich das Thema Internet. Wie in Abschnitt 6.5.5, »Social Media und technische Barrieren«, ausführlich erläutert, benötigen Sie eine Möglichkeit, sich ungebremst im Internet zu bewegen, notfalls mit separatem Internetanschluss.

Software

Sie benötigen eine Textverarbeitungs-, eine Tabellenkalkulations- und eine Präsentationssoftware. Hier bietet sich das Office-Paket von Microsoft an. Dieses ist sowohl für PC als auch Mac verfügbar und ermöglicht Ihnen eine systemübergreifende Zusammenarbeit. Eine Alternative auf OS-X-Geräten ist iWork, jedoch sollten Sie wissen, dass es oftmals Probleme bei der Konvertierung in Microsoft-Formate gibt und Windows-Nutzer die Dateien nur umständlich auf Ihren Geräten öffnen können.

Zur weiteren Grundausstattung gehören ein Internetbrowser, Kalender, E-Mail-Programm, Mediaplayer und ein Programm, mit dem Sie kleine Änderungen an Grafiken vornehmen können.

> **Grafik-Tools**
>
> Ob für eine schnelle Korrektur eines Fotos oder das Visualisieren einer Idee, Sie sollten sich die Mühe machen und den Umgang mit einem Grafikprogramm üben. Welches Sie dabei auswählen, ist eine Frage der Kosten und Ihrer Vorlieben.

Der Alleskönner in dem Bereich Grafik – leider mit einem entsprechend hohen Preis und sehr vielen komplexen Funktionen – ist Adobe Photoshop (*http://www.adobe.com/de/products/photoshop.html*). Wenn Sie viel mit Grafiken arbeiten müssen oder wollen, lohnt sich die Investition. Sie können den hohen, einmaligen Anschaffungspreis auch umgehen, indem Sie die Adobe Creative Cloud nutzen, die monatlich bezahlt werden kann. Für eine weniger intensive Nutzung reicht die abgespeckte Version Photoshop Elements (*http://www.adobe.com/de/products/photoshop-elements.html*) aus, oder Sie setzen gleich auf eines der freien Programme.

Das bekannteste, kostenlose Programm in dieser Kategorie ist GIMP (*http://www.gimp.org*), welches seit über 15 Jahren entwickelt wird und über einen anschaulichen Funktionsumfang verfügt. Eine Reihe von Tutorials und Erweiterungen zu GIMP finden Sie unter *http://www.gimpusers.de*. Leider ist es nicht immer die angenehmste Art und Weise, Grafiken zu bearbeiten.

Sumopaint (*http://www.sumopaint.com*) ist erst seit wenigen Jahren auf dem Markt, aber verfügt über eine sehr gut ausgestattete Basisversion online, die kostenlos nutzbar ist. Die Pro-Plus-Version verfügt über noch mehr Funktionen sowie eine Desktop-Applikation und ist mit 19 US-Dollar sehr günstig.

Auf das Thema Webbrowser gehe ich in Abschnitt 11.2.2, »Webbrowser – das Tor ins Internet«, genauer ein. Im weiteren Verlauf dieses Kapitels stelle ich Ihnen darüber hinaus eine Reihe von Social-Media-spezifischen Tools vor, die Ihnen bei Ihrer Arbeit helfen. Welche davon Sie installieren, bzw. für welche Sie einen Benutzerzugang haben sollten, ergibt sich dabei aus den Schwerpunkten Ihrer Tätigkeit.

Genereller Hinweis zu externen Tools, Datenschutz und Datensicherheit

Die meisten Social-Media-Nutzer sind sich überhaupt nicht darüber im Klaren, wie viele Daten tagtäglich von Applikationen und Drittanbietern abgerufen werden. Grundsätzlich ist es nach dem deutschen Datenschutzrecht nicht zulässig, personenbezogene Daten in ein Land zu exportieren, das nicht über ein der Europäischen Union entsprechendes Datenschutzniveau verfügt. Die USA verfügen als maßgebliches Heimatland der meisten im Netz verbreiteten Tools nicht über einen vergleichbaren Schutz von Daten. Also dürfen Daten, die einer Person zugeordnet werden oder es ermöglichen, eine Person zu identifizieren, prinzipiell nicht in Systemen gespeichert werden, die aus den USA bereitgestellt werden. Hierzu zählen zum Beispiel CRM-Systeme, E-Mail-Dienste und auch Social-Media-Veröffentlichungsdienste oder in den USA gespeicherte (und »gehostete«) Blogs.

Hier kommt das Safe-Harbor-Abkommen ins Spiel. Die nunmehr über ein Jahrzehnt alte Vereinbarung zwischen der EU und den USA regelt einen Zertifizierungsprozess, der die Speicherung und Verarbeitung von personenbezogenen Daten aus der EU ermöglichen soll. US-amerikanische Unternehmen müssen sich innerhalb dieses Rahmens an sieben Prinzipien halten und die Zertifizierung regelmäßig aktualisieren. Hierbei entsteht leider eine Vielzahl an Problemen. Einerseits kann die Zertifizierung freiwillig und ohne externe Kontrolle durchgeführt werden, was auch oft der Fall ist. Andererseits ergeben sich aus anderen US-Gesetzen Konflikte zwischen den für die Daten aus der EU unbedingt einzuhaltenden Prinzipien des Safe Harbors. Als Beispiel ist hier der Patriot Act aufzuzählen, der US-Behörden einen Datenzugriff auf Daten ermöglicht, die in den USA gespeichert werden. Allerdings geschieht dieser Zugriff ohne einen Hinweis für den Dateninhaber, was den Prinzipien des Safe-Harbor-Abkommens widerspricht und somit die Grundsätze des Abkommens angreift. Deshalb ist das Safe-Harbor-Abkommen bei verschiedenen deutschen Datenschutzexperten in die Kritik geraten.

Wenn Sie also Daten in den in diesem Buch aufgezählten Tools speichern wollen, die zu einer bestimmten Person einen Bezug herstellen oder die Identifikation einer Person möglich machen, sollten Sie zumindest den Dienst oder das Tool gründlich unter die Lupe nehmen. Versuchen Sie auf folgende Fragen eine Antwort zu finden: In welchem Land sitzt der Anbieter dieses Tools? Wenn dieses Land die USA sein sollten, ist der Anbieter dem Safe-Harbor-Abkommen beigetreten? Wenn ja, wann ist dieser Beitritt geschehen und wie lautet das Datum der letzten Aktualisierung? Eine Liste der Unternehmen, die dem Safe-Harbor-Abkommen beigetreten sind, finden Sie hier: *http://safeharbor.export.gov/list.aspx*.

Um ganz besonders gründlich zu sein, empfiehlt es sich, Kontakt zu dem Anbieter aufzunehmen und eine Mindestprüfung zu dokumentieren: An welche dritten Anbieter gibt der Anbieter des Tools Daten weiter, zu welchem Zweck werden die Daten weitergegeben, welche Verwendungen hat der Anbieter für die bei ihm gespeicherten Daten (was also stellt er alles damit an) und wie und wo können sich Betroffene informieren bzw. beschweren? So empfiehlt es zumindest der Düsseldorfer Kreis, zu dem sich diverse Datenschutzbeauftragte und Datenschutzbehörden aus Deutschland informell zusammengeschlossen haben.

Sie sollten diese Problematik auch in der Rechtsabteilung Ihres Arbeitgebers thematisieren und sich einen Ansprechpartner für die Zukunft sichern. Darüber hinaus sollten Sie sich bewusst darüber sein, dass das Ablegen von Informationen »in der Cloud« auch bei den höchsten Datenschutz- und Sicherheitsanforderungen ein gewisses (Rest-)Risiko beinhaltet. Des Öfteren wurden in der Vergangenheit Sicherheitslücken bei den unterschiedlichsten Diensten bekannt, und es ist leider davon auszugehen, dass auch in Zukunft solche Zwischenfälle nicht auszuschließen sind. Vermeiden Sie aus diesem Grund, sensible Daten wie Passwörter oder erst recht Betriebsgeheimnisse außerhalb des Unternehmens zu speichern. Verschlüsseln Sie, wenn möglich, Ihre Daten, und seien Sie generell sehr bewusst im Umgang mit Diensten, die Sie nicht hundertprozentig kontrollieren können. Vorsicht ist hier immer besser als Nachsicht.

11.2.2 Webbrowser – das Tor ins Internet

Ein oder am besten gleich mehrere Browser sind für Sie unerlässlich. Damit können Sie die Darstellung überprüfen und sich gegebenenfalls mit mehreren Profilen gleichzeitig einloggen. Als Hauptbrowser nutze ich seit langer Zeit Google Chrome (*http://www.google.com/chrome*), da dieser über eine Reihe von praktischen Erweiterungen (Plugins) für die tägliche Arbeit verfügt und eine sehr gute Performance hat. Darüber hinaus verfügt Chrome über eingebaute Sicherheitsfeatures, wie den Schutz vor Phishing, eine unübertrefflich einfache Nutzeroberfläche, und wenn Sie es bunt mögen, haben Sie die Möglichkeit, Chrome in Hunderten von Designs zu benutzen.

> **Empfehlenswerte Erweiterungen für Google Chrome**
>
> Neben Plugins für Applikationen wie Evernote, Buffer und Bit.ly, die ich Ihnen in diesem Kapitel noch vorstellen werde, gibt es ein paar universelle Erweiterungen (auch Extensions oder Plugins genannt), mit denen Ihnen Chrome das Leben leichter macht:
>
> - **FlashBlock**: Gerade wenn Sie viele Reiter offen haben, ist ein Flash-Blocker Gold wert. Dieser zeigt leistungsintensive Flash-Elemente einer Webseite erst dann an, wenn Sie dies per Mouseklick erlauben. So sparen Sie Prozessorlast (also Batterielaufzeit) und gewinnen Schnelligkeit in der Nutzung. Sie finden FlashBlock unter *http://bit.ly/YngkrG*.
> - **Firebug**: Eigentlich ein Tool für Webseiten-Entwickler, aber für mich ein Must-Have, wenn ich Änderungen an einem Wordpress-Blog durchführen muss. Firebug erlaubt Ihnen den tiefen und schnelleren Einblick in HTML, CSS und Javascript einer Seite. So können Sie Fehlersuche betreiben oder testen, wie sich eine Veränderung im Code auf das Aussehen der Webseite auswirkt. Google Chrome hat schon sehr gute Developer-Tools eingebaut, ich bevorzuge allerdings die Firebug-Erweiterung. Sie finden die Chrome-Firebug-Extension unter *http://getfirebug.com/releases/lite/chrome*.

Chrome ist neben der Desktop-Version auch für iOS- (iPad und iPhone) sowie für Android-Geräte verfügbar. Mobil sind zwar die Erweiterungen nicht nutzbar, aber dafür haben Sie die Möglichkeit, geöffnete Tabs sowie Lesezeichen plattformübergreifend zu speichern und abzurufen. Diese Funktion ist sehr praktisch, da Sie unterwegs etwas lesen und dann direkt am Rechner weiterarbeiten können.

Als Zweitbrowser nutze ich Firefox (*http://www.mozilla.org/de/firefox/new*), der ebenfalls durch alle oben genannten Erweiterungen ergänzt werden kann. An dritter Stelle kommt Safari (*http://www.apple.com/de/safari*), der allerdings nur vernünftig unter OS X läuft.

11.2.3 Benutzerzugänge

Zu Ihrer weiteren Grundausstattung gehört eine Reihe an Zugängen für soziale Netzwerke. Damit bleiben Sie auf dem neuesten Stand der Dienste und wissen, wie diese funktionieren, genutzt werden und welche Neuerungen sich entwickelt haben. Sie verhindern damit auch, dass sich Fehler in der Planung von Kampagnen einschleichen, weil Sie die eine oder andere Funktionalität der Social-Media-Dienste nicht genau genug kennen.

Google+-Benutzerkonto

Das Social Network von Google gewinnt immer mehr Zuspruch und mit jedem generellen Google-Benutzerkonto erstellen Sie sich auch ein Profil auf Google+, wenn Sie dies nicht bewusst deaktivieren. Google steckt Millionen in die Entwicklung und Verbesserung von Google+, und in vielen Interessenkreisen ist Google+ bereits beliebter als Facebook, zum Beispiel bei besonders technikaffinen Internetnutzern. Es lohnt sich also, ein Profil auf Google+ zu pflegen und auch eine Google+-Unternehmensseite zu betreuen, um mit den Funktionen vertraut zu sein.

Facebook-Benutzerzugang

Keiner kommt in der westlichen Welt um ein Facebook-Profil herum (die Grundlagen dazu habe ich Ihnen bereits in Abschnitt 9.2.2, »Das Facebook-Profil«, erläutert). In nur ganz wenigen Ländern der Welt ist Facebook nicht die Nr. 1 unter den Social Networks, hierzu zählen zu diesem Zeitpunkt zum Beispiel China (RenRen.com und Weibo.com) und Russland (vk.com). Folglich müssen Sie – wenn Sie nicht gerade in China tätig werden wollen – ein Facebook-Profil pflegen.

XING-Benutzerzugang

Ein XING-Profil hilft nicht nur der persönlichen Reputation, sondern auch bei den Themen Netzwerken und dem Beobachten von Gesprächen zu Ihrem Unternehmen innerhalb des Netzwerkes.

LinkedIn-Benutzerzugang

Auch wenn XING im deutschsprachigen Raum die Nase weit vorne hat, lohnt sich ein gepflegtes Profil auf LinkedIn. Sollten Sie in Zukunft international tätig werden oder in einem international aktiven Unternehmen arbeiten, werden Sie Ihr LinkedIn-Profil brauchen. Wie bei XING gibt es hier ebenfalls aktive Gruppen und eine eigene Dynamik, die Sie kennen und verstehen sollten.

11.3 Effektives Social Media Management

Jeden Tag strömen Massen an Informationen auf Sie ein, und ein Berg an Arbeit wartet darauf, erledigt zu werden. Eine Menge an praktischen Tipps und Tools, die Ihnen dabei helfen, die Themen Informationsbeschaffung, -verarbeitung und -veröffentlichung möglichst effizient zu bewältigen, stelle ich Ihnen in den folgenden Abschnitten vor.

11.3.1 Immer am Puls der Zeit – Informationsbeschaffung

Sich und Ihre Fans mit den neuesten Themen, Trends und Informationen auf dem Laufenden zu halten, ist ein gutes Stück Arbeit. Sie müssen die richtigen Quellen kennen, diese verfolgen, auswerten und kategorisieren. Damit Sie nicht den ganzen Tag mit dieser Aufgabe beschäftigt sind, gebe ich Ihnen hier Tipps, mit denen Sie diese Schritte effizienter bearbeiten können.

Quellen aufdecken

Wo gibt es die besten und interessantesten News rund um meine Branche? Welche Themen interessieren meine Fans besonders? Das sind die ersten Fragen, die Sie sich stellen sollten, wenn es um das Thema Informationsbeschaffung geht. Wenn Sie Ihre Antworten gefunden haben, leiten Sie hieraus die wichtigsten Stichworte (Keywords) ab und gehen auf die Suche. Ihre erste Anlaufstelle sind Blogsuchen wie Google Blogs (http://www.google.de/blogsearch) oder Twingly (http://www.twingly.com/search). Machen Sie hier Blogs ausfindig, die Ihre Themen behandeln, und abonnieren Sie diese per RSS-Feed.

> **Was ist RSS?**
> RSS ist eine einfache Möglichkeit, Neuigkeiten von Blogs, Nachrichtenseiten und Suchmaschinen zu erhalten, sobald diese veröffentlicht wurden. Hierfür benötigt man die Adresse (URL) des RSS-Feeds, die Sie meistens mit einem Klick auf das orangene RSS-Symbol finden (siehe Abbildung 11.2, roter Pfeil).
>
> **Abbildung 11.2** Das RSS-Symbol auf allfacebook.de
>
> Von dieser Quelle fügen Sie die Adresse in Ihren RSS-Reader ein. Sobald dann neue Inhalte veröffentlicht werden, erscheint die Überschrift und ein Textanriss im eigenen RSS-Reader. Das Intervall für die Aktualisierung können Sie meistens selbst einstellen oder manuell alle Quellen aktualisieren. RSS muss von der Quelle unterstützt werden, manche Quellen – vor allem Nachrichtenseiten und Verlagshäuser – kürzen die RSS-Feeds, so dass man zum Lesen des gesamten Inhalts die Internetseite besuchen muss. Solange die Feeds nicht gekürzt werden, sind die Inhalte nach der Aktualisierung auch offline lesbar, also für lange Zugfahrten oder den Weg nach Hause grandios nutzbar. Zu empfehlen ist ein synchronisierender Feedreader, der sich über Ihre verschiedenen Geräte hinweg merkt, was Sie bereits gelesen haben, um diese Inhalte auszublenden. RSS könnte man also als eine Art kostenloses Abonnement von Inhalten verstehen.

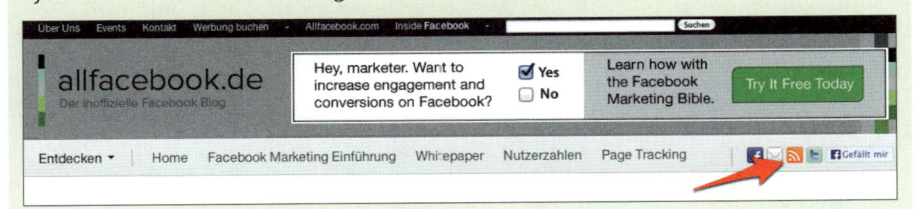

In einem nächsten Schritt richten Sie sich Google- und Twitter-Suchen für wichtige Stichwörter ein und speichern dafür ebenfalls die RSS-Feeds ab, damit diese Hinweise auf neue Nennungen Ihrer Suchwörter direkt zu Ihnen gelangen. Die so zusammenkommende Menge an Informationen gibt Ihnen eine gute Grundlage für Themen.

Praktische RSS-Reader (Feedreader)

Mit der Verkündung der Schließung des Google Readers im Sommer 2013 ging ein Raunen durch das Social Web. Der wohl bekannteste RSS-Reader fällt weg. Schnell schien sich mit Feedly (http://feedly.com) ein neuer Favorit herauszukristallisieren. Laut eigener Aussage haben mehr als drei Millionen Google-Reader-Nutzer bereits Ihren Account zu Feedly verlegt. Das verwundert nicht, denn Feedly bietet eine automatische Verknüpfung und damit einen Import des bestehenden Google-Reader-Kontos an. Sie können die Reihenfolge und die Darstellung der Feeds bestimmen und sogar das Aussehen der Oberfläche anpassen. Feedly ist per Browser, iPhone und Android App verfügbar und bietet Erweiterungen für Google Chrome und Firefox, mit denen Sie schnell neue Quellen hinzufügen können. Darüber hinaus hat Feedly eine Reihe von Sharing-Funktionen, mit denen Sie Inhalte direkt in soziale Netzwerke wie Facebook und Twitter oder per E-Mail teilen können. Feedly finanziert sich über Werbung und ist für Sie als Nutzer kostenfrei.

Aber es gibt auch weitere Alternativen, auf die sich ein Blick lohnt.

- **Pulse** (http://pulse.me): Ob per Web oder per App (iOS und Android), Pulse sieht überall besonders gut aus. Das visual mosaic layout ordnet die Artikel übersichtlich im Magazin-Stil an, die Entwickler gewannen für die iPhone-App den Apple Design Award 2011. Die Funktionalität stimmt auch: Plattformübergreifende Synchronisation, hinzufügen von Quellen via Bookmarklet oder Chrome-Extension, Artikel können geteilt oder zum späteren Lesen gespeichert oder an Pocket, Evernote & Co. gesandt werden. Was fehlt, ist eine übersichtliche Listenansicht. Pulse ist kostenlos.

- **Newsblur** (http://www.newsblur.com): Newsblur ist ebenfalls via Web, iPad-, iPhone- und Android-App nutzbar und bietet ein paar nette Spielereien, wie das Sortieren von Inhalten nach persönlichem Geschmack und ein Favoriten-Blog. Die Basisversion ist gratis, aber auf 64 Feeds beschränkt und wird weniger häufig aktualisiert. Ein Premium-Account kostet 24 US-Dollar im Jahr.

- **Flipboard** (http://flipboard.com): Kein Feedreader im eigentlichen Sinne, aber eine schöne Alternative mit der Möglichkeit, ein eigenes Flipboard-Magazin zu veröffentlichen. Wie Pulse arrangiert Flipboard die Oberfläche im Stil eines virtuellen Magazins. Neben RSS-Feeds können mehr als zehn soziale Netzwerke (unter anderem Facebook, Google+, Twitter, YouTube) als Quelle angegeben werden. Darüber hinaus bietet Flipboard für eine Reihe an Themen vorgefertigte Magazine an (Sammlungen von bekannten RSS-Feeds). Via Chrome-Extension lassen sich Artikel in Flipboard hinzufügen und von dort aus auch weiter an Pocket, Instapaper und Readability versenden. Flipboard ist gratis und als iOS sowie Android-App erhältlich.

11.3.2 Informationen sammeln und sortieren

Fühlen Sie sich von der Masse an Informationen erschlagen, gilt es, dafür zu sorgen, dass Ihre Filter richtig funktionieren. Die Grundlage dafür ist ein gut gepflegter Feedreader. Wenn Sie merken, dass ein Blog zwar viele Beiträge, aber nur wenig gute Inhalte produziert, schmeißen Sie ihn raus. Gleiches gilt für inaktive und irrelevante Quellen. Sortieren Sie Ihre Quellen nach Relevanz. Blogs und Feeds, die viele interessante Beiträge liefern, sortieren Sie nach oben, die weniger guten nach unten. Newsblur bietet Ihnen zum Beispiel auch die Möglichkeit, Inhalte automatisch anhand von Keywords oder Autoren zu sortieren.

Persönlich schätze ich sehr den sozialen Filter, sprich gefilterte News aus meinem Netzwerk. Wenn es einmal schnell gehen muss und ich keine Zeit habe, selbst meine Feeds zu lesen, verschaffe ich mir auf Twitter und Facebook einen Überblick über die wichtigsten Ereignisse. Auch hier zahlt es sich aus, den Experten aus den USA und UK zu folgen oder sie sogar zu kennen, denn oft werden Nachrichten rund um Social Media dort zuerst publik. Schauen Sie – wenn möglich – jeden Tag in Ihren Feedreader, überfliegen Sie die Überschriften, und markieren Sie uninteressante Artikel gleich als gelesen. Nutzen Sie Leistungstiefs, um interessante Artikel (an-) zu lesen, und speichern Sie die, die wirklich interessant sind, als Favorit oder besser noch in einer App für Artikel, die Sie später lesen möchten oder einem Archiv-System wie Evernote. Das praktische an Evernote ist, dass Sie hier Listen anlegen können, die Sie mit Ihrem Team teilen.

> **Tools für Artikel, die Sie später lesen möchten**
>
> Wer kennt es nicht, Sie sehen einen interessanten Artikel, haben aber keine Zeit, diesen sofort zu lesen. Als Bookmark gespeichert, sind die Chancen erfahrungsgemäß gering, dass dieser noch gelesen wird. »Read-it-Later-Apps«, die solche Bookmarks plattformübergreifend in Form eines Magazins darstellen, sind hier die elegantere Lösung. Die drei Applikationen, die ich Ihnen vorstelle, unterscheiden sich nur gering voneinander. Testen Sie, welche Ihnen am besten gefällt! Alle Applikationen sind für iOS- und Android-Geräte, im Browser sowie auf dem Kindle verfügbar.
>
> ▸ **Pocket** (*http://getpocket.com*): 2008 unter dem Namen »Read it later« veröffentlicht, rundumerneuert in 2012 unter jetzigem Namen und gratis zurückgekehrt, ist Pocket gut durchdacht. Es gibt eine Reihe von Möglichkeiten Ihre Bookmarks zu sortieren und neben Standards wie Sharing-Funktionen gehören der Vollbildmodus, Invertie-

ren der Schriftfarbe, wählbare Schriftgröße und -art sowie Sepiamodus zu den Funktionen. Sie können aus mehr als 300 Apps heraus Artikel in Pocket hineinspeichern. Artikel können auch für das Offline-Lesen zwischengespeichert werden.

- **Instapaper** (http://www.instapaper.com): Instapaper ist ebenfalls seit 2008 auf dem Markt und im Gegensatz zu Pocket weiterhin kostenpflichtig. Die 4,99 US-Dollar für die App sind aber gut investiert. Instapaper steht Pocket im Funktionsumfang um nichts nach, lediglich die Darstellung ist mehr textzentriert. Eine nette Besonderheit ist die FRIENDS-Leseliste, die Links aus verbundenen Social Networks wie Facebook und Twitter zusammenfasst. Ebenso interessant ist die FEATURED-Liste, die besonders populäre Artikel aus dem Web sammelt.

- **Readability** (http://www.readability.com): Wurde als App erst in 2012 veröffentlicht und ist damit das »new kid on the block«. Sehr gut durchdacht, hinkt Readability noch in dem Bereich der Integration von anderen Diensten hinterher. Die Auswahl an Apps, die Inhalte in Readability speichern können, ist noch gering. Dafür ist die Funktion, Artikel für schlechte Lichtverhältnisse optimiert darzustellen, am besten umgesetzt, und auch sonst steht Readybility den Konkurrenten in Sachen Funktionsumfang in nichts nach.

Visualisierung von Ideen

Als Social Media Manager werden Sie oft Ihre verschiedenen Ideen sortieren, ausarbeiten oder für andere Kollegen oder Partner visuell aufbereiten wollen. Hierbei helfen Ihnen diverse Mindmapping-Lösungen.

Was ist Mindmapping?

Eine Mindmap (englisch für Gedächtniskarte) beschreibt eine Technik zur Erschließung und Visualisierung eines Themengebiets oder Sachverhalts. Die von dem Psychologen Tony Buzan geprägte Methode soll dabei helfen, Gedanken freier zu entfalten, um bessere Ergebnisse zu erzielen.

Das Vorgehen zur Erstellung einer Mindmap ist wie folgt: In die Mitte eines unlinierten, quer gelegten und mindestens Din-A-4 großen Blattes oder dessen virtuellen Pendants wird das zentrale Thema eingetragen. Um diesen Punkt herum werden die Hauptthemen aufgelistet und mit Linien, den sogenannten Hauptästen, zur Mitte verbunden. Die Hauptthemen werden weiter aufgefächert, indem Sie die Unterthemen darum aufschreiben und wiederum mit Linien, den Zweigen, verbinden. So entsteht ein Baumdiagramm mit Themenästen, die beliebig weiter verzweigt werden können. Ein Beispiel für eine Mindmap sehen Sie in Abbildung 11.3. Im Gegensatz zu einer linearen Darstellung können Sie so Ihren Kollegen Gedankengänge und Themenkomplexe übersichtlich präsentieren. Sehr gut geeignet sind Mindmaps auch für die Themenfindung und das Sortieren von Ideen.

- **Mindmeister** (http://www.mindmeister.com) ermöglicht Ihnen Mindmapping direkt in Ihrem Internetbrowser und zählt zu den Pionieren des Online-

11.3 Effektives Social Media Management

Mindmappings. Es ist einfach, übersichtlich und sogar – man glaubt es kaum – richtig hübsch. Mindmeister bietet zahlreiche Funktionalitäten und versucht, die Idee des Mindmappings immer weiterzuentwickeln. So können Sie zum Beispiel auf einen Präsentationsmodus zugreifen, der einen Ablauf Ihrer Mindmap als eine Art Geschichte ermöglicht, oder Mindmaps gemeinsam mit Kollegen online bearbeiten.

In Abbildung 11.3 sehen Sie den Bearbeitungsmodus von Mindmeister. Eine kleine Anzahl Mindmaps können kostenlos bearbeitet werden, möchten Sie mehr Mindmaps mit Mindmeister bearbeiten und speichern können, beginnt die Premium-Version bei 99 € im Jahr.

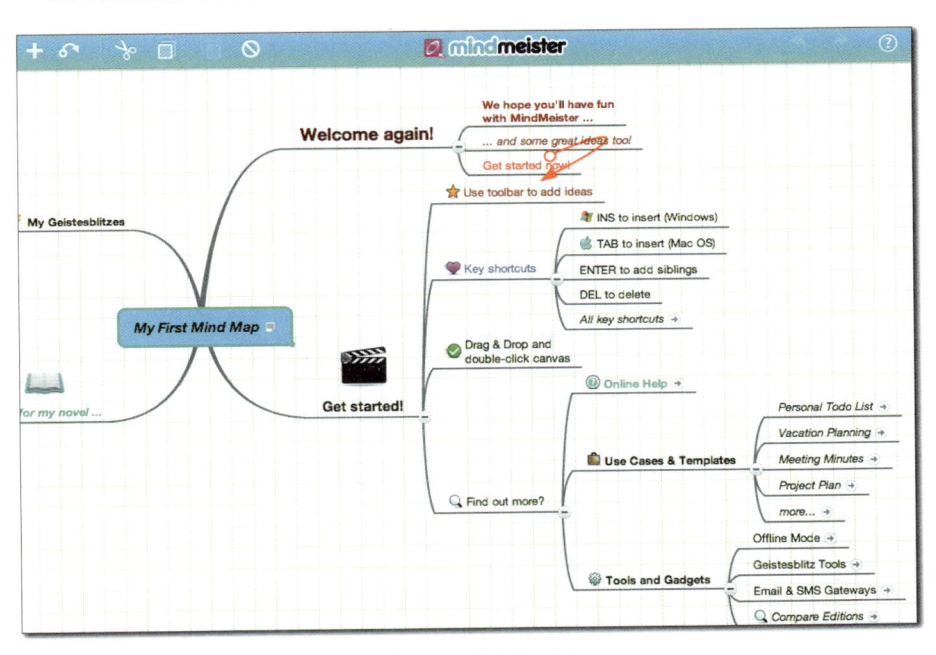

Abbildung 11.3 Der Bearbeitungsmodus von Mindmeister

- Der Branchenprimus Mindmanager von Mindjet (*http://www.mindjet.com*) ist eine unglaublich vielseitige und mächtige Mindmapping-Lösung, die in der Summe mehr Funktionalität als Mindmeister aufweist und zum Beispiel in Microsoft Office integriert werden kann.
- Xmind (*http://www.xmind.net*) ist die kostenlose Open-Source-Variante für Mindmapping und muss auf Ihrem Mac oder PC installiert werden. Es ist vielseitig, sehr funktionsreich und vielseitig konfigurierbar. Dafür ist es leider nicht sonderlich hübsch anzusehen oder angenehm zu verwenden.

- Popplet (http://popplet.com) ist streng genommen keine Mindmapping-Lösung, kann aber als solche »missbraucht« werden. Es dient eher der allgemeinen Visualisierung von Text und Bild mit Zusammenhängen. Im Gegensatz zu den meisten Mindmapping-Lösungen können die Visualisierungen bei Popplet grafisch wesentlich aufwendiger gestaltet werden. Popplet ist ein kostenloser Online-Dienst, der wie Mindmeister die gemeinsame Bearbeitung von Visualisierungen in Echtzeit ermöglicht.

11.3.3 Inhalte erstellen und verwalten

Der erste Schritt zu guten Inhalten ist eine Ideensammlung für mögliche Themen, die idealerweise von allen Teammitgliedern einsehbar und erweiterbar ist. Dies kann ein Wiki im Intranet, ein geteiltes Google-Doc oder Word-Dokument oder eine Liste in Evernote sein.

Evernote – Ihr Ideenspeicher und digitales Gedächtnis

Als Social Media Manager sollte man mehr Ideen für Inhalte und Kampagnen haben, als man selbst realisieren kann. Für genau diese Ideen, für interessante Artikel oder auch einfach nur für die Archivierung dient Evernote (http://evernote.com). Mit Evernote können Sie im Handumdrehen Schnipsel, Internetadressen oder auch Artikel, Bilder und ganze Seiten archivieren. Sie können auch eigene Notizen anlegen, auf andere Notizen verweisen und alle Inhalte mit Schlagwörtern (Tags) fein säuberlich ordnen und auffindbar machen, wie Sie in Abbildung 11.4 gut sehen können. Evernote führt sogar eine OCR-Texterkennung mit Ihren Bildern durch, damit Sie nach Texten suchen können, die innerhalb einer Grafik, eines Fotos oder eines gescannten Dokumentes zu sehen sind.

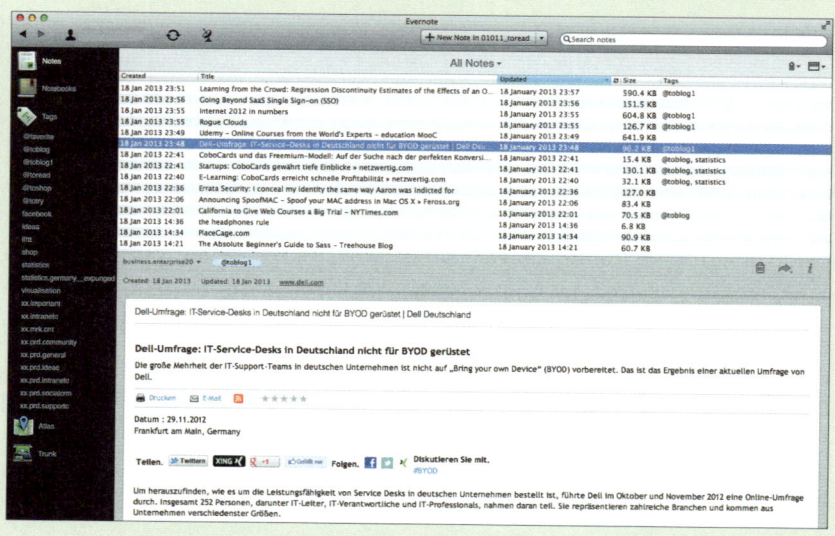

Abbildung 11.4 Das Evernote Dashboard – Übersicht aller Einträge

> Evernote lässt sich als Online-Dienst, lokal und als Smartphone-App nutzen. In der Grundversion ist Evernote kostenlos, nur wenn Sie monatlich sehr viele Inhalte speichern wollen, müssen Sie auf die Premium-Version umsteigen.
>
> Das Nutzenszenario des Speicherns von Belegen bildet übrigens das deutsche Start-up Doo (http://www.doo.net) noch besser ab. Eine kleine, feine Wiki-Lösung, die Sie allein oder mit Kollegen nutzen können, ist Tiddlywiki (http://tiddlywiki.com).

Sorgen Sie dafür, dass alle beteiligten Personen Zugriff auf die Ideensammlung haben, und vereinbaren Sie eine Markierung dafür, dass eine Idee in den Status »in Bearbeitung« übergegangen ist. In den meisten Fällen reicht es nicht aus, Ideen bloß zur Verfügung zu stellen. Der nächste Schritt ist entsprechend ein Verteilen der Themen an einzelne Personen inklusive Festlegung von Abgabeterminen. Dies geschieht idealerweise im Rahmen eines Redaktionsmeetings, welches je nach Bedarf wöchentlich oder monatlich stattfindet. Die Ergebnisse des Meetings werden schriftlich in einem Redaktionsplan festgehalten.

11.3.4 Multimediale Ergänzung für Ihre Beiträge

Bilder, Videos & Co. verschönern nicht nur Ihre Beiträge, sondern steigern auch die Wahrscheinlichkeit, dass diese gelesen werden. Ein gutes Bild als Eyecatcher erregt einfach mehr Aufmerksamkeit als purer Text.

Auf das Thema Tools zur Bildbearbeitung bin ich bereits in Abschnitt 11.2.1, »Die Grundausstattung«, eingegangen. Bei der Verwendung von Bildern aus Stockarchiven oder solchen mit CC-Lizenzen müssen Sie die rechtlichen Aspekte, die in Abschnitt 8.5.2, »Bilder aus Stockarchiven«, ausführlich beschrieben wurden, beachten. Ideal ist entsprechend, wenn Sie die Möglichkeit haben, selbst Bilder oder Videos zu erstellen und diese zu verwenden.

Das Thema Video ist an dieser Stelle einfacher zu bewerkstelligen, als Sie vielleicht denken. Es muss nicht immer das perfekt abgelichtete Image-Video sein, im Gegenteil. Mit viel Mühe selbst erstellte Videos, in denen Sie Ihre Kollegen einen Tag mit der Kamera begleiten und die Ergebnisse im Anschluss zusammenschneiden, können sehr effektiv sein. Außerdem sind diese auch direkt viel authentischer. Darüber hinaus muss es nicht einmal ein Video im eigentlichen Sinne sein. Ein animiertes Foto oder eine Fotoshow sind ebenfalls gute Ergänzungen.

> **Die richtigen Größen für Bilder**
>
> So oft wie Facebook, Google+ & Co. die Maße für Bilder ändern, ist das Bilder-Tool von Autre planète (http://www.autreplanete.com/ap-social-media-image-maker) eine echte Erleichterung. Mit nur wenigen Klicks können Sie Bilder in der passenden Größe für die bekanntesten Netzwerke erstellen und direkt verwenden.

Tools und Tipps rund um das Thema Bewegtbild

Wenn Sie ein Video planen, müssen Sie schon vor dem Dreh drauf achten, dass Sie eine ausreichende Auflösung haben. Ideal ist hier eine kleine Kompaktkamera mit HD-Funktion. Zum Schneiden und Verarbeiten von Videos nutze ich persönlich iMovie, das Windows-Pendant hierzu ist der Windows Movie Maker. Professionellere Videobearbeitung ist beispielsweise mit Final Cut Pro oder Adobe Premiere zu bewerkstelligen. An diesem Punkt stellt sich aber auch die Frage, ob Sie die Bearbeitung selbst durchführen können und möchten. Dies hängt nicht nur von Ihrer Bereitschaft ab, sich in eine komplexe Materie einzuarbeiten, sondern auch von der Leistungsstärke Ihres Arbeitsgeräts. Videobearbeitung benötigt sehr viel Leistung. Es kann also durchaus vorkommen, dass Sie ein Video in stundenlanger Arbeit geschnitten und bearbeitet haben, dann aber aufgrund fehlender Rechenleistung nicht in ein Videoformat umwandeln können oder dafür Tage benötigen.

Für animierte Slideshows und Bilder gibt es eine Reihe von Tools, die Ihnen dabei helfen:

Slideshows: Mit Animoto (*http://animoto.com*) können Sie Slideshows aus Bildern und Videos kreieren und dabei auf eine Reihe von Effekten inklusive Hintergrundmusik zurückgreifen. Inhalte können Sie dafür entweder direkt von Ihrem Rechner hochladen oder aus Facebook, Instagram, Flickr & Co. importieren. Das fertige Resultat lässt sich ebenso bequem auf YouTube hochladen. Die kostenlose Basisversion limitiert Videos auf 30 Sekunden, dieses Limit lässt sich in der Plus- bzw. der Pro-Version für 30 US-Dollar respektive 249 US-Dollar im Jahr aufheben. Die Pro-Version enthält darüber hinaus auch Musik mit kommerziellen Lizenzen und verzichtet auf das Animoto Logo am Ende eines Videos.

Eine Alternativen zu Animoto mit ähnlicher Funktionalität ist unter anderem Flixtime (*http://flixtime.com*). Flixtime erlaubt Videos mit 60 Sekunden, dafür ist jedoch der Download Ihres Videos oder der Export zu YouTube kostenpflichtig. Der Preis eines Exports startet bei 0,90 US-Dollar. Beide Programme sind webbasiert und damit auf Windows und OS X nutzbar. An dieser Stelle sei noch erwähnt, dass Sie natürlich auch mit iMovie oder dem Windows Movie Maker die Möglichkeit haben, eine Slideshow zu erstellen.

Animierte GIFs: GIF ist die Abkürzung für Graphics Interchange Format. Das Grafikformat ermöglicht es Ihnen, mehrere Einzelbilder in einer Datei abzuspeichern. Diese Bildfolgen werden von Browsern als Animationen angezeigt, es sei denn, diese Funktion wird vom Dienst explizit nicht unterstützt, wie zum Beispiel innerhalb von Facebook. In einem solchen Fall wird nur das erste Bild angezeigt. GIFs lassen sich mit Hilfe von Apps relativ einfach erstellen. Beispielsweise gibt es hier die Apps GIF-Shop (*http://gif-shop.tv*) und Giffer (*http://gifferapp.com*) für iOS und GifBoom (*http://gifboom.com*) sowie Cinemagram (*http://cinemagr.am*) für iOS und Android. In allen Apps fügen Sie einfach die gewünschten Bilder hinzu, können diese noch mit Effekten bearbeiten und dann per Klick in ein animiertes GIF verwandeln lassen. Achtung: GIFs werden schnell sehr groß, was für langsame und mobile Internetzugänge ungünstig ist. Ebenfalls unterstützen GIFs nur eine beschränkte Anzahl an Farben, weshalb Sie damit keine hochauflösenden Animationen umsetzen können.

11.3.5 Organisiertes Veröffentlichen auf verschiedenen Diensten

Sind interessante Themen gefunden und Inhalte erstellt, geht es nun darum, diese gezielt in ein Netzwerk oder über mehrere Plattformen hinweg zu veröffentlichen. Natürlich können Sie dies manuell machen, und generell ist dies auch ein guter Weg. Bei vielen geplanten Beiträgen oder Plattformen helfen Ihnen die im Folgenden vorgestellten Tools. Sollten Sie sich für das sogenannte *Cross-Posting*, also die Veröffentlichung des gleichen Inhalts auf unterschiedlichen Plattformen, entscheiden, sollten Sie im Hinterkopf haben, dass Personen, die Ihnen auf unterschiedlichen Plattformen folgen, davon genervt sein können. Wichtig ist deshalb, dass Sie die Ansprache auf die jeweilige Plattform abstimmen und ganz genau die Reaktionen auf Ihre Posts beobachten und darauf reagieren. Einfach nur Beiträge in den Äther zu blasen, ist nicht der Sinn der Übung.

Tools zum Veröffentlichen von Inhalten

Ein sehr nützlicher Dienst in diesem Bereich ist Buffer (*http://bufferapp.com*). Mit Buffer lassen sich die verbreiteten Social-Media-Plattformen automatisiert füttern. Damit können Sie Inhalte gleichzeitig auf mehreren Netzwerken veröffentlichen, ohne in jedem Dienst einzeln die Inhalte einstellen zu müssen (Abbildung 11.5).

Abbildung 11.5 Buffer-Integration in Facebook

Der noch größere Wert von Buffer ist die zeitversetzte Veröffentlichung. Sie können für jedes verbundene Benutzerkonto eines Social-Media-Dienstes bestimmen, wie oft und wann ein Beitrag veröffentlicht werden soll. Dann brauchen Sie »nur« noch Ihren Puffer (Buffer) gefüllt zu halten, und Buffer kümmert sich um die regelmäßige Veröffentlichung von Inhalten. So können Sie eine konstante Präsenz erreichen, ohne immer zu dem entsprechenden Zeitpunkt selbst auf VERÖFFENTLICHEN klicken zu müssen. Auch eine gemeinsame Nutzung mit Teammitgliedern ist möglich. Derzeit ist Buffer kostenlos, solange Sie nur ein Konto pro Social-Media-Dienst bespielen möchten. Sobald Sie zum Beispiel zwei oder mehr Twitter-Konten befüllen wollen, müssen Sie einen Betrag von 10 US-Dollar im Monat oder 120 US-Dollar im Jahr bezahlen. Buffer ist über die Webseite oder durch Browser-Plugins nutzbar.

Eine Alternative zu Buffer ist LaterBro (*http://laterbro.com*), das ebenfalls erlaubt, Tweets und Status-Updates auf Twitter und Facebook zeitversetzt zu veröffentlichen.

Während Buffer und LaterBro in erster Linie auf den Gebrauch durch Einzelpersonen optimiert sind, stelle ich Ihnen in Abschnitt 11.4.1, »Social-Media-Management-Tools für Teams«, noch weitere Tools zum Veröffentlichen von Inhalten vor, die zwar Ihren Fokus auf Teamarbeit haben, sich aber ebenso für die Einzelnutzung eignen.

11.3.6 URLs kürzen und Klickraten analysieren

Sie verlinken von Ihren Außenposten, wie Facebook und Twitter, auf Ihr Blog und möchten wissen, von welcher Plattform die meisten Klicks kommen? Auch für diesen Anlass gibt es praktische Anwendungen, die Ihnen das Leben einfacher machen. Die folgenden Tools helfen Ihnen, zu messen, wie oft und wo ein Link geklickt wurde, und kürzen gleichzeitig lange, unübersichtliche URLs:

- **Bit.ly** (*http://bit.ly*) ist der meistgenutzte URL-Dienst und verfügt über eine Reihe von nützlichen Funktionen. Ausführliche Statistiken mit Zeit, Herkunfts- und Location-Angaben (siehe Abbildung 11.6) sowie QR-Codes gibt es zu jedem verkürztem Link. Den Link zu den zugehörigen Statistiken finden Sie neben jeder verkürzten URL, die Übersicht ist anschaulich und selbsterklärend gestaltet.

    Sie haben die Möglichkeit, Wunsch-Endungen für die bit.ly-URLs zu wählen oder sogar eine eigene Domain mit der Linkverkürzungsoption zu verbinden. Wenn es einmal auf jedes Zeichen ankommt, können Sie in den EINSTELLUNGEN auch die Domain j.mp statt bit.ly auswählen und zwei Zeichen sparen, was bei dem einen oder anderen Twitter-Beitrag hilfreich sein kann. Weitere Funktionen sind sogenannte URL-Bundles, mit deren Hilfe Sie mehrere URLs unter einem Link zusammenfassen können, und private Links und Bundles, die nicht in Ihrem Profil auftauchen. Bit.ly bietet Ihnen neben der Erweiterung für Chrome ein sogenanntes Bookmarklet, das in jedem gängigen Browser eine Kurz-URL von der Seite generiert, auf der Sie sich gerade befinden. Darüber hinaus gibt es auch noch die Möglichkeit, URLs per E-Mail und über die iPhone-App zu verkürzen und zu verwalten.

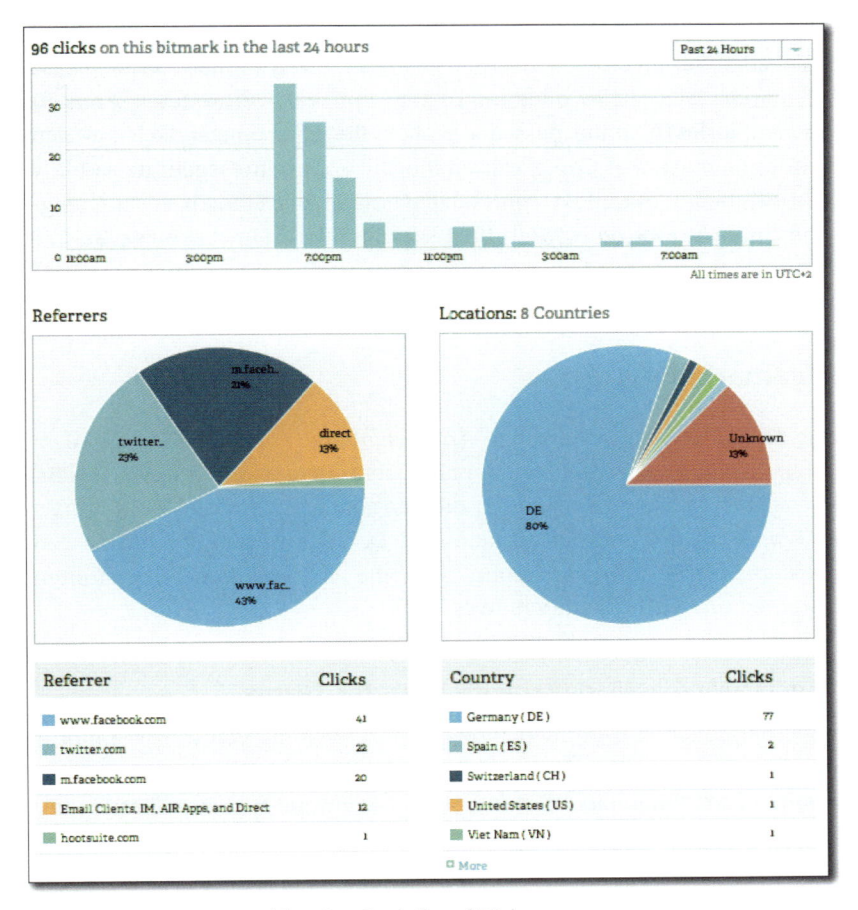

Abbildung 11.6 Beispiel für eine Statistik auf Bit.ly

Was ist ein QR-Code?

QR-Code ist die Abkürzung für Quick Response Code (Schnelle-Antwort-Code) und ist ein zweidimensionaler Code, der Informationen in einer quadratischen Matrix aus schwarzen und weißen Pixeln darstellt. Diese Informationen, wie zum Beispiel eine URL, können mit speziellen Geräten oder Smartphone-Apps ausgelesen werden. QR-Codes sind inzwischen häufiger auf Plakaten, in Zeitschriften und Geschäften zu finden.

- Mit **Goo.gl** (*http://goo.gl*) schickte Google 2010 einen eigenen URL-Dienst an den Start. Dieser bietet ebenfalls Kurz-URLs mit ausführlichen Statistiken zu den Klicks und Erweiterungen für Chrome, Firefox und Opera Browser. Mit den Erweiterungen für Chrome und Opera lassen sich außerdem QR-Codes für jeden beliebigen Link generieren. Mit einem kleinen Trick ist dies auch für auf Goo.gl generierte Links möglich. Dafür hängen Sie einfach .qr an eine Goo.gl-URL. So finden Sie zum Beispiel den QR-Code zu *http://goo.gl/RYdyX* unter *http://goo.gl/RYdyX.qr*. Diese QR-Codes lassen sich mit weit verbreiteten Apps für Smartphones auslesen, ohne dass der Nutzer die URL umständlich auf dem Handy abtippen muss. Auf Goo.gl dürfen die QR-Codes, im Gegensatz zu bit.ly, auch im Unternehmenskontext eingesetzt werden. Alle Statistiken zu Goo.gl-Links sind unter *http://goo.gl/info* öffentlich einsehbar. Für das obige Beispiel lautet die URL entsprechend *http://goo.gl/info/RYdyX*.

11.4 Teamarbeit

Sind Sie aus der Phase der Ein-Personen-Abteilung heraus und arbeiten als Team, wird vieles einfacher, es erwarten Sie aber auch neue Herausforderungen. Das beginnt bei der geteilten Verantwortung für die Betreuung der Social-Media-Kanäle, führt über Projektführung und die gemeinsame Dateiverwaltung bis hin zu dem Abbilden einer Echtzeit-Kommunikation über die Grenzen von Arbeitszeiten, Betriebssystemen und Örtlichkeiten hinweg.

11.4.1 Social-Media-Management-Tools für Teams

Für die teamübergreifende Veröffentlichung und Verwaltung von Inhalten gibt es mittlerweile eine Reihe von Diensten und Tools, die Ihnen die Arbeit vereinfachen. Die Lösungen, die ich Ihnen hier vorstelle, sind allesamt gut für einen Einstieg und sogar für den privaten Gebrauch geeignet. Nutzen Sie an dieser Stelle die Chance, die vorgestellten Tools mit einem kostenlosen Account ausgiebig zu testen. Geschmäcker sind ja bekanntlich verschieden, und vielleicht gefällt Ihnen eines der alternativen Tools besser. Probieren Sie es aus!

Hootsuite – Ihre Schaltzentrale für Social-Media-Dienste

Hootsuite (*http://hootsuite.com*) startete als Twitter-Client, hat sich aber zu einer Art Schaltzentrale zur Verwaltung von zahlreichen Social-Media-Konten gemausert. Wenn Ihnen Buffer (siehe Abschnitt 11.3.5, »Organisiertes Veröffentlichen auf verschiedenen Diensten«) zu einfach ist oder Ihnen Anschlüsse an weitere Social-Media-Dienste fehlen, dann werden Sie höchstwahrscheinlich mit Hootsuite sehr glücklich. Dieses Tool zeigt beliebig gefilterte Ströme aus Inhalten (Streams) von Ihren angeschlossenen Profilen an (siehe Abbildung 11.7).

Alle gängigen Social-Media-Dienste können in Hootsuite dargestellt und die meisten davon auch zentral befüllt werden. Besonders hervorzuheben sind die Anbindungen an Facebook Fan-Pages, Facebook-Gruppen, Google+-Pages,

Wordpress.com-Blogs, XING-Profile, YouTube-Channels, Instagram, Flickr und zahlreiche andere Dienste. Kein Social-Media-Client ist derzeit so vollständig angeschlossen wie Hootsuite.

Abbildung 11.7 Das Hootsuite-Dashboard – alles auf einen Blick

Hootsuite unterstützt wie Buffer »Scheduled Updates«, also das zeitverzögerte Veröffentlichen von Inhalten auf verschiedenen Social-Media-Plattformen. Darüber hinaus können verschiedene Statistiken und Analysen vordefiniert und abgerufen werden. Durch die Mehrbenutzer-Fähigkeit ist Hootsuite ideal für die Arbeit im Team. Auch mobil ist Hootsuite verfügbar, bis zu fünf angeschlossene Profile sind kostenlos, die Premium-Variante startet bei 9,99 US-Dollar pro Monat.

Gremln

Als Alternative zu Hootsuite gilt Gremln (*http://gremln.com*). Der Funktionsumfang ist dem von Hootsuite sehr ähnlich, ebenso die Oberfläche (siehe Abbildung 11.8).

Aktuell sind die Team-Moderationsmöglichkeiten denen von Hootsuite noch voraus, dafür ist der Umfang der Netzwerke deutlich kleiner (Twitter, Facebook, LinkedIn). Auch Gremln bietet Ihnen die Möglichkeit einer eingeschränkten Basisversion oder Premium-Funktionen (ab 6 US-Dollar im Monat), in einer Testphase können Sie das Tool kostenlos ausprobieren.

Abbildung 11.8   Die Benutzeroberfläche von GremIn

11.4.2   Tools für das Projektmanagement

Es gibt eine Reihe von Projektmanagement-Methoden aus der Entwicklung, die sich erfolgreich auf das Community und Social Media Management übertragen lassen. Die Methode, die ich am häufigsten in der Anwendung gesehen habe, ist Kanban.

> **Projektmanagement mit Kanban**
>
> Der japanische Begriff *Kanban* bedeutet Signalkarte (Kan = Signal, Ban = Karte) und kommt aus der Lean Production, deren Ziel es ist, den Produktionsfluss (Flow) weitgehend zu optimieren und drei Arten des Verlustes zu vermeiden:
>
> ▶ Muda = Verschwendung von Zeit, Material, Platz
>
> ▶ Muri = Überlastung von Mitarbeitern und Fertigungsanlagen
>
> ▶ Mura = Unausgeglichenheit in der Fertigung
>
> Als Projektmanagement-Methode in der Softwareentwicklung und über diese hinaus orientiert sich Kanban an diesen Zielen und lässt die Prozesse von den Mitarbeitern gestalten. Das bedeutet, diese holen sich ihre Arbeit aus dem Aufgabenpool (Backlog), wenn sie die Kapazität dafür haben (Pull-Prinzip). Im Kern von Kanban steht ein visueller Ansatz zur Darstellung des Projektfortschritts. Auf dem sogenannten Kanban-Board werden beliebig viele Spalten definiert, die einen bestimmten Projektstatus repräsentieren und in der logischen Reihenfolge der Bearbeitung stehen. Kärtchen, auf denen jeweils eine Aufgabe steht, wandern bei der Bearbeitung durch die verschiedenen Stationen, bis sie beendet sind. So wird sichtbar, wo Engpässe auftreten.

In Abbildung 11.9 sehen Sie ein Beispiel eines Kanban-Boards, das für die Nutzung im Community Management angepasst wurde.[1] In BACKLOG werden die offenen Aufgaben gesammelt, in NEXT die Aufgaben, die als Nächstes bearbeitet werden, in IN PROGRESS finden sich die laufenden Aufgaben und unter DONE jene, die fertig sind.

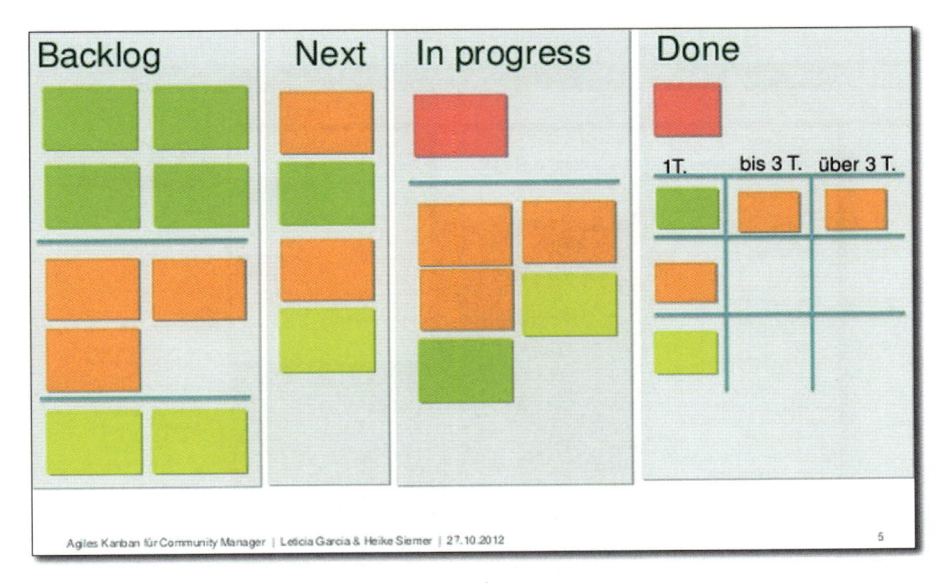

Abbildung 11.9 Beispiel für ein Kanban-Board

Neben der klassischen Variante aus der Kombination von Whiteboard und Post-its, gibt es Applikationen, die das Board virtuell abbilden. Wegen eines möglichen Zugriffs von jedem Rechner aus können so auch Teams die Methode nutzen, die nicht an einem Ort arbeiten. Trello (*https://trello.com*) ist in diesem Bereich mein persönlicher Favorit. Das Tool bietet Ihnen die Möglichkeit, beliebig viele Projekte und Boards anzulegen und jeweils die gewünschten Kollegen zu diesem einzuladen. In der Projektansicht (siehe Abbildung 11.10) werden die Aufgaben übersichtlich auf den jeweiligen Boards angezeigt.

Sie können jeder Aufgabe eine Reihe von Informationen zu hinterlegen. Es gibt Platz für Beschreibungen, Kommentare, Checklisten, Anhänge, Bilder und Labels (Tags). Außerdem finden Sie hier eine Bearbeitungshistorie. Trello ist und bleibt, nach eigener Aussage des Unternehmens, in der normalen Version kostenlos und

---

[1] Abbildung 11.9 stammt aus der Präsentation »Agiles Kanban für Community Manager«, die Leticia Garcia und Heike Siemer auf dem CommunityCamp 2012 gehalten haben. Dort präsentierten die beiden ihre Erfahrungen mit dem Einsatz von Kanban im Community Management von XING.

ist im Browser sowie auf Android, iOS und Windows Phone verfügbar. Seit April 2013 bietet Trello zusätzlich »Trello Business Class« für Unternehmen an. Für 25 € pro Monat bzw. 200 € im Jahr erhalten Unternehmen zusätzliche Möglichkeiten, wie zum Beispiel die Administration der Mitglieder und die Integration von Google-Apps. Als Alternativen sind Kanbanize (*http://kanbanize.com*) und LeanKit (*http://leankit.com*) zu nennen, beide Tools bieten eine kostenlose Basisversion an.

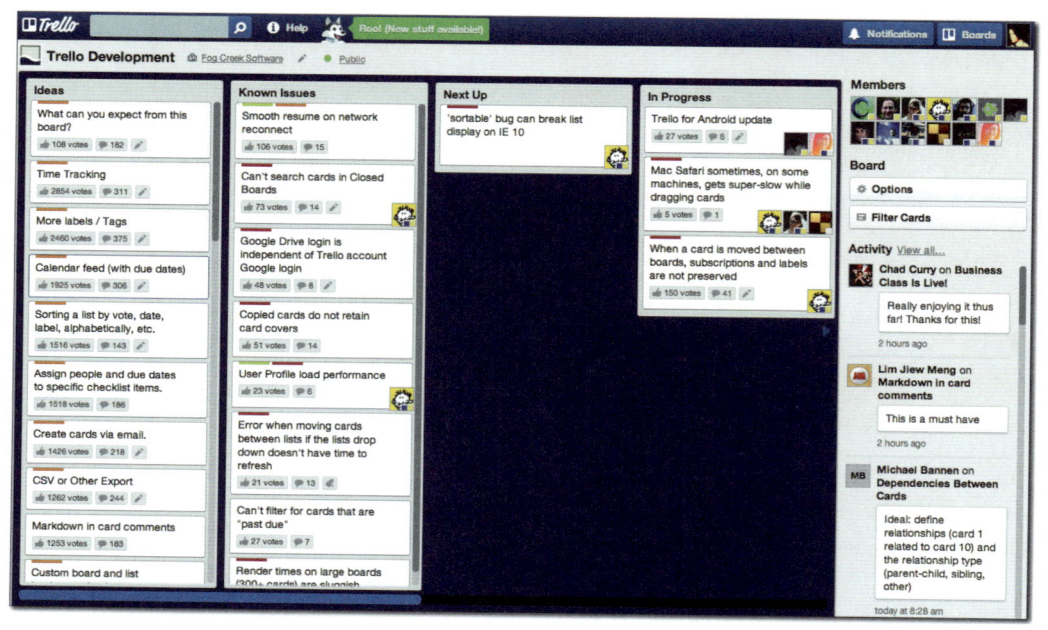

Abbildung 11.10 Das Development Board des Trello-Teams

Ist Ihnen der visuelle Aspekt beim Thema Projektmanagement nicht so wichtig, lohnt sich der Blick auf die Taskmanagement-Tools in Abschnitt 11.5.3, »Intelligentes Aufgabenmanagement«.

11.5 Zeit- und Aufgabenmanagement

Als Social Media Manager werden Sie tagtäglich mit einer Menge an Informationen, Aufgaben und den Interessen verschiedenster Parteien konfrontiert. Die Kanäle und Aufgaben sind vielfältig, Unterbrechungen an der Tagesordnung und immer und überall den Überblick zu behalten, ist beizeiten nicht einfach. Ein strukturiertes Zeit- und Aufgabenmanagement hilft Ihnen bei dieser Anforderung.

> **Der Unterschied zwischen Zeit- und Aufgabenmanagement**
>
> Der Fokus beim Zeitmanagement liegt darauf, Ihre Zeit über einen bestimmten Zeitraum (täglich, wöchentlich und monatlich) möglichst gut zu planen. Mit einer guten Zeitplanung vermeiden Sie Überstunden und beugen Ablenkungen vor.
>
> Im Mittelpunkt des Aufgabenmanagements (Taskmanagements) steht die Vollendung von (Teil-)Aufgaben, um ein größeres Ziel oder einen Projektabschluss zu erreichen. Im Kern steht die Fähigkeit, Prioritäten von Aufgaben einzuschätzen und bei Bedarf anzupassen sowie die Konzentration darauf, eine Aufgabe ohne Ablenkung zu erledigen.

11.5.1 Grundlage für ein effizientes Zeitmanagement

Die Grundlage für ein effizientes Zeitmanagement ist zunächst einmal, herauszufinden, womit Sie Ihre Zeit verbringen. Dabei helfen Ihnen die folgenden Schritte:

- Erstellen Sie eine Liste mit allen Tätigkeiten, die Sie ausführen. Ordnen Sie diese den jeweiligen Bereichen zu. Beispiele: Verfassen eines Blogbeitrags – Content; Vorbereitung einer Präsentation mit den Ergebnissen des letzten Monats – Monitoring und Reporting.
- Priorisieren Sie Ihre Aufgaben auf einer Skala von eins bis fünf, wobei eins extrem wichtig und fünf wenig wichtig bedeutet.
- Dokumentieren Sie über zwei Wochen hinweg genau, wie viel Zeit Sie für welche Aufgaben benötigen.
- Auswertung: Welche Aufgaben erfordern die meiste Zeit? Entspricht dies der Priorisierung? Welche Aufgaben benötigen übermäßig Zeit, und lässt sich hier der Prozess beschleunigen?

11.5.2 Tools zur Zeitmessung

Es gibt eine große Zahl von kleinen Programmen, die Ihnen bei der Messung Ihrer Zeit helfen. Davon möchte ich Ihnen hier drei vorstellen, mit denen ich gute Erfahrungen gemacht habe.

RescueTime

RescueTime (*https://www.rescuetime.com*) ist eine Applikation, die automatisch misst, wo Sie Ihre Zeit verbringen, wenn Sie am Rechner sitzen. RescueTime läuft im Hintergrund und zeichnet dabei auf, wie lange Sie welche Internetseiten und Anwendungen benutzen. Sie haben die Möglichkeit, alle Aktivitäten einer Kategorie zuzuordnen. Eine grafische Auswertung aller Tätigkeiten zeigt Ihnen anschaulich, wo Ihre Zeit bleibt.

In der Lite Version ist RescueTime kostenlos, die Pro Version kostet 6 US-Dollar im Monat und bietet dafür noch kleine Extras wie die Eingabe von Zeiten abseits des Rechners. Für mich ist dieses Tool eine klare Empfehlung, wenn Sie mit möglichst wenig Aufwand wissen möchten, wo Ihre Zeit bleibt.

Mite

Mite (*http://mite.yo.lk*) ist ein übersichtliches Online-Tool für die Zeiterfassung von Einzelpersonen und Teams. Die Zeiten werden entweder per Klick auf die Stoppuhr oder per manuelle Eingabe erfasst. Sie können sich Ihre Zeiten grafisch auswerten lassen und Mite in jedem Browser und per iPhone-App nutzen. Mite kostet pro Nutzer 5 € im Monat, Sie können aber vor dem Kauf eine 30-tägige Testphase in Anspruch nehmen.

Klock

Alternativ können Sie natürlich ganz klassisch Ihre Zeiten in einer Excel-Tabelle festhalten. Dabei hilft Ihnen zum Beispiel die Applikation Klock (*http://getklock.com*), die Ihnen bereits in der kostenlosen Basisversion den Export der gestoppten Zeiten in Excel ermöglicht.

11.5.3 Intelligentes Aufgabenmanagement

Wenn Sie wissen, wofür Sie Ihre Zeit verwenden, können Sie anfangen, diese besser zu nutzen. Unerlässlich ist dazu aus meiner Sicht ein gutes System für die Verwaltung von Aufgaben, für den Umgang mit Informationen und den typischen Zeitfressern im Büro.

Um die Fülle an Aufgaben im Überblick zu behalten, ist gutes Taskmanagement unerlässlich. Dazu ist es ein gutes Gefühl, wenn Sie nach erledigter Arbeit eine Position von der Liste streichen können. In Abschnitt 11.5.1, »Grundlage für ein effizientes Zeitmanagement«, habe ich Ihnen bereits die Grundlagen für effektives Zeit- und damit auch für ein effektives Aufgabenmanagement vorgestellt: die Auflistung aller Aufgaben, deren Kategorisierung und Priorisierung sowie das Wissen, wie lange die jeweilige Aufgabe in Anspruch nehmen wird. Der nächste Schritt ist die Erfassung in einem System, das Sie dabei unterstützt, die Aufgaben und deren Abgabetermine im Blick zu behalten.

> **Taskmanagement-Tools**
>
> Das Angebot an Tools für die Aufgabenverwaltung ist groß, und es ist stark von Ihren persönlichen Präferenzen abhängig, welches für Sie das beste ist. Um Ihnen die Auswahl zu erleichtern, stelle ich Ihnen ein paar der bekanntesten Taskmanagement-Tools und deren Eigenschaften vor.

- **Remember the milk** (RTM) (*http://www.rememberthemilk.com*): Der Klassiker für die persönliche Aufgabenverwaltung, der auch die Möglichkeit bietet, in Teams zu arbeiten. RTM erlaubt Ihnen, Aufgaben in Listen zu verwalten, mit Tags zu versehen und diesen Orte zuzuweisen. Darüber hinaus bietet RTM eine große Auswahl an Integrationen, wie zum Beispiel Google Calender, Maps und Instant Messaging. Der umfangreiche Basis-Account ist gratis, die Premium-Version kostet 25 US-Dollar im Jahr.
- **Wunderlist** (*http://wunderlist.com*): Von den Wunderkindern aus Berlin kommt Wunderlist, ein Taskmanager mit einfacher, funktionaler und gleichzeitig wunderschöner Oberfläche (siehe Abbildung 11.11).

Ob Teamfunktion, Listen, Tags oder Sub-Tasks, Wunderlist hat alles, was ein Taskmanager braucht, und ist dazu auch noch komplett kostenlos.

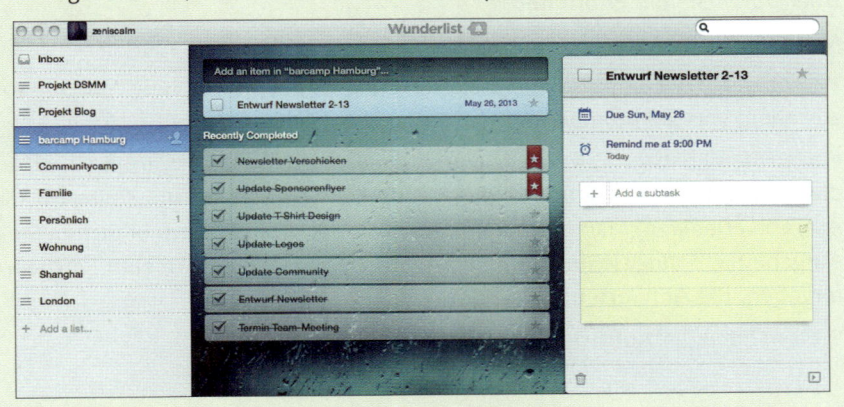

Abbildung 11.11 Die Desktop-Oberfläche von Wunderlist

- **Asana** (*http://www.asana.com*): »Der Alleskönner für Einzelpersonen und Teams«, diesen Kommentar habe ich schon des Öfteren zu Asana gehört. Ob Projekte, Listen, Tags, Filter oder E-Mail- und Kalenderintegration – Asana kann alles. Asana ist gratis für bis zu 29 Nutzer, die Teamversion startet bei 100 US-Dollar im Monat.
- **Google Tasks** (*https://mail.google.com/mail/help/tasks*): Wenn Sie sowieso im Google-Universum arbeiten, ist Google Tasks mit der nahtlosen Integration in Google Mail und Google Calender eine gute Ergänzung. Google Tasks ist ein simples Tool, das nur im Browser (mobil und Desktop) nutzbar, aber dafür auch kostenlos ist.

Die Möglichkeit, das Tool plattformübergreifend, das heißt sowohl am Rechner als auch auf dem Smartphone, nutzen zu können, ist aus meiner Sicht eines der wichtigsten Kriterien. Alle vorgestellten Lösungen erfüllen diese Anforderung. Probieren Sie unterschiedliche Lösungen gleichzeitig aus. So werden Sie schnell herausfinden, welches Tool am besten zu Ihnen passt.

Abschließend möchte ich Ihnen noch ein paar Tipps mit auf den Weg geben, mit denen ich gute Erfahrungen gemacht habe:

- Vergeben Sie ein Schlagwort (Tag) für Aufgaben, die in weniger als fünf Minuten zu erledigen sind. Für den Motivationsschub zwischendurch haben Sie dann eine Liste, die Sie schnell abarbeiten können.
- Legen Sie sich eine Liste für Ideen an. Begegnen Sie einer guten Idee, wird diese hier aufgenommen.
- Nutzen Sie die Salami-Taktik: Teilen Sie große Projekte in kleine Schritte auf, und erledigen Sie diese Stück für Stück.
- Nehmen Sie Routine-Aufgaben mit in Ihre Liste auf, eventuell sogar mit einer Wiedervorlage-Funktion.
- Gehen Sie jeden Morgen die Aufgaben durch, die Sie heute erledigen müssen. Überprüfen Sie die Prioritäten.
- Machen Sie die Aufgabe, die Ihnen am meisten widerstrebt zuerst.
- Vergeben Sie bei der Beschreibung Ihrer Aufgaben ein Verb. Jede Aufgabe sollte aussagen, was Sie tun müssen.
- Fragen Sie sich warum, wenn Sie eine Aufgabe aufschreiben. Warum schreibe ich diese Aufgabe auf? Warum ist diese Aufgabe wichtig? Warum sollte ich diese Aufgabe erledigen? Haben Sie keine Antwort auf diese Fragen, brauchen Sie die Aufgabe nicht aufzuschreiben bzw. sollten Sie die Aufgabe an eine Person weitergeben, die Antworten darauf hat.
- Weisen Sie jeder Aufgabe eine geschätzte Zeit zu.

11.5.4 Weg vom Multitasking

Kennen Sie das? Sie waren den ganzen Tag am Rotieren, haben gefühlt 20 Dinge gleichzeitig getan und trotzdem das Gefühl, nichts geschafft zu haben? Das hat einen ganz einfachen Grund. Multitasking wirkt sich nachweislich negativ auf Leistungsfähigkeit und Konzentration aus. Gleichzeitig schießt der Stresspegel in die Höhe. Forscher an der Universität Utah haben dies in einem Test untersucht.[2] Sie ließen Ihre Probanden beim Fahren in einem Fahrsimulator telefonieren oder eine SMS schreiben. Das Ergebnis war eine um 40 % niedrigere Leistungsfähigkeit bei höherem Stress.

Als Social Media Manager findet man sich oft in Situationen wieder, in denen man viele Dinge gleichzeitig tut. Umso wichtiger ist es, dass Sie sich Freiräume für wichtige Aufgaben schaffen. Der erste Schritt dazu ist, zu wissen, was wirklich wichtig ist. Priorisieren Sie Ihre Aufgaben, und nehmen Sie sich feste Ziele für jeden Tag vor. Definieren Sie dafür feste Zeitfenster in Ihrem Kalender, in denen Sie sich nur von Notfällen stören lassen. Schließen Sie Ihren Internetbrowser und das E-Mail-

---

2 *http://bit.ly/19ZJy6y*

Programm, schalten Sie Ihren Status auf »nicht stören«, und setzen Sie sich demonstrativ Kopfhörer auf. Hält das Ihre Kollegen immer noch nicht davon ab, Sie zu stören, müssen Sie sich einen anderen Ort zum Arbeiten suchen.

Lassen Sie sich nicht von Aufgaben ablenken, die zwischendurch auf Ihrem Tisch landen. Prüfen Sie kurz die Wichtigkeit, setzen Sie die Aufgabe nach Priorität auf Ihre Liste, und machen Sie schnellstmöglich da weiter, wo Sie aufgehört haben. Eine große Hilfe – insbesondere in Zusammenarbeit mit anderen – ist hier eine gute Dokumentation. Halten Sie oft nachgefragte Informationen im Intranet oder einem zugänglichen Dokument fest, und verweisen Sie konsequent darauf.

11.5.5 Informationen clever managen

Zu viele Informationen gibt es nicht, es gibt nur die falschen Filter oder Ansätze. Was die interne Kommunikation angeht, gibt es niemals ein Zuviel. Sie müssen immer und zu jederzeit wissen, was im Unternehmen gerade los und geplant ist und dieses Wissen mit Ihrem Community-Team teilen. Schaffen Sie sich dafür einen »Single Point of Information«, sprich einen Ort, an dem alle Informationen zusammenlaufen. Aus Erfahrung weiß ich, dass dies keine einfache Anforderung ist. Versuchen Sie trotzdem, Abteilung für Abteilung mit ins Boot zu holen und diese dazu zu verpflichten Informationen mit Ihnen zu teilen. Und zwar mit Ihnen direkt und nicht mit Ihren Vorgesetzten!

Starten Sie mit den Abteilungen, die nach außen kommunizieren: der PR-Abteilung und dem Marketing. Sie müssen wissen, was in der neuesten Pressemitteilung steht, bevor (!) diese veröffentlicht wird, und was Inhalt der neuen Marketingkampagne sein wird, bevor diese startet. Idealerweise werden Sie schon so weit im Vorfeld informiert, dass Sie mit den Verantwortlichen noch gemeinsame Aktionen planen oder, im potenziellen Krisenfall, einen Leitfaden für Antworten abstimmen können. Holen Sie sich Informationen aus dem Außendienst oder direkt von der Ladentheke, und sorgen Sie dafür, dass Ihr Community-Team weiß, wen es anrufen muss, um genau solche Informationen zu bekommen. Ein gutes Beispiel dafür, wie positiv so etwas aufgenommen wird, ist der Wasserkübel-Dialog der Bahn (siehe Abbildung 11.12).

Der Twitter-Nutzer Walljet sah auf seiner Fahrt einen Wasserkübel auf dem Bahnsteig stehen und fragte die Bahn über deren Twitter-Account @db_bahn, was dieser wohl dort tun würde. Innerhalb kurzer Zeit kam die Antwort des Serviceteams – und postwendend ein Lob für die Reaktion. Dieser Fall wurde lobend von Spiegel Online sowie weiteren Medien erwähnt und als gutes Beispiel im Netz herumgereicht.

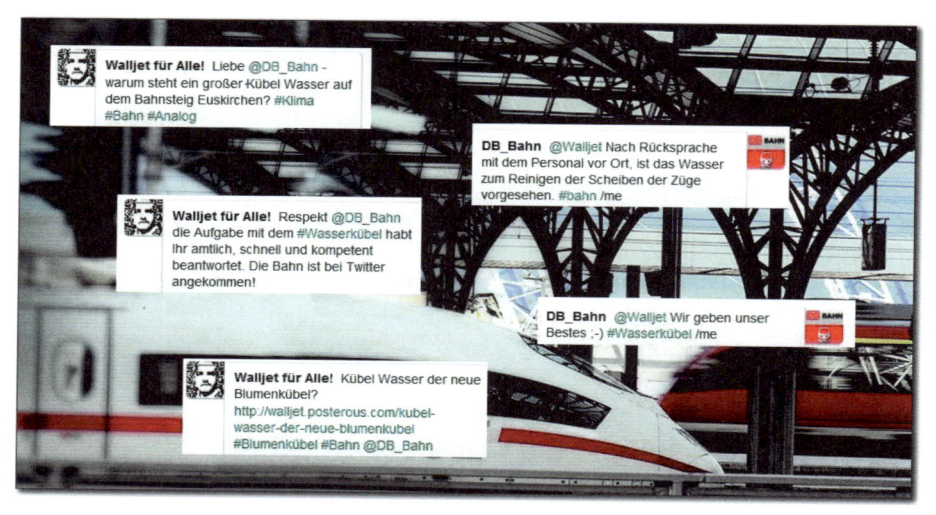

Abbildung 11.12 Der Dialog zum Wasserkübel auf dem Bahnsteig

11.5.6 Effizientes E-Mail-Management

E-Mails sind einer der größten Zeitfresser im Büro. Allein schon die Meldung »Sie haben Post« sorgt laut einer Studie der Universität Cardiff dafür, dass Sie im Schnitt 64 Sekunden benötigen, um sich wieder auf die vorherige Aufgabe zu konzentrieren. Aus diesem Grund hier ein paar Tipps und Tricks für einen besseren Umgang mit E-Mails:

- Setzen Sie sich feste Zeiten für das Abrufen von E-Mails, und schalten Sie Benachrichtigungen ab.
- Gewöhnen Sie sich an, nur auf die E-Mails zu antworten, die auch wirklich eine Antwort benötigen. E-Mails, die nicht in diese Kategorie fallen, werden archiviert oder direkt gelöscht, zum Beispiel die zahlreichen »in Kopie«- bzw. CC-E-Mails.
- Notieren Sie sich Aufgaben aus E-Mails direkt in Ihre Aufgabenliste.
- Wenn Sie Ihre E-Mails durchsehen, bearbeiten Sie diese direkt. Das heißt, Aktionen, die weniger als fünf Minuten benötigen werden umgehend gemacht (löschen, archivieren, Zusage Termin), Antworten die länger brauchen, werden als Aufgabe mit aufgenommen.
- Löschen Sie direkt, was Sie weder brauchen noch interessiert.
- Etwas radikal, aber besonders effektiv: Sie haben doch bestimmt schon einmal eine E-Mail erhalten, die im Fußbereich »von meinem iPhone gesendet« enthielt. Bei solchen E-Mails hat der Empfänger normalerweise nicht den Anspruch, dass lange Ausformulierungen enthalten sind. Probieren Sie doch einmal aus,

diesen Text automatisch unter Ihre E-Mails einzufügen, eben als Bestandteil Ihrer E-Mail-Signatur. Eine kurze und knackige Schreibe wird Ihnen somit verziehen, und Sie sparen Zeit beim Beantworten von E-Mails.

11.6 Privatleben vs. Social Media Management

Als Social Media Manager verschwimmt die Grenze zwischen Privat- und Berufsleben. Wie stark, können Sie zwar bis zu einem gewissen Maße selbst bestimmen, der Prozess an sich ist jedoch kaum zu vermeiden, insbesondere wenn Sie auch als Community Manager im Einsatz sind. Können Sie sich mit diesem Gedanken nicht anfreunden, wird es bereits mittelfristig zu Problemen kommen.

11.6.1 Menschlichkeit als Schutz

Das Paradoxe an dieser Stelle ist, dass je mehr an Persönlichkeit Sie von sich in der Öffentlichkeit zeigen, desto mehr Ruhe man Ihnen gönnen wird. Was zunächst wie ein Widerspruch klingt, ist leicht erklärt. Sie zeigen sich als Person, als Mensch und entsprechend steigt die Hemmschwelle, Sie wie eine Maschine zu behandeln. So wird aus dem Anspruch, dass Sie rund um die Uhr erreichbar sein müssten, Verständnis dafür, dass dies nicht immer gewährleistet werden kann. Das bedeutet absolut nicht, dass Sie als Person komplett in die Öffentlichkeit treten müssen, im Gegenteil, wie ich im nächsten Abschnitt noch genauer erörtern werde. Es geht darum, Menschlichkeit und Persönlichkeit zu zeigen, also authentisch zu sein.

So passierte mir vor vielen Jahren, als ich noch unsicher im öffentlichen Umgang mit Kunden war, dass ich sehr steif und mustergültig antwortete. Daraufhin wurde ziemlich schnell vermutet, dass ich ein Fakeprofil, also ein Profil mit einer anderen Person dahinter, sei und mit Textbausteinen antworten würde. Das Wort Roboter fiel und sofort wurde der Ton gegen meine Person merklich aggressiver. In diesem Moment warf ich meine Unsicherheit über Bord und fing an, so zu schreiben, wie ich bin. Entschuldigte mich, wenn ich einen Fehler gemacht hatte, reagierte mit Humor auf manch einen Kommentar und wurde bestimmter im Ton, wenn eine Diskussion auszuufern drohte. Der Ton gegen mich wurde nicht nur weicher, sondern in stürmischen Zeiten begannen manche Mitglieder der Community sogar, mich in Schutz zu nehmen. Mit einer echten, sympathischen Person können sich Menschen identifizieren und solidarisieren, nutzen Sie also diese Chance!

11.6.2 Freiräume schaffen und Grenzen ziehen

Es gibt Situationen, in denen Sie einmal ganz bewusst abschalten sollten und zwar komplett. Suchen Sie sich dafür am besten einen Ort, an dem Sie kein Internet haben, damit Sie nicht in Versuchung geraten, eben mal kurz nachzusehen. Damit Sie wirklich zur Ruhe kommen, sollten Sie mit den Kollegen ausmachen, dass diese Sie nur im Notfall anrufen oder per SMS informieren, aber auch wirklich nur dann!

Darüber hinaus ist es durchaus legitim, in der Freizeit Grenzen zwischen Beruf und Privatleben zu ziehen und die Diskussion über das, was der Arbeitgeber getan hat, freundlich aber bestimmt zu beenden. Umgekehrt bestimmen Sie selbst, wie viel von Ihrem Privatleben Sie mit in den Beruf ziehen. Sie müssen nicht auf Facebook mit Kunden befreundet sein oder auf XING Kontakte annehmen, die Ihnen nicht persönlich bekannt sind. Was Sie auf XING tun sollten, ist, eine freundliche Absage zu schreiben, warum Sie den Kontakt nicht herstellen und unter welchen Voraussetzungen Sie dies tun. Auf Facebook gibt es neben dieser Strategie noch die Möglichkeit, die Sichtbarkeit von Inhalten auf Ihrem Profil einzuschränken. Dafür erstellen Sie eine Liste, die zum Beispiel den Namen »Beruflich« trägt und veröffentlichen Ihre Inhalte standardmäßig mit den Sichtbarkeitseinstellungen »Nur für Freunde« und NICHT TEILEN MIT BERUFLICH (siehe Abbildung 11.13).

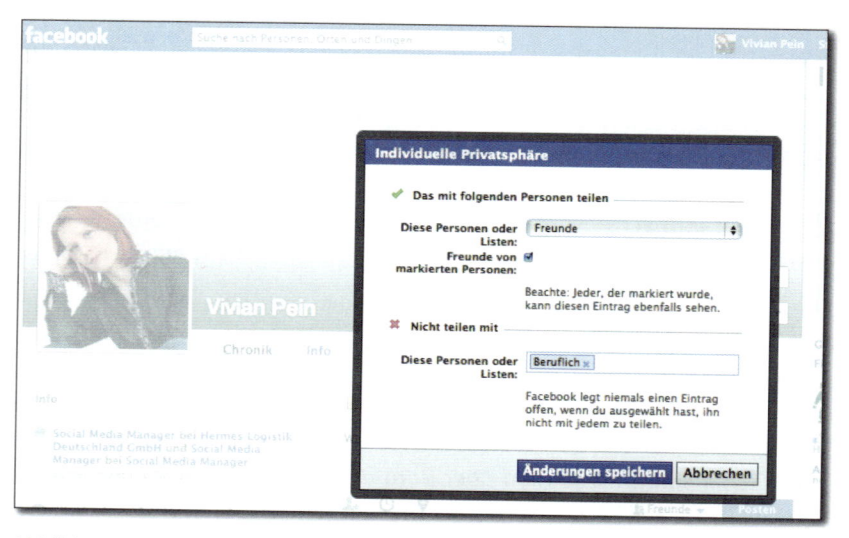

Abbildung 11.13 Mit Freundeslisten Privatsphäre schaffen

Kontakte auf dieser Liste sehen dann nicht mehr als Personen, die Ihr öffentliches Profil abonnieren, und Teile Ihres Profils können für diese Kontakte ausgeblendet werden. Überprüfen Sie bei jedem Beitrag die Sichtbarkeitseinstellungen, sicher ist sicher. Einmal im Monat sollten Sie auch die Liste und die damit verknüpften Standardeinstellungen prüfen, Facebook ändert gerne einmal etwas.

11.6.3 Tipps für den Jobwechsel

Wie sehr Berufs- und Privatleben verknüpft werden, habe ich bei meinem Wechsel von XING gelernt. Noch Monate nach dem Start in den neuen Job bekam ich Nachrichten mit Fragen zu der Plattform und wurde auf Events auf Themen in diesem Zusammenhang angesprochen. Wenn Sie sich online eine starke Marke aufgebaut haben, ist ein schneller Wechsel nicht ganz so einfach. Diese Tipps helfen Ihnen dabei:

- Aktualisieren Sie alle Profile online. Ob XING, Facebook oder Ihr eigenes Blog, tragen Sie Ihre neue Position ein, und ändern Sie Ihre Kontaktdaten. Gut eignet sich auch der Wechsel des Profilbildes, denn erfahrungsgemäß sorgt dies für viele Klicks und damit viel Aufmerksamkeit für die neue Position.
- Perfekte Zeit für einen Relaunch: Wenn Sie darüber nachgedacht haben, Ihrem Blog oder Ihrer Homepage einen neuen Anstrich zu geben, ist jetzt der perfekte Zeitpunkt. Stecken Sie Zeit in ein neues Design, und schreiben Sie einen Artikel über Ihren Wechsel. Dazu lohnt es sich auch dieses neue Design auf Elemente wie das Facebook-Headerbild oder Ihren Twitter-Hintergrund zu übertragen.
- Verweisen Sie bei Fragen rund um Ihr altes Unternehmen freundlich auf Ihren Nachfolger.
- Erklären Sie den Grund für Ihren Wechsel. Eine Frage, die definitiv kommen wird, ist die nach dem Warum. Seien Sie darauf vorbereitet. Lassen Sie sich nicht dazu verleiten, Ihren ehemaligen Arbeitgeber öffentlich negativ darzustellen, selbst wenn Differenzen der Grund für Ihren Weggang waren. Stellen Sie positive Aspekte, wie zum Beispiel die neue Herausforderung oder größere Verantwortung in Ihrer neuen Position in den Vordergrund.
- Werden Sie unter neuer Flagge aktiv. Gehen Sie auf Events, sprechen Sie mit Leuten, und halten Sie Vorträge mit Ihrem neuen Arbeitgeber auf der Visitenkarte und auf den Präsentationsfolien.

Erwarten Sie keine Wunder, je stärker Ihre »alte Marke« im Netz war, desto länger dauert ein kompletter Wechsel auf Ihr »neues Ich«. Bei mir hat es damals in etwa sechs Monate gedauert, und eine Anfrage ging sogar noch ein Jahr später ein.

11.7 Präsentationen halten

Als Social Media Manager müssen Sie regelmäßig Entscheider und Mitarbeiter von Ihren Konzepten, Ideen und Ihrem Können überzeugen. Im Unternehmenskontext bedeutet dies, Präsentationen erarbeiten und halten. Sie müssen mit den Grundlagen vertraut und in der Lage sein, Ihr Publikum nicht nur zu überzeugen, sondern auch zu unterhalten. Wie es so schön in meinem Lieblingsbuch zu diesem Thema, »Life is a Pitch« von Stephen Barley und Roger Mavity, heißt:

> »Nobody has ever been bored into saying yes.«

Sie werden also keine Erfolge erzielen, indem Sie langweilig sind. Das Buch ist an dieser Stelle auch eine absolute Leseempfehlung, denn es erklärt die psychologischen Hintergründe des Präsentierens und ermöglicht so eine ganz frische Perspektive auf das Thema.

11.7.1 Grundlagen einer überzeugenden Präsentation

Die Grundlage einer guten Präsentation sind mitnichten hübsche Powerpoint-Folien und gute Ergebnisse. Wenn Sie gut präsentieren können, schaffen Sie es sogar, ohne Technik zu arbeiten oder schlechte Nachrichten ohne Gesichtsverlust zu vermitteln. Eine gute Präsentation stellt die Zuhörer in den Mittelpunkt und geht ganzheitlich auf diese ein. Wie dies funktioniert, stelle ich Ihnen nun vor.

Verstehen Sie Ihr Publikum

Eine Präsentation muss passgenau auf das jeweilige Publikum abgestimmt sein. Das beutetet, dass Sie sich im Vorfeld ausführlich Gedanken darüber machen müssen, wer Ihr Publikum ist und welche Bedürfnisse und Anforderungen dieses hat. Versetzen Sie sich in die Lage Ihrer Zuschauer, und stellen Sie sich die Fragen:

- Warum sollte die Präsentation interessant für mich (das Publikum) sein?
- Welche Konsequenzen haben die Ergebnisse?
- Welche Aspekte der vorgestellten Inhalte sind wichtig?
- Was denkt das Publikum generell über das vorgestellte Thema?

Behalten Sie diese Prämisse auch immer dann im Hinterkopf, wenn Sie die gleiche Präsentation vor verschiedenen Personen halten. Oft ist es notwendig, Anpassungen vorzunehmen oder zumindest andere Aspekte und Beispiele in den Vordergrund zu stellen. So ist zum Beispiel bei der Vorstellung der Social-Media-Strategie gegenüber der Geschäftsführung wichtig, betriebswirtschaftliche Konsequenzen in den Vordergrund zu stellen, während der Belegschaft gegenüber wichtiger ist, die Auswirkungen auf deren Verhalten im Social Web zu beleuchten.

Verschaffen Sie sich Autorität

Als Social Media Manager besetzen Sie oftmals eine neue Rolle im Unternehmen. Sie müssen dafür sorgen, dass man Sie und Ihre Anliegen ernst nimmt. Sie sind der Experte im Themenkomplex »Social«, und das müssen Sie auch ausstrahlen:

- Nutzen und setzen Sie Fachbegriffe, aber erklären Sie diese, falls sie nicht selbsterklärend sind. Achten Sie außerdem darauf, dass Sie es mit Buzzwords nicht übertreiben und diese nur um des Wortes Willen nutzen.
- Recherchieren Sie gründlich über das Thema, von dem Sie sprechen, damit Sie bei Nachfragen in der Lage sind, den Sachverhalt aus allen Perspektiven und mit zusätzlichen Beispielen zu beleuchten.
- Wie Barney Stinson aus der Fernsehserie »How I met your mother« sagen würde: »Suit up!« Denn professionelles Auftreten hat viel mit dem entsprechenden Aussehen zu tun. Wenn Sie vor der Geschäftsführung sprechen, ist es angebracht, einen guten Anzug oder ein Kostüm zu tragen bzw. in Unternehmen mit lockerem Dresscode zumindest einen Blazer über dem T-Shirt. Natürlich können Sie Ihre Stellung als »Exot« mit entsprechender Kleidung noch verstärken, aber in diesem Falle geht es nicht darum, aufzufallen, sondern darum, ernst genommen zu werden.
- Zitieren Sie glaubwürdige Quellen. Ein Zitat aus dem Harvard Business Manager wirkt mehr als eines aus der Bild-Zeitung oder einem Schülerforum. Überprüfen Sie neue Quellen gründlich auf ihre Glaubwürdigkeit!
- Wenn es passt, können Sie gerne erwähnen, dass Sie auf einer Konferenz als Speaker zu genau diesem Thema geladen waren, oder von Experten dazu zitiert wurden.
- Zeigen Sie Best-Practice-Beispiele, wo genau das funktioniert, was Sie gerade vorschlagen.
- Lassen Sie Ihre Präsentationen gegenlesen, Tippfehler sollten Sie tunlichst vermeiden.
- Benutzen Sie professionell gestaltete Folien, denken Sie dabei an die Entfernung der Zuschauer zu Ihren Folien (Schriftgröße), und sorgen Sie für hohe Kontraste auf den Folien, falls die Lichtverhältnisse ungünstig sind.

Appellieren Sie an das Unterbewusstsein

Niemand lässt sich rein von Fakten überzeugen, denn das Unterbewusstsein entscheidet oft, bevor das Bewusstsein überhaupt die Sachlage abwägen kann. Das hat einen ganz einfachen Grund, während Sie unterbewusst etwa 400.000.000 Bits an Informationen pro Sekunde verarbeiten, können Sie bewusst nur 2.000 Bits erfassen. Dieses Ungleichgewicht können Sie sich zu Nutze machen, indem Sie direkt an das Unterbewusstsein appellieren.

- Machen Sie sich die fünf menschlichen Sinne zu Nutze, arbeiten Sie mit Farben, Kontrasten, Video, Bildern, Ihrer Stimme, und setzen Sie Zahlen und Fakten grafisch um.

- Zeigen Sie Ihre Leidenschaft für das Thema, verstecken Sie Ihre Begeisterung nicht. Nichts reißt Ihre Zuhörer besser mit!
- Lösen Sie Emotionen aus, idealerweise positive wie Stolz und Wohlbefinden. Dies können Sie zum Beispiel erreichen, indem Sie Testimonials von Kunden zeigen, die den Service im Social-Media-Bereich loben oder herausstellen, dass Sie besser als der Wettbewerb wahrgenommen werden. Umgekehrt können Sie, wenn es sein muss, auch negative Emotionen wie Angst und Scham betonen, indem Sie die obigen Beispiele ins Negative kehren. Bei dieser Methode sollten Sie jedoch sehr feinfühlig sein, damit diese Gefühle nicht auf Sie persönlich zurückfallen.
- Stellen Sie in den Vordergrund, was Ihr Publikum von dem hat, was Sie präsentieren. Die Frage »Und was ist für mich drin?« wird sich jede Person in Ihrem Publikum bewusst oder unbewusst stellen. Dabei gibt es zwei grundlegende Motivationen, mit denen Sie an dieser Stelle Aufmerksamkeit generieren – die Chance, etwas zu gewinnen, oder die Chance etwas zu verlieren, ob Zeit, Geld, aktueller Besitz, Reputation oder etwas anderes, das Ihren Zuhörern wichtig ist. Stellen Sie einen Gewinn oder den Verlust dieser Sache in Aussicht, finden Sie Gehör.

Wenn Sie es schaffen, Ihr Publikum unbewusst, auf Basis einer emotionalen Reaktion zu überzeugen, haben Sie über die Hälfte geschafft. Denn der Mensch neigt dazu, in so einer Situation die emotionale Entscheidung logisch zu rechtfertigen. Das bedeutet, wenn Sie Ihren Zuhörern jetzt die Fakten liefern, die genau das ermöglichen, haben Sie gewonnen.

Lernen Sie von Rhetorikern

Im antiken Griechenland haben große Rhetoriker bereits vor mehr als 2.000 Jahren einen Ansatz für Präsentationen entwickelt, der sich bis heute bewährt hat. Mit diesem Ansatz teilen Sie die Struktur einer Rede in vier Bereiche auf:

- Einleitung (Exordium)
- Erzählung (Narratio)
- Beweisführung (Argumentatio)
- Schlussfolgerung (Conclusio)

Diese Aufteilung erweitert den wahrscheinlich am häufigsten genutzten Rahmen von Einleitung, Hauptteil und Zusammenfassung durch Elemente, die den Zuhörer tiefer in das Thema holen und so mehr Aufmerksamkeit generieren. Was sich hinter den einzelnen Bereichen genau verbirgt, lernen Sie unter *http://bit.ly/183tO39*.

> **Inspirationen für gute Präsentationen**
>
> Durch das Zuschauen zu lernen, funktioniert bei Präsentationen besonders gut. Lassen Sie sich von professionellen Speakern inspirieren, und schauen Sie sich deren Tricks und Kniffe ab, ein Publikum zu begeistern.
>
> Eine wunderbare Quelle von sehr guten Präsentationen finden Sie in den TED Talks (http://www.ted.com). Die TED-Konferenz fand ursprünglich einmal im Jahr in Kalifornien statt, mittlerweile gibt es ein weltweites Netz von TED-X-Konferenzen, die auch in Deutschland stattfinden. Stöbern Sie in dem Videoarchiv, und schauen Sie sich Präsentationen an. Wenn Sie mögen, können Sie gleich mit Nancy Duarte beginnen, die über die geheime Struktur von großen Reden referiert (http://www.ted.com/talks/nancy_duarte_the_secret_structure_of_great_talks.html).
>
> Slideshare (http://slideshare.com) nutze ich gerne als Fundus für Beispiele von sehr guten und manchmal auch sehr schlechten Präsentationen. Suchen Sie nach dem Thema, über dass Sie präsentieren möchten, und lassen Sie die verschiedenen Ansätze, Strukturen und Darstellungsmöglichkeiten auf sich wirken. Die schlechten Beispiele speichere ich mir dabei oft für die nächste Runde »Powerpoint-Karaoke« auf einem Barcamp.
>
> Wie oben bereits erwähnt, halte ich »Life is a Pitch« von Bayley und Mavity für ein grandioses Buch zum Thema »Wie überzeuge ich andere von meinen Ideen«. Ähnlich inspirierend, wenn auch langwieriger im Lesen, ist Dale Carnegies »How to Develop Selfconfidence and Influence People by Public Speaking«. Wenn Sie sich Bücher zu dem Thema kaufen möchten, kann ich diese beiden empfehlen.

11.7.2 Gestaltung einer Präsentation

Wenn die Struktur Ihrer Präsentation in Ihrem Kopf steht, sollten Sie Stift und Papier in die Hand nehmen und sich ein Storyboard aufmalen, bevor Sie sich an den Rechner setzen. Alternativ geht natürlich auch eine Skizzen-App wie Paper (http://www.fiftythree.com/paper) oder Evernote Penultimate (http://evernote.com/intl/de/penultimate) für das iPad. Ich persönlich bevorzuge in diesem Fall den Wechsel des Mediums, und mehr noch, ich wechsele dazu auch noch die Umgebung. Ob Cafeteria, ein leerer Meetingraum, eine Parkbank oder in der Bahn, Hauptsache raus aus der gewöhnlichen Umgebung.

Übersetzen Sie Ihre Präsentation aus Ihren Gedanken in Momentaufnahmen, skizzieren Sie eine Gliederung und grob, was auf jeder Folie zu sehen sein soll. Gehen Sie das so entstandene Storyboard so lange im Kopf durch, bis es wirklich Sinn macht. Erst dann setzen Sie sich an das Präsentations-Tool Ihrer Wahl und legen digital los. In diesem Prozess müssen Sie die Grundlagen einer publikumsfreundlichen Gestaltung im Hinterkopf behalten, die da wären:

- Eine klare Struktur hilft Ihrem Publikum, sich zu orientieren.
- Lassen Sie alles weg, das nicht notwendig ist. Also: Während der Präsentation so wenig Text und Aufzählungspunkte wie möglich verwenden! Vermeiden Sie,

dass Ihre Zuhörer Ihre Folien lesen, anstatt Ihnen zuzuhören. Wenn notwendig, bereiten Sie ein Skript zu der Präsentation vor, welches Sie im Nachgang verschicken.

- Pro Folie eine Kernaussage, jede Folie sollte für sich selbst stehen. Segmentierte Informationen machen es Ihrem Publikum einfacher, diese aufzunehmen.
- Nutzen Sie Bilder und Diagramme, und zwar solche, die das, was Sie sagen, unterstreichen. So sorgen Sie für eine Verbindung zwischen dem, was Ihr Publikum sieht, und dem, was es hört, und damit dafür, dass beides besser in Erinnerung bleibt.
- Nutzen Sie aussagekräftige Titel für jede Folie, zum Beispiel »Ergebnisübersicht unserer Facebook-Kampagne im Mai« statt »Ergebnisse Facebook«.
- Achten Sie auf gute Kontraste, ideal ist ein heller Hintergrund mit dunkler Schrift. Benutzen Sie serifenlose Schriften wie Arial, Helvetica oder Verdana und eine Schriftgröße, die auch aus weiter Entfernung gut lesbar ist.

Ein Beispiel für eine gelungene Folie ist die in Abbildung 11.14 von Nathan Cashion aus der Präsentation »Doctor's Order – Burn your PowerPoint Presentations«.

Abbildung 11.14 Perfekte Visualisierung eines Gedankens

Das Bild visualisiert den Aufruf »Schmeißen Sie Ihre PowerPoint-Präsentationen in den Müll« perfekt, nutzt starke Kontraste zwischen Hintergrund und Schrift, serifenlose Schrift und ist auf die absolute Kernaussage reduziert. Ich empfehle Ihnen, sich die komplette Präsentation anzusehen: *http://www.slideshare.net/brainslides/burn-your-powerpoints*. Nicht nur wegen des Designs, sondern weil diese noch einmal große Teile des Abschnitts 11.7.1, »Grundlagen einer überzeugenden Präsentation«, zusammenfasst.

11.7.3 Tools für Präsentationen

Ganz gleich, ob Sie Ergebnisse gegenüber Ihrem Vorgesetzten präsentieren, Ihrem Team das neue Leitbild vermitteln oder auf einem Barcamp eine Session halten möchten: Die Präsentationssoftware sollte Ihnen in Fleisch und Blut übergegangen sein.

Keynote

Mit Keynote (Teil des iWork-Softwarepakets von Apple) lassen sich einfach und schnell schöne und griffige Präsentationen bauen. Zahlreiche Funktionen und Erweiterungen stehen Ihnen zur Verfügung, und irgendwie bekommt es Keynote immer wieder hin, dass Ihre Präsentationen gut aussehen. Keynote versucht ein wenig schlichter rüberzukommen, was manchmal von Vorteil sein kann. Die Desktop-Version von Keynote ist nur für Macs verfügbar, die Online-Variante läuft auch auf anderen Systemen.

PowerPoint

PowerPoint ist die global anerkannte Allzweckwaffe in den Koffern von Millionen von Präsentationswilligen (und -unwilligen). Es ist Bestandteil der Microsoft Office Suite und kann auf Ihrem Mac oder PC installiert werden. Die neuesten PowerPoint-Versionen beinhalten eine Reihe von sehr nützlichen SmartArt-Minivorlagen, die Visualisierungen auch ohne die Unterstützung eines Vollblutgrafikers ermöglichen. Allerdings ist es mit PowerPoint auch sehr einfach, eine visuell unappetitliche Präsentation zu schaffen.

Prezi

Prezi (*http://prezi.com*) ist eine kleine Revolution auf dem Gebiet der Präsentationssoftware, denn Prezi hat die Idee der Präsentation ganz neu erfunden. Sie erstellen mit Prezi nicht eine Horde an Folien, die Sie dann in die richtige Reihenfolge bringen und vielleicht mit der einen oder anderen Folien-Übergangsanimation aufpeppen (oder unerträglich machen). Stattdessen haben Sie eine einzige, beliebig große Fläche, auf der Sie alle Ihre Ideen durch Wörter, Texte, Aufzählungen, Bilder und Videos festhalten. Danach entwerfen Sie eine Art Storyboard, also welche Inhalte mit welchem Blickwinkel und in welcher Reihenfolge dargestellt werden.

Das Besondere an Prezi ist das *Zooming User Interface*. Sie können Ihre Inhalte nämlich beliebig groß oder klein machen und während der Präsentation in vorher definierten Zoomstufen darstellen. So können Sie die wesentlichen Punkte Ihrer Präsentation sehr groß darstellen und pro Thema oder Abschnitt in das Thema »hineinzoomen«, um später wieder zur Vogelperspektive zurückzukehren. In Abbildung 11.15 sehen Sie ein Beispiel für die Übersicht eines Themenabschnitts.[3] Integrierte Videos werden direkt abgespielt, zwischen den verschiedenen Blickwinkeln sorgt Prezi für eine dynamische Animation. Leider wurde Prezi innerhalb der Social-Media-Szene in den letzten Jahren etwas zu intensiv genutzt, weshalb es nicht für alle eine Erfrischung ist. Ein weiterer Nachteil ist die Ablenkung durch die Präsentation. Es passiert immer noch häufig, dass sich nach einer Präsentation eine kleine Schlange an begeisterten Zuhörern bildet, die nicht – wie erhofft – Fragen zu den Inhalten haben, sondern schlicht wissen möchten, mit welcher Software diese erstellt wurden. Prezi ist zwar eigentlich ein Online-Dienst, kann aber auch im Rahmen der Premium-Version als Software auf dem Mac oder PC installiert werden. In der kostenlosen Version steht die Installationssoftware und somit die Offline-Fähigkeit der Erstellung nicht zur Verfügung. Ebenfalls können die erstellten Prezis nicht privat abgespeichert werden, sind also für jeden einsehbar, der nach den richtigen Stichwörtern sucht. Dafür kann man bereits in der kostenlosen Version jede Prezi herunterladen und lokal speichern, um die Präsentation ohne einen Internetzugang durchführen zu können.

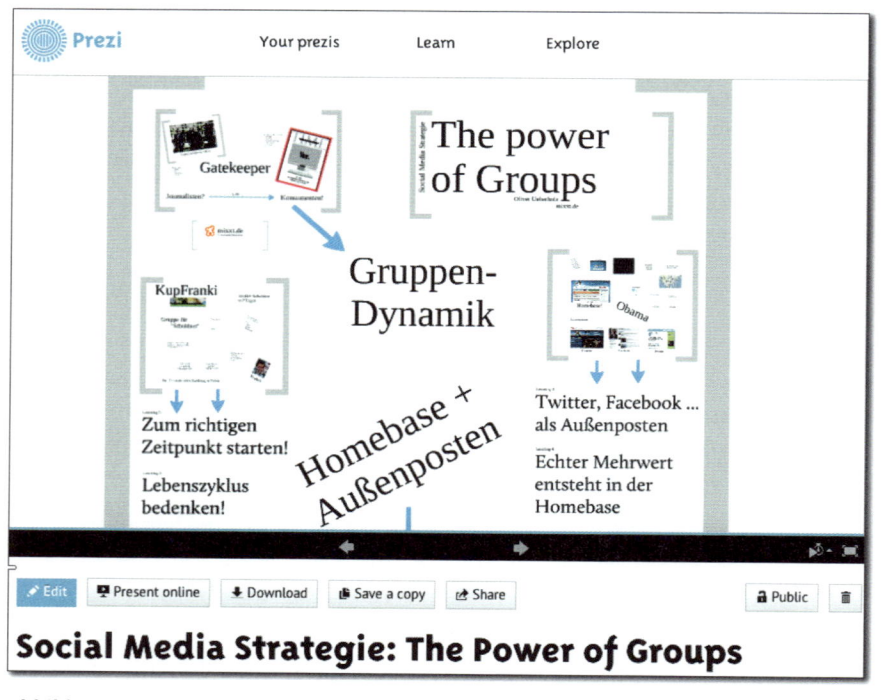

Abbildung 11.15 Beispiel für eine Prezi

---

3 Die Prezi aus dem Screenshot stammt von Oliver Ueberholz, Sie finden diese unter *http://prezi.com/vac8taco_1of/social-media-strategie-the-power-of-groups*.

11.7.4 Souverän präsentieren

Obwohl ich mittlerweile eine Reihe von Vorträgen in den unterschiedlichsten Umgebungen und auch in Fremdsprachen gehalten habe, bin ich noch immer nervös vor jedem Vortrag. Souveränität und eine positive Ausstrahlung sind jedoch wichtige Kriterien für den Erfolg einer Präsentation, da wir damit Kompetenz und Autorität assoziieren. Mit dem Trick, sich das Publikum nackt vorzustellen, kann ich persönlich nicht so viel anfangen, dafür helfen mir diese Tipps sehr gut:

- Sprechen Sie langsam und verständlich. Nervosität führt gerne einmal dazu, dass die Sprechgeschwindigkeit schneller wird, als gut ist. Achten Sie darauf, und zügeln Sie sich, wenn Sie zu schnell werden.
- Lächeln Sie. Es ist nicht immer so einfach, wie es klingt, aber ein Lächeln hilft Ihnen nicht nur dabei, positiver auszusehen, sondern auch dabei, sich besser zu fühlen.
- Nutzen Sie Pausen. Nicht nur für einen Spannungsbogen eignen sich Pausen hervorragend, sondern auch in Momenten, wenn die Nervosität Sie einholt, oder Sie den Faden verloren haben. Atmen Sie kurz tief durch, trinken Sie einen Schluck Wasser und machen Sie langsam weiter. Die unvorteilhaften »Ähms« können Sie ebenfalls gut mit einer kleinen Pause ersetzen.
- Seien Sie einfach gut vorbereitet. Je tiefer Sie in Ihrem Thema drin sind, desto weniger kann schiefgehen. Sie sind in diesem Moment der Experte, halten Sie sich das vor Augen.
- Üben Sie Ihre Präsentation. Damit meine ich nicht auswendig lernen. Merken Sie sich die Reihenfolge Ihrer Folien und machen Sie sich Stichpunkte, was Sie dazu sagen möchten. Stellen Sie sich vor einen Spiegel, oder noch besser, nehmen Sie sich auf Video auf. Halten Sie die Präsentation so, wie Sie es sich vorstellen, und lernen Sie dabei, was man noch verbessern könnte.
- Suchen Sie Blickkontakt im Publikum, idealerweise jemanden, der interessiert zuhört. Es ist unglaublich verunsichernd, einen Vortrag zu halten und dabei in kritische oder abwesende Gesichter zu blicken. Sollte Ihr gesamtes Publikum so schauen, läuft wahrscheinlich wirklich etwas falsch. Meistens sind es aber nur wenige, von denen Sie sich nicht ablenken lassen sollten.
- Sprechen Sie schon vorher mit den Menschen im Raum. Ein klein wenig Smalltalk lockert die Stimmung auf und hilft Ihnen, das Eis zu brechen.
- Gehen Sie mit der richtigen Einstellung heran, ebenso wie Lächeln hilft positives Denken. Sie kennen Ihr Thema, Sie schaffen das, Sie sehen gut aus – was soll schon schiefgehen?
- Bonus-Tipp: Holen Sie sich Unterstützung aus Ihrem Netzwerk. Wenn ich richtig nervös bin, wie zum Beispiel vor meinem ersten englischen Vortrag seit Jahren

dann poste ich genau das in einem meiner Netzwerke. Das virtuelle Daumendrücken und Feedback (siehe Abbildung 11.16) hilft mir immer sofort.

Abbildung 11.16 Virtuelles Daumendrücken vor einer Präsentation

11.8 Umgang mit externen Dienstleistern

Die Zusammenarbeit mit Agenturen und freien Beratern kann viel Spaß, aber auch viel Ärger machen. In welche Richtung die Stimmung geht, können Sie oft schon mit der Auswahl des passenden Dienstleisters beeinflussen. Wenn Sie die Chance haben, diese Wahl mit zu beeinflussen, nutzen Sie diese! Neben der Fachkompetenz zählt nämlich ebenso der Nasenfaktor, sprich, ob Sie mit dem Dienstleister gut zusammenarbeiten können.

11.8.1 Worauf Sie bei der Auswahl eines Dienstleisters achten müssen

Mit dem Start des Hypes von Social Media in Deutschland schossen plötzlich Agenturen und Berater, die Dienstleistungen in diesem Bereich anboten, wie Pilze aus dem Boden. Es gab plötzlich eine unüberschaubare Menge an Agenturen, die »Social Media« anbieten, aber keinerlei Gütesiegel dafür, ob das, was draufsteht, auch wirklich drin ist. An dieser Situation hat sich leider bis heute nicht sehr viel geändert. Wenn Sie den Titel Social Media Manager auf der Visitenkarte und auf XING tragen, können Sie damit rechnen, das Sie im Schnitt einmal pro Woche von einem Dienstleister angesprochen werden. Doch woran können Sie erkennen, ob eine Agentur oder ein Berater wirklich Ahnung auf dem Gebiet hat? Die folgenden Kriterien helfen Ihnen dabei.

Die Ansprache

Für mich entschied oftmals schon die Ansprache, ob ich überhaupt Interesse an einem weiterführenden Kontakt hatte. Serien-E-Mails oder Copy-&-Paste-Ansprachen auf XING, die sofort erkennen lassen, dass sich die Person nicht eine Minute mit meinem Profil oder meinem Unternehmen beschäftigt hat, fielen gleich durch. Gleiches gilt für unangekündigte und schlecht vorbereitete Anrufe. Schöne Beispiele dafür sind die Agenturen, die einem Facebook-Dienstleistungen verkaufen möchten, obwohl aktuell keine Facebook-Präsenz besteht, oder die, die damit prahlen, bereits seit X Jahren Erfahrung in Social Media zu haben, obwohl auf meinem XING-Profil öffentlich sichtbar ist, dass meine Erfahrung diese um mindestens zwei Jahre übersteigt. Besonders amüsant fand ich den Monitoring-Anbieter, der mir sein »absolut ausgeklügeltes« System zur Analyse und Beobachtung vorstellen wollte und dabei übersah, dass ich für das Logistikunternehmen und nicht die gleichnamige Taschenmarke tätig bin.

Aufmerksam wurde ich jedoch bei Ansprachen, bei denen deutlich wurde, dass sich die mich ansprechende Person intensiv mit dem Unternehmen und meiner Person beschäftigt hatte.

Fußabdrücke online

Ähnlich wie bei der Auswahl einer Weiterbildung (siehe Abschnitt 3.1.1, »Wegweiser durch den Angebotsdschungel«) gilt auch hier das Prinzip: Nutzen Sie die Möglichkeiten des Social Webs, und prüfen Sie ausführlich, wen Sie dort vor sich haben. Ihre erste Anlaufstelle ist entsprechend das Web, um sich ein erstes Bild von der Agentur oder dem Berater zu machen, der gerne bei Ihnen vorsprechen möchte.

Für mich ist eines der besten Kriterien dafür, ob Sie eine guten Dienstleister vor sich haben, die eigene Social-Media-Aktivität. Denn Social Media kann man nicht lernen, ohne selbst »Social« zu sein, genauso wie man nicht schwimmen lernen kann, ohne ins Wasser zu gehen. Recherchieren Sie, wie die Agentur bzw. der Berater selbst im Social Web agiert. Starten Sie auf der Homepage – sind hier Hinweise auf Präsenzen, wie zum Beispiel den Twitter-Account, die Facebook-Page oder das Unternehmensblog zu finden? Wenn nicht, wirft das nicht unbedingt das beste Licht auf den Dienstleister. Wenn doch, schaue ich mir die verlinkten Stationen genau an. Dabei liegt mein Augenmerk auf der Qualität, verkörpert durch Interaktion und Einblicke hinter die Kulissen, also die Fragen, Antworten und Reaktionen, die von dem jeweiligen Account ausgehen und an diesen gerichtet sind. Wird auf die Kommentatoren und Fans eingegangen oder nicht? Wenn ja, ist die Reaktion angemessen und zeitnah? Machen Sie sich ein genaues Bild davon, wie die Agentur oder der Berater Beziehungen online pflegt – denn darum geht es bei Social Media. Ein weiterer Punkt sind für mich die geteilten Inhalte. Lohnt es sich, der Facebook-Präsenz oder dem Twitter-Account zu folgen, weil sie neben interessanten Informationen auch Einblicke in den Arbeitsalltag und die Menschen dahinter bieten? Oder wird die Facebook-Page nur als Linkschleuder genutzt und mit Buzzword-Bingo um sich geworfen?

Bei Agenturen ist neben dem offiziellen Unternehmens-Account auch ein Blick auf die Accounts der Mitarbeiter sinnvoll. Sehen Sie hier authentische Persönlichkeiten oder Profile, die leer oder bis zur Unkenntlichkeit durchgestylt sind?

Referenzen mal anders

Die Referenzliste eines Dienstleisters ist ein guter Ausgangspunkt, um sich einen Eindruck davon zu machen, wie erfolgreich die Aktionen der Agentur sind. Damit ist nicht nur die Lektüre der gemeinsamen Success Storys gemeint, sondern die Überprüfung, wie die Reaktionen aussahen. Für gerade laufende Kampagnen liefert die Twitter-Suche erste Ergebnisse. Für ältere Kampagnen sollten Sie auf Google und speziell in der Google-Blogsuche recherchieren. Da Social Media ein aktuelles und hart umworbenes Thema ist, werden Aktionen sehr kritisch beobachtet und beurteilt, natürlich auch von jenen, die immer was zu meckern haben und von Neidern, die kein gutes Haar an Kampagnen lassen, die nicht aus dem eigenen Hause stammen. Hier müssen Sie gut differenzieren, was gerechtfertigte Kritik und was lediglich Selbstbeweihräucherung des Autors ist. Sie finden überhaupt nichts über die angebliche Referenz? Dann können Sie sich Ihren Teil denken ...

Wenn nach diesen ersten Schritten der betrachtete Dienstleister einen positiven und sympathischen Eindruck bei Ihnen hinterlässt, verdient er die Chance, in die nächste Runde zu kommen. Worauf es dann im Vorstellungsgespräch ankommt, habe ich für Sie unter *http://bit.ly/17G2E1h* vorbereitet.

11.8.2 Wie ein gutes Briefing funktioniert

Stellen Sie sich vor, Sie müssen ein Haus zeichnen, dafür bekommen Sie einmal eine vage mündliche Beschreibung und einmal ein Foto von dem Objekt. Was meinen Sie, in welcher Situation wird das Endergebnis näher an dem Original sein? Genau aus dieser Perspektive sollten Sie ein Briefing betrachten, je genauer Sie Ihrem Partner erklären, wie das Endergebnis aussehen soll, desto mehr wird dieses auch Ihren Vorstellungen entsprechen. Dabei liegt der Fokus nicht nur auf dem Aussehen, sondern die Agentur muss in der Lage sein, Ihr Unternehmen, Ihre Zielgruppe und Ihre Ziele zu verstehen.

Inhalte eines Briefings

Ein Kick-off-Meeting mit allen Beteiligten hilft, das gegenseitige Verständnis zu verbessern, ersetzt aber nicht das Briefing. Dieses sollten Sie immer schriftlich festhalten, um dem Dienstleister klare Richtlinien mit auf den Weg zu geben. Darüber hinaus erhält dieses gleichzeitig eine Reihe an Hintergrundinformationen, die dem Dienstleister helfen, Ihr Unternehmen zu verstehen. In ein Briefing gehören:

- **Formale Informationen**: Eigentlich selbstverständlich, aber doch wichtig zu erwähnen, sind die formalen Grundlagen: Unternehmensname, Adresse, Telefon- und Faxnummer sowie die Internetadresse.
- **Ansprechpartner**: Eine Liste sämtlicher Ansprechpartner mit Namen, Telefonnummer, E-Mail-Adresse und der Zuständigkeit gehört hierher.
- Beschreibung des Unternehmens: Neben grundlegenden Informationen wie Unternehmenszweck und -tätigkeit ist ein Ausflug in die Unternehmensgeschichte nicht verkehrt. Wichtig ist hier insbesondere auch, wo die Stärken und Schwächen des Unternehmens liegen.
- **Markenpositionierung**: Geht es um eine bestimmte Marke, ist die genaue Darstellung dieser ebenso wichtig, wie die des Unternehmens.
- **Alleinstellungsmerkmale**: Der Dienstleister sollte Ihren USP (Unique Selling Point) kennen, also das Merkmal, das Sie von Ihrem Wettbewerb abhebt.
- **Wettbewerbs- und Marktbeschreibung**: Eine kurze Darstellung der Marktsituation inklusive der wichtigsten Wettbewerber und deren Positionierungsstrategien hilft dem Dienstleister dabei, Ihre Wettbewerbsvorteile herauszuarbeiten. In diesem Zusammenhang hilft auch, wenn Sie einen Blick auf Entwicklungen und Trends in Ihrem Markt werfen.
- **Situationsbeschreibung**: In welcher Situation befindet sich das Unternehmen aktuell, was ist der Anlass für die geplante Maßnahme, und welche anderen Kampagnen laufen parallel?
- **Zielgruppen**: Zu wissen, an wen sich die geplante Aktion richtet, ist wichtig für eine zielgruppengerechte Ausarbeitung. Seien Sie hier so spezifisch wie möglich, dabei hilft Ihnen der Abschnitt 6.1.2, »Zielgruppen«.
- **Kommunikationsstrategie**: Sämtliche Aktionen im Bereich Social Media sollten auch immer auf die Kommunikationsstrategie einzahlen. Deshalb muss die Agentur diese kennen und verstehen, welchen Beitrag die spezifische Aktion zur Erreichung dieser leisten soll.
- **Social-Media-Präsenzen und Strategie**: Wo ist Ihr Unternehmen im Social Web zu finden (inklusive URLs), welche Ziele haben das Engagement generell und die geplante Aktion im Speziellen?
- **Style Guide**: Insbesondere größere Unternehmen haben klare Vorgaben für das Corporate Design (CD). Über diese Richtlinien in Bezug auf Verwendung des Firmenlogos, der Farben und sonstigen Besonderheiten bei der Gestaltung muss der Dienstleister informiert sein.

- **Zeitrahmen**: Der Zeitrahmen inklusive terminierten und definierten Meilensteinen sowie einem Datum für den Projektabschluss ist ein wichtiger Punkt in einem Briefing.
- **Budget**: Ebenso ist es das zur Verfügung stehende Budget inklusive einer deutlichen Aussage zur Obergrenze.
- **Sonstiges**: Gibt es sonstige Rahmenbedingungen, die eingehalten werden müssen? Aspekte könnten hier juristische Einschränkungen oder die unbedingte Zusammenarbeit mit weiteren Dienstleistern des Hauses sein.

Wenn Sie Ihrem Dienstleister diese solide Grundlage an Informationen mit auf den Weg geben, steigt die Wahrscheinlichkeit, dass die resultierenden Ideen auch wirklich zu Ihnen und Ihrem Unternehmen passen.

11.9 Pleiten, Pech und Pannen – was Social Media Manager vermeiden sollten

Zum Abschluss des Kapitels möchte ich Ihnen noch ein paar Beispiele mit auf den Weg geben, die Sie nicht nachmachen sollten. Lernen Sie aus den Fehlern anderer, und vermeiden Sie diese Fettnäpfchen.

Posten auf dem falschen Account

Wenn Sie privat und beruflich in den sozialen Netzwerken unterwegs sind, müssen Sie stets doppelt prüfen, mit welchem Account Sie gerade ein Update machen. Sonst geht es Ihnen so wie diesem ehemaligen Mitarbeiter von Vodafone UK, der nach einem unflätigen Tweet (siehe Abbildung 11.17) auch seine Stelle an den Nagel hängen konnte.

Abbildung 11.17 Dinge, die Sie nicht twittern sollten

Zweite Lektion aus diesem Beispiel – anzügliche, beleidigende und unpassende Kommentare sollten Sie generell für sich behalten.

E-Mails an einen offenen Verteiler versenden

Wenn Sie eine E-Mail an mehrere Personen senden, die nicht mit Ihnen in einem Unternehmen sind, sollten Sie immer darauf achten, dass die Empfänger nicht in dem Feld CC, sondern unter BCC (Blind Copy) aufgelistet sind. Ungefragt E-Mail-Adressen in Umlauf zu bringen, ist nicht nur schlechter Stil, sondern genau genommen sogar ein Verstoß gegen den Datenschutz. Ich habe Beispiele gesehen, in denen wütende Personen an den kompletten Verteiler geantwortet und dem Absender die Leviten gelesen haben. Beugen Sie dem vor und nutzen Sie das BCC-Feld lieber einmal zu viel als zu wenig.

Sich provozieren lassen

Ich gebe zu, es ist nicht immer einfach, ruhig und gelassen zu bleiben, wenn einem von allen Seiten Beleidigungen und Provokationen entgegenschlagen. Trotzdem sollten Sie sich niemals provozieren und zu öffentlichen Hahnenkämpfen hinreißen lassen. Gehen Sie lieber einmal um den Block, atmen Sie tief durch, und antworten Sie klar und sachlich. Das wirkt sowieso besser als jedes Wort, dass Sie in Rage verfassen.

Das Interesse verlieren

Ob an Ihrem Unternehmen oder dem Thema Social Media, wenn Sie das Interesse an einem dieser beiden elementaren Pfeiler Ihres Berufs verlieren, ist es Zeit für einen Jobwechsel. Als Social Media Manager für ein Unternehmen zu agieren, hinter dem Sie nicht mehr zu 100 % stehen, ist schwer bis unmöglich. Wenn Sie feststellen, dass Sie an diesem Punkt angelangt sind, müssen Sie ehrlich zu sich sein und nach Alternativen Ausschau halten. Wenn Sie an dieser Stelle so mutig sind und Ihr Gesuch nach einer Herausforderung, wie Romy und Christine aus Abschnitt 5.1.2, »Das eigene Netzwerk nutzen«, souverän online präsentieren, dann kommt vielleicht sogar ein Angebot auf Sie zu, mit dem Sie vorher nicht gerechnet hätten.

12 Ausblick

»It is not the strongest of the species that survives, nor the most intelligent that survives. It is the one that is the most adaptable to change.«

Charles Darwin

Social Media verändert die Art, wie Menschen untereinander und mit Marken kommunizieren. Dieses Phänomen wird nicht wieder verschwinden, im Gegenteil, für die nachfolgenden Generationen wird es noch viel selbstverständlicher sein, die ganze Welt unter Ihren Fingerspitzen zu haben. Darüber hinaus ist die digitale Revolution noch lange nicht vorbei, ich bin mir sicher, dass uns noch eine Reihe an Veränderungen bevorstehen. Sie als Social Media Manager helfen Unternehmen dabei, sich an genau diese dynamischen Anforderungen anzupassen. Zum Ausklang des Buches möchte ich Ihnen deswegen noch ein paar absehbare Trends mit auf den Weg geben.

12.1 Generation Mobile und Touch

Der Siegeszug von Smartphones und Tablets ist nicht mehr aufzuhalten. In den letzten beiden Jahren ist die Zahl der Nutzer, die mit einem Smartphone auf das Internet zugreifen, weltweit um 60,3 % auf 818,4 Mio. gestiegen (GlobalWebIndex Stream Social Q1 2013: http://www.globalwebindex.net/Stream-Social). In Deutschland sind mittlerweile 40 % der Mobiltelefone Smartphones; die »Smartphone-Markt 2013«-Studie der BITKOM prognostiziert, dass im Jahre 2013 28 Mio. weitere Geräte dazukommen werden.[1] Dies entspricht einer Steigerung von 29 % im Vergleich zum Vorjahr und einem Anteil von 80 % an den verkauften Geräten. Smartphones werden entsprechend immer mehr zum Standard und damit auch die Möglichkeit, immer und überall online zu sein. Dies hat Auswirkungen auf Verhaltensweisen und Anforderungen der Konsumenten. Nach dem Prinzip SoLoMo, also Social, Local und Mobile, wird das Smartphone zum Verbindungstück zwischen Online- und Offline-Welt. Dies bringt einiges an Anforderungen für Unternehmen mit sich.

Kunden stellen Fragen auf der Facebook-Seite des Unternehmens, wenn die Servicekräfte vor Ort nicht weiterwissen (siehe ein Beispiel von mir in Abbildung 12.1).

---

1 http://www.bitkom.org/de/markt_statistik/64086_75052.aspx

Abbildung 12.1 Wenn der Zugbegleiter es nicht weiß, frage ich das DB-Bahn-Team auf Facebook.

Beschwerden werden noch im Laden verfasst, wenn es nicht so läuft, wie es soll. Mit Hilfe von Location-based Services entscheiden sich Kunden auf Basis der Bewertungen für ein Geschäft, Restaurant, eine Bar oder lassen sich das Geschäft in der Nähe anzeigen, das das gewünschte Produkt zum günstigsten Preis führt. Produkte werden im Geschäft begutachtet und angefasst, bevor nach einem ausführlichen Preisvergleich online gekauft wird. Umgekehrt liest fast die Hälfte der Smartphone-Nutzer online Bewertungen durch, bevor ein Produkt offline gekauft wird. Dieser Trend macht guten Service und gut geschultes, freundliches Personal wichtiger als je zuvor. Jeder einzelne Mitarbeiter muss die Bedeutung von Social Media für das Unternehmen kennen und sich darüber bewusst sein, dass jegliche Kommunikation mit einem Kunden potenziell im Internet veröffentlicht werden kann. Unternehmen müssen Ihren Mitarbeiter hier tatkräftig zur Seite stehen sowie sämtliche Prozesse und Abläufe darauf einstellen – eine Anforderung, die noch vielen Unternehmen Kopfzerbrechen bereiten wird.

Eine weitere kleine Revolution wird die immer stärkere Verbreitung von Touch-Oberflächen mit sich bringen. Jenseits des stark wachsenden Smartphone-Anteils holen die Tablets immens auf. Die Studie »Worldwide Tablet Tracker May 2013« der IDC erwartet schon für 2013 mehr verkaufte Tablets als portable PCs, in 2015 sollen diese Verkaufszahlen sogar die von PCs überholen.[2] Bereits Einjährige können heutzutage ein iPad bedienen und zeigen ihren Großeltern, wie dies funktioniert. Diese Phänomen kenne ich nicht nur vom Hörensagen, sondern kann es selbst jeden Tag bei meiner Tochter beobachten (siehe Abbildung 12.2).

Abbildung 12.2 Schon Einjährige können iPads bedienen.

Auf Unternehmen kommt entsprechend eine Generation zu, die buchstäblich mit dem Internet unter den Händen aufgewachsen ist. Schon heute sollten sich Unternehmen mit den hiermit einhergehenden Implikationen auseinandersetzen und Ihre Webseiten und Onlineshops auf die mobile Nutzung optimieren (mobile first). Sonst verpassen Sie den Kunden, der mit dem Tablet auf dem Sofa sitzend einkauft, und jetzt bereits überdurchschnittlich viel Zeit und Geld in Onlineshopping investiert.[3]

12.2 Gamification – spielerisch Kunden begeistern

Das Marktforschungsunternehmen Gartner sagte im Jahr 2011 voraus, dass bis 2014 der Einsatz eines gamifizierten Services für Marketing und Kundenbindung so bedeutsam wird wie der Einsatz von Facebook und dass bis zu diesem Zeitpunkt 70 % der Organisationen weltweit bereits mindesten eine gamifizierte Anwendung

---

2 http://www.idc.com/getdoc.jsp?containerId=prUS24129713
3 http://www.adobesolutions.de/fileadmin/user_upload/downloadcenter/Adobe_Roadshow/2012_04_Einfluss_TabletNutzer_Webseiten_Onlinehaendler.pdf

im Einsatz haben werden (Gartner, *http://www.gartner.com/it/page.jsp?id=1629214*).

Ob Punkte für das Einchecken in Locations oder für die Kilometer, die eine Person am Tag gelaufen ist, beides motiviert dazu, das Gesamtergebnis zu steigern. Gamification ist per Definition der Einsatz von Spielelementen, Methodiken, Prozessen und Design in einer nicht Spiel-(Game-)Umgebung mit dem Ziel, ein Verhalten zu beeinflussen. Zu den Spielelementen gehören beispielsweise Ranglisten (Leaderboards), Erfahrungspunkte (Scores) und Auszeichnungen (Badges). Ausgefeiltere Systeme greifen neben diesen externen Motivatoren auf intrinsische (von innen kommende) Motivation zurück und setzen auf folgende Elemente:

- **Feedback**: Im realen Leben sind Feedbackzyklen oft lang (zum Beispiel die Jahresgespräche im Beruf), im Spiel dagegen werden Aufgaben in kleine Abschnitte (Level) aufgeteilt. Dieses zeitnahe Feedback wirkt motivierend und zeigt dem Nutzer stetig seinen Fortschritt.
- **Herausforderung**: Die Aufgaben sind so angelegt, dass diese den Spieler (Nutzer) heraus-, aber nicht überfordern.
- **Lernen**: Der Spieler lernt durch die kontinuierliche Steigerung des Anspruchs.
- **Ziele und Regeln**: Im Gegensatz zum realen Leben hat ein Spiel feste Regeln und Ziele, an denen sich der Nutzer orientieren kann.
- **Geschichte und Kontext**: Eine überzeugende Geschichte, die als Ebene über die Realität gelegt wird, gibt dem Spieler zusätzliche Bedeutung und Interaktion in seinem täglichen Tun.

Gamification zielt auf gesteigertes Engagement, die Veränderung von Verhaltensweisen, den Erwerb von Fähigkeiten oder die Anregung von Innovationsprozessen ab. Die Anwendungsszenarien sind entsprechend vielfältig, drei möchte ich Ihnen kurz vorstellen.

Kundenbindungsprogramme

Eine der simpelsten Beispiele von Gamification sind Kundenbindungsprogramme wie Lufthansa Miles & More oder Payback, bei denen der Kunde für Umsätze Punkte erhält. Die Anwendung Nike+ des Sportherstellers Nike setzt dagegen auf eine ganzheitliche Motivation des Spielers. Nike+ ist ein Produkt mit einer angeschlossenen Online-Community für Läufer. Ziel ist es, den Teilnehmer zum regelmäßigen Laufen zu motivieren. Trägt der Läufer den Nike+-Sensor, kann dieser Daten wie Kalorienverbrauch, Geschwindigkeit oder Laufstrecke zu den Läufen an ein iPhone, iPad, den Mac oder PC übertragen (siehe Abbildung 12.3).

Abbildung 12.3 Die Nike+-App für iPhone und Android

Diese Daten werden ausgewertet und in Grafiken umgesetzt, so dass der Läufer seine Entwicklung verfolgen kann. Darüber hinaus kann er in der Online-Community mit Läufern aus aller Welt kommunizieren. Auf diese Weise kombiniert Nike+ klassische Spielelemente mit einem Trainingserlebnis, das die intrinsische Motivation des Nutzers anspricht.

Innovation

Spielerisch das Wissen der Massen zu nutzen, ist der Gedanke hinter Gamification-Ansätzen, die Innovation fördern sollen. Über komplexe Probleme wird eine Spielebene gelegt, die Teilnehmer dazu motiviert, sich mit der Materie auseinanderzusetzen. Ein Beispiel ist hier die Plattform Foldit (siehe *http://fold.it*), auf der die Nutzer durch das Zusammensetzen von Proteinstrukturen einen Beitrag zur wissenschaftlichen Forschung leisten.

Lernen und Zusammenarbeit

Gamification in der Bildung und Weiterbildung reicht von fokussierten Lernspielen bis hin zu einer spielerischen Ebene, die in Lehrmaterial oder anderen Anwendungen eingeführt wird, um trotz trockener Inhalte die Motivation beizubehalten oder den Fortschritt stärker zu verdeutlichen. Auch im internen Unternehmenskontext kann Gamification erfolgreich dafür eingesetzt werden, die Motivation und Produktivität zu erhöhen. Intranet-Anwendungen, wie zum Beispiel Salesforce work.com (*http://work.com*), bereichern den digitalen Arbeitsplatz um Elemente und Methodiken aus Spielen. Mitarbeiter können für bestimmte Aktionen und Verhaltensweisen digitale Auszeichnungen (Badges) erhalten und somit die erhaltene Anerkennung als Bestätigung der eigenen Expertise auf ihrem Profil sammeln.

Wenn ich mit diesen Zeilen Ihr Interesse für das Thema Gamification geweckt habe, möchte ich Ihnen noch zwei Vorträge empfehlen: den re:publica-2011-Beitrag von Sebastian Deterding »Spiel das Leben« (*http://www.youtube.com/watch?v=_WnE5PC8Nks*) und den TEDtalk von Seth Priebatsch »Building the game layer on top of the world« (*http://www.youtube.com/watch?v=Yn9fTc_WMbo*).

12.3 Professionalisierung von Corporate Social Media

Eine zwangsläufige Entwicklung der nächsten Jahre wird die Professionalisierung von Social-Media-Engagements der Unternehmen und damit einhergehend die des Berufsbildes des Social Media Managers sein. Professionalisierung heißt hier, Social Media wird zur Normalität und komplett in sämtliche Bereiche des Unternehmens integriert. Ein breites Verständnis von Social Media im Unternehmen, professionelle Monitoring-Systeme und die Nutzung der daraus resultierenden Daten in Social CRM, Produktentwicklung und sogar für die Weiterentwicklung der Unternehmensstrategie verschaffen den »Social Companys« einen entscheidenden Wettbewerbsvorteil. In Deutschland sehe ich bisher noch kein richtiges Beispiel für Unternehmen, die Social Media in diesem Maß integriert und verinnerlicht haben. Paradebeispiel ist aus diesem Grund nach wie vor der amerikanische Online-Händler Zappos (*http://www.zappos.com*), dessen Social-Engagement-Scientist Graham Kahr die Unternehmenskultur wie folgt auf den Punkt brachte:[4]

> »At Zappos there's no brainswitching between work and private life. Our job is just an extension of our life. Company culture is the backbone of our business. Most companies are just trying to pretend to be something they're not. We don't even speak about social media. We are a service company, it's just what we do, we want to help people in all possible touchpoints.«

Der Social Media Manager wird im Rahmen dieser Entwicklung immer stärker zum koordinierenden Strategen und Mentor, während das Tagesgeschäft in den jeweiligen Fachabteilungen stattfindet. Ob Social Recruiting in der Personalabteilung, Social Customer Service im Kundenservice oder die Auswertung der Kundenmeinungen in der Marktforschung, die Hauptaufgabe des Social Media Managers wird sein, jede Abteilung in die Lage zu versetzen, Social Media für ihre Zwecke zu nutzen. Darüber hinaus verantwortet er die unternehmensweite Social-Media-Strategie, die eng mit der Unternehmensstrategie verzahnt sein wird. Eine weitere

---

[4] Aus »The Social Dynamics Model«, siehe *http://bit.ly/15vLjbZ*.

zentrale Rolle spielt in diesem Konstrukt das Community Management, das gleichberechtigt neben dem Social Media Manager steht.

Für den Markt der Social-Media-Aus- und -Weiterbildungen erhoffe ich mir persönliche eine Reinigung von den »In zwei Wochen zum Social Media Manager«-Kursen. Mit steigender Kompetenz in Sachen Social Media in den Unternehmen selbst, besteht die Hoffnung, dass unseriöse Anbieter irgendwann an diesem Wissen scheitern, da die Kursteilnehmer zwar ein Zertifikat, aber nicht das notwendige Wissen und schon gar nicht die Erfahrung mitbringen, die ein gestandener Social Media Manager braucht.

In diesem Sinne steigen Sie ein in die Welt des Social Media Managements, sammeln Sie Erfahrung, lesen Sie Blogs, besuchen Sie Barcamps, Twittwochs und Social-Media-Clubs, tauschen Sie sich mit Profis und Experten aus, bauen Sie sich ein Netzwerk, testen Sie privat alle möglichen Plattformen und vor allem leben und lieben Sie Social Media. Denn was gibt es schöneres als Ihre Leidenschaft zum Beruf zu machen?

Die Experten im Buch

Jochen Mai

Jochen Mai zählt seit Jahren zu den einflussreichen Namen des Social Webs. Seine Karriere begann der 44-jährige Diplom-Volkswirt bei der WirtschaftsWoche, wo er mehr als zehn Jahre lang das Ressort »Management + Erfolg« leitete und zum Schluss als Social Media Manager fungierte. Ende 2011 wechselte er als Social Media Manager zur Yello Strom GmbH, wo er sämtliche Social-Media-Aktivitäten des Stromanbieters aufbaute und verantwortet. Bekannt wurde Jochen Mai vor allem als Gründer und Chefredakteur der Karrierebibel (*http://karrierebibel.de*), einem der deutschen Top-Blogs, sowie als Autor diverser Bestseller zu den Themen »Karriere«, »Büro« und »Psychologie«. Mai ist heute Dozent an der Fachhochschule Köln, regelmäßiger Kolumnist (unter anderem für »Die Welt«) und gefragter Keynote-Speaker für die Themen Social Mecia, Medien, Online-Reputation und Human Ressources.

Thomas Schwenke

Thomas Schwenke, Dipl.FinWIrt(FH), LL.M. ist Rechtsanwalt in Berlin und berät Agenturen sowie Unternehmen in Rechtsfragen zum Social Media Marketing, Datenschutz, Vertragsrecht und Schutz geistiger Rechte. Als weiteren Schwerpunkt vermittelt er Fachwissen in praxisnahen Vorträgen sowie Workshops und hat das Buch »Social Media Marketing & Recht« im O'Reilly Verlag veröffentlicht. Neben dem Steuerrecht und Jura in Deutschland, hat er Trademark Law, Copyright und Privacy Law in Neuseeland studiert. Nachdem er als Regierungsrat in der Finanzverwaltung tätig war und eine Agentur für Online-Marketing sowie Webdesign leitete, entschloss er sich, die Rechts- und die Marketingwelt als Rechtsanwalt zu verbinden. Mehr über Rechtsanwalt Schwenke erfahren Sie unter *http://rechtsanwalt-schwenke.de*.

Klaus Eck

Klaus Eck ist Geschäftsführer und Gründer der Eck Consulting Group (*www.eck-consulting-group.de*). Seit mittlerweile mehr als 15 Jahren hat er Firmen bei der Digitalisierung ihrer Unternehmens-, Marketing- und Kommunikationsprozesse beraten. Dazu gehört auch die Optimierung ihrer Online Reputation oder ihres Social-Media-Engagements. Seit 2004 betreibt der Unternehmensberater den PR-Blogger (*www.pr-blogger.de*) und schreibt über die Themen Reputation Management, Social Media Strategie und Online-Kommunikation. Als Jurymitglied ist er aktiv für den Deutschen Preis für Online-Kommunikation und die Pressestelle des Jahres (Bundesverband deutscher Pressesprecher). Zu seinen Publikationen zählen die Bücher »Corporate Blogs«, »Karrierefalle Internet« sowie »Transparent und glaubwürdig«.

Oliver Ueberholz

Oliver Ueberholz gründete 1998 sein erstes Web-Start-up, eine lokale Community-Plattform für Bonn und Umgebung, und beriet in den folgenden Jahren Unternehmensgrößen wie die Deutsche Post, Burda, RTL und viele weitere. 2007 veröffentlichte er das erste deutsche Twitter-Handbuch und hilft Unternehmen dabei, Social-Media-Plattformen aufzubauen und Enterprise 2.0 einzuführen. Oliver Ueberholz ist geschäftsführender Gesellschafter der mixxt GmbH, eines Anbieters für Social-Enterprise-Software, und angesehener Blogger, Referent und Experte rund um Social Media und Enterprise 2.0.

Robert Basic

Robert Basic (46) ist zweifacher Vater und selbst mit Blogs groß geworden, wobei die Frage ist, ob das Bloggen ihn erzogen hat oder umgekehrt. Die andere Frage, die ihn seit Jahren beschäftigt, ist nicht minder interessant: Können Blogs dazu beitragen, dass Unternehmen näher und genauer an den Wünschen des Kunden produzieren und dienstleisten? Können Blogs sozusagen eine kommunikative Brücke mitten in die Unternehmensherzen spannen? Gar überhaupt erst die Tore öffnen? Die Antworten, die er bisher gefunden hat, sind komplex: »Eigentlich ja, aber«, müssten sie lauten. Robert Basic bloggt unter *http://www.robert-basic.de*.

(Foto: Teymur Madjderey)

Ben Ellermann

Sieben Jahre lang hat Ben Ellermann im Community Management des sozialen Netzwerks stayblue mit 600.000 Mitgliedern mitgewirkt. Zuletzt verantwortete er bei stayblue als Leiter des Community Managements die gesamte Plattform. Heute berät Ellermann als Senior Consultant bei buw digital Kunden beim Aufbau und der Umsetzung digitaler Kommunikationsprojekte, vom Dialog 2.0 über den Service- oder Sales-Chat bis hin zur Enterprise 2.0-Lösung.

Ben Ellermann ist Mitglied des Bundesverbands Community Management e. V. für digitale Kommunikation und Social Media und Vorsitzender des Ausschusses Berufsbilder. Außerdem ist er Prüfer für Social Media Manager bei der Prüfungs- und Zertifizierungsorganisation der deutschen Kommunikationswirtschaft.

Stefan Evertz

Stefan Evertz war Community Manager bei dem Monitoring Anbieter Brandwatch, wo das Thema Monitoring natürlich das tägliche Brot war und betreut mittlerweile mit seiner Beratungsfirma »Cortex digital« Unternehmen und Organisationen rund um das Thema digitale Kommunikation.

Index

90-9-1-Prinzip 166, 291

A

Active Advocates 214
Adobe Photoshop 509
Affinität 205
AGB 317
Agendasetting 51
Agenturen 470
Akademie 87
Alleinstellungsmerkmal 104
Allgemeinwissen 52
Amazon 418
Anforderungsprofil 48, 60, 66
Animierte GIFs 520
Animoto 520
Ansprechpartner 111
Arbeitgeberbewertungen 424
Arbeitgeberbewertungsportale 297
Arbeitsalltag 500
Arbeitsplatz 507
Asana 531
Audit, Internes 485
Aufgabenmanagement 530
Augenhöhe 173
Ausbildungsweg 83
Authentizität 31, 108, 237, 535
Autorität 538

B

B2B 381, 388
Bachelor-Studiengang 85
Backlinks 205, 276
Bad-Word-Filter 229
Bannerwerbung 142
Barcamp 64, 66, 70, 74, 96
Basic, Robert 238, 247, 561
Baumann, Paul 489
Belastbarkeit 57
Benchmark 198, 205
Benchmarking 292, 348, 501

Benutzerzugänge 511
Berufsbezeichnung 83
Berufsbild 41, 81
   Abgrenzung 44
   Geschichte 43
Berufserfahrung 113
Berufsverbände 98
Best Practice 91, 533, 539
Betriebsrat 483
Bewerbung 107
   Anschreiben 115
   Bewerbungsschreiben 115
   Bewerbungsvideo 110
   formale Kriterien 120
   Personal Design 114
   Persönliche Kriterien 121
   Persönliches Gespräch 122
   Vorstellungsgespräch 116
Bewertungen
   negative 425
   Reaktion 425
Bewertungsportale 417, 423
Beziehungen 26, 37, 231, 240
BITKOM 131
Blog 436
   Blogartikel 110
   Blognetz 251
   Blog-Roll 251
   Blogsuche 513
Blogger 247, 438
   Ansprache 247
   Bloggerdatenbank 248
   identifizieren 250
   Kritik 255
   Umgang 247
   Vernetzung 254
Blogger Relations
   Ansprache 252
   Basics 248
   Beispiele 257
   Beziehungsaufbau 256
   Checkliste 249, 253
   Finanzen 256
   Gründe 250
   Inhalte 254

Blogger Relations (Forts.)
  Leitfaden 247
  Unterstützung 254
Blogmarketing 440
Blogosphäre 439
Branchenkenntnisse 49
Braun, Manuela 74, 181
Budget 437
Burda Verlag 64
Business-Netzwerke 100, 380
  Anwendung 380
Buzz-Volumen 208, 213
BVCM 42, 82
BVDW 139

C

Cache 102
Center of Excellence 462
Change Management 46, 52, 125, 218
  Grundlagen 218
  Herausforderungen 219
  Hilfsmittel 220
  -Prozess 218
Checkliste 77, 83
Churn Rate 292
Ciao 417
Click-Trough-Ratio (CTR) 353
CMS 53
Community 43, 253
  Bezugspunkt 158
  Motivation 159
  -Team 533
Community Building 158
Community Engagement 161, 165
Community Management 65, 156, 179, 558
  Aufgaben 156
  Best Practice 181
  Definition 156
  Offline 179
Community Manager 42, 43, 44, 45, 66, 69, 70, 81, 167, 183, 463, 469, 535
Community-Management-Team 174
Content 146, 518
  Arten 147
  Beschaffung 152
  Definition 147

Content (Forts.)
  Effektiver 153
  Timing 168
Content Marketing 439
Content-Life-Cycle 150
Content-Matrix 148
Content-Status-Quo 151
Content-Strategie 149, 441, 450
  Entwicklung 151
  Ressourcen 146
Content-Strategy-Quad 150
Controlling 191
Conversion Rate 205
Corporate Blog 436
  Bedeutung 437
  Best Practice 440
Corporate Blogger 439
Corporate Content 146, 163
Corporate Design 549
Corporate Social Media 447
  Erfolgsfaktoren 458
  Organisationsmodelle 464
  Status Quo 452
Cost-per-Click (CPC) 354
Cost-per-Lead (CPL) 354
Cost-per-Mille (CPM) 354
Creative-Commons-Lizenz ... 321, 412
CRM 53
Cross-Posting 521
Crowdsourcing 144, 305
  Best Practice 306
  -Kampagne 308
Customer Relationships 37

D

D-A-CH 335
Dailymotion 398
Dateiverwaltung 524
Datenschutz 327, 358, 483, 509
Datenschutzrecht 509
Datensicherheit 509
David-und-Goliath-Effekt 262
DB Dialog 474
Deutsche Bahn 172
Dialog 26, 31, 73, 111, 144, 227, 240
  Erfolgsfaktoren 172
Dialogbereitschaft 33, 254

Digital Immigrants	128
Digital Natives	128
Digital Outsiders	128
Digitale Fassade	103
Digitale Kommunikation	63
Digitale Promillegrenze	290
Digitale Revolution	552
Diplomatische Fähigkeiten	59
Disclosure	252
Dmexco	96
Doo	519
DPRG	232
Dresscode	539
Durchsetzungsvermögen	59

E

Earned Media	439
Echtzeit	240, 262
Echtzeitkommunikation	29, 524
Eck, Klaus	156, 436, 560
E-Commerce	280
Edeka	307
Ego-Googlen	99
Eigenmarke	105
Ein-Prozent-Regel	166
E-Learning-Plattform	90
Ellermann, Ben	281, 561
E-Mail-Management	534
Emotionen	540
Empathie	58, 64, 71, 172
Empfehlungsmarketing	433
Employer Branding	295, 384, 424
Best Practice	299
Gründe	296
Maßnahmen	297
Ziel	295
Engagement	165, 214, 555
Enterprise 2.0	310
Definition	310
Erfolgsfaktoren	313
Gründe	311
kultureller Wandel	312
Rolle Social Media Manager	315
Werkzeuge	311
Entscheidungskompetenz	59
Erfahrungsberichte	35
Evernote	515, 518

Evertz, Stefan	192
expert AG	62
Expert Positioning	382
Externe Dienstleister	546
Ansprache	547
Auswahl	546
Briefing	548
Online Reputation	547
Referenzen	548

F

Facebook	92, 101, 109, 335, 512
Apps	340
Beiträge	341, 342
Benchmarking	348
Edge Rank	345
Facebook-Fan, Wert	216
Filialen	350
Gewinnspiele	356
In der Nähe-Funktion	350
Meilenstein	342
Nachrichten	340
Newsfeed Rank	345
Nutzerstruktur	335
Pages	338
Places	349
Pro und Contra	357
Profil	336
Profilbild	339
Promotions	356
Seite	337
Seitenstatistiken	348
Titelbild	339
Zielgruppen-Segmentierung	352
Facebook Promotion Guidelines	356
Facebook Werbemanager	354
Facebook-Beiträge	
Best-Practice	346
Merkmale	346
Facebook-Listen	536
Facebook-Seite	
Administration	337
Fan	342
Fokus	344
Infografik	349
Inhalte	344
Start	348

Facebook-Werbeanzeigen ... 352
   Best Practice ... 356
   Kosten ... 354
Facebook-Werbeformate ... 353
   Marketplace Ads ... 353
   Premium Ads ... 353
Fachblogs ... 90
Fachkonferenzen ... 94
Fachliche Kompetenzen ... 49
F-Commerce ... 37, 280
Fehler kommunizieren ... 176
Filter ... 515, 533
Firebug ... 511
Firefox ... 511
FlashBlock ... 511
Flexibilität ... 57
Flickr ... 101, 321, 412
   Alternativen ... 416
   Anwendungsszenarien ... 412
   Best Practice ... 414
   Tools ... 416
Flipboard ... 514
Flixtime ... 520
Foren ... 426
   Diskussion ... 428
   Einordnung ... 426
   Einstieg ... 427
   Foren-Suchmaschinen ... 429
   Forenverzeichnisse ... 429
Forschung und Entwicklung ... 483
Fotoplattformen ... 399
   Einordnung ... 400
Foursquare ... 431
   Anwendungsszenarien ... 431
   Best Practice ... 434, 435
   Empfehlungsmarketing ... 433
Frageportale ... 417
Freiräume ... 535
Fritzsche, Helene ... 201
Führungskompetenzen ... 59

G

Gamification ... 431, 554
Gatekeeper ... 261
Gespiegelte Anrede ... 173
Gesprächsbereitschaft ... 30
Gewinnspiele ... 142, 170

GIMP ... 509
Glaubwürdigkeit ... 29
Glossar ... 498
Google ... 102
   Bewertungen ... 423
   Google Alerts ... 100, 514
   Google Chrome ... 510
   Google Tasks ... 531
   Google Trends ... 43
   Google Umfragen ... 305
   Hangouts ... 366
Google Local ... 366
Google Urheberschaft ... 368
Google+ ... 101, 359, 512
   +1 ... 360
   Circles ... 360
   Einordnung ... 359
   Gewinnspiele ... 326
   Grundfunktionen ... 360
   Profil ... 360
   Statistiken ... 359
   Status-Updates ... 364
   Unternehmensseite ... 362
   Vorteile ... 365
   Zielgruppen ... 364
Governance ... 150
Grafik-Tools ... 508
Gremln ... 525
Grenzen ... 536
Grundausstattung ... 507
Grundsteinleger ... 118

H

Haftungsprivileg ... 323
Halvorson, Kristina ... 149
Handbuch ... 472, 476
Hangout on Air ... 367
Hangouts ... 366
Hashtag ... 375, 401
Hermes Logistik Gruppe ... 119
Herzog, Jennifer ... 69
Hierarchie ... 224
Hillebrand, Carmen ... 67
Hochschulen ... 85
HolidayCheck ... 72, 421
Homeoffice ... 508
Hootsuite ... 524

Index

I

Imageschaden 34, 236
Impact 205
Impression 353
Impressum
   Facebook 319
   Impressumsgenerator 319
   Impressumspflicht 319
   Inhalt 319
Indenti.ca 370
Influencer 34, 187, 235, 258, 438, 439
Influencer Relations 51, 238, 241, 247
Influencer-Strategie 438
Infografik 115, 504
Informationsbeschaffung 513
Informationsmaterial 498
Initiativbewerbung 110, 112
Innovation 556
Innovationsprozess 555
Instagram 101, 400
   Best Practice 403
   Events 406
   Produktwerbung 404
   Tools 405
   Videos 402
   Wettbewerbe 405
Instapaper 516
Interaction Score 210
Interaktion 166
Interne Kommunikation 51, 533
Intranet 556
Involvement 206
Issue Resolution Rate 214
IT-Abteilung 59

J

Jaiku 370
Jobwechsel 537
Juristische Kenntnisse 52

K

Kanban 526
Karriere 81
Kaufentscheidungen 35, 269

Kennzahlen 138, 205
Key Performance Indicator → KPI
Keynote 543
Keywords 441, 513
Klickraten analysieren 522
Klock 530
Klout Score 106
Kommunikation
   Augenhöhe 31
   Digitale Kommunikation 26
   Kommunikationskanal 250
   Tonalität 31
Kommunikationshoheit 483
Kommunikationsstrategie 441
Kommunikative Kompetenz 58
Kommunikator 118
Kompetenzmodell 48
Konferenzen 93, 180
Kongress-Media-Konferenz 95
Konsumentenfeedback 491
Kontakte 110
Kontrollverlust 225
Konzeptionelle Fähigkeiten 55
Koordination 47
KPI 135, 138, 191, 204
   Ableitung 138, 204
   Formeln 205, 210, 213
   KPI-Pyramide 209
Kreativität 57
Krise 29, 259, 372
   schleichende 259
   überraschende 259
   wellenförmige 259
Krisenhandbuch 264
Krisenkommunikation 45, 52, 65, 233,
                  237, 258, 266, 472, 482
   Analyse 265
   Anforderungen 261
   Aufgabenbereiche 263
   Auswertung 266
   Erfolgsfaktoren 266
   Management 265
   Prävention 264
   Risikoanalyse 264
Krisenphase
   akute 260
   latente 259
   potenzielle 259
Krisenradar 372

Index

Krisensituation 494
Krisenszenarien 264
Krisenteam 264
Krisenthemen 155
Krones AG 300
Kruse, Peter 35
Kundenbindung 38, 555
Kundenservice 37, 63, 281, 373, 483
   Aufgaben 281
   Callcenter 281
   Definition 281
   Mitarbeiter 283
   -Profi 119
   Social Media Agents 283
Kundenservice 2.0 .... 37, 189, 280
   Benchmarking 292
   Herausforderungen 282
   Kosten 291
   Methoden 288
   Nutzen 285
   Reduktion der Servicekosten 287
   ROI 290
Kundenzufriedenheit 37
Kununu 424

L

Last.fm 101
Lebenslauf 112
Lego 171
Leidenschaft 57, 540
Lernbereitschaft 56
Lernkultur 227
Lewinsche Drei-Phasen-Modell 218
LimeSurvey 305
LinkedIn 100, 380, 512
   Geschichte 382
   Karriereseite 386
   Recruiter 387
   Stellenanzeigen 387
   Unternehmensprofil 386
   Zielgruppen 383
Linkhaftung 322
Livechat 241
Live-Stream 241
Location-based Marketing 431
Location-based Services 430, 553

Lommatzsch, Timo 244
Löschen von Nutzerbeiträgen 325

M

Mai, Jochen 114, 559
Manieren 105
Many-to-many-Kommunikation 26
Marke im Netz 537
Markenbotschafter 45, 144
Marketing 50, 233, 483, 533
   Abteilung 233
   Begriff 233
   Beziehungsmarketing 234
   Distributionspolitik 234
   Kommunikationspolitik 234
   Marketingmix 234, 271
   Maßnahmen 234
   Preispolitik 234
   Produktpolitik 234
   Ziele 234
Marketplace Ads 353
Marktforschung 301, 372, 557
   Analyse 302
   Datenerhebung 302
Marktforschung 2.0 304
   Tools 305
   Umfragen im Web 305
Mass Customization 278
Massenmedien 269
Masterstudiengang 86
McDonald's 306
Medienkompetenz 492
Mehrwert 34, 181
Meinungsbildung 269
Meinungsführer ... 163, 173, 191, 258, 450
Messpunkte und Messebenen 207
Messwerte 135
Methodenkompetenz 54
METRO 67
Microbloggings 370
Mindmanager 517
Mindmapping 516
Mindmeister 516
Mission Statement 161
Mitarbeiter
   Ausbildung 468
   Auswahl 468

Mitarbeiter (Forts.)
Schulung 471
Mite 530
Mittermeier, Cathrin 64
Mobile 552
Mobile first 554
Moderationskompetenz 54
Monitoring 29, 47, 53
Motortalk 427
Multimedia 241, 243, 519
Multiplikatoren 236, 250
Multitasking 532
Mundpropaganda 34, 285, 292
Mund-zu-Mund-Propaganda 144
MySpace 101
MyVideo 398

N

Nachkrisenphase 260
Net Promoter Score 206
Neteye 69
Netiquette 166, 325
Netnografie 77
Networking 97
Netzwerk 106, 109
News-Aggregatoren 91
Newsblur 514
Nutzertypen 129
Nutzungsbedingungen 317
Nutzungsrechte 321

O

O2 176
Öffentlichkeitsarbeit 232
One Voice Policy 267
One-to-many-Kommunikation 25
Online Marketing 50
Online Reputationsmanagement 99, 241
Online-Lebenslauf 100
Online-Reputation 103, 237
Onlineshopping-Berater 279
Online-Vorlesungen 88
Organisation 52
Organisationskompetenz 54

Organisationsmodell 464
dezentralisiertes 465
Holistic 466
Hub and Spoke 466
Löwenzahn 466
zentralisiertes 465
Osterseher, Christiane 474
Outsourcen 470

P

Page Impression 206
PageRank 206
Patriot Act 510
Pay-per-Click (PPC) 354
Performance-based Advertising 354
Personal Design 114
Personalabteilung 107, 483
Personalberater 99
Personalmarketing 298
Persönliche Daten 113
Persönliche Kompetenzen 55
Persönliche Marke 103
Persönliche Reputation 537
Persönlichkeit 31, 535
Pfeiffer, Sascha 62
Pinterest 406
Alternativen 411
Anwendungsszenarien 407
Best Practice 410
Business-Account 410
Magazin 408
Traffic 407
virtuelles Schaufenster 408
Pixoona 182
Plurk 370
Pocket 515
Popplet 518
POST-Modell 143
PowerPoint 543
Power-User 161, 163
PR 51
Praktikanten 471
Präsentation 507, 537
Gestaltung 541
Grundlagen 538, 542
Inspiration 541

Präsentation (Forts.)
   Souverän präsentieren 545
   Tools 543
Präsentationskompetenz 54
Premium Ads 353
   Logout Page Ad 353
Pressekonferenz 239, 241, 254
Pressemitteilung 149, 243
   Sieben Ws 149
Prezi 543
Privatleben 535
Privatsphäre 493
Privatsphäre-Einstellungen 102
Produktbewertungen 418
Produktentwicklung 54, 227
Professionalisierung 557
Projektführung 524
Projektleitung 59
Projektmanagement-Tools 527
Prosument 25
Prozesse 479
   Anpassung 491
   Best Practice 489
   Darstellung 487
   Definition 488
   entwickeln 484
   Implementierung 488
   Optimierung 489
   Prozesslandschaft 484
   Rahmenbedingungen 486
   Reaktionsprozesse 459
   Tools 487
   übergreifende 483
   Unternehmensprozesse 484
Prozessgeschwindigkeit 481
Prozessgestaltung 480
Prozessmanagement 52
Public Relations 51, 231, 259, 482, 533
   Anspruchsgruppen 232
   Aufgaben 232
   Definition 231
   Kernelement 233
   Ziele 233
   Zielgruppen 232
Publikum 538
Pulse 514
Push-Methode 34

Q

QR-Code 522, 523, 524
Qualitätssicherung 48
Quick Wins 223
Qype 419

R

Rahmenbedingungen 448, 455, 459, 485, 486, 488, 489
Raßmus, Svea 474
re:mett 181
re:publica 94
Reach 213
Readability 516
Read-it-Later-Apps 515
Reaktionsschema 174
Reaktivierungs-Mechanismen 163
Realtime-Monitoring 195
Recht
   »Like«-Button 328
   Abmahnung 320
   anwendbares 317
   Bild 320
   Datenschutzerklärung 327
   Direktmarketing 326
   Double-Opt-in-Verfahren 327
   Facebook 328
   Haftung für Äußerungen 325
   Haftung für Nutzerbeiträge 323
   Haftungsprivileg 323
   Hausrecht 317
   Impressumspflicht 318
   Inhaltsbeschränkungen 326
   Kenntnis der Rechtsverletzung ... 324
   Linkhaftung 322
   Löschen von Nutzerbeiträgen .. 325
   Markenrecht 318
   Meinungen 325
   Namensrecht 318
   Newsletter 327
   Nutzung von Texten 322
   Nutzung von Videos 322
   Nutzungsrecht 321
   Online-Recherche 121
   Quellenangabe 322
   Recht am eigenen Bild 321

Recht (Forts.)
   Stockarchiv 321
   Tatsachen 325
   Titelrecht 318
   Überwachungspflichten 324
   Urheberrechtsverstoß 320
   User-generated Content 323
   Verstoß 317
   Verwendung von 328
   Verwendung von Kundendaten 328
   Video 320
   Vorbeugung von Rechtsverletzungen .. 324
   Vorschaubilder 320
   Werberichtlinien 326
   Wettbewerbsrecht 318, 326
   Wettbewerbsvorschriften 326
   Zitat 322
Rechtliche Grundlagen 316
Rechtliche Schritte 102
Rechtsabteilung 483
Redakteur 118
Redaktionsmeeting 519
Redaktionsplan 32, 70, 72, 154, 506, 519
   Vorlage 155
Redaktionssitzungen 151
Reduce of Investment 217
Reichweite 24, 206, 213
Reifegrad 42, 209, 502
Reiseportale 421
Relevanz 515
Remember the milk 531
Reporting 47, 53
Reputation 235, 242, 493
Reputationsmanagement 51, 286
Reputationsradar 100
RescueTime 529
Ressourcen 139, 455
   Dienstleistungen 142
   Personelle 141
   Technische 142
Return on Engagement 216
Return on Influence 216
Risiken 479
Risikomanagement 256
Risk of Ignoring 217
Roadshow 498
ROI 206
Roskos, Mathias 216

RSS 513
   RSS-Reader 514

S

Safari 511
Safe-Harbor-Abkommen 509
Salami-Taktik 532
Sales 483
Satisfaction Score 214
Schlagworte 103
Schnittstellen 459, 483, 491
   Definition 488
   Schnittstellenfunktion 47, 506
Schulungen 499
Schulungsprogramm 460
Schwarmintelligenz 306
Schwenke, Thomas 319, 327, 559
Screening 184
Scribd 389
Sendelizenz 367
Sensible Daten 510
Sentiment 215
Sentiment Index 210
SEO 276
   Social Signals 276
Service-Community 290
Share of Buzz 208, 210, 214
Share of Voice 208, 214, 216
Shitstorm 239, 258, 262, 268
Sichtbarkeit 101
simyo 74, 181
Single Point of Information ... 227, 533
Sinus-Milieus 127
Slideshare 101, 389, 541
Slideshow 520
SM3 Modell 500
Smart 170
SMART-Formel 133
Smartphone 552
Social Analyst 463
Social Bookmarking 406
Social Commerce 278
Social CRM 557
Social Customer Service 557
Social Distribution 295
Social Login 169
Social Marketing Analysis-Modell 211

Index

Social Media
   Anwendungsfelder 230
   Anwendungsszenarien 453
   B2B 388
   Chancen 24, 35
   Definition 25
   Einführung 447, 489
   Eisberg 447
   etablieren 497
   Governance 459
   Herausforderung 24, 26, 28
   Kampagne 271, 272, 273, 274, 275
   Kennzahlen 138
   Messwerte 135
   Möglichkeiten 34
   Personalwesen 293
   Phänomen 27
   Prozesse 454, 479
   ROI 215
   Schnittstellen 454
   Workflows 479
   Zahlen und Fakten 27
   Ziele 490
Social Media Agents 469, 471
Social Media Club 98
Social Media Governance 459
Social Media Guidelines   459, 461, 492, 498
   Beispiele 494
   Einführung 496
   Gründe 492
   Inhalte 493
   Muster 496
Social Media Management 26, 504
   Grundpfeiler 125
   Zusammenarbeit 179
Social Media Manager 33, 41, 42, 43,
   44, 45, 47, 48, 49, 50, 51, 53, 54, 55, 56,
   57, 58, 59, 60, 62, 64, 66, 69, 71, 73, 81,
   117, 125, 228, 229, 331, 337, 338, 462,
   469, 504, 507, 516, 518, 528, 532, 535,
   537, 538, 546, 552
   Fettnäpfchen 550
   Tagesablauf 504
Social Media Manager (IHK) 88
Social Media Marketing 269
Social Media Measurement 139, 191,
   204, 217

Social Media Monitoring 144, 184, 242,
   262, 304, 334, 426, 449, 507
   Ablauf 184, 208
   Analysefunktionen 199
   Anbieter finden 198
   Benutzeroberfläche 202
   Datenanalyse 187
   Datenbereinigung 185
   Datenerhebung 184
   Datenmanagement 200
   Datenschutz 203
   Einsatzzwecke 188
   Engagement-Funktionen 202
   Frühwarnsystem 190
   Interpretation 188
   Keywords 184, 186, 192
   Kontext 193
   Kosten 202
   kostenlose Tools 195
   kostenpflichtige Anbieter 197
   Nullmessung 189
   Quellen 185
   Quellenabdeckung 199
   Trends 190
   Ziel 198
Social Media Newsroom 244, 255,
   407, 409
   Aufbau 245
   Social-Publish 246
Social Media Readiness 457
Social Media Readiness Score 448, 457
Social Media Relations 235
   Chancen 240
   Herausforderungen 236
   Möglichkeiten 240
   Tools 239
   Vorteile 236
   Zielgruppen 235, 241
Social Media Release 242
   Aufbau 243
   Inhalt 243
Social Media Scorecard 210
Social Media Week 95
Social Profiling 294
Social Recruiting 294, 387, 557
Social SEO 275
   Erfolgsfaktoren 277
Social Signals 276, 365, 439
Social Software 312

Social Sourcing	294	Soziales Netzwerk (Forts.)	
Social Strategist	462	*Statistiken*	331
Social TV	376	Spam	271
Social-Media-Abteilung	468	Spezialisierung	82
Social-Media-Analyst	469	Stammtisch	97
Social-Media-Audit	448	Start-ups	115
Externes	449	Stellenanzeigen	41, 107, 387
Internes	452	Stellenausschreibung verfassen	117
Social-Media-Berater	82	Stellenbörsen	108
Social-Media-Initiativen	142	Stickiness	207
Social-Media-Kampagne	490	Stimmungsbarometer	372
Social-Media-Kanäle	72	Stockarchiv	321
Social-Media-Kommunikation	175	Stör-Kommunikation	179
Social-Media-Management-Prozess	497	Storytelling	152, 439
Social-Media-Management-Tools	522, 524	Strategie	46, 72, 126, 144
Social-Media-Newsrooms	250	*Entwicklung*	65
Social-Media-Plattformen	333	*Modell*	143
Kategorisierung	333	Streisand-Effekt	262
Social-Media-Präsenzen	341	Suchagenten	108
Social-Media-Prozesse, Verknüpfung	481	Suchmaschinenmarketing	50
Social-Media-Recht	92	Suchmaschinenoptimierung	50
Social-Media-Redakteur	469	Sumopaint	509
Social-Media-Reifegradmodelle	500	Supervision	476
Social-Media-Strategie	63, 126, 135, 143, 459, 557	Survey Monkey	305
		SWOT-Analyse	448, 455
Erfolgsfaktoren	458		
Ziele	485		

T

Social-Media-Support	485	Tablet	553
Social-Media-Team	462	Tagesablauf	504
Aufbau	468	Tags	518
Aufgabenverteilung	472	Talent	111
Auswahlprozess	475	Targeting	352
Best Practice	472	Taskmanagement-Tools	530
Idealbesetzung	462	Teamarbeit	524
Integrationsform	463	Teamfähigkeit	58
Organisation	472	Technische Barrieren	228
Prozesse	481	Technische Kenntnisse	53
Schulung	460	Technologie	145
Tools	476	Themenblogs	92
Weiterbildungsmaßnahmen	460	Themencamps	96
Social-Media-Workflow	459	Tiddlywiki	519
Social-Sharing	244	Tonalität	215, 238, 450
Software	508	Tools	504, 509, 515, 516, 519, 520
SoLoMo	552	*Präsentation*	543
Soziale Kompetenzen	58	*Tools für das Projektmanagement*	526
Soziales Netzwerk	50	*Tools zum Veröffentlichen*	521
Bedeutung	331	*Tools zur Zeitmessung*	529
Definition	332		
Gemeinsamkeiten	332		

Topic Trends ... 215
Transparenz ... 29, 238
Trello ... 527
Trends ... 506
TripAdvisor ... 422
trivago ... 423
Troll ... 178
Twingly ... 513
Twitter ... 101, 106, 109, 111, 370
   Events ... 375
   Fake Follower ... 379
   Grundlagen ... 370
   Kundenservice ... 373
   Marketing ... 374
   Marktfoschung ... 372
   Netiquette ... 377
   Social TV ... 376
   Tools ... 378
   verifizierte Accounts ... 380
Twittercounter ... 191
Twitterwall ... 376
Twittwoch ... 98

U

Ueberholz, Oliver ... 310, 560
Umgangsformen ... 56
Unique Content ... 443
Unique Selling Point ... 105
Unique Visitor ... 207
Universitätskurse ... 90
Unterbewusstsein ... 539
Unternehmen, Neue Rollen ... 33
Unternehmensbereiche ... 230
Unternehmensblog ... 506
Unternehmensimage ... 33
Unternehmenskommunikation ... 52, 231
Unternehmenskultur ... 224
Unternehmensphilosophie ... 125
Unternehmensprofil ... 318
Unternehmensstruktur ... 82
Unternehmensziele ... 138
Urheberrechtsverstoß ... 316
URLs kürzen ... 522
Usability ... 169
User-generated Content ... 25, 170
User-Life-Cycle-Management ... 161, 172

V

Vanity-URL ... 451
Veränderungskurve ... 221
Veränderungsprozess ... 222
Verbraucherportale ... 417
Verhaltensmuster ... 219
Veröffentlichen ... 521, 524
Verweildauer ... 207
Video ... 519
   Anwendungsszenarien ... 394
   Best Practice ... 393
   How to ... 394
   interaktiv ... 396
   Werbung ... 395
Videokampagnen, interaktiv ... 396
Videoportale ... 390
   Einordnung ... 392
Vier-Augen-Prinzip ... 476
Vimeo ... 397
Vine ... 377
Viralität ... 162
Visualisierung ... 516

W

Waldraff, Nadja ... 71
Web 2.0 ... 25
Webaffinität ... 55
Webanalyse ... 53
Webbrowser ... 509, 510
Webmontag ... 98
Webtechnologien ... 53
Webvideopreis ... 398
Weibo, Sina ... 370
Weiterbildung ... 81, 142
Weiterbildungsmöglichkeiten ... 83
Werbebudget ... 354
Werbung ... 37, 270
Wettbewerber ... 375, 450
Wettbewerbsbeobachtung ... 191
Wiki ... 476
Wissensarchiv ... 461
Wissensdatenbank ... 287
Wissensmanagement ... 52
Wissensmanagementsystem ... 226
Word-of-Mouth ... 28

Index

Wunderlist 531
WYSIWYG 53

X

XING 100, 109, 117, 380, 512
   Geschichte 382
   Recruiter 387
   Stellenanzeigen 387
   Talentmanager 387
   Unternehmensprofile 384
   Zielgruppen 383
Xmind 517

Y

Yelp 419
YouTube 391
   Alternativen 397

YouTube (Forts.)
   Statistiken 391
   Unternehmen 391
   Zielgruppen 391

Z

ZDF 111
Zeitmanagement 529
Zensur 178
Zertifizierte Lehrgänge 87
Zertifizierte Weiterbildung 83, 85
Zertifizierung 89
Ziele 130, 144
   Qualitative 130
   Quantitative 133
Zielgruppen 126, 143, 167, 181, 333,
                                352, 364, 383, 450
zoover 423
Zufriedenheitsrate 214